Η ΚΡΙΤΙΚΗ ΤΟΥ ΛΟΓΟΥ ΚΑΙ ΤΗΣ ΜΕΤΑΦΥΣΙΚΗΣ
ΣΤΟΝ ΑΝΤΟΡΝΟ ΚΑΙ ΤΟΝ ΝΙΤΣΕ

ΦΙΛΟΣΟΦΙΚΟΙ ΔΡΟΜΟΙ

ΚΩΣΤΑΣ ΜΑΡΑΣ

Η κριτική του Λόγου και της μεταφυσικής στον Αντόρνο και τον Νίτσε

ΜΙΑ ΣΥΓΚΡΙΤΙΚΗ ΑΝΑΓΝΩΣΗ

ΕΚΔΟΣΕΙΣ ΑΛΕΞΑΝΔΡΕΙΑ

Πρώτη έκδοση: Φεβρουάριος 2008

ISBN: 978-960-221-403-9

Διορθώσεις: Μαρίνα Κολιτσοπούλου
Στοιχειοθεσία, σελιδοποίηση: Γ. Κρούσκου, Line Art

Κεντρική διάθεση:
Εκδόσεις Αλεξάνδρεια, Σόλωνος 133, 106 77 Αθήνα,
✆ 2103806305, 2103821813, fax 2103838173
e-mail: alexcom@otenet.gr – http://www.alexandria-publ.gr
Βιβλιοπωλείο στη Στοά του Βιβλίου:
Πεσμαζόγλου 5 / Σταδίου 44, 105 64 Αθήνα, ✆ 2103311719

ΠΕΡΙΕΧΟΜΕΝΑ

Αφιερώνεται στους
Βασίλη Κωστόπουλο και Παναγιώτη Θανασά

1. Εισαγωγή

Η συγκριτική ανάγνωση και αντιπαράθεση της φιλοσοφικής σκέψης των Αντόρνο και Νίτσε από τη σκοπιά της κριτικής που ασκούν στο λόγο και τη μεταφυσική ίσως αρχικά ξενίζει. Άραγε, στο πλαίσιο της παράδοσης Χέγκελ-Μαρξ δεν αποτελεί η σκέψη του Αντόρνο σταθμό στην εξέλιξη μιας διαλεκτικής φιλοσοφίας, η οποία θεμελιώνει την κριτική δύναμη ακριβώς στο Λόγο στον οποίο εδράζεται η νεωτερικότητα; Και δεν θεωρείται αποδεδειγμένο, τόσο για τον Χάμπερμας του *Ο φιλοσοφικός Λόγος της νεωτερικότητας*, όσο και για τους μεταμοντέρνους αντιπάλους του, πως η επίθεση του Νίτσε στην παραδεδομένη φιλοσοφική σκέψη αποτελεί όχι μόνο αποστροφή ενάντια στο φιλοσοφικό Λόγο, αλλά και μια μορφή κριτικής αντιπαλότητας απέναντι σε κάθε κριτικό-διαφωτιστικό πρόταγμα; Πράγματι, όσον αφορά την ακαδημαϊκή έρευνα, δεν αντιμετωπίζει κανείς ένα υπέρθερμα ζωντανό ενδιαφέρον να μελετηθούν οι δυνατότητες διερεύνησης της παρουσίας του Νίτσε στο έργο του Αντόρνο. Αν αφαιρέσει κανείς μεμονωμένες εργασίες γενικά πάνω στη σχέση Κριτικής Θεωρίας και Νίτσε, και ειδικότερα πάνω στις επιρροές του Νίτσε στη σύλληψη της *Διαλεκτικής του Διαφωτισμού*, όντως παρατηρείται μια τάση να αποφευχθούν οι... στενές επαφές – κωδικοποίηση αυτής της στάσης, αλλά και παρότρυνση για αποφυγή κάθε εγχειρήματος να πολιτογραφηθεί ο Νίτσε ως πρόδρομος της Κριτικής Θεωρίας αποτελεί το ανωτέρω έργο του Χάμπερμας. Αν και εν τω μεταξύ στα πλαίσια της μεταμοντέρνας αναγέννησης του ενδιαφέροντος για το είδος κριτικής που ασκεί ο Νίτσε τα όρια μεταξύ Κριτικής Θεωρίας και νιτσεϊκού έργου δεν είναι πια τόσο ανελαστικά, εν τούτοις φαίνεται ότι επικρατεί ένα υπόδηλο consensus στο ότι η παρουσία του Νίτσε στη σκέψη του Αντόρνο δεν πρέπει να υπερτιμάται. Ο λόγος που προτείνεται γι' αυτό είναι ότι η άρση των οριοθετήσεων θα ενείχε αρνητικές επιπτώσεις για τον κριτικό-χειραφετητικό χαρακτήρα της αντορνικής φιλοσοφίας, μετατρέποντάς την είτε σε ανορθολογική απόρριψη συλλήβδην του ορθολογισμού της νεωτερικότητας, είτε σε μεταμοντέρνα «χαρούμενη επιστήμη».

Η παρούσα μελέτη σκοπεύει να αντιστρατευτεί τέτοιου είδους... αγκυλώσεις και προκατειλημμένες στάσεις που χαρακτηρίζουν την πρόσληψη της σχέσης Αντόρνο-Νίτσε. Εμφορείται από την πεποίθηση πως η έρευνα του ίχνους του Νίτσε στη σκέψη του Αντόρνο είναι σε θέση από τη μια μεριά να υποδείξει ορισμένα αδύνατα σημεία στην επιχειρηματολογική στρατηγική του Αντόρνο ενάντια στο νεωτερικό εργαλειακό Λόγο, και από την άλλη να διανοίξει οδούς μιας σύγχρονης κριτικής του Λόγου. Κεντρική συνιστώσα του προβληματισμού πάνω στη σχέση Αντόρνο-Νίτσε αποτελεί η σκέψη ότι στη φιλοσοφία του Αντόρνο η διαλεκτική παράδοση των Χέγκελ-Μαρξ συνυπάρχει και, σε ορισμένα σημεία, επικαλύπτεται από τη νιτσεϊκή κριτική της φιλοσοφίας και του νεωτερικού Λόγου. Βάσιμα μπορεί κανείς να ισχυριστεί πως *α)* η κριτική του εργαλειακού Λόγου σύλληψη της *Διαλεκτικής του Διαφωτισμού* (*ΔτΔ*) συνίσταται στην ιστορική-υλιστική υιοθέτηση, αλλά και ανανοηματοδότηση της νιτσεϊκής κριτικής του Λόγου, και *β)* συγκεκριμένα η ιστορικο-φιλοσοφική κριτική του Αντόρνο στο νεωτερικό πρόταγμα του διαφωτισμού βασίζεται σε ένα εξελικτικό σχήμα με αρνητικά πρόσημα, το οποίο εμφορείται από τη γενεαλογική κριτική του Νίτσε. Πρόθεσή μας είναι να θεμελιώσουμε επιχειρηματολογικά τη θέση ότι η ερμηνεία της *ΔτΔ* προϋποθέτει την αναφορά στο ύστερο έργο του Νίτσε, δηλ. τη *Γενεαλογία της Ηθικής* και το *Πέρα από το καλό και το κακό*. Απ' αυτό απορρέουν άλλες δύο σκοποθεσίες: Από τη μια μεριά η ερμηνευτική κατάδειξη του γεγονότος ότι η πρόσληψη της νιτσεϊκής γενεαλογικής κριτικής στα πλαίσια της *ΔτΔ* χαρακτηρίζεται από συγκεκριμένες μονομέρειες. Τούτο οφείλεται μεταξύ άλλων στο ότι οι Χορκχάιμερ και Αντόρνο μετασχηματίζουν τη γενεαλογική κριτική του Νίτσε στο φαινόμενο της ηθικής, και συγκεκριμένα στους εξισωτισμούς που επιβάλλει ο (ηθικός) λόγος, σύμφωνα με τις ανάγκες μιας ριζικής επίθεσης στον ταυτιστικό νεωτερικό Λόγο. Με την προσαρμογή αυτή της νιτσεϊκής γενεαλογίας στις ιστορικο-φιλοσοφικές ανάγκες του σχήματος της διαλεκτικής του διαφωτισμού οι Χορκχάιμερ και Αντόρνο πιστεύουν ότι είναι σε θέση να επεκτείνουν το εύρος της υλιστικής κριτικής της ιδεολογίας, σύμφωνα με την οποία οι μορφές της σκέψης και του λόγου αντανακλούν ή, μάλλον, είναι ομόλογες των κοινωνικών σχέσεων ισοδυναμίας και ανταλλαγής. Η *ΔτΔ* στοχεύει με τη διεύρυνση αυτή να καταδείξει πως η ίδια η δομή του πνεύματος και του Λόγου σφραγίζεται από το μένος μιας ισοπεδωτικής ταυτιστικής λογικής.

Μ' αυτούς τους όρους βέβαια η *ΔτΔ* επιχειρεί να ριζοσπαστικοποιήσει τη νιτσεϊκή γενεαλογία προσδίδοντάς της την απαραίτητη εμβέλεια ώστε να προσβάλει σύνολες τις εκφάνσεις του νεωτερικού Λόγου. Ο Νίτσε αντίθετα εκδιπλώνει τη γενεαλογική ανασυγκρότηση του (ηθικού) λόγου από τη μια μεριά ως διαύγαση των συνθηκών ανάδυσης του φαινομένου, και από την άλλη ως παραστατική υποτύπωση όλων εκείνων των σταθερά μεταλλασσόμενων πλεγμάτων νοήματος και σκοποθεσίας, στα οποία εντάσσεται το κάθε φαινόμενο ιστορικά. Στην πρόσληψη της *Γενεαλογίας της ηθικής* από τη *ΔτΔ* δεν παρατηρούμε και πολλά ίχνη από το εγχείρημα του Νίτσε να ανασυνθέσει γενεαλογικά την ιστορία του (κάθε) φαινομένου καταδεικνύοντας τις μεταβολές στην υφή του καθώς εντάσσεται σε διαφορετικά πλέγματα νοηματοδότησης και προσδιορισμού. Οι συγγραφείς της *ΔτΔ* καταγίνονται αντίθετα να αποδείξουν πως μια γενεαλογική ανασυγκρότηση του νεωτερικού Λόγου δεν μπορεί να λάβει το σχήμα μιας ανεστραμμένης εξέλιξης: Ο λόγος βέβαια εξελίσσεται, αλλά με… αναστροφική πορεία. Σε τελική ανάλυση επανέρχεται στις καταβολές του, δηλ. στο μύθο.

Λαμβάνοντας υπόψη τον αποσπασματικό χαρακτήρα του έργου, η κριτική παρουσίαση της *ΔτΔ* που επιχειρούμε δεν εγείρει την αξίωση εξαντλητικής ανάλυσης σύνολου του κειμένου. Περιορίζεται αντίθετα σε εκείνες τις θεματικές ενότητες του έργου στις οποίες αποκρυσταλλώνεται η επιχειρηματολογική δομή της κριτικής στο διαφωτισμό και τον εργαλειακό Λόγο. Παράλληλα βέβαια γίνεται διαρκής αναφορά στην επιρροή του Νίτσε πάνω στο κεντρικό αυτό για τη «μέση» Κριτική Θεωρία έργο. Μια και ο τρόπος της ερμηνευτικής μας προσέγγισης στο κείμενο της *ΔτΔ* εστιάζεται στις κεντρικές συνιστώσες της καθολικής κριτικής που ασκούν οι Χορκχάιμερ και Αντόρνο στο νεωτερικό Λόγο, διεξάγουμε σε κάθε θεματική ενότητα και την αντίστοιχη αντιπαράθεση με τη σκέψη του Νίτσε. Χωρίς προθέσεις... επίτιμης διαιτησίας η αντιπαράθεση αυτή στοχεύει να αναδείξει ορισμένες επόψεις παρερμηνείας που χαρακτηρίζουν την πρόσληψη του νιτσεϊκού κριτικού στοχασμού από τη *ΔτΔ*. Αυτό καταδεικνύεται πληρέστερα στα δύο πεδία κριτικής ερμηνείας στα οποία επικεντρώνεται η μελέτη, δηλ. γνωσιοθεωρία και ηθική: Ειδικά στο κεφάλαιο περί της έννοιας του διαφωτισμού και στο παράρτημα της ηθικής η παρουσία του Νίτσε είναι τόσο έντονη όσο και αυτή του Μαρξ. Επιπλέον, μια και η γνωσιοθεωρητική κριτική της *ΔτΔ* δεν είναι δυνατόν να κατανοηθεί χωρίς την πρόσληψη της καντιανής φιλοσοφίας (θεωρητικής και πρακτικής), η ερμηνευτική μας προσέγγιση επιχειρεί να ανασυγκροτήσει την επιχειρηματολογική στροφή των Χορκχάιμερ και Αντόρνο ενάντια στην *Κριτική του καθαρού Λόγου.*

Το δεύτερο μέρος της παρούσας μελέτης εστιάζεται στη μεταφυσική σκέψη των Αντόρνο και Νίτσε διεξάγοντας την ερμηνευτική ανάλυση στο έδαφος τόσο μιας εμμενούς ανασυγκρότησης των μοντέλων (κριτικής της) μεταφυσικής, όσο και της κριτικής τους αντιπαράθεσης. *Ενάντια σε ορισμένες αντιλήψεις που θεωρούν τη φιλοσοφική σκέψη των Αντόρνο και Νίτσε μορφές μετάβασης στη μετα-μεταφυσική εποχή, προτείνουμε μια ερμηνευτική προοπτική η οποία εντάσσει και τα δύο είδη κριτικής της μεταφυσικής στην παράδοση κριτικού (αυτο-)ελέγχου του Λόγου που εγκαινιάζει ο Καντ.* Τόσο στον Αντόρνο όσο και στον Νίτσε παρατηρούμε ότι η κριτική στάση ενάντια στις μεταφυσικές αξιώσεις του παραδοσιακού φιλοσοφικού λόγου χαρακτηρίζεται από μια διπλή στρατηγική, δηλ. από τη μια μεριά αποδόμηση των μεταφυσικών υποστασιοποιήσεων, και από την άλλη υπεράσπιση της μετα-φυσικής, δηλ. υπερβατικής προοπτικής ως αναντικατάστατο θεμέλιο κάθε κοσμικής νοηματοδότησης και γνώσης.

Κατ' αρχάς προσεγγίζουμε ερμηνευτικά το μοντέλο μεταφυσικής σκέψης του Αντόρνο, όπως αυτό αποκρυσταλλώνεται στην *Αρνητική Διαλεκτική* και συγκεκριμένα στο τελευταίο κεφάλαιο, *Στοχασμοί για τη μεταφυσική*, με τους οποίους ο Αντόρνο σκιαγραφεί το είδος εκείνο μεταφυσικού στοχασμού που απαιτεί η κριτική σκέψη ακόμη και μετά την οριστική χρεοκοπία των παραδοσιακών φιλοσοφικών συστημάτων. Μια και η επιχειρηματολογία του Αντόρνο υπέρ μιας μεταφυσικής, η οποία εδραιώνει και νομιμοποιεί την κριτική-υπερβαίνουσα σκέψη, διεξάγεται σε συνεχή αντιπαράθεση με τη φιλοσοφία των Καντ και Χέγκελ, εστιάζουμε την ερμηνευτική προσοχή ιδιαίτερα στις έννοιες της άρνησης (Χέγκελ) και του πράγματος καθ' αυτό (Καντ). Σκοπός μας βέβαια δεν είναι μια καθαρά ιστορικο-φιλοσοφική διαπραγμάτευση. Περιοριζόμαστε σε εκείνες τις επόψεις των εννοιών που είναι απαραίτητες στο να γίνει κατανοητή η επιχειρηματολογία του Αντόρνο. Ανανοηματοδοτώντας τις κατηγορίες αυτές στο πλαίσιο της κοινωνικής κριτικής ο Αντόρνο διατυπώνει την έννοια του μη-ταυτόσημου ως ακρογωνιαίου λίθου του μεταφυσικού στοχασμού. Αν και στην έννοια του μη-ταυτόσημου υποτυπώνεται το σημείο σύγκλισης όλων των στοχαστικών ενεργημάτων του Αντόρνο να προσφέρει στη σκέψη χειραφετικές προοπτικές και ως εκ τούτου η ερμηνευτική της διαύγαση δεν αποτελεί εύκολο εγχείρημα, εντούτοις ο Αντόρνο ο ίδιος, αν και περιγραμματικά, προσφέρει μια οδό πρόσβασης στο μη-ταυτόσημο: αυτή συνίσταται στην συναστερωτική σκέψη. Ξέχωρα από τις γνωσιοθεωρητικές επόψεις της έννοιας του συναστερισμού η ερμηνεία μας επικεντρώνεται στη λογική των παραστασιακών σχέσεων που ενέχεται στην έννοια της συναστέρωσης. Πιστεύω πως μόνο διαμέσου της διαπραγμάτευσης της παραστασιακής λογικής πάνω στην οποία εδράζεται η σκέψη των συναστερισμών μπορεί να εκτιμηθεί το μοντέλο μεταφυσικού στοχασμού που προτάσσει ο Αντόρνο, τόσο όσον αφορά την κριτική δυναμική που ενέχει, όσο και τα όριά του.

Η κριτική του Νίτσε στη μεταφυσική παράδοση από την άλλη μεριά μπορεί να χαρακτηριστεί ως το εγχείρημα ριζικής αντιπαράθεσης με το ερώτημα αν η φιλοσοφική σκέψη είναι σε θέση να διανοίξει ένα στοχαστικό χώρο στον οποίο οι παρανοήσεις, δηλ. οι υποστασιοποιημένοι διπλασιασμοί της μεταφυσικής θα τίθεντο εκτός ισχύος, ταυτόχρονα όμως θα εξακολουθούσαν να διενεργούνται προτάγματα καθολικής νοηματοδότησης τόσο του Είναι, όσο και των όντων. Κατευθυντήρια πεποίθηση της ερμηνευτικής μας διαπραγμάτευσης αποτελεί ο στοχασμός πως η φιλοσοφία του Νίτσε συνιστά ένα υποδειγματικό μοντέλο κριτικής σκέψης, η οποία δεν καθηλώνεται σε στάσεις και νοοτροπίες σπασμωδικής εναντίωσης ή και απόρριψης. Αντίθετα, στα στοχαστικά πειράματα του Νίτσε, ο οποίος στηλιτεύει με δριμύτητα τις υποστασιοποιημένες αντιθέσεις της μεταφυσικής παράδοσης, μπορεί, πιστεύω, να διακρίνει κανείς μια στοχαστική στάση απέναντι στη φιλοσοφική παράδοση, στο πλαίσιο της οποίας η μεταφυσική εντασσόμενη σε μια εναλλακτική νοηματοδοτική προοπτική γίνεται αντικείμενο διαύγασης ως πρόταγμα – πρόταγμα καθολικής νοηματοδότησης παρ' όλες... τις φενάκες στις οποίες σταθερά υποπίπτει υποστασιοποιώντας αξίες και τελικούς σκοπούς της νοηματοδότησης. Το πώς ο Νίτσε συλλαμβάνει τη μεταφυσική ως νοηματοδοτούν πρόταγμα γίνεται στη μελέτη μας αντικείμενο ανάλυσης στο πλαίσιο της νιτσεϊκής κριτικής στην καντιανή έννοια του πράγματος καθ' αυτό από τη μια μεριά, και στις πλατωνικές Ιδέες από την άλλη.

Αν για τον Πλάτωνα οι Ιδέες αποτελούν έσχατες μορφές νοήματος και καταληπτότητας των φαινομένων, στη σκέψη του Νίτσε μετατρέπονται σε συνεκτικές (δηλ. επικουρικές των βιοτικών αναγκών) αποκρυσταλλώσεις των κοσμο-νοηματοδοτικών προταγμάτων. Ο προταγματικός χαρακτήρας της σκέψης (δηλ. φιλοσοφίας, επιστήμης, τέχνης, θρησκείας κτλ.) καταλαμβάνει στο έργο του Νίτσε αξιωματική θέση. Το ότι κάθε προταγματική νοηματοδότηση διενεργείται μέσω μιας εκάστοτε συγκεκριμένης προοπτικής συνδέεται για τον Νίτσε με τη μεταφυσική της θέλησης ή –ορθότερα– των θελήσεων για δύναμη. Η μεταφυσική πρόταση του Νίτσε συνίσταται στο πολυειδές των θελήσεων για δύναμη, οι οποίες αποτελούν οργανωμένα πλέγματα κοσμικής νοηματοδότησης, δηλ. δεσμευτικών προσδιορισμών και αξιοθετήσεων. Συλλαμβάνοντας λοιπόν τις θελήσεις για δύναμη ως ενεργήματα καθολικών νοηματοδοτήσεων ο Νίτσε τις εντάσσει στο μεταφυσικό πλαίσιο μιας καθολικής νοηματοδότησης, σύμφωνα με την οποία η υφή του κόσμου συνίσταται σε ενεργήματα και σχέσεις ερμηνείας. Αυτή η νιτσεϊκή μεταφυσική νοηματοδότηση του κόσμου ως συνόλου των σχέσεων νοηματοδότησης/ερμηνείας θεμελιώνει την κριτική στις υποστασιοποιήσεις της μεταφυσικής.

Έχοντας πραγματευτεί τους βασικούς άξονες της κριτικής στάσης των Αντόρνο και Νίτσε απέναντι στη μεταφυσική επιχειρούμε στη συνέχεια μια άμεση αντιπαράθεση, η οποία περιστρέφεται γύρω από το σχήμα του «τέλους της μεταφυσικής». Τα εννοιακά εργαλεία για το εγχείρημα αυτό μας προσφέρει μάλλον ο Νίτσε με την ερμηνεία ως μεταφυσική αρχή, αρκεί βέβαια να ενταχθεί στο στοχαστικό πλαίσιο των παραστασιακών σχέσεων, το οποίο όπως είδαμε αποτελεί κεντρικό πυλώνα του μεταφυσικού στοχασμού του Αντόρνο. Ακριβώς αυτή η αντιπαράθεση των μεταφυσικών μοντέλων των Αντόρνο και Νίτσε στο έδαφος των παραστασιακών σχέσεων καθιστά βάσιμες, κατά τη γνώμη μου, ορισμένες εκτιμήσεις όσον αφορά την πλεονεκτική θέση της νιτσεϊκής κριτικής απέναντι στο μοντέλο αρνητικής διαλεκτικής του Αντόρνο. *Υπό το φως του στοχασμού πάνω στις παραστασιακές σχέσεις η νιτσεϊκή μεταφυσική της ερμηνείας αποδεικνύεται ικανή να αποδεσμεύσει την κριτική σκέψη από ορισμένα αδιέξοδα στα οποία οδηγεί ο αρνητικός ουτοπισμός του Αντόρνο.*

Την κριτική-ερμηνευτική διαπραγμάτευση της γνωσιοθεωρίας και μεταφυσικής στη σκέψη των Αντόρνο και Νίτσε ακολουθεί στο τρίτο μέρος της μελέτης η εξέταση της αισθητικής. Το βήμα αυτό εδράζεται όχι μόνο στο γεγονός ότι και οι δύο φιλόσοφοι διενεργούν τη φιλοσοφική κριτική ως αισθητική θεωρία, αλλά συνιστά αναγκαία προέκταση και αισθητική εμβάθυνση της λογικής των παραστασιακών σχέσεων. Έχοντας αναλύσει στο κεφάλαιο για τα μοντέλα μεταφυσικής σκέψης την έννοια της εμφάνειας ως κεντρικού άξονα μεταφυσικού στοχασμού στο έργο των δύο φιλοσόφων, προσεγγίζουμε την έννοια σε συσχέτιση με μια κεντρική διάγνωση τόσο του Αντόρνο, όσο και του Νίτσε: την κρίση της αισθητικής εμφάνειας στον αισθητικό λόγο της νεωτερικότητας. Εστιάζοντας την προσοχή στις έννοιες της συνεκτικότητας και του στιγμιαίου της αισθητικής εμφάνειας, εξετάζουμε κατ' αρχάς τη νιτσεϊκή θεώρηση της φιλοσοφικής σκέψης στον ορίζοντα των παραστασιακών σχέσεων, όπως αυτή σκιαγραφείται στο έδαφος της αισθητικής θεωρίας της *Γέννησης της τραγωδίας*. Η συνεκτικότητα και το στιγμιαίο της αισθητικής εμφάνειας αποτελούν επίσης τους άξονες της διαπραγμάτευσης της *Αισθητικής Θεωρίας* του Αντόρνο. Η αντιπαράθεση των ερμηνευτικών προοπτικών που ακολουθεί εκβάλλει στη διαπίστωση ότι η κριτική που ασκούμε στην αντορνική σύλληψη της συναστερωτικής σκέψης βασιζόμενοι στους νιτσεϊκούς στοχασμούς περί ερμηνείας και παράστασης επιβεβαιώνεται και στο πλαίσιο φιλοσοφικής αισθητικής.

2. Η έννοια του Διαφωτισμού

Παρ' όλη την αποσπασματικότητα στη σύνθεσή της η *Διαλεκτική του Διαφωτισμού*[1] αξιώνει την ολόπλευρη ερμηνευτική παρουσίαση της νεωτερικότητας. Θέτει επίσης ως στόχο τη διαύγαση των μηχανισμών που οδήγησαν στην κατάσταση όπου «η ανθρωπότητα, αντί να περάσει σε μια αληθινά ανθρώπινη κατάσταση, βουλιάζει σε ένα νέο είδος βαρβαρότητας». (19) Δεδομένης αυτής της σκοποθεσίας η ιστορική-φιλοσοφική διάγνωση της νεωτερικότητας –ως εξέλιξη με τάση *αναίρεσης του ίδιου της του εαυτού*– δεν μπορεί φυσικά να περιοριστεί ούτε στην εξέταση αστάθμητων αφετηριακών συνθηκών ούτε και στην εξέταση παγιωμένων μορφών της ιστορικής της πορείας. Στα πλαίσια της «εφ' όλης της ύλης» κριτικής της νεωτερικότητας, η οποία ασκείται στη *ΔτΔ*, προέχει η προσπάθεια ανασυγκρότησης των δομικών στοιχείων της διαδικασίας που οδήγησε αναπόφευκτα την ιστορία του πολιτισμού σε μορφές βαρβαρότητας. Ότι η ανθρωπότητα βούλιαξε στον όλεθρο σημαίνει για την κριτική[2] των Χορκχάιμερ και Αντόρνο ότι δεν αρκεί πλέον να καταδείξει κανείς μόνο τον ελλειμματικό ή αποτυχημένο τρόπο εκπολιτισμού και εκσυγχρονισμού της ιστορίας. Η *ΔτΔ* επιδιώκει την κριτική σε βάθος, η

---

1. Μετάφραση Λευτέρης Αναγνώστου, Αθήνα 1996.

2. Παρ' όλο που έχει τεκμηριωθεί πως τα διάφορα μέρη που αποτελούν τη *ΔτΔ* δεν γράφτηκαν εξ ολοκλήρου από κοινού, εντούτοις για να αναδείξω τη συνέχεια στη σκέψη του θα αναφέρω στα περισσότερα σημεία της εργασίας αυτής μόνο τον Αντόρνο. Εκτός από τη μαρτυρία του Αντόρνο ότι όλα τα κεφάλαια της *ΔτΔ* φέρουν εξίσου την υπογραφή των δύο διανοητών, γι' αυτή την αποκλειστική αναφορά στον Αντόρνο συνηγορούν δύο πράγματα: *α)* Σε αντίθεση με τον Χορκχάιμερ η σύλληψη της ιδέας της διαλεκτικής του διαφωτισμού εντάσσεται απρόσκοπτα στην πνευματική εξέλιξη του Αντόρνο, και *β)* η παρουσία του Νίτσε στην κριτική φιλοσοφία του Αντόρνο είναι διαρκής σταθερά.

οποία να μπορεί συγχρόνως να θεμελιώσει την αποδεικτική αξίωση της θέσης της πως οι εκφάνσεις βαρβαρότητας δεν αποτελούν για την ύστερη νεωτερικότητα απλά και μόνο συνοδευτικά παραλειπόμενα των Νέων Χρόνων. Αντίθετα: οι εκφάνσεις αυτές προσβάλλουν τον εσωτερικό κορμό της. Πέρα και ενάντια στη θέση πως ο ολοκληρωτικός χαρακτήρας του Ολοκαυτώματος αποτελεί οριστική και καθοριστική ρήξη εντός των ορίων του δυτικού πολιτισμού, η *ΔτΔ* αντιτείνει στη συγκεκριμένη θεώρηση την ιστορική εξέταση του πολιτισμού υπό την ερμηνευτική προοπτική του διηνεκούς και της ταυτότητας. Από αυτή την άποψη το κατρακύλισμα στη βαρβαρότητα δεν είναι μια συγκυριακή παρεκτροπή, αλλά στοιχειοθετεί κάτι το εγγενές στην ιδιοσυστασία της νεωτερικότητας. Αν ο μύθος συμπαραδηλώνει το προ-ιστορικό, δηλαδή την επαναλαμβανόμενη και ασύνειδη κατίσχυση της φύσης, ενώ ο διαφωτισμός αντίθετα ταυτίζεται με το γνήσια ιστορικό, δηλ. την καθιέρωση της κριτικά έλλογης σκέψης και δράσης, τότε η πρόθεση της *ΔτΔ* συγκεφαλαιώνεται στην κατάδειξη του ότι «ήδη ο μύθος είναι διαφωτισμός, και: ο διαφωτισμός ξαναγίνεται μυθολογία». (26) Υπό το πρίσμα της παραπάνω ερμηνευτικής προοπτικής επιχειρείται η άμεση συσχέτιση των συνειδησιακών δομών της νεωτερικότητας με αυτές του μύθου.

Σύμφωνα με την ερμηνεία της *ΔτΔ*, ενώ ο Μύθος παρουσιάζεται με σχετικά απλή δομή, η έννοια του διαφωτισμού περιέχει μια πολυσημία. Σε γενικό επίπεδο δηλ., πέρα από την κατανόηση του Διαφωτισμού ως ιστορικού και πνευματικού κινήματος, ο διαφωτισμός στη *ΔτΔ* είναι η μορφή εκείνη του Λόγου, ο οποίος από την πλευρά του υποκειμένου εργαλειοποιείται, καθώς δουλικά τίθεται στην ευόδωση μιας άνευ όρων συντήρησης του εαυτού.

Μπορούμε λοιπόν στο εννοιολογικό πλέγμα μέσα από το οποίο σημασιοδοτείται η έννοια του διαφωτισμού να διακρίνουμε τις εξής επόψεις:

α) Η *ΔτΔ* χρησιμοποιεί ως ιστορικό-πολιτισμικό θεμέλιο της έννοιας του διαφωτισμού τη βεμπεριανή θέση της *απομαγικοποίησης*: Ο Αντόρνο εκκινείται από την προϋπόθεση ότι ο νεωτερικός Λόγος έχει εξελιχθεί σε επιστημονικό σχηματισμό, εντός του οποίου η επιστημολογική αναζήτηση της αλήθειας παροχετεύεται μέσα από μεθοδεύσεις εργαλειακού χειρισμού και κατασκευαστικής πρακτικοποίησης (19 κ.ε.).

β) Στην έννοια του Διαφωτισμού ενυπάρχει το στοιχείο της απομαγικοποίησης της φύσης, η οποία κατά συνέπεια μετατρέπεται σε υλικό τεχνικών και κατασκευαστικών χειρισμών. Παράλληλα, η εργαλειοποίηση της φύσης συνοδεύεται από την απομαγικοποίηση του υποκειμένου. Αυτό σημαίνει πως μέσω της απομαγικοποίησης της φύσης αυτο-ακρωτηριάζεται το υποκείμενο από την ολότητά του καθώς πλέον η δράση του περιορίζεται στο επίπεδο της ζωικής λειτουργίας της αυτοσυντήρησης. Από αυτή την άποψη ο όρος αυτοσυντήρηση δηλώνει την εμμονή διατήρησης ενός ακρωτηριασμένου πια εαυτού.

γ) Σύμφωνα με τον Αντόρνο οι δύο παραπάνω διαδικασίες σχετίζονται άμεσα. Η απομαγικοποίηση φύσης και εαυτού ταυτίζονται σε τέτοιο βαθμό, ώστε αυτή η ταύτιση να αποβαίνει σε κατεξοχήν κινητήρια δύναμη εκπολιτισμού, και μάλιστα με τέτοια ένταση, ώστε η συγκεκριμένη δυναμική της απομαγικοποίησης να επανέρχεται σε κάθε νέο στάδιο με δριμύτερη δυναμική. Απόληξη της ολοένα και πιο εντεινόμενης κυριαρχίας επί της φύσης και του εαυτού είναι η άρση της ίδιας της αυτοσυντήρησης. Η απολυτοποίηση της συντήρησης του ακρωτηριασμένου εαυτού αποβαίνει ο απόλυτος όλεθρος για τη συντήρηση του εαυτού. Ο διαφωτισμός –καταστατική αρχή λειτουργίας της αυτοσυντήρησης σύμφωνα με τη *ΔτΔ*– στρέφεται τελικά ενάντια στο ίδιο το υποκείμενο, επειδή «όσο περισσότερο όμως η διαδικασία της αυτοσυντήρησης επιτελείται μέσα από τον αστικό καταμερισμό της εργασίας τόσο περισσότερο επιβάλλει την αυτοαποξένωση των ατόμων, τα οποία υποχρεώνονται να διαμορφώνονται στην ψυχή και στο σώμα σύμφωνα με τον τεχνικό εξοπλισμό (...) Τελικά καταργείται φαινομενικά το ίδιο το υπερβατικό υποκείμενο της γνώσης, ως η τελευταία ανάμνηση της υποκειμενικότητας, και αντικαθίσταται από την ακόμη πιο απρόσκοπτη εργασία των αυτοελεγχόμενων μηχανισμών». (68)

Και *δ)* ο Αντόρνο διαβλέπει εντός του αυτονομημένου λόγου του διαφωτισμού, στον οποίο ο ορθολογισμός της επιλογής του μέσου σχετίζεται άμεσα με τον ανορθολογισμό του σκοπού, τα τυπικά χαρακτηριστικά της σύγχρονης κοινωνίας. Με αυτό τον τρόπο συναρτά την κριτική του ορθολογισμού με την κοινωνική κριτική. Είναι πεπεισμένος πως ο εργαλειακά ακρωτηριασμένος λόγος και η οργανωτική δομή της κοινωνίας τελούν σε αμφίδρομη σχέση. Στόχος λοιπόν της κριτικής της νεωτερικότητας της *ΔτΔ* γίνεται έτσι «το παράλογο της κατάστασης, όπου η εξουσία του συστήματος πάνω στους ανθρώπους μεγαλώνει με κάθε βήμα που τους βγάζει από την εξουσία της φύσης». (82)

Όλα αυτά τα συστατικά στοιχεία της έννοιας του διαφωτισμού αποτελούν για τον Αντόρνο εκφάνσεις του ίδιου φαινομένου ή επόψεις του ίδιου εννοιακού καθορισμού. Στα πλαίσια του καθορισμού της έννοιας του διαφωτισμού ως ατέρμονης εκλογίκευσης συνενώνονται ο εργαλειακός λόγος καθώς και οι ιστορικές διαδικασίες διαφωτισμού και εξορθολογισμού. Συνενώνονται επομένως όλοι εκείνοι οι κοινωνικοί σχηματισμοί και τύποι υποκειμενικότητας από τη μυθική έως και την απομυθευτική εποχή. Η *κυριαρχία* είναι για τον Αντόρνο η θεμελιακή έννοια, η οποία επεκτείνεται από την κριτική του νεωτερικού Λόγου έως και την καπιταλιστική κοινωνία. Η έννοια επομένως της κυριαρχίας συγκεφαλαιώνει το νόημα της διαφωτιστικής νεωτερικότητας και στοιχειοθετεί την κριτική θεώρηση σύνολης της ιστορίας του πολιτισμού: «Η ουσία του διαφωτισμού είναι η εναλλακτική εκλογή που αναπόφευκτα καταλήγει στην κυριαρχία. Οι άνθρωποι είχαν πάντα να επιλέξουν μεταξύ της υποδούλωσής τους στη φύση ή της υποδούλωσης της φύσης στον εαυτό». (72) Η έννοια της κυριαρχίας νοηματοδοτείται από τον Αντόρνο με τέτοια ευρύτητα, ώστε να ενοποιούνται εντός της τα γνωστικά πεδία της ιστορίας, του πνεύματος και της κοινωνίας. Από την άλλη, η ίδια έννοια καθιστά βάσιμο το επιχειρηματολογικό σχήμα πως ο Διαφωτισμός επανακάμπτει στο μύθο. Με βάση τη θέση της *ΔτΔ* πως *ο* καταναγκασμός της κυριαρχίας αποτελεί a priori συνθήκη της εξέλιξης του πολιτισμού, δεν εκπλήσσει το γεγονός πως για τον Αντόρνο ο διαφωτισμός –στο απόγειό του– επιστρέφει στο αρχέγονο σημείο εκκίνησής του: «Υπό τον καταναγκασμό της κυριαρχίας η ανθρώπινη εργασία οδηγούσε ανέκαθεν μακριά από το μύθο, στον μαγικό κύκλο του οποίου περιερχόταν πάντα υπό την πίεση της κυριαρχίας». (ό.π.)

2.1. Ανασυγκρότηση της επιχειρηματολογίας της ΔτΔ

Πριν περάσουμε στη συστηματική εξέταση του κειμένου, ας προσπαθήσουμε να φέρουμε τα επιχειρηματολογικά νήματα σε μια ευδιάκριτη διάταξη. Μια πρώτη ταξινόμηση των θέσεων της *ΔτΔ* σε συναστερισμούς εννοιών θα μπορούσε να είναι η ακόλουθη: *α)* η ελλειμματικότητα της εσώτερης δομής του διαφωτισμού, *β)* η επαναστροφή της διαδικασίας του διαφωτισμού στη μυθική αιώνια επανακύκλιση του ιδίου, *γ)* η κατανόηση του μύθου διαμέσου των στοιχείων επαναστροφής του διαφωτισμού (σύμφωνα με την παρουσίαση της *ΔτΔ* ο μύθος από την αρχή διακατέχεται από στοιχεία διαφωτιστικών και κυριαρχικών βλέψεων πάνω στη φύση), και τέλος *δ)* η κριτική που επιχειρεί η *ΔτΔ* στον ανθρωπομορφισμό της μυθικής αφήγησης στηρίζεται πρωτίστως στην παραδοχή πως και η μυθική εξήγηση αρθρώθηκε θεωρώντας δεδομένη τη μαγική σχέση, στην οποία πριν απ' αυτή υποκείμενο και αντικείμενο τελούσαν εντός μιας αξεδιάλυτης συνύπαρξης. Θα ξεκινήσουμε με τη διαπραγμάτευση της τελευταίας θέσης.

Ο προμυθικός, προανιμιστικός, μαγικός αρχέγονος χρόνος στο πλαίσιο της ιστορικο-φιλοσοφικής ανασυγκρότησης της *ΔτΔ* χαρακτηρίζεται από τη δομικά αδιαχώριστη συνύπαρξη μεταξύ του ανθρώπινου είναι και της κυριαρχικότητας του φυσικού περιβάλλοντος. Στο στάδιο αυτό η ενότητα φύσης και ανθρώπου δεν τίθεται ακόμα ως αντικείμενο εργαλειακής κυριαρχίας. Δεν έχει επέλθει ακόμα η καθυπόταξη της πρώτης από το υποκείμενο. Γι' αυτόν ακριβώς το λόγο η μεταξύ τους σχέση βιώνεται αδιαφοροποίητα.[3] Το γεγονός ότι το όλο της φύσης δεν βιώνεται στην προοπτική μιας εξ αποστάσεως εξαντικειμενίκευσης, εκδηλώνεται πρωταρχικά στην απουσία κατηγοριών αναπαράστασης, στο ό,τι δηλαδή η ανθρώπινη σχέση με τη φύση δεν διαμεσολαβείται από συμβολικές παραστάσεις. «Ως πρωτογενές και αδιαφοροποίητο αντιπροσώπευε ό,τι είναι άγνωστο και ξένο· αυτό που υπερβαίνει τον ορίζοντα των εμπειριών, ό,τι μέσα στα πράγματα είναι παραπάνω από την εκ των προτέρων γνωστή ύπαρξή τους». (46)

Πέρα από την ολοσχερή κατίσχυση της φύσης, που οφείλεται στην

3. Η μαγική αντιμετώπιση της φύσης βασίζεται ουσιαστικά σε μια μιμητική στάση, στην οποία η αισθητήρια αντίληψη καθοδηγείται από σχήματα ομοιότητας και αναλογίας. Η χρησιμοποίηση όμως εννοιών και γλωσσικών κωδίκων, όσο απαραίτητη και να είναι για την αυτοσυντήρηση του ανθρώπινου είδους, εκκινεί σύμφωνα με τη *ΔτΔ* μια διαδικασία η οποία αναπόδραστα καταλήγει στην επικράτηση μιας εξουσιαστικής ορθολογικότητας (βλέπε σελ. 40 κ.ε.).

επιβλητικότητα της παρουσίας της στην ψυχή του πρώιμου ανθρώπου, δεν υπάρχει τίποτα άλλο. Στην αρχέγονη ψυχή επενεργεί μονάχα ο αντίλαλος του δέους που της προκαλεί η φύση. Για τη *ΔτΔ* πέρα από αυτό το είδος πρωταρχικής σχέσης δεν υπάρχουν άλλες διαφοροποιήσεις μεταξύ ανθρώπου και φύσης. Η παραπάνω συνθήκη αποτελεί την πρωταρχή της εξέλιξης του πολιτισμού. Αυτός είναι και ο λόγος για τον οποίο η *ΔτΔ* δεν αναφέρεται λεπτομερέστερα στο ανθρωπολογικό υπόβαθρο της λεγόμενης πρωταρχικής φυσικότητας, δηλαδή στον εγκλεισμό του ανθρώπου εντός των ορίων της φυσικής κυκλικότητας. Όμως ακριβώς αυτή η έλλειψη διαφοροποίησης δίνει στον Αντόρνο τη δυνατότητα να υπερπηδήσει τις απαιτήσεις που θα επιβάλλονταν για μια αναλυτική ανθρωπολογική έρευνα. Σε αυτή όμως την επιχειρηματολογική βάση κατορθώνει να αναπτύξει το μεγαλόπνοο ιστορικό-φιλοσοφικό πρόταγμα διαύγασης του διαφωτισμού και της νεωτερικότητας. Η μεθοδολογικά βαρύνουσα αποδοχή της υπόθεσης μιας αρχικά *αδιαχώριστης σχέσης* προς τη φύση αποτελεί για το ιστορικά και πολιτισμικά ενοποιητικό βλέμμα της *ΔτΔ* το συστηματικό επιχείρημα με τη βοήθεια του οποίου μπορεί να ανασυγκροτηθεί η διαλεκτική μεταξύ μύθου και διαφωτισμού.

Η ιστορική και φιλοσοφική ερμηνευτική της *ΔτΔ* προτάσσει το παραστατικό σχήμα ενός αρχικού σταδίου της ανθρωπότητας, σύμφωνα με το οποίο η ιστορική σημασία και το κοινωνικό περιεχόμενο φαινομένων όπως η μαγεία και ο ανιμισμός εξαντλούνται στην υποδήλωση ενός προ-σταδίου, μιας συνθήκης προετοιμασίας: η μαγεία και ο ανιμισμός ήταν ικανές συνθήκες εμφάνισης του μύθου ως της πρώιμης απαρχής της διαφωτιστικής και εργαλειακής σκέψης. Ο μύθος υποκαθιστά τη μέχρι τότε αδιαφοροποίητη και ερήμην διαχωρισμών ολιστική σχέση προς τη φύση μέσω συμβολικών ή στοιχειωδών εννοιακών εξαντικειμενικεύσεων, τις οποίες υποτάσσει σε στρατηγικές επικυριαρχίας. «Ο χωρισμός σε έμψυχα και άψυχα, η κατάληψη ορισμένων τόπων με δαίμονες και θεότητες, έχει τις ρίζες της σε αυτό τον προανιμισμό. Σε αυτόν υπάρχει ήδη ως τάση ακόμη και ο διαχωρισμός μεταξύ υποκειμένου και αντικειμένου». (ό.π.)

Το δεύτερο στάδιο πολιτισμού και της διαλεκτικής διαφωτισμού-μύθου ανάγεται στην ανάδυση του κοινωνικού καταμερισμού εργασίας. Στα πλαίσια καταμερισμού του κοινωνικού έργου εμφανίζονται οι πρώτες διαφοροποιήσεις στην κατ' αρχάς ενιαία και ανιμιστικά βιωμένη ολότητα της φύσης. Διαμέσου αυτών των διαφοροποιήσεων τα υποκείμενα καλούνται τώρα μέσα από στοιχειακές εννοιακές-συμβολικές σηματοδοτήσεις να διακρίνουν ξεχωριστά επίπεδα αναφορικά προς τον (φυσικό) κόσμο. Με αυτό τον τρόπο παγιώνεται συγχρόνως και η μορφή τους. Μέσα από κάθε διαφοροποίηση που συντελείται στις αναφορές του ανθρώπου προς τη φύση –συνθήκη που αποτελεί άλλη όψη διαφωτιστικής απομαγικοποίησης– αποκρυσταλλώνονται αρχικές δομές της ταυτότητας και των χαρακτήρων της προσωπικότητας. Σε αυτή τη φάση εγκαταλείπεται το προηγούμενο στάδιο της μυθικής βίωσης του κόσμου, το οποίο καθοριζόταν από την αμεσότητα και την επιβλητικότητα της παντοδύναμης φυσικής ολότητας.

Ανάλογα πορεύεται τώρα και η πολιτισμική εξέλιξη, η οποία από εδώ και στο εξής κατευθύνεται ξεκάθαρα προς επέκταση της λειτουργίας εννοιακών αφαιρέσεων. Η δύναμη της φύσης δεν αποτελεί πια υπέρκοσμη και παραλυτική αρχή κάθε ανθρώπινου σκιρτήματος, αλλά εντάσσεται στο ερμηνευτικό πλαίσιο του μυθικού κοσμοειδώλου που συγκροτείται διαμέσου συμβολικών διεργασιών. Στη μυθική ερμηνεία του κόσμου στοιχειοθετούνται μεταξύ των πραγμάτων σχέσεις ομοιότητας και διαφοράς. Παράλληλα, αναδύεται μια κοσμογονική ιεράρχηση του σύμπαντος, εντός της οποίας το μυθικό κοσμοείδωλο κατέχει μια συγκεκριμένη θέση. Ο αρχαϊκός λόγος συμπτύσσεται σε ενιαίο ερμηνευτικό σύστημα, στο οποίο η μυθική σκέψη προτάσσει την ενότητα του φυσικού κόσμου. Έτσι, η μυθική σκέψη –με όσες δυνατότητες εννοιακής αφαίρεσης διαθέτει– θέτει τα θεμέλια για μια αχαλίνωτη κυριαρχία επί της φύσης.

Στην οπτική της *ΔτΔ* ο μύθος αποτελεί επιφανειακά μόνο το νέο στάδιο εκδίπλωσης της ορθολογικής, δηλαδή εννοιακά διαμεσολαβημένης, σχέσης προς τον κόσμο. Η ορθολογικότητα αποκτά έναν αλλόκοτο χαρακτήρα: από τη μια εξουδετερώνει τον τρόμο μπροστά στην παντοδυναμία της φύσης και από την άλλη τον ίδιο τρόμο τον διαιωνίζει φέροντάς τον εντός της, καθόσον η ίδια η ορθολογικότητα είναι αντικαθρέφτισμα αντιμετώπισης του τρόμου. «Η έννοια (...) ήταν ωστόσο εξαρχής προϊόν της διαλεκτικής σκέψης, όπου το καθετί είναι πάντοτε αυτό που είναι, μόνο επειδή γίνεται αυτό που δεν είναι. Αυτή είναι η πρωταρχική μορφή του αντικειμενοποιούντος ορισμού (...) Αυτή όμως η διαλεκτική παραμένει ανίσχυρη ενόσω αναπτύσσεται από τη φωνή του τρόμου, η οποία είναι ο διπλασιασμός, η ταυτολογία του ίδιου του τρόμου (...) Από το φόβο φαντάζεται πως θα απαλλαγεί όταν δεν θα υπάρχει πια τίποτε άγνωστο. Αυτό καθορίζει την τροχιά της απομυθοποίησης, του διαφωτισμού (...) Ο διαφωτισμός είναι μυθικός φόβος που έχει λάβει ριζική μορφή». (47)

Η *ΔτΔ* στρέφει το βλέμμα της αποκλειστικά σε εκείνες τις επενέργειες της μυθικής κοσμοθεώρησης οι οποίες στα πλαίσια των μυθικών αφηγήσεων και των μεταφυσικών θεωρημάτων πιστοποιούν τις εμπειρίες άμεσης υποταγής στην παντοδύναμη ολότητα της φύσης. Συνάμα η επίκληση των πρακτικών αυτών του μύθου επιτρέπει στη *ΔτΔ* να ταυτίσει τη γνωστική ικανότητα του ανθρώπου με στρατηγικές εργαλειακού ελέγχου και κυριαρχίας. Με βάση αυτόν το συσχετισμό μύθου, ορθολογικότητας και κυριαρχίας στη *ΔτΔ*, μπορεί άνετα κανείς να υποστηρίξει πως η κριτική του διαφωτισμού στην εργασία αυτή λαμβάνει υπόψη μερικές μονάχα επόψεις των γνωστικών δομών του εργαλειακού λόγου. Πρέπει εδώ να τονιστεί πως οι συγγραφείς παραθεωρούν το πεδίο κοινωνικής δράσης (και ταξικής πάλης), στο οποίο υποτίθεται πως οι μηχανισμοί της κυριαρχίας επί της φύσης μετεξελίσσονται με αδήριτη αναγκαιότητα σε συνθήκες ελέγχου και καταπίεσης.[4]

Σε τρίτο στάδιο έχουμε την επικράτηση του ταυτιστικού-εργαλειακού λόγου. Τώρα αποκόπτονται οριστικά οι δεσμοί με την εγγενή δυναμική της μυθικής κοσμοεικόνας. Ο εργαλειακός λόγος παρουσιάζεται σ' αυτή τη φάση ως η απαραίτητη προϋπόθεση της ατομικής αυτοσυντήρησης. Στο κεφάλαιο (παράρτημα) της *ΔτΔ* για τον Οδυσσέα, υποδειγματική περίπτωση για τη θεώρηση εξέλιξης της υποκειμενικότητας, επιχειρείται με τόλμη μια ερμηνευτική της σημασίας των περιπετειών του πολύπαθου βασιλιά.

Στην κατάστρωση μιας ερμηνευτικής του ομηρικού έπους βοηθά κα-

4. Αυτό ισχύει παρά και ενάντια στην επικράτηση του ταυτιστικού λόγου και την εξάπλωσή του στο κοινωνικό πεδίο διαμέσου του σχήματος ισοτιμίας που χαρακτηρίζει τις σχέσεις ανταλλαγής.

τά πρώτο λόγο η αντιστοίχιση της κοινωνικής βαθμίδας και προέλευσης του μυθικού ήρωα προς τον τρόπο με τον οποίο ο ίδιος μεθοδεύει εργαλειακά τη δράση του ως υποκείμενο. Για τον Αντόρνο ο Οδυσσέας ενσαρκώνει το φορέα της εξουσίας και συγχρόνως τον τρόπο δράσης του πανούργου και ευρηματικού εργαλειακού λόγου. Κατά δεύτερο λόγο μεγάλο ρόλο παίζει η αποδοχή μιας ακόμα αντιστοιχίας: αυτή της εξέλιξης της υποκειμενικότητας προς την εργαλειακή αντιμετώπιση του εαυτού. Ο Οδυσσέας, ενώ θέλει να ακούσει το τραγούδι των Σειρήνων, διέρχεται τελικά την απειλή δεμένος στο κατάρτι του πλοίου του. Εδώ παρουσιάζεται ο διχασμός της συνείδησής του. Για να διατηρήσει την ακεραιότητα του εαυτού (του) αναγκάζεται να δεθεί, προσφέροντας παρ' όλα αυτά στον εαυτό του τη δυνατότητα να γευθεί τη σαγήνη.

Γι' αυτή τη συνείδηση οι πρόοδοι του πολιτισμού, τα στάδια δηλαδή εξόδου της ανθρωπότητας από την εθελούσια ανωριμότητα, συνοδεύονται και από μια ολοένα επιτεινόμενη διαπλοκή στη δουλικότητα της αέναης κυκλικότητας της φυσικής διαδικασίας. Στα πλαίσια του σχήματος αυτού η εσωτερίκευση των φυσικών καταναγκασμών (η εργαλειοποίηση της φύσης που είναι εργαλειοποίηση του εαυτού) παίρνει μορφή μιας παραμόνιμης εσωστρέφειας, η οποία εκδιπλώνεται στη βάση της λογικής της θυσίας. Όσον αφορά τη διαμόρφωση πάγιων χαρακτηρολογικών τύπων της υποκειμενικότητας, η *ΔτΔ* προτάσσει πως στο συναστερισμό της διαλεκτικής μύθου και διαφωτισμού αντιστοιχεί η διαλεκτική θύματος και πανουργίας. Για να διαρρήξει το άτομο την καταναγκαστική εξάρτηση από το φυσικό περιβάλλον πρέπει να χρησιμοποιήσει πανούργες μεθόδους, αφού μόνο έτσι υπερφαλαγγίζεται η συνθλιπτική υποταγή στη συμβολική δύναμη του μύθου. Επομένως η πανουργία στηρίζει την αυτοσυντήρηση. Στη διάρκεια αυτής της εξέλιξης το άτομο προκαλεί περισσότερα δεινά απ' όσες αντιστάσεις μπορεί (και θέλει) να αντιτάξει στη φυσική ολότητα.

Για τους Αντόρνο και Χορκχάιμερ ο παράδοξος χαρακτήρας της πανουργίας σηματοδοτεί το σημείο συστηματικής μετάβασης στο πεφωτισμένο-απομαγικοποιημένο υποκείμενο. Με κάθε ενέργεια της αυτοδιάσωσης έναντι της φυσικής αντικειμενικότητας –και θεωρώντας δεδομένη την πανουργία της μυθικής-*πρωτο*διαφωτιστικής συνείδησης– το υποκείμενο υποκύπτει εντονότερα στη δυναμική μιας σχέσης αλληλο- και αυτοπάθειας: άλλοτε από τη σκοπιά του θύτη κι άλλοτε από τη μεριά του θύματος. Ακριβώς αυτή η σχέση συνηγορεί δραστικά υπέρ της θέσης της *ΔτΔ* για την αξεδιάλυτη περιπλοκή μύθου και διαφωτισμού. «Η αντικατάσταση της θυσίας από την αυτοσυντηρητική ορθολογικότητα είναι ανταλλαγή όσο και η θυσία προηγουμένως». (104) Με τον ισχυρισμό αυτό η *ΔτΔ* επιδιώκει να αποδείξει πως η χρήση της πανουργίας, εγγενής στις αρχαϊκές λατρευτικές τελετές, δεν μπορεί να διακριθεί ξεκάθαρα από το κατοπινό εκκοσμικευμένο δίπολο θυσίας-ανταλλαγής. Ο (κατ-)αναγκαστικός χαρακτήρας της θυσίας, όπου για τη *ΔτΔ* μύθος και διαφωτισμός συγκλίνουν, διαπερνάται εξαρχής από το στοιχείο της πανουργίας, η οποία με τη σειρά της τίθεται στην υπηρεσία της αυτοσυντήρησης κατανικώντας κάθε εμπόδιο. Στη *θυσιαστική πράξη προτυπώνεται η μετέπειτα καπιταλιστική ανταλλαγή των εμπορευμάτων*. Οι θυσιαστικές τελετουργίες αλλά και η ανταλλαξιμότητα των προϊόντων παραπέμπουν ρητά στη μυθική αναγκαιότητα της κυκλικής αιώνιας επιστροφής.

Για τη *ΔτΔ* η διαδικασία αποσύνθεσης του μυθικού κοσμοειδώλου αποτελεί και την απαρχή της ολοκληρωτικής επικράτησης του εργαλειακού λόγου. Για τη μεταστροφή του διαφωτισμού σε μυθολογία συνδετικό νήμα αποτελεί η συνθήκη ανταλλαγής, η οποία κατά τον Αντόρνο προϋποθέτει τα δομικά χαρακτηριστικά του εξουσιαστικού λόγου. Για την ιστορικο-φιλοσοφική προσέγγιση της *ΔτΔ* αντικείμενο κριτικής και αποδόμησης αποτελούν ακριβώς οι γνωσιοθεωρητικές πλευρές αυτού του εξουσιαστικού λόγου, οι οποίες για τον Αντόρνο εντοπίζονται λογικά στη βάση κάθε κοινωνικής δράσης.

Η *μετα- και αναστροφή του διαφωτισμού σε μυθολογία* βρίσκει το κοινωνικό της έρεισμα στους θεσμούς της εργαλειακής συνείδησης, στην οποία κωδικοποιείται ο μηχανισμός (εμπορευματικής) ανταλλαγής καθώς δημιουργούνται συγχρόνως ανταλλακτικές αξίες. Για τον ερμηνευτικό ορίζοντα της *ΔτΔ* ο διαφωτισμός θα κυριαρχήσει λόγω της αστείρευτης ευρηματικότητάς του σε εννοιακές αφαιρέσεις και στη συνέχεια θα ταυτιστεί με μηχανισμούς εργαλειακών σκοποθετήσεων και της *λογικής του αποκλεισμού*. Ευνόητο λοιπόν είναι πως η παραπάνω θέση δεν απέχει πολύ από την κατάδειξη του εξουσιαστικού χαρακτήρα του διαφωτιστικού προτάγματος. Το συστηματικό επιχείρημα που αντιτείνει ο Αντόρνο στην κυριαρχική ratio είναι η επαναλαμβανόμενη κατάδειξη της επαναστροφής (Regression) του λόγου του διαφωτισμού σε μυθολογία, καθώς η λογική των γενικών εννοιών αυτονομείται παραγκωνίζοντας κάθε άλλη σημασιοδότηση και σκοποθεσία πέρα απ' αυτή του εργαλειακού ελέγχου. Με βάση αυτή τη λογική, ό,τι για τη συμβολική-μυθική λειτουργία της μαγείας αποτελούσε φετίχ, μετατρέπεται τώρα σε φετιχοποιημένη παντελή ισχύ της αφαιρετικής διάνοιας, που σκοπεύει αποκλειστικά σε μια εξίσου παντελή εξουσιαστική κυριαρχία.

Επομένως δεν πρέπει να μας ξενίζει που ο φορμαλισμός της γνωστικής διαδικασίας, ο οποίος στην περίπτωση του θετικισμού αγγίζει τα άκρα, βρίσκεται στο στόχαστρο των κριτικών πυρών της *ΔτΔ*. Ο λόγος είναι ευνόητος: Η θετικιστική σκέψη δεν κατόρθωσε να θέσει σε λειτουργία κριτικού αυτοελέγχου το δυναμικό αναστοχασμού που συνόδευσε τη χειραφέτηση της επιστήμης από τη μυθική κοσμοθεώρηση. Αντίθετα, προσκολλάται σ' ένα άκαμπτο σχήμα εργαλειακότητας, η οποία εξοβελίζει κάθε διάθεση κριτικής. «Για το θετικισμό, ο οποίος ανέλαβε το δικαστικό αξίωμα του φωτισμένου Λόγου, η παρέκκλιση σε νοητούς κόσμους δεν είναι απλώς απαγορευμένη, αλλά ανόητη φλυαρία». (62)

Στο σημείο αυτό πρέπει πάντως να διατυπώσουμε κάποιες αμφιβολίες αναφορικά προς τη βεβιασμένη συνταύτιση διαφωτισμού και μύθου. Το φάσμα της ιστορικής-φιλοσοφικής κριτικής του πολιτισμού της *ΔτΔ* θέλει να είναι τόσο ευρύ, ώστε να διεκτείνεται από τις μυθικές αφηγήσεις των προαρχαϊκών κοσμοειδώλων μέχρι τον επιστημονισμό του θετικισμού. Στο σημείο αυτό δημιουργείται η απορία κατά πόσο ο Αντόρνο δεν προβαίνει κι ο ίδιος σε εσφαλμένες κατηγοριοποιήσεις. Η διατύπωση μάλιστα μιας τέτοιας απορίας δικαιολογείται αν αναλογιστεί κανείς πως η θεωρητική κατασκευή της επάλληλης σχέσης εξάρτησης ανάμεσα στο μύθο και το διαφωτισμό οδηγεί αναπόφευκτα σε μια αρνητική φιλοσοφία της ιστορίας εν γένει. Κάτι τέτοιο γίνεται προφανές αν σκεφτεί κανείς πως π.χ. η κατανόηση του μύθου στη *ΔτΔ* περιορίζεται αποκλειστικά στη διασαφήνιση του ερωτήματος μέχρι ποιο βαθμό τελικά ο μύθος θέτει δυνητικά την προοπτική της διαφωτιστικής κοσμοθεωρίας. Επιπλέον η *ΔτΔ* πραγματεύεται με ιδιάζουσα λεπτότητα το ερώτημα αν τελικά τα ενεργήματα εξορθολογισμού που απορρέουν από το διαφωτισμό αποτελούν στην πραγματικότητα και κάτι άλλο πέρα από απατηλές προβολές του ίδιου του διαφωτισμού ως μεταφυσικής του φωτός ή των φώτων.[5]

Με άνεση πάντως θα μπορούσαμε να ισχυριστούμε ότι η πρόσληψη και ερμηνεία του μύθου από τη *ΔτΔ* χαρακτηρίζεται από μια *ιδιότυπη μονομέρεια*, η οποία προκύπτει από την αποκλειστική προσήλωση στις γνωσιοθεωρητικές επόψεις της μυθικής κοσμοεικόνας. Ως πρώιμη μορφή διαφωτιστικής ερμηνείας του κόσμου ο μύθος αποτελεί για τη *ΔτΔ* έρεισμα της επικράτησης του εργαλειακού λόγου. Η εικόνα του Αντόρνο για το μύθο εγείρει ακόμη το ερώτημα πώς είναι δυνατόν να μην απολέσουμε σημαντικό μέρος από τη σημασία του μύθου καθώς την περιορίζουμε και την προσεγγίζουμε στις γνωσιοθεωρητικές της μόνο διαστάσεις. Αυτό συμβαίνει βέβαια επειδή η *ΔτΔ* επιδιώκει να δείξει πως μεταξύ μύθου και νεωτερικής *ratio* –εκπορευόμενης κυρίως από το πνεύμα κυριαρχίας επί της φύσης μέσω της επιστήμης– υπάρχει οργανική σχέση. Η υπόθεση μια δομικής αντιστοιχίας, στη βάση της οποίας ο μύθος εξελίσσεται σε διαφωτισμό και ο διαφωτισμός επαναστρέφει στη μυθολογία, βασίζεται προφανώς σε μια ελλιπή, ή καλύτερα μονομερή, κατανόηση του μυθικού περιεχομένου.

Προχωρώντας κανείς ένα βήμα θα μπορούσε να ισχυριστεί ότι με αυτή τη μονοδιάστατη προσέγγιση της διαδικασίας ορθολογισμού η *ΔτΔ* υποπίπτει σ' έναν ευρωκεντρισμό, ιδίως από τη στιγμή που αντιμετωπίζει τις μυθικές πολιτισμικές παραδόσεις των αρχαϊκών κοινωνιών υπό το πρίσμα αυστηρά της γνωστικής συμβατότητάς τους προς το ευρωπαϊκό διαφωτιστικό πρόταγμα. Ακόμη πιο αρνητική παρουσιάζεται η σύλληψη της *ΔτΔ* καθώς δεν αφήνει τον αναγκαίο χώρο και για μια διαφοροποιημένη αξιολόγηση της νεωτερικής ορθολογικότητας. Σε τελική ανάλυση η αμετάκλητη καταδίκη του νεωτερικού Λόγου δεν αφήνει κανένα άλλο περιθώριο πέρα απ' αυτό της ισχνής διαμαρτυρίας της καταπιεσμένης φύσης.

Πράγματι, όπως θα φανεί και στη συνέχεια της μελέτης μας, στο θέμα αυτό η κριτική του διαφωτισμού προσκρούει σε ανυπέρβλητα θεωρητικά εμπόδια εξαιτίας ακριβώς του συνεπούς αρνητισμού της. Η αι-

---

5. Ό.π., σελ. 81.

τία για κάτι τέτοιο είναι πως ενώ σύμφωνα με τις προγραμματικές διατυπώσεις του προλόγου η *ΔτΔ* θέλει να αναπτύξει την επιχειρηματολογία της στηριγμένη στο κριτήριο της «προσδιορισμένης άρνησης» (*bestimmte Negation*), εντούτοις τοποθετεί τον εαυτό της στη θέση του παρατηρητή. Από την ασφάλεια που της παρέχεται λόγω της απόστασης, καταδεικνύει μέσα από ποιες αντινομίες ο διαφωτισμός οδηγήθηκε στον όλεθρο των δύο Παγκόσμιων πολέμων και του Ολοκαυτώματος. Όπως είδαμε και πιο πριν, ο *διαφωτισμός είναι ανίκανος να αναπτύξει εγγενείς δυνατότητες κριτικού αναστοχασμού*. Μόνο στο βαθμό που τα γεγονότα ανασηκώνουν το ανορθολογικό πέπλο που σκεπάζει το πρόταγμα του διαφωτισμού, μπορεί να υπάρξει ιδεολογική και κριτική διαύγαση του απατηλού κόσμου της διαφώτισης. Αν στηριχθεί κανείς στις κατηγορίες της *ΔτΔ* εναντίον της απολυτοποίησης του επιστημονισμού, τότε δεν μπορεί παρά να παραδεχθεί πως, ακριβώς εξαιτίας της θετικιστικής τύφλωσής της, η *ratio* δεν διαθέτει ούτε την ικανότητα αλλά ούτε και τη θέληση για κριτικό αυτοέλεγχο! Η καθολική απόρριψη της κοσμοθεωρητικής στάσης του θετικισμού ως του «πνεύματος των καιρών» από την κριτική ανάλυση των δομών ορθολογικότητας της *ΔτΔ* στερεί τελικά τη δυνατότητα άντλησης θεωρητικών πορισμάτων. Η εικόνα που αφήνει μια τέτοια κριτική είναι αυτή της ισχνής επίθεσης εναντίον του συγκαιρινού αντιπάλου της *ΔτΔ*.

Αν όντως τελικά η *ratio* έχει κυριαρχήσει κοσμοϊστορικά ως το εργαλειακό-τεχνολογικό πρόταγμα εξουσίας, τότε το εγχείρημα της ιστορικοφιλοσοφικής κριτικής της *ΔτΔ* βρίσκεται προ ενός ανυπέρβλητου αδιεξόδου: Καθώς η διάγνωση της νεωτερικότητας εμπεριέχει ολοκληρωτικά τη «δόλια και σφαλερή» παρεπιδημία του εργαλειακού λόγου, τότε δεν απομένει πια καμία δυνατότητα κριτικού στοχασμού για τη θεμελίωση μιας έγκυρης θεωρητικά αντιπρότασης. Αν η νεωτερικότητα κυριαρχείται καθολικά από τη διαδικασία αλλοτρίωσης, τότε είναι δύσκολο να εντοπίσει κανείς από πού θα μπορούσε η κάθε κριτική παρέμβαση να αντλήσει διαπιστευτήρια υπέρβασης των συγκεκριμένων αντινομιών. Εξαντλώντας κανείς αυτή τη συλλογιστική θα διακρίνει πως τη *ΔτΔ* συνέχει μια ιδιότυπη κυκλικότητα σχετικά με τη μεθοδολογική προσέγγιση της *ratio*. Για να θεμελιωθεί η κατηγορική απόρριψη της ρασιοναλιστικής εργαλειακότητας, η *ΔτΔ* αναγκάζεται να προϋποθέσει πως σχετικά με τα εξουσιαστικά του ενεργήματα ο νεωτερικός Λόγος είναι συμπαγής, άκαμπτος και μονολιθικός. Το παράλογο όμως είναι πως ακριβώς αυτή η παραδοχή συνιστά το ζητούμενο και όχι δεδομένο της συνολικής πολιτισμικής, φιλοσοφικής ανάλυσης. Πρόκειται για ξεκάθαρη *petitio principii* (λήψη δεδομένου).

Στη μελέτη μας θέλουμε να δείξουμε πως μια τέτοια στάση ριζικής άρνησης του θετικιστικού λόγου δεν παρέχει θεωρητικές προσβάσεις άρσης ή ανατροπής του αποξενωμένου πλέον από την εργαλειακότητα πολιτισμού.[6]

Προσπαθώντας να αντιμετωπίσει τη μονοδιάστατη και κατασταλτική λογική της εργαλειακής *ratio* η *ΔτΔ* υπερβάλλει υποστηρίζοντας την ολοσχερή απαξίωση της διαφωτιστικού λόγου. Άρα, στερεί η ίδια από τη θεώρησή της τη δυνατότητα να κινητοποιήσει στο πλαίσιο της χειραφετητικής επενέργειας του διαφωτισμού όλες εκείνες τις στιγμές του παρελθόντος όπου η εμπειρία του πόνου και της αδικίας έκανε αναγκαία τη λυτρωτική του δράση. Λόγω λοιπόν της ασυμβίβαστης στάσης της *ΔτΔ* η αναφορά στη σωματική διάσταση της υποκειμενικότητας γίνεται το πρωταρχικό έρεισμα θέσης μιας κριτικής. Προς το τέλος του πρώτου κεφαλαίου συναντάμε ένα σιβυλλικό σχήμα για την ιστορική δυνατότητα υπέρβασης: «Δυνάμει μιας τέτοιας ζωντανής μέσα στο υποκείμενο ενθύμησης της φύσης, στη διατήρηση της οποίας εμπεριέχεται η παραγνωρισμένη αλήθεια όλου πολιτισμού, ο διαφωτισμός αντιτίθεται γενικά στη κυριαρχία». (84-85)

2.2. Δομικά στοιχεία της ΔτΔ

Μετά από τη σκιαγράφηση του κριτικού στόχου της *ΔτΔ* θα περάσουμε τώρα στην αναλυτική εξέταση του σχήματος της διαλεκτικής του διαφωτισμού. Στο πρώτο κεφάλαιο που φέρει τον τίτλο «*Η έννοια του διαφωτισμού*» οι Αντόρνο και Χορκχάιμερ επιχειρούν να θεμελιώσουν το σχήμα επαναστροφής της ορθολογικότητας της προόδου στην αιώνια επανάληψη των νομοτελειών της φύσης. Η ανάλυσή τους εστιάζε-

6. Βλέπε Χάμπερμας, *Ο φιλοσοφικός Λόγος της νεωτερικότητας*, σελ. 154.

ται στην *ισοπεδωτική λογική του ταυτιστικού λόγου*. Ο κορμός της επιχειρηματολογίας συνίσταται στη θέση πως κάτω από τις πνευματικές και κοινωνικές συνθήκες οι οποίες επιβάλλονται από το σύστημα σκέψης του διαφωτισμού, δηλαδή τη λογική της ταυτιστικής ισοδυναμίας, προκύπτει ένα είδος πεπρωμένου: Στο απόγειό της η νεωτερικότητα παίρνει τη μορφή του μύθου, της αιώνιας ενακύκλισης του ιδίου.[7] Ο ακραία απομυθευτικός διαφωτισμός πληρώνει το τίμημα της εργαλειακής του μονομέρειας με το να ανατρέπει αδιάλειπτα τις ίδιες του τις κατακτήσεις. Τη θέση των φώτων, ή αλλιώς του βαθμιαίου εξορθολογισμού, διαδέχεται η ολοκληρωτική φενάκη. Το φως αντικαθίσταται από την επίφαση. Τα ωφέλιμα αποτελέσματα της απομαγικοποίησης και απομύθευσης αίρονται. Παραχωρούν σταδιακά τη θέση τους σε μια νέα μυθολογία, η οποία αναφύεται στο έδαφος της *ταυτιστικής λογικής του αστικού λόγου και της λογικής της ανταλλακτικής αξίας που διέπει την καπιταλιστική κοινωνία*. Ο Αντόρνο εντοπίζει την απαρχή της διαλεκτικής κίνησης της ορθολογικότητας σε μια διαδικασία μεταλλαγής του λόγου: ενώ ο ίδιος προσπαθεί να διαρρήξει τα φυσικά του δεσμά, κατά παράδοξο τρόπο, τα αναπαράγει. Για τους συγγραφείς της *ΔτΔ* οι διαδικασίες εξορθολογισμού αυτονομούνται σε τέτοιο βαθμό, ώστε να λαμβάνουν εξίσου χαρακτήρα αυτοματικού καταναγκασμού, ο οποίος δεν

7. Η σύλληψη του μύθου στα πλαίσια της κριτικής του Αντόρνο στον εργαλειακό διαφωτισμό χαρακτηρίζεται από μια μονομερή έποψη. Στο πλαίσιο της ανάπτυξης της θέσης της *ΔτΔ* σύμφωνα με την οποία το μυθικό κοσμοείδωλο αποτελεί ήδη ένα πολιτισμικό στάδιο της εξέλιξης του διαφωτισμού και της απομαγικοποίησης του κόσμου ο Αντόρνο ισχυρίζεται διαμέσου ενός ιστορικο-φιλοσοφικού σχήματος πως η διαφορά μεταξύ της μαγικής-μυθικής σχέσης του ανθρώπου με το φυσικό περιβάλλον και της επιστημονικής-τεχνικής διαχείρισης του αντικειμενικού κόσμου είναι απλά ποσοτική. Ο Αντόρνο εντοπίζει την απαρχή της διάσπασης υποκειμένου-αντικειμένου, εναρκτήρια συνθήκη της διαδικασίας του πολιτισμού και συνάμα πηγή της κακοδαιμονίας που μαστίζει το διαφωτισμό ως κυριαρχία, στο φαινόμενο του διπλασιασμού που σφραγίζει πολιτισμικά την ανθρωπολογική σχέση της μίμησης προς το φυσικό περιβάλλον. Εξελισσόμενη πολιτισμικά η μιμητική στάση οδηγεί στην επικράτηση γλωσσικών συμβόλων, τα οποία με τη σειρά τους στη συνέχεια αποσπώνται από τη μιμητική τους μέθεξη στα αντικείμενα διάγοντας από εδώ και στο εξής μια αυτόνομη ύπαρξη. Καθώς μετατρέπονται έτσι σε άυλα σημεία περνάνε στη σφαίρα των εννοιολογικών αφαιρέσεων καταλήγοντας στο να γίνουν αντικείμενα διαχείρισης από τον επιστημονικό-εργαλειακό λόγο.

διαφέρει από τον πρότερο καταναγκασμό της φύσης. Αν όμως αυτονομημένη ορθολογικότητα και μύθος συγκλίνουν στον καταναγκαστικό αυτοματισμό, τότε η *ιστορική διαδικασία αυτοαναιρείται ως παραμόνιμη μυθική επανάληψη*. Η σκέψη του διαφωτισμού αποτελεί για τον Αντόρνο μια ταυτολογία η οποία διακατέχει την εξέλιξη του πολιτισμού οικουμενικά. Συνεπώς έχουμε να κάνουμε με μια «κοσμοϊστορική ταυτολογία»: «Το δεδομένο δικαιώνεται κατ' αυτά, η γνώση περιορίζεται στην επανάληψή του, η σκέψη καταντά απλή ταυτολογία. Όσο περισσότερο η μηχανή της σκέψης υποδουλώνει το υπάρχον τόσο πιο τυφλά περιορίζεται στην αναπαραγωγή του». (64) Προτού εξεταστεί η διαδικασία της αμφίδρομης κίνησης από το μύθο στο διαφωτισμό, πρέπει πρώτα να εξετάσουμε τη μέθοδο με την οποία διενεργείται η κριτική του Αντόρνο στο διαφωτισμό, ο οποίος «ξαναπέφτει στη μυθολογία, από την οποία ποτέ δεν μπόρεσε να ξεφύγει». (ό.π.)

2.2.1. Η γενεαλογική προσέγγιση

Η ταυτιστική λογική του διαφωτισμού ενυπάρχει σπερματικά στο μύθο. Η *ΔτΔ* συγκροτώντας το περιεχόμενο της καταληκτικής αυτής φράσης ως προϋπόθεση επιχειρεί τον εντοπισμό του σπερματικού διαφωτιστικού λόγου στη συνειδησιακή σφαίρα του μύθου. Για να αποδειχτεί δηλαδή η παραπάνω θέση, θα πρέπει αναδρομικά ο κριτικός λόγος των Αντόρνο και Χορκχάιμερ να διέλθει όλες τις μυθικές επιστρώσεις, ώστε να εξακριβωθούν επιτέλους ιστορικά οι κοινές απαρχές μύθου και διαφωτισμού. Για τη μεθοδολογία της *ΔτΔ* προβάλλει επιτακτικά η ανάγκη αναδρομής στην «πρωταρχική σκηνή», στο αφετηριακό σημείο επικράτησης των εργαλειακών δομών. Αυτές είναι κατ' ουσία οι δομές που συγκροτούν τόσο το ερμηνευτικό μυθικό πλαίσιο όσο και τον πυρήνα του νεωτερικού υποκειμενισμού. Μια τέτοια πορεία λοιπόν εξυπηρετεί τη θεμελίωση του λογικού συνεχούς, το οποίο μεταγγίζεται και στο μύθο και στο διαφωτισμό. Ο Αντόρνο είναι βαθιά πεπεισμένος ότι η καθολική επικράτηση της ταυτιστικής λογικής δεν αποτελεί συγκυριακή παρεκτροπή ή εκτροχιασμό του Λόγου. Αντίθετα, ήδη από τη μυθική προϊστορία η ίδια λογική διέπει τη σχέση του ανθρώπου με τη φύση, όπως και τη σχέση του ανθρώπου προς τον εαυτό του. Ο Αντόρνο ενσκήπτει έτσι στις αφετηριακές προϋποθέσεις εμφάνισης του νεωτερικού υποκειμένου όπως, κατά τη γνώμη του, αυτές καταγράφονται στα ομηρικά έπη. Αν η Οδύσσεια αποτελεί τη λογοτεχνική κωδικοποίηση του περάσματος από το μύθο στο λόγο ή το διαφωτισμό, τότε η γενεαλογική προσέγγιση της *ΔτΔ* συνίσταται στο να ανεύρει στη βιοπορεία του Οδυσσέα τις συνθήκες μέσω των οποίων ο εργαλειακός λόγος εγείρει αξιώσεις καθολικής ισχύος. Κάνοντας αυτό το βήμα η *ΔτΔ* ελπίζει να ανασυστήσει την πορεία εξέλιξης του πολιτισμού με τέτοιο τρόπο, ώστε να αποκρυσταλλωθεί πως τα δεινά της ύστερης νεωτερικότητας προδιαγράφονταν ήδη στις ιστορικές απαρχές διαμόρφωσης της ανθρώπινης συνείδησης. Η γενεαλογία της *ΔτΔ* δεν στοχεύει τόσο στο να αναγάγει τη λογική ισχύ της ταυτιστικής σκέψης και του εργαλειακού νου στις ιστορικές συνθήκες διαμόρφωσής τους, όσο στο να γίνει διακριτή εκείνη η κυριαρχική σταθερά της ιστορίας, πάνω στην οποία θα στηριχθεί η θέση της *ΔτΔ* ότι «ο αστός, στις σταδιακές μορφές του δουλοκτήτη, του ελεύθερου επιχειρηματία, του διαχειριστή, είναι το λογικό υποκείμενο του διαφωτισμού». (146)

Η κριτική του Λόγου της *ΔτΔ* κινείται πάνω σε δύο άξονες. Από τη μια μεριά η επιχειρηματολογία εκδιπλώνεται σύμφωνα με τα ερμηνευτικά σχήματα του ιστορικού υλισμού και του μαρξισμού. Οι κοινωνικοί σχηματισμοί και τα συστήματα σκέψης καθώς εγγράφονται σε ένα ιστορικό συνεχές θεωρούνται επάλληλα στάδια εξέλιξης. Από την άλλη μεριά η γενεαλογική σκοπιά τονίζει το γεγονός ότι ο αρχικός συναστερισμός της επικράτησης της εργαλειακής *ratio* έθεσε τους όρους για τη μετέπειτα πορεία της. Το εγχείρημα του Αντόρνο προσπαθεί να αποδείξει ότι στα πρόθυρα της μετάβασης από το μύθο στο διαφωτισμό ενεργοποιήθηκε μια δυναμική, η οποία σε όλες τις ιστορικές μορφές της ορθολογικότητας επιτείνει ριζοσπαστικά την καθιέρωση και κυριαρχία της δυναστικής *ratio*. Με αυτό τον τρόπο η ιστορία του εξουσιαστικού λόγου αναγιγνώσκεται ως η κίνηση μιας ξέφρενης διαδικασίας εξορθολογισμού, η οποία μονίμως υπερμεγεθύνει σε ριζοσπαστικότητα (Überbietung). Στη διαδικασία αυτή οι εκάστοτε μορφές διαφωτισμού (άλλοτε στα πλαίσια του μύθου, και πρόσφατα στους μεταφυσικούς, θετικιστικούς και επιστημονικιστικούς επιγόνους του ιστορικού διαφωτισμού) χαρακτηρίζονται από μια διπλή στάση αναφορικά προς τις προγενέστερες μορφές τους. Από τη μια η κίνηση του διαφωτισμού προσπαθεί να δείξει ότι και η προγενέστερη παράδοση διακατέχεται από τάσεις ορθολογικότητας, των οποίων η ίδια είναι συγχρόνως φορέας και «ολοκλήρωση». Σε αυτές τις παραδόσεις αναγνωρίζει άξιους προκατόχους, θεωρώντας βέβαια αυτονόητη τη δική της υπεροχή εξαιτίας του «ημιτελούς» τρόπου της ιστορικής τους εκδήλωσης. Από την άλλη όμως κάθε τι «παραδοσιακό» στιγματίζεται ως ανέλπιδος εγκλωβισμός στο λαβύρινθο της ανορθολικής δεισιδαιμονίας και της σκοτεινής προϊστορίας. Επομένως η κάθε παράδοση δεν μπορεί παρά να απορριφθεί λόγω της ανολοκλήρωσης, ως πηγή μη αυθεντικότητας. Υπό την επήρεια της ιλιγγιώδους κατίσχυσης ο διαφωτισμός δεν αποδίδει δικαιοσύνη στα προγενέστερα στάδια εξέλιξής του, αφαιρώντας απ' αυτά την ιστορική ευταξία και την αξίωση αλήθειας. Επιδιώκει με όλες του τις δυνάμεις να αποσυνθέσει την ολότητα των παραδοσιακών κοσμοειδώλων στα συστατικά τους στοιχεία. Στη συνέχεια ανάγει όλα αυτά τα στοιχεία στο κεντρικό για αυτόν στοιχείο της κυριαρχίας επί της φύσης και της τυφλής, ανεξέλεγκτης αυτοσυντήρησης. Αποτέλεσμα αυτής της ερμηνείας της *ΔτΔ* σχετικά με το δίπολο σύγχρονου-προγενέστερου είναι η ιστορικο-φιλοσοφική της προσέγγιση να καταλήγει σε μια αρνητική τελεολογία επιτεινόμενης συσκότισης της ιστορικής διαδικασίας. Αν ο διαφωτισμός θεωρεί την ιστορική διαδικασία ως το πεδίο μιας συνεχούς προόδου, ο Αντόρνο δέχεται την προοδευτική κίνηση του ιστορικού ρου, αλλά με αρνητική φορά.

Όσον αφορά τη γενεαλογική ανάλυση, η μεθοδολογική προσέγγιση της *ΔτΔ* στηρίζεται πρωτίστως στη νιτσεϊκή *αναγωγή των αξιώσεων ισχύος ενός φαινομένου στις συνθήκες ανάδυσής του*. Τόσο στη *Γέννηση της Τραγωδίας*, όπου εξετάζεται η αποκαθήλωση της τραγικής εποχής εξαιτίας της επικράτησης του αρνητικού σωκρατικού πνεύματος,[8] όσο και στη *Γενεαλογία της Ηθικής*, η οποία αφιερώνεται στη διαύγαση των συνθηκών που κατέστησαν δυνατή την ηθική, η έννοια της απαρχής ενός φαινομένου –όπως και στη *ΔτΔ*– δεν ορίζεται από κανόνες αυστηρής αλληλουχίας ή λεπτομερών περιοδολογήσεων. Η γενεαλογική μέθοδος ούτε περιγραφική είναι ούτε και σημασιοδοτεί συμβάντα σύμφωνα προς τις αυστηρές ιστορικές εκκινήσεις τους. Ο Νίτσε συλλαμβάνει την έννοια ως αρχετυπικό συναστερισμό, στη διάπλεξη του

8. Βλέπε Νίτσε, *Η Γέννηση της τραγωδίας*, σελ. 67.

οποίου ενυπάρχουν υποδειγματικά οι θεμελιακές πτυχές ενός φαινομένου.[9] Η νιτσεϊκή γενεαλογία συνεπικουρεί στο ξεσκέπασμα του λόγου της ηθικής ως εργαλείου εξουσιαστικής πρακτικής. Με τη βοήθεια της ηθικής-ιστορικής αναγωγής ερμηνεύει την επικράτηση πολιτισμικά βαθιά ριζωμένων ηθικών κανονισμών (δικαιοσύνη, αγαθή βούληση κλπ.) όπως και της συγκρότησης της έλλογης υποκειμενικότητας (με το κριτήριο της «λογικής του ισοδύναμου») στο φόντο των κοινωνικών και ψυχολογικών συνθηκών ανάδυσής τους.

Από την άλλη όμως η υιοθέτηση της γενεαλογικής μεθόδου από τον Αντόρνο δεν πρέπει να μας οδηγήσει στην παράβλεψη ουσιαστικών διαφορών που διακρίνουν τη *Γενεαλογία της Ηθικής* από τη *ΔτΔ*. Οι διαφορές αυτές γίνονται ορατές αν κανείς προβεί σε ανασυγκρότηση των συντεταγμένων της νιτσεϊκής γενεαλογίας:

α) Μεθοδολογικά πρέπει να διαχωριστεί η ανάδυση ενός φαινομένου από τη μετέπειτα ένταξή του στο πλαίσιο μιας, ενδεχομένως, εντελώς διαφορετικής σκοπιμότητας. Η ισχύς της συγκεκριμένης διαφοροποίησης προκύπτει αν αναλογιστεί κανείς ότι «δηλαδή το γενικό αίτιο ενός πράγματος κ' η τελική του χρησιμότητα, η αποτελεσματική χρήση και τοποθέτησή του σε ένα σύστημα τελικών σκοπών toto coelo είναι πράγματα εντελώς ξεχωριστά».[10]

β) Η προϋπόθεση αυτή συνοδεύεται από τη θεώρηση, βάσει της οποίας η ένταξη ενός φαινομένου σε διαφορετική σκοπιμότητα από αυτή της αρχικής του προέλευσης συντελείται με τους όρους μιας ερμηνείας, της οποίας η λειτουργία έγκειται στην ιδιοποίηση και την ενσωμάτωση, σε μια «κατανίκηση, μια κατακυριάρχηση».[11]

γ) Η ιδιοποίηση συντελείται στο επίπεδο μιας ερμηνευτικής επανα-νοηματοδότησης. Επειδή στο νόημα ενός πράγματος ενέχεται το χαρακτηριστικό του σημείου, στο βαθμό που αυτό σηματοδοτεί τους

9. Υπό αυτό το πρίσμα μπορεί να πει κανείς πως η ερμηνεία που δίνει ο Φουκώ στην έννοια της γενεαλογίας του Νίτσε (βλέπε το κείμενό του: *Von der Subversion des Wissens*, σελ. 72 κ.ε.) δεν ευσταθεί, γιατί συλλαμβάνει την έννοια της «απαρχής» αποκλειστικά μη-τελεολογικά, δηλαδή ως το πλέγμα εκείνο συνθηκών το οποίο δεν μπορεί να αναχθεί λογικά σε πρωθύστερους όρους. Του διαφεύγει έτσι η μεθοδολογική λειτουργία που έχει ο όρος για τον Νίτσε, δηλαδή της ιδεατυπικής κατασκευής.

10. Βλέπε *Γενεαλογία της Ηθικής*, σελ. 79.

11. Ό.π.

σκοπούς που εξυπηρετεί το πράγμα, η ενότητα του πράγματος συγκροτείται για τον Νίτσε ως πολλαπλότητα των ιστορικών εγγραφών του σε διαφορετικά συστήματα αξιών. «Μα κάθε σκοπός και κάθε χρησιμότητα δεν είναι άλλο τι από σημάδια πως κάποια "θέληση για δύναμη" έχει κυριαρχήσει πάνω σε κάτι λιγότερο ισχυρό απ' αυτήν και αποτύπωσε πάνω του το νόημα μιας λειτουργίας, από τη δική της άποψη· κι ολόκληρη η ιστορία ενός "πράγματος", ενός οργάνου, μιας συνήθειας, είναι δυνατό να αποτελεί, έτσι, μια αδιάκοπη αλυσίδα με σημάδια από ολοένα νέες χρήσεις κ' εφαρμογές».[12] Επομένως δεν μπορεί σε καμία περίπτωση να γίνει λόγος για *μονο*αιτιακή απόδοση νοήματος. Αντίθετα το πράγμα στοιχειοθετείται ως νοηματική πολλαπλότητα ή αλλιώς διαστρωμάτωση διαφορετικών επιπέδων νοήματος.

δ) Η πολλαπλότητα με τη σειρά της δεν τίθεται υπό την αιγίδα μιας υπέρτερης νοηματικής ολότητας, η οποία θα ενείχε σαφώς το αίτημα για τελεολογική ολοκλήρωση. «Η "εξέλιξη", επομένως, ενός πράγματος, μιας συνήθειας, ενός οργάνου, δεν αποτελεί καθόλου πρόοδο προς κάποιο σκοπό, κι ακόμη λιγότερο μια λογική και σύντομη πρόοδο που κατορθώνεται με τη μικρότερη δαπάνη δυνάμεων κι εξόδων – παρά είναι μια σταθερή διαδοχή λίγο ως πολύ βίαιων και λίγο ως πολύ ανεξαρτήτων μεταξύ τους φαινομένων υπερνίκησης».[13] Αν κανείς επιπλέον λάβει υπόψη το μεθοδολογικό βηματοδότη της *Γενεαλογίας*, δηλαδή τη σωματικότητα, τότε για τον Νίτσε η *ετερογένεια του πλέγματος νοήματος-ερμηνείας θέτει εκτός ισχύος κάθε λογική έννοια ταυτιστικής ολότητας.*

Η κριτική του υποκειμενικού Λόγου που ασκεί η *ΔτΔ* δεν εμπιστεύεται τη μεθοδολογική αυτή αρχή διαχωρισμού της ανάδυσης ενός φαινομένου από τις μεταγενέστερες εντάξεις του σε άλλες σκοπιμότητες, διότι καθοδηγείται από τη θεμελιακή παραδοχή ενός εργαλειακού a priori. Για την ερμηνευτική προοπτική του Αντόρνο κάθε αναφορά του ανθρώπου προς τον κόσμο είναι εκ προοιμίου έγκλειστη στη σφαίρα ταυτιστικής χειραγώγησης παντός επιστητού. Η τοποθέτηση αυτή έχει ως επίπτωση το γεγονός ότι, παρ' όλη την αδιαφοροποίητη

12. Ό.π.

13. Ό.π., σελ. 80.

σχετικά με τη νιτσεϊκή γενεαλογία προσέγγισή του, ο Αντόρνο υπερθεματίζει τον εξουσιαστικό και χειραγωγικό χαρακτήρα της ερμηνείας.[14] Στα εννοιολογικά πλαίσια της κριτικής του Λόγου ως εξουσίας συντελείται μια ριζοσπαστικοποίηση της διάγνωσης εξουσιαστικής θεμελίωσης του λόγου, τέτοιου εύρους ώστε να μην μπορεί να μιλήσει κανείς ούτε για ερμηνεία ως νοηματοδότηση της ζωής ούτε για κάποιο είδος πολλαπλότητας ερμηνευτικών σχέσεων ανθρώπου-κόσμου.

Η εργαλειακή παραμόρφωση της σχέσης ανθρώπου-φύσης δεν αποτελεί, κατά την άποψή μας, ερμηνευτική πρόταση stricto sensu, καθώς για τη *ΔτΔ* εκπορεύεται από την αυτο-διαμεσολάβηση της ολότητας της φύσης και παραμένει έτσι εγκλωβισμένη στους φυσικούς καταναγκασμούς. «Το δόγμα της ισότητας μεταξύ δράσης και αντίδρασης επιβεβαίωνε την εξουσία της επανάληψης πάνω στη δεδομένη ύπαρξη επί μεγάλο διάστημα αφότου οι άνθρωποι απαλλάχθηκαν από την αυταπάτη ότι μέσω της επανάληψης ταυτίζονται με την επαναλαμβανόμενη δεδομένη ύπαρξη και έτσι απαλλάσσονται από την εξουσία της. Όσο πιο πολύ όμως χάνεται η μαγική αυταπάτη τόσο πιο αδυσώπητα η επανάληψη, υπό τον τίτλο νομοτέλεια, κρατάει τον άνθρωπο μέσα σε εκείνον τον κλειστό κύκλο που με την αντικειμενοποίησή του υπό τη μορφή του φυσικού νόμου επιτρέπει στον άνθρωπο να φαντάζεται πως διασφαλίστηκε ως ελεύθερο υποκείμενο. Η αρχή της εμμονής στα δεδομένα όρια, του χαρακτηρισμού κάθε συμβαίνοντος ως επανάληψης, την οποία ο διαφωτισμός εκπροσωπεί αντιπαραθέτοντάς τη στη μυθική φαντασία, είναι η αρχή του ίδιου του μύθου». (42)

Συμπερασματικά, διαπιστώνουμε ότι στη *ΔτΔ* καταρρίπτεται το πλαίσιο που ορίζεται από τις πολύπλευρες αναφορικότητες των πραγμάτων και το ενδεχόμενο να εντάσσονται σε διαφορετικές τάξεις σκοποθεσίας. Για τον Αντόρνο ο *εργαλειακός λόγος επιφέρει την απίσχνανση των πραγμάτων, ελαχιστοποιώντας το είναι τους σε υπόστρωμα τεχνικής χειραγώγησης και εξουσιαστικού ελέγχου.* Η απολυτοποίηση της θέσης πως οι εργαλειακές στρατηγικές καθοδηγούνται πρωτίστως από βλέψεις καθυπόταξης, οδηγεί με τη σειρά της σε μια

14. Στο *Πέρα από το καλό και το κακό* ο Νίτσε χρησιμοποιεί την καθυπόταξη και την ερμηνεία του κόσμου ως αλληλένδετα φαινόμενα. Βλέπε ό.π., σελ. 25.

αρνητική τελεολογία που θέλει να ερμηνεύσει την εξέλιξη του πολιτισμού ως διηνεκή καταστροφή. Ο Αντόρνο παρ' όλα αυτά ακολουθεί το παράδειγμα του Νίτσε: προκρίνει την κριτική του Λόγου που βασίζεται στη σωματική υποκειμενικότητα ως αξιώματος της κριτικής του. Αντίθετα όμως προς τον Νίτσε ο Αντόρνο θεωρεί πως η υποκειμενικότητα ως σωματικότητα δεν είναι πηγή δημιουργίας αξιών και ερμηνευτικής διαύγασης του κόσμου, αλλά έννομη αρχή κινητοποίησης μιας ιστορικοφιλοσοφικής δίκης. Στη δίκη αυτή η αυτοκαταστροφική δυναμική του διαφωτισμού θα συρθεί στο εδώλιο του κατηγορουμένου...

Στη θέση της *ΔτΔ* πως η επεξεργασμένη *ratio* αποτελεί αποκρυστάλλωση της μυθικής κυκλικής σκέψης συγκεφαλαιώνεται η έντονη επίδραση του Νίτσε στη σκέψη του Αντόρνο, η οποία είναι καταλυτικής σημασίας για την άρθρωση της κριτικής του Λόγου. Δεν θα 'ταν υπερβολή να πούμε πως το χαρακτηριστικό ιδίωμα του εργαλειακού λόγου κατά τη *ΔτΔ* (ή αλλιώς τα δεσμά της κυκλικότητας), αποτελεί επαναδιατύπωση της νιτσεϊκής σκέψης για την *αιώνια ανακύκληση του ιδίου*. Ο Αντόρνο ουσιαστικά μεταπλάθει την προεξέχουσα προσπάθεια του Νίτσε να οικειοποιηθεί το Γίγνεσθαι το χαρακτήρα του Είναι, καταλογίζοντας στο ξέφρενα *υπερμεγεθυντικό γίγνεσθαι* του διαφωτισμού το χαρακτήρα της *παραμόνιμης ταυτολογίας* ή αλλιώς του πεπρωμένου του μυθολογικού είναι. Κάτι τέτοιο συμβαίνει φυσικά για λόγους που αφορούν την κριτική πρόθεση των επιχειρημάτων, μιας και ο Αντόρνο αποσκοπεί στο να επαναφέρει την έξαλλη λόγω της ταυτιστικής της λογικής ratio σε κατάσταση κριτικού αυτοελέγχου, ώστε ο λόγος να αποδεσμεύσει και πάλι το δυναμικό του γίγνεσθαι. Η ελπίδα για την ανάκτηση μιας γνήσιας ιστορικότητας στηρίζεται στο γεγονός ότι η *ΔτΔ* τοποθετείται διαλεκτικά απέναντι στη νεωτερική ορθολογικότητα. Από τη μια είναι αλληλέγγυη στη νικηφόρα επικράτηση του διαφωτισμού, η οποία κατέλυσε τα προνεωτερικά κοσμοείδωλα ανάγοντας την προέλευσή τους στο πνεύμα της δεισιδαιμονικής μαγείας. Από την άλλη η κριτική της *ΔτΔ* θέλει να αποδείξει πως η (αστική) ratio δεν είναι ικανή να καθοδηγήσει την ανθρωπότητα στην πορεία εξόδου από το στάδιο της εθελούσιας ανωριμότητας. Η ratio παραμένει κοσμοθεωρητικά ριζωμένη στις φυσικές δουλείες της προϊστορικής σκέψης.

2.2.2. Το υπόστρωμα της φυσικής ιστορίας

Η διαφορά της γενεαλογικής προσέγγισης της *Γενεαλογίας της Ηθικής* από αυτήν της *ΔτΔ* γίνεται πιο σαφής και από τις μεταξύ τους διαφορές στο θέμα κατανόησης της σχέσης μεταξύ φύσης και ιστορίας. Για να εξηγηθεί η μετάβαση από το μύθο στο διαφωτισμό, πρέπει κανείς να διέλθει με ιδιαίτερη προσοχή τις φιλοσοφικές εκκινήσεις της σκέψης του Αντόρνο. Στο μικρό κείμενο (εισήγηση) που εκφωνήθηκε με ευκαιρία το ξεκίνημα της συνεργασίας του με το Ινστιτούτο Κοινωνικών Ερευνών στην Φρανκφούρτη, με τίτλο *Ιδέα της Φυσικής Ιστορίας*, ο Αντόρνο προλογίζει μερικές σημαντικές επόψεις της φιλοσοφίας του. Αρχικά καταπιάνεται με το θέμα της ιστορικότητας ή αλλιώς με το ερώτημα γύρω από το περιεχόμενο της κατάλληλης νοηματοδότησης του Νέου. Στη συνέχεια αναπτύσσει μια θεώρηση της φυσικής ιστορίας, της οποίας το υπόβαθρο στηρίζει το φιλοσοφικό εγχείρημα της *Διαλεκτικής του Διαφωτισμού*. Ο Αντόρνο θέλει να άρει την αντιθετική σχέση μεταξύ φύσης και ιστορίας ανάγοντάς τη σε ενότητα, θέτοντας δηλαδή το ζητούμενο της φιλοσοφικής τους σύγκλισης. Η σχέση της φύσης ως του αιώνιου είναι και της ιστορίας ως χώρου ανάδυσης του νέου μπορεί να εξεταστεί σωστά μόνο αν κατορθώσει κανείς να συλλάβει «το ιστορικό Είναι ακόμη και στην έσχατη ιστορικότητά του, εκεί δηλαδή που ο ιστορικός του καθορισμός εμφανίζεται αμιγής, συνάμα ως φυσικό Είναι – και αντίστροφα, τη φύση, ακόμη και εκεί που φαίνεται όλως διόλου στατική και πάγια, συνάμα ως ιστορικό Είναι».[15]

Το στοχαστικό εγχείρημα να ταυτιστούν οι αντιθέσεις έχει ως υπόδειγμα το αντίστοιχο σχήμα της *απόλυτης διαφοράς* στη *Λογική* του Χέγκελ (Μέρος δεύτερο: *Λογική της Ουσίας*).[16] Ο Αντόρνο δεν περιορίζει τη λογική ισχύ της απόλυτης διαφοράς στη σφαίρα της αναστοχαστικότητας της αυτοσυνείδησης, αλλά επιθυμεί να την καταστήσει ειδοποιό χαρακτηριστικό της αυτο-αναφορικότητας της φύσης ως όλου. Η ολότητα της φύσης συγκροτείται γύρω από τον άξονα μιας *αντιθετικής αυτοαναφοράς*. Η ίδια η φύση ως ολότητα –στην έννοια αυτή περιλαμβάνεται και η φύση και ο ιστορικός πολιτισμός– αυτοαναλύεται σε δύο

15. Βλέπε Αντόρνο, *GS*, τόμ. 1, σελ. 354-355.

16. Βλέπε Χέγκελ, *Επιστήμη της Λογικής*, Δεύτερο Βιβλίο, *Η ουσία*, Β. 1. *Η απόλυτη διαφορά*, σελ. 111-114.

στιγμές: από τη μια σε ιστορία ως φυσική εξέλιξη και από την άλλη σε ιστορική φύση. Η αυτοαναφορικότητά της είναι άμεση και συνάμα διαμεσολαβημένη. Άμεση, διότι δεν προϋποθέτει τίποτα που να της αντίκειται ή με το οποίο θα συσχετιζόταν, και διαμεσολαβημένη διότι η ολότητα αυτή διακρίνεται σε αρνούσα (καθόσον η φύση θέτει την ιστορία που θα της αντιτεθεί) και σε αρνούμενη (αφού η ιστορία ως φυσική εξέλιξη αίρει εαυτή). Αυτές οι περίπλοκες σκέψεις του Αντόρνο κατανοούνται καλύτερα αν ανατρέξει κανείς στον τρόπο με τον οποίο ο Χέγκελ αναπτύσσει την έννοια της αυτοσυσχέτισης. Κεντρικής σημασίας για την παραπάνω έννοια στα πλαίσια της χεγκελιανής *Λογικής* είναι, όπως είπαμε, το σχήμα της απόλυτης διαφοράς.

Το χεγκελιανό σχήμα μιας ταυτότητας που θέτει εντός της τη διαφορά, ή με άλλα λόγια μιας *διαφοράς που ενεργείται ως ταυτότητα*, αποτελεί αναγκαίο βοήθημα για να κατανοήσουμε την άρση της αντίθεσης μεταξύ φύσης και ιστορίας που επιχειρεί ο Αντόρνο. Στο φως του ζητουμένου της συμφιλίωσης των αντιθέσεων η σκοποθεσία του έγκειται στη διαμεσολάβηση μεταξύ της φύσης από τη μια, της οποίας το είναι αποτελείται από ένα ταυτιστικό συνεχές, και της ιστορίας από την άλλη, η οποία θέτει τη διαφορά ή αναδύει το νέο. Το εγχείρημα διαμεσολάβησης προσπαθεί να προσδώσει στην αντίθεση φύσης-ιστορίας τη λογική αναστοχαστικότητα στη βάση της οποίας το εκάστοτε Άλλο δεν θα νοείται ως εξωτερική άρνηση, αλλά ως εμμενές θέτειν ταυτότητας ή διαφοράς. Όπως το συνεχές της φύσης σχετιζόμενο προς τον εαυτό του θέτει την ιστορικότητα, έτσι και η ιστορικότητα παραπέμπει ως θέση της διαφοράς στο φυσικό της Άλλο, δηλαδή ως ταυτότητα.[17]

Πέρα από το γενικό αυτών των παρατηρήσεων μπορούμε εντούτοις να διαπιστώσουμε πως η βάση της αντορνικής σύλληψης του ιστορικού χρόνου εδράζεται σε μια μονιστική[18] ερμηνεία του κόσμου,

17. Βλέπε Αντόρνο, ό.π., σελ. 357.

18. Αν και ο Αντόρνο σε αυτό το στάδιο των συλλογισμών του πάνω στη διαλεκτική μεταξύ φύσης και ιστορίας τονίζει το στοιχείο της αλληλόδρασής τους, εντούτοις έχει κανείς την εντύπωση ότι παρουσιάζει την τάση να εξαίρει υπερτονίζοντας τη φυσική διάσταση του ιστορικού, μια και το ζητούμενο είναι «υπό το πρίσμα της ιστορίας η φύση να καταστεί διαλεκτική» (ό.π., σελ. 360). Αυτό το εγχείρημα είναι συνεπές στο βαθμό που ο Αντόρνο με την έννοια της ιστορικής ή διαλεκτικής φύσης στοχεύει στην «ερμηνεία ορισμένων θεμελιωδών στοιχείων της υλιστικής διαλεκτικής» (ό.π., σελ. 365 κ.ε.).

μια και εμφορείται από το σχήμα της μετάθεσης του ιστορικού παραδείγματος σε αυτό της φυσικής ιστορίας. Η *Ιδέα της Φυσικής Ιστορίας* θέλει να προσδώσει στην έννοια της φύσης εξελικτικό χαρακτήρα. Με την επανένταξη των ενδοϊστορικών γεγονότων στο οντολογικό συνεχές της φύσης η *έννοια της φύσης συλλαμβάνεται ως περιεκτική ενότητα, η οποία διαλεκτικά ενεργείται ως ιστορία ή πνεύμα.* Η εμπειρία της παροδικότητας ή του γίγνεσθαι εγγράφεται με αυτό τον τρόπο στο σχήμα της αυτοδιαμεσολαβούμενης ολότητας της φύσης. Έτσι, ο Αντόρνο εκπληρώνει την αξίωση διαύγασης της ιστορικής δεδομενικότητας ως της μοναδικότητας με τη βοήθεια ιστορικοφιλοσοφικών εννοιών όπως φύση, ιστορία, παροδικότητα και νόημα.[19]

Η προβληματική του γίγνεσθαι βρίσκεται συγχρόνως και στη βάση της φιλοσοφίας του Νίτσε. Κατά κάποιον τρόπο η σκέψη του περιστρέφεται γύρω από τη βιοτική αντιμετώπιση της εμπειρίας της παροδικότητας. Την επιτυχή αντιμετώπιση του φευγαλέου χαρακτήρα του ενδοκοσμικού είναι την επιχειρεί ο Νίτσε μέσα από ένα είδος μετατροπής του γίγνεσθαι σε είναι, της προβολής δηλαδή του είναι στο γίγνεσθαι. Η αέναη παρέλευση των στιγμών του γίγνεσθαι πρέπει τώρα να αρθεί σε ουσία του είναι. Από αυτή την άποψη ο Νίτσε προσπαθεί να ερμηνεύσει την ηρακλείτεια ροϊκότητα με όρους της ελεατικής (παρμενίδειας) οντολογίας. Όπως και ο Αντόρνο με την προσπάθεια διαμεσολάβησης μεταξύ ιστορικού γίγνεσθαι και αρχαϊκού είναι, ο Νίτσε επιχειρεί με το θεώρημα της αιώνιας επιστροφής να προσδώσει στο βίωμα της παροδικότητας θετική υπόσταση, η οποία θα αναχαιτίζει τη φθορά του χρόνου μέσα από την προοπτική θετικής βιοτικής αναφορικότητας στη χρονικότητα. Η κινητήρια δύναμη είναι και στις δύο φιλοσοφικές θεωρήσεις η ίδια: Η άρση της άκαμπτης αντινομίας μεταξύ παροδικής χρονικότητας και αιωνιότητας-υπεριστορικότητας, αντινομία που χαρακτηρίζει όλη τη μεταφυσική φιλοσοφική παράδοση. Για τον Αντόρνο τα στοιχεία-έννοιες του συναστερισμού συναρθρώνονται γύρω από την εκάστοτε ιστορική γεγονικότητα (Gewordenheit), ώστε να την κάνουν να μιλήσει. Ο Νίτσε θέτει από τη μεριά του ως στόχο να σφραγίσει με το σχήμα της αιώνιας επιστροφής την εκάστοτε ατομική εμπειρία βιοτικής

19. Βλέπε ό.π., σελ. 359.

ενέργειας προσδίδοντάς της ιστορική βαρύτητα. Αν πάλι αυτό είναι αδύνατον μέσα στα όρια της πεπερασμένης γεγονότητας (Faktizität) της ύπαρξης, δεν αποτελεί εντούτοις για τον Νίτσε ανυπέρβλητο εμπόδιο, επειδή σε τελική ανάλυση η αιώνια επιστροφή στοχεύει στη ριζική άρση των παραστάσεων της διάστασης του χρόνου προς όφελος της παράστασης του εδώ-είναι της καθαρής υπαρκτικής γεγονότητας.

Ο Νίτσε αντιπαραθέτει στην παράσταση του χρόνου την έννοια του *καιρού*, ο οποίος αποκτά μορφή ενός μοναδικού γεγονότος. Δεν είναι ένας νέος χρόνος αλλά ένα άλλο είδος χρόνου, ή καλύτερα ένα άλλο είδος βίωσης του χρόνου. Συνάμα η έννοια του καιρού διανοίγει την προοπτική ενός χώρου, όπου αναφύονται άλλοι παραστατικοί κόσμοι και χρονικά σχήματα. Η σκέψη του καιρού αποτελεί, κατά την άποψή μας, μια πρόσφορη πρόταση στο πλαίσιο μιας κριτικής του Λόγου η οποία αποδίδει στο νέο την αξιακή βαρύτητα που του αρμόζει. Ο λόγος είναι απλός: Ο καιρός μπορεί να αποτελέσει εκείνο το θεωρητικό εργαλείο που καθιστά δυνατή την υπέρβαση της ταυτιστικής παράστασης του χρόνου και τη σύλληψή του ως ριζικής δημιουργίας, η οποία φέρει εντός της τα αξιολογικά κριτήρια για τη νοηματοδότηση του βίου. Ο καιρός ως στιγμιαία διάταξη ενός πρωτόγνωρου συσχετισμού δυνάμεων θέτει σε κίνηση μια άλλη αλύσωση χρονικών γεγονότων στοιχειοθετώντας έτσι μια άλλη χρονικότητα.[20] Επομένως, το νιτσεϊκό μοντέλο παραχωρεί στη χρονική εμπειρία της ζωής τη βαρύτητα του μοναδικού, η οποία χαρακτηρίζει κάθε βιοτικό ενέργημα. Γίνεται έτσι φανερό πως η νιτσεϊκή σύλληψη του καιρού παρέχει ευρύτερο πεδίο δράσης για την κριτική απ' ό,τι η αντορνική σύλληψη αντιμετώπισης της παροδικότητας ως στοιχείου της αυτοδιαμεσολάβησης του φυσικού όλου.

2.2.3. Η διαλεκτική της φύσης

Ο Αντόρνο πιστεύει πως υπάρχει αντίδοτο στη μεταφυσική, της οποίας οι αγκυλώσεις προέρχονται από τη μη-διαλεκτική θεώρηση των αντιθέσεων. Ο ίδιος υιοθετεί το σχήμα της αναστοχαστικότητας θέλοντας να κάνει ξεκάθαρη τη δομή αυτοαναφορικότητας που ενέχεται στη σχέση

20. Στο κεφάλαιο περί της αισθητικής εμφάνειας θα επιστρέψουμε στο σημείο αυτό. Βλέπε κεφ. 7.3.2.

ιστορικού-φυσικού. Η ανάλυση της σχέσης αυτής τον οδηγεί σε μια διαλεκτική της φύσης με γνώμονα πάντα την τάση της εξουσιαστικής κυριαρχίας. Η *ΔτΔ* επιθυμεί να ερμηνεύσει την πορεία της ratio, την προοδευτική δηλαδή κυριαρχία επί της φύσης, τόσο ως genitivus subjectivus όσο και ως genitivus objektivus: «Η σκέψη που στον καταναγκαστικό μηχανισμό της καθρεφτίζεται και συνεχίζεται· η φύση καθρεφτίζεται και η ίδια, δυνάμει της ακάθεκτης συνέπειάς της, ως φύση που ξέχασε τον εαυτό της, ως καταναγκαστικός μηχανισμός». (83) Το διαλεκτικό σχήμα της *αυτοαναφορικής κυριαρχίας*, δηλαδή ο λόγος ως υποκείμενο και συνάμα αντικείμενο της κυριαρχικής δράσης, εφαρμόζεται από τη *ΔτΔ* και στους δύο πόλους της σχέσης φύσης-πνεύματος. Από τη μια μεριά η υπερδύναμη της φυσικής ολότητας μεταγγίζεται στην ίδια τη σκέψη καθώς ο ανθρώπινος λόγος για τον Αντόρνο είναι εξαρχής έγκλειστος σε ένα πλέγμα εξουσιαστικών στάσεων, των οποίων πρωταρχικό μέλημα αποτελεί η υπερίσχυση για χάρη της εργαλειακής αυτοσυντήρησης. Από την άλλη μεριά η εργαλειακή ορθολογικότητα συγκροτείται ως διαδικασία συνεπούς διαφωτισμού, ο οποίος σκοπεύει να άρει αποφασιστικά τη διαμεσολάβησή του, δηλαδή τον ανεξίτηλο χαρακτήρα της ένταξής του στην ολότητα των σχέσεων της φύσης.

Ο διαφωτισμός ως εργαλειακός λόγος και διακατεχόμενος από το ριζικό άγχος απέναντι στην παντοδυναμία της φύσης επιδίδεται σε μια ατέρμονη προσπάθεια καθυπόταξης της φύσης. Προσπαθεί με άλλα λόγια να εξουδετερώσει το γεγονός ότι μόνο στο πλαίσιο της φύσης ως ολότητας αποκτά νόημα η διαδικασία διαφωτισμού ως ορθολογικότητα. Και αυτό πρέπει να νοηθεί τόσο ως κατάρριψη των φυσικών ορίων-δεσμών, όσο και ως διαδικασία αυθεντικά ανθρώπινων σκοποθετήσεων που διαρρηγνύουν την απλή φυσική κυκλικότητα. Αντίθετα στη *ΔτΔ* ο Λόγος θέτει εαυτόν ως απόλυτη βαθμίδα ρύθμισης του ενδοκοσμικού γίγνεσθαι. Περιέρχεται αναπόφευκτα στην αντιμετώπιση της φυσικής πραγματικότητας ως μηχανισμού παραγωγής αφαιρέσεων. Εξαιτίας της βίαιης απεξάρτησης από το συνολικό πλαίσιο κοινωνικών σχέσεων που διαμεσολαβείται από το μεταβολισμό του με τη φύση, η ορθολογικότητα με αυτή την έννοια ταυτίζεται με το τυφλό πεπρωμένο, δηλαδή την αμεσότητα του φυσικού καταναγκασμού. Εδώ κλείνει ο κύκλος της διαλεκτικής της φύσης: «Ο διαφωτισμός είναι κάτι παραπάνω από διαφωτισμός: η φύση που γίνεται αισθητή στην αλλοτρίωσή της. Στην αυτογνωσία του πνεύματος ως φύσης που διαφωνεί με τον εαυτό της η φύση καλεί, όπως στην προϊστορία, τον εαυτό της, όχι όμως κατευθείαν με το υποτιθέμενο όνομά της, ως μάνα, που σημαίνει την παντοδυναμία, αλλά ως κάτι τυφλό, ακρωτηριασμένο». (83-84)

Δεν απαιτείται εξονυχιστική έρευνα για να δει κανείς πως πίσω από τη σύλληψη του πνεύματος ως εξουσιαστή της φύσης βρίσκεται η παρουσία του Νίτσε. Κάτι τέτοιο γίνεται εύκολα κατανοητό αν σκεφτούμε πως σταθερή συνισταμένη της γνωσιοθεωρίας του Νίτσε αποτελεί η κατάδειξη ότι υπάρχει αδιάσπαστος δεσμός μεταξύ των συνθηκών της αναπαραγωγής του ανθρώπινου είδους και των περιορισμών που του επιβάλλει η αυτοσυντήρησή του. Αυτό σημαίνει πως ο άνθρωπος για να εξασφαλίσει την επιβίωσή του αναγκάζεται εκ των πραγμάτων να αντιμετωπίσει τη φύση εργαλειακά και διαχειριστικά. Για τον Νίτσε η αυτοσυντήρηση μετατρέπεται σταδιακά στον καταναγκασμό που επιβάλλεται από τις μεθοδεύσεις εννοιακής καθυπόταξης του επιστητού. «Δεν θα έπρεπε κανείς να ερμηνεύσει αυτή την ανάγκη να σχηματίζουμε έννοιες, είδη, μορφές, σκοπούς και νόμους (δηλαδή ένα κόσμο με ξεκάθαρους ορισμούς και ταυτότητες), ως την ικανότητά μας να καθορίζουμε τον πραγματικό κόσμο· αλλά αντίθετα ως την ανάγκη μας να φέρνουμε τον κόσμο στα μέτρα μας έτσι ώστε να διασφαλίζουμε την ύπαρξή μας: με αυτό τον τρόπο σχηματίζουμε έναν κόσμο, ο οποίος για μας να είναι υπολογίσιμος, απλουστευμένος, κατανοήσιμος κτλ.».[21] Οι ερμηνευτικές προοπτικές του κόσμου είναι δέσμιες του κράτους της αυτοσυντήρησης. Στη σκέψη του Νίτσε ο άνθρωπος διασφαλίζει την αναπαραγωγή του είδους μέσα από επιτυχείς εργαλειακές αναφορές και στάσεις. Σύμφωνα με αυτό το κριτήριο η φύση αντικειμενοποιείται: το a priori της ανθρωπολογικής εμπειρικής και γνωστικής πρόσβασης στον κόσμο συνίσταται στο βαθμό που ο κόσμος γίνεται κατάλληλος και επιδεκτικός εργαλειακών μεθοδεύσεων. Αυτό σημαίνει ότι στόχος δεν γίνεται η επίτευξη αυτού του οποίου ο χαρακτήρας υπερβαίνει τους περιορισμούς που θέτει η επίτευξη εργαλειακών βλέψεων. Σκοπός είναι να εργαλειοποιηθούν τα πάντα. Η ερμηνεία του κόσμου ως αντικειμέ-

21. Βλέπε Νίτσε, καταλειπόμενα έργα, *KSA*, τόμ. 12, 9[144], σελ. 418.

νου εργαλειακής διαθεσιμότητας δημιουργεί ένα σύστημα αποφάνσεων και κρίσεων το οποίο κατοχυρώνεται διυποκειμενικά μέσω της ισχύος αυταπόδεικτης αλήθειας παρέχοντας εμπειρικές προτάσεις αναμφισβήτητης τεχνικής αξιοποίησης.

Ο Αντόρνο αισθάνεται να οφείλει πολλά στις νιτσεϊκές αυτές σκέψεις, με αποτέλεσμα να τοποθετεί αυτονόητα τις εργαλειακές στάσεις στο πλαίσιο εξουσιαστικών και καθυποτακτικών μεθοδεύσεων. Σκέψεις του Νίτσε όπως π.χ. η ακόλουθη είναι για την κριτική της ratio ως «μηχανής της σκέψης» (64) αντικείμενο απόλυτης αποδοχής: «Όλος ο μηχανισμός της γνώσης αποτελεί ένα μηχανισμό αφαίρεσης και απλούστευσης – και συγκεκριμένα ένα μηχανισμό που δεν στοχεύει στη γνώση, αλλά στην εξουσιαστική κατοχή των πραγμάτων: «"σκοπός" και "μέσο" απέχουν τόσο από την ουσία των πραγμάτων, όσο και οι "έννοιες". Με τις έννοιες "σκοπός" και "μέσο" κυριαρχεί κανείς πάνω σε κάθε διαδικασία».[22] Ο Αντόρνο φτάνει μάλιστα στο σημείο να ισχυρίζεται ότι ο χειραγωγικός έλεγχος που ενέχεται στον εργαλειακό λόγο αποκτά στην ύστερη νεωτερικότητα χαρακτήρα δικτατορικού ολοκληρωτισμού.[23]

Η υιοθέτηση νιτσεϊκών απόψεων από τη *ΔτΔ* όπως αυτή της εργαλειακής κατίσχυσης (Bemächtigung) δεν πρέπει πάντως να δημιουργήσει την εντύπωση πως ο καταναγκαστικός και βίαιος χαρακτήρας των εργαλειακών χειραγωγήσεων έχει την ίδια βαρύτητα και στα δύο συστήματα σκέψης. Κατ' αρχάς πρέπει να σημειωθεί πως για τον Νίτσε η καθυπόταξη δηλώνει ουσιαστικά τη διαδικασία επανερμηνείας και επανένταξης των πραγμάτων σε κάθε νεότευκτη κοσμοθεωρητική στάση. Όπως φαίνεται και από τη σύλληψη της γενεαλογίας, αυτό που συμβαίνει κατά την καθυπόταξη είναι το ότι συγκεκριμένες νοηματοθεσίες και σκοποθεσίες αποδεσμεύονται από το αρχικό της ερμηνευτικό πλαίσιο κοσμοθεώρησης ώστε να ενταχθούν σε άλλες ερμηνείες του κόσμου. Με τη σειρά τους οι νέες θεωρήσεις υποβάλλουν τις προϋπάρχουσες σε μια διαδικασία επανανοηματοδότησης και τις εντάσσουν λειτουργικά στο νέο σύστημα αξιών. Ουσιαστικά έχουμε να κάνουμε με μια απεριόριστη σε διάρκεια και εμβέλεια διαδικασία ερμη-

22. Βλέπε Νίτσε, καταλειπόμενα έργα, *KSA*, τόμ. 11, 26[61], σελ. 164.
23. Βλέπε *ΔτΔ*, ό.π., σελ. 34 και 60.

νευτικών τοποθετήσεων και επανατοποθετήσεων. Ο Νίτσε τονίζει πως μέσω της κατίσχυσης η υπερισχύουσα ερμηνευτική προοπτική ενσωματώνει στοιχεία της υποδεέστερης προσδίδοντάς τους μια λειτουργία που εξυπηρετεί τις δικές της ύψιστες σκοποθεσίες. Η μεθόδευση της ιδιοποίησης μέσα από την τακτική της καθυπόταξης δεν αποτελεί για τον Νίτσε ιδιάζον και αποκλειστικό χαρακτηριστικό των εργαλειακών χειρισμών. Καθόσον για τον Νίτσε κάθε σχέση με τον εαυτό μας και τον κόσμο ενέχει μια ερμηνεία, οι σχέσεις αυτές ενεργοποιούν ενσωματώσεις και διηνεκείς αναδιοργανώσεις των στοιχείων προηγούμενων ερμηνειών στο παροντικό πλαίσιο της ερμηνευτικής.

Είναι έτσι αυτονόητο ότι με το μονιστικό του ερμηνευτικό σχήμα ο Αντόρνο δεν αφήνει σχεδόν κανένα περιθώριο για μια ερμηνευτική προοπτική η οποία θα ήταν ανοικτή στο δαιδαλώδες πλέγμα ατελεύτητων ερμηνειών και επανερμηνειών. Αντίθετα, μετατρέπει το πολυειδές των ερμηνευτικών οριζόντων σε απλές εκφάνσεις μίας και μοναδικής θέλησης για εξουσιαστική χαλιναγώγηση. Από αυτό προκύπτει πως η ολότητα της φύσης, η οποία κατά τον Αντόρνο θέτει το εργαλειακό πνεύμα στην υπηρεσία της αυτομεσολάβησής της, κατά κάποιο τρόπο υποστασιοποιείται σε θέληση που σκηνοθετεί το ιστορικό γίγνεσθαι κατά το δοκούν. Στο μεγαλύτερο βέβαια μέρος της προβληματικής παρατηρούμε ότι το ιστορικο-υλιστικό υπόβαθρο της *ΔτΔ* τής απαγορεύει να δώσει τελεσίδικο νόημα στη θέληση αυτή με την έννοια της ουσίας. Αντίθετα προς την αναβάθμιση της θέλησης σε οντολογικά ύψιστη βαθμίδα, ο Αντόρνο τη νοηματοδοτεί ως μορφή θυσίας η οποία επιβάλλεται στο είδος άνθρωπος. Ο άνθρωπος αναγκάζεται να απολυτοποιήσει τον εργαλειακό ορθολογισμό ώστε να αντισταθεί και να επικρατήσει έναντι στη συνθλιπτική πίεση των φυσικών νομοτελειών. Η *καθολική ισχύς της διαλεκτικής της φύσης εξαναγκάζει την ανθρώπινη αυτοσυντήρηση (Selbstbehauptung) να μεθοδεύει την κυριαρχία και την καταναγκαστική υπαγωγή του επιστητού σε αντικείμενο εργαλειακής εκμετάλλευσης*. Στο φόντο αυτής της θέσης δεν ξενίζει λοιπόν ότι για τη *ΔτΔ* μύθος και διαφωτισμός συνανήκουν στην a priori θέληση για κυριαρχία. Το αναπόφευκτο αυτού του γεγονότος προδιαγράφει συνάμα και τα όρια κριτικού αυτοστοχασμού: «Με την υιοθέτηση μιας ολιγάρκειας, όπου το πνεύμα ομολογεί ότι είναι κυριαρχία και ανακαλεί τον εαυτό του στη φύση, διαλύεται μέσα του η κυριαρχική απαίτηση, η οποία ακριβώς το υποδουλώνει στη φύση». (84)

Στο σημείο αυτό η διαλεκτική επιχειρηματολογία της *ΔτΔ* προσκρούει σε ένα όριο: το σχήμα της διαλεκτικής της φύσης είναι εκείνο ακριβώς που αποτρέπει τον Αντόρνο να ακολουθήσει την προβληματική του Νίτσε. Αυτό γίνεται αντιληπτό σε δύο σημεία: Κατά πρώτον ο Αντόρνο δεν αναμένει από την αυτοσυνειδησία του εξουσιαστικού πνεύματος τίποτα άλλο παρά την ομολογία πως οι πολιτισμικές κατακτήσεις του είναι ουσιαστικά εκφάνσεις των παραμόνιμων καταναγκασμών της φύσης, σε καμιά περίπτωση «εγγυητές της μελλοντικής ελευθερίας». (ό.π.) Από τη στιγμή που ο λόγος αποκηρύσσει μερικώς τις εξουσιαστικές τάσεις του, η *ΔτΔ* βολεύεται στο ότι δεν μπορεί να αντλήσει οφέλη από μια βασική σκέψη του Νίτσε: εννοούμε τη σκέψη της αυθυπέρβασης (Selbstüberwindung), έννοια εξίσου κεντρική όπως και η επαναξιολόγηση των αξιών και ο υπεράνθρωπος. Όπως ο Αντόρνο, έτσι και ο Νίτσε είναι εχθρικός απέναντι στην ιδέα της προόδου ως ανάπτυξης. Για τον Νίτσε η ανάπτυξη νοούμενη ως εκδίπλωση της ερμηνευτικής δυναμικής των κοσμοθεωρήσεων του παρόντος αποτελεί μονάχα την περαιτέρω αύξηση της εξουσιαστικής και κυριαρχικής τάσης που εμπερικλείουν. Ο Νίτσε καταδικάζει την παραπάνω τάση καθώς το μόνο που επιφέρει είναι απλά και μόνο να βοηθήσει τις μάζες[24] στην αυτοσυντήρησή τους – η μαζικοδημοκρατική αυτή εξέλιξη δεν είναι για τον Νίτσε παρά ξεπεσμός όσον αφορά το δυναμικό επίσχυσης της ζωής εν γένει. Το αντίτιμο από την καθιέρωση της εξουσιαστικότητας είναι η μείωση της ποιότητας συγκριτικά με αυτή που ενέχεται στη ζωή (π.χ. η δυναμική αυθυπέρβασης ή η δυνατότητα αυτοκαθορισμού). Όσον αφορά την απόρριψη του Νίτσε μιας ιδέας της πολιτισμικής εξέλιξης κατά τη διάρκεια της οποίας και σε αγαστή σύμπνοια με το πνεύμα κυριαρχίας της φύσης και του ανθρώπου αναδύθηκε το ισοπεδωμένο υποκείμενο των μοντέρνων καιρών, η διάγνωσή του για τη νεωτερικότητα δεν διαφέρει και πολύ από αυτή του Αντόρνο. Τα κατηγορήματα της μαζικοδημοκρατικής μετριότητας

24. Βλέπε Νίτσε, *Αντίχριστος*, σελ. 115.

και αποχαύνωσης είναι κοινά και στους δύο. Αντί όμως ο Νίτσε να απαιτήσει από το αναπτυσσόμενο πνεύμα της κυριαρχίας επί της φύσης ομολογία ενοχής λόγω του εγκλωβισμού του στο πλέγμα των φυσικών καταναγκασμών, εφιστά την προσοχή σε μια άλλη δυνατότητα να σκεφτεί κανείς την επίταση και ενίσχυση: «Υπό μια άλλη έννοια, σε μεμονωμένες περιπτώσεις συναντάμε συνεχώς την επιτυχία στα πιο διαφορετικά μέρη της γης και από τις πιο διαφορετικές κουλτούρες: εδώ παρουσιάζεται πράγματι ένας ανώτερος τύπος: κάτι, που σε σχέση με τη συνολική ανθρωπότητα είναι ένα είδος υπεράνθρωπου».[25] Αφού ο Αντόρνο δεν είναι διατεθειμένος να ακολουθήσει αυτά τα ίχνη αυθυπέρβασης που υπάρχουν στο μέσο και ύστερο έργο του Νίτσε, θα περίμενε κανείς να στραφεί στο πρώιμο έργο του.

Κατά δεύτερο λόγο ο Αντόρνο δεν ανιχνεύει ούτε καν στα γραπτά της περιόδου της *Γέννησης της Τραγωδίας* δυναμικές αυθυπέρβασης που θα πήγαζαν από την τέχνη. Ο Αντόρνο δεν πιστεύει πως το φυλακισμένο στις δουλείες της φύσης πνεύμα μπορεί να σωθεί με την αποδέσμευση καλλιτεχνικών και πολιτιστικών ενεργειών. Για τον Νίτσε της *Τραγωδίας* τα ενεργήματα καλλιτεχνικής μορφοπλασίας υπηρετούν το αίτημα αντίστασης ενάντια στο πνεύμα της γνωσιοθεωρητικής μονομέρειας, το οποίο ο Νίτσε έβλεπε ενσαρκωμένο στο σωκρατισμό ως ιδεώδες επιστημονικού ήθους. Για τη *ΔτΔ* τα πράγματα είναι διαφορετικά. Όπως δείχνει με διαυγή τρόπο το επεισόδιο με τις Σειρήνες στο παράρτημα για τον Οδυσσέα, το αισθητικό βίωμα ενέχει –σε συνθήκες επιτεινόμενης κυριαρχίας επί της φύσης– σαφώς το χαρακτήρα επαναστροφής.[26] Αντί να προβάλλει το αίτημα μιας αισθητικής και καλλιτεχνικής δικαίωσης της ύπαρξης η *ΔτΔ* υποστηρίζει τη θέση πως πρέπει κανείς να κοιτάξει κατάματα όλα τα διλήμματα και τις απορίες της διαλεκτικής της φύσης. Στο πλαίσιο αυτής της διαλεκτικής το πνεύμα είναι μεν το Άλλο της φύσης, αλλά εμφατικά το δικό της Άλλο, διότι, όπως είδαμε, η σχέση πνεύματος-φύσης αποτελεί για τη *ΔτΔ* την αυτοαναφορικότητα της φύσης. Είναι αυτή που αυτοδιαμεσολαβείται μέσω του πνεύματος διατηρώντας συγχρόνως το χαρα-

25. Ό.π.

26. Βλέπε *ΔτΔ*, σελ. 115 κ.ε.

κτήρα της ως ολότητα. Με τη βοήθεια της προσδιορισμένης άρνησης –επιχειρηματολογία που προέρχεται από τη χεγκελιανή διαλεκτική– ο Αντόρνο ελπίζει να εξασφαλίσει μια σωτήρια διέξοδο από τις απορίες του εγκλωβισμού του λόγου στη φύση. Πάντως διαπιστώνει κανείς πως το σχήμα της διαλεκτικής της φύσης έχει βαρύ τίμημα.

Ο Αντόρνο επιμένει στη σκέψη πως η απολυτοποίηση των αξιώσεων ορθολογικότητας που εγείρει ο εργαλειακός λόγος αποτελεί άμεση και, όσον αφορά τις επιπτώσεις της, αυτοκαταστροφική αρνητικότητα (της φύσης). Η αρνητικότητα αυτή παίρνει ακριβώς εκείνα τα χαρακτηριστικά σκλήρυνσης και αδήριτης αναγκαιότητας τα οποία η ίδια, υπό τη μορφή του διαφωτιστικού πνεύματος, ήθελε να καταπολεμήσει στη φύση. Η προσδιορισμένη άρνηση που προτείνει η *ΔτΔ* δεν φαίνεται να ξεφεύγει από τις δυσκολίες που παρουσιάζει το πνεύμα ως άμεση άρνηση της φύσης. Δεν θα ήταν παρακινδυνευμένο να υποστηρίξει κανείς πως η θέση της *ΔτΔ* οδηγείται σε ένα είδος ανάκλησης του πνεύματος στα όρια της αυτοσυνείδησής του ως μέρους της φύσης. Αυτό που διαφαίνεται, χωρίς να γίνεται έκδηλο στο κείμενο, είναι πως το πνεύμα μόνο σε περίπτωση μιας επανένταξής του στην ολότητα της φύσης μπορεί να ελπίζει ότι θα αποβάλει τις εξουσιαστικές του τάσεις.[27] Το πνεύμα ή ο λόγος θα μπορούσε βέβαια να απαλλαχθεί από τους καταναγκασμούς

---

27. Αν ανατρέξει κανείς στο ύστερο έργο του Αντόρνο δεν είναι δύσκολο να διαπιστώσει πως αυτή η στροφή στην επιχειρηματολογία προς την κατεύθυνση της διαλεκτικής της φύσης που κάνει η *ΔτΔ* βρίσκεται σε κάποια αντίθεση με τη θέση της *Αρνητικής Διαλεκτικής*, σύμφωνα με την οποία η διαλεκτική κίνηση αποδίδεται αποκλειστικά στο πνεύμα, το οποίο στην παρανοϊκή του αυτονόμηση αντιπαρατάσσεται στη φύση ως η ριζική της αντίθεση. Στη *Αρνητική Διαλεκτική* διαβάζουμε: «Το ότι ο λόγος είναι κάτι άλλο από φύση, συνάμα όμως μέρος της, αποτελεί πια την προϊστορία του ως εμμενής καθορισμός. Ο λόγος μετέχει της φύσης ως φυσική δύναμη που διοχετεύεται στην εξυπηρέτηση της αυτοσυντήρησης· από τη στιγμή όμως που αποκόπτεται από τη φύση και της αντιπαρατίθεται, ο λόγος μεταβάλεται στο Άλλο της. Έτσι, στο βαθμό που ο λόγος εφήμερα διαφεύγει των φυσικών του προκαθορισμών αποτελεί ταυτόχρονα κάτι το ταυτόσημο και μη-ταυτόσημο, καθ' όλα διαλεκτικός σύμφωνα με την έννοιά του». (ό.π., σελ. 285) Στη *ΔτΔ* αντίθετα τονίζεται η πρωτοκαθεδρία της φύσης και ο λόγος είναι κατά κύριο λόγο μια διάσταση της αυτοανασκοπικότητας της φύσης. Άρα λοιπόν δεν ξενίζει που η *ΔτΔ* αφήνει στο σημείο που εξετάζουμε να εννοηθεί πως μια πιθανή άρση της αλλοτρίωσης του λόγου από τη φύση θα έπρεπε να πάρει τη μορφή μιας αυταπάρνησης του λόγου, δηλαδή μιας επανεγγραφής του στην ολότητα της φύσης.

της επίμονης κυριαρχικής εξουσίας πάνω στη φύση, το τίμημα όμως θα ήταν μια ουτοπική στην προοπτική της κατάσταση συμφιλίωσης μεταξύ φύσης και πνεύματος. Όμως επειδή κάτι τέτοιο είναι εφικτό για τη *ΔτΔ* μόνο ως καθαρά θεωρητική προοπτική, απομένει στον Αντόρνο να αναπτύσσει σε όλες τις δυνατές επόψεις την προβληματική μιας αδιέξοδης κατάστασης. Έτσι, η κριτική του Λόγου, όπως αποτυπώνεται στη *ΔτΔ*, καταλήγει στη σύλληψη μιας έννοιας της φύσης η οποία θέτει το πνεύμα ως αντίσταση και κυριαρχία επί της φύσης. Όμως στην εναγώνια προσπάθεια να ξεφύγει από τα φυσικά του δεσμά το πνεύμα, παίρνει και το ίδιο τα χαρακτηριστικά του κυκλικού πεπρωμένου της φύσης. Κλείνει λοιπόν ο κύκλος καθώς η φύση ανακαλεί το πνεύμα στους κόλπους της.[28]

2.2.4. Η πρώτη και η δεύτερη φύση

Η σύλληψη αυτή λοιπόν της διαλεκτικής της φύσης κινείται στοχαστικά μεταξύ *α)* ενός καθολικού προσδιορισμού της ιστορίας από τη φύση και *β)* της προοπτικής μιας συμφιλιωτικής συνύπαρξης φύσης και πνεύματος. Η απολυτρωτική προοπτική αυτής της συνεύρεσης στηρίζεται στην προσδοκία ότι το πνεύμα θα μπορέσει να απαλλαχθεί από τις δουλείες της φυσικής ανάγκης μόνο αν αναγνωρίσει τη φυσική του καταγωγή και κατά συνέπεια αποκηρύξει τα γνωρίσματα εξουσιαστικότητας που το διακατέχουν. Παρ' όλα αυτά το κείμενο της *ΔτΔ* προσδίδει βαρύτητα στην πρώτη θέση, ώστε η σκέψη μιας εξόδου και χειραφέτησης από τους καταναγκασμούς της διαλεκτικής της φύσης να φαίνεται πως διατυπώνεται μόνο για... την τιμή των όπλων. Οι σκέψεις του Αντόρνο που αποτυπώνονται στην εισήγηση για την *Ιδέα της Φυσικής Ιστορίας* έχουν δεσμευτικό χαρακτήρα αναφορικά προς την επιχειρηματολογία της *ΔτΔ*. Η σύλληψη της διαλεκτικής της φύσης η οποία αναπτύσσεται στο κείμενο της εισήγησης πιστεύω πως μπορεί να φωτίσει και από μια άλλη πλευρά τη θέση της *ΔτΔ* για τη μεταστροφή του διαφωτισμού στη

28. Έτσι εξηγείται άλλωστε και η υπερτροφική παρουσία της έννοιας της αυτοσυντήρησης στο στοχαστικό οικοδόμημα της *ΔτΔ*, σε αντίθεση με το πρόταγμα του Νίτσε για μια φιλοσοφία της πράξης, η οποία καταξιώνει τη ζωή οδηγώντας τη σε διαρκείς αυθυπερβάσεις.

μυθολογία. Η κεντρική έννοια στην ερμηνεία που ακολουθεί είναι η «δεύτερη φύση».[29]

Υπό το πρίσμα της σχέσης *πρώτης* και *δεύτερης* φύσης η διαλεκτική της φύσης διαδραματίζεται ως η σχέση μεταξύ *φυσικής* και *μη-φυσικής* ιστορίας. Αν η *πρώτη* είναι η ακινητοποιημένη ιστορία ως δεύτερη φύση (π.χ. το σύνολο των συμβάσεων και μηχανικών-αυτοματικών διαδικασιών που διέπουν τη λειτουργία του κοινωνικού γίγνεσθαι, ή γενικότερα η προ-ιστορία του Μαρξ), τότε η *δεύτερη* αποτελεί τον κατεξοχήν χώρο ανάδυσης του νέου, δηλ. όλων αυτών που υπερβαίνουν την απλή αναπαραγωγή του εαυτού και την ταυτιστική συνέχεια. Από αυτή τη σκοπιά η διαλεκτική νοηματοδοτείται ως η ενότητα της αναπαραγωγής του Εαυτού και της ανάδυσης του Νέου ή αλλιώς της φυσικής νομοτελειακής αναγκαιότητας και του αυτοπροσδιορισμού της ελευθερίας. Κι όμως, ο τρόπος που τελικά συλλαμβάνει η *ΔτΔ* τη σχέση μεταξύ των δύο φύσεων δεν αφήνει μεγάλα περιθώρια για διαλεκτικές προοπτικές.

Στο φόντο των όσων αναφέρθηκαν στο προηγούμενο κεφάλαιο αντιλαμβάνεται κανείς αμέσως το γιατί: ως εργαλειακός λόγος ο διαφωτισμός έχει αναπτύξει μια τόσο άκαμπτη δυναμική, που τα όρια μεταξύ *φυσικής* και *ιστορικής* αναγκαιότητας εξαφανίζονται. Οι κοινωνικοί καταναγκασμοί υπό το καθεστώς κυριαρχίας του εξουσιαστικού λόγου λαμβάνουν τα γνωρίσματα αδήριτων φυσικών νομοτελειών. «Η κυριαρχία δεν πληρώνεται μόνο με το τίμημα της αποξένωσης του ανθρώπου από τα κυριαρχούμενα αντικείμενα: με τον ξερά αντικειμενικό χαρακτήρα που απαιτείται από το πνεύμα μοιάζουν σαν μαγεμένες όχι μόνο οι σχέσεις ανάμεσα στους ανθρώπους, αλλά και αυτές του ατόμου προς τον εαυτό του. Το άτομο συρρικνώνεται σε έναν κόμπο συμβατικών αντιδράσεων, οι οποίες προσδοκώνται από το άτομο ως οι "αντικειμενικά" πρέπουσες. Ο ανιμισμός εμψύχωνε τα αντικείμενα, ο βιομηχανισμός αντικειμενοποιεί τις ψυχές». (66) Στη αντικατοπτρική αυτή συμμετρία η αλληλοπεριχώρηση των δύο φύσεων έχει προχωρήσει σε βαθμό ταύτισης.

Για να εντάξουμε στο κατάλληλο ερμηνευτικό πλαίσιο την πεποίθηση του Αντόρνο πως η δεύτερη φύση είναι επί της ουσίας η πρώτη,[30] επι-

29. Βλέπε Αντόρνο, *Die Idee der Naturgeschichte*, ό.π., σελ. 365.

30. Ό.π.

βάλλεται, νομίζω, να εξετάσουμε την επιρροή του Αντόρνο από αντίστοιχες σκέψεις του Νίτσε. Στοιχεία γι' αυτή την προσέγγιση, έως του σημείου ταύτισης της πρώτης με τη δεύτερη φύση, μπορεί κανείς να ανεύρει στον περίφημο δεύτερο κατά σειρά από τους «Παράκαιρους στοχασμούς», με τίτλο *Ιστορία και ζωή*.[31]

Η επιχειρηματολογία στο έργο αυτό συγκροτείται με σκοπό να τεθεί η κατανόηση της ιστορίας σύμφωνα με το πρωτείο μιας *ανιστορικής δύναμης*.[32] Το ανιστορικό στοιχείο ως «η τέχνη και η δύναμη του να κατορθώνει κανείς να λησμονεί και να περιχαρακώνει τον ιστορικό του ορίζοντα»,[33] αποτελεί μοναδική δυνατότητα διαμέσου της οποίας η εμπειρία του παρόντος εκδιπλώνεται απαλλαγμένη από τις φορτικές δεσμεύσεις της μνήμης του παρελθόντος. Η παροντοποίηση της ίδιας μας της ζωής, τονίζει ο Νίτσε με εμφατικό τρόπο, είναι δυνατή μόνο όταν η τωρινή βιοτική εμπειρία ενεργείται ως εκτελεστική ολότητα. Για επιτευχθεί αυτό απαιτείται εκείνη η δύναμη ερμηνείας, η «πλαστική δύναμη»,[34] η οποία θέτει εκτός ισχύος τη δύναμη του γίγνεσθαι ή της εμπειρίας της παροδικότητας. Έτσι, η ζωή ως παροντικό πλέγμα σχέσεων βιώνεται στο βάθος ενός συγκεκριμένου και περατού ορίζοντα αξιών και σκοποθετήσεων. Η δύναμη να προσδώσει το υποκείμενο στην ίδια του τη ζωή συνεκτικότητα και ενότητα, ή αντίθετα να ακυρώσει την παραλυτική επενέργεια του παρελθόντος, μεταφέρεται τώρα από τον Νίτσε στο επίπεδο κατανόησης της ιστορικής επιστήμης. Σε αντίθεση προς την προσκολλημένη στο παρελθόν θεώρηση της «μνημειακής» και «αρχαιολατρικής» ιστορίας, το ζητούμενο μιας «κριτικής» ιστοριογραφίας που τίθεται στην υπηρεσία της ζωής είναι «να διαρρήξει τα δεσμά του παρελθόντος και να το καταστρέψει».[35] Η κριτική στάση απέναντι στην ιστορία τονίζει την πρωτοκαθεδρία μιας αντιμετώπισης του παραδεδομένου ιστορικού υλικού η οποία ενδιαφέρεται πρωταρχικά για το παροντικό νόημα των περασμένων. Ο Νίτσε δεν αμφιβάλλει βέβαια πως και η «κριτική» με τη σειρά της δεν είναι απαλλαγμένη από τις προκαταλή-

31. Βλέπε *Ιστορία και ζωή*, σελ. 26 κ.ε.
32. Βλέπε Νίτσε, *KSA*, τόμ. 1, σελ. 257.
33. Ό.π., σελ. 330.
34. Ό.π., σελ. 251.
35. Ό.π., σελ. 269.

ψεις του παρόντος. Αντιθέτως: «Δεν είναι η δικαιοσύνη που προΐσταται εδώ του δικαστηρίου· και ακόμη λιγότερο είναι η επιείκεια που εκδίδει την ετυμηγορία: είναι η ίδια η ζωή, αυτή η σκοτεινή, βίαια και άπληστα εγωπαθής δύναμη. Η απόφασή της είναι πάντα σκληρή, άδικη, γιατί δεν αναβλύζει ποτέ από την πηγή της γνώσης».[36] Ενσωματώνοντας στην έννοια της ζωής τη βούληση να αυτο-προτάσσει κυριαρχικά τους ορίζοντες αυτοκατανόησής της, ο Νίτσε προτείνει μια ριζοσπαστικοποίηση των διαδικασιών απώθησης οποιασδήποτε μνήμης: η κριτική ιστοριογραφία προχωρά αποδομητικά, επειδή αρνείται αποφασιστικά κάθε αξίωση ισχύος παραδεδομένων συστημάτων αξιών.[37]

Όμως θα ήταν κατά τη γνώμη μου βεβιασμένο να μεμφθεί κανείς πως η κριτική σκοπιά του Νίτσε απέναντι στην ιστορία καταστρέφει την έννοια του ιστορικού στοιχείου μειώνοντάς το στο ρόλο μια θεραπαινίδας των βιοτικών αναγκών του παρόντος. Ο Νίτσε, όσο ισχυρές και να είναι οι επιφυλάξεις του ενόψει των ακροτήτων του ιστορικισμού, αισθάνεται την ανάγκη να εισαγάγει κάποιους περιορισμούς στην κριτική θεώρηση της ιστορίας. Στην προσπάθεια «να δώσει κανείς στον εαυτό του a posteriori ένα παρελθόν από το οποίο θα ήθελε να κατάγεται σε αντίθεση με αυτό από το οποίο πραγματικά κατάγεται», ο Νίτσε καταλογίζει την απερισκεψία ενός επικίνδυνου εγχειρήματος, «γιατί είναι πολύ δύσκολο να διαγράψει κανείς τα όρια άρνησης του παρελθόντος και επιπλέον γιατί η δεύτερη φύση είναι κατά κανόνα λιγότερο ανθεκτική από την πρώτη».[38] Παίρνοντας αποστάσεις από μια ολοκληρωτική ενσωμάτωση του παρελθόντος στο παροντικά σύγχρονο ο Νίτσε προτάσσει μια μετριοπαθή προοπτική κυρίαρχης αντιμετώπισης της ιστορίας. Στην προοπτική μιας ιστοριογραφίας στην υπηρεσία της ζωής θα παραμείνουν σε ισχύ μόνο εκείνες οι οργανωτικές λειτουργίες οι οποίες επιτρέπουν μια συνολική εποπτεία του χαοτικού ιστορικού υλικού. Με αυτό ο Νίτσε εννοεί εκείνη τη (μορφο-)πλαστική δύναμη όπως τη βλέπει να δρα στο απολλώνειο πνεύμα που διοχετεύει το πολυειδές των μυθικών παραδόσεων του αρχαϊκού πολυθεϊσμού στις εύτακτες οδούς της ελληνικής λογοκε-

36. Ό.π.
37. Ό.π., σελ. 270.
38. Ό.π.

ντρικής κοσμοθεώρησης. Για τον Νίτσε ο κριτικός θεατής της ιστορίας νομιμοποιείται στην αξίωσή του να επιβάλει στην ιστοριογραφία τη σκοπιμότητα αρωγής των παροντικών βιοτικών αναγκών μόνο στο βαθμό που διαμέσου μιας συλλεκτικής πρόσληψης είναι σε θέση να εντάξει και να οργανώσει την πολλαπλότητα των ιστορικών δεδομένων στο πλαίσιο μιας εύτακτης διαγωγής του βίου. Με αυτό τον τρόπο μπορεί να αναδυθεί μια νέα φύση που θα αντιστρατεύεται τις μονομέρειες και τους περιορισμούς που επιβάλλει η σύγχρονη πραγματοποιημένη συσσώρευση γνώσεων: «Έτσι, αποκαλύπτεται η ελληνική έννοια του πολιτισμού ως μια νέα και βελτιωμένη φύση, δίχως διακρίσεις ανάμεσα στην εσωτερικότητα και την εξωτερικότητα, δίχως προσποιήσεις ή συμβάσεις, ενός πολιτισμού ως αρμονικής ενότητας μεταξύ ζωής, σκέψης, φαινομενικότητας και θέλησης».[39]

Συμπεραίνουμε λοιπόν πως για τον Νίτσε ο πολιτισμός ως δεύτερη φύση τίθεται μπροστά στο καθήκον να συγκρίνει τον εαυτό του με τη φυσικότητα, η οποία θέτει δεσμευτικά μέτρα για το αυθεντικά ανθρώπινο. Μια τέτοια σύγκλιση δεύτερης και πρώτης φύσης μας επιτρέπει να σκεφτούμε ότι έχουμε να κάνουμε με μια σχέση θεμελίωσης της μιας στην άλλη. Για τον Νίτσε παραμένει σημαντικό να μην έχει η θεμελιωτική αυτή σχέση την ακαμψία ενός σχήματος μονόδρομης κατεύθυνσης. Γι' αυτό προσπαθεί να μετριάσει την παραπάνω εντύπωση προσδίδοντας στη σχέση πρώτης και δεύτερης φύσης το χαρακτήρα αμφίδρομου αλληλοπροσδιορισμού. Ο Νίτσε προσπαθεί να στηρίξει την απόπειρά του θέτοντας το ερώτημα του εάν τελικά υφίσταται μια πρώτη φύση. Όσο κι αν το ερώτημα ξενίζει, για τον Νίτσε δεν αποτελεί παράδοξο, καθώς μπορεί να θεωρηθεί ελπιδοφόρο για την πολιτισμική πρόοδο το γεγονός να «ξέρει κανείς πως και αυτή η *πρώτη* φύση έγινε κάποτε *δεύτερη*, όπως και κάθε νικηφόρα δεύτερη φύση θα καταστεί κάποτε πρώτη».[40] Έτσι, αποφεύγονται οι δυσκαμψίες της σχέσης θεμελίωσης και δημιουργείται μια διαφοροποιημένη σύλληψη για το συσχετισμό των δύο φύσεων. Οι μορφές βίου του παρόντος επιτυγχάνουν μια επαρκή αυτοσυνείδηση μόνο στο βαθμό που ενεργούνται ως

39. Ό.π., σελ. 334.
40. Ό.π., σελ. 270.

χώρος εκδίπλωσης μιας αρχέγονης δύναμης η οποία, καθώς δεν ανάγεται σε κάποια νομοτέλεια της φύσης, ενσαρκώνει τη φύση ως νόμο.

Η αλληλοπεριχώρηση πρώτης και δεύτερης φύσης επιτρέπει στον Νίτσε να πει πως η κάθε δεύτερη φύση, δηλ. το εκάστοτε διαμορφωμένο επίπεδο πολιτισμού που στρέφεται ενάντια στην πρώτη φύση διασπώντας τους καταναγκασμούς της, θα μεταμορφωθεί με την πάροδο του χρόνου σε πρώτη φύση, δηλ. θα γίνει αντικείμενο κριτικής από μια άλλη δεύτερη φύση (το επόμενο πολιτισμικό στάδιο). Αυτή η αλληλοδιαδοχή πρώτης και δεύτερης φύσης αποτελεί για τον Νίτσε την παροδικότητα (Vergänglichkeit). Βλέπουμε έτσι ότι η προβληματική των δύο φύσεων αποτελεί για το πρώιμο έργο τόσο του Αντόρνο όσο και του Νίτσε μια άλλη έποψη της φιλοσοφίας της παροδικότητας. Κατά κάποια έννοια μπορούμε να ισχυριστούμε ότι τόσο η διαλεκτική της φύσης στη *ΔτΔ* όσο και η αιώνια επανακύκλιση στον Νίτσε επιχειρούν να στοχαστούν βαθύτερα την προβληματική της δυαδικής φύσης. Οι δρόμοι τους δεν χωρίζονται εξαιτίας της διαφορετικής νοηματοδότησης της ανάγκης ενός θετικού προσδιορισμού αυτής της δυαδικότητας της φύσης. Η διαφορά αντίθετα έγκειται στο ότι για τον Αντόρνο η συγκροτηθείσα στη διαδικασία διαφωτισμού δεύτερη φύση παραμένει μυθική, δηλ. παραμένει το ίδιο στοιχείο που ο λόγος ήθελε ορθολογικά-διαφωτιστικά να διαυγάσει και να δαμάσει εργαλειακά. Η *ΔτΔ* και η Κριτική Θεωρία της μέσης περιόδου συγκροτούνται στην αυτοκριτική διαύγαση αυτής της μυθοποιημένης δεύτερης φύσης. Αντίθετα, για τον Νίτσε το στοχαστικό πείραμα της αιώνιας επιστροφής, με το να μεταγράφει την παροδικότητα στο ίδιο το είναι, αποτελεί ακραίο εγχείρημα για τη διατύπωση μιας εμφατικής εμπειρίας της βίωσης του παρόντος.

2.2.5. Η παραμόνιμη ισχύς του ταυτιστικού λόγου

Μετά από την εξέταση της γενεαλογικής και φυσικο-διαλεκτικής σύλληψης της *ΔτΔ* μπορούμε να δούμε τώρα το ερμηνευτικό σχήμα με το οποίο ο Αντόρνο εξηγεί την επαναστροφή του διαφωτισμού στο στάδιο του μύθου. Για να στηρίξει μεθοδολογικά τη θέση ότι κάτω από το μανδύα της κοινωνικής δεύτερης φύσης εξακολουθεί να δρα η πρώτη φύση, η *ΔτΔ* χρειάζεται ένα ερμηνευτικό πλαίσιο μεγάλης ιστορικής εμβέλειας. Το σχήμα σκέψης και δράσης που επιτρέπει στον Αντόρνο να σκιαγραφήσει ένα ιστορικό συνεχές από το μαγικό-μυθικό τρόπο σκέψης της αρχαιότητας μέχρι και τα τεχνικά-επιστημονικά συστήματα θεωρίας της ύστερης νεωτερικότητας είναι η *ταυτότητα* ως καθολικά έγκυρη αρχή ερμηνείας του κόσμου και ως όργανο κυριαρχίας. Η *ΔτΔ* επιχειρηματολογεί σε ιστορικοφιλοσοφικό επίπεδο και αναστρέφει τη χεγκελιανή θεώρηση της ιστορίας ως εξέλιξης της συνείδησης προς την απόλυτη ελευθερία.

Με την αντιστροφή αυτή των προσήμων ο Αντόρνο εντοπίζει τη ρίζα των δεινών που κατατρέχουν την ανθρωπότητα απ' αρχής μέχρι τέλους στην προαιώνια δυναστική επικράτηση της «αρχής της ταυτότητας». Μόνο σε μια τόσο ευρεία επιχειρηματολογική βάση μπορεί να διατυπωθεί ο ισχυρισμός ότι τόσο η μυθική σκέψη όσο και ο επιστημονικός διαφωτισμός υπάγονται στην ίδια ιστορική-λογική αρχή της κυριαρχίας και της εξουσίας. Η αρχή της ταυτότητας προϋποθέτει βέβαια την επαναληψιμότητα και αιώνια επιστροφή των ίδιων ή ισοδύναμων καταστάσεων. Η *ΔτΔ* διαπιστώνει πως αυτή η αρχή της ταυτότητας που ενέχεται στον υποκειμενικό-εργαλειακό λόγο, όπως τον αποκαλεί, χαρακτηρίζει τόσο το μύθο όσο και το διαφωτισμό. Έτσι, τονίζει με κάθε τρόπο την αντιστοίχιση μεταξύ της κυκλικότητας των μυθικών αφηγήσεων και της ομοιομορφίας που χαρακτηρίζει αιτιοκρατικές και ταυτιστικές θεωρίες. «Όσο πιο πολύ όμως χάνεται η μαγική αυταπάτη τόσο πιο αδυσώπητα η επανάληψη, υπό τον τίτλο νομοτέλεια, κρατάει τον άνθρωπο μέσα σ' εκείνον τον κλειστό κύκλο που με την αντικειμενοποίησή του στη μορφή του φυσικού νόμου επιτρέπει στον άνθρωπο να φαντάζεται πως διασφαλίσθηκε ως ελεύθερο υποκείμενο. Η αρχή εμμονής στα δεδομένα όρια, του χαρακτηρισμού κάθε συμβάντος ως επανάληψης, την οποία ο διαφωτισμός εκπροσωπεί αντιπαραθέτοντάς τη στη μυθική φαντασία, είναι η αρχή του ίδιου του μύθου». (42)

Η κερκόπορτα για την είσοδο και επιστροφή του μυθικού σχήματος του κυκλικά επαναλαμβανόμενου Αυτού στη διαδικασία του διαφωτισμού είναι για τη *ΔτΔ* η απολυτοποίηση των εννοιολογικών αφαιρέσεων. Τέτοιου είδους αυτονομημένες αφαιρέσεις ανιχνεύει ο Αντόρνο τόσο στις αρχαϊκές πρακτικές μαγικής επίκλησης του επιθυμητού, όσο και στα αιτιοκρατικά και ντετερμινιστικά θεωρήματα της νεωτερικής επιστήμης. Υπό τη μορφή του κύκλου ή της ομοιόμορφης αιτιακής νομοτέλειας το μυθικό σχήμα του αιωνίως «ιδίου» επιβάλλει έναν άκαμπτο και εχθρικό απέναντι σε κάθε διαφορετικότητα κομφορμισμό. Το μόνο που ισχύει εδώ είναι το κριτήριο της συμβατότητας με τα ταυτιστικά σχήματα σκέψης – η συμβατότητα ταυτιστικού καθορισμού είναι το χαρακτηριστικό που πρέπει να έχει κάθε επιστητό ώστε να έχει δικαίωμα στην ύπαρξη ενώπιον της ratio. Για τη *ΔτΔ* τα πράγματα είναι ξεκάθαρα: η λογική της ratio ερμηνεύει, σε τελική ανάλυση επομένως χειραγωγεί, την πολλαπλότητα της αντικειμενικότητας ακυρώνοντάς την τελικά προς όφελος των συνεχώς επαναλαμβανόμενων σχημάτων ταύτισης. «Η στεγνή σοφία που δεν αναγνωρίζει τίποτε νέο κάτω από τον ήλιο, επειδή τάχα όλα τα πιόνια του ανόητου παιχνιδιού έχουν χαθεί, όλες οι μεγάλες ιδέες έχουν ήδη συλληφθεί, οι πιθανές ανακαλύψεις είναι εκ των προτέρων σχεδιασμένες, οι άνθρωποι είναι ταγμένοι να αυτοσυντηρούνται μέσω προσαρμογής – αυτή η στεγνή σοφία αναπαράγει απλώς τη φανταστική σοφία που απορρίπτει: τον καθαγιασμό της μοίρας, η οποία μέσω αντιποίνων αποκαθιστά αδιάκοπα ό,τι υπήρχε ανέκαθεν. Ό,τι θα ήταν διαφορετικό εξισώνεται με το υπάρχον. Αυτή είναι η ετυμηγορία, η οποία ανορθώνει κριτικά τα όρια της δυνατής εμπειρίας». (ό.π.)

Για να εκτιμήσει κανείς το μέγεθος της σημαντικότητας που έχει για τη *ΔτΔ* η έννοια της ταύτισης ως βαθμίδα συγκρότησης της ιστορικής διαδικασίας πρέπει να ανατρέξει σε μια από τις κύριες προβληματικές της *Γενεαλογίας της Ηθικής* του Νίτσε. Δεν υπάρχει αμφιβολία ότι το συγκεκριμένο κείμενο κατέχει υποδειγματική αξία για τη *ΔτΔ* και τη ριζική κριτική που ασκούν οι Αντόρνο και Χορκχάιμερ στο διαφωτιστικό ταυτιστικό λόγο. Ανιχνεύοντας τις συνθήκες συγκρότησης των ηθικών παραστάσεων περί ισότητας ο Νίτσε διαπιστώνει διαδικασίες σύγκρισης και ισοδυναμίας: «Δεν βρέθηκε βαθμίδα οποιουδήποτε χαμηλού πολιτισμού, που να μην αφήνει να διαφανεί κάτι από το χαρακτήρα αυτών των σχέσεων. Το να ορίζει την τιμή, να αξιολογεί, να βρίσκει ισοβαθμήσεις, να ανταλλάσσει, είναι πράγματα που απασχόλησαν πολύ την πρώτη σκέψη του ανθρώπου, ώστε, κατά κάποιο τρόπο, αποτέλεσαν αυτή τούτη τη σκέψη».[41] Στη σκέψη περί ισοδυναμίας αναγνωρίζει η *ΔτΔ* μια από

41. Βλέπε Νίτσε, *Γενεαλογία της Ηθικής*, σελ. 71-72.

τις κεντρικότερες ερμηνευτικές της θέσεις, δηλ. το μηχανισμό της ιστορικής-λογικής συγκρότησης των δομών ορθολογικότητας, ο οποίος προσδίδει στη ratio μια τάση αυτοκαταστροφής. Για τη σημασία των επιρροών του Νίτσε επί του Αντόρνο δεν θα υπερέβαλλε κανείς αν υποστήριζε ότι η κεντρική θέση της *ΔτΔ*, σύμφωνα με την οποία όλες οι μορφές σκέψης από το μύθο μέχρι το διαφωτισμό είναι εκφάνσεις μίας και της αυτής ταυτιστικής αρχής, έχει την καταγωγή της στην ακόλουθη σκέψη του Νίτσε: «Στο σχηματισμό του λογικού, της λογικής, των κατηγοριών αποφασιστική σημασία είχε η *ανάγκη*: η *ανάγκη* όχι να "γνωρίσουμε", αλλά να υπαγάγουμε, να σχηματοποιήσουμε, με σκοπό την κατανόηση, τον υπολογισμό (η ανάπτυξη του λογικού είναι διευθέτηση, επινόηση, με σκοπό να κάνεις τα πράγματα όμοια, ίσα – η ίδια διαδικασία που διεξέρχεται κάθε αισθητηριακή εντύπωση)».[42] Σε πολλά σημεία η *ΔτΔ* δημιουργεί την εντύπωση πως είναι μια ιστορική-φιλοσοφική ή ιστορική-υλιστική αναδιατύπωση στοχασμών του Νίτσε. Μια και η ιστορική-φιλοσοφική έποψη έχει εξεταστεί στα προηγούμενα, ας δούμε τώρα την ιστορική-υλιστική πλευρά του θέματος.

Πώς προσλαμβάνεται η *ανταλλαγή* ως μηχανισμός δημιουργίας ισοδυνάμων και ταυτίσεων στα πλαίσια της *ΔτΔ*; Η ερμηνεία μας στηρίζεται στη θέση πως η *ΔτΔ*, στηριζόμενη στη μαρξιστική ανάλυση του φετιχισμού του εμπορεύματος και της ορθολογικότητας της ανταλλακτικής αξίας, ριζοσπαστικοποιεί το στοχασμό του Νίτσε. Και αυτό γιατί δεν αρκείται στο να αναγάγει τη συγκρότηση της διαφωτιστικής ορθολογικότητας στις διαδικασίες ανταλλαγής. Ο Αντόρνο ισχυρίζεται πως σε αυτές βρίσκονται τα βασικότερα χαρακτηριστικά της διαφωτιστικής ορθολογικότητας. Ο διαφωτισμός γενικεύει τη δυναμική των πρακτικών εξίσωσης και ταύτισης που διενεργούνται κατά την ανταλλαγή, για να τους προσδώσει τελικά καθολική μορφή στο πλαίσιο του νεωτερικού εργαλειακού Λόγου. Η *ΔτΔ* επιτείνει όμως συνάμα τη σημασία που έχει η ταυτιστική λογική για τον εργαλειακό λόγο σε τέτοιο βαθμό, ώστε ο ταυτιστικός λόγος να μετατρέπεται τρόπον τινά σε οντολογική σταθερά υπεριστορικής καθολικότητας και *εξουσίας*. Στο στοχαστικό ορίζοντα της *ΔτΔ* η *εξουσία* δεν περιορίζεται σε συγκεκριμένες κοινωνικές

42. Βλέπε Νίτσε, *KSA*, τόμ. 13, σελ. 334.

συνθήκες αναπαραγωγής, αλλά προτίθεται της ιστορικής διαδικασίας ως όλου. Η ιστορική-υλιστική αναγωγή των πραγματοποιημένων μορφών σκέψης στην εξουσιαστική μήτρα των κοινωνικών-οικονομικών όρων αναπαραγωγής δεν μπορεί βέβαια να εκλείψει παντελώς. Στην αρχή σχετικά του έργου η *ΔτΔ* εφιστά την προσοχή στην εξάρτηση της ιδεολογικής εξουσίας από τον κοινωνικό συσχετισμό δυνάμεων: «Η γενικότητα των σκέψεων, η καθολική ισχύς τους, όπως την αναπτύσσει η συλλογιστική Λογική, η κυριαρχία στη σφαίρα της έννοιας, έχει ανεγερθεί επί των θεμελίων της κυριαρχίας της πραγματικότητας». (44-45) Αν τώρα αυτές οι σκέψεις κινούνται πάραυτα στα πλαίσια ιστορικής-υλιστικής κριτικής, η *ΔτΔ* θα αποτολμήσει στη συνέχεια το αποφασιστικό βήμα αντί του Μαρξ να ακολουθήσει το νιτσεϊκό παράδειγμα.

Αυτό το διαπιστώνουμε εύκολα αν φέρουμε στο νου τους στοχασμούς του Νίτσε πάνω στο θέμα της σπουδαιότητας που έχει η ταυτιστική λογική εντός των ανταλλακτικών σχέσεων. Ο Νίτσε περιγράφει την ιδέα του καθορισμού των παραστάσεων δικαιοσύνης και αντικειμενικότητας από το πλέγμα κοινωνικών σχέσεων ανταλλαγής με τον ακόλουθο τρόπο: «Έκτοτε, το μάτι προσαρμόστηκε σε αυτή την προοπτική: και με εκείνη την απλοϊκή συνακολουθία, που προσιδιάζει στη σκέψη της παλαιότερης ανθρωπότητας, που ενώ ξεκινά δύσκολα, μα που ύστερα προχωρά αλύγιστα σε ίσια κατεύθυνση, οι άνθρωποι έφτασαν γρήγορα στη μεγάλη γενίκευση: "κάθε πράγμα έχει την τιμή του. Όλα μπορούν να πληρωθούν" – στον αρχαιότατο και απλοϊκότατο ηθικό κανόνα της δικαιοσύνης, στην απαρχή κάθε "καλοσύνης", κάθε "χρηστότητας", κάθε "καλής θέλησης", και κάθε "αντικειμενικότητας" πάνω στη γη».[43] Ο Αντόρνο από τη μεριά του εφαρμόζει κατά γράμμα τους στοχασμούς αυτούς στην ερμηνεία του για την έννοια του αριθμού, που αποτελεί για τη *ΔτΔ* το κεντρικό σημείο *σύγκλισης της ταυτιστικής σκέψης με την ανταλλακτική ορθολογικότητα*: «Η μυθοποιητική εξίσωση των ιδεών με τους αριθμούς στα τελευταία έργα του Πλάτωνα εκφράζει τη λαχτάρα κάθε απομυθοποίησης: ο αριθμός έγινε γνώμονας του διαφωτισμού. Οι ίδιες εξισώσεις διέπουν την αστική δικαιοσύνη και την ανταλλαγή εμπορευμάτων (...) Η αστική κοινωνία κυριαρχείται από την αρχή των ισότι-

43. Βλέπε Νίτσε, *Γενεαλογία της Ηθικής*, ό.π.

μων μεγεθών. Κάνει τα ετερώνυμα συγκρίσιμα ανάγοντάς στα σε αφηρημένα μεγέθη». (35-36) Εδώ βρίσκουμε σε παραδειγματική μορφή όλα τα εννοιακά στοιχεία που καθιστούν δυνατό το γενεαλογικό συσχετισμό μεταξύ ανταλλακτικής μορφής και του ταυτιστικού-υπαγωγικού λόγου.

Χαρακτηριστικό σημάδι της βαθιάς επιρροής του Νίτσε στην κριτική του Λόγου που ασκεί η *ΔτΔ* είναι το γεγονός ότι ο Αντόρνο δεν αρκείται να αναγάγει την ταυτιστική λογική στις συνθήκες διαμόρφωσής της στα πλαίσια των σχέσεων ανταλλαγής. Κάτι τέτοιο θα ήταν απλά σύμφωνο με την ιστορική-υλιστική κριτική των μορφών (ιδεολογικής) σκέψης, αλλά και θα συνέπραττε με την επιχειρηματολογική στρατηγική της *Γενεαλογίας της Ηθικής*. Η *ΔτΔ* θέλει όμως να αυξήσει την ερμηνευτική ισχύ της κριτικής του ταυτιστικού Λόγου, γιατί δεν είναι πρόθυμη να δεχτεί ότι οι συνθήκες ανάδυσης της ταυτιστικής σκέψης είχαν ενδεχομένως συγκυριακό χαρακτήρα. Ο λόγος γι' αυτό είναι ότι αναπτύσσοντας τη στρατηγική διαύγασης των αρνητικών πλευρών της νεωτερικής ορθολογικότητας –στη βάση μάλιστα μιας καθολικής κριτικής των σκοπιμοτήτων του εργαλειακού λόγου– η *ΔτΔ* έχει χρεία συγκεκριμένων επιχειρημάτων. Αυτό σημαίνει πως αν ο Αντόρνο θέλει να είναι συνεπής, πρέπει να ανιχνεύσει τα εξουσιαστικά και καταπιεστικά χαρακτηριστικά της νεωτερικής ratio ακόμη μέχρι και στην πιο απόμακρη εκδήλωση γνωστικής σχέσης του ανθρώπου με τη φύση. Κάτι τέτοιο οδηγεί φυσικά στη θέση πως όχι μόνο η σκέψη που εδράζεται στη λογική της ισοδυναμίας και των ταυτίσεων, αλλά η σκέψη αυτή καθαυτή είναι ταυτιστική και καταλυτικά εξισωτική. Η σκιά του Νίτσε βρίσκεται παντού: «Κάθε σκέψη, κρίση, αντίληψη, θεωρούμενη ως σύγκριση, έχει ως προϋπόθεση μια "εξίσωση", και ακόμα νωρίτερα μια "εξομοίωση"»[44] και «κάθε έννοια δημιουργείται ως εξομοίωση των ανόμοιων».[45]

Νιώθοντας έτσι να επιβεβαιώνεται στην υπόθεση ότι ο εξουσιαστικός λόγος έχει μεγαλύτερη εμβέλεια απ' ό,τι φαίνεται εκ πρώτης όψεως, δηλ. αν σκεφτεί κανείς μόνο τις ιστορικές του καταβολές, ο Αντόρνο καταπιάνεται τώρα με την εξέταση της δομής αυτής της τρόπον τινά απριορικής μορφής ταυτιστικού λογισμού. Αφήνοντας πρώ-

44. Βλέπε Νίτσε, *Η Θέληση για Δύναμη*, σελ. 244.
45. Βλέπε Νίτσε, *KSA*, τόμ. 1, σελ. 880.

τα κατά μέρος τον Μαρξ και στρεφόμενος στον Νίτσε, ο Αντόρνο παίρνει τώρα αποστάσεις από τη θεωρητική σύλληψη της *Γενεαλογίας* κάνοντας ένα βήμα πέρα και από τη δική του γενεαλογική και ιστορική-υλιστική αναδιατύπωση των νιτσεϊκών στοχασμών. Όπως είδαμε, η επαναδιατύπωση έγκειται στην αναγωγή της αστικής ratio στις σχέσεις ανταλλαγής που λειτουργούν βάσει μηχανισμών εξισωτικών ισοδυναμιών. Για τη *ΔτΔ* καθόσον θέλει να μείνει πιστή στο πνεύμα του Νίτσε η ίδια η ορθολογικότητα ως δομή σκέψης είναι υπεύθυνη για τα δεινά της νεωτερικότητας, δηλ. για το γεγονός ότι μέσω της λογικής ανταλλακτικής ισοδυναμίας τα πράγματα και οι κοινωνικές σχέσεις μετατρέπονται σε υλικό εργαλειακών χειρισμών. Αυτό καθαυτό βέβαια το γεγονός δεν θα ήταν ιδιαίτερα ανησυχητικό αν δεν είχε αποκτήσει, σύμφωνα με τη *ΔτΔ*, το χαρακτήρα καθολικής χειραγώγησης παντός επιστητού ώστε να μην απέχουμε και πολύ από το μυθικό πεπρωμένο που εξουσιάζει το παν.

Η συνθλιπτική αυτή διάγνωση της νεωτερικής κακοδαιμονίας δεν μπορεί παρά να αντιστρέφει τα πρόσημα: αντί της αναγωγής των μορφών σκέψης στην κοινωνική-οικονομική υποδομή ανακύπτει η θέση πως πρώτιστα έχουμε να κάνουμε με βασικά σχήματα της ορθολογικότητας που μεταγράφονται, δηλ. υλοποιούνται, ως σχέσεις καθολικής ανταλλαξιμότητας εμπορευμάτων. Λόγω της κεντρικής σημασίας που κατέχει ο συγκεκριμένος στοχασμός παραθέτουμε ένα σχετικά μεγάλο απόσπασμα: «Ο διαφωτισμός συμπεριφέρεται στα πράγματα όπως ο δικτάτορας προς τους ανθρώπους. Τους γνωρίζει όσο του χρειάζεται για να τους χαλιναγωγεί. Ο άνθρωπος της επιστήμης γνωρίζει τα πράγματα όσο του χρειάζεται για να τα φτιάχνει. Από καθ' αυτά γίνονται έτσι δι' εαυτόν. Στη μεταμόρφωσή τους αποκαλύπτεται ότι η φύση των πραγμάτων είναι πάντοτε η ίδια: ένα υπόστρωμα της κυριαρχίας. Αυτή η ταυτότητα συνιστά την ενότητα της φύσης (...) Είναι η ταυτότητα του πνεύματος και το αντίστοιχό του, η ενότητα της φύσης, στην οποία υποκύπτει το πλήθος των ποιοτήτων. Η αποποιοτικοποιημένη φύση μετατρέπεται σε χαοτικό υλικό προς ταξινόμηση και μόνο, και ο παντοδύναμος εαυτός σε απλό έχειν, αφηρημένη ταυτότητα». (38-39) Υπό τη μορφή ενός είδους υπερβατολογικής σύνθεσης η ταυτιστική αυτή δομή συμπιέζει την ετερογένεια αισθητά αντιληπτών πραγματικοτήτων στην ομοιογένεια του επαναληπτικά Αυτού. Αν πάλι η ταυτιστική λογική σημαίνει την ομοιόμορφη ισοπέδωση όλων των διαφορών, τότε πράγματι ο κόσμος είναι η Ενότητα του αιώνια Αυτού και η *ΔτΔ* μπορεί να ισχυριστεί πως από τον Παρμενίδη μέχρι τον Russel αυτή η ταυτιστική ενότητα ξεκαθαρίζει τον κόσμο από θεούς και ποιότητες.[46]

Με αυτή τη νοηματοδότηση του λόγου ως καταναγκαστικής ενότητας η ΔτΔ κάνει μια στοχαστική κίνηση με την οποία η κριτική των μορφών σκέψης του Μαρξ αναδιατυπώνεται διαμέσου του στοχασμού του Νίτσε: η γνωστική σχέση του υποκειμένου με τον κόσμο είναι ουσιαστικά χειραγωγική και καταναγκαστικά ενοποιητική. Συνέπεια είναι η *ΔτΔ* να οδηγείται σε μια ιδιάζουσα πρόσληψη του καντιανού έργου. Για να γίνει καλύτερα κατανοητό αυτό ας ρίξουμε ακόμα μια ματιά στις απόψεις του Νίτσε πάνω στο θέμα της γνωστικής διαδικασίας: «Ο κόσμος των “φαινομένων” είναι ο προσαρμοσμένος κόσμος τον οποίο *αισθανόμαστε ως πραγματικό.* Η “πραγματικότητα” έγκειται στη συνεχή επιστροφή ταυτόσημων, συναφών πραγμάτων, με τον λογοποιημένο χαρακτήρα τους, με την πίστη ότι μπορούμε να μετρήσουμε και να υπολογίσουμε».[47] Για τον Νίτσε όλες οι γνωστικές αναφορές του ανθρώπου είναι προσκολλημένες στη φαντασιωτική παράσταση ενός κόσμου a priori διαθέσιμου, δηλ. εύπλαστου σε ενοποιητικές στρατηγικές. Τούτες οι αναφορές αποκρύπτουν το γεγονός ότι καθώς η πραγματικότητα κείται κάτω από τα πλέγματα ενοποιητικών ολοποιήσεων του υπαρκτού δεν έχει να κάνει σχεδόν τίποτα με τέτοιες σκοπιμότητες. Αντίθετα πρόκειται για αποτέλεσμα προβολών μιας δύναμης της θέλησης για κυριαρχία. Η θέληση κυριαρχίας υπό τη μορφή της αλήθειας και της γνώσης ανάγει –όπως διαπιστώθηκε προηγούμενα– την πολλαπλότητα της αντικείμενης πραγματικότητας στο μονοειδές της εννοιολογικής της χειραγώγησης.[48] Αυτό συμβαίνει επειδή, κατά τη *ΔτΔ*, ο σχηματισμός συμβόλων ή εννοιών είναι αυστηρά και αποκλειστικά προσκολλημένος στην εξυπηρέτηση των αναγκών της αυτοσυντήρησης. Αν τώρα κανείς στοχαστεί το μέγεθος της

46. Βλέπε *Διαλεκτική του Διαφωτισμού*, σελ. 39.

47. Βλέπε Νίτσε, *Η θέληση για Δύναμη*, σελ. 272-273.

48. Βλέπε Νίτσε, *Ανθρώπινο, Πολύ ανθρώπινο*, τόμ. 1, ό.π., σελ. 36 κ.ε.

επιρροής που είχε πάνω στη σύλληψη της διαλεκτικής του διαφωτισμού η σκέψη του Νίτσε, πως δηλ. η εννοιολογική ενότητα επιβάλλεται πάνω στην πολλαπλότητα με βίαιο τρόπο, τότε δεν ξενίζει το γεγονός ότι ο Αντόρνο εκδιπλώνει την κριτική τού Λόγου ως κριτική της εργαλειακής και χειραγωγικής ενοποίησης/ενότητας διαμέσου μιας κριτικής της καντιανής φιλοσοφίας.

Αν και ένα τέτοιο εγχείρημα δεν θεωρείται από πρώτη άποψη αυτονόητο, εντούτοις η κριτική του Λόγου ως κριτική της ταυτιστικής ενοποίησης δεν μπορεί παρά να περάσει μέσα από μια αντιπαράθεση με την καντιανή σύλληψη του καθαρού λόγου ως a priori υπερβατολογικής ενοποίησης. Έχοντας συνδυάσει την ιστορική-υλιστική κριτική των ιδεολογικών μορφών σκέψης με τη νιτσεϊκή κριτική του Λόγου ως εκφοράς της θέλησης για δύναμη δεν είναι πια και τόσο δύσκολο για τη *ΔτΔ* να διαγνώσει στον καντιανό ορθό λόγο το στίγμα της κυριαρχίας ως βίαιης ενοποίησης της αισθητικής πολλαπλότητας. Με αυτό τον τρόπο η καντιανή προβληματική των στοχαστικών συνθέσεων που παράγουν a priori και αντικειμενικά ισχύουσες κρίσεις παρουσιάζεται στην προοπτική της *ΔτΔ* ως εκείνος ακριβώς ο μηχανισμός που προβάλλει την αντικειμενική πραγματικότητα στον ορίζοντα κυριαρχίας τόσο της φύσης όσο και του υποκειμένου. Αν προσθέσει κανείς σε αυτή την πρόσληψη της καντιανής φιλοσοφίας την ιστορικο-φιλοσοφική στρατηγική της *ΔτΔ* τότε ολοκληρώνεται η εικόνα ενός και του μοναδικού Λόγου ως ενότητα, στο βωμό του οποίου θυσιάζονται ιστορικές ιδιαιτερότητες, κοινωνικοί προσδιορισμοί και κοσμοπλαστικά συστήματα σκέψης.

Με τους δικούς του όρους ο Αντόρνο, παράδοξα, συμφωνεί με τον Καντ: η γνώση ως κυριαρχία της φύσης εκκινεί με την εμπειρία, δηλ. στην περίπτωσή μας με τις διαδικασίες ανταλλαγής που βρίσκονται στη βάση κάθε κοινωνικού σχηματισμού καταναγκάζοντας τη σκέψη στην εξισωτική μονοδιαστατότητα της ταυτιστικής λογικής. Η *ΔτΔ* υιοθετεί την κεντρική σύλληψη του Καντ, θέτοντάς τον παράλληλα στο εδώλιο με την κατηγορία ότι αποτελεί το διαπρεπέστερο απολογητή του αστικού λόγου. Συμφωνώντας με τον Καντ για την απριορικότητα του λόγου ως υπερβατολογικής συνθετικής δύναμης η *ΔτΔ* υποστηρίζει πως ο ενωτικός λόγος *εκκινεί* μεν, δεν *εκπορεύεται* δε από τις κοινωνικές και στοχαστικές εμπειρίες των ταυτιστικών πρακτικών. Επίσης στο πλευρό του Καντ, από τη δικιά του όμως σκοπιά, ο Αντόρνο ισχυρίζεται πως η δομή του λόγου ως ενωτικού προτάγματος κυριαρχίας καθοδηγεί την πορεία τόσο της κοινωνίας όσο και της ιστορίας. Ως αρχή είναι (λογικά) πρωθύστερη.

Αν έχουν όμως τα πράγματα έτσι, τότε η *ΔτΔ* πρέπει με τη σειρά της να δώσει συνέχεια με κάποια έννοια στο καντιανό πρόγραμμα του υπερβατολογικού a priori ως πρωταρχικής συνθήκης της δυνατότητας για γνώση. Μόνο που η *ΔτΔ* αναγκάζεται τώρα να εντάξει το υπερβατολογικό εγχείρημα στα πλαίσια μιας άλλης κριτικής του Λόγου από εκείνη που επιχειρεί ο Καντ με την *Κριτική του καθαρού Λόγου*. Πράγματι, η *ΔτΔ* θέτει τα θεμέλια για εκείνο που ο Χορκχάιμερ θα αποκαλέσει μετά από μερικά χρόνια «*Καντιανή Κοινωνιολογία*»: «Να γραφτεί μια κριτική του Λόγου όπως αυτή του Καντ, μόνο που οι λειτουργικοί παράγοντες, ο μηχανισμός σύμφωνα με τον οποίο φτιάχνεται από το υλικό η ''ενιαία'' εμπειρία, αντί να αποτελείται από τις καθαρές μορφές της εποπτείας και της νόησης να είναι ο κοινωνικός σχηματισμός».[49] Στο πλαίσιο αυτής της ιστορικής-υλιστικής κριτικής του καθαρού Λόγου η υπερβατολογική αισθητική θα αφορούσε την υλική παραγωγή από την οποία εκπηγάζουν οι εξουσιαστικές μορφές πρόσληψης της πραγματικότητας. Η υπερβατολογική αναλυτική από την πλευρά της θα περιέκλειε τα μαζικά μέσα ιδεολογίας και η σφαίρα του Λόγου θα ήταν αφιερωμένη στον καταναγκασμό της ταυτότητας αυτοσυντήρησης.

2.2.6. Η κριτική της ΔτΔ στον Καντ

Η *ΔτΔ* βλέπει στην «τυποποίηση της διανοητικής λειτουργίας ως ενιαίας» (78) το έργο του εξουσιαστικού λόγου. Το υπερβασιακό υποκείμενο οφείλει τις γνώσεις του στο γεγονός ότι η εννοιακή γενικότητα ασκεί πάνω στην αντικειμενικότητα έναν καταναγκασμό υπαγωγής, δηλ. προσαρμογής σε ταυτιστικές προδιαγραφές. Για τους συγγραφείς της *ΔτΔ* είναι σαφές πως για τη γνωσιοθεωρία όπως αυτή περιγράφεται στην *Κριτική του καθαρού Λόγου* η αντικειμενικότητα έχει ήδη, πριν από κάθε

49. Βλέπε Χορκχάιμερ, *Gesammelte Schriften*, τόμ. 6, σελ. 191-192.

γνωστική διαδικασία, υποβιβαστεί στο επίπεδο μιας διάσπαρτης-χαοτικής πολλαπλότητας. Η *ΔτΔ* προσάπτει στην καντιανή γενικότητα της έννοιας ότι ανάγει την πολλαπλότητα του πλέγματος της εμπειρίας απλά σε διαθέσιμο υπόστρωμα χειρισμού και υπολογιστικής διαχείρισης. Η ταυτιστική λογική, την οποία ο Αντόρνο θεωρεί χαρακτηριστική της σκέψης του διαφωτισμού ως εργαλειακής ορθολογικότητας των μέσων, παίρνει για τη *ΔτΔ* υποδειγματική μορφή στη φιλοσοφία του Καντ. Όπως συνήθως στο πνευματικό σύμπαν της *ΔτΔ*, η θεωρητική αντιπαράθεση με την καντιανή γνωσιοθεωρία διενεργείται με έναν τρόπο ιδιαίτερα δύσκολο να ερμηνευθεί, καθώς η μορφή των επιχειρημάτων των Χορκχάιμερ και Αντόρνο έχει το χαρακτήρα περισσότερο σιβυλλικού χρησμού. Ας πάρουμε τα πράγματα όμως από την αρχή.

Βασική θέση της *ΔτΔ* είναι πως η αυστηρά προσηλωμένη στην ενότητα σκέψη προκατασκευάζει την ποιοτική πολυμορφία των αντικειμενικών δεδομένων, έτσι ώστε να είναι εξαρχής συμβατή με μια πολλαπλότητα που εύκολα γίνεται λεία της ταυτιστικής ενοποίησης. Ξεκινώντας από μια τέτοια πεποίθηση διαπιστώνεται με σαφήνεια ότι στο στόχαστρο της *ΔτΔ* βρίσκεται η καντιανή θεώρηση της υπερβατολογικής σύνθεσης που συγκροτεί την έννοια του αντικειμενικού. Κατανοητός είναι επίσης ο λόγος που ο Αντόρνο κάτω από την επιρροή του Νίτσε θέλει να νοηματοδοτήσει την ενοποίηση ως εξουσιαστική καθυπόταξη. Αν θέλουμε όμως η ερμηνεία μας να στέκεται στο ύψος της κριτικής του Καντ που επιχειρείται στη *ΔτΔ*, πρέπει να διεξαχθεί εμμενώς, δηλ. να προσπαθήσει να ανασυγκροτήσει την επιχειρηματολογία των Αντόρνο και Χορκχάιμερ μέσα από μια σειρά διάσπαρτων νύξεων και ενδείξεων. «Σύμφωνα με τον Καντ η φιλοσοφική κρίση στοχεύει στο νέο, και όμως δεν γνωρίζει τίποτε νέο, αφού πάντοτε επαναλαμβάνει μόνον ό,τι ο Λόγος είχε ήδη εναποθέσει στο αντικείμενο». (63)

Στη σκιά του Νίτσε ο Αντόρνο ξαναπιάνει τα νήματα της κριτικής στις συνθετικές κρίσεις του Καντ που σε αντίθεση με τις αναλυτικές προσφέρουν στη γνώση νέα περιεχόμενα. Η δικιά του όμως στρατηγική διαφέρει. Αντί, όπως ο Νίτσε, να θέσει το ερώτημα για ποιο λόγο οι a priori συνθετικές κρίσεις είναι απαραίτητες,[50] καταπιάνεται με την

50. Βλέπε Νίτσε, *Πέρα από το Καλό και το Κακό*, σελ. 22-23.

απόδειξη της θέσης ότι η παραμόνιμη ισχύς της ταυτιστικής σκέψης είναι πιο βαθιά ριζωμένη απ' ό,τι θα εξηγούνταν στα πλαίσια μιας διαπραγμάτευσης της αναγκαιότητας να χρησιμοποιεί η διάνοια τέτοιες κρίσεις. Αν κάθε νόηση κινείται στην τροχιά της διαχρονικά παραμόνιμης ταυτιστικής λογικής, τότε τι πιο εύκολο να το πιστοποιήσει κανείς αυτό από το να δειχτεί πειστικά ότι ο Καντ μιλούσε ουσιαστικά μόνο για αναλυτικές, δηλ. ταυτολογικές κρίσεις. Για τον Αντόρνο δεν χωρά αμφιβολία πως αν εντρυφήσει κανείς στη καντιανή θεώρηση της κρίσης, μπορεί να σκιαγραφήσει τη διαδικασία κατά την οποία ο κόσμος μετατρέπεται σε μια «γιγαντιαία αναλυτική κρίση». (64-65)

Για να καταδειχτεί κάτι τέτοιο ο Αντόρνο αναγκάζεται να ανατρέξει σε μια καντιανή δισημία: όσον αφορά συγκεκριμένα το δισυπόστατο χαρακτήρα των εννοιών, κι από την άλλη τη δισημαντότητα των κρίσεων. Σύμφωνα με την πρώτη ερμηνεία που δίνει ο Καντ στα πλαίσια της θεματοποίησης της αυθορμησίας της νόησης, οι έννοιες εκπηγάζουν από εκείνη την ενοποιητική δραστηριότητα της νόησης που αποτυπώνεται στο σχηματισμό κρίσεων. Συνέπεια αυτού είναι ότι οι έννοιες αποτελούν κατηγορήματα πιθανών κρίσεων.[51] Αυτό με τη σειρά του εκδηλώνει κάποια προτεραιότητα της κρίσης έναντι της έννοιας, διότι οι έννοιες έχουν νόημα μόνο στη λειτουργία τους ως κατηγορήματα των κρίσεων. Οι κρίσεις από τη μεριά τους κατέχουν μια ιδιαίτερη θέση στο αρχιτεκτονικό σύστημα του Καντ, γιατί η λειτουργία τους συνίσταται στα διάφορα είδη ενοποίησης που εκτελούν. Η προ-εννοιακά δεδομένη εποπτεία ενός αντικειμένου εντάσσεται στη συνθετική ενότητα των διαφόρων παραστάσεων, οι οποίες συνδέονται μεταξύ τους διαμέσου της γενικότητας της έννοιας. Αυτή η λειτουργική αναγκαιότητα των εννοιών (ή κατηγοριών στον Καντ) αίρει κατά κάποιον τρόπο την εξάρτησή τους από το μηχανισμό των κρίσεων. Έτσι, έχουμε μια αμφίδρομη σχέση μεταξύ των εννοιών από τη μια μεριά, οι οποίες λειτουργούν ενοποιητικά μόνο στο πλαίσιο της κρίσης-πρότασης, και των κρίσεων από την άλλη μεριά, οι οποίες για τη συγκρότησή τους απαιτούν τη χρήση εννοιών. Σύμφωνα με τη διαπραγμάτευση των κρίσεων στην *Κριτική του καθαρού Λόγου* συμπεραίνει κανείς πως υπάρχει ένα πλέγ-

51. Βλέπε Καντ, *Κριτική του καθαρού Λόγου*, Α 69, σελ. 109.

μα αμοιβαίων αναφορών μεταξύ εννοιών, παραστάσεων και κρίσεων. Η συνθετική ενότητα της έννοιας αναφέρεται στη σχέση των παραστάσεων ώστε να στοιχειοθετούνται κρίσεις. Από την πλευρά της η συνθετική λειτουργία της κρίσης συρράπτει τις μεμονωμένες παραστάσεις ώστε να συγκροτούνται ενότητες εννοιακής φύσης.[52]

Ο Αντόρνο εντάσσει επιπλέον στην προβληματική της κριτικής του μια δεύτερη έποψη αναφορικά προς τη δισημία της καντιανής επεξεργασίας της θεωρίας των κρίσεων. Αυτή τη φορά επικεντρώνει την προσοχή του στη σχέση των εννοιών και της εποπτείας προς την κρίση. Ο Καντ εντοπίζει αρχικά τη γνωστικά διευρυντική λειτουργία της σύνθεσης (της κρίσης) στη σύνδεση που διενεργεί μεταξύ εποπτείας και έννοιας. Ό,τι εγείρει την αξίωση γνωστικής διαύγασης, δηλ. αντικειμενικής γνώσης της πραγματικότητας, εστιάζεται κατά τον Καντ σε αυτή τη συνδετική λειτουργία της κρίσης. Συγχρόνως όμως ο Καντ υπάγει αυτή τη σύνδεση στη μορφή της κρίσης, δηλ. στη σύνθεση υποκειμένου-κατηγορήματος. Πρόκειται μάλλον για μια κυκλική επιχειρηματολογία: η σύνθεση έννοιας-εποπτείας είναι από τη μια η βάση για να επιτευχθεί η συνδετική λειτουργία της κρίσης (δηλ. σύνδεση εποπτείας-υποκειμένου με την έννοια-κατηγορούμενο). Ο Καντ παρ' όλα αυτά θα ισχυριστεί πως η σύνθεση είναι όχι η βάση, αλλά το αποτέλεσμα της συνδετικής κρίσης!

Για τον τρόπο που η *ΔτΔ* ερμηνεύει το καντιανό εγχείρημα αυτό σημαίνει ένα πράγμα: η σύνδεση των εννοιών με την εποπτεία μπορεί να επιτευχθεί μόνο στα πλαίσια και ως κατάληξη της λειτουργίας της κρίσης. Αυτό όμως αντίκειται στο γεγονός ότι για να αναπτύξει η κρίση τη συνδετική-συνθετική της λειτουργία πρέπει να έχει ήδη στη διάθεσή της τις ενοποιητικές-συνθετικές επόψεις, ώστε να προχωρήσει στη σύνδεση. Αν όντως έχουν έτσι τα πράγματα, τότε δημιουργείται ένα ιδιόμορφο σχήμα διαλεκτικής: η σύνδεση έννοιας και εποπτείας καθιστά μεν δυνατό το σχηματισμό κρίσης, τούτη όμως έχει αναγκαστικά εξαρχής τη μορφή συνθετικής-κατηγορικής λειτουργίας. Αν κανείς θέλει να διαπραγματευτεί το σχηματισμό κρίσεων είναι αναγκασμένος να εξετάσει στην αρχή ποια μορφή παίρνει η κρίση. Αν πάλι ξεκινήσει κανείς από τη μορφή της κρίσης πρέπει να ανατρέξει στο σχηματισμό της κρίσης. Αυ-

52. Ό.π., Α 70, σελ. 110 κ.ε.

τή την κυκλικότητα της επιχειρηματολογίας θα μπορούσε κανείς επίσης να την παρατηρήσει και στο πλαίσιο της εξέτασης της ίδιας της μορφής της κρίσης. Τα συστατικά στοιχεία της κρίσης, δηλ. λογικό υποκείμενο και κατηγορούμενο, προϋποτίθενται από τη μορφή της κρίσης, για τον απλό λόγο ότι αποτελούν με τη σειρά τους το αποτέλεσμα άλλων κρίσεων, οι οποίες προηγούνται της παρούσας. Με αυτό τον τρόπο κάθε κρίση περιέχει έναν αριθμό από προ-κρίσεις, ή με άλλα λόγια το εσωτερικό της παρούσας κρίσης αντικατοπτρίζει το εξωτερικό της περιβάλλον, που αποτελείται από ένα πλέγμα άλλων κρίσεων. Στο εσωτερικό της κρίσης ο σχηματισμός της έννοιας συντελείται διαμέσου της κατηγορικής σύνθεσης. Η σύνθεση δηλ. δεν μπορεί να αποκοπεί από την κατηγόρηση, η οποία συνδέει έννοια και εποπτεία, προσφέροντας έτσι στην έννοια την αντικειμενικότητά της. Σύνθεση και κατηγόρηση αποτελούν δύο πλευρές του ίδιου νομίσματος. Σύμφωνα με τη *ΔτΔ* η κατηγόρηση, η οποία όσον αφορά τη μορφή της κρίσης είναι η σχέση υποκειμένου-κατηγορήματος και όσον αφορά τη γνωστική λειτουργία (της συνθετικής κρίσης) είναι η σύνδεση έννοιας και εποπτείας, ταυτίζεται με την κατηγορική σύνθεση.

Η κριτική της *ΔτΔ* θα προχωρήσει ακόμα πιο πέρα. Στο πλέγμα της κρίσης, το οποίο για τον Καντ είναι απόλυτη προϋπόθεση γνωστικής διαδικασίας, η *ΔτΔ* υποστηρίζει ότι εξαφανίζεται η διαφορά του λογικού υποκειμένου από το εμπειρικό αντικείμενο. Αυτό δεν είναι δύσκολο να το αντιληφθεί κανείς αν έχει στο νου του τα προηγούμενα, και συγκεκριμένα ότι είναι αδύνατον να πάει κανείς πίσω από τις συνδέσεις που κάνουν οι κρίσεις για να βρει κάποια αρχέγονα στοιχεία (πιθανών) κρίσεων. Είναι φανερό ότι δεν μπορούν να υπάρξουν έμμεσες-αδιαμεσολάβητες συνδέσεις πριν από κάθε διαδικασία σχηματισμού κρίσεων. Ο σχηματισμός κρίσεων είναι γι' αυτόν το λόγο ουσιαστικά λειτουργία της νόησης, η οποία στα μάτια της *ΔτΔ* είναι απόλυτα δεσμευμένη από το επιτακτικό καθήκον της ενότητας. Στην προοπτική της *ΔτΔ* η διαφορά (λογικού) υποκειμένου και εμπειρικού αντικειμένου δεν μπορεί ούτε να γίνει αντικείμενο στοχασμού ούτε να θεματοποιηθεί από τη μορφή της κρίσης, διότι στην ίδια την έννοια του (λογικού) υποκειμένου της κρίσης ενέχεται ο (ουσιαστικά τελεολογικός) καθορισμός της ενότητας. Με άλλα λόγια, δεν υπάρχει περίπτωση να διαπραγματευτεί κανείς τη διαφορά πέρα και έξω από το πλέγμα καθορισμών που συγκροτούν οι κρίσεις. Στα πλαίσια της καντιανής υπερβατολογικής φιλοσοφίας η κατηγόρηση λειτουργεί αποκλειστικά ως κατηγορική σύνθεση. Το γεγονός αυτό είναι αποφασιστικό: το ότι ο Καντ προσκολλάται στην ατομική κρίση και στα συστατικά της σημαίνει για τη *ΔτΔ* ότι του διαφεύγει κάτι σημαντικό. Αν κάποιος ερμηνεύει την αναφορά των συνθετικών κρίσεων στο αντικείμενο ως εμμενή στην κρίση ταυτότητα έννοιας και εποπτείας, τότε δεν μπορεί να δει ότι υπάρχει μια προϋπόθεση την οποία δεν μπορεί καμιά κρίση να εκπληρώσει ικανοποιητικά με τη λειτουργία της. Με την προϋπόθεση αυτή εννοείται το ότι η κατηγόρηση ως ταυτότητα του (λογικού) υποκειμένου και της κατηγορικής σύνθεσης δεν πιστοποιείται στο εσωτερικό της κρίσης, αλλά είναι πάντα κάτι που έχει τεθεί ήδη εξαρχής και ανεξάρτητα από την κρίση.

Αν και δεν διατυπώνεται ευθέως στη *ΔτΔ*, η κριτική της υπερβατολογικής γνωσιοθεωρίας που κάνουν οι Αντόρνο και Χορκχάιμερ στοχεύει στο να καταδείξει ότι ο Καντ μεταμορφώνει τα στοιχεία της γνώσης σε γνωστικά αντικείμενα. Αυτό σημαίνει ότι αντιμετωπίζει εξαρχής τόσο το υποκείμενο όσο και το αντικείμενο (δηλ. το λογικό υποκείμενο και το κατηγόρημα της κρίσης) αποκλειστικά από τη σκοπιά της γνωστικής τους διάστασης. Η υπόδηλη κριτική της *ΔτΔ* επικεντρώνεται λοιπόν στη θέση ότι πριν από κάθε επαφή με το επιστητό η καντιανή νόηση έχει ήδη διαμορφώσει τον ορίζοντα εντός του οποίου μπορούν να αναδυθούν τα όντα ως αντικείμενα δυνατής εμπειρίας. Με άλλα λόγια, η νόηση προδικάζει εν γένει αυστηρά αυτό που αξιώνεται ως αντικείμενο γνωστικού ενδιαφέροντος. Αυτό γίνεται γιατί κατά τη *ΔτΔ* η γνωσιοθεωρία του Καντ εκμεταλλεύεται στα πλαίσια της κατηγορικής σύνθεσης μια δισημία της αισθητικής εποπτείας: η αισθητική εποπτεία χρησιμοποιείται ως αντίστοιχο του εμπειρικού αντικειμένου (κάτι παραπλήσιο της γενικής ύλης στον Αριστοτέλη) από τη μια μεριά, του λογικού υποκειμένου από την άλλη. Η αισθητική εποπτεία, στην οποία αναφέρεται η κρίση, είναι κατ' αρχάς η προ-εννοιακή βάση της γνωστικής διαδικασίας. Ως το «υλικό», το αντικείμενο αναφοράς της κρίσης, η αισθητική εποπτεία είναι έτοιμη να δεχτεί τις εφαρμογές (δηλ. τους καθορισμούς) των εννοιακών κατηγοριών. Έτσι, ως εκείνο πάνω στο οποίο θα γίνουν οι κατηγορήσεις, η αισθητική εποπτεία παίρνει στην κρίση τη θέση του λογικού υποκειμένου. Λογικό υποκείμενο μπορεί να γίνει η αισθητική εποπτεία γιατί ως οντολογικά προ-εννοιακό και ακαθόριστο στρώμα δέχεται τους καθορισμούς των κατηγορημάτων-εννοιών λαμβάνοντας έτσι συγκεκριμένη γνωσιακά μορφή και περιεχόμενο. Ως υποδοχή κατηγοριοποιήσεων και καθορισμών το υλικό της εποπτείας αποτελεί αναγκαία συνθήκη κάθε κρίσης. Εδώ η *ΔτΔ* υποψιάζεται πως η καντιανή κρίση δεν αρκείται σε αυτή την αναγκαία συνθήκη, αλλά μεταβάλλει εξαρχής το υλικό της εποπτείας στη μορφή της καθορισμένης εμπειρίας ενός εμπειρικού αντικειμένου.

Όπως θα δούμε και στο κεφάλαιο για την κριτική της μεταφυσικής, ο Αντόρνο αρνείται τη θεωρία της αλήθειας ως αντιστοιχίας (Korrespondenz) έννοιας-αντικειμένου. Στο παρόν πλαίσιο η υποψία για την οποία μόλις τώρα έγινε λόγος σημαίνει ότι η *ΔτΔ* έχει δίκιο να διαπιστώνει ότι η δύναμη της καντιανής θεώρησης της κρίσης έγκειται ακριβώς στην κριτική που κάνει στη θεωρία της αλήθειας ως αντιστοιχίας. Με τον κίνδυνο της επανάληψης ας επαναδιατυπώσουμε τη θεμελιακή φιλοσοφική αντίληψη του Καντ: το (πρωθύστερο της γνωστικά προσδιοριζόμενης αντικειμενικότητας) σημείο αναφοράς των παραστάσεων δεν μπορεί να βρίσκεται εκτός της σφαίρας της εννοιολογικής διαδικασίας, αλλά κείται ήδη εξαρχής αντικειμενικοποιημένο, δηλ. έχοντας ήδη συγκεκριμένη μορφή και λειτουργία στα πλαίσια της συνθετικής ενότητας της κρίσης (ή της κατηγορικής σύνθεσης). Οντολογικά η αισθητική εποπτεία μπορεί να προϋπάρχει της κρίσης και να αποτελεί την αναγκαία της συνθήκη. Όμως η κρίση καθορίζει τη μορφή της και με αυτό τον τρόπο τον a priori ορίζοντα εμπειρίας, μέσα στον οποίο αποκλειστικά μπορεί να αναδυθεί κάτι που θα έχει το χαρακτήρα της αισθητικής εποπτείας. Το λογικό υποκείμενο της κρίσης είναι, όπως είδαμε, η διαμεσολαβημένη από την εφαρμογή των κατηγοριών αισθητική εποπτεία. Αυτή η διαμεσολάβηση διαστρέφει τα πράγματα, γιατί εκεί που η εποπτεία ήταν πρωθύστερη της κατηγορικής σύνθεσης, γίνεται τώρα εξαιτίας της a priori σύνθεσης των εννοιών ταυτόσημη με τη συνθετική ενότητα ή παρουσιάζεται εξαρχής ενοποιημένη. Η συνθετική ενότητα με τη σειρά της είναι το αποτέλεσμα της κατηγορικής σύνθεσης που επιτελεί η κρίση.

Για τη φιλοσοφική-ιστορική κριτική της *ΔτΔ* η καντιανή θεώρηση της κρίσης έχει σαφώς ιδεαλιστικό και λογικό-ταυτιστικό χαρακτήρα. Στο φως όσων είπαμε για τον τρόπο που προσλαμβάνουν οι Αντόρνο και Χορκχάιμερ την καντιανή γνωσιοθεωρία δεν είναι δύσκολο να εξετάσουμε τώρα και για ποιο λόγο. Ο ιδεαλισμός φαίνεται για τη *ΔτΔ* ξεκάθαρα στο σημείο που ο σχηματισμός της κρίσης υπακούει αυστηρά σε μια τελεολογία συνθετικής ενότητας. Η τελεολογία αυτή κατευθύνει εκ προοιμίου την κατηγορική λειτουργία της κρίσης στο σχηματισμό ενότητας. Η συνθετική ενότητα της πολλαπλότητας (του εμπειρικού δεδομένου) γίνεται η τελεολογική προϋπόθεση, και για τη *ΔτΔ*, ο καταναγκασμός, της λειτουργίας της κρίσης. Το τελικό αίτιο βρίσκεται κωδικοποιημένο στην έννοια του υπερβατολογικού αντικειμένου, το οποίο για τον Καντ αποτελεί το αόριστο σημείο σύγκλισης όλων των εννοιακών καθορισμών που συγκροτούν την αντικειμενικότητα. Αντικειμενικότητα σημαίνει για τον Καντ η (τελική και συνθετική) ενότητα του λογικού υποκειμένου (της κρίσης) και του υπερβατολογικού αντικειμένου.

Ποιος είναι όμως ο χώρος όπου επιτελείται τούτη η συνθετική ενότητα; Για τον Καντ ο φορέας αυτής της τελεολογικής σύνθεσης ή συνθετικής ενότητας είναι το υπερβατολογικό υποκείμενο. Στη γνωσιοθεωρία του Καντ το υπερβατολογικό υποκείμενο δηλώνει ακριβώς την εκτελεστική διαδικασία του σχηματισμού συνθετικής ενότητας μέσω των κρίσεων. Η υπερβατολογική υποκειμενικότητα ως καθαρά διαδικαστική συνθετική ενοποίηση ενέχει τη δυναμική διαμόρφωσης του κόσμου ως της ολότητας όλων όσα μπορούν να γίνουν αντικείμενα γνώσης. Αποτελεί την «ύψιστη βαθμίδα δικαιοδοσίας» της εμπειρίας ως γνώσης, γιατί οι συνθετικές της λειτουργίες μετατρέπουν στα πλαίσια της κατηγορικής σύνθεσης το πρωτογενές υλικό της εποπτείας σε αντικειμενική γνώση. Στη βάση της θεμελιώδους αρχής (Grundsatz) όλων των συνθετικών κρίσεων, δηλ. στη βάση της ταυτότητας συνθετικής ενότητας και υπερβατικού αντικειμένου,[53] βρίσκεται η συνθετική ενότητα της συνείδησης, η οποία συνέχει τις παραστάσεις στην ενότητα της κρίσης. Για τον Καντ η υπερβατολογική αναφορά της κρίσης (δηλ.

53. Βλέπε το κεφάλαιο για την υπερβατολογική παραγωγή των εννοιών της διάνοιας §§ 15-27, σελ. 137-192.

της σύνδεσης των παραστάσεων) στο αντικείμενο δεν μπορεί να διαχωριστεί από το υπερβατολογικό εγώ-υποκείμενο. Κι όχι μόνο αυτό: στο πεδίο της έννοιας υπερβατολογικό υποκείμενο και υπερβατολογικό αντικείμενο ταυτίζονται. Ο Καντ προτάσσει τη θεώρηση των σχέσεων κατηγόρησης μεταξύ υποκειμένου και αντικειμένου στο πλαίσιο της υπερβατολογικής διαδικασίας ενότητας, που είναι η ίδια η συνείδηση ως σύνθεση των παραστάσεων. Η υπερβατολογική ενότητα της αυτοσυνειδησίας ή με άλλα λόγια η υπερβατολογική συνθετική ενότητα της κατάληψης (Apperzeption) ταυτίζεται με το υπερβατολογικό αντικείμενο (σημείο αναφοράς των συνθετικών κρίσεων) κι αυτό με τη σειρά του ταυτίζεται με την κατηγορική σύνθεση του λογικού υποκειμένου της κρίσης. Το υποκείμενο αυτό δεν είναι τίποτα άλλο από το υπερβατολογικό σημείο αντικειμενικής αναφοράς της σύνθεσης των παραστάσεων.

Η βασική στρατηγική του καντιανού υπερβατολογισμού επιχειρεί μ' αυτό τον τρόπο να αποδείξει ότι το αντικείμενο της πιθανής εμπειρίας μπορεί να γίνει κατανοητό-καταληπτό αποκλειστικά και μόνο στο πλαίσιο της εννοιακά διαμεσολαβημένης γνωσιακής διαδικασίας της νόησης. Για τον Καντ ο λόγος είναι απλός: ως αντικειμενικά πιστοποιήσιμο το αντικείμενο υπάρχει μόνο ως εννοιακή παράσταση της σύνθεσης της πολλαπλότητας της αισθητικής εποπτείας από την υπερβατολογική ενότητα της συνείδησης. Για τον Αντόρνο οι επιπτώσεις μιας τέτοιας ταυτιστικής-λογικής στρατηγικής είναι πρόδηλες. Κάθε γνωστική διαδικασία καθίσταται εξάρτημα της ενοποιητικής λειτουργίας της κρίσης, η οποία με τη σειρά της παραπέμπει στην ενότητα της υπερβατολογικής συνείδησης. Η *ΔτΔ* προσδίδει σε αυτή τη σκέψη το χαρακτήρα μιας καθολικής κριτικής και απόρριψης του ταυτιστικού λόγου και των μηχανισμών του (π.χ. της μονοκρατορίας της σύνθεσης ως ενότητας που καθοδηγεί κάθε κρίση). Η «παγκόσμια κυριαρχία πάνω στη φύση στρέφεται εναντίον του ίδιου του σκεπτόμενου υποκειμένου, δεν του άφησε τίποτα άλλο εκτός από εκείνο το αιωνίως ίδιο "Σκέπτομαι, το οποίο πρέπει να μπορεί να συνοδεύει όλες μου τις παραστάσεις". Υποκείμενο και αντικείμενο μηδενίζονται και τα δύο. Ο αφηρημένος εαυτός, το δικαιολογητικό για την πρωτοκόλληση και συστηματοποίηση, δεν έχει απέναντί του παρά μόνο το αφηρημένο υλικό, το οποίο δεν έχει άλλη ιδιότητα παρά μόνον ότι είναι υπόστρωμα αυτής της κατοχής». (63)[54]

Αν η σκιαγράφηση της υπόδηλης πρόσληψης και ερμηνείας του καντιανού εγχειρήματος από τη *ΔτΔ* είναι σωστή, τότε μπορούμε να υποθέσουμε πως ο Αντόρνο αναπτύσσει την κριτική του στον Καντ υπό το φως της πρόσληψης και ερμηνείας του νιτσεϊκού έργου. Αυτό κατά τη γνώμη μας εξηγεί το λόγο που ο Αντόρνο ερμηνεύει το σχηματισμό της κρίσης, όπως τούτος διαγράφεται με υποδειγματικό τρόπο στην καντιανή *Κριτική του καθαρού Λόγου*, αποκλειστικά από τη σκοπιά της κριτικής της ταυτιστικής σκέψης. Αυτό επιτρέπει στον Αντόρνο να σύρει την καντιανή κρίση στο εδώλιο με την κατηγορία ότι εξυπηρετεί αποκλειστικά τον ισοπεδωτικό εργαλειακό λόγο. Παίρνοντας για παράδειγμα μια από τις κορυφώσεις του αστικού λόγου, δηλ. τη γνωσιοθεωρητική φιλοσοφία του Καντ, βλέπουμε πως σύμφωνα με την ερμηνευτική θέση της *ΔτΔ* η συνθετική σκέψη τελεί εξαρχής υπό την κατηγορική προσταγή της καταπιεστικής, δηλ. a priori ταυτιστικής ενοποίησης.

Το κατηγορητήριο περιέχει επιπλέον και την καταγγελία ότι ο ταυτιστικός λόγος καταργεί τη διαφορά μεταξύ γενικού και ειδικού.[55] Στα πλαίσια των ταυτιστικών εξισωτισμών δεν σημαίνει αυτό τίποτα άλλο, παρά ότι η μερικότητα γίνεται καταληπτή αποκλειστικά διαμέσου του γενικού προσδιορισμού, καθίσταται δηλ. απλό παράδειγμα-είδος του γένους-έννοιας. Πίσω από τον απριορικό χαρακτήρα της ορθολογικής διάνοιας και της γνωστικής εμπειρίας, η οποία συνθέτοντας την εμπειρική πολλαπλότητα ενεργεί την καθολικότητα της έννοιας ως συμπαγή και άτεγκτη μονοείδεια, η *ΔτΔ* διαβλέπει ένα μηχανισμό που καταργεί κάθε ποιοτική διαφορά και κάθε οντολογική ιδιαιτερότητα. Ο Αντόρνο επιτίθεται στον ταυτιστικό λόγο ακριβώς στο σημείο στο οποίο ο λόγος αυτός θεμελιώνει την αξίωσή του για καθολική αντικειμενικότητα: στη γνωσιοθεωρητικά δεσμευτική ενοποίηση, η οποία εκδιπλώνεται μέσα

---

54. Για την παραπομπή στην *Κριτική του καθαρού Λόγου* βλέπε ό.π., § 16, B 132, σελ. 140.

55. Με την έννοια «ειδικό» ο Αντόρνο εννοεί το μερικό ή ατομικό. Το γεγονός ότι ο Αντόρνο σκοπεύει να καταδείξει τη σχέση υπαγωγής μεταξύ γενικού και ειδικού, ανατρέχει στον εγελιανό καθορισμό του ειδικού ως διαμεσολαβημένου γενικού.

από την άμεση υπαγωγή της μερικότητας στη γενικότητα της έννοιας. Η άμεση αυτή υπαγωγή έχει βέβαια για τον Αντόρνο ένα σαφώς διακριτό περίγραμμα: η κριτική δεν αφορά μονάχα τη διαδικασία γενίκευσης εν γένει. Κυρίως αποσκοπεί στη μορφή εκείνη της αναγωγής από το μερικό στο γενικό κατά την οποία επόψεις του μερικού αποσπώνται βίαια από την ολότητά του καθιστώντας το έτσι απλή υποτύπωση του γενικού-καθολικού προσδιορισμού.

Η κριτική του Αντόρνο επιμένει στο ότι ο ταυτιστικός λόγος ελέω εννοιακής σύνθεσης καθιστά το μερικό άμεσα γενικό-καθολικό, μια και όλα τα στοιχεία της μερικότητας, τα οποία δεν εμπίπτουν στη σφαίρα της έννοιας-προσδιορισμού, έχουν ήδη παραγκωνιστεί ή και εκτοπιστεί. Με αυτό τον τρόπο η μομφή που εκτοξεύει ο Αντόρνο εναντίον του ταυτιστικού λόγου συνίσταται στη θέση ότι όταν αυτός κάνει λόγο για γνώση του μερικού δεν εννοεί στην ουσία τίποτα άλλο παρά μια διαδικασία επανάληψης αυτού που περιέχεται ήδη στο εύρος του εννοιακού προσδιορισμού. Έτσι το μερικό καθ' αυτό, δηλ. η ανεξάλειπτη γεγονότητα (Faktizität), δεδομενικότητα και διαφορετικότητά του, μετατρέπονται σε... αμελητέα ποσότητα και συνακόλουθα παραπέμπονται στη δικαιοδοσία της ευρηματικής και ευφάνταστης λογοτεχνίας. Με τη διάσπαση όμως που επιφέρει ο γενικός προσδιορισμός στη μερικότητα, δηλ. από τη μια υπαγώγιμη ενικότητα και από την άλλη σκέτη γεγονότητα, αναδύεται στον πυρήνα της εξουσιαστικής καθολικότητας μια αντίφαση: παύει να είναι η βάση του καθολικού προσδιορισμού του μερικού και εκπίπτει σε απλό σημείο κωδικοποίησης κοινών χαρακτηριστικών. «Η εξίσωση πνεύματος και κόσμου μπορεί να λυθεί, αλλά μόνο με απλοποιήσεις και στα δύο σκέλη της. Η περιστολή της σκέψης σε μαθηματικά εργαλεία περικλείει την επικύρωση του κόσμου στα μέτρα τους. Ό,τι εμφανίζεται ως θρίαμβος της υποκειμενικής ορθολογικότητας, η καθυπόταξη όλων των όντων στη λογική τυποκρατία, εξαγοράζεται με τη δουλική υπακοή του Λόγου στο άμεσα υπάρχον». (63-64) Με τον όρο «αντίφαση» δεν εννοείται κάποια λογική ανακολουθία, αλλά η παράδοξη εκείνη δομή της ταυτιστικής καθολικότητας η οποία έγκειται στο γεγονός ότι το είδος της υπαγωγής που επιβάλλει στη μερικότητα, καταδικάζει και την ίδια σε ένα είδος εννοιακής-στοχαστικής αφασίας. Επειδή απαγορεύει κάθε προσδιοριστικότητα της μερικότητας, η οποία δεν εντάσσεται ευθύς εξαρχής στο εύρος πεδίου του εννοιακού της προσδιορισμού η ταυτιστική αυτή καθολικότητα στη ουσία δεν κατανοεί τίποτα άλλο παρά μόνο τον εαυτό της. Το αντικείμενο από την άλλη πλευρά, στο βαθμό που καθηλώνεται σε απλά προκείμενη γεγονότητα, παύει να είναι το σημείο αναφοράς του εννοιακού προσδιορισμού: έννοια και αντικείμενο ακινητοποιούνται σε στείρα αντιπαράθεση. Αυτή η κατάσταση είναι βέβαια για την πρωτοκαθεδρία του εννοιακού συστήματος πλεονεκτική: η καθολική έννοια δεν είναι υποχρεωμένη να συμβιβαστεί με κάτι το διαφορετικό από αυτή, καθώς η όποια διαφορετικότητα έχει πλέον εξαλειφθεί.

Έτσι, ο φαύλος κύκλος κλείνει: η πρωτοκαθεδρία της καθολικής-ταυτιστικής έννοιας θεμελιώνεται πάνω σε μια μερικότητα, η οποία έχει ήδη προδιαγραφεί με τρόπο ώστε να μην αποτελεί τίποτε περισσότερο από απλό παράδειγμα της έννοιας. Για τη *ΔτΔ* ο διαφωτισμός συνίσταται συνακόλουθα στην αυταρχική επικράτηση της εννοιακής καθολικότητας διαμέσου της εξουσιαστικής χειραγώγησης της μερικότητας, χειραγώγησης που έχει τη μορφή υποβιβασμού της μερικότητας σε απλό υλικό εργαλειακών χειρισμών. Για τον Αντόρνο η διάγνωση που πρέπει να γίνει στη διαδικασία του πολιτισμού είναι μία: η διαδικασία επιτεινόμενης επικυριαρχίας του εργαλειακού λόγου και της αυτονομημένης τεχνικής ορθολογικότητας[56] έχει χαρακτηριστικά ενός ολοκληρωτικού αφανισμού κάθε διαφορετικότητας. «Η αφαίρεση, το εργαλείο του διαφωτισμού, συμπεριφέρεται απέναντι στα αντικείμενά της όπως η μοίρα, την έννοια της οποίας εξαλείφει: ως εξόντωση. Κάτω από την ισοπεδωτική κυριαρχία του αφηρημένου, η οποία κάνει τα πάντα στη φύση επαναλήψιμα, και της βιομηχανίας, για την οποία τα ετοιμάζει, οι ίδιοι οι απελευθερωμένοι έγιναν τελικά εκείνος ο "λόχος" τον οποίο ο Χέγκελ χαρακτήρισε αποτέλεσμα του διαφωτισμού». (43-44)

---

56. Όπως είναι γνωστό, ο Χάμπερμας προσπάθησε με τη *Θεωρία της επικοινωνιακής δράσης* να υπερασπιστεί το νεωτερικό Λόγο ενάντια στους κατά την άποψή του πολέμιους κάθε ορθολογικότητας μεταδομιστές και μεταμοντέρνους με το επιχείρημα ότι οι ανορθολογικότητες του καθολικού εργαλειακού λόγου δεν οφείλονται στη συγκρότηση του Λόγου αυτού καθ' εαυτόν, αλλά αντίθετα αποτελούν αποτέλεσμα μιας μονομερούς, επιλεκτικής και στρεβλής χρήσης των δυνατοτήτων ορθολογικής αντιμετώπισης του κόσμου. Ο λόγος γι' αυτό είναι βέβαια οι καπιταλιστικοί μηχανισμοί εξουσίας και παραγωγής.

Η τάση επικυριαρχίας του ταυτιστικού λόγου πηγάζει σύμφωνα με τη *ΔτΔ* ακριβώς από αυτό τον εννοιακό μηχανισμό στα πλαίσια του οποίου ο προσδιορισμός του μερικού σημαίνει τον ακρωτηριασμό του σε απλό υλικό υπόστρωμα χειραγωγικών επεμβάσεων. Η αντίφαση για την οποία μιλούσαμε πριν έχει δύο πλευρές: από τη μια μεριά η μονομέρεια της καθολικής έννοιας που περιτέμνει το μερικό αφυδατώνοντάς το σε απλή υποτύπωση του γενικού – από την άλλη η απλή γεγονότητα του μερικού, η οποία βυθίζεται στην απροσδιοριστία του εν γένει υπάρχοντος. Η εμμενής αντίφαση του εννοιακού καθολικού, δηλ. η αξίωση να είναι η αφηρημένη ενότητα της δεδομένης πολλαπλότητας, εκβάλλει έτσι σε μια ανοικτά μετωπική αντιπαράθεση καθολικού-μερικού.

Ο εργαλειακός-διαχειριστικός λόγος δεν αρκείται όμως σε μια απλή περιχαράκωση των ορίων της δυνατότητας λογικού προσδιορισμού. Αντίθετα, επεκτείνει το περισταλτικό ή καλύτερα κατασταλτικό του έργο, τον αποκλεισμό δηλ. κάθε στοιχείου που θα εμπόδιζε την άμεση υπαγωγή του μερικού στην καθολική έννοια, και στην ίδια τη σχέση υποκειμένου-αντικειμένου. Από τη μια μεριά τα γνωστικά ενεργήματα του υποκειμένου περιστέλλονται σε διαδικασίες χειραγωγικού ελέγχου και εργαλειακής διαχείρισης. Το γνωστικό υποκείμενο μετατρέπεται έτσι σε αυτοματικό μηχανισμό ελεγκτικών και χειραγωγικών λειτουργιών. Από την άλλη πλευρά η αντικειμενική αναφορά της γνωστικής διαδικασίας απογυμνώνεται από κάθε χαρακτηριστικό ποιοτικής ιδιαιτερότητας και συγκεκριμένης ιδιομορφίας και μετατρέπεται σε factum brutum στεγνής αντικειμενικότητας, σε αποστεωμένη υλικότητα.

Στο φως των παραπάνω διαπιστώνουμε ότι δεν απαιτείται καμία εξονυχιστική ερμηνεία της *Κριτικής του καθαρού Λόγου* για να δούμε πως η κριτική της *ΔτΔ* στην καντιανή γνωσιοθεωρία και ειδικότερα στη θεωρία της υπερβατολογικής σύνθεσης και της προβληματικής της εννοιακής σύλληψης της πολλαπλότητας είναι ιδιαζόντως μονόπλευρη. Στην ερμηνευτική προοπτική της ριζικής κριτικής του Λόγου ο Αντόρνο από τη μια μεριά συνέλκει τη θέση του Καντ ότι ο απριορικός λόγος προτάσσει στη φύση τους νόμους του, με τη σύλληψη του Νίτσε ότι η διαδικασία μέσω της οποίας προτάσσονται κανονικότητες, σκοπιμότητες και νομοτέλειες είναι ουσιαστικά φαινόμενο της θέλησης για δύναμη. Στη *ΔτΔ η νιτσεϊκή θέληση για δύναμη μεταγράφεται σε απριορική κυριαρχία του ταυτιστικού λόγου.* Εντυπωσιασμένος από το νιτσεϊκό (στην πραγματικότητα μεταφορικό) λόγο περί επικυριαρχίας της θέλησης για δύναμη ο Αντόρνο ερμηνεύει τις καντιανές συνθετικές λειτουργίες του γνωστικού υποκειμένου ως επιπεδοποιητικά ενεργήματα ταυτιστικής θέλησης. Στο γεγονός τούτο ενέχονται σημαντικές επιπτώσεις αναφορικά προς το θέμα του σημείου αναφοράς ή εκφοράς των διαδικασιών συνθετικής ενοποίησης. Στον πνευματικό ορίζοντα της *ΔτΔ* η νιτσεϊκή σύλληψη του χάους προσλαμβάνεται ως ταυτόσημη με την ακαθόριστη πολλαπλότητα του εμπειρικού της καντιανής γνωσιοθεωρίας. Μια και ο εξουσιαστικός χαρακτήρας του λόγου είναι για τη *ΔτΔ* αδιαμφισβήτητος, η πρόσδεση του νιτσεϊκού χάους στην καντιανή πολλαπλότητα του εμπειρικού αναγκαστικά σημαίνει ότι ο όρος αναφοράς της γνωστικής διαδικασίας δεν είναι παρά ένα αδιαφοροποίητο, χειραγωγήσιμο υλικό για τις επικυριαρχικές βλέψεις του αφηρημένου καθολικού ή της ταυτιστικής ενότητας. Αν όντως έτσι έχουν τα πράγματα, εγείρεται εκ νέου το ερώτημα για τα θεμέλια της κριτικής που ασκεί η *ΔτΔ*: αν σύνολη η σκέψη είναι έγκλειστη στη σφαίρα ταυτιστικών εξισωτισμών, τότε η ίδια η κριτική στερείται οποιασδήποτε βάσης – ούτε καν να διατυπωθεί δεν θα ήταν δυνατόν!

Παρ' όλα αυτά το ότι μια κριτική του Λόγου είναι εφικτή δηλ. και χωρίς να πρέπει να αντιμετωπίσει τα διλήμματα απορητικής αυτοθεμελίωσης, διαπιστώνεται αν ανατρέξουμε στην κριτική που ασκείται στην καντιανή γνωσιοθεωρία από τον Νίτσε. Από τη σκοπιά του Νίτσε μπορούμε να ισχυριστούμε ότι αυτό που επιχειρεί η *ΔτΔ* δεν είναι τίποτα άλλο από μια ακόμα μορφή ενοποιητικού στοχασμού καντιανής έμπνευσης: η θέση του Νίτσε θα συνοψιζόταν στο ότι η *ΔτΔ* δεν διαφεύγει και η ίδια τον κύκλο της σκέψης ταυτιστικής ενότητας που θέτει σε κριτική, διότι δεν κινητοποιεί τα κατάλληλα εργαλεία κριτικής αντιπαράθεσης με τον κυρίαρχο λόγο. Ενάντια στο λόγο αυτό υπάρχει για τον Νίτσε μια μόνο αποτελεσματική μορφή αντιπαράθεσης: η κριτική της γλώσσας ως γενέτειρας των υποστασιοποιήσεων. Αρχικά ο Νίτσε διαπιστώνει με ιδιαίτερη οξύτητα ότι η εν είδει κατηγορικής προσταγής κυριαρχούσα σκέψη με αποκλειστική κατεύθυνση την ταυτιστική ενότητα δεν αποτελεί παρά μια καθιερωμένη προκατάληψη ή αλλιώς μια μορφή ψεύδους, το οποίο όμως όσον αφορά τις βιοτικές διαδικασίες λειτουργεί θετικά, μια και προσδίδει στην εμπειρία σταθερότητα και διάρκεια. «Αντίθετα, σήμερα, ακριβώς στον βαθμό που η προκατάληψη που λέγεται λογικό μάς αναγκάζει να εδραιώνουμε την ενικότητα, την ταυτότητα, τη διάρκεια, την ουσία, την πρωταρχική αιτία, την πραγμότητα, το Είναι, βλέπουμε, ως έναν βαθμό, τον εαυτό μας μπλεγμένο στην πλάνη, σπρωγμένο *αναγκαστικά* στην πλάνη».[57]

Με αυτές τις παρατηρήσεις ο Νίτσε ασκεί κριτική στην ερμηνεία του κόσμου, η οποία, όπως και στην περίπτωση της κριτικής του Αντόρνο, θεωρείται ότι ποδηγέτησε την ανθρώπινη σκέψη απ' τις απαρχές κιόλας του πολιτισμού. Αντίθετα προς τον Αντόρνο, ο οποίος θεωρεί ότι αυτή η κοσμοθεωρητική σκέψη ως παγιωμένη και αμετάβλητη δεν αφήνει στη σκέψη άλλα περιθώρια παρά μόνο για την ανάκληση του πνεύματος στα όρια της φυσικής του καταγωγής, ο Νίτσε παρουσιάζει το ταυτιστικό, ταξινομητικό και ιεραρχικό Λόγο ως το αποτέλεσμα μιας πραγμοποίησης (Verdinglichung) στη χρήση της γλώσσας. Στη λογική των κρίσεων αποκρυσταλλώνεται ο εξαναγκασμός της θέσπισης ταυτοτικών οντοτήτων ή «πραγμάτων» – για τον Νίτσε πρόκειται ξεκάθαρα για ένα είδος διπλασιασμού που επιβάλλεται από τις αναγκαιότητες της γραμματικής-συντακτικής άρθρωσης της κρίσης: «Μπαίνουμε σ' έναν χονδροειδή φετιχισμό, όταν συνειδητοποιούμε τις βασικές προϋποθέσεις της μεταφυσικής της γλώσσας, ή, για να το πούμε απλούστερα, του *λογικού*. *Αυτό* βλέπει παντού πράττοντες και πράξεις: πιστεύει στη θέληση ως πρωταρχική αιτία γενικά· πιστεύει στο "Εγώ", στο Εγώ ως Είναι, στο Εγώ ως ουσία, και *προβάλλει* την πίστη στην ουσία του Εγώ σ' όλα τα πράγματα – μόνο έτσι δημιουργεί την έννοια "πράγμα"... Παντού θεωρείται, *παρεισάγεται* το Είναι ως πρωταρχική αιτία· από τη σύλληψη "Εγώ" ακολουθεί, ως παράγωγη, η έννοια "Είναι"...»[58]

Η τυπική λογική και η συντακτική δομή της πρότασης-κρίσης είναι παραπλανητικές γιατί ωθούν τη σκέψη να θεωρήσει ως αυταπόδεικτη βε-

57. Βλέπε Νίτσε, *Το λυκόφως των ειδώλων*, σελ. 31.

58. Ό.π.

βαιότητα ότι στις γραμματικές δομές αντιστοιχούν ομόλογες οντότητες της «αντικειμενικής» πραγματικότητας. Δεν μπορούμε σε καμιά περίπτωση όμως να υποστηρίξουμε ότι για το έργο του Νίτσε οι ενότητες που στοιχειοθετούν οι γραμματικές δομές αποτελούν αποτύπωση των δομών της αντικειμενικότητας – εκτός βέβαια κι αν υποθέσουμε πως το κοσμικό όλο ενέχει την ίδια δομή με αυτή των γλωσσικών και γραμματικών συνθέσεων. Βέβαια, αν και στην προοπτική της κατηγορικής λογικής των προτάσεων-κρίσεων δεν υπάρχει πιθανότητα να μάθει κανείς κάτι για τη δομή του κόσμου, ο Νίτσε εντούτοις δεν κωφεύει στο γεγονός ότι η λογική σκέψη είναι μια ερμηνεία που λειτουργεί σύμφωνα με ένα σχήμα «το οποίο δεν μπορούμε να αποβάλλουμε».[59] Αυτό το τυπικό απριορικό σχήμα της γραμματικά δομημένης ερμηνείας του κόσμου δεν αποτελεί όμως για τον Νίτσε, αντίθετα προς τον Αντόρνο, τόσο πειστικό λόγο ώστε να συνθηκολογήσει κανείς ενόψει μιας δήθεν αδύνατης διαφυγής από τους αδήριτους καταναγκασμούς του ταυτιστικού Λόγου. Στα πλαίσια λοιπόν της κριτικής της (νεωτερικής) ratio ο Νίτσε αντί να αναζητήσει τη λύτρωση σε κάποιο είδος αφοπλισμού του κυρίαρχου πνεύματος (όπως ο Αντόρνο), εναποθέτει αντίθετα τις προσδοκίες του στη δημιουργική και κοσμογονική δύναμη ενός «διατομεακού» (transversal) Λόγου. Όπως θα δούμε στα επόμενα, ο λόγος αυτός είναι σε θέση να αντιπροβάλλει στις πραγμοποιήσεις (Verdinglichungen) της ταυτιστικής λογικής το πλέγμα μιας πολυφωνικής άρθρωσης ερμηνευτικών του κόσμου προταγμάτων.[60]

2.3. Η εξέλιξη της υποκειμενικότητας στο καθεστώς της απριορικής κυριαρχίας

Η εξέταση της γνωσιοθεωρητικής διάστασης της *ΔτΔ* μας επιτρέπει τώρα να περάσουμε στο δεύτερο θεματικό πλέγμα του βιβλίου, στο οποίο η παρουσία της σκέψης του Νίτσε είναι πέρα από προφανής. Η

59. Βλέπε *KSA*, τόμ. 12, 5[22], σελ. 194.

60. Θα επανέρθω στο θέμα αυτό στο κεφάλαιο για τη νιτσεϊκή θεωρία της ερμηνείας.

διαλεκτική του διαφωτισμού δεν αποτελεί μόνο ένα ιστορικο-φιλοσοφικό σχήμα που περιγράφει την επαναστροφή της ratio στο μύθο. Ο Αντόρνο διαγιγνώσκει την ισχύ αυτής της διαλεκτικής και στο πεδίο του σχηματισμού της υποκειμενικότητας. Θεματοποιώντας τη διαδικασία της αποκρυστάλλωσης δομών υποκειμενικότητας υπό την κυριαρχία του εργαλειακού λόγου μας δίνεται η ευκαιρία να διακριβώσουμε μέχρι ποιου βαθμού οι βασικές ερωτηματοθεσίες της νιτσεϊκής *Γενεαλογίας της Ηθικής* υπεισέρχονται στην προβληματική της *ΔτΔ*. Στην εξέταση της επιχειρηματολογίας που ακολουθεί βασική μας θέση αποτελεί πως στα πλαίσια της διαπραγμάτευσης της δομής της (νεωτερικής) υποκειμενικότητας από τη *ΔτΔ* διαφαίνεται με απόλυτη σαφήνεια το εύρος της επιρροής από τον Νίτσε. Θα μπορούσε επίσης να υποστηριχτεί πως η κριτική θεώρηση των υποκειμενικών δομών της νεωτερικότητας που επιχειρείται από τη *ΔτΔ* δεν θα ήταν δυνατή αν (πρωτίστως) ο Αντόρνο δεν είχε υιοθετήσει σημαντικές επόψεις της γενεαλογικής στρατηγικής του Νίτσε. Το ακόλουθο απόσπασμα καταδεικνύει με ενάργεια τον τρόπο με τον οποίο οι συγγραφείς της *ΔτΔ* κριτικάρουν την εξουσιαστική λογική της νεωτερικής ratio καλώντας τον Νίτσε ως μάρτυρα κατηγορίας: «Οι Γερμανοί ερμηνευτές της αρχαιότητας κατά την όψιμη περίοδο του ρομαντισμού, που ακολούθησαν τα νεανικά έργα του Νίτσε, υπογράμμισαν το αστικό διαφωτιστικό στοιχείο στον Όμηρο. Ο Νίτσε διέκρινε όσο λίγοι μετά τον Χέγκελ τη διαλεκτική του διαφωτισμού. Διατύπωσε την αμφίρροπη σχέση του διαφωτισμού προς την κυριαρχία». (90)

Για την πρόσληψη της νιτσεϊκής αποδόμησης του εξουσιαστικού πλέγματος της ηθικής και του λόγου από τη *ΔτΔ* η ιδεολογική-κριτική στρατηγική του Νίτσε αποτελεί κορυφαία εκδήλωση του αυτόνομου πνεύματος του διαφωτισμού. Στο πνεύμα αυτό ενσαρκώνεται όλο το σφρίγος της θεμελιακής αμφισβήτησης παραδοσιακών και ιστορικά καθοριστικών ιδεολογικών συστημάτων.[61] Αν αυτή η θεώρηση του κριτικού χαρακτήρα του νιτσεϊκού έργου εντάσσεται σε αυτό που η *ΔτΔ* ονομάζει προοδεύουσα σκέψη, ο Αντόρνο, πιστός στο διαλεκτικό σχήμα (θέσης-άρνησης), δεν παραλείπει να αναφερθεί ακόμα μια φορά

61. Ό.π.

στον Νίτσε τονίζοντας τη διαπλοκή διαφωτισμού και κοινωνικής εξουσίας: «Από την άλλη μεριά ο διαφωτισμός ήταν ανέκαθεν ένα από τα μέσα των "μεγάλων δεξιοτεχνών της διακυβέρνησης" (ο Κομφούκιος στην Κίνα, η Ρωμαϊκή Αυτοκρατορία, ο Ναπολέων, ο παπισμός την εποχή που ήταν στραμμένος προς την εξουσία και όχι μόνο προς τον κόσμο)... Η αυταπάτη της μάζας σε αυτό το σημείο, π.χ. σε όλες τις δημοκρατίες, είναι εξαιρετικά πολύτιμη: η σμίκρυνση και ευκυβερνησία των ανθρώπων επιδιώκεται ως "πρόοδος"!» (90-91) Η στάση του Νίτσε απέναντι στο διαφωτισμό θεωρείται δισυπόστατη, διότι, όπως πιστεύει ο Αντόρνο, ναι μεν ο Νίτσε εκθειάζει το διαφωτισμό ως ιδεολογική κριτική, από την άλλη όμως η ανελέητη κριτική του διάθεση απέναντί του ωθεί το διαφωτισμό ad absurdum, δηλ. σε μηδενιστικά άκρα. Για τον Αντόρνο κάτι τέτοιο ενέχει βέβαια τον κίνδυνο μιας συντηρητικής κριτικής του διαφωτισμού – συντηρητική μπορεί να χαρακτηριστεί αυτή η απαισιόδοξη στάση όσον αφορά την πρόοδο του πολιτισμού, καθώς λανθασμένα διαγιγνώσκει στα ενεργήματα της διαφωτιστικής κριτικής μια «μηδενιστική» τάση απόλυτης διάβρωσης, δηλ. μιας αποσύνθεσης των ισχυουσών αξιών. Ο Αντόρνο –ακόμα και στην πρώιμη περίοδο του πολιτισμού, δηλ. στην καθοριστική για την εξέλιξη της νεωτερικής ratio ελληνική αρχαιότητα– διαβλέπει στο αντιδιαφωτιστικό κίνημα[62] το ριζοσπαστικά κριτικό πνεύμα που θα ωθήσει τους σύγχρονους καιρούς σε μια καθολική έκπτωση των αξιών. Από τον αντιδιαφωτιστικό συντηρητισμό αποσιωπούνται στα ομηρικά έπη π.χ. οι καταλυτικές επενέργειες που ασκεί ένα είδος πρώιμου διαφωτισμού πάνω στις ιδεολογικές ιεραρχικές δομές των αρχαϊκών κοινωνιών: άπαξ και ενεργοποιήθηκε ο διαφωτιστικός αυτός μηχανισμός, κατάληξη της συντηρητικής σκέψης γίνεται αναπόφευκτα ο καθολικός μηδενισμός της νεωτερικότητας.

Η (παρ-)ερμηνεία αυτή της νιτσεϊκής σκέψης ως κορύφωση του μηδενιστικού πνεύματος βρίσκει τον Αντόρνο ριζικά αντίθετο, καθόσον ανα-

62. Ο Αντόρνο εννοεί τα διάφορα κοινωνικά-πνευματικά ρεύματα του Μεσοπολέμου που υποστήριζαν τις ιδεολογίες της αυθεντικότητας. Σε ακραίες περιπτώσεις η λατρεία του γηγενούς, αυθεντικού και γνήσιου πήρε μορφές παροξυστικής οπισθοδρόμησης, όπως π.χ. η φασιστική ιδεολογία της γης και του αίματος στη ναζιστική Γερμανία.

γνωρίζει ότι η συντηρητική κριτική του πολιτισμού εργαλειοποιεί τη ριζοσπαστικότητα του στοχασμού του Νίτσε προς ίδιον όφελος.[63] Ο ίδιος, αντίθετα, θέλει να διαφυλάξει το στοιχείο της δισημαντότητας που χαρακτηρίζει τις κρίσεις του Νίτσε για το διαφωτισμό. Βασική του σκέψη είναι πως ο διαφωτισμός ενσαρκώνει κάθε τι άλλο εκτός από την απλή τάση άρνησης. Αντίθετα: κινητοποιεί και επιβάλλει κοσμοθεωρητικές στάσεις, οι οποίες όσον αφορά τη δεσμευτικότητα ιστορικής ισχύος δεν υπολείπονται σε τίποτα από εκείνες του μυθευτικού παρελθόντος. Υπό την επιρροή της νιτσεϊκής γενεαλογίας και συσχετικά βέβαια προς την εξέλιξη των δομών της υποκειμενικότητας ο Αντόρνο θα διαπραγματευτεί το δισυπόστατο χαρακτήρα κάθε διαφωτιστικού εγχειρήματος θέτοντας το ομηρικό πρόσωπο του Οδυσσέα στο κέντρο μιας καινοτόμου, φιλολογικά όμως αμφιλεγόμενης ερμηνείας.

Στο πρόσωπο του Οδυσσέα η *ΔτΔ* διαγιγνώσκει τον αντιφατικό χαρακτήρα κάθε νεωτερικής υποκειμενικότητας: «Καθώς αυτός ο διττός χαρακτήρας του διαφωτισμού αποκαλύπτεται ως βασικό ιστορικό μοτίβο, η έννοιά του, ως η ιδέα της προοδεύουσας σκέψης, εκτείνεται μέχρι τις αρχές της ιστορικής παράδοσης». (91) Όπως γίνεται φανερό, πηγή έμπνευσης γι' αυτή την αναφορά στο γενέθλιο τόπο-κείμενο της ορθολογικής υποκειμενικότητας είναι ο Νίτσε, ο οποίος τονίζει με έμφαση τη μυθοποιητική δυναμική των πρώιμων ιστορικά λογοτεχνι-

63. Για τον Αντόρνο η εγκατάλειψη της παράδοσης του διαφωτισμού από την πλευρά της παγανιστικής-αντιδραστικής ιδεολογίας και η θέληση να διαγραφεί από την ιστορική διαδικασία κάθε ίχνος προοδευτικού-κριτικού πνεύματος προκαλεί την εμφάνιση μιας ιδιάζουσας διαλεκτικής. Η διαλεκτική αυτή συνίσταται στο ότι οι πολιτικές-ιδεολογικές δυνάμεις που καταπολεμούν κάθε διαφωτιστικό πρόταγμα και την ιδεολογική επαναφορά μυθολογικών δυνάμεων είναι αναγκασμένες να αντλούν στοιχεία νομιμοποίησης από αυτό ακριβώς που καταμάχονται. Στην αντιπαράθεσή τους με μια ιστορική διαδικασία, η οποία σφραγίζεται από δυνάμεις απομυθοποίησης και κριτικά-αντιιδεολογικά συστήματα σκέψης, δεν μπορούν να αποφύγουν μια κάποιου είδους εξάρτηση από τη διαδικασία του διαφωτισμού, την ιστορική νομιμότητα του οποίου αντιμάχονται λυσσαλέα: «Ακόμα και στο πιο απομακρυσμένο παρελθόν είναι αναγκασμένη [ενν. η συντηρητική κριτική του πολιτισμού, Κ.Μ.] να αναγνωρίσει την ύπαρξη της διαφωτιστικής σκέψης. Ιδιαίτερα τα πιο παλαιά ίχνη αυτής της σκέψης απειλούν την ένοχη συνείδηση των σημερινών αρχαϊστών ότι θα θέσουν σε κίνηση ακόμη μια φορά ολόκληρη τη διαδικασία που οι ίδιοι ανέλαβαν να καταπνίξουν, ενώ ταυτόχρονα, χωρίς επίγνωση την προωθούν». (92)

κών κειμένων ως πρωταρχικών προσπαθειών για ερμηνεία και νοηματοδότηση του όλου της φύσης και του λόγου: «Στην κλειστή κοινωνία των αθηναίων αναξαγόρειων η μυθολογία του λαού επιτρεπόταν μόνο με τη μορφή της συμβολικής γλώσσας· όλοι οι μύθοι, οι θεοί και οι ήρωες θεωρούνταν ως συμβολικά ιερογλυφικά της μελέτης της φύσης και το ίδιο ακόμα το ομηρικό έπος πρέπει να ήταν ιερή ωδή που υμνούσε την κυριαρχία του νου και τους αγώνες και νόμους της φύσης».[64] Οι λογοτεχνικές και ηρωικές μορφές του ομηρικού σύμπαντος για τον Νίτσε αποτελούν ήδη σημαντικό βήμα προς την απομύθευση του αρχαϊκού κοσμοειδώλου, εφόσον τα πλαίσια της ασύνειδης παραγωγικής φαντασίας των πρώτων πολιτισμικών σταδίων αποτελούν ένα είδος αντίστασης στην αχαλίνωτη δράση των χθόνιων δυνάμεων. Συγχρόνως οριοθετούν το πεδίο της αντιπαράθεσης μεταξύ πρώιμων φυσικοκεντρικών κοσμολογικών θεωρήσεων και των πολυθρύλητων μυθικών αφηγήσεων· αντιπαράθεση που διεξάγεται με σκοπό την ιδεολογική κατίσχυση της κανονιστικά δεσμευτικής κοσμοεικόνας.

Όπως είδαμε στα πλαίσια της προβληματικής για τη «δεύτερη φύση», οι αναφορές του Νίτσε στην πρώιμη ελληνική αρχαιότητα εκκινούνται από την κριτική στάση του απέναντι στην παραλυτική επιρροή του ιστορικισμού πάνω στις σύγχρονες ανάγκες βιοτικού προσανατολισμού. Η αυτοαναφορική ανάγνωση της ιστορίας ενάντια στην «πεπατημένη» της παραδοσιακής ερμηνείας[65] απορρέει από την ανάγκη να αποδοθεί στην αρχαία βιοτική και κοσμική θεώρηση υποδειγματική αξία αφού σε τούτη τη θεώρηση ενέχονται βιοτικές εμπειρίες ενός παρόντος που δεν δεσμεύεται από τα ιστορικά φορτία που του επιβάλλει η μνήμη. Σύμφωνα με τον Νίτσε η ελληνική πρώιμη αρχαιότητα βίωνε το ιστορικό παρόν σχετικά απαλλαγμένο από ιστορικές μνήμες. Έτσι λοιπόν και το βιοτικό παρόν της μοντερνικότητας οφείλει να αποσείσει το βάρος του ιστορικισμού. Ο Νίτσε διακριβώνει στον ελληνικό κόσμο ένα υποδειγματικό τρόπο του βίου: όπως και στο συμφιλιωτικό σχήμα απολλώνειου-διονυσιακού, η βίωση του κόσμου συμβιβάζει ιδανικά την ανάγκη περιχαράκωσης του ιστορικού ορίζοντα σε κοσμική ολό-

64. Βλέπε Νίτσε, *KSA*, τόμ. 1, σελ. 869.
65. Βλέπε Νίτσε, *Ιστορία και ζωή*, σελ. 80.

τητα με τη δημιουργική φαντασία από την οποία θα ανακύψουν νέες κοσμοθεωρήσεις (όπως αυτές που εκδηλώνονται στις διάφορες κοσμογονίες και θεογονίες).[66] Στο πολιτισμικά κριτικό πρόγραμμα του πρώιμου Νίτσε η επανενεργοποίηση αυτής της αρχαιοελληνικής βιοθεωρίας εξυπηρετεί στη σύσταση μιας νεωτερικής και αδέσμευτης από το βάρος των παρελθοντικών μνημών της ιστορίας εμπειρίας του παρόντος. Συνεργεί επίσης και στην ανάδυση ενός νέου ιστορικού ορίζοντα: «Επομένως: ιστορία γράφει ο έμπειρος και ο υπέρτερος. Όποιος δεν έχει βιώσει κάτι πιο μεγάλο και πιο υψηλό απ' ό,τι οι άλλοι δεν θα ξέρει πώς να ερμηνεύσει οτιδήποτε μεγάλο και υψηλό από το παρελθόν. Το παρελθόν μιλάει πάντα όπως ένα μαντείο: μόνον ως αρχιτέκτονες του μέλλοντος, ως γνώστες του παρόντος θα κατανοήσετε το χρησμό του».[67] Ο Νίτσε ουσιαστικά αναμένει από την αναμόρφωση της νεωτερικής εμπειρίας του παρόντος ένα είδος ενσωμάτωσης της δυναμικής που θα πράξει η «ανέμελη» για το παρελθόν στάση του βίου. Μόνο με τέτοια στάση απέναντι στο (έως και πρόσφατο) παρελθόν θα ήταν δυνατόν να τεθούν θεμέλια για μια «άλλη» νεωτερικότητα.

Για τη *ΔτΔ* αντίθετα, καθώς εμμένει στη μαρξιστική παράδοση του ιστορικού υλισμού, η πρόταση δημιουργικής αφομοίωσης αρχαιοελληνικών μορφών βίου στην υπηρεσία μιας πολιτισμικά επαναστατικής στροφής, που προτείνει ο Νίτσε, είναι εκ προοιμίου μια φενάκη. Η μαρξιστικά καθορισμένη θεώρηση της ιστορικής προόδου που διαπνέει τη σκέψη των Αντόρνο και Χορκχάιμερ τους απαγορεύει συγχρόνως να ανατρέξουν στο ομηρικό σύμπαν με την πρόθεση μέσω αυτής της αναφοράς να στοιχειοθετηθεί η δυνατότητα μιας αυτοστοχαστικής και κριτικής αντίληψης για τη νεωτερικότητα. Συμφωνούν μεν με τη νιτσεϊκή κριτική στη δήθεν αυτοαξίωση των σύγχρονων μορφών αντίληψης του χρόνου. Για να είναι όμως σε θέση να στηρίζουν τις ιστορικές-φιλοσοφικές τους θέσεις κάνουν το εξής βήμα: μεταθέτουν τις αντιλήψεις του Νίτσε για τη θεώρηση της ιστορίας από το πρώιμο έργο του στο γενεαλογικό πρόγραμμα της ύστερης περιόδου του (*Πέρα από το Καλό και το Κακό*, *Γενεαλογία της Ηθικής*).

66. Ό.π., σελ. 110 κ.ε.
67. Ό.π., σελ. 66.

Η *ΔτΔ* ανανεώνει τη νιτσεϊκή αναφορά στο ομηρικό σύμπαν, μόνο που η ερμηνευτική της στάση δεν ενδιαφέρεται επ' ουδενί για μια δημιουργική οικειοποίηση των μορφών βιοτικής-ιστορικής συνείδησης της αρχαϊκής κοινωνίας, η οποία θα μπορούσε να τεθεί στην υπηρεσία κριτικής αναμόρφωσης της νεωτερικότητας. Έστω και αντεστραμμένα, το ιστορικό-εξελικτικό σχήμα στη *ΔτΔ* της επιβάλλει να διαπραγματευτεί τον κόσμο του Ομήρου αποκλειστικά από τη σκοπιά της ανάδειξης εκείνων των μηχανισμών σύστασης της υποκειμενικότητας που είναι υπεύθυνοι για τη διαμόρφωση της νεωτερικής προσωπικότητας ως μορφής στρατηγικής ορθολογικότητας και εργαλειακού αυτοελέγχου.

Ακολουθώντας η *ΔτΔ* πιστά το ιστορικό-εξελικτικό σχήμα του ιστορικού υλισμού –όπως είδαμε στα προηγούμενα, ως ένα είδος αρνητικής προόδου– θα νοηματοδοτήσει τις περιπέτειες του νεωτερικού υποκειμένου ως μια προοδευτική αναστροφή. Το στρατηγικά-εργαλειακά δρων υποκείμενο της νεωτερικότητας έχει για τον Αντόρνο ιδεοτυπικά προτυπωθεί στη λογοτεχνική-μυθολογική δράση του «ομηρικού ήρωα» – του Οδυσσέα. Για τη *ΔτΔ* ό,τι κείται μεταξύ του ομηρικού παρελθόντος και της σύγχρονης υποκειμενικότητας δεν είναι παρά μια βαθμιαία επίταση της αυτοξένωσης του υποκειμένου, η οποία συνάμα γίνεται αναπόσπαστο στοιχείο της εξέλιξής του. Όπως η ratio περιστέλλει σε απλή υλικότητα κάθε τι που δεν είναι αυτόματα αντικείμενο εργαλειακών χειρισμών, έτσι και κατά την άποψη της *ΔτΔ* δρα το υπό διαμόρφωση υποκείμενο του ομηρικού έπους: «Αυτό είναι το μυστικό στις διεργασίες μεταξύ έπους και μύθου: ο εαυτός δεν αποτελεί την άκαμπτη αντίθεση προς την περιπέτεια, αλλά στην ακαμψία του αρχίζει να διαμορφώνεται μόνο μέσω αυτής της αντίθεσης· η έννοιά του βρίσκεται απλώς στην πολλαπλότητα αυτού που αρνείται την ενότητα». (95)

Το ερμηνευτικό σχήμα του Αντόρνο μπορεί να περιγραφεί ως εξής: η διαμόρφωση των νεωτερικών δομών προσωπικότητας έχει ένα τόσο μεγάλο τίμημα, που το μοντέλο εξωτερικής-κοσμικής αυτοπραγμάτωσης, βάσει του οποίου για τον Αντόρνο είναι δομημένα τα περιστατικά της αντιπαράθεσης του ήρωα με τις μυθολογικές δυνάμεις του αρχαϊκού κόσμου, μεταβάλλεται αδήριτα σε διαδικασία αυταπάρνησης του εαυτού. Έτσι, ο Οδυσσέας «όπως οι μεταγενέστεροι ήρωες όλων των καθαυτό μυθιστορημάτων, πετάει τρόπον τινά τον εαυτό του προκειμένου να τον αποκτήσει· την αλλοτρίωση από τη φύση την πραγματοποιεί παραδιδόμενος στη φύση, με την οποία αναμετριέται σε κάθε περιπέτεια» (95-96). Στην ερμηνευτική προοπτική της *ΔτΔ* η διαδικασία της διαμόρφωσης του εαυτού κάτω από συνθήκες φυσικών καταναγκασμών μεταβάλλεται αυτόματα σε μια αέναη πράξη αυταπάρνησης και αυτοθυσίας. Λόγος και υποκειμενικότητα παρουσιάζονται με κοινά ειδοποιά γνωρίσματα: όπως η κυριαρχία του διαφωτιστικού κοσμοειδώλου ροκανίζει το κλαδί στο οποίο κάθεται, έτσι και η νεωτερική υποκειμενικότητα διαμορφώνεται ως προοδευτική κυριαρχία επί του εαυτού, δηλ. ως επιτεινόμενη καταστολή της φυσικής διάστασης του εαυτού. Ιδωμένο ιστορικά-φιλοσοφικά το ερμηνευτικό σχήμα της *ΔτΔ* συνοψίζεται στο ό,τι η εξέλιξη της υποκειμενικότητας συνίσταται στη βαθμιαία ολοκλήρωση της αρχικής αυταπάρνησης.

Παράλληλα, η *ΔτΔ*, για να διατυπώσει μια κριτική της λογικής του ισοδυνάμου και της ταυτότητας στο επίπεδο μιας θεωρίας της υποκειμενικότητας, προστρέχει στη *Γενεαλογία της Ηθικής*. Η ανασυγκρότηση της εξέλιξης της υποκειμενικότητας που επιχειρεί βλέπουμε και πάλι να κινείται σε νιτσεϊκές κατευθύνσεις. Δεν είναι υπερβολή, νομίζω, αν επιμείνουμε στο ό,τι η θέση του Αντόρνο για την *αυτοακυρωτική εξέλιξη του εαυτού* ριζοσπαστικοποιεί την ακόλουθη θέση του Νίτσε: «Στο "Πέρα από το Καλό και το Κακό" (μα και ακόμη πρωτύτερα, στη "Χαραυγή") υπέδειξα, με ιδιαίτερη προσοχή, την ολοένα μεγαλύτερη πνευματοποίηση και "θεοποίηση" της σκληρότητας, που σημάδια της συναντούμε σ' ολόκληρη την ιστορία του ανώτερου πολιτισμού (και θα μπορούσαμε, μάλιστα, να πούμε, πως αυτή την αποτελεί, ίσαμε έναν σημαντικό βαθμό)».[68] Η διαπραγμάτευση των βίαιων και καταναγκαστικών όρων συγκρότησης του φαινομένου της ηθικής που επιχειρεί ο Νίτσε αποτελεί για τη *ΔτΔ* καθοριστικό σχήμα για την κριτική θεώρηση των ψυχοσωματικών προϋποθέσεων που ανιχνεύονται στην ιστορική διαδικασία επικράτησης του νεωτερικού Λόγου. Για τη *ΔτΔ* η νιτσεϊκή σκέψη αποτελεί την κατεξοχήν αξιόπιστη μαρτυρία για τη διαλεκτική του διαφωτισμού αναφορικά προς την εξέλιξη της υποκειμενικότητας, καθώς η βιοτική εμπειρία κάτω από συνθήκες άκαμπτων ηθικών διακανονισμών θεωρείται άρνη-

68. Βλέπε Νίτσε, *Γενεαλογία της Ηθικής*, σελ. 67· επίσης βλέπε σελ. 122.

ση της ίδιας της ζωής. Αν η συγκρότηση της υποκειμενικότητας διαδραματίζεται ως επιβολή κανονιστικών δεσμεύσεων, τότε αυτομάτως ταυτίζεται με την απάρνηση και την καταπίεση του εαυτού. Ο Νίτσε περιγράφει την αυταπάρνηση της ζωής με όρους μιας αντιστροφής: το ήθος της ατομικής αυτοδιάθεσης που χαρακτηρίζει την κάστα των «ευγενών» αντιστρέφεται μεταβαλλόμενο σε δουλική συνείδηση, στον πυρήνα της οποίας ενθυλακώνεται το αίσθημα της μνησικακίας. Για την ιστορία της δύσης η ηθική του αλτρουισμού θέτει τέρμα στον τρόπο του βίου που συγκροτείται γύρω από τον άξονα μιας υποκειμενικής αυτοαναφοράς ως εκδήλωσης της ελεύθερης αυτοκυριαρχίας του ατόμου. Για τη *ΔτΔ*, από την άλλη πλευρά, ο αλτρουισμός λειαίνει το έδαφος για τη διαμόρφωση της υπεύθυνης υποκειμενικότητας, της οποίας ιδεότυπο είναι για τον Αντόρνο η φιγούρα του Οδυσσέα.

Η σκιαγράφηση της ιστορίας του νεωτερικού υποκειμένου από την *ΔτΔ* ως αλυσίδας καταναγκασμών πάνω στο σώμα και στις εκδηλώσεις του (των αισθημάτων συμπεριλαμβανομένων) δεν επιφυλάσσει εκπλήξεις. Η παρουσία του Νίτσε καθίσταται αυτόματα προφανής αν σκεφτούμε πως στοχαστικές κρίσεις, όπως η επόμενη, αποτελούν για τη *ΔτΔ* την αυτονόητη προϋπόθεση κάθε κριτικής διαπραγμάτευσης της προβληματικής γύρω από το υποκείμενο: «Αλλά πόσα και πόσα δεν προϋποθέτουν όλ' αυτά! Πόσα δε χρειάστηκε ο άνθρωπος, ίσαμε να μπορέσει να διαθέτει έτσι το μέλλον του, ίσαμε να μάθει πρώτα να ξεχωρίζει το αναγκαίο από το συμπτωματικό, να στοχάζεται αιτιοκρατικά, να βλέπει σαν τωρινό το απώτερο και να προμαντεύει, και να κάνει με σιγουριά τους λογαριασμούς του και τους υπολογισμούς του, ώστε να είναι σε θέση να ξέρει τι είναι σκοπός και τι είναι μέσον – πόσο θα πρέπει, επιπλέον, να γίνει ο ίδιος ο άνθρωπος, από πριν, υπολογίσιμος, κανονικός, αναγκαίος, και στον ίδιο τον εαυτό του και για την ίδια του την παράσταση, για να μπορεί τελικά να εγγυηθεί για τον εαυτό του ως μέλλον, όπως κάνει αυτός που δίνει μια υπόσχεση».[69] Αυτό που κυρίως εκπλήττει εδώ είναι η πιστότητα με την οποία η *ΔτΔ* «αντιγράφει» (από)

---

69. Ό.π., σελ. 58. Σύμφωνα με τον Νίτσε η ηθική πρέπει να χαρακτηριστεί ως η διδασκαλία «των σχέσεων εξουσίας, κάτω από τις οποίες εμφανίζεται το φαινόμενο "ζωή"»· βλέπε *Πέρα από το Καλό και το Κακό*, σελ. 29.

τον Νίτσε. Παραδειγματικά η νιτσεϊκή διαπίστωση «Πόσο αίμα και πόση φρίκη βρίσκεται στη βάση όλων των "καλών πραγμάτων"!»,[70] κάνει εκ νέου την εμφάνισή της στο κείμενο της *ΔτΔ*, όταν ο Αντόρνο διαπιστώνει πως «η ανθρωπότητα έπρεπε να προξενήσει στον εαυτό της πλείστα όσα δεινά ώσπου να δημιουργηθεί ο εαυτός, ο ταυτόσημος ανδρικός χαρακτήρας των ανθρώπων, που προσανατολίζεται προς ταγμένους σκοπούς». (74)

Ας επιστρέψουμε όμως στο αφηγηματικό υλικό του ομηρικού έπους και στην ανάγνωσή του από τη *ΔτΔ*. Για τη *ΔτΔ* το υποκείμενο είναι ασφυκτικά εγκλωβισμένο στη σφαίρα ενός καταναγκασμού – κάθε προσπάθεια να διαφύγει του κλοιού των μυθολογικών δυνάμεων που το κρατούν δέσμιο στο προϋποκειμενικό στάδιο επιτείνει ταυτόχρονα την αδήριτη αναγκαιότητα να δρα αποκλειστικά εργαλειακά και πανούργα τόσο απέναντι στο φυσικό του περίγυρο, όσο προπάντων και εναντίον της ίδιας του της ανθρώπινης υπόστασης. Για τη *ΔτΔ* η *διαλεκτική ανάμεσα στον απεγκλωβισμό από το μυθολογικό παρελθόν και τον ταυτόχρονο εγκλεισμό στην εργαλειακή λογική της χειραγωγικής δράσης συγκροτεί την κυρίαρχη ιστορική δυναμική*. Στα πλαίσια αυτής της δυναμικής το δρων υποκείμενο αποκτά χαρακτηρολογικές ιδιότητες και δομικά στοιχεία προσωπικότητας τα οποία θα αποτελέσουν τις ψυχικές προϋποθέσεις του νεωτερικού εργαλειακού Λόγου.

Θέση της *ΔτΔ* είναι ότι η διαμόρφωση του εαυτού διαπλέκεται σε τέτοιο βαθμό με τα στρατηγήματα ηγεμόνευσης επί της (ανθρώπινης) φύσης, ώστε η άρθρωση της νεωτερικής υποκειμενικότητας να ταυτίζεται με ένα πλέγμα κανονιστικών δεσμεύσεων. Τέτοιες δεσμεύσεις εκδηλώνονται τόσο στους χειραγωγικούς ελέγχους του ανθρώπινου ψυχισμού, όσο και στην τεχνική-εκμεταλλευτική πραγμοποίηση της φύσης. Βλέπουμε λοιπόν ότι η θεώρηση της *ΔτΔ* αποβλέπει στη διαμόρφωση μιας ερμηνευτικής έννοιας που θα είναι σε θέση να διαυγάσει τόσο τη φυλογενετική διαδικασία της αναπαραγωγής του ανθρώπου υπάγοντάς τη σε φυσικές-ιστορικές νομοτέλειες (δηλ. τον καταναγκασμό της κυριαρχίας πάνω στη φύση), όσο και την οργανωτική αρχή γύρω από την οποία συγκροτείται η κοινωνική-ψυχολογική διάσταση της υποκειμενικότητας.

70. Βλέπε Νίτσε, *Γενεαλογία της Ηθικής*, σελ. 62.

Ο Αντόρνο επιμένει πως αυτή η ερμηνευτική έννοια πρέπει να αναζητηθεί στο επίπεδο της καταναγκαστικής επικυριαρχίας που χαρακτηρίζει όλα τα στάδια του πολιτισμού, αρχής γενόμενης από τις αρχαϊκές κοινωνίες, όπως μας δείχνει και το παράδειγμα του ομηρικού έπους: «Καταγγέλλοντας [ενν. ο Borchardt] υπερβολικά αβασάνιστα το έπος ως μυθιστόρημα, αφήνει να του διαφύγει το όντως κοινό χαρακτηριστικό του έπους και του μύθου: κυριαρχία και εκμετάλλευση». (92) Η *ΔτΔ* μας παρουσιάζει την εικόνα του πανούργου και εργαλειακά δρώντος ατόμου, το οποίο για χάρη της απλής αυτοσυντήρησής του είναι διατεθειμένο να υποστεί και τις πιο ζοφερές οδύνες· μέχρι και την αυταπάρνηση του ίδιου τού εαυτού του. Αντιστέκεται στις μυθικές χθόνιες δυνάμεις με δόλιες μεθοδεύσεις, που στη συνέχεια τελειοποιούνται στο έπακρο από τη νεωτερική ratio. Η *ΔτΔ* δεν θα αποφύγει τους δραματικούς τόνους ούτε και αναφορικά προς τη βουλησιακή δύναμη επικράτησης, η οποία επιτρέπει στον ομηρικό ήρωα να διασπάσει τον κλοιό του μύθου επικρατώντας και ελέγχοντας ορθολογικά τις ανθρώπινες ανάγκες.

Αναμφίβολα πηγή έμπνευσης τούτης της θεώρησης περί υποκειμενικότητας είναι ο Νίτσε. Διαβάζουμε στη *Χαραυγή*: «Ελληνικό ιδεώδες. – Τι θαυμάζουν οι Έλληνες στον Οδυσσέα; Προπαντός την ικανότητα για ψέματα και για πανούργα και τρομερά αντίποινα (...) το ότι έχει στις διαταγές του όλα τα μέσα· το ότι έχει μυαλό».[71] Ακριβώς αυτό το πνεύμα πανούργας κατίσχυσης επί των εμποδίων που θέτει στην πορεία του ατόμου η ομοιογενής μυθική ανακύκληση του ιδίου είναι αυτό που επιθυμεί να καυτηριάσει η *ΔτΔ* ως γενεσιουργό αιτία του νεωτερικού εργαλειακού λογοκεντρισμού. Καταλυτική σημασία για τη δολιότητα του διαφωτιστικού πνεύματος κατέχουν τα αρχικά στάδια απομύθευσης: «Όλες οι ανθρώπινες πράξεις θυσίας, καθώς εκτελούνται σχεδιασμένα, εξαπατούν το θεό για τον οποίο προορίζονται: τον υπάγουν στην πρωτοκαθεδρία των ανθρώπινων σκοπών, καταλύουν την εξουσία του και η εξαπάτησή του περνάει ομαλά στην απάτη που ασκούν οι άπιστοι ιερείς εις βάρος της κοινότητας των πιστών. Η πανουργία έχει τις ρίζες της στη λατρεία. Ο ίδιος ο Οδυσσέας εμφανίζεται στο ρόλο του θύματος και ταυτόχρονα του ιερέα». (99-100) Στη συνάφεια αυτή παρατη-

71. Βλέπε ό.π., σελ. 177.

ρούμε εκ νέου τη διαπλοκή των κριτικών θέσεων του Νίτσε και της *ΔτΔ*. Εύκολα διακρίνουμε στη μορφή του Οδυσσέα, ο οποίος για χάρη της αυτοκυριαρχίας και του ήθους της αυτοδυναμίας ασκεί στον εαυτό του χειραγωγικό έλεγχο, την κάστα εκείνη των ιερέων της *Γενεαλογίας της Ηθικής* οι οποίοι αφιερώνονται στα ασκητικά ιδανικά για χάρη ενός ορθολογικά οργανωμένου και λεπτομερειακά σχεδιασμένου βίου.

Ας δούμε τώρα διεξοδικότερα το είδος της ορθολογικής πανουργίας από την οποία σύμφωνα με τη *ΔτΔ* χαρακτηρίζεται η εξέλιξη της υποκειμενικότητας. Σημαντικό είναι να επικεντρωθούμε σε εκείνους τους εννοιακούς καθορισμούς που για τον Αντόρνο ενέχονται στη διαδικασία της διαμόρφωσης της νεωτερικής υποκειμενικότητας. Οι κυριότεροι είναι *α)* η σχέση θυσίας και πανουργίας και *β)* η σχέση θυσίας και αυτοσυντήρησης. Το ακόλουθο απόσπασμα από το παράρτημα για τον Οδυσσέα είναι άκρως ενδεικτικό για τη διαλεκτική του διαφωτισμού που ενέχεται στη διεργασία εξατομίκευσης, δηλ. στη συνύπαρξη του βαθμιαία διαμορφούμενου εαυτού και της επαναστροφής στο μυθικό κύκλο της εξισωτικής λογικής και του εργαλειακού αποχρωματισμού των πάντων: «Τη στιγμή που ο άνθρωπος αποκλείει τη συνείδηση του εαυτού του ως φύσης, η αξία όλων των σκοπών για τους οποίους παραμένει στη ζωή, η κοινωνική πρόοδος, η ανάπτυξη όλων των υλικών και πνευματικών δυνάμεων, ακόμα και η ίδια η συνείδηση, εκμηδενίζεται, και η ενθρόνιση του μέσου ως σκοπού, η οποία στον όψιμο καπιταλισμό παίρνει το χαρακτήρα της έκδηλης παράνοιας, είναι αντιληπτή ήδη στην προϊστορία της υποκειμενικότητας». (105-106)

2.3.1. Θυσία, πανουργία και αυτοσυντήρηση

Η διαπραγμάτευση της *ΔτΔ* επικεντρώνεται στην οικονομική-ανταλλακτική λογική που διέπει τη θυσία, η οποία κατά τον Αντόρνο αβίαστα εντάσσεται στο ερμηνευτικό σχήμα της εξισωτικής και ταυτιστικής ορθολογικότητας. Ο ταυτιστικός λόγος ενέχει θέση θεμελίου για τη διαδικασία απομαγευτικής εκκοσμίκευσης, καθώς συνίσταται στη θέσπιση σχέσεων ανταλλαγής μεταξύ του θύματος και του υπερβατικού, δηλ. των ανεξέλεγκτων ακόμα φυσικών δυνάμεων. Ας παρακολουθήσουμε λοιπόν τις διάφορες μορφές των θυσιαστικών τελετουργιών.

α) Η *ΔτΔ* ενδιαφέρεται για την ανθρωποθυσία αποκλειστικά στην προοπτική μιας λογικής-ιστορικής ερμηνευτικής. Κι αυτό όχι επειδή αποτελεί την αρχαιότερη ή την πιο πρωτόγονη πρακτική, αλλά διότι θεωρεί ότι σε αυτή οφείλονται οι σκοτεινές πλευρές του διαφωτισμού, δηλ. όλα όσα ο διαφωτισμός δεν κατορθώνει να εκκοσμικεύσει.[72] Σύμφωνα προς μια τέτοια ερμηνεία η ανθρωποθυσία σηματοδοτεί ένα ιστορικό στάδιο, στο οποίο διακρίνονται ήδη κάποια γνωρίσματα ορθολογικής συμπεριφοράς, μιας και η θυσία τελείται σύμφωνα με συγκεκριμένους όρους ορθολογικού υπολογισμού. Οι όροι αυτοί συνίστανται στην ικανοποίηση των αναγκών και την εξασφάλιση της αυτοσυντήρησης της συλλογικότητας.

β) Επιπλέον, σε ένα δεύτερο επίπεδο διαπραγμάτευσης, οι θυσιαστικές πράξεις εντάσσονται στην ερμηνευτική προοπτική ενός εγχειρήματος κατά το οποίο καταβάλλεται η προσπάθεια να αρθούν κάποιες αρχικές διαμορφώσεις του υποκειμενικού στοιχείου, έτσι ώστε το υπό διαμόρφωση υποκείμενο να επιστρέψει σε μια αδιαφοροποίητη, δηλαδή προϋποκειμενική συμβίωση και ταύτιση με το πλέγμα φυσικών σχέσεων. Εδώ ο Αντόρνο έχει κατά νου τις ναζιστικές ιδεολογίες περί «γης και αίματος» – ο ιδεολογικός λόγος του φασισμού επιτάσσει την κατάλυση της ατομικής αυθυπαρξίας και την εισχώρηση του υποκειμένου στις γραμμές της πανίσχυρης συλλογικότητας.[73] Η επανενεργοποίηση των μυθολογικών ιδεολογημάτων από τα φασιστικά καθεστώτα είναι για τον Αντόρνο χαρακτηριστική για τις ιδεολογικές λειτουργίες που καλείται να ασκήσει ο μύθος ως νομιμοποίηση και κατίσχυση του καταναγκασμού της θυσίας του υποκειμένου στο βωμό της αυτοσυντήρησης της συλλογικότητας. Ταυτόχρονα βέβαια ο λόγος περί θυσίας είναι ιδεολογικός, καθώς ενεργείται στο όνομα του εαυτού, δηλ. της (νεωτερικής) εργαλειακής υποκειμενικότητας: «Η συγκρότηση του εαυτού διακόπτει ακριβώς εκείνον τον κυμαινόμενο δεσμό με τη φύση τον οποίο η θυσία του εαυτού ισχυρίζεται πως αποκαθιστά. Κάθε θυσία είναι μια παλινόρθωση που διαψεύδεται από την ιστορική πραγματικότητα στην οποία επιχειρείται». (100-101)

72. Βλέπε *ΔτΔ*, σελ. 98 κ.ε.

73. Ό.π.

γ) Ο ιδεολογικός και εργαλειακός χαρακτήρας της θυσίας διαφαίνεται σύμφωνα με τον Αντόρνο και από το γεγονός ότι η διαμόρφωση της υποκειμενικότητας διενεργείται με όρους ενός αυτοακρωτηριασμού του εαυτού. Προσπαθώντας να αντισταθεί στις φυσικές μεταβολές και διακυμάνσεις του περίγυρου ώστε να διατηρήσει τον πυρήνα της ψυχικής υποκειμενικότητας σταθερό, ο εαυτός διενεργείται ως ατέρμονη αυτοθυσία, μιας και όλες οι πλευρές του ψυχισμού, οι οποίες δεν ενθυλακώνονται εύκολα στον πυρήνα της σφριγηλής αυτοκυριαρχίας, γίνονται αντικείμενο καταστολής: «Ο ταυτόσημος διαρκής εαυτός, που αναδύεται μέσα από το ξεπέρασμα της θυσίας, είναι και πάλι αμέσως ένα σκληρό σαν πέτρα, αυστηρότατα τηρούμενο τελετουργικό θυσίας, το οποίο ο άνθρωπος τελεί στον εαυτό του, καθώς αντιτάσσει τη συνείδησή του στο πλαίσιο του φυσικού». (104-105)

Σε τούτο το σημείο ανακύπτει ο κεντρικός άξονας της επιχειρηματολογίας της *ΔτΔ* αναφορικά προς τις δομές της υποκειμενικότητας. Στην ερμηνευτική της προοπτική η διαμόρφωση του υποκειμένου δεν γίνεται κατανοητή αν αφαιρέσει κανείς τη διάσταση καταστολής ή θυσίας που το υποκείμενο ασκεί πάνω στον ίδιο του τον εαυτό. Όσον αφορά το σχηματισμό έλλογης υποκειμενικότητας διαφωτισμός σημαίνει για τη *ΔτΔ* το πλέγμα όλων εκείνων των μηχανισμών που προβάλλουν ως αδήριτη την αναγκαιότητα της θυσίας, όπως και της ατέρμονης επανάληψής της. Για τον Αντόρνο η *νεωτερική υποκειμενικότητα διαμορφώνεται στο έδαφος μιας διαρκούς αυτοθυσίας* – η αλλαγή που παρατηρείται μεταξύ μυθικών απαρχών του πολιτισμού και των ιστορικών κοινωνιών αφορά τη λογική της θυσίας, η οποία παύει να είναι κοινωνική τελετουργία και μετατρέπεται σε ψυχικό μηχανισμό αυτοελέγχου και αυτοκυριαρχίας. Με άλλα λόγια, πρόκειται για την ψυχική εσωτερίκευση της θυσιαστικής λογικής.

Η ιδέα περί εσωτερίκευσης του καταναγκασμού της θυσίας αποτελεί αναμφίβολα δάνειο της *ΔτΔ* από την κριτική ανάλυση στην οποία υποβάλλει ο Νίτσε τις συνθήκες γέννησης και εξέλιξης της χαρακτηρολογικής δομής του υποκειμένου, η οποία ως οργανωτικό άξονα έχει ηθικές και κανονιστικές επιταγές: «Όλα τα ένστικτα που δεν εκφορτίζουν προς τα έξω, στρέφονται προς τα μέσα – αυτό είναι εκείνο που ονομάζω ενδοστρέφεια του ανθρώπου: έτσι όχι μόνο αναπτύσσεται μέσα στον άνθρωπο αυτό που αργότερα ονομάζει η "ψυχή" του».[74] Σύμφωνα προς τον Νίτσε η «ηθική» και η «κακή συνείδηση» εκπηγάζουν από τη διαδικασία σχηματισμού οργανωμένων πολιτικά κοινωνιών. Κατά τη διάρκεια αυτής της πολιτικής-κοινωνικής θέσπισης το άτομο εσωτερικεύοντας τους κοινωνικούς καταναγκασμούς ελέγχου διαμορφώνει τον ψυχικό του πυρήνα ως κέντρο αυτοελέγχου και αυτοκυριαρχίας: «(...) αυτός ο τρελός, αυτός ο νοσταλγός και απελπισμένος δεσμώτης έγινε ο εφευρέτης της "κακής συνείδησης". Μαζί του όμως έκανε την εμφάνισή της και η μεγαλύτερη και πιο ανησυχητική αρρώστια, από την οποία δε γιατρεύτηκε ως σήμερα η ανθρωπότητα, η αρρώστια του ανθρώπου από τον άνθρωπο».[75]

δ) Η διαπραγμάτευση της προβληματικής της θυσίας παρουσιάζει για τη *ΔτΔ* ένα ακόμα σημαντικό στοιχείο σχετικά με το νεωτερικό υποκειμενικό Λόγο: η θυσία γίνεται προάγγελος της ανταλλακτικής ορθολογικότητας. Στο πλαίσιο της διαπραγμάτευσης των θυσιαστικών τελετουργιών στα ομηρικά έπη ο Αντόρνο διαπιστώνει πως: «Το ομηρικό δώρο βρίσκεται μεταξύ ανταλλαγής και θυσίας (...) Ταυτόχρονα όμως το δώρο φιλοξενίας αναγγέλλει την αρχή της ισοδυναμίας». (97) Το φαινόμενο του θύματος συγκεντρώνει δύο στοιχεία: από τη μια μεριά το στοιχείο μιας φαντασιακής αποκατάστασης της κοσμικής ισορροπίας ή αλλιώς των σχέσεων ισχύος της κοσμολογικής τάξης. Από την άλλη μεριά ένα στοιχείο προοδευτικού χαρακτήρα, δηλ. την πρωταρχική μορφή της νεωτερικής αρχής της ανταλλακτικής αξίας.[76]

---

74. Βλέπε Νίτσε, *Γενεαλογία της Ηθικής*, σελ. 87.

75. Ό.π., σελ. 88.

76. Οι συγγραφείς προσπαθούν να συνδέσουν τη νομιμοποίηση της θυσίας (δηλ. της τελετουργικής πρακτικής εξευμενισμού των υπερβατικών δυνάμεων) με τη μορφή των ανταλλακτικών σχέσεων (διαμέσου του χρήματος ή άλλων πολύτιμων πραγμάτων). Η σύνδεση δηλ. γίνεται μεταξύ ενός ενδοκοσμικού και ενός γεγονότος που αναφέρεται στο υπερβατικό. Η σχέση ισοδυναμίας όμως που ενδεχομένως να υπάρχει πρέπει κατά τη γνώμη μου να συλληφθεί προσεκτικά. Πρώτα-πρώτα, η θυσιαστική ισοδυναμία πρέπει να εξεταστεί με θρησκευτικούς-μεταφυσικούς όρους, δηλ. ως μια πρακτική αποκατάστασης κοσμικών ισορροπιών, οι οποίες διαταράχτηκαν από ανθρώπινες πράξεις. Στη δεύτερη περίπτωση έχουμε να κάνουμε με πρακτικές που συγκροτούν την οργανωτική αρχή λειτουργίας συγκεκριμένων κοινωνικών σχηματισμών, στους οποίους η ανταλλακτική αξία αποτελεί την ύψιστη βαθμίδα της παραγωγής και αναπαραγωγής των αγαθών. Στο φως αυτής της διάκρισης εγείρεται φυσικά το ερώτημα γιατί οι συγγραφείς της *ΔτΔ* θέλουν να επεκτείνουν την κανονιστική εμβέλεια της

ε) Αν θέλουμε να συμπτύξουμε τα επιχειρηματολογικά νήματα της προβληματικής της θυσίας, διαπιστώνουμε πως για τη *ΔτΔ* η πολιτισμική διαδικασία του σχηματισμού του εαυτού ενέχει αναγκαστικά το στοιχείο της θυσίας, αφού και ο εαυτός ανακύπτει στο έδαφος των αρχαϊκών θυσιαστικών τελετουργιών και διενεργείται από τότε και στο εξής ως ατέρμονη αυτοθυσία. Στην εξέλιξη της υποκειμενικότητας το στοιχείο της ανταλλαγής είναι εξίσου σημαντικό: «Η αντικατάσταση της θυσίας από την αυτοσυντηρητική ορθολογικότητα είναι ανταλλαγή όσο και η θυσία προηγουμένως». (104)

Από τις κεντρικές σκέψεις της *ΔτΔ* είναι πως η θυσία –τελετουργική δράση στην οποία θεμελιώνεται η συγκρότηση της υποκειμενικότητας– και το στρατήγημα του λογοκεντρισμού της εργαλειακής δράσης συμφύονται στο φαινόμενο της πανουργίας. Ο Αντόρνο προσπαθεί να δείξει πως στο πρόσωπο του Οδυσσέα οι θυσιαστικές δράσεις δεν θα μπορούσαν να έχουν τα αποτελέσματα διαφωτισμού που άσκησαν στην πορεία του πολιτισμού αν δεν συνοδεύονταν από στρατηγικές καταδολίευσης και εξουδετέρωσης των κινδύνων που απειλούν το υποκείμενο της αυτοσυντήρησης. Ο Αντόρνο θα ισχυριστεί πως η θυσία εκκοσμικεύεται, δηλ. πως τίθεται στην υπηρεσία του διαφωτισμού συσχετικά με την ένταση διενέργειάς της ως εργαλειακής πανουργίας. Με άλλα λόγια, η πανουργία πραγματώνει στο επίπεδο της δράσης ακριβώς εκείνη τη δυναμική που χαρακτηρίζει τη διαλεκτική του διαφωτισμού ως όλο. Όπως κάθε μορφή διαφωτισμού εγκολπώνεται τις προγενέστερές της, θέτοντάς τες ταυτόχρονα εκτός ισχύος, έτσι και το υποκείμενο του διαφωτισμού διαμορφώνεται ως διαδικασία πανούργας οικειοποίη-

---

λογικής της «αποκατάστασης» με την παραπάνω έννοια πέρα από τα θεσμικά συστήματα των πρωτόγονων κοινωνιών, θεωρώντας τη δηλ. ως ισχύουσα και στα πλαίσια των ταξικών κοινωνιών, οι οποίες βέβαια σύμφωνα με τη μαρξιστική ανάλυση εδράζονται πάνω στη λογική της ανταλλαγής εμπορευμάτων και στην ορθολογικότητα της ανταλλακτικής αξίας. Μια πιθανή απάντηση στο ερώτημα αυτό θα μπορούσε να είναι ότι όπως και σε σχέση με πολλά άλλα θέματα οι Αντόρνο/Χορκχάιμερ υιοθετούν νιτσεϊκούς προβληματισμούς. Σημείο αναφοράς και στην περίπτωση αυτή είναι πιθανά η *Γενεαλογία της Ηθικής*: «Το αίσθημα του χρέους απέναντι στη θεότητα δεν έπαψε επί πολλές χιλιετίες να αναπτύσσεται, και μάλιστα πάντα κάτω από την ίδια αναλογία που αναπτυσσόταν απάνω στη γη και φερόταν προς τα ύψη η έννοια και το αίσθημα του θεού». (ό.π., σελ. 93-94) σης. Η οδύσσεια τακτική της απελευθέρωσης από το μυθικό παρελθόν συνίσταται στη στρατηγικά μεθοδευμένη υπονόμευση της δεσμευτικής κανονιστικής δύναμης των μυθικών τελετουργιών. Η υπονόμευση τούτη θα λάβει τη μορφή ιδιοποίησης, αφού και ο ομηρικός ήρωας σέβεται απόλυτα το εξωτερικό τυπικό των μυθικών τελετουργιών.[77] Όμως η αξίωση δεσμευτικής ισχύος που εγείρει ο κόσμος της μυθολογικής προϊστορίας δεν γίνεται αντικείμενο μετωπικής κριτικής. Στο πρόσωπο του Οδυσσέα ο διαφωτισμός δεν αντιπαρατίθεται με το μύθο από τη θέση της υπέρτερης γνώσης. Εφόσον και σε αυτό το στάδιο του πολιτισμού δεν μπορεί να γίνει λόγος για τέτοιου είδους γνώση, η διαφωτιστική πανουργία είναι αναγκασμένη, έστω και τυπικά, να συμπράξει με την αξίωση παντοδυναμίας που εγείρουν οι μυθικές οντότητες.

Η συγκατάθεση όμως αυτή συνοδεύεται ταυτόχρονα από τη διενέργεια ενός δόλιου τεχνάσματος. Συγκατάθεση (με άλλα λόγια, ένα είδος αυτοθυσίας στο βωμό μιας τυπικά υπέρτερης δύναμης) και δόλια υπερίσχυση συγκροτούν τους κύριους άξονες του σχηματισμού μιας υποκειμενικότητας ως «πολύπαθης πανουργίας». Η υποκειμενικότητα αυτή ενεργείται ως συνδυασμός στρατηγικής πονηρίας, εργαλειακής χρησιμοθηρίας και ατομικιστικής αυτοσυντήρησης. Αν η κατάληξή της είναι το νεωτερικό άτομο της καπιταλιστικής μεγιστοποίησης του κέρδους (ή της πραγματιστικής ωφέλειας, του κοινωνικού κύρους, των ηδονών κτλ.), τότε η *ΔτΔ* δεν αφήνει καμία αμφιβολία ότι ο σύγχρονος αστός βρίσκεται ήδη σπερματικά μέσα στο χαρακτήρα του «πολύπαθου πανούργου»: «Ο μετασχηματισμός της θυσίας σε υποκειμενικότητα συντελείται υπό την επιρροή εκείνης της πανουργίας που ήταν πάντοτε μέρος της θυσίας. Στην αναλήθεια της πανουργίας η ενυπάρχουσα στη θυσία απάτη γίνεται συστατικό στοιχείο του χαρακτήρα, ακρωτηριασμός του ίδιου του "πολύπαθου πανούργου", η φυσιογνωμία του οποίου έχει χαραχθεί από τα πλήγματα που έδωσε στον εαυτό του για το σκοπό της αυτοσυντήρησης». (107-108)

Στον αρχετυπικό συναστερισμό των βιωμάτων του ομηρικού ήρωα συναρθρώνονται όλες εκείνες οι ιδιότητες της χαρακτηρολογικής δομής του υποκειμένου οι οποίες στη νεωτερικότητα θα αποκτήσουν παρο-

77. Βλέπε *ΔτΔ*, σελ. 107 κ.ε.

ξυστική μορφή: καταστολή των ορμών και εσωτερίκευση των καταναγκασμών, φετιχισμός της αρχής της πραγματικότητας, ασκητική-πουριτανική επιδίωξη ωφελιμιστικών στόχων, εργαλειακή-στρατηγική αντιμετώπιση τόσο του φυσικού, όσο και του ανθρώπινου περίγυρου, κτλ. Από τη σκοπιά της *ΔτΔ* το αντίτιμο για την εκκοσμίκευση, το οποίο καλείται να καταβάλλει το υποκείμενο μέσα σε συνθήκες ατέρμονης επιδίωξης της αυτοσυντήρησης, είναι δυσβάστακτο. Τόσο δυσβάστακτο, που η ποσοτική μεγιστοποίηση της σχέσης μεταξύ κυριαρχίας της φύσης και αυτοκυριαρχίας του εαυτού να οδηγεί την ίδια αυτή σχέση σε αυτοκατάργηση: «Η κυριαρχία του ανθρώπου πάνω στον εαυτό του, η οποία θεμελιώνει τον εαυτό του, είναι δυνητικά πάντοτε εξόντωση του υποκειμένου, στο όνομα του οποίου ασκείται, διότι η κυριαρχούμενη, καταπιεζόμενη και μέσω της αυτοσυντήρησης διαλυόμενη υπόσταση δεν είναι παρά η ζωντανή ύπαρξη, ως συνάρτηση της οποίας αποκλειστικά ορίζονται οι λειτουργίες της αυτοσυντήρησης, δηλ. ακριβώς αυτό που πρόκειται να συντηρηθεί». (106)

Κατανοείται λοιπόν πως η *ΔτΔ* τραβά έως τα άκρα τη θέση για το διαφωτισμό που στρέφεται ενάντια στον εαυτό του. Στην περίπτωση του υποκειμένου η αντιφατικότητα της διαμόρφωσής του κορυφώνεται σε τέτοιο βαθμό, που στο ύψιστο σημείο επικράτησης της εργαλειακής υποκειμενικότητας δεν υπάρχει για την *ΔτΔ* κανένας εαυτός που να αξίζει τούτο το όνομα. Όπως ο διαφωτισμός επανακάμπτει στο μύθο, έτσι και το υποκείμενο πληρώνει την αυτοσυντήρηση ως αυτοκυριαρχία με την αυτοκαταστροφή. Εδώ όμως ελλοχεύει ένα παράδοξο της *ΔτΔ*: για να γίνει ο άνθρωπος εαυτός, απαρνιέται τον ίδιο τον άνθρωπο – χάνει τη ζωή, την οποία προσπαθεί με όλα τα μέσα να συντηρήσει.

Αυτές οι καταστροφικές επιπτώσεις της διαλεκτικής του διαφωτισμού για το υποκείμενο δεν είναι, κατά τη γνώμη μου, απόλυτα καθοριστικές για τη μοίρα της νεωτερικής υποκειμενικότητας. Το πάθος με το οποίο η *ΔτΔ* εκθέτει τις απόψεις της για την πορεία του πολιτισμού και του υποκειμένου, παρ' όλο που συναρπάζει, πρέπει να αντιμετωπιστεί με περίσκεψη. Όπως συχνά συμβαίνει στη *ΔτΔ*, συγκεκριμένες σκοτεινές πλευρές της εξέλιξης της ορθολογικότητας παρουσιάζονται με τέτοια δραματικότητα, ώστε το διαλεκτικό σχήμα της μετατροπής τινός στο αντίθετό του να φαντάζει ως άκαμπτη νομοτέλεια. Σχετικά εύκολα μπορεί να φανεί πως η αναπόφευκτη και μη αναστρέψιμη αναγκαιότητα, βάσει της οποίας η διατήρηση του εαυτού είναι δήθεν καταδικασμένη σε αυτοαναίρεση, δεν αποτελεί αυτόχρημα και ακράδαντη αλήθεια. Μια σύντομη αναφορά στην κριτική που κάνει ο Νίτσε στην έννοια της αυτοσυντήρησης μας πείθει ότι ο αυτοσυντηρούμενος εαυτός δεν είναι αναγκαστικά αυτοαναιρετικός. Η αναφορά στον Νίτσε δεν νομιμοποιείται μόνο στο γεγονός ότι σε πολλά μέρη της επιχειρηματολογίας της *ΔτΔ* ουσιαστικά επαναδιατυπώνεται η νιτσεϊκή κριτική του Λόγου έχοντας τώρα και ιστορική-υλιστική διάσταση. Από τη νιτσεϊκή κριτική της έννοιας της αυτοσυντήρησης μπορούμε, κατά τη γνώμη μου, να αντλήσουμε στοχαστικές προοπτικές που υπερβαίνουν τον ορίζοντα της *ΔτΔ*.

Στο έργο του *Πέρα από το Καλό και το Κακό* ο Νίτσε αντιπαρατίθεται με έναν από τους ακρογωνιαίους λίθους της φιλοσοφίας του Σπινόζα: την αρχή της αυτοσυντήρησης. Κατ' αρχάς πιστός στη γενεαλογική μέθοδο ο Νίτσε βάλλει εναντίον κάθε τελεολογίας. Απορρίπτει λοιπόν την αυτοσυντήρηση ως τελεολογική αρχή τόσο της ερμηνείας όσο και της οντολογικής υπόστασης των έμβιων όντων. Όταν ο Σπινόζα καθορίζει την essentia ως την επιδίωξη κάθε πράγματος να διατηρήσει την ουσία του,[78] ο Νίτσε παρατηρεί πως υπάρχει μια αμφισημία στη χρήση του όρου: η επιδίωξη του όντος να διατηρήσει τον οντολογικό του πυρήνα είτε νοείται ως essentia με την έννοια του Είναι ως δράση-εκτέλεση εν γένει, είτε ως essentia που ταυτίζεται με την έννοια του προσδιορισμένου Είναι (του εαυτού). Αυτή η αμφισημία αποτελεί για τον Νίτσε ένα είδος διπλασιασμού, που, όπως θα δούμε στη συνέχεια, θα αποτελέσει γι' αυτόν το κυριότερο ίσως ολίσθημα της μεταφυσικής σκέψης. Στην προκειμένη περίπτωση ο Νίτσε καταλογίζει στον Σπινόζα μια ανακολουθία, καθώς το Είναι ως εκτελεστικό πράττειν εν γένει προσδένεται στην έννοια της essentia ως προσδιορισμένου είναι του εκάστοτε όντος. Κάτι τέτοιο αποτελεί για τον Νίτσε μια μορφή υποστασιοποίησης, δηλ. πίστης στην οντολογική υπόσταση ενός από 'κείνα τα «περιττά τελεολογικά»[79] αιτήματα. Κατά τον Νίτσε ο θεμελιώδης χαρακτήρας κάθε

78. Βλέπε Σπινόζα, *Ethik*, III, *Έβδομη Διδαχή*, σελ. 143 κ.ε.
79. Βλέπε Νίτσε, *Πέρα από το Καλό και το Κακό*, σελ. 25.

ζωτικότητας δεν έγκειται στη διατήρηση του εαυτού, αλλά στο ενέργημα-εκτέλεση της εκδήλωσης-αύξησης της δύναμης. Έτσι λοιπόν, αντιπαραθέτει στην ουσιοκρατία του Σπινόζα την έννοια της ζωής ως εκτελεστικού-ενεργητικού νοήματος. Ως νόημα του ενεργήματος ή της δράσης της ζωτικότητας η essentia είναι για τον Νίτσε η διαδικασία κατά την οποία η ζωτικότητα ενοποιεί εαυτήν γύρω από το διαφορετικό κάθε φορά πυρήνα δύναμης. Η δομή τής κάθε ζωτικότητας έγκειται στις αναφορές της σε άλλες ζωές-δυνάμεις. Η έννοια της δύναμης αναφορικά προς τη ζωτικότητα δεν είναι βέβαια αριστοτελικής προέλευσης.[80] Οι χρονικά περιορισμένες υποτυπώσεις αυτής της δύναμης, οι ενέργειες, συνιστούν για τον Νίτσε τα ενεργήματα της θέλησης για δύναμη, η οποία με αυτό τον τρόπο λειτουργεί ως αντίθεση στο συντηρητικό-στατικό χαρακτήρα της θέσης περί αυτοσυντήρησης. Μόνο από τη σκοπιά των πολυδύναμων εκδηλώσεών της είναι δυνατόν να κατανοηθεί η ζωή ως νόημα ενεργημάτων ή βουλησιακών δράσεων.

Αυτούς τους στοχασμούς και την κριτική της αυτοσυντήρησης τη συναντά κανείς και στον *Ζαρατούστρα*, στο κεφάλαιο για την αυτοϋπερνίκηση.[81] Εδώ διαφαίνεται καθαρά το φορτίο της δύναμης που ενέχει το είναι ως *είναι-δυνατότητα*. Αν αναλύσουμε διεξοδικά τη θεώρηση του Νίτσε για το είναι της ζωτικότητας ως είναι-δυνατότητα, παρατηρούμε πως οι απόψεις του απέχουν αρκετά από αυτό που μετά το θάνατό του φιλόσοφου καθιερώθηκε ως «μεταφυσική της θέλησης» ή ως «φιλοσοφία της ζωής» (Lebensphilosophie). Όπως και στην κριτική του προς τον Σπινόζα, ο Νίτσε απορρίπτει μια μεταφυσική υποστασιοποίηση της θέλησης για δύναμη: μια τέτοια μεταφυσική στάση θέτει στη βάση κάθε έμβιου όντος μια θέληση προς διατήρηση του εαυτού· επομένως –όσον αφορά τη δομή της ζωτικότητας– η ίδια οδηγείται σε έναν ταυτολογικό διπλασιασμό. Η ερώτηση που θέτει ο Νίτσε έχει ως εξής: γιατί να κάνει κανείς την επιπρόσθετη υπόθεση της ύπαρξης μιας ορμής για αυτοσυ-

80. Διότι το εν δυνάμει που φανερώνουν δεν είναι του είδους που θα μπορούσε και να μην περάσει στο εν ενεργεία. Οι δυνάμεις είναι για τον Νίτσε εξαρχής ενταγμένες σε ένα πλέγμα δυνάμεων-ενεργημάτων το οποίο μορφοποιείται και διενεργείται ως μεταβαλλόμενοι συναστερισμοί «συσχετισμών δυνάμεων» (βλέπε *KSA*, τόμ. 11, 36[22], σελ. 560).

81. Βλέπε ό.π., σελ. 113 κ.ε.

ντήρηση όταν δομικό στοιχείο της ζωτικότητας είναι όχι απλά η αυτοσυντήρηση, αλλά η επέκταση; Ο εκτελεστικός χαρακτήρας της ζωής ως ενέργημα του είναι-δύναμη σημαίνει για τον Νίτσε ότι η ζωή αποτελεί την κατεξοχήν έκφραση του χαρακτήρα του είναι-δύναμη: διενεργείται, εκτελείται με τέτοιο τρόπο, ώστε ο τρόπος της διενέργησης να είναι ταυτόχρονα το εφαλτήριο κάθε περαιτέρω ενέργειας ή διεύρυνσης της ενέργειας. Στην έννοια της αυτοϋπερνίκησης εξυπακούεται ακριβώς τούτο: η ζωή διενεργείται έτσι ώστε να διευρύνεται αδιάπαυστα η εμβέλεια των ενεργημάτων της.

Έχοντας ως φόντο την έννοια της αυθυπέρβασης διαπιστώνουμε το λόγο για τον οποίο η κριτική που ασκείται από τον Αντόρνο στην αρχή της αυτοσυντήρησης είναι μονόπλευρη. Επειδή ο Αντόρνο θεωρεί τη διατήρηση του εαυτού ως οντολογικό προσδιορισμό, δηλ. ως εννοιακό καθορισμό συγκρότησης της ταυτότητας του υποκειμένου, είναι αναγκασμένος να σημασιολογεί μονόπλευρα τον εκτελεστικό-ενεργητικό τρόπο της ζωής. Από αυτό προκύπτει ότι αντί να επικεντρώσει τη προσοχή του στο *πώς*, δηλ. στον εκτελεστικό-διαδικασιακό τρόπο της ζωτικότητας, κατευθύνει την κριτική του ενέργεια στο *τι*, δηλ. συλλαμβάνει τη ζωτικότητα ως ενότητα ενός προσδιορισμένου *τινός* (του εαυτού) που υπόκειται βεβαίως στην εξουσία της ταυτιστικής λογικής. Δεν είναι υπερβολικό αν υποστηρίξουμε πως παρά τη σθεναρή κριτική στους εννοιακούς προσδιορισμούς ως ταυτιστικές ουσιαστικά περιστολές του όντος στο καθαρά εργαλειακό *τι*, ο Αντόρνο δεν κατορθώνει τελικά να αποκόψει εντελώς τη σκέψη του από τις δεσμεύσεις της ταυτιστικής λογικής. Αυτό φαίνεται με ενάργεια στο γεγονός ότι η διαπραγμάτευση της εξέλιξης της υποκειμενικότητας στη *ΔτΔ* κυριαρχείται από ένα στοιχείο της τυπικής λογικής: τον κανόνα του αποκλειόμενου τρίτου. Με άλλα λόγια: *είτε* το υποκείμενο ακολουθεί πιστά τις επιταγές της αυτοσυντήρησης και επομένως αργά ή γρήγορα γίνεται έρμαιο της (αυτο)καταστροφικής δυναμικής της επικυριαρχίας πάνω στην εξωτερική αλλά και ανθρώπινη φύση· *είτε*, αντίθετα, ακολουθεί τον άλλο δρόμο αποκηρύσσοντας οποιαδήποτε βλέψη αυτοσυντήρησης και παραδίδεται στην αδιαφοροποίητη καθολικότητα της κοσμικής φύσης και συνακόλουθα βυθίζεται στο επίπεδο της απλής ζωικής ύπαρξης. Επομένως η *ΔτΔ* αναγκάζεται να παλινωδεί γύρω από την απόφαση υπέρ του ενός ή του άλλου σκέλους του διλήμματος. Αυτό δεν σημαίνει κάτι άλλο πέρα από το ότι το μόνο στο οποίο θα μπορούσε να προσβλέπει ως διέξοδο από το συνθλιπτικό αυτό δίλημμα είναι η αχνή ελπίδα μιας ενθύμησης της *διαφορετικότητας* ή του *Άλλου* (π.χ. στη φύση).

2.4. Ηθική και συνείδηση της ελευθερίας

Στο δεύτερο παράρτημα της *ΔτΔ*, *Ιουλιέτα ή Διαφωτισμός και ηθική*, ο Αντόρνο πραγματεύεται το ερώτημα για το ποια μορφή λαμβάνει η ηθική ή η αυτονομία του νεωτερικού υποκειμένου κάτω από συνθήκες ολοκληρωτικής σχεδόν επικράτησης του εργαλειακού-ταυτιστικού λόγου. Η επιχειρηματολογική πολεμική του Αντόρνο κινείται στα ίδια πλαίσια με εκείνα της γνωσιοθεωρητικής έποψης της διαλεκτικής του διαφωτισμού. Σκοπός της αναλυτικής κριτικής είναι να καταδείξει τον αρνητικό, δηλ. τον αυτοαναιρετικό χαρακτήρα της κίνησης του διαφωτισμού και της προόδου της ορθολογικότητας. Καθ' όλη την εξέταση της νεωτερικής ηθικής θεωρίας κεντρικό επιχείρημα του Αντόρνο είναι πως, όπως ο (νεωτερικός) Λόγος ως ολότητα είναι δέσμιος του καταναγκασμού αυτοαναίρεσης, έτσι και ένα μέρος αυτού του λόγου, η θεωρία και πράξη της ηθικής, κυριαρχείται από μια τάση αυτοαναίρεσης του (ηθικού) υποκειμένου. Η θέση που διατυπώνεται στο παράρτημα συνοψίζεται στο ότι ο τυποκρατικός ηθικός λόγος (ο οποίος σύμφωνα με τον Αντόρνο διαπιστώνεται σε όλες τις ηθικές θεωρίες του ιστορικού διαφωτισμού, αλλά και της ώριμης αστικής ηθικής-πρακτικής φιλοσοφίας) δεν προσδίδει καμία πειστική θεμελίωση στις ηθικές-θεωρητικές του εξαγγελίες.

Εδώ δεν έχουμε κάποιο είδος μομφής της *ΔτΔ* ενάντια στον ηθικό λόγο της νεωτερικότητας, με την έννοια ότι οι ηθικές διδασκαλίες των σύγχρονων καιρών δεν μπορούν να θεμελιώσουν συλλογιστικά και επιχειρηματολογικά τις βασικές συντεταγμένες του ηθικού πράττειν. Η κριτική της *ΔτΔ* σκοπεύει σε κάτι βαθύτερο από την απλή κατάδειξη λογικών ανακολουθιών και επιχειρηματολογικών κενών. Αυτό που θέλει κυρίως να δείξει είναι ότι η αποδέσμευση της ηθικής, δηλ. της ορθολογικότητας των ηθικο-πρακτικών σκοπών, από κάθε είδους ετερονομία, καταλήγει όχι στο βασίλειο της αυτονομίας, αλλά στην επικράτηση ενός εργαλειακού πνεύματος, πυρήνας του οποίου είναι η πραγματιστική-ηδονοθηρική μεγιστοποίηση του ίδιου οφέλους. Από μόνη της η θέση αυτή δεν αποτελεί επαρκή λόγο για άσκηση δριμείας κριτικής εναντίον της σύγχρονης ηθικής φιλοσοφίας. Όμως η *ΔτΔ*, η οποία εδώ ακολουθεί το μαρξιστικό σχήμα ιδεολογικής κριτικής, ενδιαφέρεται για έναν εμμενή τρόπο κριτικής αντιπαράθεσης με τα κακώς κείμενα του καπιταλιστικού σύμπαντος. Αυτό σημαίνει πως η κριτική αφορά το *πρώτο ψεύδος* της αστικής ηθικής φιλοσοφίας με την έννοια ότι ναι μεν οι φιλοσοφικές θεωρίες προτρέπουν ή ενισχύουν το ηθικό πράττειν του υποκειμένου, συγχρόνως όμως προσπαθούν να εντάξουν τις στεγνές εργαλειακές-χρησιμοθηρικές πρακτικές του αστικού υποκειμένου σε ένα ολιστικό ηθικό-φιλοσοφικό πλαίσιο εντός του οποίου θα εναρμονίζονται και θα μετριάζονται η οξύτητα και οι αντικοινωνικές επιπτώσεις του ατομοκεντρικού και εργαλειακού πράττειν. Για τον Αντόρνο η επικράτηση της αξιακά ουδέτερης εργαλειακής ορθολογικότητας στα πλαίσια της εξατομικευμένης αστικής κοινωνίας εγκλωβίζει την ηθική σκέψη στη ρηχότητα του ιδεολογικά απολογητικού λόγου.

Για τη *ΔτΔ* το εύρος των ηθικών αιτημάτων της νεωτερικότητας εκτείνεται από την άτεγκτη ισχύ του ηθικού νόμου (Καντ) μέχρι την απαξίωση ή αποδόμηση του συστήματος των ηθικών αξιών (Νίτσε). Αν η ηθική φιλοσοφία του Καντ σηματοδοτεί το απόγειο της αυτοδύναμης υποκειμενικότητας, τότε ο Νίτσε, ο ντε Σαντ και οι άλλοι «σκοτεινοί συγγραφείς του αστικού κόσμου» αντιπροσωπεύουν την αφτιασίδωτη αλήθεια: οι συγγραφείς αυτοί «δεν επεδίωξαν όπως οι απολογητές του διαφωτισμού να αποστρέψουν τις συνέπειές του με τη βοήθεια αρμονικοποιημένων διδασκαλιών. Δεν ισχυρίστηκαν υποκριτικά ότι ο τυποκρατικός Λόγος συναρτάται στενότερα με την ηθικότητα παρά με την ανηθικότητα». (197) Μετά από διεξοδική πάντως ανάγνωση του κειμένου παρατηρεί κανείς πως σε σχέση με την κριτική του διαφωτισμού ως κριτική των γνωσιοθεωρητικών συντεταγμένων του υποκειμενικού-εργαλειακού λόγου υπάρχει μια διαφορά στο κέντρο βάρους της επιχειρηματολογίας. Εδώ ο υπερβατολογικός λόγος του Καντ ούτε θα επαναδιατυπωθεί βάσει της νιτσεϊκής διδασκαλίας περί θέλησης για δύναμη, ούτε και θα αναχθεί σε ιστορικοφιλοσοφικό a priori της κυριαρχίας του λόγου επί της φύσης. Ο Αντόρνο πιστεύει ότι σχετικά με την ηθική διδασκαλία δεν είναι απαραίτητη ούτε μια επαναδιατύπωση ούτε μια ριζοσπαστικοποίηση της καντιανής θεώρησης, παρά μια διόρθωσή της βάσει της νιτσεϊκής σκέψης. Για τον Αντόρνο στον πυρήνα της ηθικής θεώρησης του Καντ υπάρχει μια αντίφαση. Ο Νίτσε και οι σκοτεινοί συγγραφείς όχι μόνο θα διατυμπανίσουν ανοικτά και απροκάλυπτα τις συνέπειές της, αλλά και θα αποτολμήσουν την κατακρεούργηση σύνολων των ηθικοπρακτικών όρων και αξιακών αιτημάτων της αστικής ηθικής φιλοσοφίας. Για τον Αντόρνο η νεωτερική αστική ηθική αποτελεί ιδεολογική πλαισίωση των εργαλειακών προσανατολισμών, οι οποίοι για το αστικό ατομικό συμφέρον αποτελούν τον αποκλειστικό άξονα αναφοράς. Από την άλλη η ηθική σκέψη ως φιλοσοφία του πράττειν ενσαρκώνει από τη σκοπιά του Αντόρνο μια (στοχαστική) μορφή προέκτασης της καταναγκαστικής ισχύος που ενέχει η κυριαρχία πάνω στη φύση και στον εαυτό. Εδώ ο Αντόρνο έχει μάλλον κατά νου τις σκέψεις του Νίτσε στο *Πέρα από το Καλό και το Κακό*.[82]

Ας εγκύψουμε τώρα στην κριτική της καντιανής ηθικής από τη *ΔτΔ*. Η αντίφαση που διακρίνει ο Αντόρνο στον καντιανό ηθικό λόγο ανακύπτει επειδή ο λόγος αυτός δεν είναι σε θέση να θεμελιώσει πειστικά την πραγματική καθολικότητα του υπερβατολογικού διυποκειμενικού Εγώ. Η σχέση μεταξύ υπερβατολογικού και εμπειρικού Εγώ ενώ δεν βρίσκει αληθινή πλήρωση στην «ιδέα της ελεύθερης συμβίωσης των ανθρώπων, στην οποία οργανώνονται σε καθολικό υποκείμενο και αίρουν τη σύγκρουση μεταξύ του καθαρού και εμπειρικού Λόγου με τη συνειδητή αλληλεγγύη του όλου» (147), σχηματοποιείται σύμφωνα με τα αιτήματα ένσκοπων δραστηριοτήτων. Η παραπάνω θέση γίνεται κατανοητή αν σκεφτούμε πως σε μια τέτοια συνάφεια η αντορνική κριτική στον ηθικό Λόγο είναι ομόλογη εκείνης του θεωρητικού λόγου, στην οποία υποβλήθηκε η καντιανή *Κριτική του καθαρού Λόγου* ως φιλοσοφική κωδικοποίηση της εξουσιαστικής εργαλειακής ratio. Χαρακτηριστικό είναι επίσης πως εδώ ο Αντόρνο αποφεύγει την άμεση αντιπαράθεση με την *Κριτική του Πρακτικού Λόγου*. Κάτι τέτοιο είναι βέβαια

82. Βλέπε ό.π., σελ. 82 κ.ε.

για την επιχειρηματολογία της *ΔτΔ* αρκετά βολικό, εφόσον με αυτό τον τρόπο η αυτονομία της ελευθερίας στους σύγχρονους καιρούς παρουσιάζεται απλώς ως χίμαιρα. Όπως προκύπτει και από τις αναφορές που γίνονται στο έργο του ντε Σαντ, ο Αντόρνο είναι βαθιά πεπεισμένος πως στην κοινωνική πραγματικότητα η αυτονομία του νεωτερικού υποκειμένου μεταστρέφεται σε εργαλειακή χειραγώγηση του εαυτού του και των άλλων. Ως απότοκο των παραπάνω προκύπτει πως η αυτόνομη νομοθεσία του ηθικά αυτενεργούντος υποκειμένου, αυτό δηλ. που διακρίνει τη νεωτερική θεώρηση της ηθικής ελευθερίας, συμπίπτει με τον εξουσιαστικό λόγο, η νομοθεσία του οποίου περιορίζεται αποκλειστικά στην κυριαρχία πάνω στη φύση και τον άνθρωπο. Δεν είναι δύσκολο να καταλάβουμε λοιπόν γιατί ο τυποκρατικός Λόγος γίνεται στόχος της αντορνικής κριτικής.[83]

Η αδυναμία της ηθικής αυτής να προσφέρει μια ηθική σταθερά με ουσιαστικό – σχετικό δηλ. προς την κοινωνική δράση – περιεχόμενο οφείλεται κατά τον Αντόρνο στην εργαλειακή καταβολή της. Ο συγκεκριμένος ηθικός λόγος κινείται αποκλειστικά στη σφαίρα της τεχνικής-υπολογιστικής επιλογής των καταλληλότερων μέσων, από τη στιγμή που οι σκοποί θεωρούνται γνωστοί και δοσμένοι.[84] Ο Αντόρνο με τη μομφή που προσάπτει στην τυποκρατική ηθική ως ορθολογικότητα των μέσων δεν επιθυμεί βέβαια να συμβάλει στην ανανέωση των φιλοσοφικών προϋποθέσεων του καντιανού έργου. Κάθε άλλο: με συνοπτικές διαδικασίες το καντιανό έργο εντάσσεται στο διηνεκές σχήμα της διαλεκτικής του διαφωτισμού. Στην παρούσα συνάφεια το διαλεκτικό σχήμα ταυτόχρονης προόδου και οπισθοδρόμησης περιγράφει τον ηθικό λόγο ως την κατεξοχήν υποτύπωση της νεωτερικής ορθολογικότητας, η οποία εκτός από τις χειραγωγικές και εργαλειακές της βλέψεις αγνοεί κάθε νοηματοδότηση σκοπών, κάθε στοχοθεσία κοινωνικής και βιοκοσμικής δράσης. Σε αντίθεση με τον εργαλειακό λόγο πρώτος ο Χορκχάιμερ θα αποκαλέσει τούτη τη σφαίρα σκοπών και στόχων αντικειμενικό λόγο.[85]

---

83. Βλέπε *ΔτΔ.*, σελ. 164.

84. Βλέπε Χορκχάιμερ, *Zur Kritik der instrumentellen Vernunft*, *Gesammelte Schriften*, τόμ. 6, σελ. 29 κ.ε.

85. Ό.π.

Η διαλεκτική του διαφωτισμού σηματοδοτεί τη βαθμιαία έκλειψη του αντικειμενικού αυτού λόγου και την αποδέσμευση της νεωτερικής ratio από κάθε είδους ανώτερους και καθολικούς σκοπούς: για τη *ΔτΔ* αυτό είναι το τίμημα της αυτόνομης ηθικής των νέων χρόνων. Για την καντιανή ηθική, χωρίς αμφιβολία ύψιστη φιλοσοφική κωδικοποίηση του ιδεώδους της αυτονομίας, το αποτέλεσμα σύμφωνα πάντα με τη διάγνωση της *ΔτΛ* είναι ζοφερό, γιατί ουσιαστικά συνθηκολογεί μπροστά στον πραγματισμό των εργαλειακών σκοπιμοτήτων. Για τη *ΔτΔ* το εγχείρημα του Καντ «να παραγάγει τον αμοιβαίο σεβασμό από ένα νόμο του Λόγου, μολονότι ήταν προσεκτικότερος από όλη τη δυτική φιλοσοφία, δεν βρίσκει κανένα στήριγμα στην Κριτική. Πρόκειται για τη συνηθισμένη προσπάθεια της αστικής σκέψης να θεμελιώσει τον ανθρώπινο σεβασμό, χωρίς τον οποίο δεν μπορεί να υπάρξει πολιτισμός, πάνω σε κάτι διαφορετικό από το υλικό συμφέρον και τη βία· η προσπάθεια ήταν εκλεπτυσμένη και παράδοξη όσο καμιά προηγούμενη, αλλά και εφήμερη όπως όλες τους». (149)

Προτού συνεχίσουμε με την ερμηνεία του παραρτήματος θεωρούμε σκόπιμο να κάνουμε ορισμένες κριτικές παρατηρήσεις στη θεώρηση της ηθικής κριτικής του Αντόρνο. Σκοπός μας είναι να αναφερθούμε συγκεκριμένα στην αντιπαράθεση του ύστερου έργου του με την προβληματική της ελευθερίας, μια και η κριτική της ηθικής φιλοσοφίας του Καντ παρουσιάζει διαφορετικά χαρακτηριστικά. Επί τη βάσει του κεφαλαίου περί ηθικής στην *Αρνητική Διαλεκτική* καθώς και των παραδόσεων του Αντόρνο θα επιχειρήσουμε μια συστηματική ανασυγκρότηση της εξέλιξης της κριτικής στην καντιανή ηθική μετά τη *ΔτΔ*.

2.4.1. Παράρτημα: η κριτική του Αντόρνο στην καντιανή ηθική φιλοσοφία

Στο ύστερο έργο του Αντόρνο και σχετικά με τη διαπραγμάτευση της καντιανής ηθικής φιλοσοφίας κεντρικής σημασίας είναι η έννοια της ελευθερίας. Αναφερόμενος στην τρίτη αντινομία της *Κριτικής του καθαρού Λόγου* ο Αντόρνο τονίζει την αμφίπλευρη διαμεσολάβηση των εννοιών της ελευθερίας και της αιτιότητας. Παράλληλα διαβλέπει ότι στην έννοια της ελευθερίας παρεισάγεται το στοιχείο της αναγκαιότητας, καθώς η ελευθερία, δημιουργώντας τη δική της νομοθεσία, μετατρέπεται σε «αιτιότητα sui generis».[86] Ο Αντόρνο εναντιώνεται στη σχέση διαπλοκής μεταξύ ελευθερίας και αναγκαιότητας υποβάλλοντας την καντιανή θεώρηση της έννοιας της αιτιότητας σε κριτική ανάλυση. Η ανάλυσή του περιέχει δύο στοιχεία: κατά πρώτον την κριτική στην υποστασιοποίηση της έννοιας ως οντολογικού δεδομένου. Αν και ο Αντόρνο δεν θέλει να ανακαινίσει την προκαντιανή μεταφυσική της αιτιότητας, την άποψη δηλ. πως η αιτιότητα αποτελεί χαρακτήρα του καθ' αυτά είναι των πραγμάτων, εντούτοις δεν προσυπογράφει την καντιανή θεώρηση της αιτιότητας ως υποκειμενικής λειτουργίας της καθαρής διάνοιας.[87] Πρωταρχικά υποκειμενική η λειτουργία αυτή ενέχει για τον Αντόρνο όλες εκείνες τις υποδηλώσεις του υποκειμενικού λόγου, ο οποίος συρρικνώνει τις αναφορές του ανθρώπου στον κόσμο στο επίπεδο ενός απλού εργαλειακού χειρισμού.

Σε ένα δεύτερο επίπεδο ο Αντόρνο αντιτείνει πως η καντιανή σχέση μεταξύ ελευθερίας και αιτιότητας κηλιδώνεται από μια ανακολουθία. Η ανακολουθία αυτή έχει το χαρακτήρα κυκλικής επιχειρηματολογίας. Για τον Καντ ισχύει πως η ελευθερία δημιουργεί τις δικές της αιτιακές αλυσώσεις, καθόσον δρομολογεί αφ' εαυτής μια σειρά δράσεων-γεγονότων.[88] Για τον Αντόρνο αυτό σημαίνει πως η καντιανή θεώρηση περιστρέφεται γύρω από τον εαυτό της. Αν και θεσμοθετική βαθμίδα (σύμφωνα δηλ. με την καντιανή αντίληψη ότι η αιτιότητα αποτελεί κατηγορία της καθαρής διάνοιας), το ίδιο το υποκείμενο υπόκειται στην αιτιότητα, αφού ξεκινώντας μια αλυσίδα γεγονότων εντάσσεται κι αυτό στο αιτιοκρατικό συνεχές. Η υποκειμενική διάνοια τότε παύει να θεσμοθετεί, καθώς μετατρέπεται κι η ίδια σε δεδομένο που υπόκειται στο νόμο της αιτιότητας. Αυτό με τη σειρά του καθιστά αναπόδραστη τη σκέψη πως ο καθαρός Λόγος ως η κατεξοχήν εστία της ελευθερίας θα πρέπει να εννοηθεί ως a priori διαβλητός από το στοιχείο της αναγκαιότητας, δηλ. της ανελευθερίας.[89] Σε τρίτο επίπεδο ο Αντόρνο θεωρεί ότι η καντιανή έννοια της αιτιότητας δεν στέκεται στο ύψος της πολυ-

86. Βλέπε Αντόρνο, *Probleme der Moralphilosophie*, σελ. 63 κ.ε.
87. Βλέπε Αντόρνο, *Negative Dialektik*, σελ. 245 κ.ε.
88. Βλέπε *Κριτική του καθαρού Λόγου*, B 566.
89. Βλέπε Αντόρνο, *Negative Dialektik*, σελ. 246 κ.ε.

πλοκότητας της εμπειρικής πραγματικότητας, διότι δεν διαθέτει καμία αντιληπτική ικανότητα για όλους εκείνους τους αμοιβαίους συσχετισμούς, τις διαπλοκές και αλληλοεπιρροές μεταξύ των στοιχείων της πραγματικότητας.[90]

Σύμφωνα με τον Αντόρνο όλες οι απορίες της καντιανής «ελευθερίας» συνοψίζονται στη νοηματοδότηση του ηθικού νόμου ως γεγονότος (Faktum).[91] Κατ' αρχάς το στοιχείο της δεδομενικότητας αποτελεί μομφή για τον ηθικό νόμο. Από τη στιγμή που τα ηθικά κελεύσματα του νόμου, όπως τούτα επιτάσσονται από την κατηγορική προσταγή, καθορίζουν μια εξαναγκαστική ισχύ επί του θεληματικού υποκειμένου, δεν μπορεί από κανέναν πλέον να γίνει λόγος για ελεύθερη λήψη της απόφασης προς αυτόβουλη δράση· η κατηγορική προσταγή μεταβάλλεται σε μια «δαιμονική, τυφλή τυχαιότητα».[92] Ο Αντόρνο επισημαίνει επίσης πως η προβληματική διασύνδεση ελευθερίας και νόμου ενέχει το στοιχείο του καταναγκασμού: «Όλες οι έννοιες, οι οποίες στην *Κριτική του Πρακτικού Λόγου* προς τιμήν της ελευθερίας καλούνται να γεφυρώσουν το χάσμα μεταξύ της κατηγορικής προσταγής και των συγκεκριμένων ανθρώπων, έχουν χαρακτήρα καταστολής: νόμος, εξαναγκασμός, σεβασμός, καθήκον. Η αιτιότητα που βασίζεται στην ελευθερία παραφθείρει την ελευθερία σε υποταγή».[93] Η κατηγορική προσταγή για τον Αντόρνο είναι ένας αδιαφανής και επιτακτικός κανονισμός, ο οποίος δεν πρέπει να τηρείται εξαιτίας κάποιας λογικής σκοποθεσίας ή κάποιου έλλογα θεμελιωμένου ενδιαφέροντος, αλλά απλά επειδή έχει αυτοανακηρυχτεί

90. Ό.π., σελ. 262. Ενάντια στην κριτική που ασκεί ο Αντόρνο στην καντιανή αιτιότητα, κριτική η οποία σίγουρα αδικεί την *Κριτική του καθαρού Λόγου*, μπορεί κανείς να αντιπροτάξει δύο σημεία: Κατά πρώτον ο Αντόρνο για να στηρίξει τη θέση του περί υποκειμενικού Λόγου παραγνωρίζει την καντιανή κριτική στην υποκειμενοποίηση της αιτιότητας από τον Χιούμ. Από τη μονοδιαστατότητα του υποκειμενικού Λόγου προκύπτει δεύτερον η ελλιπής ερμηνεία του Αντόρνο όσον αφορά το διπλό χαρακτήρα της έννοιας της αιτιότητας.

91. Βλέπε Καντ, *Kritik der praktischen Vernunft*, A 97, σελ. 171.

92. Βλέπε Αντόρνο, *Probleme der Moralphilosophie*, σελ. 113· επίσης βλέπε ό.π., σελ. 122 κ.ε. Επίσης βλέπε *Negative Dialektik*, σελ. 231 κ.ε. Πρέπει να σημειώσω εδώ ότι ο Αντόρνο δεν διακρίνει μεταξύ του ηθικού νόμου ως γεγονότος *για* το Λόγο και του ηθικού νόμου ως γεγονότος *του* Λόγου. Έτσι καταλήγει στη διαπίστωση ότι ο ηθικός νόμος αποτελεί απλό-αντικειμενικό δεδομένο για το Λόγο.

93. Βλέπε Αντόρνο, *Negative Dialektik*, σελ. 231.

de facto σε απριορική βαθμίδα έσχατης ηθικής νομιμοποίησης. Για τον Αντόρνο –ο οποίος ειρήσθω εν παρόδω προσπαθεί και στα πλαίσια αυτής της προβληματικής να «σώσει» τα φαινόμενα διαλεκτικά– τέτοιου είδους απορίες δεν αποτελούν δείγματα προχειρότητας ή λογικής ανακολουθίας, αλλά αντίθετα προέρχονται από την αντιφατική δομή του κοινωνικού όλου. Η αναγωγή των ηθικών-φιλοσοφικών αποριών σε κοινωνικά αίτια φαίνεται διαυγέστερα στον τρόπο που επιχειρηματολογεί ο Αντόρνο πάνω στο ζήτημα της κατηγορικής προσταγής της καντιανής *Μεταφυσικής των Ηθών*.[94]

Ο Αντόρνο αποκωδικοποιεί την έννοια της ηθικής προσταγής ως φιλοσοφική υποτύπωση του ανταγωνιστικού και αντιφατικού κοινωνικού όλου, στο οποίο τα άτομα λειτουργούν αφενός ως εμπορεύματα εργατικής δύναμης, αφετέρου όμως ως τέτοια «εμπορεύματα παραμένουν παρ' όλα αυτά υποκείμενα, για χάρη των οποίων τίθεται σε λειτουργία όλος ο μηχανισμός [της καπιταλιστικής παραγωγής και διανομής, Κ.Μ.], ο οποίος τα ξεχνά και παρεμπιπτόντως μόνο ικανοποιεί τις ανάγκες τους».[95] Διαπιστώνοντας το διαλεκτικό χαρακτήρα της καντιανής προστακτικής ο Αντόρνο επιχειρεί να συσχετίσει την κριτική που ασκεί στην υποκειμενική ορθολογικότητα, δηλ. εργαλειακότητα του ηθικού νόμου, με την «προσδιορισμένη άρνηση» της ενότητας κατηγορικής προσταγής και του λόγου της αυτοσυντήρησης. Για τη διαλεκτική σκέψη του Αντόρνο οι διορθωτικές επεμβάσεις έχουν το σκοπό να διασώσουν το δυναμικό χειραφέτησης που περικλείει η καντιανή φιλοσοφία της ηθικής, η οποία είναι ταυτόχρονα αποτύπωση της ανελεύθερης κατάστασης της κοινωνίας, αλλά και προτύπωση της δυνατότητας υπέρβασης.

Η μετάβαση που κάνει ο Αντόρνο από τον ηθικο-κριτικό στοχασμό στα κοινωνικά περιεχόμενα της ηθικής-φιλοσοφικής θεωρίας θεμελιώνεται κατά την άποψή του στο γεγονός ότι η καντιανή διδασκαλία περί των αιτημάτων (Postulate) του Καθαρού Λόγου (δηλ. αθανασία, ελευθερία, ύπαρξη του Θεού) παρέχει τη δυνατότητα να αναγνώσει κανείς τους ακρογωνιαίους λίθους της ηθικής ως συμπύκνωση κοινωνικών εμπειριών. Η αθανασία, η ελευθερία και η ύπαρξη του Θεού δεν μπορούν

94. Βλέπε Καντ, *Grundlegung zur Metaphysik der Sitten*, BA 66, σελ. 61.
95. Βλέπε Αντόρνο, *Negative Dialektik*, σελ. 254.

βέβαια να γίνουν αντικείμενα λογικής απόδειξης, αποτελούν όμως για τον Καντ απαραίτητες προϋποθέσεις για την ηθική σκέψη.[96] Ο Αντόρνο από την πλευρά του βλέπει στα αιτήματα μια μορφή διορθωτικού αντίβαρου στον τυποκρατικό υποκειμενικό λόγο, ο οποίος σφραγίζει την κατηγορική προσταγή. Αυτή η ίδια διατύπωση της προσταγής στα *Θεμέλια της Μεταφυσικής των Ηθών* υποδηλώνει για τον Αντόρνο τη δυνατότητα αναφοράς σε κοινωνικές εμπειρίες, διότι «χωρίς ελπίδα δεν υπάρχει ηθικά καλό».[97] Στο αίτημα (Postulat) της αθανασίας ο Αντόρνο διαγιγνώσκει ένα στοιχείο χειραφέτησης, και συγκεκριμένα μια μορφή διαμαρτυρίας ενάντια στο σκάνδαλο της αμετάκλητα πεπερασμένης ανθρώπινης ύπαρξης. Ο Λόγος που θέτει το ηθικό αίτημα για αθανασία υπερβαίνει την αφόρητη συνείδηση του θανάτου, καθώς εγκαλεί τους θνητούς να βιώσουν την αλληλεγγύη του γένους. Με αυτό τον τρόπο ο Αντόρνο επαναδιατυπώνει στο αίτημα τούτο την εκκοσμικευμένη μορφή της ουτοπίας, η οποία παρωθεί διαρκώς κάθε «ενδοκοσμική βελτίωση»[98] να υπερβεί τα όρια μιας πρόσκαιρης ικανοποίησης. Αλλά και το δεύτερο αίτημα του ηθικού λόγου, η ελευθερία, ενέχει για τον Αντόρνο το στοιχείο μιας ουτοπικής προαναγγελίας. Σε σχέση με μια διατύπωση από τη *Μεταφυσική των Ηθών*[99] ο Αντόρνο της *Αρνητικής Διαλεκτικής* αναδεικνύει μια διάσταση κοινωνικής ουτοπίας, δηλ. την *προσύλληψη* μιας μελλοντικής κοινωνίας, στην οποία θα ήταν δυνατή η εναρμόνιση καθολικών και ατομικών συμφερόντων μέσα από την υπέρβαση των ανταγωνισμών.[100]

Ο διαλεκτικός χαρακτήρας, τον οποίο ο Αντόρνο βρίσκει σπερματικά στην καντιανή ηθική φιλοσοφία, κορυφώνεται στη διαπραγμάτευση

---

96. Βλέπε Καντ, *Kritik der praktischen Vernunft*, A 238, σελ. 264 κ.ε.

97. Βλέπε Αντόρνο, *Negative Dialektik*, σελ. 272.

98. Ό.π., σελ. 378.

99. Στην *Εισαγωγή στη Διδασκαλία του Δικαίου* ο Καντ καθορίζει ως δίκαιη κάθε πράξη της οποίας ο κανόνας επιτρέπει την ελευθερία του πράττοντος να συνυπάρξει με την ελευθερία των άλλων προσώπων γενικά. Βλέπε Καντ, *Metaphysik der Sitten, Einleitung in die Rechtslehre*, § C, σελ. 337.

100. Βλέπε Αντόρνο, *Negative Dialektik*, σελ. 279 κ.ε. Το αίτημα της ύπαρξης του Θεού εξετάζεται από τον Αντόρνο στα πλαίσια των προβληματισμών του για τη λειτουργία των αποδείξεων της ύπαρξης του Θεού και της κριτικής του στον Χέγκελ. Βλέπε παρακάτω κεφ. 3.3.1.

του καντιανού *νοούμενου χαρακτήρα* (intelligibler Charakter). Για τον Αντόρνο η έννοια αυτή αποτελεί διαμεσολάβηση μεταξύ της ανθρώπινης ύπαρξης και του ηθικού νόμου, ώστε να είναι δυνατή η ιδέα της ελευθερίας.[101] Βέβαια για τον Αντόρνο το εγχείρημα του Καντ να θέσει την ηθική σε γερά θεμέλια είναι αντινομικό, γιατί ωθεί σε βεβιασμένη σύζευξη στοιχεία που είναι αντιθετικά, όπως την ύπαρξη στο χρόνο και το ηθικό νοούμενο. Η παράδοξη φύση του νοούμενου χαρακτήρα της ηθικής προσωπικότητας, από τη μια μεριά δηλ. να πρέπει να είναι ριζικά διαχωρισμένος από τον κόσμο των φαινομένων, ενώ από την άλλη να μην μπορεί να αποκοπεί τελείως από τον κόσμο αυτό, επειδή τότε δεν θα είχε καμιά πρακτική-ηθική επενέργεια, είναι για τον Αντόρνο αδιάψευστο σημείο του ότι η καντιανή θεώρηση της ελευθερίας κυριαρχείται έντονα από τη διαλεκτική της σχέσης ανάμεσα στην ορθολογικότητα και την (ανθρώπινη) φύση. Προϋπόθεση φυσικά του στοχασμού αυτού είναι η γνωστή από τη *ΔτΔ* θέση περί ενός λόγου, ο οποίος, καθώς διασπάται από τη φυσική ολότητα, αναπτύσσει μια αυτοδυναμία και εξελίσσεται έτσι στο (εχθρικό) Άλλο της φύσης. Αυτός ο λόγος ταυτίζεται με τους επικυριαρχικούς καταναγκασμούς πάνω στη φύση, τους οποίους επιβάλλει ο βίαια ενοποιητικός και ταυτιστικός του χαρακτήρας.

Κάτι ανάλογο διακρίνει ο Αντόρνο και πίσω από την ενότητα της ηθικής προσωπικότητας που εδράζεται στο νοούμενο χαρακτήρα της. Η ενότητα αυτή συνίσταται στις λειτουργίες ενσωμάτωσης και ψυχικά ορθολογικής διαχείρισης των ορμών, της ψυχικής ενέργειας και των σκιρτημάτων της σωματικής υποκειμενικότητας. Η διαφορά που εγκαθιδρύει ο Καντ μεταξύ προσώπου ως υποκειμένου που ανήκει στον αισθητό κόσμο και ηθικής προσωπικότητας ως υποκειμένου του νοούμενου κόσμου δεν σημαίνει για τον Αντόρνο σχεδόν τίποτα· αντίθετα, η καντιανή (ηθική-νοούμενη) προσωπικότητα του φαίνεται μάλλον ως καρικατούρα της ελεύθερης ύπαρξης. Η αιτία της παραπάνω διαπίστωσης είναι απλή: τόσο στην περίπτωση της ενότητας της υπερβατικής κατάληψης (transzendentale Apperzeption), όσο και στην ενότητα του νοούμενου ηθικού χαρακτήρα ο Αντόρνο βλέπει να δρα ο ίδιος μηχανισμός, ο οποίος υπάγει καταναγκαστικά το μερικό ή την εμπειρική πολλα-

101. Ό.π., σελ. 283 κ.ε.

πλότητα στη μονοείδεια ενότητα της αρχής της ταύτισης. Διαλεκτικά και πάλι ο Αντόρνο θα επιχειρήσει πάντως να «διασώσει» το νοούμενο χαρακτήρα του ηθικού προσώπου από τους ταυτιστικούς καταναγκασμούς, απελευθερώνοντας έτσι την πραγματική του ουσία: «Αν επιχειρούσε κανείς να προσδώσει στο καντιανό Χ του νοούμενου χαρακτήρα το πραγματικό του περιεχόμενο (...) αυτό θα ήταν μια ιστορικά πρωτοποριακή συνείδηση, που λάμπει στιγμιαία, για να σβήσει αμέσως μετά – κομμάτι της συνείδησης αυτής είναι και η βούληση να κάνει κανείς το σωστό».[102]

Κατά παράδοξο τρόπο, με αυτό το βήμα ο Αντόρνο επιφέρει μια σημαντική μετατόπιση στη σημαντική του νοούμενου χαρακτήρα: αν για τον Καντ αποτελούσε μια γεγονότητα που στηρίζει όλο το οικοδόμημα της ηθικής υπόστασης του υποκειμένου, ο νοούμενος χαρακτήρας μετατρέπεται τώρα σε δυνητικότητα μιας σχεδόν ουτοπικής κατάστασης. Η δυνητική διάσταση του νοούμενου χαρακτήρα κάτω από συνθήκες ανταγωνιστικών κοινωνικών σχέσεων σημαίνει για τον Αντόρνο δύο πράγματα: πρώτα ότι στο υπάρχον καθεστώς υπάρχει σπερματικά η δυνατότητα ηθικής, δηλ. μη-εργαλειακής δράσης. Κατά δεύτερον η σπερματική αυτή δυνατότητα προσυλλαμβάνει μορφές κοινωνικού βίου όπου οι προϋποθέσεις για μια διάφανη διαμεσολάβηση μεταξύ μερικού και καθολικού θα ήταν αυτόματα δεδομένες. Αυτή η ερμηνεία του νοούμενου χαρακτήρα ως μορφής προσύλληψης μιας ελεύθερης κοινωνίας οδηγεί τον Αντόρνο στη σκέψη ότι «ως δυνατότητα του υποκειμένου ο νοούμενος χαρακτήρας είναι, όπως και η ελευθερία, μέρος του γίγνεσθαι, και όχι του αμετάβλητου Είναι».[103]

Για να διαφυλάξει αυτή τη δυνατότητα ο Αντόρνο –όντας πάντοτε πιστός στην ιουδαϊκή αποστροφή έναντι κάθε εικονιστικής αποτύπωσης– αισθάνεται την ανάγκη να αποφύγει κάθε μορφή προσύλληψης του ηθικού προσώπου του μέλλοντος. Η ηθική του μέλλοντος δεν θα πρέπει να είναι απόσταγμα λογικών διακανονισμών. Ενάντια σε όλες τις αδέκαστες ηθικές διδασκαλίες, οι οποίες προδιαγράφουν στη δράση αμετακίνητες κανονιστικές αρχές, η ηθική του μέλλοντος θα είχε πάντα κατά νου να βρί-

102. Ό.π., σελ. 292.

103. Βλέπε Αντόρνο, *Negative Dialektik*, σελ. 293-294.

σκεται σε άμεση συσχέτιση με το «υλικό»[104] της εμπειρίας. Το υλικό αντιπροσωπεύει αυτό στο οποίο αναφέρεται αντικειμενικά κάθε ηθική επιχειρηματολογία και κάθε ηθική-πρακτική δράση. Μια τέτοια ηθική θα ήταν για τον Αντόρνο με την πλήρη σημασία του όρου ανοιχτή προς την ιστορική εμπειρία, αφού θα λάμβανε υπόψη τις συνθήκες πραγματοποίησης των καθολικών αρχών δράσης, αλλά και θα διέθετε το κατάλληλο αισθητήριο για όλες εκείνες τις αυθορμησίες της σωματικής υποκειμενικότητας, οι οποίες θέτουν φραγμούς στην άνευ όρων ισχύ της καθολικότητας του ηθικού νόμου. Ο Αντόρνο στέκεται γενικά με σκεπτικότητα απέναντι στις ρασιοναλιστικές ηθικές διδασκαλίες, επειδή βλέπει να επισκιάζονται από ένα ανορθολογικό στοιχείο. Στην καλύτερη περίπτωση θα επιθυμούσε μια ηθική που όχι μόνο θα ενσωμάτωνε στην ορθολογική της θεμελίωση την ιστορική εμπειρία, αλλά στην οποία θα ενεχόταν επιπλέον η δυνατότητα της αυτοκριτικής. Ο ιστορικός χαρακτήρας του νοούμενου χαρακτήρα θα σήμαινε σε αυτή τη περίπτωση την αδιάκοπη ενέργεια διαμεσολάβησης μεταξύ του είναι και του δέοντος.

2.4.2. Ο Νίτσε στο παράρτημα της ΔτΔ

Αν στο παράρτημα για τον ηθικό διαφωτισμό ο Καντ αντιπροσωπεύει τη μορφή νεωτερικής σκέψης η οποία επιχειρεί να εντάξει τις αντιφατικότητες του λόγου σε ένα ενιαίο συστηματικό όλο, τότε η κριτική της ηθικής που ασκείται από τον Νίτσε αποτελεί την «αδιάλλακτη κριτική του πρακτικού Λόγου, απέναντι στην οποία η ίδια η κριτική του κονιορτοποιού των πάντων [εννοείται ο Καντ, Κ.Μ.] δίνει την εντύπωση ότι ανακαλεί την ίδια του τη σκέψη». (161) Αν η ηθική είναι καταδικασμένη να πελαγοδρομεί μεταξύ του είναι, δηλ. της αντιφατικής και ανταγωνιστικής πραγματικότητας, και του δέοντος, δηλ. μιας ελεύθερης και αλληλέγγυας συλλογικότητας, ακριβώς επειδή έχει ως ύψιστη αρχή την εξουσιαστική ενοποίηση, τότε για τον Αντόρνο η ηθική οφείλει στον Νίτσε τα μέγιστα, καθώς αυτός και ο Σαντ, επειδή «διαλάλησαν σε όλο τον κόσμο ότι είναι αδύνατον να διατυπωθεί ένα βασικό επιχείρημα κατά του φόνου, αντί να συγκαλύψουν αυτή την αδυναμία, προκάλεσαν το μίσος ακριβώς των προοδευτικών» (198). Η πρόσληψη της νιτσεϊκής

104. Ό.π., σελ. 241· επίσης ό.π., σελ. 253 κ.ε. και σελ. 281 κ.ε.

κριτικής από τη *ΔτΔ* έχει το χαρακτήρα της «προσδιορισμένης άρνησης»: ο Αντόρνο υιοθετεί το νιτσεϊκό πνεύμα κατά της εχθρικής για τη ζωή ηθικής, γιατί αποκαλύπτει όλη την υποκρισία των ηθικών θεωριών του διαφωτισμού που προσπαθούν να εναρμονίσουν τις αντιθέσεις.

Παρ' όλα αυτά πιο σημαντικός για την υιοθέτηση της νιτσεϊκής κριτικής είναι κάποιος άλλος λόγος: η *ΔτΔ* θεωρεί πως η «προσδιορισμένη άρνηση» –δηλ. η κριτική του ιδεολογικού χαρακτήρα ενός κοινωνικού φαινομένου με ταυτόχρονη κατάδειξη των «θετικών», δηλ. χειραφετητικών στοιχείων που ενέχει και τα οποία θα εκδηλώνονταν ολοκληρωμένα μόνο στα πλαίσια ενός διαφορετικού κοινωνικού όλου–, πως η άρνηση αυτή πρέπει να εφαρμοστεί και στην περίπτωση της ίδιας της νιτσεϊκής κριτικής της ηθικής. Ο Αντόρνο θεωρεί πως η εξύμνηση που επιχειρεί ο Νίτσε στη βουλησιαρχική αυτοκυριαρχία των διακεκριμένων ατόμων (όπως εκείνων της ιεροκρατικής κάστας από τη *Γενεαλογία της Ηθικής*[105]) προσφέρει πρόσφορο έδαφος στην εκδίπλωση μιας κριτικής η οποία στοχεύει στην αποκάλυψη των εξουσιαστικών θεμελίων κάθε ηθικής θεωρίας. Ο Αντόρνο ελπίζει πως με τα μέσα μιας ασυμβίβαστης κριτικής ανάλυσης του εξουσιαστικού χαρακτήρα του νεωτερικού Λόγου θα μπορέσει να αναδείξει τις δυνατότητες που ενέχει η σύγχρονη ηθική θεώρηση προς υπέρβαση της εξουσιαστικής ολότητας. Με αυτή την έννοια ο Νίτσε ανήκει σε εκείνους που το γεγονός ότι επέμεναν στη ratio σημαίνει ότι «ήθελαν να απελευθερώσουν από το κάλυμμά της [δηλ. του ορθού Λόγου, Κ.Μ.] την ουτοπία, η οποία όπως και στη καντιανή έννοια του Λόγου, εμπεριέχεται σε κάθε μεγάλη φιλοσοφία: την ουτοπία μιας ανθρωπότητας που, μη ούσα πια η ίδια παραμορφωμένη, δεν χρειάζεται πλέον την παραμόρφωση». (198-199) Στον αντίθετο πόλο απ' ό,τι ο Καντ, ο Αντόρνο επαναδραστηριοποιεί τη «σωτήρια κριτική», δηλ. το εγχείρημα να αναδειχτεί στη νιτσεϊκή κριτική της ηθικής η αρνητική πλευρά μιας ευρύτερης αλήθειας. Το εγχείρημα αυτό του παραρτήματος *Ιουλιέτα ή Διαφωτισμός και ηθική* επικεντρώνεται σε τρεις θεματικές: την ηθική των κυρίων, τη συμπόνια και τον υπεράνθρωπο.

Όπως είπαμε και πριν, η έλξη που ασκεί στη *ΔτΔ* ο Νίτσε ως κριτικός της ηθικής έγκειται στο γεγονός ότι προπάντων στη *Γενεαλογία* ο Νίτσε

---

105. Βλέπε ό.π., σελ. 30 κ.ε.

προσφέρει την απόδειξη της αρχέγονης *διαπλοκής μεταξύ ηθικής και εξουσίας*. Η αναγωγή της ανάδυσης του φαινομένου της ηθικής στις πρωθύστερες σχέσεις εξουσίας και εξάρτησης που κάνει ο Νίτσε ενάντια στην ηθική που χαρακτηρίζει ως εχθρική για την αυτονομία του ατόμου είναι φυσικά πολύ ελκυστική επιχειρηματολογία για τις σκοποθεσίες της *ΔτΔ*. Ο Αντόρνο πιστεύει (πάντοτε βέβαια ιδεολογικοκριτικά!) πως μπορεί να στρέψει το περιεχόμενο των ερμηνευτικά εύστοχων αναλύσεων του Νίτσε ενάντια στους στόχους του γενεαλόγου, καθιστώντας το έτσι αποδοτικό εργαλείο πολεμικής ενάντια στην καταπίεση. Σ' αυτή την προοπτική διαπιστώνει ότι η νιτσεϊκή ηθική των κυρίων –που αποτελεί αδιάψευστη απόδειξη του ιδεολογικού χαρακτήρα της νιτσεϊκής σκέψης, εφόσον εντός της καθαγιάζονται οι σχέσεις εξουσίας και τους προσδίδεται φυσικός χαρακτήρας– αντιπαραθέτει στο παρόν την ένοχη συνείδησή του, «το μυστικό πιστεύω όλων των κυρίαρχων τάξεων». (171)

Αν έτσι λοιπόν η κριτική της ηθικής του Νίτσε είναι καθρέπτης των εξουσιαστικών σχέσεων της νεωτερικότητας, τότε όντως δεν είναι καθόλου δύσκολο η ηθική-κριτική σκέψη του φιλοσόφου να ενταχθεί στο πρόταγμα της χειραφέτησης: «Ως ένσταση κατά του πολιτισμού η ηθική των κυρίων εκπροσωπούσε αντεστραμμένα τους καταπιεσμένους: το μίσος κατά των ατροφικών ενστίκτων καταγγέλλει αντικειμενικά την αληθινή φύση των δεσμοφυλάκων, που μόνο πάνω στα θύματά τους φανερώνεται (...) Ο Νίτσε καταρρίπτεται μέσα από την πραγματοποίηση των προτάσεών του και ταυτόχρονα ελευθερώνεται η αλήθεια του, η οποία παρ' όλη την κατάφαση στη ζωή εχθρευόταν το πνεύμα της πραγματικότητας». (171-172)[106]

---

106. Αυτή η «διαλεκτική» κριτική στον Νίτσε προέρχεται σαφώς από την πένα του Χορκχάιμερ. Στις νεανικές του σημειώσεις *Dämmerung. Notizen zu Deutschland* γράφει: Ο Νίτσε «περιφρονεί τις μάζες, αλλά θέλει όμως παρ' όλα αυτά να υπάρχουν μάζες. (...) Σύμφωνα με τον Νίτσε είναι δίκαιο και χρήσιμο οι άνθρωποι και οι ικανότητές τους να ατροφούν κάτω από τις μίζερες συνθήκες αυτού του πολιτισμού, αν και βέβαια ο Νίτσε προσδοκά την έλευση του "υπερανθρώπου". Οι στόχοι του Νίτσε δεν συμπίπτουν με τους στόχους του προλεταριάτου. Μπορεί όμως να διαπιστώσει πως η ηθική που προτείνει είναι απατηλή, γιατί ο ίδιος κανοναρχεί στις μάζες ότι μόνο ο φόβος είναι αυτό που τις εμποδίζει να καταστρέψουν όλο το οικοδόμημα [του καπιταλισμού, Κ.Μ.]. Αν το καταλάβουν αυτό οι μάζες, μπορεί και ο Νίτσε να συμβάλλει ώστε η "εξέγερση" των σκλάβων στην ηθική [ο Χορκχάιμερ εννοεί αυτά που γράφει ο Νίτσε στη *Γενεαλογία της Ηθικής*, Κ.Μ.] να μετατραπεί σε προλεταριακή πρακτική». Βλέπε Χορκχάιμερ, *Gesammelte Schriften*, τόμ. 2, σελ. 338.

Ο Αντόρνο ερμηνεύει τους νιτσεϊκούς στοχασμούς για το φυσικό δίκαιο (της ηθικής) των κυρίων και τη νομιμοποίηση της καταπίεσης των «σκλάβων» που απορρέει από το δίκαιο αυτό ως την αλληγορική μορφή μιας υποσυνείδητης κριτικής των εξουσιαστικών σχέσεων, στις οποίες οι μάζες είναι καταδικασμένες να αποτελούν τα απλά αντικειμενα της εξουσίας. Ο Αντόρνο επιθυμεί να αποκωδικοποιήσει τη νιτσεϊκή κριτική ενάντια στον παρηκμασμένο κόσμο της αστικής μετριότητας και στον ισοπεδωτικό εξισωτισμό των μοντέρνων κοινωνιών ως δείγμα μιας ανατρεπτικής θέλησης. Σ' αυτή την ερμηνευτική προοπτική ο Νίτσε δεν μπορεί παρά να ενσαρκώνει το συνεπή συνεχίστή ενός αυτοκριτικού διαφωτισμού, εφόσον και ο Αντόρνο τον βλέπει ως ανανεωτή του καντιανού προτάγματος, δηλ. ως φορέα «για το μετασχηματισμό του θεϊκού νόμου σε αυτονομία». (192)

Από την άλλη βέβαια ο Αντόρνο δεν μπορεί να διασκεδάσει την υποψία, ότι επειδή ο Νίτσε παραμένει εγκλωβισμένος στη θεώρηση της ιδεοτυπικής συνθήκης, στην οποία φαίνονται καθαρά οι καταστατικές προϋποθέσεις του δυναμικού και κυρίαρχου ιδανικού της αυτονομίας, δεν μπορεί να αντιτάξει στην ετερόνομη κατάσταση του παρόντος τίποτα άλλο από την απαίτηση της επιστροφής στις «καθάριες» προκαπιταλιστικές σχέσεις εξουσίας. Η υποψία του Αντόρνο ότι στη σκέψη του Νίτσε βρίσκονται όλα τα συστατικά στοιχεία για μια ταύτιση του λόγου και εξουσίας,[107] κάθε άλλο παρά αβάσιμη είναι, αν αναλογιστούμε ότι η σκέψη αυτή έγινε αντικείμενο έντονης ιδεολογικής εκμετάλλευσης από τους φασιστικούς ολοκληρωτισμούς.

Όσον αφορά τώρα την κριτική του Νίτσε στην ηθική της συμπόνιας,[108] ο Αντόρνο θέλει να επέμβει διαλεκτικά, ώστε να τη «διασώσει» από τυχόν αντιδραστικές εργαλειοποιήσεις: «Ο Σαντ και ο Νίτσε διέγνωσαν ότι μετά την τυποποίηση του Λόγου απέμεινε ακόμη η συμπόνια, τρόπον τινά ως αισθητήρια συνείδηση της ταυτότητας του γενικού και του μερικού, ως φυσικοποιημένη διαμεσολάβηση». (172) Το στοιχείο αλήθειας που αναγνωρίζει ο Αντόρνο στη νιτσεϊκή κριτική της συμπό-

---

107. Βλέπε *ΔτΔ*, σελ. 199.

108. Βλέπε Νίτσε, *Γενεαλογία της Ηθικής*, σελ. 131 κ.ε.· επίσης βλέπε *Ο Αντίχριστος*, σελ. 116 κ.ε.

νιας εστιάζεται στο ότι η κοινωνική δράση που βασίζεται στην αρχή της συμπονετικής συμπαράστασης διαιωνίζει γενικά τις ανήθικες σχέσεις εξάρτησης, ενάντια στις οποίες στρέφεται βέβαια η συμπόνια σε κάθε συγκεκριμένη περίπτωση πρακτικής συμπαράστασης. Ο Αντόρνο διαβλέπει όμως στη νιτσεϊκή κριτική μια προβληματική διάσταση: αν αποτελεί γεγονός ότι η ηθική της συμπόνιας σε γενικές γραμμές γίνεται συνένοχη της καθολικής ξένωσης και εξάρτησης, άλλο τόσο αποτελεί γεγονός πως κάτω από αυτές τις συνθήκες κανένας δεν μπορεί να ζήσει δίχως την εμπειρία συμπονετικής αλληλεγγύης.

Το τρίτο μέρος της νιτσεϊκής κριτικής της ηθικής που διαπραγματεύεται ο Αντόρνο είναι η στοχαστική φιγούρα του υπερανθρώπου. Στη φαινομενολογία της ηθικής συνείδησης της *Γενεαλογίας της Ηθικής* ο Νίτσε αναπτύσσει την κριτική του στην ηθική στον ορίζοντα μιας κυρίαρχης ατομικότητας, η οποία διερχόμενη τους καταναγκασμούς της κοινωνικοποιητικής συλλογικότητας των ηθών κατακτά τη μετα-ηθική αυτονομία της ελεύθερης θέλησης.[109] Σε αυτή την κυρίαρχη ατομικότητα ο Αντόρνο διαβλέπει μια μορφή του υπερανθρώπου, αλλά ταυτόχρονα συσχετίζει την αυτόνομη θέληση του Νίτσε με τη θέληση της καντιανής ηθικής φιλοσοφίας: «Η αρχή του Καντ "να πράττει κανείς τα πάντα με κανόνα τη θέλησή του, η οποία θα μπορεί ταυτόχρονα να έχει αντικείμενο τον εαυτό της ως γενικό νομοθετικό κέντρο", είναι επίσης το μυστικό του υπερανθρώπου. Η θέλησή του δεν είναι λιγότερο δεσποτική από την κατηγορική προσταγή». (192)

Τούτη η συσχέτιση της καντιανής διδασκαλίας περί αυτόνομης ηθικής βούλησης με τη νιτσεϊκή κυρίαρχη ατομικότητα προκύπτει λογικά από τη θέση της *ΔτΔ* ότι και οι δύο ηθικές θεωρίες πρέπει να ειδωθούν ως εγχειρήματα αντιμετώπισης της έκλειψης του θεϊκού στοιχείου ως ανώτατης κανονιστικής βαθμίδας, η οποία στην παραδοσιακή, προνεωτερική κοσμοθεωρία υποβαστάζει ολόκληρο το οικοδόμημα των ενδοκοσμικών ηθικών διακανονισμών. Η αποκαθήλωση όμως του θείου ως υπερβατικού εγγυητή της ηθικής και η αντικατάστασή του από την αυτοκαθοριζόμενη αυτόνομη υποκειμενικότητα, στην οποία καλείται να λογοδοτήσει κάθε ηθικός στοχασμός και ηθική δράση, συμπίπτει για

109. Βλέπε Νίτσε, *Γενεαλογία της Ηθικής*, σελ. 59 κ.ε.

τον Αντόρνο με τη διαμόρφωση της νεωτερικής εργαλειακής και εξουσιαστικής υποκειμενικότητας.

Η απελευθέρωση από τους ετερόνομους καταναγκασμούς και η θέληση μιας απεριόριστης αυτοκυριαρχίας –στοιχεία που ο Αντόρνο εξαίρει στα ηθικά προτάγματα του Καντ και του Νίτσε– συμπίπτουν λοιπόν με την επικράτηση του εργαλειακού και ολοκληρωτικά ταυτιστικού λόγου. Ο δεσποτικός χαρακτήρας τόσο της καντιανής κατηγορικής προσταγής, όσο και της κυρίαρχης βουλησιαρχικής δύναμης του Νίτσε αποτελεί για τον Αντόρνο απόρροια ενός λόγου ο οποίος μέσα στην αυξανόμενη πίεση της αυτοσυντήρησης θέτει σε κίνηση την ολοκληρωτική επικυριαρχία πάνω στην εξωτερική, αλλά και την εσωτερική (ανθρώπινη) φύση. Στην αδέκαστη αυτονομία του ηθικού υποκειμένου ο Αντόρνο διαβλέπει την ίδια ακριβώς έκλειψη του αντικειμενικού πνεύματος[110] εξαιτίας της οποίας η σκέψη εν γένει καταντά απλά μηχανισμός τυποκρατικής υπαγωγής του μερικού στο γενικό. Φυσικά το ότι η ερμηνευτική της καντιανής φιλοσοφίας της ηθικής ελευθερίας που επιχειρεί ο Αντόρνο έχει μάλλον το χαρακτήρα πολεμικής το βλέπει και ο ίδιος – όπως είδαμε κυρίως στο ύστερο έργο του. Ειδικά στην *Αρνητική Διαλεκτική* προσπαθεί να αποδεσμεύσει το ιδανικό της ελευθερίας που ενυπάρχει στο νοούμενο χαρακτήρα από τον ασφυκτικό εναγκαλισμό της ταυτιστικής λογικής. Τώρα, όσον αφορά την ερμηνευτική της νιτσεϊκής κριτικής στην ηθική, ο Αντόρνο δεν είναι διόλου πρόθυμος να αποσύρει τη μομφή του δεσποτισμού.

Στο *Minima Moralia* –κείμενο στο οποίο η παρουσία και η επιρροή του Νίτσε προδηλώνονται ακόμα και στον αφοριστικό τόνο της γραφής– ο Αντόρνο καταγγέλλει εκ νέου το δεσποτισμό της ηθικής θεώρησης του Νίτσε, χωρίς όμως να περιφρονεί το κριτικό του πνεύμα, το οποίο άλλωστε όπως είδαμε μπορεί να αποτελέσει αντικείμενο διαλεκτικής «διάσωσης». Στη βάση της θεώρησης περί έκλειψης του αντικειμενικού λόγου, ο Αντόρνο προσεγγίζει τη θεώρηση του Χέγκελ περί του συστήματος των ηθών ως της κοινωνικής ουσίας,[111] θέλοντας με αυτό τον τρόπο να ιστορικοποιήσει τη γενεαλογική κριτική της ηθικής. Η ιστο-

---

110. Όπως τον όρισε ο Χορκχάιμερ ως υπερυποκειμενική σφαίρα αξιών. Βλέπε υποσημείωση 68.

111. Βλέπε Χέγκελ, *Grundlinien der Philosophie des Rechts*, ειδικά το κεφάλαιο για το σύστημα των ηθών §§ 142-360. Βλέπε Αντόρνο, *Minima Moralia*, σελ. 175 κ.ε.

ρικοποίηση διενεργείται βέβαια υπό το πρίσμα της υλιστικής θεώρησης της ιστορίας: η ηθική των κυρίων εντάσσεται στην προοπτική μιας οικονομικής ανάλυσης των σύγχρονων κοινωνικών σχηματισμών, με αποτέλεσμα η εξύμνηση του ήθους των ισχυρών από τον Νίτσε να αποδεικνύεται ανεδαφική, μια και σύμφωνα με τον Αντόρνο στα πλαίσια μιας κοινωνίας της δυνητικής αφθονίας για όλους παύει αντικειμενικά να υπάρχει ανάγκη για μια ιεραρχικά δομημένη διανομή του κοινωνικού πλούτου. Παρ' ότι η αντορνική κριτική του κυρίαρχου και αυτόνομου ήθους των κυρίων ως ιδεολογική νομιμοποίηση των ταξικών καταμερισμών δεν επιδέχεται κανένα μετριασμό, ωστόσο ο Αντόρνο δεν θα παραλείψει να προφυλάξει τον Νίτσε από τα αποτελέσματα της ίδιας του της σκέψης: η «ηθική των κυρίων» και «τα ασκητικά ιδανικά» μπορούν για τον Αντόρνο να επανασημασιοδοτηθούν ως «αντίσταση ενάντια στην παράνοια της καπιταλιστικής οικονομίας».[112]

Στις πανεπιστημιακές επίσης παραδόσεις του με θέμα τα *Προβλήματα της Φιλοσοφίας της Ηθικής* ο Αντόρνο θα καταλογίσει στον Νίτσε, στον οποίο κατά προσωπική του ομολογία οφείλει τα μέγιστα,[113] κάτι διαφορετικό από τη μομφή του δεσποτικού χαρακτήρα της ηθικής του θεώρησης. Προτού δείξουμε σε τι συνίσταται η νεοπαγής αυτή για τη σκέψη του Αντόρνο κριτική, πρέπει να διαπιστώσουμε ότι η ερμηνεία της νιτσεϊκής τοποθέτησης «πέραν του καλού και του κακού» μάλλον δεν ανταποκρίνεται στις προθέσεις του νιτσεϊκού κειμένου. Κατά την άποψή μου ο Αντόρνο αδυνατεί να κατανοήσει τη στοχαστική κίνηση του «πέραν» ως αυτό που είναι, δηλ. ένα εγχείρημα της σκέψης να καταλάβει ένα σημείο, από το οποίο «και πέρα» (ή καλύτερα υπό την οπτική γωνία του οποίου) θα είναι δυνατόν να συλλάβουμε εποπτικά τη διαδικασία σχηματισμού των ηθικών αξιοθετήσεων.

Ο Αντόρνο αντίθετα ακολουθεί την πεπατημένη οδό κριτικής προσάπτοντας στον Νίτσε έναν αμοραλισμό, ο οποίος σε τελική ανάλυση δεν είναι τίποτα άλλο από μια μορφή αφηρημένης άρνησης της αστικής ηθικής. Έτσι, δεν εκπλήσσει το γεγονός ότι η νιτσεϊκή κριτική της ηθικής δεν αποτελεί για τον Αντόρνο «δείγμα σκέψης που αντιπαρατίθεται με τα συ-

112. Ό.π., σελ. 255 κ.ε.

113. Βλέπε Αντόρνο, *Probleme der Moralphilosophie*, σελ. 255.

γκεκριμένα ηθικά προβλήματα».[114] Σύμφωνα με αυτή την ερμηνεία ο Νίτσε είναι αναγκασμένος να προβάλλει μια ηθική θεωρία, η οποία είναι «απλά το αντεστραμμένο είδωλο της ηθικής που καταπολεμά». Με τέτοιου είδους σκέψεις φαίνεται πόσο πολύ έχει απομακρυνθεί ο Αντόρνο από την κριτική στον Νίτσε όπως αυτή εκφράζεται στη *ΔτΔ*: όλα τα χαρακτηριστικά κυρίαρχης ατομικότητας, δηλ. «αρχοντιά, πραγματική ελευθερία, ευγενική μεγαλοδωρία, απόσταση», που για τη *ΔτΔ* ήταν αδιάψευστα σημάδια εξουσιαστικού λόγου, μετατρέπονται τώρα σε στοιχεία μιας ανίσχυρης έκκλησης στους ανθρώπους «των κατώτερων τάξεων να κατακτήσουν και αυτοί κάποτε την ηθική των κυρίων». Έτσι για τον Αντόρνο η ιστορία, η οποία υπόκειται στη διαλεκτική του διαφωτισμού, αναιρεί τη νιτσεϊκή θεώρηση της αυτονομίας. Ακόμα και η αποστροφή του Νίτσε για τη μαζική δημοκρατία, αποστροφή που κορυφώνεται στο επιγραμματικό «Κανένας βοσκός και ένα κοπάδι»,[115] ανήκει κι αυτή με τη σειρά της στον κυνισμό της ολοκληρωτικής εξουσίας.

2.4.3. Γενεαλογία της συνείδησης της ελευθερίας

Μετά από αυτή τη σκιαγράφηση της πρόσληψης και ερμηνείας της νιτσεϊκής κριτικής στην ηθική στο έργο του Αντόρνο μπορούμε να επιστρέψουμε στη *ΔτΔ* και να επανεγκύψουμε στην κατηγορία που απευθύνει η *ΔτΔ* στον Νίτσε, ότι δηλ. πρεσβεύει μια αυταρχική θεώρηση της ηθικής και της ελευθερίας. Η εικόνα που έχει σχηματίσει η *ΔτΔ* για την κυρίαρχη ατομικότητα της νιτσεϊκής θεώρησης βασίζεται σε τρεις κυρίως προϋποθέσεις. Για την *πρώτη* έγινε κιόλας λόγος: το κυρίαρχο άτομο του Νίτσε μετατρέπεται στην ερμηνευτική προοπτική της *ΔτΔ* σε κύριο φορέα, αλλά και εκτελεστικό όργανο του διαχειριστικού και εργαλειακού λόγου. Στα πλαίσια της έκπτωσης των προνεωτερικών κοσμοειδώλων και στάσεων, οι οποίες αν και αντίθετες στη χειραφέτηση του ατόμου συντηρούσαν ζωντανό το πνεύμα του αντικειμενικού (δηλ. κοσμικά δεσμευτικού) λόγου, η εργαλειακή ορθολογικότητα εμπεδώνει την επικράτησή της μέσω μιας ασύδοτης ατομικότητας, που δρα αποκλειστικά με κριτήριο την επικυριαρχία τόσο πάνω στην εξωτερική όσο και στην ανθρώπινη φύση.

114. Ό.π. Τα επόμενα παραθέματα στο ίδιο.
115. Βλέπε Νίτσε, *Έτσι μίλησε ο Ζαρατούστρα*, σελ. 18.

Η *δεύτερη* προϋπόθεση της *ΔτΔ* συνίσταται στην υπαγωγή του ηθικού φαινομένου ως όλου στο ερμηνευτικό σχήμα της ορθολογικότητας του σκοπού. Ενάντια στις γενεαλογικές προθέσεις του Νίτσε, ο Αντόρνο διαβάζει τη *Γενεαλογία της Ηθικής* ως μια αυστηρή διαδοχή ηθικών τύπων.

Το κριτήριο της φαινομενολογίας αυτής είναι η επιτυχής έκβαση της δράσης που προσανατολίζεται αποκλειστικά στην ορθολογικότητα του σκοπού. Η βεμπεριανή έννοια της ορθολογικότητας του σκοπού υιοθετείται σε αυτό το σημείο από τη *ΔτΔ* για να θεμελιωθεί ο ουσιαστικά εργαλειακός χαρακτήρας *και* της ηθικής στάσης. Η ηθική δράση του ατόμου συνίσταται με λίγα λόγια στην ορθολογική κατανομή και διαχείριση των μέσων στην προοπτική της επιδίωξης της μέγιστης αποδοτικότητας. Συναφής με αυτή τη θεώρηση είναι και η *τρίτη* προϋπόθεση που ασπάζεται η *ΔτΔ*: μιας και ο Αντόρνο δεν αντιλαμβάνεται τα στοιχεία μιας κοινωνικής φιλοσοφίας που σίγουρα ενυπάρχουν στο κείμενο της *Γενεαλογίας*, ερμηνεύει όλους τους τύπους ηθικής δράσης και στάσης σολιψιστικά. Αυτό οφείλεται βέβαια στο είδος της ορθολογικότητας πάνω στο οποίο βασίζονται, ή καλύτερα, φορείς του οποίου θεωρούνται από τον Αντόρνο ότι είναι οι διάφορες μορφές ηθικής υποκειμενικότητας. Για τη *ΔτΔ* η ορθολογικότητα αυτή είναι καθαρά μονολογική, δηλ. ο εργαλειακός χειραγωγικός τρόπος αντιμετώπισης του κόσμου δεν γνωρίζει κανένα είδος κοινωνικότητας ή συλλογικότητας – για τον υποκειμενικό-εργαλειακό λόγο αυτό που υπάρχει είναι το άτομο ως μοναχικός χειριστής και εκτελεστής τεχνικών εφαρμογών και πρακτικών μεθοδεύσεων.

Στο φόντο αυτών των υπόδηλων προϋποθέσεων του Αντόρνο στην ερμηνεία της ηθικής θεώρησης του Νίτσε δεν είναι δύσκολο να επιχειρήσουμε τώρα την ανασυγκρότηση των κεντρικών συντεταγμένων πρόσληψης της *Γενεαλογίας της Ηθικής* από τη *ΔτΔ*. Η φαινομενολογία των τύπων της ηθικής που ο Αντόρνο ανακαλύπτει στο νιτσεϊκό κείμενο έχει σημαντικό εύρος: η εξέλιξη της ηθικής υποκειμενικότητας ξεκινά με το φυσικό σφρίγος μιας κυρίαρχης και στιβαρής στάσης απέναντι στη ζωή και στους άλλους, συνεχίζεται με την αναστροφή που προξενεί στο ρωμαλέο ιδεώδες «αριστοκρατικού» βίου η εξέγερση των «σκλάβων» με πρωτεργάτες τους ιερείς και το ασκητικό τους ήθος βίου, περνάει μέσα από την υπεύθυνη και αξιόπιστη υποκειμενικότητα, για να καταλήξει εντέλει στην εδραίωση της κυρίαρχης και ελεύθερης προσωπικότητας.

Ας δούμε τα πράγματα αναλυτικότερα. Στην αρχή της εξέλιξης της ηθικής βρίσκεται η φυσική-άμεση ελευθερία ενός ατόμου, το οποίο δρα αποκλειστικά σύμφωνα με τις βιοτικές του παρορμήσεις. Η εξωτερικευόμενη (δηλ. απέναντι στους κατώτερους) αχαλίνωτη θέληση για ισχύ, συνδυασμένη με ένα ήθος αλληλεγγύης και αυτοκυριαρχίας στην επικοινωνία με τα μέλη της ίδιας κοινωνικής προέλευσης στοιχειοθετούν μια μορφή ηθικής ατομικότητας, της οποίας έκφραση είναι κατεξοχήν ο αριστοκρατικός βίος. Αν λοιπόν στις απαρχές του κοινωνικού-ηθικού βίου βρίσκεται μια κυρίαρχη και αυτόνομη στάση, η οποία για τον Νίτσε αποτελεί την κορυφαία μορφή αυτοκατάφασης της ζωής, το επόμενο στάδιο θα είναι η ανατροπή αυτής της αμεσότητας και η ανάδυση μιας μορφής βίου στην οποία η ζωή στρέφεται ενάντια στον ίδιο της τον εαυτό. Όσον αφορά τη θέληση για δύναμη τα ασκητικά ιδεώδη της ιερατικής κάστας, αλλά και η ηθική της σκλαβιάς του όχλου δεν υστερούν σε τίποτα απέναντι στην αριστοκρατία της κυρίαρχης υποκειμενικότητας. Αυτό που διαφοροποιεί τη θέληση για δύναμη είναι ότι στην πρώτη περίπτωση αυτή στρέφεται προς τα έξω, δηλ. η ζωή διενεργείται άμεσα, κυρίαρχα και αυτόνομα. Στη δεύτερη περίπτωση γίνεται αυτοαναφορική, δηλ. εσωστρεφής, μεταβάλλοντας τη ζωή σε αντικείμενο εξουσιαστών ελέγχων και πειθαρχικών πρακτικών στο όνομα μιας υπέρβασης της ζωής προς το επέκεινα.

Όσο έντονη κι αν είναι η αποστροφή του Νίτσε στην οχλοκρατική «εξέγερση των σκλάβων», άλλο τόσο διεισδυτική είναι η ματιά του σχετικά με την αναγκαιότητα της επαναστατικής αυτής ανατροπής. Εξάλλου το ότι η ετερόνομη αυτή ηθική υπερίσχυσε έναντι στο αριστοκρατικό ήθος σημαίνει για τον Νίτσε ότι η ζωή με το να γίνει αυτοαναφορική μπόρεσε να κινητοποιήσει μεγαλύτερες βουλητικές δυνάμεις. Αποτέλεσμα αυτής της βαθύτερης και εντονότερης ενέργειας της θέλησης για δύναμη είναι ένας τύπος ατομικότητας, ο οποίος χαρακτηρίζεται μεν από μια ετερόνομη αυτοκυριαρχία, παρ' όλα αυτά όμως, και χάρη στην αυτοπειθαρχία, στην οποία υποβάλλει τη βιοτική του ύπαρξη και δράση, θα αποτελέσει το έδαφος για την ανάδυση ενός κυρίαρχου και αυτόνομου ατόμου, το οποίο είναι τώρα σε θέση να υψώσει την αυτοπειθαρχική αυτοκυριαρχία του υπεράνω των ετερόνομων συλλογικών ηθών.[116]

116. Βλέπε Νίτσε, *Γενεαλογία*, ό.π., σελ. 59.

Όπως είπαμε, ερμηνευτικό σχήμα και συνδετικός ιστός τούτης της διαδοχής ηθικών τύπων είναι για τον Αντόρνο η ορθολογικότητα του σκοπού, τόσο στην αριστοκρατική στάση της ηθικής των κυρίων, όσο και σε αυτοαναφορική μορφή στον ασκητικό χαρακτήρα της ιερατικής ηθικής. Το αριστοκρατικό βίωμα της κυρίαρχης αυτοδιάθεσης πηγάζει από τον εαυτό ως διαδικασία αυτοδημιουργίας – η ελεύθερη αυτοδιάθεση της ατομικότητας προϋποθέτει δημιουργική δράση, ενεργή θέληση που θέτει εαυτήν ως αρχή και τέλος της δράσης, καθώς και μια αρνητική στάση απέναντι στο(ν) Άλλο ως αξία υποδεέστερη. Στην αντορνική ανάγνωση του Νίτσε το ατομικιστικό ήθος της αριστοκρατικής τέχνης του βίου αποτελεί προφανή περίπτωση διαχειριστικής και εξουσιαστικής ορθολογικότητας, εφόσον και τούτη η όχι και τόσο αλτρουιστική ηθική του αριστοκρατικού βίου αντιμετωπίζει τα πάντα ως εύχρηστο και εύπλαστο υλικό στην υπηρεσία της μορφοπλαστικής της θέλησης.

Αλλά και στο δεύτερο στάδιο ηθικής εξέλιξης (δηλ. σε αυτό που ο Νίτσε αποκαλεί ηθική των σκλάβων) ο Αντόρνο διακρίνει καθαρά τη δράση του εργαλειακού λόγου, γιατί ο τύπος του ασκητή ιερέα υπάγει βίαια όλες τις εκδηλώσεις του βίου στην επίτευξη ενός και μοναδικού σκοπού, εξαναγκάζοντας έτσι το βιοτικό παρόν να υποταχθεί σε μια μελλοντική τελικότητα. Το νόημα του βιοτικού παρόντος εξαντλείται με αυτό τον τρόπο στην προσύλληψη ή, καλύτερα, στην προσπάθεια επίτευξης του μελλοντικού σκοπού, δηλ. τη σωτηρία στο επέκεινα – ως σκοπός το σωτήριο τέλος ή ο τελικός σκοπός ανάγεται σε ύψιστο κριτήριο επίγειας ύπαρξης και δράσης. Η αυθυπέρβαση,[117] την οποία η ιερατική κάστα

117. Ο Αντόρνο βέβαια δεν παραγνωρίζει το γεγονός ότι ο «σκοτεινός» θεωρητικός του διαφωτισμού δεν παραλείπει να αποδώσει στις αρνητικές πλευρές της εξέλιξης της υποκειμενικότητας την προσοχή που τους αρμόζει. Και αυτό, γιατί ο Νίτσε γνωρίζει καλά πως οι πρακτικές αυτοελέγχου και αυτοπειθαρχίας δεν διαμορφώνουν μόνο τη διαμόρφωση των ηθικών στάσεων, αλλά διεισδύουν βαθύτερα, δηλ. αποτυπώνονται σε εργαλειακές και εξουσιαστές πρακτικές πάνω στη σωματική υπόσταση του ανθρώπου. Η νιτσεϊκή κριτική στη διπλοπρόσωπη και υποκριτική ηθική της ντροπής «που ένιωθε ο άνθρωπος μπροστά στον άνθρωπο» (ό.π., σελ. 68) αποτελεί για τη *ΔτΔ* πολύτιμη αναφορά στις σωματικές εκείνες εμπειρίες οι οποίες καταστέλλονται δραστικά στην πορεία της πολιτισμικής προόδου. Οι Αντόρνο και Χορκχάιμερ θα υιοθετήσουν και σε αυτό το θέμα τις νιτσεϊκές σκέψεις (βλέπε *ΔτΔ*, σελ. 295 κ.ε.).

επιβάλλει στη φυσική πραγματικότητα του σώματος, γίνεται για τη θέληση για δύναμη του ασκητικού ήθους ο υπέρτατος ορίζοντας ενδοκοσμικής εμπειρίας και βίωσης. Η ασκητική κατηγορική προσταγή, επιτάσσοντας μια αρνητική αυτοαναφορά (δηλ. η αυταπάρνηση του ανθρώπου ως συνθήκη της δυνατότητας της μελλοντικής, της επέκεινα πραγματικής ζωής) διαμορφώνει μια συνείδηση, για την οποία ο (βιο-)χρόνος γίνεται αντικείμενο εξορθολογισμού, καθόσον το παρόν εργαλειοποιείται προς επίτευξη του σκοπούμενου μέλλοντος. Προϋπόθεση επίτευξης του προτάγματος για υπέρβαση του παρόντος δεν είναι βέβαια μόνο η φυσική αντοχή, αλλά προπάντων η ικανότητα εμμονής και η αυτοκυριαρχία.[118] Από το πνεύμα της βιοπρακτικής αυτής προκύπτει η σύμπηξη ελεύθερης θέλησης και ταυτότητας του Εγώ, με την οποία ξεκινά το επόμενο στάδιο ηθικής εξέλιξης.

Η μορφή της κυρίαρχης (μετα-αριστοκρατικής) ατομικότητας γεννιέται ως απόρροια του προτάγματος ορθολογικού βιοσχεδιασμού που απαιτεί η ηθική συμπεριφορά. Ο ορθολογικός βιοσχεδιασμός με τη σειρά του εκβάλλει σε μια βιωμένη θεώρηση του χρόνου, στην οποία η ηθική θέληση εντάσσει το χρονικό γίγνεσθαι στον ορίζοντα των επιδιώξεων πραγμάτωσης ορθολογικά εφικτών προοπτικών. Στον πυρήνα του ορθολογικού βιοσχεδιασμού βρίσκεται η ύπαρξη ως συνειδητοποιημένη ταυτότητα του Εγώ που επιβάλλει μια αυστηρή οικονομία του χρόνου, με την έννοια ότι το μέλλον, ο σκοπούμενος στόχος, καταχωρείται στη μνήμη από το Εγώ, που παρέχει έτσι στον εαυτό του ένα παρελθόν, το οποίο με τη σειρά του διαφυλάσσεται στο εκάστοτε παρόν. Έτσι δημιουργείται για τον Νίτσε η αξιόπιστη και υπεύθυνη ατομικότητα που μπορεί να *υπόσχεται*. Εντούτοις, δεν προκαλεί έκπληξη το γεγονός ότι στη μορφή αυτή ο Αντόρνο διακριβώνει τον ηθικό λόγο ως εξουσιαστικό πρόταγμα. Άλλωστε η περιγραφή της υπεύθυνης ατομικότητας στη *Γενεαλογία της Ηθικής* εκ πρώτης όψεως δεν αφήνει περιθώρια για άλλες ερμηνείες: «Αυτός ο χειραφετημένος άνθρωπος, που αληθινά μπορεί να υπόσχεται, αυτός ο κυρίαρχος με την ελεύθερη θέληση, αυτός ο υπέρτατος άρχοντας – πώς θα ήταν δυνατόν να μην ξέρει ποια ανω-

118. Ο Αντόρνο αναφέρεται πιθανά στην παράγραφο 11 του τρίτου μέρους της *Γενεαλογίας*, «Τι σημαίνουν τα ασκητικά ιδανικά», ό.π., σελ. 124 κ.ε.

τερότητα εξασφαλίζει, μ' αυτό, απέναντι όλων εκείνων που δεν μπορούν να υποσχεθούν και να εγγυηθούν για τον εαυτό τους, πόση εμπιστοσύνη, πόσο δέος, πόσο σεβασμό εμπνέει –τα αξίζει και τα τρία αυτά– και πως, μ' αυτή του την αυτοκυριαρχία, του δόθηκε στα χέρια, αναγκαστικά πια, κι η κυριαρχία πάνω στις περιστάσεις, πάνω στη φύση και πάνω σε όλα τα πλάσματα με τη μικρότερη, από τη δική του, θέληση, και με τη λιγότερη, από τη δική του, σιγουριά;»[119]

Ο Αντόρνο συνοψίζει εν ολίγοις στη μορφή του νιτσεϊκού αυτόνομου και υπεράνω της ηθικότητας των ηθών ατόμου όλη τη διαλεκτική του διαφωτισμού, βέβαια πάντα σε σχέση με την εξέλιξη της ηθικής προσωπικότητας. Για να κατακτήσει την ελευθερία ο άνθρωπος πρέπει πρωταρχικά να υποταχθεί στις επιταγές της κοινωνικής «ηθικότητας των ηθών», δηλ. να συμπεριφερθεί ηθικά ετερόνομα. Από την άλλη πλευρά βέβαια η καταναγκαστική υπηρεσία κάτω από τις προσταγές της δημόσιας ηθικότητας αποτελεί την αναγκαία πολιτισμικά άσκηση, η οποία τον καθιστά ικανό να υπερβεί τους φραγμούς των ηθών και να αποκτήσει μια αυτοκυριαρχία πέρα από τους πειθαναγκασμούς των κανόνων συμπεριφοράς. Στην προοπτική ερμηνείας του Αντόρνο αυτή η διαδικασία χειραφέτησης διαπλέκεται με μια εξουσιαστική θέληση που επιβάλλει στο άτομο να διενεργεί τις σχέσεις με τον εαυτό και τους άλλους ως εργαλειακούς χειρισμούς με σκοπό τον προσπορισμό αποδοτικών ελέγχων και ωφελιμιστικών πλεονεκτημάτων. Αν η προπαίδεια της ετερόνομης ηθικής αποτελεί προστάδιο για την κυρίαρχη ηθική αυτοδιάθεσης, τότε ο Αντόρνο την κατανοεί ως διαδικασία, της οποίας οι επενέργειες ενυπάρχουν ήδη στις πρωταρχές της υποκειμενικότητας, στα ομηρικά έπη: η διαλεκτική του υποκειμένου απαρνιέται τον εαυτό ώστε να διατηρήσει τον εαυτό. Η φαινομενολογία της ηθικής της νιτσεϊκής *Γενεαλογίας* μετατρέπεται επομένως σε κύκλο που ολοκληρώνεται στην εμφάνιση της υπεύθυνης και αυτόνομης ατομικότητας. Με την κατάκτηση της αυτονομίας που αναχαιτίζει τους ετεροκαθορισμούς της ηθικότητας των ηθών αποκαθίσταται σε ανώτερο επίπεδο τόσο η αρχέγονη αυτοκυριαρχία του αριστοκρατικού υποκειμένου, όσο και η εξουσιαστική του παντοδυναμία.

---

119. Βλέπε Νίτσε, *Γενεαλογία*, ό.π., σελ. 59-60.

Αν η ερμηνεία που επιχειρήσαμε εδώ είναι ορθή, τότε διαπιστώνουμε πως η *ΔτΔ* και ο Αντόρνο δεν αντιλαμβάνονται σωστά την ηθική θεώρηση του Νίτσε, αλλά ούτε και την επιχειρηματολογία της *Γενεαλογίας της Ηθικής* ειδικότερα. Υπό το φως της παράλληλης ανάγνωσης της *ΔτΔ* και της *Γενεαλογίας* είναι εύκολο να κατανοήσει κανείς την αιτία της παρερμηνείας. Στην προσπάθειά του να δείξει ότι στην ηθική φιλοσοφία ή στην εξέλιξη της νεωτερικής υποκειμενικότητας εξακριβώνεται η ισχύς του σχήματος της *διαλεκτικής του διαφωτισμού*, δηλ. μιας *αυτοαναιρετικής διαδικασίας*, ο Αντόρνο αναλύει την ηθική συμπεριφορά αποκλειστικά σχεδόν ως εργαλειακή χειραγώγηση του εαυτού και των άλλων. Εξαιτίας αυτού πρέπει να στραφούμε στην ίδια τη φιλοσοφία του Νίτσε αν θέλουμε να πετύχουμε μια προσφορότερη αντιπαράθεση με τον ηθικό λόγο. Η διαπίστωση της *ΔτΔ* πως η συγκρότηση του ηθικού υποκειμένου είναι μάλλον γεγονός αμφίσημο, παρουσιάζεται εκ πρώτης όψεως πειστική. Το ερώτημα όμως παραμένει ανοικτό: πώς μπορούμε να ασκήσουμε κριτική στην ηθική, και μάλιστα από τη στιγμή που η προσπάθεια του Αντόρνο να τη μετατρέψει σε ειδική περίπτωση του καθολικά ισχύοντος κανόνα της διαλεκτικής του διαφωτισμού δεν είναι ιδιαίτερα… διαφωτιστική! Πεποίθησή μου είναι πως η αντιπαράθεση του Νίτσε με το φαινόμενο της ηθικής παρέχει το εφαλτήριο για το εγχείρημα της κριτικής, όσο και το πρόσφορο έδαφος για μια επιχειρηματολογία που δεν παραγνωρίζει την αμφισημία του ηθικού φαινομένου, αλλά που ούτε και γι' αυτόν το λόγο αναγκάζεται να καταλήξει στη θέση της *ΔτΔ*, ότι η ηθική αυτονομία δηλ. συμπαραδηλώνει αναπόδραστα την αυταρχική και δεσποτική αυτοκυριαρχία.

Αν υποτεθεί πως ο τρόπος που κατανοεί ο Αντόρνο το ηθικό υποκείμενο, ως άτομο δηλ. που απαρνιέται τον εαυτό του ώστε να κατορθώσει την αυτοσυντήρησή του, οφείλει πάρα πολλά στον κριτικό στοχασμό του Νίτσε, τίθεται θέμα έρευνας των σημείων του νιτσεϊκού έργου στα οποία βασίζεται υπόρρητα ο Αντόρνο. Ο Νίτσε επισημαίνει ήδη από το *Ανθρώπινο, Πολύ Ανθρώπινο I* την αμφισημία του ηθικού φαινομένου: «Ηθική ως αυτοδιχασμός του ανθρώπου. – (...) Δεν είναι λοιπόν ξεκάθαρο πως σε όλες αυτές τις περιπτώσεις [ο Νίτσε αναφέρεται στις περιπτώσεις αγάπης προς την πατρίδα, αφιέρωσης του συγγραφέα στη διαύγαση του "θέματος" αυτού καθ' αυτό, ή της αυτοθυσιαστικής αφιέρωσης της μητέρας στην ανατροφή του παιδιού της κτλ., Κ.Μ.], ο άνθρωπος αγαπά κάτι από τον εαυτό του, δηλ. μια σκέψη, μια επιθυμία, κάποιο έργο, περισσότερο από κάτι άλλο από τον εαυτό του, ότι δηλ. ο άνθρωπος διχάζει τον εαυτό του, θυσιάζοντας το ένα κομμάτι του στο βωμό του άλλου;»[120] Με την αναφορά στον κεντρικό για την ηθική στάση διχασμό ο Νίτσε θεματοποιεί άμεσα τον πυρήνα του ηθικού φαινομένου, χωρίς επιπλέον να είναι αναγκασμένος να διαπραγματευτεί κανονιστικά έγκυρους σκοπούς, ηθικά επιβεβλημένες πράξεις, καθολικούς κανόνες, θεμελιωμένες αξίες κτλ. Κατά μια βασική έννοια, για τον Νίτσε ηθική είναι αυτό διαμέσου του οποίου το πρόσωπο αναφέρεται στον εαυτό του, και μάλιστα με τέτοιο τρόπο ώστε αυτή η αυτοαναφορά (και αυτοκατανόηση) να έχει ως προϋπόθεση μια διχαστική διάσταση του υποκειμένου από τον εαυτό του. Αυτό δεν αποτελεί για τον Νίτσε αποκλειστικό χαρακτηριστικό της ηθικής, αλλά ενέχεται σε κάθε μορφή ανθρώπινης αυτοαναφοράς. Απλά στην περίπτωση της ηθικής λαμβάνει υποδειγματικό χαρακτήρα, γιατί εδώ πρόκειται για ένα είδος αυτοαναφορικής σχέσης, στην οποία η αυτο-διάσταση κατέχει εξέχουσα θέση. Ο λόγος είναι απλός: η αυτοκατανόηση του προσώπου ως πατριώτη, ως ενδιαφερόμενου αποκλειστικά για το «αντικείμενο», κτλ., προϋποθέτει πως το υποκείμενο θέτει «κάτι από τον εαυτό του» ως σημείο αξιολογικής αναφοράς, δηλ. ως κάτι σύμφωνα με το οποίο κατανοεί εαυτόν – δρώντας όμως έτσι «ο άνθρωπος της ηθικής μεταχειρίζεται τον εαυτό του όχι ως άτομο, αλλά ως τομή-διάσπαση».[121] Έτσι, στην ηθική αυτοαναφορική σχέση το υποκείμενο αυτο-διαφοροποιείται. Στο πεδίο τώρα αυτής της σκέψης βλέπει κανείς πως ο Νίτσε αναπτύσσει την επιχειρηματολογία του διαπραγματευόμενος κριτικά την ηθική.

Προτού περάσουμε όμως στην εξέταση της διασπαστικής αυτοαναφοράς, όπως αυτή αναπτύσσεται στη *Γενεαλογία της Ηθικής*, μπορούμε να εντοπίσουμε συνοπτικά το σημείο που, κατά τη γνώμη μου, ενισχύει την άποψη πως αναφορικά προς την ηθική στάση η νιτσεϊκή κατανόηση του υποκειμένου ή του εαυτού είναι θεωρητικά πιο πρόσφορη από εκείνη της *ΔτΔ*. Όπως ήδη τονίσαμε, αυτό συμβαίνει επειδή ο Αντόρνο κα-

120. Βλέπε Νίτσε, *KSA*, τόμ. 2, μέρος II, παρ. 57, σελ. 76.

121. Ό.π.

τανοεί το υποκείμενο αποκλειστικά από τη σκοπιά της καθολικής ισχύος που ενέχει στη σκέψη του το σχήμα της διαλεκτικής του διαφωτισμού, δηλ. ως βιοτικό ενέργημα ακατάλυτης αυτοκυριαρχίας με τίμημα την αυταπάρνηση. Για τον Αντόρνο το υποκείμενο εγκλωβίζεται στην αυτοκαταστροφική λογική της αντίθεσης μεταξύ αυτονομίας και αυτοκαταπίεσης: τούτη είναι το τίμημα που καταβάλλει το άτομο για την κατάκτηση της αυτοκυριαρχίας, η οποία στο τέλος στρέφεται κατά του ίδιου του υποκειμένου, μειώνοντάς το σε απλή μηχανή αυτοσυντήρησης. Ο Νίτσε αντίθετα παρουσιάζει έναν τύπο υποκειμένου που δεν έχει ανάγκη καταφυγής σε τέτοιου είδους... δραματοποιήσεις. Στον πυρήνα του νιτσεϊκού υποκειμένου λειτουργεί μια αυτοαναφορική σχέση, της οποίας οι όροι είναι από τη μια μεριά ο εαυτός που θέτει αξίες και στόχους βιοτικού προσανατολισμού, και από την άλλη μεριά ο εαυτός που κατανοεί την υπόστασή του στο φως αυτών των αξιών και σκοπών. Αυτή η μορφή αυτοαναφορικότητας μας προσφέρει και την ερμηνευτική προοπτική για να διαπραγματευτούμε διεξοδικότερα το φαινόμενο της ηθικής. Έτσι, οι διαδικασίες αντιφατικής αυτοαναφορικότητας δεν χρειάζεται να ερμηνεύονται, όπως συμβαίνει στην περίπτωση της *ΔτΔ*, ως φαινόμενα αυτο-διάσπασης και σε τελική ανάλυση αυτο-κατάλυσης του εαυτού. Επιπλέον δεν χρειάζεται καν να καταφύγει κανείς σε ερμηνευτικά σχήματα σύμφωνα με τα οποία η σφαίρα της ηθικής αποικιοκρατείται από τον εργαλειακό λόγο. Αν και απέναντι στο θεωρητικό προβληματισμό της *ΔτΔ*, στον οποίο εμπλέκονται φιλοσοφία της ιστορίας, ηθική και γνωσιοθεωρητική φιλοσοφία, μαρξισμός, ψυχανάλυση και λογοτεχνία, ο στοχασμός του Νίτσε φαίνεται από πρώτη άποψη απλοϊκός, εντούτοις αξίζει πιστεύω να σταθούμε στο διαχωρισμό που κάνει ο Νίτσε μεταξύ του «κάτι από τον εαυτό» και του «κάτι άλλο από τον εαυτό».

Ας δούμε πώς λειτουργεί αυτός ο διαχωρισμός στα πλαίσια μιας εμμενούς κριτικής συγκεκριμένων ηθικών αντιλήψεων. Κύρια προοπτική της κριτικής στη *Γενεαλογία της Ηθικής* είναι πως κάθε μορφή ηθικής συνείδησης χαρακτηρίζεται από μια ιδιαίτερη σχέση μεταξύ του «κάτι από τον εαυτό» και του «κάτι άλλο από τον εαυτό». Η προσοχή του Νίτσε στρέφεται στο ερώτημα του ποια αξιακή θέση έχει η παραπάνω σχέση στην κάθε ηθική στάση και θεώρηση. Το ερώτημα πρέπει να τεθεί με αυτό τον τρόπο, γιατί ο Νίτσε σκοπεύει σε ένα είδος κριτικής που θα αντιμετωπίζει το θέμα της αυτονομίας με διαφορετικό τρόπο απ' ό,τι η καντιανή σύλληψη της αυτόνομης θέλησης. Βέβαια ούτε γίνεται λόγος για το πόσο διαφορετικά αντιμετωπίζει ο Νίτσε το φαινόμενο της ηθικής σε σχέση με τη *ΔτΔ*, η οποία στο σημείο αυτό, δηλ. της αυτόνομης θέλησης και δράσης, ταυτίζει την καντιανή με τη νιτσεϊκή θεώρηση, θεωρώντας και τις δύο θεωρήσεις της αυτονομίας ως αυταρχικές-δεσποτικές μορφές του νεωτερικού εξουσιαστικού ατόμου.

Ας ξεκινήσουμε με την πολυσυζητημένη έννοια της «αριστοκρατικής» ηθικής αντίληψης. Κατ' αρχάς η αντίληψη αυτή χαρακτηρίζεται από το «πάθος για απόσταση», δηλ. ο τρόπος βίου αυτού του ηθικού τύπου αναδεικνύει τους φορείς του ως αυτούς «που θεωρούσαν τους εαυτούς των «καλούς» και «καλές» τις πράξεις των, επινοώντας και καθιερώνοντάς τες ως πρώτης γραμμής» και μάλιστα «σ' αντίθεση προς κάθε τι ταπεινό, χαμερπές, χυδαίο και αγροίκο».[122] Ο φορείς του αριστοκρατικού ήθους της απόστασης διαμορφώνουν το βίο τους σύμφωνα με αξιολογικά κριτήρια του «καλού» και του «φαύλου»: από αυτή τη διάκριση φαίνεται αρκετά καθαρά ποιο είδος ηθικής αυτοκατανόησης του εαυτού είναι εδώ καθοριστικό. Ο εαυτός της ηθικής αυτής στάσης δημιουργεί αναφορές σε όλα τα άλλα πρόσωπα, τα οποία δεν είναι του επιπέδου του δικού του «διακεκριμένου» τρόπου βίου, όμως οι αναφορές αυτές δεν είναι τέτοιες ώστε το υποκείμενο να σχηματίζει μια εικόνα για τον εαυτό του ή αλλιώς να ρυθμίζει την κατανόηση του εαυτού του ως είδος ανακλαστικής αντίδρασης απέναντί τους.

Το αντίθετο μάλιστα: η αυτοκατανόηση του «αριστοκρατικού» υποκειμένου εδράζεται σε ένα αυτοδιευθυνόμενο τρόπο βίου, ο οποίος διενεργείται ως αξιακή αυτοθέσμιση. Η διαφορά ως αυτοναφορική σχέση του υποκειμένου, που βέβαια βρίσκεται στη βάση κάθε ηθικής στάσης, διαμορφώνεται στην περίπτωση της «αριστοκρατικής» ηθικής στάσης ως αυτόνομη αυτοαναφορικότητα, στην οποία το «κάτι από τον εαυτό» ως προσανατολισμός του βίου σχετίζεται βέβαια με το «φαύλο», αυτό συμβαίνει όμως όχι με την έννοια ότι η ηθική αυτή αντιμετωπίζει το «φαύλο» ως κάτι έξωθεν, το οποίο πρέπει να ληφθεί υπόψη. Το «φαύλο» αποτελεί αντίθετα αυτό το οποίο προκύπτει από το πλαίσιο του αυ-

122. Βλέπε Νίτσε, *Γενεαλογία*, ό.π., σελ. 23.

τόνομου προτάγματός της. Για τον Νίτσε η «αριστοκρατική» αγωγή του βίου ριζώνει στην κατανόηση του εαυτού ως αυτόνομου ενεργήματος. Ο χαρακτήρας όμως της αυτονομίας αυτής δεν πρέπει να ερμηνευτεί, όπως εσφαλμένα γίνεται στη *ΔτΔ*, σύμφωνα με την καντιανή του σημασιοδότηση. Δεν έχουμε, με άλλα λόγια, να κάνουμε με την αυτονομία ως προσδιοριστικού κατηγορήματος της θέλησης, η οποία κατευθύνεται από τον ηθικό λόγο.[123] Όπως τονίζει ο Νίτσε στο ένατο μέρος του *Πέρα από το καλό και το Κακό*, το «πάθος της απόστασης» πρέπει να νοηθεί ως ενεργητική στάση, διότι ως σχηματισμός «όλο και πιο υψηλών, σπανίων, απομακρυσμένων, τεταμένων, περιεκτικών καταστάσεων» αποτελεί τη συνεχή «αυτοϋπερνίκηση του ανθρώπου».[124] Στο φως πάλι των στοχασμών από το *Ανθρώπινο, πολύ Ανθρώπινο* μπορούμε να περιγράψουμε το δυναμικό χαρακτήρα της ευγενούς ηθικής στάσης ως εξής: το «κάτι από τον εαυτό», δηλ. αυτό εκ του οποίου το ευγενές υποκείμενο αντλεί την αυτοκατανόησή του ως κυρίαρχου και αυτόνομου, δεν αποτελεί μια αμετάβλητη κατάσταση ελευθερίας, η οποία έχει συνείδηση της δήθεν απερίσταλτης αυτοαναφορικότητάς της. Αντίθετα, το «κάτι από τον εαυτό» σχηματίζεται διαδικασιακά ως συνεχώς εκτεινόμενη ενσωμάτωση. Η αναφορά στον Άλλο εξυπηρετεί τη σκοποθεσία του ευγενούς υποκειμένου να διατηρήσει τις συνθήκες εκείνες του βίου που επιτρέπουν αυτόνομη αξιοθέτηση και ελεύθερη δράση, και μάλιστα κάθε φορά σε διευρυνόμενη βάση.

Με την εμφάνιση της «ηθικής του σκλάβου» αυτή η μορφή αυτοκατανόησης υφίσταται μια ριζική μετατροπή. Ακόμη καλύτερα: δίνεται η ευκαιρία να πραγματοποιηθεί μια δυνατότητα ηθικής στάσης που ενέχεται εν δυνάμει στη δομή του ίδιου του ηθικού φαινομένου. «Ενώ κάθε αριστοκρατική ηθική γεννιέται από μια θριαμβεύουσα αυτοκατάφαση, η ηθική των σκλάβων λέει από μια αρχή "όχι" σε οτιδήποτε "εξωτερικό" που δεν αποτελεί μέρος του εαυτού της, σε κάθε τι που "διαφέρει" απ' αυτήν, σε κάθε τι που αποτελεί το "μη εγώ" της: και αυτό το "όχι" της είναι όλη κι όλη η δημιουργική πράξη της».[125] Αναμφίβολα η αντιπαράθεση του Νίτσε με το φαινόμενο της ηθικής διενεργείται σε ένα κοινωνικό-φιλοσο-

123. Βλέπε Καντ, *Kritik der praktischen Vernunft*, A 59, σελ. 144 κ.ε.
124. Βλέπε Νίτσε, ό.π., σελ. 154.
125. Βλέπε Νίτσε, *Γενεαλογία*, ό.π., σελ. 35.

φικό πλαίσιο αναφοράς που εν πάση περιπτώσει είναι πιο πρόσφορο στην εξέταση της ηθικής από τη μονολογική-εργαλειακή θεώρηση της *ΔτΔ*. Ο Νίτσε αντίθετα διεισδύει στο πλέγμα της πολυείδειας των ηθικών στάσεων και τύπων δράσης που μορφοποιούνται ως σχέσεις αντιθετικής αναφορικότητας. Εξέχουσα περίπτωση αυτής της αντιθετικής αναφορικότητας αποτελεί η «ηθική των σκλάβων»: η δομή δράσης του ηθικού τύπου του «σκλάβου» διαμορφώνεται ως αντιθετική διαμεσολάβηση με την ηθική στάση των «ευγενών». Παράλληλα όμως η «ηθική των σκλάβων» παρουσιάζει ιδιαίτερο ενδιαφέρον για το χαρακτήρα της ηθικής στάσης εν γένει διότι αναδεικνύει το ενδεχόμενο ετερονομίας που εμφιλοχωρεί στη δομή της ηθικής ως αυτο-διάστασης. Αυτό σημαίνει ότι το στοιχείο «κάτι από τον εαυτό», από το οποίο όπως είπαμε απορρέει η κατανόηση του εαυτού ως δρώντος (ηθικά) προσώπου, αποσυνδέεται από την αυτόνομη απόφαση του υποκειμένου και μετατρέπεται σε αρνητική αναφορικότητα, δηλ. σε ετεροκαθορισμό.

Βλέπουμε λοιπόν πως παρ' όλη τη δημιουργική ενέργεια που διακατέχει την «ηθική των σκλάβων» στο να θεσπίζει νέες αξίες και υπερβατικές βλέψεις δεν μπορεί στην περίπτωσή της να γίνει λόγος για μια θετική αυτοκατανόηση του εαυτού, όπως αυτή αντίθετα ορίζει την «ευγενή» ηθική. Συνεπώς κριτήριο της αξιολόγησης και αξιοθέτησης δεν είναι πια η βουλητικά κυρίαρχη αυτοπεποίθηση του «αριστοκρατικού» τρόπου του βίου, ο οποίος θέτει αυτόνομα προσανατολισμούς και σκοποθεσίες. Αντίθετα, μέτρο γίνεται από εδώ και στο εξής ο τρόπος εκείνου του βίου που μονίμως ετεροκαθορίζεται μια και θέτει στον εαυτό του ως σκοπούς και αξίες ακριβώς τις αντίθετες από εκείνες του «αντιπάλου».

Βέβαια το στοιχείο της αρνητικής αναφορικότητας δεν λείπει ούτε και από την «ευγενική» ηθική, με τη διαφορά πάντως πως σε τέτοια περίπτωση οι επιπτώσεις της αρνητικής συσχέτισης δεν είναι εκείνες της «ηθικής των σκλάβων» που «δηλητηριάζει»,[126] γιατί δεν ταυτίζονται, δηλ. δεν προσβάλλουν τον πυρήνα της (ηθικής) αυτοκατανόησης, αλλά θεωρούνται από τους «ευγενείς» ως... αμελητέα φαινόμενα.[127] Η «ηθι-

126. Ό.π., σελ. 37.
127. Ό.π., σελ. 38 κ.ε.

κή των σκλάβων», αντίθετα, διαμορφώνει μια αυτοκατανόηση του εαυτού αποκλειστικά στη βάση του συναισθήματος της αδυναμίας, το οποίο όμως για την ίδια δρομολογεί θετικές διαδικασίες. Η «ηθική των σκλάβων» αφαιρεί κάθε αρνητικότητα από το γεγονός του ότι, σε αντίθεση με τον «ευγενή», ο φορέας της –με την κυριολεκτική σημασία– αδυνατεί να δράσει αυτόνομα, μετατρέποντας έτσι την αρνητικότητα αυτή σε θετικότητα μιας αξιακά «καλής» ηθικής στάσης. Για τον Νίτσε η ετερονομία της «ηθικής των σκλάβων» είναι για τους ίδιους η αυταξία του «καλού» σε αντίθεση με το αντίπαλο «κακό». Η «ηθική των σκλάβων» κάνει την ανάγκη (ετερονομία) αρετή (αυταξία) μεταβάλλοντας τη μνησικακία της απέναντι στους «ευγενείς» σε πηγή δημιουργίας αξιών και βιοσκοπών.

Βασική έννοια στο ηθικό-κριτικό έργο του Νίτσε, η μνησικακία σημασιοδοτεί το αίσθημα μίσους (απέναντι στον ίδιο τον εαυτό) που αναδύεται όταν το υποκείμενο διαμορφώνει την ταυτότητα του εαυτού πάνω στη βάση του καταναγκασμού να πρέπει να αντιδρά απλώς στη δράση του Άλλου.[128] Σε αυτό το σημείο η όντως περίπλοκη επιχειρηματολογία του Νίτσε απαιτεί την ιδιαίτερη προσοχή του ερμηνευτή. Η εξάρτηση από τον «ευγενή» δεν σημαίνει πως η «ηθική των σκλάβων» δεν παρουσιάζει μια ιδιαίτερη, ίδια δομή δράσης ή ένα καθορισμένο περίγραμμα του εαυτού. Ο Νίτσε θα τονίσει με έμφαση ότι η αξιακή επανασημειολόγηση του «καλός και φαύλος» στο «καλός και κακός», επαναξιολόγηση που επιβάλλει η «ηθική των σκλάβων» στην «ηθική των ευγενών», λαμβάνει τη μορφή μιας διϊστορικά πολύχρονης ιστορικής πάλης.[129] Πως η ετερονομία της «ηθικής των σκλάβων» δεν αποκλείει, αλλά αντίθετα προϋποθέτει την αυτόβουλη δράση και τη «θετική» κατανόηση του εαυτού φαίνεται άλλωστε και από το γεγονός του ότι η διαφορά μεταξύ αυτο- και ετεροκαθορισμού βρίσκεται στη βάση της κατανόησης του εαυτού. Το αν ο εαυτός καταφάσκει την υπόσταση και

128. Ό.π., σελ. 36 κ.ε. Οι Αντόρνο και Χορκχάιμερ υιοθετούν τις οξυδερκείς παρατηρήσεις του Νίτσε πάνω στο φαινόμενο της δημιουργικής μνησικακίας και τις χρησιμοποιούν στο πέμπτο μέρος της *ΔτΔ*, στα «Στοιχεία αντισημιτισμού» ως βάση για την περιγραφή των μηχανισμών προβολής που χαρακτηρίζουν την αντίληψη των αντισημιτικών στάσεων. Βλέπε ό.π., σελ. 306 κ.ε.

129. Ό.π., σελ. 50 κ.ε.

τη δράση του, δηλ. δεν θεωρεί τον Άλλο ως καθοριστικό τής ιδιοσυστασίας του ως προσώπου, ή αν πάλι ο εαυτός συγκροτείται γύρω από μια κατανόηση του προσώπου απλά ως το έτερο του Άλλου – και οι δύο αυτές βιοτικές στάσεις και μορφές κατανόησης του εαυτού ενέχονται στην ίδια τη δομή της ανθρώπινης ύπαρξης ως αυτοαναφορικής σχέσης. Ο Νίτσε συλλαμβάνει τη σχέση αυτή ως διαπάλη και την αναβιβάζει σε ουσία του εαυτού. Από αυτή την άποψη η ηθική-ιστορική θεώρηση των διαφόρων τύπων ηθικής συνείδησης από τη *ΔτΔ* δεν αποτελεί εύστοχη ερμηνεία της νιτσεϊκής *Γενεαλογίας*. Πιστεύοντας ότι η ηθική πρόοδος αποτελεί έκφανση της προοδευτικά επιδεινούμενης διαλεκτικής του διαφωτισμού ο Αντόρνο παραγνωρίζει πως ο Νίτσε δεν καταγράφει το φαινόμενο της «ηθικής των σκλάβων» σε ένα ιστορικό συνεχές, στην πορεία του οποίου η ηθική συνείδηση ανέρχεται προοδευτικά.

Αυτό που καταδείχνει η «ηθική των σκλάβων» είναι αντίθετα μια δυνατότητα που είναι εμμενής στο ηθικό φαινόμενο, δηλ. την επικάλυψη της αυτοκατανόησης του εαυτού από τον ετεροκαθορισμό. Αν το φαινόμενο της ηθικής ταυτίζεται για τον Νίτσε με την αυτο-διάσταση, τότε στην περίπτωση της «ηθικής των σκλάβων» η κατανόηση του εαυτού διενεργείται υπό τη μορφή ενός αυτοτεμαχισμού. Αν για την ηθική των «κυρίων» ο εαυτός ενεργεί την αυτο-διάσταση ως αυτοκατάφαση και αξιακή κατίσχυση των βιοτικών του σκοπών, στην περίπτωση της «ηθικής των σκλάβων» η αυτοκατανόηση ενεργείται ως αυταπάρνηση και αυτοακύρωση της ζωής. Βέβαια κάποιο είδος αυταπάρνησης ενέχεται και στην ηθική του «ευγενικού» εαυτού, εφόσον κάθε αυτοκατανόηση θέτοντας προσανατολισμούς και σκοποθεσίες υπάγει υποχρεωτικά κάποιες επόψεις της ζωής σε κάποιες άλλες. Κάτι τέτοιο δεν μπορεί φυσικά να γίνει χωρίς τον αποκλεισμό ή και την καταστολή κάποιων πλευρών της βιοτικής ύπαρξης. Η «ηθική των σκλάβων» αντίθετα κορυφώνει αυτή την υπαγωγή-αποκλεισμό στο έπακρο: δεν παραγκωνίζονται μόνο συγκεκριμένες πλευρές του βίου, αλλά η ίδια η ζωή απαξιώνεται ενόψει του υπερβατικού επέκεινα υποβαλλόμενη στην καχυποψία του μηδενισμού. Κατά έναν τρόπο, η «ηθική των σκλάβων» ωθεί το στοιχείο του «κάτι από τον εαυτό», δηλ. την αξιολόγηση του εαυτού, στα άκρα.

Πουθενά αλλού δεν φαίνεται καλύτερα η ολικά αρνητική στάση προς τη ζωή από ό,τι στην περίπτωση του ηθικού τύπου του απόκοσμου ασκητισμού. Ο Νίτσε ενδιαφέρεται για την «αξιολόγηση της ζωής μας εκ μέρους των ασκητικών ιερέων: τούτη η ζωή (μαζί με κάθε τι που ανήκει σ' αυτή, «φύση», «κόσμος», ολόκληρη η σφαίρα του γίγνεσθαι και της προσκαιρότητας) τη συσχετίζουν με μια εντελώς διαφορετική ύπαρξη, προς την οποία είναι αντίθετη κι από την οποία αποκλείεται, ακόμη κι όταν τούτη δω η συσχέτιση στρέφεται κατά του εαυτού της, απαρνιέται τον εαυτό της».[130] Ο ασκητικός τρόπος βίου αποτελεί για τον Νίτσε παραδειγματική περίπτωση, διότι οξύνει την αυτο-διάσταση του εαυτού σε τέτοιο βαθμό, ώστε να μετατρέπεται σε αντινομία και αυτοαντίφαση. Ο ασκητικός εαυτός, χαρακτηριστική περίπτωση «ηθικής των σκλάβων», δεν αρκείται απλά στο να συγκροτήσει την αυτοκατανόησή του διαμέσου του αποκλεισμού του «ευγενούς» Άλλου, δηλ. διαμέσου του απαξιωτικού στιγματισμού του ως «κακού». Η ηθική στρατηγική του ασκητικού εαυτού έχει ευρύτερες βλέψεις: ο τρόπος του βίου που προτάσσει βασίζεται σε ένα πιο ριζικό τόλμημα, δηλ. την αυτοακύρωση του ίδιου του εαυτού. Η βιοτική ύπαρξη, την οποία επιδιώκει και για την οποία εργάζεται επίπονα η ασκητική ηθική, προβάλλει ένα είδος εαυτού τού οποίου τα βιοτικά ενεργήματα είναι απλά διαδικασίες σφραγισμένες από «αυτοακρωτηριασμό, αυτομαστίγωση, αυτοθυσία».[131] Αυτή η αυταπάρνηση στο όνομα του ριζικά Άλλου (δηλ. του υπερβατικού επέκεινα) αποτελεί την πραγμάτωση μιας δυνατότητας, η οποία, όπως συχνά τονίσαμε, για τον Νίτσε ενέχεται στο φαινόμενο της ηθικής, και η οποία συνίσταται στο να επιτείνει την αυτο-διάσταση σε τέτοιο σημείο, που το στοιχείο της αυτοκατανόησης, το «κάτι από τον εαυτό» να μετατρέπεται σε σχεδόν υπερβατική βαθμίδα αξιολόγησης και κατανόησης του εαυτού. Η αυτοακύρωση της ζωής στον ασκητικό ηθικό τρόπο βίου αποτελεί ακριβώς απόρροια αυτής της υπέρτασης του «κάτι από τον εαυτό» σε υπερβατική βαθμίδα αξιών. Θέτοντας την αυτοακύρωση ως κριτήριο βιοτικού καθορισμού κάθε ενδοκοσμικής σκοποθεσίας, απαξιώνεται αυτόχρημα κάθε τι «άλλο από τον εαυτό». Με οξυδέρκεια ο Νίτσε τονίζει ότι αυτή η τάση του ασκητικού ηθικού τύπου προς το υπερβατικό, δηλ. «για μια διαφορετική ύπαρξη, για μια

130. Ό.π., σελ. 125.
131. Ό.π., σελ. 126.

ύπαρξη κάπου αλλού»,[132] δεν αποτελεί παρέκκλιση από την πορεία της ιστορίας της ηθικής, αλλά ούτε και ανωμαλία στον κατά τα άλλα ομαλό ρου της ζωής: ίσα ίσα, που απορρέει από τη ζωή την ίδια.

Στο φως των προηγούμενων παρατηρήσεων δεν είναι δύσκολο να αντιληφθούμε για ποιο λόγο το ασκητικό βιοτικό ιδεώδες έχει τις ρίζες του στην ίδια την (ηθική) ζωή ως φαινόμενο αυτο-αναφοράς και αυτο-διάστασης. Εδώ συναντάμε μια δυναμική που οδηγεί σε μεταφυσικές δια-στάσεις, δηλ. διπολισμούς, πράγμα που σημαίνει ότι η ασκητική μορφή της αυτοάρνησης της ζωής είναι κάτι που μπορεί να συμβαίνει παντού και πάντοτε. Στην περίπτωση του ασκητισμού πρόκειται για μια δύναμη που αναπτύσσει η ίδια η ζωή όταν στα πλαίσια της αυτοαναφορικότητάς της προσπαθεί να κατισχύσει πάνω στις ίδιες της τις προϋποθέσεις – προϋποθέσεις που της διαφεύγουν. «Εδώ κυριαρχεί μια ιδιότυπη μνησικακία, η μνησικακία ενός ανικανοποίητου ενστίκτου και θέλησης για δύναμη, που θα ήθελε να κυριαρχήσει όχι σε κάτι στη ζωή, παρά στην ίδια τη ζωή, στις πιο βαθιές, στις πιο ρωμαλέες, στις πιο θεμελιακές συνθήκες της ζωής».[133]

Τόσο ριζικοί στόχοι απαιτούν βέβαια και ριζοσπαστικά μέσα: όταν ο εαυτός δεν θέτει ως πρωταρχική αξία της αυτοκατανόησής του την τάδε ή τη δείνα διά-σταση μεταξύ του «κάτι από τον εαυτό» και του «κάτι άλλο από τον εαυτό», αλλά –υπερβαίνοντας την αυτο-διάσταση αυτή– θέτει ως αξιακό σημείο αναφοράς μια καθολική έποψη του βίου, δηλ. μια κοσμοθεωρητική οπτική στην οποία συμπεριλαμβάνονται όλες οι πλευρές της ζωής, η ζωή ως ολότητα, τότε η εμφάνιση μεταφυσικών αντιθέσεων γίνεται αναπόφευκτη. Ο λόγος είναι απλός: μόνο ένα επέκεινα-μεταφυσικό «κάτι από τον εαυτό» μπορεί να ενοποιήσει κάθε τι «άλλο από τον εαυτό» σε καθολική ολότητα. Η ηθική-κριτική ερμηνεία του ιερατικού-ασκητικού ιδεώδους στα πλαίσια της *Γενεαλογίας* συνοψίζεται ως εξής: στη βάση κάθε αυτοαναφορικότητας του εαυτού και του βίου βρίσκεται το στοιχείο της υπέρβασης. Όσο και αν φαίνεται τετριμμένο, ο εαυτός πρέπει να θέσει ένα τέτοιο σημείο αναφοράς πέρα από τον εαυτό του, το οποίο «εξ αποστάσεως» να του προσφέρει μια συνεκτική βιοτική αυτοκατανόηση. Αυτή η βιοτική αναφορικότητα

132. Ό.π., σελ. 129.
133. Ό.π., σελ. 126.

σε κάτι από τον εαυτό πέραν του εαυτού, η οποία λειτουργεί ως αξιακό κέντρο όλων των στοιχείων αυτοκατανόησης του εαυτού, στην περίπτωση της ασκητικότητας γίνεται ακραία: υπερβαίνοντας τον εαυτό, αρνούμενος τον εαυτό, υπερακοντίζεται σε ένα επέκεινα, από το οποίο και δυνάμει του οποίου διαμορφώνεται κάθε ενδοκοσμική αξία και σημασία. Κατά παράδοξο τρόπο η ασκητική ηθική αυτοκατανόηση πρέπει να απομακρύνει σε τέτοιο βαθμό τον εαυτό από τον ίδιο, ώστε επιστρέφοντας από το επέκεινα να μπορεί να διάγει ένα βίο αυταπάρνησης.

Σε τούτο το σημείο οι περιγραφές της *ΔτΔ* προσομοιάζουν: τι άλλο είναι ο ασκητικός τύπος αν όχι εκείνη η μορφή υποκειμενικότητας που σκιαγραφεί ο Αντόρνο, υποκειμενικότητα για την οποία αυταπάρνηση και αυτοσυντήρηση είναι το ίδιο; Στον Νίτσε πάντως τα πράγματα δεν είναι μονοσήμαντα. Η ηθική-κριτική στάση του διέπεται από τον προβληματισμό αν ο «διχασμός, που θέλει διχασμένο και τον ίδιο τον εαυτό του»[134] μπορεί να γονιμοποιήσει τη σκέψη πάνω στο ερώτημα μέχρι ποιου βαθμού μπορούμε να στοχαστούμε μορφές του βίου στις οποίες η αυτο-διάσταση του εαυτού δεν θα λάμβανε αναγκαστικά τη μορφή μεταφυσικών δυαλισμών. Το γεγονός πάντως ότι ο Νίτσε συλλαμβάνει την αυτο-διάσταση ως διαπάλη που ενέχεται σε κάθε ανθρώπινη αυτοκατανόηση σημαίνει πως –σε αντίθεση με τη *ΔτΔ*– δεν νιώθει αναγκασμένος να καταφύγει στην ανέλπιδη προοπτική ενός (ηθικού) εαυτού καταδικασμένου να τρώει τις σάρκες του.

Τη δυνατότητα του εαυτού να αντιμετωπίσει δημιουργικά τις διχοστασίες της αυτοκατανόησης, χωρίς δηλ. μεταφυσικές παρεκτροπές, ενσαρκώνει για τον Νίτσε το άτομο που είναι σε θέση να υπόσχεται. Κατά τη γνώμη μου, η αντορνική κατανόηση του ατόμου της υπευθυνότητας ως το απόγειο της αυταρχικής αυτονομίας πρέπει να θεωρηθεί εσφαλμένη. Το άτομο που μπορεί δεσμευτικά να υπόσχεται είναι «υπεράνω των ηθών», όχι διότι ενσαρκώνει μια κυρίαρχη εξουσιαστικότητα. Αντίθετα: έχοντας μαθητεύσει στη σχολή των κοινωνικά δεσμευτικών ηθών, η οποία φυσικά απαιτεί «να τηρεί κανείς τις εντολές, δίχως να σκέφτεται τον εαυτό του ως άτομο»,[135] είναι τώρα σε θέση να αι-

134. Ό.π.

135. Βλέπε *Χαραυγή*, σελ. 27.

σθάνεται τον εαυτό του πέραν των ορίων δικαιοδοσίας της ηθικής του δέοντος. Ο Νίτσε βρίσκει στο άτομο αυτό «μια περήφανη και παλλόμενη σ' όλους τους μυώνες της συνείδησης για το τι, επιτέλους, κατακτήθηκε και σωματώθηκε μέσα του, μια πραγματική συνείδηση δύναμης και ελευθερίας, ένα αίσθημα ολοκλήρωσης του ανθρώπου γενικά».[136] Εδώ έχουμε να κάνουμε με μια αντίληψη του ενεργήματος της ελευθερίας, η οποία καθιστά το άτομο ικανό να παραγκωνίσει τις συνήθεις συμβατικότητες των τρεχουσών σημασιών και σκοποθετήσεων και να ζυγοσταθμίσει τις κοινωνικές συμπεριφορές σύμφωνα με τα δικά του κριτήρια, «κρίνοντας από τον εαυτό του τους άλλους».[137]

Με αυτό τον τρόπο ο Νίτσε διαυγάζει μια ουσιώδη πλευρά του ηθικού φαινομένου: όπως γίνεται φανερό στην περίπτωση του κυρίαρχου ατόμου δεν έχει σημασία το να προσπαθεί κανείς να αποφύγει τις διχοστασίες που ενέχονται στην αυτοδιάσταση του εαυτού, με το να ετεροκαθορίζεται είτε από τους Άλλους είτε από το υπερβατικό Άλλο. Για τον Νίτσε κυρίαρχο γίνεται το άτομο στο βαθμό που η αξιολόγηση του εαυτού συντελείται με διαφάνεια, δηλ. η αυτοκατανόηση δεν διαμεσολαβείται από αποκλεισμούς και ετεροκαθορισμούς. Αυτό που αναδεικνύει το κυρίαρχο άτομο, εξυψώνοντάς το πάνω από τα «κοινά ήθη», είναι η αυτοαναφορικότητά του. Η κατανόηση του εαυτού δημιουργεί στον ίδιο όπως και στους άλλους τις προϋποθέσεις μιας αυτόνομης συμπεριφοράς. Όπως τονίζει ο Νίτσε στο σημείο αυτό, το κυρίαρχο άτομο πόρρω απέχει από το να θέλει απέναντι στους άλλους να παίζει το ρόλο του ηθικού δικαιοκρίτη. Αντίθετα, το άτομο αυτό αναφέρεται αποκλειστικά στις δυνατότητες μιας μορφής βίου στον οποίο καθένας είναι σε θέση να ενεργεί αυτόνομα. Σε κάθε περίπτωση πάντως απεύχεται να καταστεί αυτό το οποίο για τη *ΔτΔ* αποτελεί σχεδόν αυταπόδεικτη βεβαιότητα: ένας αυτόνομος τύραννος. Αντίθετα για τον Νίτσε το κυρίαρχο άτομο ανέχεται τον Άλλο ή τις διάφορες μορφές ηθικού βίου, καθώς δεν διακατέχεται από μνησικακία. Για το άτομο αυτό ο Άλλος δεν αποτελεί προϋπόθεση αυτοκαθορισμού. Με άλλα λόγια, δεν είναι σημείο αναφοράς μιας αρνητικής αυτοαναφοράς (ή ετεροκαθορισμού).

---

136. Βλέπε *Γενεαλογία*, ό.π., σελ. 59.
137. Ό.π., σελ. 60.

2.5. Ο Νίτσε και η Διαλεκτική του Διαφωτισμού

Μετά τη διαπραγμάτευση της κριτικής του Αντόρνο στην ηθική και την αντιπαράθεσή της με την ηθική-κριτική σύλληψη του Νίτσε πιστεύω ότι οι κύριες συνισταμένες της προβληματικής της *ΔτΔ* εξετάστηκαν διεξοδικά. Τα άλλα δύο κεφάλαια της *ΔΤΔ*, η *Βιομηχανία της Κουλτούρας* και τα *Στοιχεία του Αντισημιτισμού* δεν νομίζω ότι προσκομίζουν κάτι ουσιαστικά νέο στην προβληματική της μελέτης μας. Για την αισθητική θεωρία του Αντόρνο καθώς και τη σχέση της με τους νιτσεϊκούς στοχασμούς περί τέχνης γίνεται λόγος παρακάτω.[138] Ας επιστρέψουμε επομένως στην κύρια ερευνητική μας υπόθεση: η σύλληψη της διαλεκτικής του διαφωτισμού ως καθολικού ερμηνευτικού σχήματος είναι αδύνατη για τους Αντόρνο και Χορκχάιμερ δίχως την ιδιάζουσα πρόσληψη του Νίτσε. Όπως είπαμε, για τον Αντόρνο είναι βέβαιο ότι ο Νίτσε συγκαταλέγεται στους λίγους στοχαστές μετά τον Χέγκελ οι οποίοι συνέλαβαν το διαλεκτικό χαρακτήρα του διαφωτισμού ως εξορθολογισμού που διέπει τη δυτική πολιτισμική παράδοση. Η προοπτική πάντως μέσα από την οποία ο Αντόρνο προσλαμβάνει τους στοχασμούς του Νίτσε πάνω στην προβληματική ενός αυτοαναιρούμενου διαφωτισμού καθορίζεται σχεδόν πλήρως από την έννοια της εξουσίας: ο εξουσιαστικός διαφωτισμός δεν χειραφετεί από τις προκαταλήψεις, καθόσον επαναφέρει και ανανεώνει αδιάκοπα τους εξαναγκασμούς του μύθου. Ολοκληρώνοντας λοιπόν την εξέταση της σχέσεων Νίτσε και Κριτικής Θεωρίας στο θέμα της διαλεκτικής του διαφωτισμού, θα στραφούμε στο αντίστοιχο κεφάλαιο, δηλ. *α)* στη νιτσεϊκή θεώρηση του διαφωτισμού και συγκεκριμένα στο ερώτημα *β)* αν για τον Νίτσε ο διαφωτισμός ενέχει τάσεις αυτοακύρωσης.

Στοιχεία για μια περιοδοποίηση του διαφωτισμού, τον οποίο όμως ο Νίτσε δεν επιφορτίζει με ιστορικά-φιλοσοφικά καθήκοντα όπως η *ΔτΔ*, συναντούμε στο πρώιμο έργο του και ειδικά στο *Ανθρώπινο, Πολύ Ανθρώπινο.* Αναφερόμενος αποκλειστικά στο διαφωτισμό ως ιστορικό-πνευματικό φαινόμενο ο Νίτσε σκιαγραφεί χοντρικά τρία στάδια του διαφωτισμού: το νεωτερικό ουμανισμό του Έρασμου και του Πε-

---

138. Βλέπε κεφ. 7.3.

τράρχη, το γαλλικό διαφωτισμό με κορυφαία μορφή τον Βολταίρο και τέλος, αν συμπεριλάβουμε το σχετικό χωρίο της *Χαραυγής*, τον καντιανό διαφωτισμό, ο οποίος έπεσε θύμα της «εχθρότητας των γερμανών ενάντια στο διαφωτισμό».[139] Η αντίληψη του Νίτσε για το διαφωτισμό δεν διακρίνεται πάντως από τονισμό του προοδευτικού φρονήματος. Αντίθετα θεωρεί ότι κινήματα, όπως η αντιμεταρρύθμιση ή ο ρομαντισμός, που αντιδρούν στο διαφωτιστικό πρόταγμα, μας παρέχουν μια διεισδυτική ματιά στην ιστορική διαδικασία θεωρούμενη ως πορεία εξέλιξης. Μόνο διαμέσου της «αντίδρασης» μπορούμε να συγκρατήσουμε τη δέουσα απόσταση από τις διαδικασίες του διαφωτισμού, σταθμίζοντας έτσι αντικειμενικότερα τις κοινωνικές-ιστορικές του ρίζες. Για τον Νίτσε υφίσταται μονάχα μία προοπτική πνευματικής αντιπαράθεσης με το φαινόμενο του διαφωτισμού: αυτή της κριτικής. Αυτό προκύπτει καθώς τα αντιδιαφωτιστικά ρεύματα λειτούργησαν ως διορθωτικές επεμβάσεις στην ιστορική κοσμοθεώρηση του διαφωτισμού, και συγκεκριμένα επειδή προσέδωσαν σε μορφές του «αντικειμενικού πνεύματος» (Χέγκελ) του παρελθόντος την αρμόζουσα σπουδαιότητα.

Μια εικόνα για το πώς φαντάζεται ο Νίτσε την προοπτική συνέχισης αυτού του αυτοκριτικού –και όντος πρόθυμου να εγκολπωθεί την «αντιδιαφωτιστική» κριτική– διαφωτισμού σκιαγραφείται στο πλαίσιο της αντιπαράθεσης μεταξύ ρομαντισμού και διαφωτισμού στο κείμενο *Ανθρώπινο, Πολύ Ανθρώπινο.*[140] Στο ρομαντισμό αξίζει βέβαια, κατά τον Νίτσε, ιδιαίτερος έπαινος, διότι επενέβη διορθωτικά ενάντια στις μονομέρειες του διαφωτισμού και συγκεκριμένα κατά του επιστημονικού του ιδεώδους που προϋπέθετε και πρόβαλλε την προοπτική μιας συνεχούς προόδου της γνώσης και μιας πορείας διευρυνόμενης κατάκτησης της αλήθειας. Παρ' όλα αυτά ο Νίτσε δεν παραλείπει να τονίσει ότι η πολιτισμικά νομιμοποιημένη επέμβαση του ρομαντισμού ενάντια στο νεωτερικό επιστημονισμό ενέχει ένα σημαντικό σφάλμα. Ο ρομαντισμός αντιμάχεται τη διεκδίκηση του διαφωτισμού για απο-

---

139. Βλέπε *Ανθρώπινο, Πολύ Ανθρώπινο*, ό.π., σελ. 46 κ.ε. Επίσης βλέπε *Χαραυγή*, σελ. 137 κ.ε.

140. Βλέπε ό.π., σελ. 135 κ.ε.

κλειστικότητα επί της αλήθειας με το να ισχυρίζεται ότι η θρησκεία ανέκαθεν συμμετείχε στην ουσία της αλήθειας, οπότε και κάθε πρόοδος συστημάτων της γνώσης, όπως ο διαφωτισμός, δεν αποτελούν τίποτα άλλο παρά επίκαιρες μορφές επικοινωνίας και διάδοσης αυτής της αρχέγονης αλήθειας.[141] Εκτός από την ανιστορικότητα μιας τέτοιας άποψης ο Νίτσε διαβλέπει σε αυτή την τακτική καταπολέμησης του νεωτερικού γνωσιοθεωρητικού προτάγματος την προσπάθεια του ρομαντισμού να αποδείξει ότι δεν υστερεί σε τίποτα απέναντι στο διαφωτισμό – ίσα ίσα, αν εκείνος είναι απλά μια επιφανειακή διαδικασία κοινοποίησης και διάδοσης της αλήθειας, ο ίδιος αποτελεί το γνήσιό της θεματοφύλακα.

Εν πάση περιπτώσει τέτοιου είδους προσπάθειες που καταβάλλει ο ρομαντισμός ώστε να είναι «συμβατός» με το νεωτερικό γνωστικό ιδεώδες, αγγίζουν για τον Νίτσε τα όρια της αστειότητας. Το κοινό έδαφος της διαμάχης ρομαντισμού και διαφωτισμού, η αξίωση αλήθειας, φαντάζει στα μάτια του ως σκέτη μωρία, αφού ούτε εντός ούτε εκτός της επιστήμης μπορεί να μιλά κανείς για κατοχή της αλήθειας. Για τον Νίτσε αντίθετα, που πιστεύει ακράδαντα στην ιστορικότητα κάθε είδους γνώσης, μπορεί κανείς να ορίσει την πρόοδο της γνώσης σε σχέση με την καλλιτεχνική στάση απέναντι στο διαφωτισμό ως «προοδευτικό εξανδρισμό της ανθρωπότητας».[142] Σε αντίθεση με τη συνείδηση προόδου που χαρακτηρίζει το διαφωτιστικό πρόταγμα εναποτίθεται στον καλλιτέχνη να διαφυλάξει το παρελθόν, όχι επειδή τα περασμένα είναι πιο «αληθινά», ούτε διότι και τα τωρινά κατέχουν το μονοπώλιο της αλήθειας – το παρόν θα αποδειχθεί εξίσου παροδικό, όσο και το παρελθόν ίσχυε κάποτε ως πρόοδος. Από αυτές τις σχηματικές παρατηρήσεις μπορούμε να διαπιστώσουμε πως ο Νίτσε αντιλαμβάνεται το διαφωτισμό στην ουσία ως χρονικά περιορισμένο φαινόμενο, δηλ. ως μια εκάστοτε συγκυριακή σχέση μεταξύ της συνείδησης προόδου από τη μια μεριά και μιας συνείδησης ιστορικής «δικαιοσύνης» απέναντι στο παρελθόν από την άλλη.[143]

Πάνω στο έδαφος αυτών των στοχασμών μπορούμε, κατά την άπο-

141. Ό.π.

142. Ό.π., σελ. 142.

143. Βλέπε *Χαραυγή*, σελ. 25.

ψή μου, να επιχειρήσουμε μια συστηματικότερη διαπραγμάτευση της κριτικής απόστασης που κρατά ο Νίτσε έναντι της μονομερούς ρομαντικής αντίληψης του φαινομένου του διαφωτισμού. Η σκέψη της «αντίδρασης ως προόδου» μπορεί να αποτελέσει κάλλιστα το πρώτο βήμα. Αν η «αντίδραση» μπορεί να λειτουργήσει ως διορθωτική παρέμβαση ενάντια στον αφελή προοδευτισμό, τότε και ο διαφωτισμός οφείλει να είναι σε θέση να διενεργεί την κριτική εξ ιδίων δυνάμεων. Στη συνάφεια αυτή το χωρίο από τη *Χαραυγή* είναι αρκετά κατατοπιστικό: για το διαφωτισμό, του οποίου την ιστορική νομιμότητα συμμερίζεται και ο Νίτσε, τόσο οι «μεγάλες αντιδράσεις», αλλά και οι «επαναστάσεις» είναι ασήμαντα μεγέθη «σε σύγκριση με την αληθινά μεγάλη θάλασσα που μας παίρνει μαζί της και θέλουμε να μας παίρνει!»[144] Αν η «αντίδραση» διδάσκει στο διαφωτισμό τη δικαιοσύνη απέναντι στο ιστορικό παρελθόν και τη συνειδητοποίηση των ιστορικών-χρονικών του εξαρτήσεων, με την «επανάσταση» εμφανίζεται στο προσκήνιο μια ιστορική συνείδηση που για τον Νίτσε έχει καταστροφικές επενέργειες πάνω στο κίνημα του διαφωτισμού. Αυτό φαίνεται αρχικά παράδοξο – ο Νίτσε όμως πιστεύει πως η «επανάσταση» μετατρέπει το κίνημα του διαφωτισμού σε πρόταγμα με σαφείς στόχους, δηλ. σε ιστορικό σχέδιο που πρέπει να υλοποιηθεί. Το μεταφορικό σχήμα του «ρεύματος» που χρησιμοποιεί ο Νίτσε αφήνει να εννοηθεί ο λόγος για τον οποίο η «επαναστατική» ερμηνεία και πράξη του διαφωτισμού στρέφεται ενάντια στο πνεύμα του ως διαρκούς κριτικής των κάθε λογής προκαταλήψεων.

Ο λόγος είναι ότι η πρακτική εκδίπλωση του διαφωτισμού ως σχεδιασμένου προτάγματος προϋποθέτει μια σαφή αντίληψη της ουσίας του διαφωτισμού, δηλ. του σημασιακού και αξιακού πυρήνα του, ο οποίος εκδιπλώνεται υλοποιούμενος σε κοινωνικά-ιστορικά και πνευματικά-ιστορικά μορφώματα. Αυτό βέβαια έχει ως επίπτωση ότι ο διαφωτισμός πρέπει να έχει πλήρη συνείδηση των ουσιαστικών του θεμελίων – ακριβώς όπως και η «αντίδραση» αναφέρεται στο πραγματικά αληθινό, δηλ. σε αυτό που πέρα από εποχές και χρόνους αποτελεί ανυπέρβλητη αλήθεια. Με αυτό τον τρόπο όμως ο διαφωτισμός αναπτύσσει μια σχέση με τις θεμελιακές του προϋποθέσεις, η οποία τελικά, όσον αφορά την

144. Ό.π., σελ. 138.

«προκατειλημμένη» αναφορά στο δεδομένο και πάγιο των ουσιαστικών του αρχών και πεποιθήσεων, δεν διαφέρει σε τίποτα από το δογματισμό της «αντίδρασης». Η αρτηριοσκληρωτική δέσμευση από απαράβατες αξιακές επιλογές οδηγεί λοιπόν τον ίδιο το διαφωτισμό να αναιρέσει την κριτική του κοσμοθεωρία και στάση και να μετατραπεί σε «αντίδραση»: έχουμε δηλ. να κάνουμε με ένα είδος διαλεκτικής του διαφωτισμού.

Αν και το ερμηνευτικό αυτό σχήμα είναι αρκετά πλατύ ώστε να περικλείει πολλά φαινόμενα, εντούτοις δεν θα ήταν παρακινδυνευμένο αν υποστηρίζαμε ότι σε σύγκριση με την αντίληψη του διαφωτισμού της *ΔτΔ* έχει το προτέρημα ότι προσφέρει περισσότερες δυνατότητες κριτικού στοχασμού. Αυτό φαίνεται αμέσως αν αναλογιστούμε ότι σε αντίθεση με τη νιτσεϊκή αντίληψη του διαφωτισμού ως ανοικτής διαδικασίας που χαρακτηρίζεται από διαρκή αντιπαράθεση με τις κάθε λογής αυτονόητες βεβαιότητες των διαφόρων προκαταλήψεων, το μεγάλης εμβέλειας ιστορικό-φιλοσοφικό σχήμα της διαλεκτικής του διαφωτισμού του Αντόρνο παρουσιάζει μια ακαμψία, η οποία οφείλεται στο ότι ο διαφωτισμός σε τελική ανάλυση δεν είναι σε θέση να απελευθερωθεί από τους μυθικούς του εγκλεισμούς. Βέβαια η σύλληψη της *ΔτΔ* δεν θα ήταν δυνατή χωρίς εκείνη τη θέληση που ο Νίτσε κληροδοτεί σε όλη την κριτική παράδοση, συμπεριλαμβανομένης και της Κριτικής Θεωρίας, «να σηκώσουμε εκ νέου τη σημαία του διαφωτισμού»,[145] δηλ. να τεθεί ο ίδιος ο «Διαφωτισμός» στο στόχαστρο κριτικής εξέτασης. Εξάλλου δεν υπάρχει αμφιβολία πως η *ΔτΔ* σηματοδοτεί την κριτική του διαφωτισμού ως εγχείρημα αυτοκριτικής του Λόγου.

Στα πλαίσια μιας αυτοστοχαστικής σχέσης ο «αντικειμενικός» λόγος αντιπαρατίθεται στον «υποκειμενικό» λόγο, δηλ. στην εργαλειακή ορθολογικότητα. Αν διατυπωθεί αυτή η σχέση με καντιανούς όρους, τότε έχουμε να κάνουμε με τις υπερβατικές της εμπειρίας γνωσιοθεωρητικές αξιώσεις του Λόγου, ο οποίος υπερβαίνει τη διάνοια, η οποία για τη *ΔτΔ* λειτουργεί στη διαδικασία του διαφωτισμού ως όργανο εργαλειακών χειρισμών. Παρ' όλα αυτά ο Αντόρνο κατά μια έννοια δεν συμμερίζεται ούτε την πίστη του Καντ στη δύναμη του Λόγου, ούτε την κριτική αισιοδοξία του Νίτσε. Αυτό πηγάζει από τη δυσπιστία που τρέφει

---

145. Βλέπε *Ανθρώπινο, Πολύ Ανθρώπινο*, ό.π., σελ. 47.

για την ικανότητα αυτοκριτικού ελέγχου που διαθέτει ο Λόγος. Αυτή η δυσπιστία δεν παίρνει τις διαστάσεις βεβαιότητας – αυτό άλλωστε θα καθιστούσε αβάσιμο το εγχείρημα της *ΔτΔ*, δηλ. την κριτική του εργαλειακής ορθολογικότητας στο όνομα ενός καθολικού Λόγου. Αν όμως συγκρίνουμε τις βάσεις κριτικής του διαφωτισμού, θα διαπιστώσουμε πως ο Αντόρνο περιστέλλει σημαντικά τα περιθώρια κριτικών στάσεων – ο Νίτσε αντίθετα διευρύνει το έδαφος κριτικής παρέμβασης, εφόσον αντιλαμβάνεται το σχήμα της διαλεκτικής μεταξύ «αντίδρασης» και «προόδου» ως μια αντιπαλότητα που εμφανίζεται διαρκώς στο ιστορικό γίγνεσθαι χωρίς να υπόκειται στη νομοτέλεια μιας διευρυνόμενης αυτοαναιρετικής τάσης. Ο διαφωτισμός αξίζει για τον Νίτσε να συνεχιστεί, στο βαθμό που είναι σε θέση να στρέφει διαρκώς την κριτική των προκαταλήψεων στα ίδια του τα πιστεύω.

Αντίθετα, από τη στιγμή που ο διαφωτισμός ως ιστορικό-κοινωνικό πρόταγμα παγιώνεται υπό τη μορφή συγκεκριμένων στόχων πραγμάτωσης και στρατηγικών επικράτησης, τότε επεμβαίνει ο Λόγος επισημαίνοντας στο διαφωτισμό ότι οι παγιωμένες βλέψεις και οι ακράδαντες ομολογίες τελεσίδικης πραγμάτωσης ιστορικών σκοπών δεν απέχουν πολύ από το είδος των προκαταλήψεων ενάντια στις οποίες στρέφεται το διαφωτιστικό πνεύμα. Για τον Νίτσε του *Ανθρώπινο, Πολύ Ανθρώπινο* ο διαφωτισμός νομιμοποιείται μόνο στο βαθμό που διαθέτει το δυναμικό κριτικής αποστασιοποίησης από τις εκάστοτε θετικότητες και βεβαιότητες των προς πραγμάτωση στόχων.

Ας συνεχίσουμε τώρα με την έννοια του διαφωτισμού στο ύστερο έργο του Νίτσε. Τα δυο χαρακτηριστικά της νιτσεϊκής νοηματοδότησης του διαφωτισμού, δηλ. ο διαφωτισμός ως χρονική συγκυρία της διαπάλης μεταξύ «αντιδραστικής» και «προοδευτικής» τάσης, και η (αυτο-)κριτική του διαφωτισμού στο βαθμό που τείνει να παγιωθεί σε άκαμπτη βλέψη και ακλόνητη διεκδίκηση, μπορούν να αποτελέσουν στοιχεία της ερμηνευτικής προσέγγισης. Κατά τη γνώμη μου τα δυο αυτά χαρακτηριστικά είναι εξέχοντα όχι μόνο στην πρώιμη σκέψη του Νίτσε για το φαινόμενο του διαφωτισμού, αλλά ουσιαστικά σηματοδοτούν μια αμφισημία που επεκτείνεται σε όλο το έργο του φιλοσόφου. Η αμφισημία αυτή διαπιστώνεται τόσο σχετικά προς το διαφωτισμό ως ιστορική-πνευματική δύναμη, αλλά και σχετικά προς την πνευματική δομή της νεωτερικότητας συνολικά. Αν εγκύψουμε τώρα στο νιτσεϊκό έργο της δεκαετίας του '80 διαπιστώνουμε πως τη θέση ενός διαφωτισμού που δεν κατανοεί τον εαυτό του ως work in progress, αλλά ως διηνεκή διαπάλη μεταξύ νεωτερισμού και παράδοσης, καταλαμβάνει τώρα αποκλειστικά η κριτική του διαφωτισμού. Η νιτσεϊκή διάγνωση της διαφωτιστικής νεωτερικότητας συνίσταται στο ότι η στάση του ελεύθερου πνεύματος (σήμα κατατεθέν της φιλοσοφικής αναγγελίας του Νίτσε) αδυνατεί να διασφαλιστεί έναντι του κινδύνου της δογματικής αυταρέσκειας και της εύπιστης αφέλειας – ο Νίτσε ακριβώς στην περίπτωση εκείνου του «αποστάτη», ο οποίος «κατείχε κάποτε όλη την ελευθερία του πνεύματος και στο τέλος έγινε "πιστός"» διαβλέπει την προδοσία του πνεύματος ελευθεριότητας του διαφωτισμού.[146] Η στάση (σχεδόν ομολογιακής) πίστης απέναντι στους σκοπούς της ανθρωπότητας, οι οποίοι υποτίθεται θα πραγματωθούν με αδήριτη νομοτέλεια, αποτελεί για τον Νίτσε την «αντιδραστική» οπισθοδρόμηση του διαφωτιστικού πνεύματος. Αντιδραστική είναι η στάση αυτή με την κυριολεκτική έννοια της λέξης, καθώς ακυρώνει την ίδια την έννοια του διαφωτισμού ως κίνησης, εφόσον την καθηλώνει δεσμεύοντάς τη στην απαρασάλευτη υλοποίηση δεδομένων σκοποθεσιών. Πρόκειται όντως για «αντίδραση» (όπως βέβαια την εννοεί ο Νίτσε), αφού οι κύριες κατευθύνσεις του διαφωτιστικού προτάγματος εδράζονται σε αρχές, οι οποίες αξιώνουν καθολική ισχύ, δηλ. ίσχυαν ανέκαθεν, οπότε η ιστορική τους υλοποίηση δεν θα αποτελέσει παρά την τελική τους κατίσχυση.

Για τον Νίτσε πρόκειται σαφώς για την περίπτωση του «ρομαντικού-οπισθοδρομικού» φρονήματος. Ενάντια στο είδος αυτό αντιδραστικού διαφωτισμού για τον Νίτσε καθήκον του «νέου διαφωτισμού» είναι να ξεσκεπάσει το προσωπείο αυτής της δήθεν αυτοδίκαιης υποκρισίας καταδεικνύοντας ότι τα ιδεολογικά της πιστεύω αποτελούν «σκόπιμα ψεύδη».[147] Ακόμα πιο υποτιμητικά εκφράζεται ο Νίτσε για εκείνους τους «ισοπεδωτές», δηλ. για όλα εκείνα τα «ελεύθερα πνεύματα» που έγιναν δουλικοί υπηρέτες της αισιοδοξίας των «μοντέρνων ιδεών».[148] Η

146. Βλέπε *Χαραυγή*, σελ. 53.

147. Βλέπε *KSA*, τόμ. 11, 25[294], σελ. 86· επίσης ό.π., σελ. 86-87.

148. Βλέπε Νίτσε, *Πέρα από το Καλό και το Κακό*, σελ. 49.

μομφή πού προσάπτει ο Νίτσε σε έναν άκρως σοβαροπρεπή διαφωτισμό, ο οποίος με την ευλαβική του προσκόλληση σε αξιακές αρχές παράγει μόνο πνευματική «συσκότιση»,[149] είναι ότι οι ιδέες «ανθρωπότητα, ανθρωπιά και ανθρώπινη αξιοπρέπεια» προκύπτουν από συγκεκριμένα και θεμελιακά σφάλματα, αφού ο άνθρωπος «επινόησε διαρκώς καινούργιους δεκαλόγους αξιών και τους δεχόταν για ένα διάστημα ως αιώνιους και απόλυτους».[150] Στη διάρκεια των τελευταίων χρόνων πνευματικής εργασίας του φιλοσόφου η βαθιά αποστροφή του Νίτσε απέναντι σε κάθε είδος διαφωτισμού που αυτοκαθορίζεται ως πρόταγμα διευθέτησης προκαθορισμένων ιστορικών καθηκόντων αποκτά ολοένα και οξύτερες μορφές, καταλήγοντας σε μια ριζική απόρριψη του «πνευματικού διαφωτισμού».[151] Σε αυτόν το διαφωτισμό ο Νίτσε διαβλέπει το κοινωνικό-τεχνοκρατικό πνεύμα ενός μεταρρυθμιστικού και εξελικτικού προτάγματος με έκδηλες εξουσιαστικές τάσεις. Ενάντια σε αυτόν το διαφωτισμό, που για τον Νίτσε υπηρετεί την υπόθεση του «δημοκρατικού κοπαδιού»,[152] πρέπει ο διαφωτισμός που επαγγέλλεται ο Νίτσε να αναλάβει τα εξής καθήκοντα: *α)* να εκριζώσει κάθε είδους πλάνη, είτε μεταφυσική, είτε ηθική και γνωσιοθεωρητική, και *β)* να απελευθερώσει όλο το δυναμικό ενέργειας τροφοδοτώντας τη δημιουργία ενός νέου κοσμοειδώλου που θα υπερβαίνει τις προκαταλήψεις του έως τώρα ισχύοντος παραδείγματος διαφωτιστικής βλέψης.[153]

Ο Νίτσε στοχάζεται τη νέα αυτή κίνηση διαφωτισμού ως προστάδιο για μια «φιλοσοφία του μέλλοντος»[154] που θα ξεπερνά τις αγκυλώσεις μιας «πεφωτισμένης», αλλά κατά τα άλλα βυθισμένης σε αυταπάτες νεωτερικότητας. Βέβαια παρατηρούμε στο σημείο αυτό, πως η διάγνωση των «κακώς κειμένων» στις εξελίξεις του μέχρι τώρα διαφωτισμού δεν αποτελεί κατ' ανάγκη πιεστικό λόγο για την αναγγελία μιας νέας κίνησης διαφωτιστικού στοχασμού, η οποία επιπλέον θα ετίθετο στο πλαίσιο μιας νέας φιλοσοφικής-πνευματικής κοσμοθεώρησης. Για να κα-

149. Βλέπε *KSA*, τόμ. 11, 16[49], σελ. 571.
150. Βλέπε *Χαρούμενη γνώση*, σελ. 163. [Η μετάφραση ελαφρά διορθωμένη, Κ.Μ.]
151. Βλέπε *KSA*, τόμ. 11, 36[48], σελ. 570.
152. Ό.π., 27[80], σελ. 295.
153. Ό.π.
154. Βλέπε *KSA*, τόμ. 12, 1[94], σελ. 34.

τανοήσει κανείς αυτή την αναγκαιότητα στη σκέψη του Νίτσε πρέπει να αναφερθεί στο πρώτο από τα δύο χαρακτηριστικά που αναφέραμε πιο πάνω, δηλ. στην ουσιαστικά χρονική συνείδηση της αναγκαιότητας για μια διαφωτιστική επέμβαση στην ιστορική συγκυρία. Πρέπει δηλ. να λάβει κανείς υπόψη του ότι για τον Νίτσε κριτήριο διαφωτιστικής παρέμβασης αποτελεί η συνείδηση του κατάλληλου «καιρού».

Πράγματι ο Νίτσε νοηματοδοτεί το διαφωτισμό ως μέρος ενός «αντικινήματος», το οποίο εκπορεύεται από κάτι που ενεργείται με αδήριτη «αναγκαιότητα», δηλ. μια κοσμική διαδικασία «που θέλει να φτάσει στο τέλος».[155] Ο νέος διαφωτισμός ενάντια στην κίβδηλη αισιοδοξία των ανθρώπινων ιδανικών, που για τον Νίτσε δεν είναι τίποτε άλλο παρά βαθιά ριζωμένες προκαταλήψεις και αυταπάτες, θα προετοιμάσει το έδαφος για μια φιλοσοφία η οποία ούτε θα καταπολεμά μόνο την τάδε ή τη δείνα πλάνη ούτε και θα εξαντλείται στην αποδόμηση συγκεκριμένων αξιών της «προόδου», αλλά θα προσβάλλει τα ίδια τα αξιακά θεμέλια της νεωτερικότητας. Για τον Νίτσε το αξιακό υπόστρωμα των νέων χρόνων βρίσκεται σε άθλια κατάσταση, καθώς στην αυτοκαταστροφική τάση της γενικευμένης ισοπέδωσης αξιών, ιδεών και ιδανικών μόνο μία διάγνωση είναι δυνατή – «μηδενισμός»: «Γιατί είναι αναπόφευκτη πια η έλευση του μηδενισμού; Γιατί οι ίδιες μας οι μέχρι τώρα αξίες είναι αυτές που οδηγούν στο μηδενισμό· γιατί ο μηδενισμός είναι η απόληξη της λογικής των υψηλών ιδανικών και μεγάλων αξιών μας – γιατί πρέπει να βιώσουμε το μηδενισμό, ώστε να μπορέσουμε να καταλάβουμε ποια ήταν η αξία αυτών των "αξιών" (...) Χρειαζόμαστε καινούργιες αξίες».[156]

Προτού τώρα εξετάσουμε την προβληματική του διαφωτισμού κάτω από το πρίσμα της θέσης του μηδενισμού, ας επιχειρήσουμε μια πρώτη σύγκριση μεταξύ της *ΔτΔ* και του νιτσεϊκού έργου. Κατ' αρχάς διαπιστώνουμε πως η κριτική αποτίμηση του διαφωτισμού από τους Αντόρνο και Νίτσε παρουσιάζει ορισμένες εκλεκτικές συγγένειες. Η συνοπτική και δραστική ετυμηγορία του Αντόρνο και της *ΔτΔ* πως «η πλήρως πεφωτισμένη γη αστράφτει στον αστερισμό της θριαμβευτικής συμφοράς» (29) θα μπορούσε κάλλιστα να είναι η τελεσίδικη απόδειξη

155. Βλέπε *KSA*, τόμ. 13, 11[411], σελ. 189 κ.ε.
156. Βλέπε ό.π., σελ. 190.

πως η προγνωστική αξία της νιτσεϊκής διάγνωσης της συνολικής ευρωπαϊκής «κουλτούρας, που από καιρό τώρα αργά και βασανιστικά βαδίζει προς την καταστροφή»,[157] έχει πια πάρει το χαρακτήρα βεβαιότητας. Ιδιαίτερα αναφορικά προς το νεωτερικό διαφωτισμό η συγγένεια των απόψεων γίνεται ακόμα εμφανέστερη. Η αυστηρή κρίση του Νίτσε για τον ξεπεσμό της πνευματικής ελευθεριότητας της διαφωτιστικής στάσης στην ξεδιάντροπη αυταρέσκεια όλων εκείνων των «εύγλωττων και ταχυγράφων σκλάβων του δημοκρατικού γούστου»[158] προσυπογράφεται από τη *ΔτΔ*, που στηλιτεύει με τη σειρά τις «μεταμορφώσεις της κριτικής σε επικύρωση» (21) και το διαφωτισμό για το ρόλο που έπαιξε ως απολογητής της κυριαρχίας. Επιπρόσθετα διαπιστώνεται μια συνάφεια στα ερμηνευτικά σχήματα με τα οποία ο Αντόρνο και ο Νίτσε στοχάζονται το φαινόμενο του διαφωτισμού ως αντιφατική διαδικασία. Κοινή και στους δυο είναι η πεποίθηση πως το περιεχόμενο του διαφωτισμού ή του Λόγου υπό τη μορφή της ηθικής ή της γνωσιοθεωρίας ενέχει μια δυναμική αυτοαναίρεσης, γιατί τόσο η «αυτοκαταστροφή του διαφωτισμού» (22), όσο και εκείνη η διαδικασία κατά την οποία «οι ανώτατες αξίες χάνουν την αξία τους»[159] έχουν συγκεκριμένες αιτίες. Για τον Αντόρνο οι αιτίες αυτές εντοπίζονται στο γεγονός ότι ο Λόγος ως κυριαρχία πάνω στη φύση ενσαρκώνει την ίδια την αρχή της κυριαρχίας. Στο φως αυτής της αναλυτικής προοπτικής το συμπέρασμα που αντλείται είναι αναγκαία δεσμευτικό: κάθε ιστορική εξέλιξη χειραφετητικής και διαφωτιστικής κριτικής οδηγείται νομοτελειακά σε βαθύτερη εξάρτηση, ώστε σε τελική ανάλυση η αδήριτη λογική του εργαλειακού λόγου να μην ξεχωρίζει σε τίποτα από το αναπόδραστο πεπρωμένο της μυθικής και αιώνιας επανάληψης του ιδίου.

Για τον Νίτσε η κατάσταση της νεωτερικότητας υπό τον αστερισμό του μηδενισμού είναι κάπως πιο σύνθετη. Αυτό απορρέει *κατά πρώτον* από το γεγονός ότι το φαινόμενο της «αποσύνθεσης»[160] των αξιών πρέπει να ερμηνευτεί στα πλαίσια του πολιτισμού ως ολότητας. Στο βαθμό που για τον Νίτσε αυτός ο πολιτισμός δεν είναι πια σε θέση να

157. Βλέπε Νίτσε, *KSA*, τόμ. 13, σελ. 189.
158. Βλέπε Νίτσε, *Πέρα από το Καλό και το Κακό*, ό.π., σελ. 49.
159. Βλέπε Νίτσε *KSA*, τόμ. 12, σελ. 350· βλέπε *Θέληση για Δύναμη*, σελ. 17.
160. Ό.π., σελ. 351.

ενοποιήσει την πολυείδεια των αξιών σε' συνεκτικό όλο, δηλ. να συναρθρώσει τις βιοτικές αξίες και σημασίες σε ένα συνεκτικό πλέγμα δεσμευτικής κοσμοθεώρησης, επέρχεται αναπόφευκτα μια κατάσταση αμοιβαίας αλληλοαμφισβήτησης και ακύρωσης των αξιών. Για τον Νίτσε αυτή η κοινωνική-πολιτισμική συνθήκη σχετίζεται βέβαια με εκείνη ακριβώς την παράλυση του πνεύματος,[161] το οποίο αδυνατεί ολοσχερώς να επιτελέσει το συνεκτικό-συναρθρωτικό του καθήκον, δηλ. να προσδώσει στη ζωή του πολιτισμού δεσμευτικά κριτήρια αξιών και νοήματα βιοτικού προσανατολισμού. *Κατά δεύτερο λόγο* η διάγνωση της νεωτερικότητας που κάνει ο Νίτσε δεν στηρίζεται, όπως στην περίπτωση της κριτικής της *ΔτΔ*, στην πεποίθηση ότι η χρήση μιας και μόνο ερμηνευτικής αρχής (του εξουσιαστικού παράγοντα κατά τη *ΔτΔ*) καθιστά δυνατή την περιγραφή της νεωτερικής συνθήκης. Αντίθετα ο Νίτσε διακριβώνει στους μοντέρνους καιρούς μια αμφισημία, την οποία αποδίδει στο γεγονός ότι το φαινόμενο του μηδενισμού είναι εξ ολοκλήρου αντικείμενο ερμηνείας: «Μπορεί να είναι σημείο ισχύος», αλλά και «σημείο αδυναμίας».[162] Ο Νίτσε αντί δηλ. και στην περίπτωση των σύγχρονων καιρών να διαπιστώσει μια ακόμα (ή την τελευταία) παραλλαγή εξουσιαστικών καταναγκασμών, εξασφαλίζει μια ελαστικότερη και πλησιέστερη στην ιδιοτυπία της νεωτερικότητας άποψη.

Η απόκλιση στον τρόπο που οι Αντόρνο και Νίτσε εποπτεύουν κριτικά τη σύγχρονη εποχή προδιαγράφει και τον τρόπο που αναπτύσσουν φιλοσοφικές στρατηγικές με σκοπό την υπέρβαση των «κακώς κειμένων». Εφόσον εξετάσαμε αναλυτικά την πρόταση του Αντόρνο, δηλ. την αυτοσυνειδησία του πνεύματος ως αναπόσπαστου μέρους της φύσης και παραπέρα της συνειδητοποίησης αυτής της συμφιλίωσης του πνεύματος με τη φύση, μπορούμε τώρα να ασχοληθούμε διεξοδικά με τη νιτσεϊκή σκέψη του μηδενισμού.

Την κύρια ερμηνευτική έποψη θίγει κατά τη γνώμη μου το ερώτημα αν η κρίση του Νίτσε για την απαξίωση των αξιών θα μπορούσε να ερμηνευτεί καλύτερα στη συνάφεια του ιστορικού-φιλοσοφικού σχήματος της *ΔτΔ*. Πιστεύω πως η συσχέτιση αυτή επιβάλλεται κατ' αρχάς από το γεγονός

161. Βλέπε Νίτσε, ό.π.
162. Ό.π.

ότι, όπως προκύπτει από τη μέχρι τώρα ανάλυση, η σύλληψη της *ΔτΔ* θα ήταν αδύνατη δίχως το υπόβαθρο της νιτσεϊκής σκέψης και της ριζικής κριτικής της νεωτερικότητας. Μια πιθανή ένδειξη για την ορθότητα της συνάφειας μεταξύ της αυτοκαταστροφής του λόγου (του διαφωτισμού) και της διαδικασίας απαξίωσης των κυρίαρχων αξιών νοηματοδότησης του βίου και βιοπρακτικής ηθικής μάς παρέχει το γεγονός ότι ο Αντόρνο επιχειρεί να αναπτύξει τη θέση της διαλεκτικής του λόγου φιλοσοφικά-ιστορικά. Αρχής γενόμενης από τη μονιστική φιλοσοφία των Προσωκρατικών (π.χ. του Παρμενίδη) και διαπερνώντας την πλατωνική και αριστοτελική εξουσιαστική καθολικότητα της Ιδέας ή της έννοιας του γένους, τη νομιναλιστική κριτική των καθολικών εννοιών και την υπαγωγική σκέψη της υπερβατολογικής υποκειμενικότητας, και καταλήγοντας στο λογικό θετικισμό των προτάσεων –πρωτοκόλλων–, το κόκκινο νήμα αυτής της πορείας αποτελεί για τον Αντόρνο η προοδευτική εκκένωση της ουσίας του Λόγου φτάνοντας στα ιστορικά πλαίσια της νεωτερικότητας στην κυριολεκτική λατρεία της απογυμνωμένης από νοηματικούς και αξιακούς προσδιορισμούς δεδομενικότητας. Αν ο Αντόρνο διαβλέπει στην εξέλιξη αυτή το πεπρωμένο του εργαλειακά ακρωτηριασμένου Λόγου, τότε δεν είναι παρακινδυνευμένο να υποθέσουμε ότι υιοθετεί και προσαρμόζει στα πλαίσια του προγράμματος της *ΔτΔ* τη νιτσεϊκή κριτική του μηδενισμού, η οποία όπως θα δούμε αμέσως ασκείται πρωταρχικά στα συστήματα του φιλοσοφικού και ηθικού λόγου.

Πράγματι, ποια σκέψη του Νίτσε θα ήταν καταλληλότερη για τις επιχειρηματολογικές ανάγκες της *ΔτΔ* από αυτή σύμφωνα με την οποία πρέπει να δει κανείς «όλη την εξέλιξη της φιλοσοφίας ως εξέλιξη της θέλησης για δύναμη» καθώς και της τάσης της «να θέτει εαυτήν σε αμφισβήτηση»;[163] Για τον Νίτσε η φιλοσοφία ως πνευματικό ρεύμα πρέπει να καταταχθεί στο «μηδενιστικό κίνημα»,[164] διότι στον πυρήνα της λειτουργεί η αρχή που είναι υπεύθυνη για το μηδενισμό ως αυτο-αναιρετικό και αυτο-καταστροφικό φαινόμενο: η θέληση για αλήθεια. Στα πλαίσια της κριτικής του μηδενισμού[165] ο Νίτσε ανιχνεύει τη θέληση

163. Ό.π., σελ. 339.
164. Βλέπε Νίτσε, *KSA*, τόμ. 13, 19[8], σελ. 545.
165. Ό.π., 13[99], σελ. 46. Τα επόμενα παραθέματα στο ίδιο.

για αλήθεια πίσω από κάθε «πίστη στις κατηγορίες του Λόγου» και διαπιστώνει ότι υπάρχουν τρία κυρίως πεδία λειτουργίας του λόγου, όπου η θέληση για αλήθεια οδηγεί στην αυτοαναίρεση του, δηλ. στο μηδενισμό. Ο Λόγος

α) υποτάσσει το γίγνεσθαι στην κατηγορία του σκοπού,

β) σφραγίζει όλες τις χρονικές ροϊκότητες με την κατηγορία της συστηματικής ενότητας και οργανικής ολότητας, και

γ) (αφού αποδείχτηκε ότι και οι δύο αυτές συστηματοποιήσεις του Λόγου αποτελούν μυθεύματα) επιχειρεί ένα μεταφυσικό χωρισμό, μεταθέτοντας όλες τις σκοποθεσίες και ενοποιήσεις σε έναν «αληθινό κόσμο».

Η αυτοαμφισβήτηση στην οποία υποβάλλεται η θέληση της αλήθειας γίνεται αναπόδραστη στο σημείο που εξαναγκάζεται να παραδεχτεί πως όλες οι θέσεις του λόγου, είτε πρόκειται για νοηματικές ενότητες και συνεκτικές σκοποθεσίες, είτε πρόκειται για ολοποιητικά προγράμματα, έχουν ουσιαστικά τεθεί σε οριστική διαθεσιμότητα και ριζική αμφισβήτηση από το μοντέρνο πνεύμα. Με αυτήν ακριβώς την έννοια ο Νίτσε είναι σε θέση να διαπιστώσει πως η θέληση για αλήθεια, η οποία βέβαια ανήκει στον πυρήνα των φιλοσοφικών κοσμοαντιλήψεων, στρέφεται ενάντια στην ίδια τη φιλοσοφία και τις κατηγορίες του λόγου, εξωθώντας τα πράγματα στο σημείο όπου οι αξίες, στις οποίες ο Νίτσε βλέπει κωδικοποιημένες της αρχές του σκοπού και της ενότητας που ο Λόγος προβάλλει στον κόσμο, «πρέπει πάραυτα να ανακληθούν». Ο κόσμος βέβαια μπορεί μετά την απόσυρση αυτή να φαίνεται «κενός αξιών», για τη θέληση για αλήθεια η εξέλιξη αυτή δεν αποτελεί όμως καθόλου ρήγμα και τομή στο πώς κατανοεί τον κόσμο. Και αυτό διότι στην έσχατή της απόληξη δεν σημαίνει τίποτα άλλο από την παραδοχή ότι η αποδυνάμωση, μέχρι σημείου ακύρωσης των κατηγοριών του λόγου, δεν αποτελεί λόγο «να απορρίψει κανείς τα πάντα ως στερούμενα αξίας». Για τον Νίτσε αυτό που απαξιώνεται είναι αποκλειστικά ένας τρόπος κατανόησης του κόσμου για τον οποίο η αλήθεια νοηματοδοτείται ως κάτι το οποίο μπορεί και πρέπει κανείς να προσεγγίσει διαμέσου μιας συστηματικής και μεθοδικής διαδικασίας.

Τώρα το πώς η θέληση για αλήθεια, νοούμενη ως κατεύθυνση *προς κάτι*, το οποίο μπορεί κανείς να οικειοποιηθεί όπως κάτι το δεδομένο, διενεργείται, φαίνεται παραστατικά στη σύντομη ιστορία της φιλοσοφίας που διηγείται ο Νίτσε με τίτλο «Ιστορία μιας πλάνης».[166] Η σύντομη αυτή ιστορία διόλου δεν σημαίνει ότι το ιστορικό εύρος των μορφών της θέλησης για αλήθεια είναι περιορισμένο. Αντίθετα, η ματιά του Νίτσε εκτείνεται πολύ μακρύτερα από το νεωτερικό μηδενισμό, προετοιμάζοντας κατά έναν τρόπο το έδαφος για το καθολικό σχήμα της *ΔτΔ*, σύμφωνα με το οποίο η φιλοσοφική αυταπαξίωση παίρνει διαστάσεις ιστορικής διαδικασίας που ταυτίζεται με την ολότητα του ανθρώπινου πολιτισμού. Στο μικρό αυτό κείμενο ο Νίτσε επιχειρεί μια ανασκόπηση όλων εκείνων των (φιλοσοφικών) μορφωμάτων στην ιστορική διαδοχή των οποίων διαγιγνώσκεται η αυτοαναιρετική τάση που ενυπάρχει στη θέληση για αλήθεια, ως διαδικασία κατά την οποία τα πράγματα γίνονται σταθερά και διαρκή.[167]

Η πρώτη μορφή της θέλησης για αλήθεια –σύμφωνα με τον Νίτσε η πλατωνική φιλοσοφία– αποτελεί κάτι στο οποίο ο ανθρώπινος νους όχι μόνο έχει πρόσβαση, αλλά και κατακτά διαμέσου ακριβώς της θέασης είτε των Ιδεών είτε της κοσμικής τάξης, στην οποία το υποκείμενο είναι ενταγμένο ως μέρος ενός ηθικού σύμπαντος. Προσβατή είναι η αλήθεια μόνο σε εκείνον ο οποίος διάγει βίο αποκλειστικά προσανατολισμένο στο αγαθό (δηλ. στην ύψιστη βαθμίδα τόσο της γνώσης όσο και της ηθικής). Με την επόμενη μορφή αλήθειας στη μικρή αυτή συλλογή κοσμοϊστορικών σφαλμάτων συντελείται μια σημαντική μετατόπιση όσον αφορά την ιδέα της αλήθειας ως κάτι το κατακτήσιμο. Η αλήθεια παραμένει προσβατή, βέβαια μόνο για την αγωγή του βίου με ύψιστο σκοπό το αγαθό, το ιστορικό-βιωματικό παρόν όμως παύει να είναι ο χώρος όπου η αλήθεια διενεργείται ως μέθεξη στο αγαθό. Το χριστιανικό κοσμοείδωλο επιφέρει ένα σχίσμα μεταξύ του αληθότροπου και σύστοιχου με τα χρηστά ήθη βίου από τη μια, και της αλήθειας από την άλλη πλευρά, η οποία τώρα μετατοπίζεται στο τελικό σημείο ενός χρονικού άξονα και συγκεκριμένα ως κάτι που ενδέχεται η ανθρώπινη ύπαρξη να φτάσει – ο Νίτσε γράφει ότι η μορφή αυτή της αλήθειας προ-

166. Βλέπε *Πώς ο «αληθινός κόσμος» έγινε τελικά μύθος*, στο: *Λυκόφως των ειδώλων*, σελ. 34-35. Για μια μεταφυσικο-κριτική ανάγνωση του μικρού αυτού κειμένου, βλέπε παρακάτω κεφ. 4.5.1.

167. Βλέπε Νίτσε, *KSA*, τόμ. 12, 9[91], σελ. 384.

σφέρεται στον άνθρωπο ως υπόσχεση, δηλ. μια μελλοντικά πιθανή αμοιβή και ταυτόχρονα επιστέγασμα της τελειότητας της αγαθής ζωής. Στο επόμενο εξελικτικό στάδιο της θέλησης για αλήθεια η τομή που επέφερε το χριστιανιακό ήθος του βίου μεταξύ παροντικής ζωής και μελλοντικής τελειότητας βαθαίνει τόσο, ώστε αποκόπτεται πια κάθε σύνδεση μεταξύ της αληθότροπης ζωής και της επέκεινα (σωτηριολογικής) αλήθειας.

Ο Νίτσε διαβλέπει στην καντιανή φιλοσοφία μια ριζοσπαστικοποίηση της δύναμης για αλήθεια, στο βαθμό που *α)* ο θεωρητικός-ηθικός λόγος δεν μπορεί πια να ελπίζει ότι θα μετάσχει κάποτε του γεγονότος της αλήθειας. Αντίθετα, είναι αναγκασμένος *β)* να παραχωρήσει τη θέση του στην πίστη σύμφωνα με την οποία ο άνθρωπος μπορεί παρ' όλα αυτά να θεαθεί την απροσπέλαστη πια αλήθεια στο βαθμό που ως (υπερβατολογικά) ηθικό ον δρα στο βασίλειο των καθαρών σκοπών υποτασσόμενος στην κατηγορική προστακτική της ατελεύτητης προσέγγισης του αληθινού.

Η επόμενη μορφή θέλησης για αλήθεια αντίθετα δεν θέλει να ξέρει τίποτα για τέτοιου είδους προσεγγίσεις: αντί να αναζητά κάποια οριστική, αλλά απροσπέλαστη, δηλ. για την ίδια ριζικά «άγνωστη» αλήθεια, προτιμά να ικανοποιείται με μικρές, αλλά γνωστές και αληθοφανείς διαπιστώσεις. Κατά τον Νίτσε με το θετικιστικό ήθος η δύναμη για αλήθεια εισέρχεται σε ένα νέο στάδιο ακόμη εντονότερης αυτοαμφισβήτησης, εφόσον στο όνομα των ήδη κεκτημένων βεβαιοτήτων όλα όσα θεωρούνταν ως τότε αναγκαία στην προσέγγιση της αλήθειας, απορρίπτονται ως ψευδεπίγραφες υποσχέσεις.[168] Με το θετικισμό η θέληση για αλήθεια αγγίζει το τελευταίο στάδιο αυτοαμφισβήτησης, καθώς ο επιστημονισμός του θετικισμού παραγκωνίζει για πάντα κάθε σύλληψη της αλήθειας ως κάτι «το οποίο θα επιτευχθεί μέσα από μια διαδικασία»,[169] δηλ. ως κάτι στέρεο και διαρκές, ως δυνητικό αντικείμενο κτήσης. Η δύναμη για αλήθεια στρέφεται εναντίον του εαυτού της, απορρίπτοντας τις προηγούμενες μορφές της, οι οποίες εκκινούνταν από

168. Για τις απόψεις του Νίτσε πάνω στο θετικισμό βλέπε σχετικά την ερμηνεία του Χάιντεγκερ στο δίτομο έργο *Νίτσε*, που αποτελείται από παραδόσεις κατά τη διάρκεια της δεκαετίας του '30: συγκεκριμένα, τόμ. Ι, σελ. 177 κ.ε.

169. Βλέπε Νίτσε, *KSA*, τόμ. 12, 11[99], σελ. 46.

την ιδέα της αλήθειας ως δυνητικά αντικειμενική κατάκτηση. Αυτή την τελευταία μορφή στη διαδικασία αυτοαναίρεσης της αλήθειας ως αντικειμενικής κτήσης, μορφή που αναγγέλλουν τα ελεύθερα πνεύματα του νέου διαφωτισμού που ο Νίτσε βλέπει να ολοκληρώνονται στη δική του σκέψη, ο φιλόσοφος την περιγράφει ως κάτι «που πρέπει να φτιαχτεί και που είναι κατά κάποιο τρόπο διαδικασία, ή καλύτερα η θέληση για καθυπόταξη, που ως τέτοια δεν έχει τέλος: το πρόταγμα αλήθειας ως processus in infinitum, ενεργητικός καθορισμός, και όχι συνειδητοποίηση και αναγνώριση κάποιου πράγματος, το οποίο προϋπάρχει σταθερά και προσδιορισμένα».[170]

Μιας και η προβληματική της αλήθειας θα εξεταστεί διεξοδικότερα στα επόμενα κεφάλαια, περιορίζομαι εδώ να διαπραγματευτώ το ερώτημα του κατά πόσο η νιτσεϊκή διάγνωση της απαξίωσης και αυτοαναίρεσης της (γνωστικής, ηθικής, μεταφυσικής κτλ.) αλήθειας μας βοηθά να επανασκύψουμε ερμηνευτικά στο σχήμα της διαλεκτικής του διαφωτισμού. Αυτό αποκτά ιδιαίτερη σημασία αν σκεφτεί κανείς ότι η καθ' όλα απαισιόδοξη ερμηνεία που κάνει ο Αντόρνο όλης της μέχρι τότε ιστορίας δεν πρέπει αναγκαία να αποτελεί την τελευταία λέξη πάνω στο θέμα. Αν το αντορνικό σχήμα διαλεκτικής του διαφωτισμού νοηματοδοτεί τη βαθύτερη δομή της ιστορικότητας, στην οποία εδράζεται η μέχρι τώρα ιστορία του πολιτισμού, τότε μπορούμε πιστεύω χρησιμοποιώντας τις σκέψεις του Νίτσε για την αυτοαναιρετική πορεία της αλήθειας να διανοίξουμε μια περισσότερο αποδοτική προοπτική ερμηνείας αυτής της δομικής ιστορικότητας. Ακολουθώντας τους στοχασμούς του Νίτσε φάνηκε πως όλες οι παραδοσιακές αντιλήψεις περί αλήθειας εκκινούνται από μια σταθερή παραδοχή: η αλήθεια αποτελεί αντικειμενικά σταθερή υπόσταση, αμετάβλητο και αναγκαστικό σημείο αναφοράς όλων των γνωστικών διαδικασιών και αξιακών σκοποθετήσεων.

Στο τέλος της ιστορίας των σφαλερών αντιλήψεων γύρω από την αλήθεια ως υπόσταση ο Νίτσε θα ισχυριστεί δυναμικά πως το αληθινό δεν είναι κάτι το υποστατικά δεδομένο, αλλά υποστασιοποιείται ενεργούμενο ως στόχος και σκοποθεσία, δηλ. συγκροτείται ταυτόχρονα με τα γνωστικά, ηθικά, μεταφυσικά κτλ. ενεργήματα. Με αυτό τον ενεργηματικό-διαδι-

170. Ό.π., σελ. 385.

κασιακό τρόπο πρόσκτησης της αλήθειας ο Νίτσε εξασφαλίζει το έδαφος πάνω στο οποίο μπορεί να προβάλει πειστικά τη θέση πως στη διαδικασία της ιστορίας αναδύονται διαφορετικού είδους αναφορές στην αλήθεια ή στη γνώση, ότι στην ουσία δηλ. κάθε ιστορική συγκυρία ενέχει τη δυνατότητα διάνοιξης ενός νέου ορίζοντα αλήθειας. Σε αυτή τη συνάφεια ο Νίτσε κάνει μεν λόγο για διαδικασία, δίχως να εννοεί βέβαια αυτό που η παραδοσιακή αντίληψη της αλήθειας ήθελε ως ποσοτική αύξηση και ατελεύτητη κίνηση προς κάποιο είδος τελείωσης. Στο στόχαστρο της κριτικής του Νίτσε βρίσκεται ακριβώς κάθε κατανόηση της αλήθειας σύμφωνα με την οποία αλήθεια είναι κάτι που προϋπάρχει και μέσω της γνωστικής διαδικασίας φανερώνεται ή κατακτάται.

Ενάντια σε αυτή την ουσιοκρατική αλήθεια ο Νίτσε αντιπαραθέτει μια αντίληψη αλήθειας ως ιστορικού ενεργήματος, το οποίο βέβαια προ-θέτει στόχους, αυτό όμως δεν συμβαίνει κατά τρόπον ώστε η σκοπο- και στοχοθεσία να είναι ξεκομμένη από τη διαδικασία στην οποία στοιχειοθετείται, δηλ. να είναι εξωγενής του στοχοθετικού ενεργήματος. Αντίθετα, για τον Νίτσε στη γνωστική, ηθική-πρακτική, μεταφυσική κτλ. δράση όλες οι δεδομενικότητες εξανεμίζονται, ή, για να το διατυπώσουμε καλύτερα, τίθενται σε διαθεσιμότητα από τη θέληση για καθυπόταξη. Αν ο Νίτσε στοχάζεται τη διαδικασία ως in infinitum χρονική διέκταση, το κάνει όχι με την έννοια ενός συνεχούς και απεριόριστα διαρκούντος χρόνου, αλλά ως ατελεύτητο ενέργημα. Ό,τι πάλι κατά τη διάρκεια αυτού του ενεργήματος τείνει να σταθεροποιηθεί, δηλ. να παγιωθεί είτε ως αδιαμφισβήτητη δεδομενικότητα είτε ως αμετακίνητη στοχοθεσία, ανατρέπεται από τη θέληση για καθυπόταξη, δηλ. υποχρεώνεται να απεκδυθεί κάθε χαρακτήρα αυταπόδεικτου, μετατρεπόμενο σε γεγονός παροδικό, περιορισμένης χρονικής εμβέλειας.

Στο φως τώρα αυτής της διαδικαστικής σύλληψης του χρονικά απερίσταλτου ενεργήματος μπορεί κανείς να αποτιμήσει το πλήρες νόημα της θέλησης για αλήθεια – ας το δούμε πρώτα αρνητικά: ούτε περιγράφει τη σχέση μεταξύ ενός γνωστικού υποκειμένου προς την αλήθεια ως αντικειμενική και δεδομένη αναφορά των γνωστικών του βλέψεων, αλλά ούτε και υποδηλώνει ταύτιση αλήθειας και θέλησης. Το τελευταίο θα σήμαινε ότι αλήθεια και θέληση ταυτίζονται εκ των προτέρων, δηλ. το μόνο που συντελείται κατά τη διάρκεια των ενεργημάτων θα ήταν με εγελιανούς όρους η μετατροπή του καθ' εαυτό (An sich) σε δι' εαυτό (Für sich). Αντίθετα, η θέληση για αλήθεια ως παραγωγή καθορισμών και δημιουργίας είναι η ατελεύτητη διαδικασία κατά την οποία τίθενται και ανατρέπονται τα προτάγματα αλήθειας. Η θέληση για αλήθεια βρίσκεται σύμφωνα με τον Νίτσε διαρκώς πέρα από κάθε χρονικά συγκεκριμένο μόρφωμα λόγου αλήθειας, αφού κάθε συγκεκριμένη τάξη και συγκρότηση συστημάτων αλήθειας υπόκειται σε διαρκή ανάκληση. Η θέληση για αλήθεια διαμορφώνει τάξεις του λόγου, ώστε να μπορεί να τις υπερβαίνει. Απ' αυτό πηγάζει και η κριτική του Λόγου που ο Νίτσε ασκεί στη φιλοσοφική παράδοση: η *φιλοσοφία ενσαρκώνει το πνευματικό ενέργημα, στο οποίο μπορούμε να δούμε υποδειγματικά τη στάση απέναντι στην αλήθεια, στάση εναντίον της οποίας στρέφεται τελικά και με μηδενιστικά αποτελέσματα η θέληση για αλήθεια.* Όπως αναπτύσσεται στο κείμενο «Ο "Λόγος" στη φιλοσοφία», το οποίο βρίσκεται σε στενή θεματική συνάφεια με την *Ιστορία μιας πλάνης*, ο λόγος είναι η μορφή υποστασιοποίησης της αλήθειας σε καθεαυτό ον, στο οποίο πιστεύει απόλυτα η παραδοσιακή φιλοσοφική σκέψη, αποσιωπώντας βέβαια –ή ακόμα και διαγράφοντας– την ιστορικότητα των συνθηκών ανάδειξης της αλήθειας αυτής.[171] Ενάντια σε αυτό τον υποστασιοποιημένο Λόγο ο Νίτσε αντιπαραθέτει μια θέληση για αλήθεια ως αδιάκοπη εργασία αποδόμησης των υποστασιοποιήσεων, δηλ. κριτικής και υπέρβασης της αλήθειας ως καθεστωτικής τάξης.

Εδώ δημιουργείται η εντύπωση ότι αυτή η διαδικασία αδιάκοπης (αυτο)υπέρβασης δεν διαφέρει και πολύ από την άποψη του Αντόρνο για την ιστορία του διαφωτισμού ως διαδικασίας συνεχούς επίτασης. Προβάλλεται μια ομοιότητα της *Ιστορίας μιας πλάνης* προς τη *Διαλεκτική του Διαφωτισμού* – με τη διαφορά βέβαια ότι για τον Αντόρνο μετά από το θετικισμό ως μορφή της αλήθειας δεν παρουσιάζεται τίποτε άλλο: ούτε αρνητικά ως εμβάθυνση και ριζικότερη εκκένωση της ιδέας περί ενός «αντικειμενικού Λόγου», ούτε θετικά ως ανάδειξη μιας νέας αντίληψης περί αλήθειας και συνεπώς μιας νέας ερμηνείας του κόσμου,

171. Ο Νίτσε εντοπίζει τις συνθήκες αυτές σε συγκεκριμένες γραμματικές δομές της γλώσσας, οι οποίες τείνουν στο σχηματισμό μεταφυσικών οντοτήτων. Βλέπε *Λυκόφως των ειδώλων*, ό.π., σελ. 31-32.

η οποία θα έθετε τέρμα στο καθεστώς του λόγου ως κυριαρχία πάνω στη φύση και στο υποκείμενο. Βέβαια ο Αντόρνο αφήνει να διαγραφεί μια πιθανότητα ελπίδας, όταν μιλά για «ενθύμηση», δηλ. επανασυνειδητοποίηση της φυσικής του διάστασης από τη μεριά του πνεύματος. Αυτή η «ενθύμηση» δεν αποτελεί βέβαια τελεσίδικη άρση της κακοδαιμονίας του εργαλειακού λόγου, αλλά σίγουρα μια μορφή «συμφιλίωσης» μεταξύ του λόγου ως επέκεινα της φύσης και του λόγου ως εργαλειακής ορθολογικότητας, η οποία διαιωνίζει τα δεσμά της φύσης. Χωρίς να θέλω να στρέψω τον Νίτσε σε μετωπική αντιπαράθεση με τον Αντόρνο, παρ' όλα αυτά διαπιστώνω πως αν κανείς υιοθετήσει την άποψη του Νίτσε και συγκεκριμένα την αντίληψή του περί ιστορίας και αλήθειας, τότε πράγματι η επιθυμία του Αντόρνο για μια αυθεντική σχέση του ανθρώπου με τη φύση και τον κόσμο μόνο ισχνή παρηγορία μπορεί να είναι για τη σκέψη του, που –όπως θα ισχυριζόταν ο Νίτσε– δεν μπορεί να στηριχτεί στις κοσμο-νοηματοδοτικές της δυνάμεις, παραμένοντας έτσι δέσμια αρνητικών και ανέλπιδων πορισμάτων.

Πουθενά αλλού δεν φαίνεται κάτι τέτοιο καλύτερα απ' ό,τι στο γεγονός της μονομέρειας που χαρακτηρίζει την αντίληψη της *ΔτΔ*, η οποία περιορίζει τον ορίζοντα της προβληματικής της αλήθειας, που όπως είδαμε βάσει του κειμένου του Νίτσε *Ιστορία ενός σφάλματος* είναι αρκετά ευέλικτη ώστε να παρακάμπτει τις ακαμψίες και αγκυλώσεις κάθε λογής υποστασιοποιημένης τάξης του λόγου, συμπεριλαμβανομένων και φαινομένων όπως ο εργαλειακός λόγος της αστικής ορθολογικότητας. Από την άλλη πλευρά βέβαια δεν μπορεί κανείς να μεμφθεί τον Αντόρνο για ανιστορικότητα, δηλ. ότι με τη σειρά του υποστασιοποιεί μονομερώς τον υπεριστορικό χαρακτήρα του εργαλειακού λόγου. Ο Αντόρνο είναι αρκετά μαρξιστής για να γίνει αντικείμενο κριτικής λόγω τάχα παραγνώρισης της ιστορικής θέσμισης των συστημάτων σκέψης. Το θέμα είναι όντως πολύπλοκο, καθώς ο Αντόρνο, ενώ συλλαμβάνει τη διαλεκτική του διαφωτισμού ως ιστορική διαδικασία, αδυνατεί παρ' όλα αυτά να διαυγάσει την ιστορικότητα αυτή, όπως αδυνατεί και να αναδείξει την ιστορική διάσταση του διαφωτισμού στην αντιπαράθεσή του με το μύθο. Αναφορικά τώρα προς το πρώτο σκέλος πρέπει να παρατηρήσουμε πως το ιστορικό πλαίσιο των αρχών της δεκαετίας του '40 ήταν τόσο καθοριστικό, ώστε ο Αντόρνο να μην μπορεί να διακριβώσει με σαφήνεια το είδος εκείνο καταναγκασμού της σκέψης που επέβαλαν ο φασισμός, ο σταλινισμός και το Ολοκαύτωμα. Παρ' όλο το σεβασμό που εμπνέει η σκέψη των Αντόρνο και Χορκχάιμερ, σκέψη που προσπάθησε να διαυγάσει ριζικά και ασυμβίβαστα τις αιτίες που οδήγησαν τον πολιτισμό στη βαρβαρότητα, δεν πρέπει να παραγνωρίζεται το γεγονός ότι η τερατωδία που ενεχόταν στα συμβάντα επέδρασε παραλυτικά στη σκέψη τους. Ακριβώς γι' αυτόν το λόγο είναι αναγκαίο να αντιπαραθέσει κανείς στο μοντέλο ιστορικής καθολικότητας που διαγράφει η *ΔτΔ* για το λόγο ως υπεριστορική κυριαρχία την ιστορική συνείδηση του Νίτσε, η οποία μπορεί να λειτουργήσει ως διορθωτική παρέμβαση ενάντια σε κάθε απολυτοποίηση, όσο κι αν κάτι τέτοιο δικαιολογείται από τις ιστορικές τομές του 20ού αιώνα.

Στη βάση της νιτσεϊκής κριτικής του Λόγου μπορούμε επίσης να θεματοποιήσουμε και μια δεύτερη διάσταση ελλιπούς ιστορικότητας που χαρακτηρίζει τη *ΔτΔ*. Ας εξετάσουμε για άλλη μια φορά την ίδια την έννοια του διαφωτισμού, η οποία για τον Αντόρνο είναι σε τέτοιο βαθμό πωρωμένη από αντιδιαφωτιστικά, μυθικά χαρακτηριστικά, ώστε να επανέρχεται αναγκαστικά στους κόλπους του μύθου. Κατ' αρχάς πρέπει να τεθεί σε κριτική η χρήση που κάνει ο Αντόρνο της έννοιας του διαφωτισμού που επαναστρέφει στο μύθο. Στη *ΔτΔ* τόσο διαφωτισμός, όσο και μύθος εμφανίζονται με την εννοιακή μορφή ατομικών οντοτήτων. Οι δυο αυτές οντότητες είναι εννοιακά τόσο γενικές και περιεκτικές, ώστε να μπορούν να συμπεριλαμβάνουν όλες αδιακρίτως τις ιστορικές διαδικασίες, ενοποιώντας τες κάτω από το σχήμα ενός επεκτατικού και ανοδικού διαφωτισμού, ο οποίος όμως στο απόγειο του πολιτισμού αποδεικνύεται ότι είναι αυτό που ήταν πάντα: μύθος. Εδώ επομένως έχουμε να κάνουμε με εννοιακές υποστασιοποιήσεις. Απέναντι σε τέτοιες καθολικές γενικεύσεις το να ασκήσει κανείς κριτική είτε στον τρόπο πρόσληψης του μύθου από τον Αντόρνο, είτε στο ότι η ιστορική-φιλοσοφική ερμηνεία του διαφωτισμού εγείρει πνευματικές αξιώσεις που δεν είναι σε θέση να καλύψει, θα ήταν το λιγότερο. Αυτό που προέχει είναι να τεθεί στο στόχαστρο της κριτικής αυτή καθαυτή η στάση του Αντόρνο – στάση που χαρακτηρίζεται από αδιαφιλονίκητη βεβαιότητα. Αυτό που τροφοδοτεί τη βεβαιότητα τούτη είναι ότι το σχήμα ενός διαφωτισμού που επαναστρέφει στο μύθο αποτελεί κατά κάποιον τρόπο αναγκαία και καθολική ερμηνευτική αρχή σύνολης της ιστορικής πορείας του πολιτισμού. Παρά τη ριζικά κριτική της στάση η *ΔτΔ* δεν αποφεύγει τον κίνδυνο να *μετατραπεί το εννοιακό ζεύγος διαφωτισμός-μύθος σε υπερβατολογική-υπεριστορική νοηματοδότηση*, της οποίας το ερμηνευτικό κύρος είναι υποχρεωτικά αναμφισβήτητο.

Αν έμπαινε κανείς στον πειρασμό να ωθήσει στα άκρα τις κριτικές αυτές παρατηρήσεις, θα μπορούσε να τονίσει ότι η κριτική του Λόγου που ασκείται από τη *ΔτΔ* προσλαμβάνει με τη σειρά της αναντίρρητα μυθικά γνωρίσματα. Μπορούμε δηλ. αντιστρέφοντας τα πρόσημα να προσάψουμε στην κριτική της *ΔτΔ*, ότι στα καθολικά της σχήματα (π.χ. η ανακύκληση του πεπρωμένου, η αρχή του ισότιμου και της ταυτιστικής λογικής, οι φυσικοί καταναγκασμοί που αναπαράγονται μέσα από τις έννοιες του εργαλειακού λόγου, κτλ.) παγιώνεται ό,τι ακριβώς καταδικάζεται. Αν στο σημείο αυτό θα μπορούσαμε να κάνουμε λόγο, όπως ο Χάμπερμας, για μια τελευταία προσπάθεια του λόγου να ασκήσει διαφωτιστική κριτική ακόμα και ενάντια στον εαυτό του,[172] κάτι τέτοιο θα επιτυγχανόταν, πιστεύω, μονάχα σύμφωνα προς τη νιτσεϊκή έννοια της θέλησης για αλήθεια ως κατάκτηση μιας αντικειμενικής υπόστασης. Εάν τούτη η παρατήρηση ευσταθεί, τότε μπορεί κάποιος να εξετάσει την κεντρική ιδέα της *ΔτΔ*, δηλ. τη μετατροπή του μύθου σε διαφωτισμό και αντίστροφα, σύμφωνα με τις νιτσεϊκές διαπιστώσεις από το *Ιστορία ενός σφάλματος*. Όπως στο κείμενο του Νίτσε η επίταση της θέλησης για αλήθεια φτάνει σε ένα έσχατο σημείο, όπου γίνεται φανερή η ουσία κάθε αλήθειας, έτσι και στην περίπτωση της *ΔτΔ* η έσχατη διάγνωση του διαφωτισμού ως αναπόδραστα μυθικού φανερώνει ότι η σκέψη έχει ωθήσει την αυτοαναίρεσή της σε τέτοιο σημείο, ώστε να προβάλλει επιτακτικά το καθήκον της ριζικής επανεξέτασης της αλήθειας.

Η επανεξέταση και η αυτοκριτική του πνεύματος δεν είναι υποχρεωτικό, όπως διατείνεται η *ΔτΔ*, να λάβει τη μορφή ενός ριζικού αφοπλισμού ή μιας αυτοκαθαίρεσης του λόγου. Όπως δείχνει η κριτική που ασκεί ο Νίτσε στις εννοιακές υποστασιοποιήσεις,[173] επιχειρηματο-

---

172. Βλέπε *Ο φιλοσοφικός Λόγος της νεωτερικότητας*, σελ. 154 κ.ε.

173. Βλέπε *KSA*, τόμ. 5, *Von den Vorutheilen der Philosophen*, τόμ. 5., σελ. 35 κ.ε. Βλέπε *Πέρα από το καλό και το κακό*, σελ. 31 κ.ε.

λογίες όπως αυτή της *ΔτΔ* εδράζονται πάνω σε ένα είδος αυτονόμησης των εννοιακών εργαλείων: αυτό σημαίνει ότι στην ερμηνευτική νοηματοδότηση των φαινομένων η εννοιολογία ενίοτε ανεξαρτητοποιείται από την ερμηνευτική της λειτουργία και υποστασιοποιείται σε άκαμπτο σύστημα αυταπόδεικτων βεβαιοτήτων. Δεν είναι δύσκολο να αντιληφθούμε πως από αυτή την υποστασιοποίηση μέχρι τη μυθική σκέψη[174] η απόσταση δεν είναι μεγάλη.

Με βάση τους νιτσεϊκούς αυτούς στοχασμούς διαπιστώνουμε ότι όσον αφορά επιχειρηματολογικά σχήματα όπως αυτό της καθολικής διαλεκτικής του διαφωτισμού τα πράγματα λειτουργούν μάλλον αντίστροφα: δεν είναι δηλ. ο διαφωτισμός που αποδεικνύεται μύθος, αλλά η ίδια η αντίληψη περί μύθου που ενέχεται στη *ΔτΔ* αποκτά το μυθικό γνώρισμα της αναπόδραστης αναγκαιότητας. Σύνολη η κριτική του Αντόρνο ενάντια στον ταυτιστικό λόγο εδράζεται πάνω στην έννοια του μύθου ως αναπόδραστου καταναγκασμού. Συνεπώς η κριτική στη σύλληψη της *ΔτΔ*, πως δηλ. δεν παρέχει δυνατότητες απεμπλοκής του διαφωτισμού από τους εξαναγκασμούς του μύθου, είναι αρκετά «ανώδυνη» σε σχέση με τη νιτσεϊκή κριτική του Λόγου, η οποία δεν υποπίπτει στο σφάλμα να πιστέψει ότι πηγαίνοντας πίσω από την πολλαπλότητα των ιστορικών διαδικασιών και των ενεργημάτων διαφωτιστικού λόγου θα κατακτήσει μια συστηματική ενότητα και εννοιακή διαφάνεια που απαιτείται ώστε να νοηματοδοτηθεί συνολικά η ιστορική πορεία του πολιτισμού. Αυτό που αντιτάσσει η κριτική του Λόγου δεν είναι μια συνειδητοποίηση ή ενθύμηση του πνεύματος των φυσικών του καθορισμών (όπως γίνεται στη *ΔτΔ*), αλλά όπως πιστεύει ο Νίτσε η συνειδητοποίηση πως η ιστορική αλήθεια της σκέψης συνίσταται στην κριτική της ικανότητα να διαρρηγνύει τις επιφάσεις και τις υποστασιοποιήσεις κάθε αυτονομημένης τάξης της αλήθειας.

Η κριτική του Λόγου όπως διενεργείται από τον Νίτσε είναι κατά τη γνώμη μου πιο αποδοτική ακόμα και όταν πρόκειται για το Διαφωτισμό ως ιστορικά εντοπίσιμο φαινόμενο. Ότι στην προοπτική της *ΔτΔ* η ιστορική διάσταση του Διαφωτισμού κατά κάποιον τρόπο εξανεμίζεται, το διαπιστώνει κανείς στο φως όσων προηγήθηκαν. Αν και, ή καλύτε-

174. Βλέπε ό.π.

ρα, ακριβώς επειδή ο Νίτσε δεν χρησιμοποιεί μεγαλόπνοα ιστορικά-φιλοσοφικά σχήματα για να συλλάβει τη δομική λογική του διαφωτισμού, αναπτύσσει ευκολότερα ένα ευαίσθητο αισθητήριο για την ιστορική συγκυριακότητα των διαφωτιστικών ενεργημάτων. Τη «διαλεκτική του διαφωτισμού» ως καθολικό ερμηνευτικό σχήμα δεν το χρειάζεται ο Νίτσε, διότι, όπως είδαμε, κατανοεί το διαφωτισμό ως συγκυριακή σύμπλεξη «προόδου» και «αντίδρασης». Γι' αυτόν το λόγο, το ενδεχόμενο να καταντήσει η προοδευτική συνείδηση αντιδραστική στάση αυτάρεσκης βεβαιότητας τον προφυλάσσει από το να καταφύγει σε σχήματα διαλεκτικής αυτοαναίρεσης, αποδίδοντας, όπως κάνουν οι συγγραφείς της *ΔτΔ*, στην προοδευτική εξέλιξη του διαφωτισμού (και της ορθολογικότητας) τάσεις επαναστροφής και ταύτισης με το μύθο. Μια κριτική στις τάσεις αυτονόμησης και υποσταστασιοποίησης που ενέχονται σε κάθε πρόταγμα ερμηνείας του κόσμου και συνάμα η πεποίθηση στην ικανότητα της σκέψης να υπερβαίνει τις μονομέρειες των υποστασιοποιημένων σχημάτων· μια σκέψη που είναι σε θέση να παραδεχτεί πως μπορεί να εγείρει αξίωση στην αλήθεια ως πλέγμα νοηματοδοτήσεων, το οποίο (πρέπει να) τίθεται διαρκώς σε κριτική αμφισβήτηση και άρση – όλα αυτά συνθέτουν κατά τη γνώμη μου μια καθόλου ευκαταφρόνητη πρόταση για τη διαμόρφωση μιας κριτικής του Λόγου, προσφέροντας έτσι κάτι πιο ελπιδοφόρο για την κριτική του Λόγου απ' όσα κληροδοτεί η *ΔτΔ* στην κριτική σκέψη.

3. Κριτική της μεταφυσικής ως διάσωση της υπέρβασης

Η ερωτηματοθεσία μέσω της οποίας επιχειρείται στο κεφάλαιο αυτό η διαπραγμάτευση της *Αρνητικής Διαλεκτικής* (*ΑΔ*) του Αντόρνο, επικεντρώνεται στο ερώτημα κατά πόσο θα ήταν δυνατή μια θεώρηση της μεταφυσικής η οποία, αν και θα διαπίστωνε την έκπτωση του μεταφυσικού λόγου, θα ανέπτυσσε εντούτοις μια φιλοσοφική κριτική που θα βασιζόταν στο δυναμικό υπέρβασης που ενέχεται στη μεταφυσική σκέψη. Οι θέσεις που αναπτύσσονται στο κεφάλαιο αυτό εδράζονται στο συλλογισμό ότι ο προβληματισμός του Αντόρνο

α) περιστρέφεται μεν γύρω από μια φιλοσοφική κριτική, η οποία ως αρνητική διαλεκτική καταγράφει τα αδιέξοδα του παραδοσιακού μεταφυσικού στοχασμού, αλλά

β) θέτει πάραυτα ως στόχο ένα είδος διάσωσης της μεταφυσικής σκέψης.

Η διάσωση αυτή διενεργείται μέσα από μια ριζική κριτική των παραδοσιακών μεταφυσικών συστημάτων του κλασικού γερμανικού ιδεαλισμού. Για τη στοχοθεσία αυτή του Αντόρνο χαρακτηριστική είναι η διατύπωση του φιλοσόφου στο τέλος της *ΑΔ*, ότι η αρνητική-διαλεκτική σκέψη είναι «αλληλέγγυα με τη μεταφυσική τη στιγμή της πτώσης της». (400)[175] Η στάση που εκφράζεται με την πρόταση αυτή πρέπει πιστεύω να θεωρηθεί ακρογωνιαίος λίθος της φιλοσοφικής κριτικής και συνακόλουθα να τεθεί στο κέντρο των θεωρητικών αναζητήσεων για τη δυνατότητα μιας σύγχρονης μεταφυσικής σκέψης. Η ερμηνευτική πρόταση που

175. Τα παραθέματα σε παρενθέσεις προέρχονται από το Αντόρνο, *Negative Dialektik*, *Gesammelte Werke*, τόμ. 6. Όπου ο τίτλος των έργων είναι στα ελληνικά, χρησιμοποιώ την ελληνική μετάφραση.

αναπτύσσω βασίζεται στην πεποίθηση ότι ο προβληματισμός πάνω στη δυνατότητα μιας κριτικής μεταφυσικής κατέχει κεντρική σημασία στο ύστερο έργο του Αντόρνο. Συνακόλουθα θέλω να προτείνω μια κάπως διαφορετική από τα καθιερωμένα πρόσβαση στην *ΑΔ*. Σε αντίθεση με τη φιλοσοφική έρευνα που επικεντρώνεται σχεδόν αποκλειστικά στην αντιπαράθεση του Αντόρνο με την εγελιανή φιλοσοφική διαλεκτική, η ερμηνεία που προτείνω επικεντρώνεται στους προβληματισμούς του Αντόρνο για τη μεταφυσική. Στα πλαίσια της ερμηνείας αυτής υποστηρίζω τη θέση ότι η αντιπαράθεση του Αντόρνο με τη μεταφυσική αποτελεί το στοχαστικό υπόστρωμα πάνω στο οποίο εκδιπλώνονται οι έννοιες και οι κατηγορίες του σχεδιάσματος της *ΑΔ*. Ο λόγος γι' αυτό είναι ότι μόνο στο πλαίσιο του στοχασμού του Αντόρνο πάνω στο ερώτημα μιας εκ νέου θεμελιώσιμης μεταφυσικής αποκτά η αρνητική μέθοδος της διαλεκτικής του δεύτερου μέρους του βιβλίου μια σταθερή βάση φιλοσοφικής τεκμηρίωσης. Θεωρώ το τρίτο μοντέλο αρνητικής διαλεκτικής, τους *Στοχασμούς για τη μεταφυσική*, αφετηριακό σημείο για την ερμηνεία του κειμένου. Ξεκινώντας από την ερμηνεία των *Στοχασμών* επιχειρώ σε ένα δεύτερο βήμα την εξέταση του εννοιακού οικοδομήματος της *ΑΔ*.

3.1. Διάγνωση της κατάστασης της μεταφυσικής

Με τους *Στοχασμούς για τη μεταφυσική* ο Αντόρνο προτείνει ένα μοντέλο διαλεκτικής φιλοσοφίας το οποίο διαγράφει το πλαίσιο εντός του οποίου θα μπορεί να τεθεί εκ νέου το ερώτημα για τη δυνατότητα ύπαρξης μεταφυσικής. Σύμφωνα με τον Αντόρνο το ερώτημα αυτό αποκτά για τη σύγχρονη φιλοσοφική σκέψη πρόσθετη επιτακτικότητα εξαιτίας του ότι οι ιστορικές τομές του αιώνα καταδικάζουν σε αδιάντροπη αμετροέπεια «κάθε είδος νοηματοδότητης της ενδοκοσμικής εμμένειας, η οποία θα έλαμπε υπό το φωτοστέφανο μιας καταφατικά τιθέμενης υπέρβασης» (354). Για το λόγο αυτό ο Αντόρνο θεωρεί ότι η φιλοσοφική σκέψη χρειάζεται να αντιμετωπίσει πρωταρχικά όχι το ερώτημα του *πώς* θα ήταν δυνατή η μεταφυσική στη σύγχρονη κοσμοϊστορική συγκυρία. Αντίθετα, στο φως όσων συνέβησαν η σκέψη της φιλοσοφίας βρίσκεται αντιμέτωπη με ένα πολύ πιο ριζικό ερώτημα, αν δηλ.

η μεταφυσική εξακολουθεί εν γένει να έχει λόγο ύπαρξης. Το ερώτημα τίθεται τόσο επιτακτικά, ώστε να παίρνει τη μορφή ενός σχεδόν αναπόδραστου γεγονότος που αφαιρεί από το φιλοσοφικό στοχασμό της μεταφυσικής τις αξιώσεις κάθε δικαιώματος ύπαρξης.[176]

Αυτή η αμφισβήτηση του μεταφυσικού στοχασμού, την οποία ο Αντόρνο καταγράφει με ιδιαίτερα δραστικούς όρους, δεν απορρέει από το είδος εκείνο της κριτικής που θυμίζοντας τη νομιναλιστική αποδόμηση των universalia ανατρέπει τις νοηματοδοτικές αξιώσεις των μεταφυσικών συστημάτων. Για τον Αντόρνο η έκπτωση του μεταφυσικού λόγου πηγάζει ουσιαστικά από το ότι η μεταφυσική ως μορφή σκέψης έχει αποκοπεί ολοκληρωτικά από τη ζωντανή εμπειρία. Το καντιανό εγχείρημα μιας υπερβατολογικής θεμελίωσης της μεταφυσικής σκέψης αντλούσε ακόμα στοχαστικές δυνάμεις από την ιστορική-ιδεολογική πρόοδο του διαφωτισμού και συνακόλουθα εκκινείτο από την πεποίθηση πως η μεταφυσική ως φυσική ροπή του ανθρώπου χρειαζόταν απλά στέρεες και προσαρμοσμένες βάσεις στις βεβαιότητες της νέας επιστήμης. Ο Αντόρνο αντίθετα διαπιστώνει ότι η μεταφυσική σκέψη δεν είναι πια σε θέση να αναπτύξει ένα στοχασμό ο οποίος θα ξεκινά μεν από την εμπειρία, αλλά ταυτόχρονα θα την υπερβαίνει: «Η ικανότητα για μεταφυσική σκέψη έχει παραλύσει, γιατί αυτό που συνέβη κατέστρεψε τις βάσεις της ενότητας μεταξύ της εμπειρίας και της θεωρησιαρχικής μεταφυσικής σκέψης». (ό.π.)

Η ερμηνεία αυτής της ατροφίας του αποκομμένου από το πλέγμα της ζωντανής εμπειρίας μεταφυσικού στοχασμού στηρίζεται σε δύο υποθέσεις: η πρώτη έχει περισσότερο να κάνει με μια ιστορική διάγνωση, η οποία εντοπίζει την ανικανότητα της μεταφυσικής σκέψης στο πολιτισμικό ρήγμα που αποτέλεσαν τόσο ο Πόλεμος όσο και το Ολοκαύτωμα. Αν η σκέψη της μεταφυσικής αφορά την υπερβατική κίνηση *μετά τα φυσικά*, τότε μετά από τις ολοκληρωτικές εξοντώσεις η ανθρωπότητα έχει για τον Αντόρνο χωρίς αμφιβολία υποβαθμιστεί στο ζωικό επίπεδο της απλής *φύσης*, για την οποία υπέρβαση σημαίνει απλά την καθολική εξαφάνιση, ή τον ισοπεδωτικό θάνατο. Υπόδηλη στη σκέψη αυτή είναι μια θέση που ο Αντόρνο είχε διατυπώσει ιστορικά-φιλοσοφικά στη *ΔτΔ*: η

176. Βλέπε *Negative Dialektik*, ό.π., σελ. 364 κ.ε.

ολοκληρωτική εξόντωση της ζωής δεν αποτελεί παρά συνέπεια της ολοκληρωτικής επικράτησης του ισοπεδωτικού ταυτιστικού λόγου. Η πρόοδος της ταυτιστικής λογικής, η οποία παραλύει τη δυναμική της μεταφυσικής, καθώς αποστερεί από το θάνατο ακόμα και τη μεταφυσική του διάσταση, αποτελεί με αυτό τον τρόπο το συνδετικό κρίκο για τη καθολική διάγνωση του Αντόρνο, η οποία συμπεριλαμβάνει τόσο μια ολική θεώρηση της ιστορικής-πνευματικής εξέλιξης, όσο και βασικές ανθρωπολογικές υποθέσεις για τη σχέση φύσης και πνεύματος.

Η δεύτερη τώρα υπόθεση που κάνει ο Αντόρνο για να ερμηνεύσει την παράλυση του μεταφυσικού λόγου αφορά αυτό που στον ένατο στοχασμό ονομάζει «ακύρωση» (Neutralisierung) (386), θεωρώντας την ενδεικτική της βαθιάς και καθολικής μεταβολής της αξίας του πνευματικού στοιχείου στα πλαίσια της νεωτερικότητας. Τόσο η μεταφυσική όσο και η τέχνη αποτελούν τις μορφές εκείνες του αντικειμενικού πνεύματος οι οποίες υφίστανται την ακύρωση του πνευματικού στοιχείου με ιδιαίτερη ένταση. Για τον Αντόρνο αυτό οφείλεται στο ότι η διαδικασία επικράτησης των αρχών της ορθολογικότητας και της θεσμικής της κατοχύρωσης συνοδεύεται από ένα είδος ανεστιότητας του πνεύματος. Κατά παράδοξο τρόπο η πρόοδος της ορθολογικότητας στερεί από το πνεύμα τη δυναμική υπέρβασης του απλά υπάρχοντος, αφαιρώντας του έτσι τον πολιτισμικά παγιωμένο του ρόλο ως καθολικής νοηματοδότησης της πραγματικότητας, αλλά και προσύλληψης και πρόταξης στόχων και ιδανικών, τα οποία υπερβαίνουν τα ιστορικά κεκτημένα. Περιορισμένες στα στενά όρια της κοινωνικά λειτουργικής χρησιμότητας, η τέχνη καταντά απλά αισθητική κρίση χωρίς κανένα ενδιαφέρον[177] και η φιλοσοφία μετατρέπεται απλά σε στοχαστικό παιχνίδι.

Ο Αντόρνο βέβαια δεν περιορίζεται σε αυτή την ιστορική-πνευματική διάγνωση «ακύρωσης», δηλ. απόρριψης της αξίωσης της σκέψης να υπερβαίνει το υπάρχον. Απλές διαπιστώσεις του είδους αυτού δεν του αρκούν, κι αυτό για δύο λόγους: πρώτα πρώτα, δεν μπορούμε να υποστηρίξουμε ότι γενικά στα πλαίσια των σύγχρονων οργανωτικών δομών του κοινωνικού συνόλου οι μεταφυσικοί προβληματισμοί είχαν κάπο-

---

177. Ο Αντόρνο αναφέρεται στην αισθητική σύλληψη του Καντ, όπως αυτή εκφράζεται στην *Κριτική της κριτικής ικανότητας*. Βλέπε (ελλ. μτφρ.) ό.π., σελ. 75 κ.ε.

τε τη δυνατότητα δημιουργικής μετεξέλιξης. Επιπλέον είναι πεισμένος ότι το γεγονός της κοινωνικά προσδιορισμένης ακύρωσης του πνευματικού προσβάλλει τον ίδιο τον πυρήνα της μεταφυσικής. Συνακόλουθα ο Αντόρνο επεκτείνει την ισχύ της θέσης περί «ακύρωσης» πέρα από τα όρια ενός κοινωνικού-ιστορικού προβληματισμού επιδιώκοντας μια καθολικότερη ερμηνευτική θεώρηση στην οποία προσδίδει χαρακτηριστικά ανθρωπολογικών συνθηκών.[178] Το ερμηνευτικό του αυτό εγχείρημα εδράζεται στη θεώρηση ότι η «ακύρωση» του πνεύματος ή της μεταφυσικής πρέπει να αποδοθεί σε μια φυσική-ιστορική αναγκαιότητα, την οποία σφραγίζει η αντίθεση μεταξύ της αυτοσυνείδησης του ανθρώπινου γένους από τη μια, και της εμπειρίας της παροδικότητας που χαρακτηρίζει τον άνθρωπο ως φυσικό ον από την άλλη. Ο Αντόρνο διερωτάται «αν το ιστορικό-εξελικτικό πέρασμα της ανθρωπότητας στο στάδιο εκείνο όπου απέκτησε συνείδηση του εαυτού της και συνάμα του θανάτου δεν είναι μάλλον αυτό που ευθύνεται για το γεγονός ότι η αυτοσυνείδηση αυτή αντιτίθεται στο φυσικό-ζωικό χαρακτήρα του ανθρώπου, χαρακτήρας που από την άλλη αφαιρεί από τον άνθρωπο τη δυνατότητα να βιώνει υποφέροντας τη συνείδηση της θνησιμότητάς του». (388)

Εκκινώντας από την ιδιάζουσα συνάφεια μεταξύ αυτοσυνειδησίας και συνείδησης του θανάτου ο Αντόρνο εντάσσει τους προβληματισμούς του περί θανάτου (*Στοχασμός* 1 και 3) στο σχήμα μιας ριζικά δισεπίλυτης αντίθεσης. Η αντίθεση αυτή εντοπίζεται στην επιχειρηματολογία του Αντόρνο πως *α)* συνείδηση και βεβαιότητα του θανάτου συμπλέκονται ανταγωνιστικά και *β)* η συνείδηση του θανάτου, αν και εφαλτήριο για μεταφυσικές σκέψεις, ενόψει των ολοκληρωτικών εμπειριών θανάτωσης και γενοκτονίας δεν μπορεί πια να αποδεσμεύσει καμία δυναμική μεταφυσικής σκέψης. Στο βαθμό αυτό η θέση του Αντόρ-

178. Κατά τη γνώμη μου αυτή η στρατηγική ανθρωπολογικής θεμελίωσης της έκπτωσης του πνευματικού δεν αποτελεί για την ιστορική-μαρξιστική σκέψη του Αντόρνο «παράπτωμα» ανιστορισμού, γιατί εντάσσεται στον προβληματισμό περί της επαναθεμελίωσης του μεταφυσικού εγχειρήματος, το οποίο δεν ξεκινά πια από τις υπερβατολογικές συνθήκες καντιανού τύπου –συνθήκες που θεμελιώνουν τις αξιώσεις αλήθειας του μεταφυσικού λόγου–, αλλά από ιστορικές και κοινωνικές εμπειρίες, τις οποίες βέβαια ο Αντόρνο νοηματοδοτεί ιστορικά-φιλοσοφικά.

νο περί «ακύρωσης» του πνεύματος και παράλυσης του μεταφυσικού στοχασμού χαρακτηρίζει μια πολιτισμικά και ιστορικά αναπόδραστη αναγκαιότητα, έναν καταναγκασμό.[179]

3.2. Το ερώτημα γύρω από τη δυνατότητα ύπαρξης μεταφυσικής

Βλέπουμε λοιπόν τον Αντόρνο να αναπτύσσει μια ερμηνεία της κρίσης στην οποία έχει περιέλθει η μεταφυσική, η εμβέλεια της οποίας είναι όντως εντυπωσιακή: εκκινώντας από την εμφατική διαπίστωση πως η σύγχρονη εμπειρία θανάτου αποτελεί τομή για τον ανθρώπινο πολιτισμό περνά στην κριτική διάγνωση της υπαγωγής του πνεύματος σε κριτήρια καπιταλιστικής αξιοποίησης για να καταλήξει στην ανθρωπολογική υπόθεση της διπλής άρνησης της συνείδησης. Το δίλημμα είναι προφανές: η *ΑΔ* και οι *Στοχασμοί* ενώ εμμένουν στην αναγκαιότητα της μεταφυσικής σκέψης, πάραυτα όμως ούτε μπορούν ούτε θέλουν να αγνοήσουν την αδιέξοδη κατάσταση κάθε υπερβατικής σκέψης στη μεταπολεμική συγκυρία. Επομένως το εγχείρημα του Αντόρνο επιφορτίζεται με ένα διπλό καθήκον:

α) πρώτα πρέπει οι *Στοχασμοί για τη Μεταφυσική* να θέσουν το ρι-

179. Οι ανθρωπολογικές υποθέσεις του Αντόρνο χρησιμοποιούν το λογικό σχήμα της διπλής άρνησης: στο βαθμό που η ανθρώπινη συνείδηση διαχωρίζεται από το απλά βιολογικό-ζωϊκό πλέγμα της φύσης και αυτοκαταφάσκεται ως άρνηση (1) της φύσης, η άρνηση (2) υπεισέρχεται στο εσωτερικό της συγκροτημένης συνείδησης ως βεβαιότητα της φυσικής της άρνησης, του θανάτου. Και αυτό, γιατί η ανθρώπινη συνείδηση της φυσικής ζωϊκότητας της ανθρώπινης ύπαρξής του ταυτίζεται με τη βεβαιότητα του θανάτου της ως παροδικής φύσης, ή με άλλα λόγια την εξαφάνισή της στο όλο της φύσης. Η διπλή λοιπόν άρνηση συνίσταται στο ότι η ανθρώπινη συνείδηση αρνείται τη φυσική παροδικότητα, η οποία βέβαια αποτελεί άρνηση της ανθρώπινης υπόστασης. Δεν είναι δύσκολο να κατανοήσει κανείς πως ο Αντόρνο σκοπεύει με τις σκέψεις αυτές να προσδώσει στη θέση της «ακύρωσης» ανθρωπολογικά θεμέλια: έτσι κάτω απ' αυτή την ερμηνευτική προοπτική ο μαρασμός των μεταφυσικών ενασχολήσεων δεν αποτελεί αποτέλεσμα της πνευματικής οκνηρίας του αστικού λόγου. Με τη συνεπικουρία της θέσης από τη *ΔτΔ* ότι το πνεύμα στη μέχρι τώρα εξέλιξή του ήταν απλά εξάρτημα της αυτοσυντήρησης, η έκπτωση της μεταφυσικής της *Αρνητικής Διαλεκτικής* παίρνει το χαρακτήρα μιας αδήριτης νομοτέλειας, της οποίας η πορεία και η τωρινή κατάληξη είχε προδιαγραφεί ήδη από την αρχαϊκή εποχή.

ζικό ερώτημα *εάν* η μεταφυσική ως σκέψη έχει ακόμα, ή καλύτερα: *εάν* θα εξακολουθεί να έχει δικαίωμα ύπαρξης. Γι' αυτόν το σκοπό πρέπει να υποδειχτούν στρώματα εμπειρίας που θα αποτελούν την εκκινητήρια βάση, αλλά θα είναι και φορείς μεταφυσικών προβληματισμών ακόμα και κάτω από τις σύγχρονες ιστορικές συνθήκες, οι οποίες βέβαια δεν είναι καθόλου ευνοϊκές για μεταφυσικές ενασχολήσεις. Επίσης για τον Αντόρνο η επανασύνδεση με την εμπειρία που θα τροφοδοτεί μεταφυσικές αναζητήσεις αποτελεί ύψιστη αναγκαιότητα, καθώς και η ίδια η φιλοσοφία της μεταφυσικής έχει υποστεί αποφασιστικά πλήγματα. Η ίδια η γνωσιοθεωρητική κριτική και επαναθεμελίωση της μεταφυσικής στην καντιανή φιλοσοφία απώλεσε σημαντικό κύρος, από τη στιγμή που εναπόθεσε άκριτα, δηλ. ευκολόπιστα, τις ελπίδες της στην ισχύ υπεριστορικών δομών του λόγου, οι οποίες αποδείχθηκαν όμως εντελώς ανίσχυρες μπροστά στα ανορθολογικά χάσματα που άνοιξε η ίδια η ιστορική πραγματικότητα. Σε κάθε περίπτωση το άχρονο a priori μεταφυσικών βεβαιοτήτων πρέπει κατά τον Αντόρνο να παραχωρήσει τη θέση του σε μια θεώρηση που θα επικεντρώνεται σε ιστορικά προσδιορίσιμες δυνατότητες της εμπειρίας ώστε να υπερβαίνει στοχαστικά το υπάρχον.[180]

β) Από την άλλη η καντιανή προβληματική του *πώς* η μεταφυσική μπορεί να θεμελιωθεί στέρεα πρέπει να τεθεί και να απαντηθεί εκ νέου. Όπως θα δούμε, το εγχείρημα του Αντόρνο να διατυπώσει μια κριτική θεώρηση της μεταφυσικής σκέψης μέσα ακριβώς από τις ατραπούς της βαθιάς κρίσης και έκπτωσης του μεταφυσικού λόγου θα συνδέσει τις δύο αυτές τις προβληματικές.

Για να διερευνήσουμε τις πιθανές δυνατότητες ανανέωσης και επαναδραστηριοποίησης της μεταφυσικής που βλέπει ο Αντόρνο πρέπει κατ' αρχάς να εστιάσουμε την προσοχή μας σε εκείνα τα σημεία τα οποία κατ' αυτόν δείχνουν ότι παρ' όλη την ατροφία της υπερβατικής σκέψης, στην υποκειμενική εμπειρία ενέχεται ακόμα μεταφυσική δυναμική. Αν ξεκινήσουμε από τη θεμελιακή του θέση ότι η υπέρβαση «τροφοδοτείται αποκλειστικά από την ενδοκοσμική εμπειρία» (390), τότε η ερμηνεία των *Στοχασμών για τη Μεταφυσική* πρέπει να εκκινείται από τις

180. Βλέπε *Negative Dialektik*, ό.π.

εμπειρίες εκείνες οι οποίες για τον Αντόρνο ωθούν το υποκείμενο στη μεταφυσική. Εφόσον οι εμπειρικές και υποκειμενικές αυτές δυνατότητες υπέρβασης εντάσσονται στο ιστορικό-φιλοσοφικό πλαίσιο της καντιανής σύλληψης της μεταφυσικής, η ερμηνεία μας αρχίζει με την αντιπαράθεση Αντόρνο και Καντ. Στο φως των συλλογισμών του Καντ περί του mundus intelligibilis (δηλ. του νοούμενου κόσμου ως έδρας της μεταφυσικής σκέψης) ο Αντόρνο επιχειρεί να επανενεργοποιήσει την καντιανή παράδοση κριτικής του Λόγου και της μεταφυσικής.

Έναντι όλων των συμπτωμάτων τελεσίδικης χρεοκοπίας της μεταφυσικής σκέψης ο Αντόρνο επιμένει πως, παρά τον αντιφατικό χαρακτήρα της σύγχρονης έκλειψης μεταφυσικών προβληματισμών, μπορούμε να προβούμε σε μια θετική διαπίστωση: «Η συνείδηση δεν θα μπορούσε να είναι απεγνωσμένη για τη μαυρίλα [ενν. της σύγχρονης καπιταλιστικής και θετικιστικής πραγματικότητας, Κ.Μ.], αν δεν τρεφόταν από την ιδέα ενός διαφορετικού χρώματος, του οποίου διάσπαρτες κηλίδες δεν λείπουν από το αρνητικό Όλο». (370) Όπως φαίνεται απ' αυτή την ιδιότυπη σύνδεση ιδέας (έννοιας) και χρώματος, ο προβληματισμός για το αν μπορούμε να στοχαστούμε υποκειμενικές εμπειρίες ως φορείς μεταφυσικής σκέψης είναι όντως αμφίσημος. Τούτη την αμφισημία περιγράφει γλαφυρά ο Αντόρνο στον τέταρτο *Στοχασμό*, όπου αναφέρεται σε μια λογοτεχνική εμπειρία ευτυχίας στο έργο του Προυστ. Εμπειρίες πλήρωσης που εκφράζονται π.χ. στο αίσθημα που γεννιέται όταν επιτέλους φτάσουμε στον προορισμό μας είναι ιδιόμορφα δισυπόστατες: χαρακτηρίζονται από μια παλινδρόμηση μεταξύ του κοντινού και του μακρινού, δηλ. η ατομικότητα της άμεσης εμπειρίας ευτυχίας συνοδεύεται από τη συνείδηση μιας παντελούς, αλλά και απόμακρης πλήρωσης. Αυτήν ακριβώς την εμπειρική σκέψη της παλινδρόμησης που ενέχεται σε κάθε εμπειρία ευτυχίας ο Αντόρνο θέλει να τη χρησιμοποιήσει ως μοντέλο για την επαναδραστηριοποίηση της μεταφυσικής. Αφού η μεταφυσική παράδοση κατάντησε άκρως προβληματική εξαιτίας της ροπής της σε ιδεολογικές υποστασιοποιήσεις, ο φιλοσοφικός στοχασμός πρέπει να υιοθετήσει αυτή τη δομή της εμπειρίας της ευτυχίας, η οποία είναι μεν εξατομικευμένη, όμως παραπέμπει σε εμπειρίες γενικευμένης, καθολικής ευδαιμονίας. Κάτι τέτοιο βέβαια θα διενεργηθεί στο έδαφος της φιλοσοφικής εννοιολογίας. Αν η μεταφυσική σκέψη εκπλήρωνε το ζητούμενο του τέταρτου *Στοχασμού* να εκτιμήσει την υποδειγματικότητα της εμπειρίας αυτής, η οποία ακριβώς λόγω της απαράμιλλης ατομικότητάς της ενέχει μια πολυδύναμη καθολική ισχύ, τότε θα έπρεπε να διαμορφώσει με τέτοιο τρόπο τις έννοιές της, ώστε να είναι σε θέση να αναδεικνύουν «το εσωτερικό των πραγμάτων ως ταυτόχρονα απόμακρο». (367)[181] Ο χαρακτήρας του εκκρεμούς που ενέχε-

181. Είναι φανερό ότι με τη σύλληψη αυτής της εμπειρίας της ευτυχίας ως ατομικής, αλλά συνάμα και καθολικής, ο Αντόρνο προσαρμόζει στις ανάγκες του νέου εγχειρήματος μεταφυσικής ένα βασικό συλλογισμό του Καντ της τρίτης κριτικής, της *Κριτικής της κριτικής δύναμης*. Πρόκειται βέβαια για το σχήμα του ως-αν, δηλ. για το είδος διαλογισμού της στοχαστικής κριτικής ικανότητας. Τόσο το συγκεκριμένο αντικείμενο, το οποίο χαρακτηρίζεται ως ωραίο, όσο και η φύση ως το σύνολο φυσικών νόμων θεωρούνται από τη στοχαστική κριτική ικανότητα ως να ήταν οργανικές ολότητες, οι οποίες θα εκπλήρωναν τη βασική απαίτηση του Λόγου για καθολική ενότητα που βασίζεται στην ελευθερία, και όχι στους καθορισμούς της έννοιας. Ακριβώς σε αυτό άλλωστε συνίσταται το εγχείρημα του Καντ με την τρίτη κριτική: θέλει να διαυγάσει τη στοχαστική κριτική ικανότητα ως λειτουργία του Λόγου η οποία σκοπεύει να συλλάβει τη σχέση μερικού-γενικού όχι ως προσδιορισμό του μερικού από τη γενική έννοια, αλλά ως οργανική ολότητα, στην οποία μερικό και γενικό αλληλοπεριχωρούνται. Η διαπραγμάτευση της λειτουργίας τής (τελεολογικά σκεπτόμενης) στοχαστικής κριτικής ικανότητας στην τρίτη κριτική του Καντ απορρέει βέβαια από συγκεκριμένες θεωρητικές ανάγκες που επιβάλλονται από το αρχιτεκτονικό σύστημα της καντιανής φιλοσοφίας. Μια από τις πρωταρχικές ανάγκες θεωρητικής εξέτασης είναι ακριβώς αυτό που η πρώτη κριτική, η *Κριτική του καθαρού Λόγου*, άφησε αθεματοποίητο, δηλ. το μερικό ως πρωθύστερη κάθε στοχαστικής σύνθεσης δεδομενικότητα. Η τρίτη κριτική αναλαμβάνει έτσι το καθήκον να στοχαστεί αυτό το μερικό χωρίς να παραπέμπει αυτόματα στο a priori υπερβατολογικής γνώσης. Κατά τη γνώμη μου ο Αντόρνο με τους *Στοχασμούς για τη Μεταφυσική* επανεγκύπτει στον καντιανό αυτό προβληματισμό: αντικείμενο σκέψης είναι αυτό που προϋπάρχει των a priori εννοιολογικών προσδιορισμών της καθαρής διάνοιας. Ο λόγος είναι προφανής: αν η πρότασή του για ανανέωση της μεταφυσικής σκέψης πρέπει να στηριχθεί στις ενδοκοσμικές, υποκειμενικές, αλλές δυνητικά καθολικές εμπειρίες, τότε ο στοχασμός πρέπει να πάρει τη μορφή του καντιανού ως-αν, δηλ. μιας παλινδρομικής κίνησης μεταξύ του υποκειμενικού-ατομικού χώρου του πνεύματος και των υπερβατικών του αναφορών. Για τον Αντόρνο το νόημα της (μεταφυσικής) έννοιας συνίσταται στο να αναδείξει το ριζικά ατομικό, το «οποίο υπήρχε και θα υπάρχει» (366). Πάντως έχω την υποψία πως στην αναφορά του Αντόρνο στις εμπειρίες πλήρωσης και ευτυχίας εμφιλοχωρεί ένα είδος σύγχυσης των διαφορετικών διαστάσεων της εμπειρίας: από τη μια μεριά βλέπει στις εμπειρίες ευτυχίας ένα (ή το) παράδειγμα της παλινδρομικής κίνησης της σκέψης. Από την άλλη μεριά όμως τονίζει ότι οι εμπειρίες αυτές είναι αναπόσπαστα συνδεδεμένες με το στοιχείο ικανοποίησης και πλήρωσης σωματικών αναγκών.

ται στην εμπειρία της ευτυχίας υποχρεώνει τη μεταφυσική σκέψη να απορρίψει τόσο τις βεβαιότητες μιας κατοχυρωμένης αντίληψης για την υπερβατικότητα, όσο και την τάση της σκέψης να εξαϋλώνει το εμπειρικό υπόβαθρο κάθε στοχασμού, μετατρέποντάς το σε αμιγώς εννοιακή προσδιορισιμότητα. Αντίθετα αν ο μεταφυσικός στοχασμός είναι να επανενεργοποιηθεί σε σταθερή βάση, τότε πρέπει να κρατήσει τη σχέση μεταξύ του ίδιου και του άλλου, του μερικού και του γενικού, της εγγύτητας και της απόστασης εκκρεμή, δηλ. ανοικτή. Όπως ανέφερα ήδη, ο Αντόρνο κατανοεί την εκκρεμή αυτή δομή της μεταφυσικής εμπειρίας σε αναλογία προς την καντιανή έννοια του υπερβατικού νοούμενου κόσμου (mundus intelligibilis). Και στις δύο περιπτώσεις διαπιστώνει πως έχουμε να κάνουμε με μια κίνηση υπερβαίνουσας αναφορικότητας, η οποία όμως δεν διενεργείται διαμέσου του εννοιακού προσδιορισμού καθορισμένων, δηλ. προϋπαρχόντων μεγεθών. Καθώς η υποδειγματική για τη μεταφυσική σκέψη εμπειρία ευτυχίας τείνει στην καθολικότητα, δίχως να μπορεί να της προσδώσει καθορισμένο περίγραμμα και περιεχόμενο, έτσι και το καντιανό νοούμενο διαγράφει το πεδίο μιας εκκρεμούς αμφιταλάντευσης: η σκέψη αιωρείται μεταξύ του ανέφικτου της εννοιακής σύλληψης του νοούμενου και της αναγκαιότητας να το στοχάζεται ως υπερβατική αναφορά.[182]

182. Η αναλογία που θέτει ο Αντόρνο μεταξύ του καντιανού νοούμενου και της μεταφυσικά γόνιμης εμπειρίας της ευτυχίας είναι εξίσου χρήσιμη για την επιχειρηματολογία των *Στοχασμών*, επειδή συνεισφέρει στη διεύρυνση του όρου «μεταφυσική εμπειρία» αποδεσμεύοντάς την από τους καντιανούς γνωσιοθεωρητικούς περιορισμούς. «Στο εσωτερικό της ταυτιστικής θεωρίας [ο Αντόρνο εννοεί την καντιανή προβληματική μιας μεταφυσικής εμπειρίας που θα στηρίζεται στα δεδομένα της επιστήμης, Κ.Μ.] δεν μπορεί να αναπληρωθεί η έλλειψη αυτού το οποίο η θεωρία από την ίδια της τη φύση εξαφανίζει· στην καλύτερη περίπτωση, μπορεί να αλλάξει μόνο στη βάση της επίγνωσης της ελλειματικότητάς της. Το ότι όμως η θεωρία αγνοεί τη ζωντανή εμπειρία, η οποία αποτελεί γνώση, τη σφραγίζει ως ψευδή και ως ανίκανη να επιτελέσει αυτό που έχει θέσει ως στόχο, δηλ. να θεμελιώσει την εμπειρία. Και αυτό, γιατί η θεμελίωση που επιχειρεί πάνω σε κάτι το άκαμπτο και αμετάβλητο [ο Αντόρνο εννοεί μ' αυτό τον επιστημονισμό της καντιανής γνωσιοθεωρίας, Κ.Μ.] αντιτίθεται σε αυτό το οποίο η εμπειρία από μόνη της γνωρίζει – εμπειρία που όσο πιο ανοικτή είναι και όσο πιο συχνά ανανεώνεται, άλλο τόσο αλλάζει τις ίδιες της τις μορφές». (380)

3.3. Η αντιπαράθεση με την καντιανή θεωρία

Ο Αντόρνο, με το να εντάσσει την προβληματική του στο γενικότερο πλαίσιο μιας ιστορικής-φιλοσοφικής διαπραγμάτευσης, διαπλατύνει τους στοχασμούς του γύρω από τη δυνατότητα μεταφυσικής σκέψης που θα πηγάζει από το δυναμικό υποκειμενικής εμπειρίας. Η συγκεκριμένη διαπραγμάτευση αντιπαρατίθεται έμμεσα στην καντιανή θεώρηση της μεταφυσικής και ειδικότερα στη σύλληψη του υπερβατικού νοούμενου κόσμου (mundus intelligibilis). Αν οι εμπειρίες που δρομολογούν μεταφυσικές σκέψεις αποτελούν την υποκειμενική διάσταση του στοχασμού, τότε η αναδρομή στον Καντ αποτελεί την προσπάθεια του Αντόρνο να επανενεργοποιήσει τη θεωρησιαρχική ιδέα του υπερβατικού ως την αντικειμενική αναφορά κάθε σύγχρονου εγχειρήματος ανανέωσης της μεταφυσικής. Βέβαια αυτή η διάσταση των συλλογισμών του Αντόρνο εκ πρώτης όψης ξενίζει, καθώς η μεταφυσική έννοια του υπερβατικού νοούμενου αντιμετωπίζεται από την ακαδημαϊκή φιλοσοφία μάλλον ως... παραξενιά του φιλοσόφου και κριτή της μεταφυσικής Καντ.[183] Η αναδρομή όμως αυτή του Αντόρνο στο όντως σκοτεινό αυτό σημείο της καντιανής φιλοσοφίας στηρίζεται στην πεποίθησή του ότι «η μεταφυσική διαπραγματεύεται κάτι το αντικειμενικό, όμως βέβαια δεν επιτρέπεται να εγκαταλείπει τον υποκειμενικό στοχασμό». (369) Η αναφορά του Αντόρνο στο νοητό υπόστρωμα (intelligibles Substrat), το οποίο στο πλαίσιο του καντιανού υπερβατολογικού συστήματος έχει μάλλον ρυθμιστική λειτουργία, εξυπηρετεί τρεις επιχειρηματολογικές αναγκαιότητες:

α) σε ιστορικό-φιλοσοφικό επίπεδο ικανοποιεί την αξίωση του Αντόρνο για το στοχασμό που θα προσεγγίζει το «έσχατο εκείνο σημείο που διαφεύγει της έννοιας» (358),

β) αναλαμβάνει το ρόλο μιας αντικειμενικής βαθμίδας, η οποία θα λειτουργήσει (ιδεολογικά-) κριτικά απέναντι στις εννοιακές υποστασιοποιήσεις των ιδεαλιστικών φιλοσοφικών συστημάτων μετά τον Καντ,

183. Η έννοια του υπερβατικού νοούμενου που τη συναντά κανείς στα γραπτά του φιλοσόφου μετά τη δεύτερη έκδοση της *Κριτικής του καθαρού Λόγου*, παραπέμπει στο υπεραισθητικό-νοητό «υπόστρωμα» της *Κριτικής της κριτικής ικανότητας*, το οποίο αποτελεί την πιο μεταφυσική σκέψη του έργου (βλέπε ό.π., σελ. 151 κ.ε.).

και *γ)* μπορεί ακόμη να λειτουργήσει ως κριτικό όριο και πόλος αντίστασης ενάντια σε αυτό που ο Αντόρνο χαρακτηρίζει στη *ΔτΔ* ως την εξουσιαστική-επεκτατική δυναμική του ταυτιστικού λόγου. «Η καντιανή διάσωση της σφαίρας του νοούμενου δεν είναι μόνο, όπως καθένας γνωρίζει, προτεσταντική απολογητική, αλλά θα επιθυμούσε να επέμβει ενάντια στη διαλεκτική του διαφωτισμού, κι εκεί που αυτή καταλήγει να καταργήσει τον ίδιο το λόγο». (377-378)

Οι τρεις αυτές στοχοθεσίες διαπλέκονται βέβαια στους *Στοχασμούς για τη Μεταφυσική*, διότι ο Αντόρνο, όπως και ο Καντ στον οποίο αναφέρεται συνέχεια, διεξάγει μια διμέτωπη αντιπαράθεση. Από τη μια στρέφεται ενάντια στον ακραιφνή εμπειρισμό και τις θετικιστικές του παραφυάδες. Από την άλλη συνυπογράφει στην κριτική στα παραδοσιακά μοντέλα μεταφυσικής, τα οποία, όπως έδειξε με πειστικότατο τρόπο η κριτική του Καντ, ούτε θετικό περιεχόμενο μπορούν να έχουν, ούτε και εδράζονται από κάποια άποψη στην ενδοκοσμική εμπειρία. Αν κοιτάξουμε συνολικά την επιχειρηματολογία των *Στοχασμών* διαπιστώνουμε πως η διμέτωπη αυτή στρατηγική χαρακτηρίζεται γενικά από την πρόθεση του Αντόρνο να διαφυλάξει την ευαίσθητη διαφορά της μεταφυσικής εμπειρίας τόσο από τη ριζική προσκόλληση στο ενδοκοσμικό ενθάδε, όσο επίσης και από τους κάθε λογής άκαμπτους δυαλισμούς μεταξύ ενθάδε και επέκεινα. Παράδειγμα αυτής της στοχαστικής στρατηγικής λεπτών ισορροπιών αποτελεί η στάση του Αντόρνο έναντι της ριζικής εμμονής στην εμμένεια: από τη στιγμή που αυτή επιδιώκει να εξοβελίσει κάθε μεταφυσικά νοούμενη διαφορά, ο Αντόρνο υποχρεώνεται να διαπιστώσει ότι και η ίδια εμφορείται από μεταφυσικές προϋποθέσεις, δηλ. αντιλήψεις του τύπου «όλα είναι μάταια». Στους *Στοχασμούς για τη Μεταφυσική* κατέχει πρωταρχική σπουδαιότητα όχι κυρίως η διαφορά αυτή καθ' αυτή, όσο η διαφοροποιημένη κατανόησή της.

Έτσι η επιχειρηματολογική ένταξη της ιδέας του υπερβατικού νοούμενου στους στοχασμούς του Αντόρνο για τη δυνατότητα ενός νέου μεταφυσικού προτάγματος μας επιτρέπει να αρχίσουμε με την ερμηνευτική μας διαπραγμάτευση θεωρώντας το νοούμενο-υπεραισθητό αυτό ως ένα από τα κεντρικά σημεία των συλλογισμών της *ΑΔ*. Η ερμηνεία που επιχειρείται στην παρούσα εργασία στοχεύει στην απάντηση του ερωτήματος εάν η αναφορά του Αντόρνο στο καντιανό νοούμενο διανοίγει έναν ερμηνευτικό ορίζοντα στον οποίο θα μπορεί να εξεταστεί το ερώτημα για τη δυνατότητα ανανέωσης της μεταφυσικής, για την επεξεργασία της οποίας το δεύτερο μέρος της *ΑΔ* προσφέρει τα εννοιολογικά εργαλεία.

3.3.1. Το καντιανό υπερβατικό νοούμενο

Η καντιανή σύλληψη του υπερβατικού νοούμενου ως νοητού υποστρώματος κάθε εμπειρικής πραγματικότητας διατυπώνεται, όπως είπαμε, στην *Κριτική της κριτικής δύναμης* (*Κρ.τ.κρ.δ.*) και μάλιστα στη συνάφεια της εννοιολογικής διαπραγμάτευσης της αισθητικής δομής του υψηλού. Το στοχαστικό στοιχείο που ενυπάρχει στο ελεύθερο παιχνίδι μεταξύ φαντασίας και λόγου και της εμπειρίας του υψηλού, μπορεί να ερμηνευτεί και ως μορφή αμφισβήτησης της αυτοαναφορικότητας των γνωστικών δυνάμεων (φαντασία και διάνοια) που χαρακτηρίζουν την Αναλυτική του Ωραίου (στο πρώτο μέρος της *Κρ.τ.κρ.δ.*). Η αυτοαναφορικότητα, δηλ. η ελεύθερη σύμπραξη φαντασίας και διάνοιας λειτουργεί βέβαια στη σφαίρα των ολοκληρωμένων, κλειστών μορφών (του ωραίου), τίθεται όμως εκτός παιχνιδιού ενόψει μεγεθών «απόλυτα μεγάλων» (π.χ. φυσικά φαινόμενα απεραντοσύνης), παραχωρώντας έτσι τη θέση της σε μια άλλου είδους αυτοαναφορικότητα, η οποία φανερώνει όλο το δυναμικό αυτοαναφορικής ελευθερίας που έχει ο άνθρωπος. Για τον Καντ η αυτοαναφορική αυτή τη φορά σύμπραξη φαντασίας και λόγου (η διάνοια έχει ήδη εγκαταλείψει το παιχνίδι) έχει δύο πλευρές: από τη μια η ανικανότητα της φαντασίας να συλλάβει σε συνολική θέαση την απεραντοσύνη της φύσης και να συνοψίσει την πολλαπλότητα των φαινομένων σε μια εποπτεία[184] δημιουργεί στο υποκείμενο το αίσθημα μιας δυσαρέσκειας. Από την άλλη όμως το υποκείμενο αίρεται στο επίπεδο του Λόγου ως της ιδέας ηθικού αυτοκαθορισμού και αισθάνεται, ως καθαρά πια ηθικό ον ελεύθερης βούλησης και αυτοκυριαρχίας, ένα αίσθημα ανωτερότητας απέναντι σε κάτι τι απλά φυσικό, δηλ. υποκείμενο σε φυσικές νομοτέλειες και ντετερμινισμούς.

184. Βλέπε Καντ, ό.π., σελ. 149.

Ο Καντ κάνει σε αυτό το σημείο ένα... μεταφυσικό βήμα και προσθέτει στην υποκειμενική αυτή συνείδηση ηθικής υπεροχής κάτι το ανάλογο στην υπερβατολογική σφαίρα: το *υπεραισθητό υπόστρωμα* κάνει σε αυτό το σημείο την εμφάνισή του και συγκεκριμένα όχι ως αντικειμενική υπόσταση, αλλά ως η ιδεατή προϋπόθεση της αισθητικά στοχαζόμενης κριτικής ικανότητας.[185] Η χρήση της έννοιας στο πλαίσιο της φιλοσοφικής θεμελίωσης του υψηλού εξυπηρετεί δύο στόχους:

α) αν και δεν νοείται ως οντολογική υπόσταση, εντούτοις λειτουργεί ως η απόλυτα απαραίτητη αντικειμενική αναφορά (στις Ιδέες του Λόγου) για το ελεύθερο παιχνίδι μεταξύ φαντασίας και λόγου, το οποίο όπως είπαμε υπερβαίνει τα όρια της συνέργιας φαντασίας και διάνοιας διανοίγοντας στο υποκείμενο τον ορίζοντα μιας διευρυμένης στοχαστικής δράσης,

και *β)* το υπεραισθητό υπόστρωμα συγκροτεί τη στοχαστική βάση με τη βοήθεια της οποίας μπορεί κανείς να διαυγάσει τη δισημία της εμπειρίας του υψηλού ή με άλλα λόγια τη δράση του Λόγου στο πλέγμα των γνωστικών δυνάμεων (δηλ. της φαντασίας, της διάνοιας και του λόγου).

Αν συνδέσει κανείς τις δύο στοχοθεσίες, γίνεται αμέσως φανερό γιατί το υπεραισθητό υπόστρωμα δεν αποτελεί πισωγύρισμα του Καντ στην παραδοσιακή οντολογική μεταφυσική, αλλά αντίθετα είναι αναγκαία προϋπόθεση για την ενοποιητική λειτουργία του λόγου. Στα πλαίσια της εμπειρίας του υψηλού αυτό σημαίνει το εξής: το νοητό υπόστρωμα αποτελεί την «αντικειμενική» πλευρά της ενότητας, την υποκειμενική πλευρά της οποίας καταλαμβάνει ο λόγος. Αναλαμβάνοντας ο λόγος να καθοδηγήσει τη φαντασία στην προσπάθειά της να συνθέσει

---

185. «Αφού όμως αυτό το θεμελιώδες μέτρο [ο Καντ εννοεί το μέτρο με το οποίο η φαντασία προσπαθεί να συλλάβει ολικά τα φυσικά φαινόμενα απεραντοσύνης, Κ.Μ.] είναι μια έννοια αντιφατική καθαυτή (εφόσον η απόλυτη ολότητα μιας πορείας χωρίς τέλος είναι πράγμα αδύνατο), πρέπει το μέγεθος του αντικειμένου της φύσης –για την πρόσληψη του οποίου η φαντασία ενεργοποιεί μάταια όλη την ικανότητά της– να οδηγήσει την έννοια της φύσης σ' ένα υπερ-αισθητό υπόστρωμα (που αποτελεί ταυτόχρονα το θεμέλιο της νοητικής μας ικανότητας), το οποίο υπερβαίνει κάθε μέτρο των αισθήσεων και επομένως επιτρέπει να κρίνουμε ως *υπέροχο* [ή καλύτερα μεταφρασμένο ως υψηλό, Κ.Μ.], όχι τόσο το αντικείμενο όσο τη διάθεση του πνεύματος κατά την εκτίμησή του». Βλέπε ό.π., σελ. 152.

την άπειρη πολλαπλότητα των φαινομένων σε συνεκτικό όλο, θέτει το νοητό υπόστρωμα ως «αντικειμενικά» υφιστάμενη καθολική ενότητα. Έτσι, ο λόγος είναι σε θέση να δρομολογήσει τελεολογικά την πορεία της σύμπραξης φαντασίας και διάνοιας προς την τελική –και πάντα στα φυσικά όρια του ανθρώπινου νου– ανέφικτη σύλληψη της απόλυτης ενότητας. Στηριζόμενος λοιπόν ο λόγος στο νοητό υπόστρωμα ωθεί από τη μια τη φαντασία και τη διάνοια στην υπέρβαση των ορίων τους, και από την άλλη κάνει στον άνθρωπο απτό και παραστάσιμο τον τελικό του προσδιορισμό, δηλ. τη σύλληψη της ολότητας.

Στο δεύτερο τώρα μέρος της *Κρ.τ.κρ.δ.*, που διαπραγματεύεται την τελεολογία, ο Καντ εντάσσει το νοούμενο-υπεραισθητό υπόστρωμα στην κριτική θεμελίωση της τελεολογικής κριτικής ικανότητας. Η συστηματική αξία της έννοιας συνίσταται στο ότι αποτελεί μια υπόθεση του λόγου, η οποία ναι μεν δεν συνεισφέρει στη γνωσιοθεωρητική πρόοδο, χρειάζεται όμως για τη θεώρηση των οργανισμών ως σκοπών της φύσης. Με τη στοχαστική κριτική ικανότητα ο λόγος προβάλλει τους σκοπούς της φύσης στον ορίζοντα ενός ύψιστου τελεολογικά σκοπού, τον οποίο ο Καντ στοχάζεται σε αναλογία προς τη νοητή σφαίρα των ηθικών-πρακτικών σκοπών. Έτσι, η τελεολογικά στοχαζόμενη κριτική ικανότητα θα εντάξει σε μια συνολική θεώρηση τους οργανισμούς ως σκοπούς της φύσης. Η υπόθεση του υπεραισθητού υποστρώματος ως παράγοντα που επιτρέπει στη σκέψη να στοχαστεί όχι μόνο επιμέρους οργανικές τελεολογίες, αλλά και να θεωρήσει τη φύση στην ολότητά της ως ένα συνεκτικό σύνολο που διέπεται από σκοπούς, αποτελεί στην ουσία το κέντρο της προβληματικής της *Κρ.τ.κρ.δ.*, καθώς το υπεραισθητό υπόστρωμα προσφέρει στο (φιλοσοφικό) λόγο ακριβώς τη στοχαστική δυνατότητα να συνθέσει αιτιοκρατία και ελευθερία, ντετερμινισμό και αυτοδιάθεση.

Η αντίθεση αυτή αποτελεί αποκρυστάλλωση των δύο πρώτων *Κριτικών*: αν η *Κριτική του καθαρού Λόγου* συλλαμβάνει τη φύση ως το σύνολο αιτιοκρατικών, ντετερμινιστικών διαδικασιών και νομοτελειών, και η *Κριτική του πρακτικού Λόγου* προτάσσει το νοητό κόσμο της (ανθρώπινης) ελευθερίας και των αυτόνομων σκοπών, τότε η *Κρ.τ.κρ.δ.* ενοποιεί τις δύο σφαίρες εντάσσοντας την αιτιοκρατία στην ολότητα της φύσης, η οποία υπάγει την αιτιοκρατία σε σκοπούς, δηλ. σε ελεύθερες σκοποθεσίες.[186] Με την υπόθεση αυτή του υπεραισθητού υποστρώματος που θεμελιώνει τόσο τη σκοποθετική φύση, όσο και το τελεολογικά στοχαζόμενο πνεύμα, ο Καντ εξασφαλίζει τη νοητική αρχή, η οποία ως «νομοθετικά επικεφαλής στο ηθικό βασίλειο των σκοπών»[187] επιτρέπει στη φιλοσοφία του να θεωρήσει τη φύση ως δομημένο όλο σύμφωνα με οργανικές-τελεολογικές αρχές σύστασης. Επειδή τώρα αυτές συνάπτονται με το ηθικό βασίλειο των ελεύθερων σκοπών, βλέπουμε πως για τη σκέψη του Καντ προκύπτει μια φυσική-θεολογία, η οποία αποτελεί για την υπερβατολογική φιλοσοφία το αναγκαίο συμπλήρωμα της *Κριτικής του καθαρού Λόγου* εφόσον υπερβαίνει τις στενές αιτιοκρατίες των φυσικών προκαθορισμών δίχως όμως να τις απορρίπτει. Αντίθετα τις εντάσσει σε μια ευρύτερη προοπτική, στην οποία εξακολουθούν να λειτουργούν, στην υπηρεσία όμως τελεολογικών σκοπών, που άλλωστε αποτελούν και το κατεξοχήν πεδίο της ελευθερίας. Με την υπαγωγή αυτή των φυσικών νομοτελειών στη νομοθεσία των ελεύθερων σκοπών φαίνεται πόσο σημαντική για το καντιανό αρχιτεκτονικό σύστημα είναι η τελεολογική λειτουργία της κριτικής ικανότητας, για την οποία βέβαια το πρόταγμα του υπεραισθητού υποστρώματος αποτελεί ακρογωνιαίο λίθο. Μόνο στον ορίζοντα του νοούμενου αυτού πραγματικού θεμελίου μπορεί να γίνει λόγος όχι μόνο για εναρμόνιση των νομοθεσιών της αιτιότητας και της ελευθερίας, αλλά και για τη δυνατότητα της ίδιας της μεταφυσικής.

3.3.2. Η κριτική του Αντόρνο στον Καντ και το υπερβατικό νοούμενο

Στους *Στοχασμούς για τη Μεταφυσική* το καντιανό νοούμενο αποτελεί συνθήκη non plus ultra για τη μεταφυσική σκέψη: «παρ' όλες τις εννοιακές του διαμεσολαβήσεις το πνεύμα μετέχει στην ύπαρξη, η οποία το αντικατέστησε στην υποτιθέμενη υπερβατολογική του καθαρότητα. [Ο Αντόρνο εννοεί εδώ κριτικά την υπαρκτική οντολογία του Χάιντεγκερ, Κ.Μ.] Η διάσταση υπερβατικής αντικειμενικότητας του πνεύματος, που δεν πρέπει όμως ούτε να αυτονομείται ούτε να οντολογικο-

186. Βλέπε Καντ, *Kritik der Urteilskraft*, § 77, σελ. 363.
187. Ό.π., σελ. 405.

ποιείται, είναι η αφανής εστία της δυνατότητας της μεταφυσικής. Η έννοια του νοούμενου χώρου θα αναφερόταν σε "κάτι", που δεν είναι, το οποίο όμως δεν είναι απλά "κάτι" που δεν είναι». (385) Με τη σκέψη τούτη ο Αντόρνο τοποθετεί την έννοια του υπεραισθητού θεμελίου στο κέντρο των κριτικών στοχασμών που αφορούν τη δυνατότητα μεταφυσικής και μάλιστα ως τον κατεξοχήν χώρο της σκέψης που θα υπερέβαινε την απλή δεδομενικότητα του υπάρχοντος.

Για τον Αντόρνο η επανατοποθέτηση και διαπραγμάτευση της δυνατότητας μεταφυσικής σκέψης εξαρτάται αποκλειστικά από το ερώτημα αν το υπεραισθητό νοούμενο μπορεί να τεθεί στο επίκεντρο της προβληματικής. Αυτό δεν σημαίνει πως είναι διατεθειμένος να υιοθετήσει αμιγές το καντιανό πρότυπο εντάσσοντάς το απλά στους δικούς του συλλογισμούς.

Η επιχειρηματολογία των *Στοχασμών* είναι τέτοια, που να επιβάλλεται μια κριτική επαναδιάρθρωση των όρων στοχαστικής λειτουργίας του καντιανού νοούμενου. Ο Αντόρνο μέμφεται τον Καντ διότι περιόρισε τη νοηματική αξία του υπεραισθητού θεμελίου σε απλή ρυθμιστική αναγκαιότητα του λόγου, ο οποίος εμφορούμενος από ολοποιητικές βλέψεις προβάλλει την έννοια ως απαραίτητη προϋπόθεση ενός συνεκτικού όλου (φύσης και ελευθερίας). Κατά τον Αντόρνο αυτό δεν αρκεί, αφού περιστέλλει την έννοια στην υποκειμενική της διάσταση, δηλ. στη στοχαστική λειτουργία της κριτικής ικανότητας, η οποία συσσωματώνει τις επιμέρους φυσικές νομοτέλειες και τις εντάσσει στην οργανική ολότητα υπεραισθητών και ελεύθερων σκοπών. Αντίθετα, το υπεραισθητό πρέπει κατά μια έννοια να αποδεσμευτεί από τον υποκειμενικό λόγο και να αποκτήσει οντολογικά χαρακτηριστικά.

Από πρώτη άποψη αυτό βέβαια ξενίζει, εφόσον η κριτική φιλοσοφία του Αντόρνο αντιδρά… αλλεργικά στην οντολογία, όπως άλλωστε φαίνεται και από το πρώτο μέρος της *ΑΔ*, όπου ο Αντόρνο ασκεί δριμεία κριτική και πολεμική ενάντια στην οντολογική φιλοσοφία του Χάιντεγκερ. Η κριτική απόσταση που θέλει να τηρήσει από την άλλη μεριά απέναντι στην καντιανή υπερβατολογία, στην οποία το νοούμενο έχει σχεδόν αποκλειστικά ρυθμιστική λειτουργία, προξενεί εξίσου ερωτηματικά, διότι στο χωρίο που παραθέσαμε ο Αντόρνο δεν μιλά για υπερβατολογική συνθήκη (transzendental), αλλά για υπερβατική αντικειμενικότητα (transzendent)! Αυτή η στροφή του Αντόρνο στην οντολογική σκέψη κατά τη γνώμη μου γίνεται κατανοητή μονάχα αν σκεφτούμε πως ένας κύριος επιχειρηματολογικός στόχος των *Στοχασμών* –όπως και της *ΑΔ*– συνίσταται στο να αντιπροβληθεί μια τέτοια οντολογική πραγματικότητα στο υποστασιοποιημένο πνεύμα του γερμανικού ιδεαλισμού, που να μην εξαντλείται στους εννοιακούς προσδιορισμούς της.[188] Για να δούμε την «εξίσωση» μεταξύ υπερβατολογικού υποκειμένου και υπεραισθητού-νοούμενου αντικειμένου –πράγμα που αποτελεί άλλωστε το κεντρικό σημείο της κριτικής του Αντόρνο στην καντιανή θεώρηση–, θα πρέπει πρώτα να εξετάσουμε την αντορνική ερμηνεία της καντιανής υπερβατολογικής παραγωγής και ιδίως του υπερβατολογικού αντικειμένου. Ο Αντόρνο πιστεύει πως ο Καντ περιστέλλει ασφυκτικά την εννοιακή εμβέλεια, δηλ. υπεραισθητή-νοουμενικότητα (Intelligibilität) του πράγματος καθ' εαυτό καθώς το υπάγει στις γνωστικές λειτουργίες της διάνοιας, οι οποίες συγκροτούν εν γένει κάθε είδος αντικειμενικότητας. Λόγος για κάτι τέτοιο είναι ότι ο Αντόρνο, εσφαλμένα πιστεύω, θεωρεί πως ο Καντ *α)* ταυτίζει το πράγμα καθ' αυτό (Ding an sich) με το υπερβατολογικό αντικείμενο (= Χ), με συνέπεια να του αφαιρεί κάθε οντολογική αυθυπαρξία, και επιπλέον *β)* εξισώνει αυτό το υπερβατολογικό αντικείμενο με την υπερβατολογική ενότητα της κατάληψης, ακυρώνοντας έτσι την υπερβατικότητα αφού την υπάγει στην πρωτοκαθεδρία του υποκειμενικού ταυτιστικού λόγου.

Στο πρώτο μέρος της κριτικής του ο Αντόρνο θεωρεί πως η μεταστροφή του Καντ από την προ-κριτική (δηλ. την προκαντιανή παραδοσιακή μεταφυσική) θεώρηση του «υπερβατολογικού» ως «υπερβατικό», μεταστροφή δηλ. που ιστορικά-φιλοσοφικά νομιμοποιεί το καντιανό εγχείρημα, ήταν καταδικασμένη σε αποτυχία. Ο Αντόρνο παραγνωρίζει εδώ πως η έκφραση «υπερβατολογικό αντικείμενο = Χ» εννοεί την έννοια του αντικειμένου όπως αυτή αναδύεται αρχικά από τον υπερβατολογι-

188. Ο Αντόρνο όμως δεν μπορεί παρά να σχετικοποιήσει τις καντιανές του αναφορές: «Και όμως ο Καντ από την πλευρά του στον καθορισμό του πράγματος καθ' αυτό ως της νοούμενης ουσίας θεώρησε μεν την υπερβατικότητα ως το μη-ταυτόσημο, αλλά εξισώνοντάς τη με το απόλυτο υποκείμενο υπέκυψε στον καταναγκασμό της αρχής της ταύτισης». (398)

κό στοχασμό. Στο στοχασμό αυτό το υπερβατολογικά θεωρημένο πράγμα καθ' αυτό νοείται ως αυτό, που καθώς δεν είναι ατομικό πράγμα ούτε και ο κόσμος των πραγμάτων, αποτελεί το εμπόδιο που ορθώνει η ίδια η σκέψη ενάντια στην τάση της να επαφίεται στα πλαίσια της γνωστικής διαδικασίας σε μια απλή διάταξη εννοιών ή σε συνειρμικές συνακολουθίες των εννοιών. Το υπερβατολογικό αντικείμενο συγκροτείται και το ίδιο από εννοιολογικούς κανονισμούς, ώστε να λειτουργήσει ως εννοιακή αναφορά σε μια στοχαστική αντικειμενικότητα που θα προσανατολίζει τη γνωσιοθεωρητική σκέψη στρέφοντάς τη στο αναφορικό σημείο της γνώσης από τη μια, και συνακόλουθα αποτρέποντάς τη να αναλώνεται απλά σε στοχαστικούς συνειρμούς από την άλλη.

Τώρα σχετικά με το δεύτερο σημείο κριτικής του Αντόρνο, ότι δηλαδή ο Καντ ταυτίζει το υπερβατολογικό αντικείμενο με το υπερβατολογικό υποκείμενο της σκέψης, εύκολα διαπιστώνεται πως πρόκειται μάλλον για παρερμηνεία. Στο κεντρικό για το σύνολο οικοδόμημα της *Κριτικής του καθαρού Λόγου* κεφάλαιο περί της υπερβατολογικής παραγωγής των καθαρών εννοιών της διάνοιας ο Καντ εισάγει το «υπερβατολογικό υποκείμενο της σκέψης» ως το θεμέλιο της a priori ενότητας των εννοιών και των κανόνων της σύνθεσής τους: «Πραγματικά, όλες οι παραστάσεις μας τίθενται από το νου μας σε αναφορική σχέση προς κάποιο αντικείμενο και καθώς τα φαινόμενα δεν είναι τίποτε άλλο από παραστάσεις, γι' αυτό ο νους τα συσχετίζει προς ένα Κάτι, που λαμβάνεται ως αντικείμενο της κατ' αίσθηση εποπτείας, αλλά αυτό το κάτι είναι από την άποψη αυτή το υπερβατικό αντικείμενο. Αλλά αυτό το Κάτι = X, για το οποίο δεν γνωρίζουμε απολύτως τίποτε ούτε και είναι δυνατό (με τη σημερινή κατασκευή που έχει ο νους μας) να γνωρίζουμε, το οποίο όμως μπορεί, ως αντίστοιχο της ενότητας της καταλήψεως, να χρησιμεύει μόνο για να ενοποιεί το πολλαπλό στην κατ' αίσθηση εποπτεία· χάρη στην ενέργεια αυτή ο νους ενοποιεί το πολλαπλό αυτό στην έννοια ενός αντικειμένου».[189] Με βάση τα παραπάνω δεν μπορεί να γίνει λόγος για υπαγωγή του υπερβατολογικού αντικειμένου στο υπερβατολογικό υποκείμενο. Αντίστροφα: το υπερβατολογικό αντικείμενο συστοιχίζεται με την ενότητα της κατάληψης,

---

189. Βλέπε *Κριτική του καθαρού Λόγου*, A 251, σελ. 299.

και συγκεκριμένα με τέτοιο τρόπο, ώστε να της προσφέρει τη δυνατότητα να συγκροτήσει το ενιαίο υπόστρωμα κάθε αντικειμενικής αναφοράς των παραστάσεων. Με άλλα λόγια, η συσχέτιση αυτή λειτουργεί με τον εξής τρόπο: εάν από τη μια μεριά (δηλ. αυθορμησία της διάνοιας) η υπερβατολογική ενότητα της κατάληψης αποτελεί την πρωταρχική ενότητα όλων των λογικών ενοτήτων και συνθέσεων, τότε από την άλλη (δηλ. δεκτικότητα της αίσθησης) το *Κάτι τι* ως το υπερβατολογικό Χ αποτελεί επίσης αρχή ενότητας, εφόσον είναι το (υπερβατολογικά αντικειμενικό) ομόλογο της ενότητας της κατάληψης. Μόνο στη βάση αυτής της αρχής ενότητας η υπερβατολογική κατάληψη είναι σε θέση να εγείρει την αξίωση αντικειμενικής ισχύος των κρίσεών της, πως δηλ. συγκροτεί έγκυρη γνώση του αντικειμενικού.

Συνοπτικά λοιπόν, διαπιστώνουμε ότι όσον αφορά το υπεραισθητό θεμέλιο ο Αντόρνο πηγαίνει ένα βήμα πέρα από τον Καντ προσπαθώντας συγκεκριμένα να προσδώσει στο θεμέλιο αυτό –που όπως είδαμε για τον Καντ έχει ρυθμιστική λειτουργία για τις ενοποιητικές ανάγκες του Λόγου– υπερβατική διάσταση. Η απλά στοχαστική-ρυθμιστική (regulativ) αξία της μεταφυσικής αποδοχής του υπεραισθητού θεμελίου δεν αρκεί για τον Αντόρνο, καθώς στα πλαίσια της στοχοθεσίας του να αντιπαλέψει τις υποστασιοποιήσεις του υποκειμενικού πνεύματος έχει την ανάγκη μιας αντικειμενικής αναφοράς, την οποία κατά τη γνώμη του ενέχει κάθε στοχασμός κριτικής υπέρβασης. Θέλοντας λοιπόν να υποσκελίσει κατά κάποιον τρόπο την καντιανή θεώρηση του νοούμενου ο Αντόρνο θέτει σε κριτική τον τρόπο με τον οποίο ο Καντ, αντιφατικά όπως πιστεύει, συλλαμβάνει το χαρακτήρα της υπερβατικότητας του νοούμενου. Η αντινομία που διαβλέπει στο καντιανό νοούμενο είναι ότι ο Καντ εκτός από το στοχαστικό χαρακτήρα του νοούμενου κόσμου είναι αναγκασμένος να παραδεχτεί ταυτόχρονα και την αδυνατότητα να το σκεφτεί κανείς γνωσιοθεωρητικά.

Αν κανείς επιχειρηματολογήσει αυστηρά στο έδαφος της καντιανής σκέψης, τότε το υπεραισθητό νοούμενο ως υπερβατική Ιδέα του Λόγου δεν μπορεί να έχει καμία αντικειμενική υπόσταση. Για τον Αντόρνο αντίθετα κάτι τέτοιο είναι απαράδεκτο, εφόσον από τη στιγμή που δεχτούμε το νοούμενο ως έκφραση ενός στοχασμού με νόημα, τότε θα πρέπει να κατέχει απαραίτητα και κάποια πραγματικότητα.

Αλλιώτικα, θα ήταν μια κενή περιεχομένου σκέψη, εφόσον δεν θα αναφερόταν σε καμία δυνατή εμπειρία. Η αντιπρόταση του Αντόρνο βασίζεται όπως είδαμε στο δυναμικό της εμπειρίας, δηλ. στα ψυχικά βιώματα της ευτυχίας (αλλά και της απόγνωσης). Με βάση την εμπειρική θεμελίωση της δυνατότητας του μεταφυσικού στοχασμού ο Αντόρνο θα αντλήσει από την κριτική που ασκεί στον Καντ ένα αξιοσημείωτο πόρισμα. Αν η οριοθέτηση μεταξύ αυτού που μπορεί να γίνει αντικείμενο γνώσης και εκείνου που θα ήταν απλά νοήσιμο ή ακόμα και αναγκαία στοχαστική αναφορά, αλλά όχι αντικείμενο γνώσης, δεν είναι σωστή, τότε πρέπει το νοούμενο να γίνει προσβάσιμο στη σκέψη και μάλιστα ως αντικείμενο γνώσης.

Έτσι λοιπόν ο Αντόρνο ενώ προβαίνει στο αποφασιστικό βήμα να αφαιρέσει από το νοούμενο τον καθαρά (καντιανό) στοχαστικό του χαρακτήρα, ωστόσο δεν φαίνεται πρόθυμος να δώσει τέτοια έκταση στην αντικειμενική υπόσταση του νοούμενου ώστε να θεωρηθεί Είναι καθ' αυτό. Αν δούμε την κριτική και πολεμική του Αντόρνο στο πρώτο μέρος της *ΑΔ* διαπιστώνουμε αμέσως το γιατί: η οντολογική θεώρηση του νοούμενου θα τον έφερνε επικίνδυνα κοντά στο Είναι του Χάιντεγκερ! Η κριτική του Αντόρνο στον Χάιντεγκερ εκκινείται από την παραδοχή ότι αυτός υπερτονίζοντας την οντολογική διαφορά μεταξύ των όντων και του Είναι ωθεί στο να υποστασιοποιηθεί τελικά η έννοια του Είναι και να παρουσιάζεται ωσάν να μην έχει καμία σχέση με τα επιμέρους όντα. Αντιμέτωπος λοιπόν με μια τέτοια προοπτική ο Αντόρνο οπισθοδρομεί προσπαθώντας να μειώσει κάπως την ισχύ της θετικότητας που προσέδωσε αρχικά στην υπερβατική πραγματικότητα ως του αντικειμενικού αντίστοιχου της κριτικής-ουτοπικής σκέψης: «Η έννοια της νοούμενης περιοχής θα ήταν η έννοια ενός πράγματος, το οποίο δεν είναι, αλλά και πάλι δεν είναι κάτι που απλά δεν είναι». (385)[190] Όσον

190. Στον παράδοξο αυτό συλλογισμό ενέχεται και η παραδοχή του Αντόρνο ότι υπάρχει μια ανάγκη για οντολογική υπέρβαση. Αυτό βέβαια δεν μπορεί να το διατυπώσει απερίφραστα, μια και αντιμετωπίζει δύο αντιπάλους: από τη μια, όπως είδαμε, τον Χάιντεγκερ και από την άλλη την κοινωνική κατάσταση συνολικά, η οποία ως καθολικό «πλέγμα φενάκης» (όρος του Αντόρνο) δημιουργεί τέτοιες ανάγκες φυγήςυπέρβασης συσκοτίζοντας έτσι τις πραγματικές και ρεαλιστικές δυνατότητες αλλαγής του υπάρχοντος.

αφορά το ζητούμενο του νοούμενου ως της κατεξοχήν μεταφυσικής αναφοράς σίγουρα για τον Αντόρνο δεν τίθεται θέμα οντολογικής υποστασιοποίησης.

Από την άλλη είναι εξίσου επιτακτικό το αίτημα για ένα αναφορικό σημείο υπέρβασης, δυνάμει του οποίου ο κριτικός στοχασμός μπορεί να προτάξει προοπτικές επέκεινα της υπάρχουσας πραγματικότητας, να αποκτήσει δηλαδή στέρεες βάσεις. Άλλωστε, όπως είδαμε, σε μια τέτοια θεμελίωση αποσκοπούν και οι *Στοχασμοί για τη Μεταφυσική*. Το στοιχείο μετεωρισμού που χαρακτηρίζει τους *Στοχασμούς* οφείλεται πιστεύω στο ότι ο Αντόρνο ακολουθεί τον καντιανό τρόπο σκέψης και συγκεκριμένα υιοθετεί απόλυτα τον τύπο φιλοσοφικού στοχασμού της *Υπερβατολογικής Διαλεκτικής* από την *Κριτική του καθαρού Λόγου*. Ο Καντ υποστηρίζει πως οι Ιδέες του Λόγου είναι κατά μια έννοια εμφάνεια (Schein), επειδή δεν έχουν εμπειρικό αντίκρισμα, από την άλλη όμως αποτελούν και αναγκαία εμφάνεια, εφόσον ο Λόγος δεν μπορεί παρά μόνο να τις χρησιμοποιεί.

Παρόμοια και ο Αντόρνο δεν θέλει βεβαίως να μετατρέψει το υπεραισθητό θεμέλιο σε οντολογικό Είναι, από την άλλη μεριά όμως είναι απρόθυμος να παραδεχτεί ότι αυτό το νοούμενο στερείται παντελώς οντολογικού χαρακτήρα. Εδώ αυτό που διαφοροποιεί τη θέση του Αντόρνο από την υπερβατολογική εμφάνεια του Καντ είναι ότι για τον Αντόρνο στο βαθμό που η εμφάνεια αποβάλλει τις οντολογικές της υποδηλώσεις παύει ταυτόχρονα να αποτελεί –όπως συμβαίνει στην περίπτωση του Καντ– απλά εμφάνεια λογικού-στοχαστικού χαρακτήρα. Αυτό γίνεται δηλ. στην περίπτωση που στις κρίσεις της υπερβατολογικής διάνοιας αποδίδεται αντικειμενική-οντολογική αναφορά πέρα από τα όρια της εμπειρίας. Για τον Καντ, όπως είναι γνωστό, η υπερβατολογική εμφάνεια εδράζεται σε ένα είδος λαθροχειρίας ή... εκφρασμένο με τον κατάλληλο τεχνικό όρο, subreptio (υφαίρεση): μια τέτοια υφαίρεση παρουσιάζεται όταν οι κανόνες της χρήσης του Λόγου εκλαμβάνονται ως αρχές εννοιακού καθορισμού του αντικειμένου. Για τον Αντόρνο η υπερβατολογική εμφάνεια πρέπει να γίνει αντικείμενο ενός αυτοστοχασμού, διότι «από τη στιγμή που θα αποκτήσει συνείδηση του εαυτού του δεν είναι πια το ίδιο». (386)

Συγκεντρώνοντας όλες τις παρατηρήσεις του Αντόρνο πάνω στο

νοούμενο, το οποίο στους *Στοχασμούς* έχει ξεκάθαρα απορητικό και αποφατικό χαρακτήρα, διαπιστώνουμε έτσι δύο επιχειρηματολογικές κατευθύνσεις:

α) Ο καντιανός προσδιορισμός της υπερβατολογικής εμφάνειας ως πλασματικής αληθοφάνειας επαναδραστηριοποιείται από τον Αντόρνο και συγκεκριμένα ως... σήμα κινδύνου ενάντια σε κάθε προσπάθεια της μεταφυσικής σκέψης να υπερβεί τα διαχωριστικά όρια που χάραξε η φιλοσοφία του Καντ. Όπως ο Καντ επιχειρηματολογεί κατά της φαινομενικής μόνο γεφύρωσης των πεδίων του αναγκαίου και του δυνατού, δηλ. κατά της υπερβατολογικής εμφάνειας (transzendentaler Schein), που όπως δείχνει η *Υπερβατολογική Διαλεκτική* αποτελεί ιδιάζουσα ροπή του Λόγου, κατ' αναλογία ο Αντόρνο αντιτάσσει στον καντιανό προσδιορισμό της εμφάνειας όλες εκείνες τις φιλοσοφικές προσεγγίσεις για τις οποίες η ύπαρξη και η αναγκαιότητα της μεταφυσικής θεωρούνται αυτονόητες.[191] Όπως είπαμε, ο Αντόρνο δεν αρκείται όμως μόνο στη διορθωτική λειτουργία της υπερβατολογικής εμφάνειας. Θέλοντας να επεκτείνει τον καντιανό διαχωρισμό (του αναγκαίου και του δυνατού) διαμέσου μιας κατανόησης της υπέρβασης –στην οποία θα περικλείεται η δυνατότητα της αντικειμενικής-οντολογικής της αναφορικότητας– ο Αντόρνο

β) προσδίδει στο νοούμενο τη σημασία της εμφάνειας. Για τον Καντ κάτι τέτοιο θα ήταν ανεπίτρεπτο, ή πιο συγκεκριμένα θα ήταν, όπως είδαμε πιο πάνω, μια μορφή λαθρόχειρης υφαίρεσης, καθώς θα μετέθετε το στοχαστικό φορτίο από την (υπερβατολογική) εμφάνεια ως οριακή έννοια στην εμφάνεια ως παράσταση-φανέρωση του υπερβατικού. Ο Αντόρνο, παρ' ότι έχει επίγνωση της σημαντικής απόκλισης από το καντιανό υπόδειγμα, εντούτοις δεν διστάζει να τολμήσει το αποφασιστικό βήμα και να αφαιρέσει από την υπερβατολογική εμφάνεια τον αποκλειστικά πλασματικό χαρακτήρα της προσδίδοντάς της αντικειμενική αναφορά. Ο Αντόρνο θεωρεί παρ' όλα αυτά ότι το εγχείρημά του εντάσσεται στα πλαίσια του καντιανού οικοδομήματος της κριτικής του Λόγου εφόσον στρέφεται ενάντια σε κάθε έννοια προ-κριτικής (προ-καντιανής) οντολογίας. Όπως ακριβώς ο Καντ εξαρτά το εγχείρημα της

191. Βλέπε *Negative Dialektik*, ό.π., σελ. 385.

κριτικής του Λόγου και της μεταφυσικής από τις συνθήκες της δυνατότητας απριορικής γνώσης, έτσι και ο Αντόρνο θεωρεί ότι η συνθήκη για δυνατότητα ύπαρξης της μεταφυσικής εξαρτάται από το ερώτημα αν στην αναφορά της υπέρβασης αντιστοιχεί κάτι το πραγματικό. Αυτό που επιδιώκει να δείξει ο Αντόρνο είναι ότι η εμφάνεια, αν και δεν συμμετέχει σε μια πραγματικότητα οντολογικής αυθυπαρξίας, εντούτοις δεν στερείται απόλυτα του στοιχείου της πρόσδεσης σε κάτι το πραγματικό. Καθώς η εμφάνεια λοιπόν δύναται να έχει κάποιο είδος οντολογικής εδραίωσης, μπορεί να υποβληθεί σε έναν εννοιακό μετασχηματισμό μετατρεπόμενη σε φαινόμενο, δηλ. σε παραστατική εκδήλωση μιας υποκείμενης πραγματικότητας.

Στο σημείο αυτό διαπιστώνουμε πως ο Αντόρνο στρέφεται στον Χέγκελ μιας και ο μετασχηματισμός της (καντιανής υπερβατολογικής) εμφάνειας σε εμφάνεια-εκδήλωση της υποκείμενης ουσίας καταλαμβάνει κεντρική θέση στην *Επιστήμη της Λογικής* (*Ε.τ.Λ.*) του και συγκεκριμένα στο δεύτερο μέρος, στη λογική της ουσίας. Για τον Αντόρνο η πρόσδεση της εμφάνειας στην ουσία είναι ακριβώς αυτό που χρειάζεται για να κάνει το βήμα πέρα από τους καντιανούς προσδιορισμούς. Το ότι ο Χέγκελ θεωρεί την εμφάνεια ως φαινόμενο (Erscheinung – με την καντιανή έννοια) γίνεται σαφές από δύο χωρία της *Ε.τ.Λ.*: πρώτα στην *Εισαγωγή* αντιπαρατίθεται «η αντικειμενικότητα του Είναι και η αναγκαιότητα της αντίφασης» στην υποκειμενική (δηλ. του ανθρώπινου Λόγου) εμφάνεια ως απατηλής φαντασμαγορίας, θεωρώντας τα και τα δυο ως συστατικά της καντιανής Ιδέας.[192] Επιπλέον στο πρώτο μέρος της αντικειμενικής Λογικής (*Διδασκαλία του Είναι*) ο Χέγκελ μέμφεται την καντιανή σύλληψη της εμφάνειας για το ότι «όφειλε να στερείται όποιας βάσης ενός Είναι».[193] Η αντίφαση που διαπιστώνει ο Χέγκελ στην καντιανή έννοια της εμφάνειας ως καθαρής πλάνης εντοπίζεται στο ότι από τη μια μεριά η εμφάνεια «παραμένει για τον εαυτό» της, από την άλλη όμως ως αδιαμεσολάβητη αμεσότητα συνδηλώνει κάτι που προϋπάρχει ως δεδομένο.[194] Τώρα,

192. Βλέπε *Wissenschaft der Logik I*, σελ. 52.
193. Ό.π., *Επιστήμη της Λογικής II*, σελ. 72.
194. Ό.π., σελ. 71.

επειδή στην *Επιστήμη της Λογικής* εμφάνεια και φαινόμενο συγκεράννυνται στην έννοια της αμεσότητας, ο Χέγκελ στην αρχή της παραγράφου αυτής διαπιστώνει: «Έτσι η εμφάνεια είναι το φαινόμενο του Σκεπτικισμού, ή ακόμη το φαινόμενο του Ιδεαλισμού [είναι] μια τέτοια αμεσότητα».[195]

Αν και από πρώτη άποψη η κριτική του Χέγκελ φαίνεται να μας απομακρύνει από τη θεματική συνάφεια του διορθωτικού εγχειρήματος του Αντόρνο στην καντιανή έννοια της εμφάνειας, εντούτοις είναι ακριβώς αυτή η υπόδηλη αναφορά των *Στοχασμών* στη *Λογική* του Χέγκελ, στην οποία εδράζεται η μετατόπιση που κάνει ο Αντόρνο από την *καντιανή εμφάνεια στο χεγκελιανό φαινόμενο.* Κι αυτό, διότι η σκέψη του Αντόρνο διαποτίζεται από τη χεγκελιανή ιδέα ότι η δράση του ανασκοπικού (reflexiv) Λόγου με το να οριοθετεί τα πεδία νόμιμης ισχύος της σκέψης ταυτόχρονα τα υπερβαίνει. Ο Αντόρνο της *ΑΔ* μεταφέρει αυτό τον οριοθετικά, αλλά εξαρχής επέκεινα κάθε ορίου στοχαζόμενο Λόγο στην προβληματική της σφαίρας του νοούμενου, το οποίο και στοχάζεται ως η εμφάνεια αυτού «το οποίο στρέφει προς το πεπερασμένο πνεύμα αυτό που του είναι ακριβώς κρυμμένο, αυτό που είναι το πνεύμα αναγκασμένο να σκεφτεί και που λόγω της περατότητάς του παραμορφώνει». (384)

Η παραμόρφωση για την οποία μιλάει στο σημείο αυτό ο Αντόρνο αναφέρεται στην υπερβατική εμφάνεια, η οποία θα παραμένει πλάνη αφού το ανθρώπινο πνεύμα δεν δύναται να υπερβεί την περατότητά του συλλαμβάνοντας το υπεραισθητό θεμέλιο της ολότητας των όντων. Σύμφωνα με τον Καντ η περατότητα του πνεύματος αποτελεί αναπόδραστη συνθήκη κάθε φιλοσοφικού στοχασμού, οπότε ο Λόγος πρέπει να ασκεί συνεχώς αυτοκριτική στην τάση που ενέχει να υπερακοντίζεται πέρα των ορίων του εμπειρικά-γνωσιοθεωρητικά δυνατού. Η αυτοκριτική αυτή, όπως αυτή απαράμιλλα αναπτύσσεται στο δεύτερο μέρος της *Κριτικής του καθαρού Λόγου*, στην *Υπερβατολογική Διαλεκτική*, αφορά τους Παραλογισμούς, τις Αντινομίες και τα αντιφατικά νοησιαρχικά μορφώματα, σε όλες δηλ. εκείνες τις… λαθροχειρίες και υφαιρέσεις, στις οποίες αναγκαστικά υποπίπτει ο ανθρώπι-

---

195. Ό.π.

νος Λόγος στην προσπάθειά του να αρθεί υπεράνω των περιορισμών της φύσης. Για τον Αντόρνο αντίθετα το υπερβατικό νοούμενο δεν σηματοδοτεί κάποιου είδους λογική-στοχαστική πλάνη, αλλά είναι ακριβώς αυτό που στοιχειοθετεί τη δυνατότητα υπέρβασης της περατότητας του Λόγου: η (αυτο-)υπέρβαση του Λόγου διενεργείται ως «αυτοάρνηση του πεπερασμένου πνεύματος». (ό.π.)

Βλέπουμε έτσι πως ο Αντόρνο επιχειρεί να επαναδραστηριοποιήσει την καντιανή έννοια της υπερβατολογικής εμφάνειας (με αναφορά στη σφαίρα του νοούμενου) προσδίδοντάς της έναν αναντικατάστατο ρόλο στη μεταφυσική σκέψη. Συγχρόνως όμως επιχειρεί να την αποδεσμεύσει από μεταφυσικές πλάνες του είδους εκείνου των καθολικών Ιδεών όπως είναι για την *Υπερβατολογική Διαλεκτική* η Ιδέα του Θεού ή του Κόσμου.[196] Με αυτό τον τρόπο πιστεύει να προσεγγίσει μέσω της εμφάνειας εκείνο στο οποίο στοχεύει η μεταφυσική σκέψη. Αν και συμμερίζεται την κριτική που κάνει η *Λογική* του Χέγκελ στην καντιανή έννοια της εμφάνειας, ο Αντόρνο παρ' όλα αυτά πρέπει να ασκήσει με τη σειρά του κριτική στον Χέγκελ, καθώς το σχήμα της διπλής άρνησης, η οποία εκβάλλει σε θετικότητα, του φαίνεται ύποπτο ότι εξυπηρετεί ιδεολογικές ανάγκες. Η υποψία αυτή πηγάζει από την πεποίθησή του ότι το θετικό περιεχόμενο της (αυτο-)άρνησης του πνεύματος μπορεί να νοηθεί μόνο ως εκείνο το ανεξίτηλα γριφώδες σχήμα του Καντ, δηλαδή το νοούμενο, που αντιτίθεται σε κάθε μεταφυσικά θετικό προσδιορισμό. Υπερασπίζοντας τώρα τον Καντ έναντι του Χέγκελ γράφει: «Η ετυμηγορία του [ενν. τη θέση του Καντ ότι το νο-

---

196. Αυτό βέβαια δεν σημαίνει πως ο Αντόρνο θέτει ως στόχο να αποκαθάρει την εμφάνεια από κάθε είδους πλάνη καθιστώντας τη διαυγή φαινομενικότητα. Αυτό οφείλεται στις μαρξιστικές ρίζες της σκέψης του. Θεωρούμενη κοινωνικο-πολιτικά η υπερβατολογική εμφάνεια ριζώνει στους αναγκαίους για το καπιταλιστικό σύστημα μηχανισμούς φενάκης και ψευδούς συνείδησης. Ένα στοιχείο που διαφοροποιεί την αντορνική από την καντιανή (υπερβατολογική) εμφάνεια είναι ο τρόπος που σηματοδοτείται η αναγκαιότητα ή το αναπόφευκτο της εμφάνειας. Αν για τον Καντ η εμφάνεια είναι αναγκαία, γιατί ο Λόγος εξ ιδίας δυναμικής τείνει να υπερακοντίσει την εμπειρία προβάλλοντας τις Ιδέες (π.χ. Θεός, Κόσμος, Αθανασία, Ελευθερία) ως υπερεμπειρικές βέβαια, αλλά καθόλα αντικειμενικές ολότητες, για τον Αντόρνο η εμφάνεια είναι αναγκαία, διότι το κοινωνικό σύστημα στηρίζεται στη συστηματική παραγωγή ψευδούς συνείδησης.

ούμενο δεν μπορεί να συλληφθεί από τη φιλοσοφική έννοια, Κ.Μ.] δεν ξεπεράστηκε από την προσπάθεια του Χέγκελ να αποδείξει πως η λογική της εμφάνειας είναι η λογική της αλήθειας». (386) Ο λόγος που ωθεί τον Αντόρνο να υποστηρίξει το καντιανό νοούμενο θέτοντάς το αρχικά πέραν κάθε (χεγκελιανής) εννοιολογικής προσδιορισιμότητας έγκειται στην άρνησή του να ακολουθήσει το εγχείρημα του Χέγκελ της *Λογικής* και να αναδείξει την εμφάνεια ως τρόπο (φαινόμενο) της ουσίας. Αν για τον Χέγκελ η εμφάνεια είναι τρόπος εκδήλωσης, δηλ. τρόπος του φαίνεσθαι της ουσίας (και της αλήθειας), σε ένα αρχικό επίπεδο ο Αντόρνο δεν ταυτίζει την εμφάνεια (ως φαινόμενο) με την αλήθεια.[197]

3.4. Η εμφάνεια στον Χέγκελ

Είδαμε πως οι στοχασμοί του Αντόρνο τον οδηγούν να ασκήσει αρχικά κριτική στην καντιανή εμφάνεια (Schein). Για τον Καντ η εμφάνεια είναι μια αναγκαία φαινομενικότητα και επίφαση που παρουσιάζεται αναπόδραστα στον ανθρώπινο Λόγο. Ο Λόγος όμως δύναται να αποφεύγει τις μεταφυσικές παγίδες που του στήνει η εμφάνεια ως υποτύπωση δήθεν οντολογικά στέρεων Ιδεών διαμέσου της ανασκοπικής αυτοκριτικής και του ελέγχου. Για τον Αντόρνο αντίθετα η καντιανή εμφάνεια πρέπει να μετατραπεί από απλή επιφατικότητα σε φαινόμενο-εκδήλωση της υπερβατικότητας. Γι' αυτόν το λόγο θα ανατρέξει στη *Λογική* του Χέγκελ και συγκεκριμένα στην κριτική που ασκεί στην έννοια της εμφάνειας ως απλής επίφασης. Αν για την Υπερβατολογική Διαλεκτική της *Κριτικής του καθαρού Λόγου* η εμφάνεια είναι οντολογικά

197. Εδώ παρατηρεί κανείς ξανά την ιδεολογικο-κριτική διάσταση του τρόπου που ο Αντόρνο κατανοεί την εμφάνεια. Στην *Αρνητική Διαλεκτική* ο Αντόρνο επιχειρεί να συστοιχίσει την καντιανή πλάνη της εμφάνειας με την κοινωνικά προσδιορισμένη εμφάνεια της φενακισμένης συνείδησης. Στο πλαίσιο της διαπραγμάτευσής των αντι-ιδεαλιστικών διαστάσεων στη σκέψη του Καντ ο Αντόρνο παρατηρεί ότι η καντιανή υπερβατολογική εμφάνεια είναι ακριβώς αυτό διαμέσου του οποίου το κοινωνικό σύστημα του καπιταλισμού εξουσιάζει τις συνειδήσεις των ανθρώπων. Βλέπε ό.π., σελ. 381-382.

ανεδαφική, στην περίπτωση των *Στοχασμών* της *ΑΔ* πρέπει να της επαναπροσδοθεί οντολογική υπόσταση. Αυτή η πρόθεση είναι σημαντική και μας βοηθά να καταλάβουμε για ποιο λόγο ο Αντόρνο καταφεύγει στον Χέγκελ έτσι ώστε να καλύψει την απαίτηση των *Στοχασμών* για μια εμφάνεια με οντολογική αναφορά. Ακριβώς επειδή η *Λογική* του Χέγκελ διαπραγματεύεται την εμφάνεια σε στενή συνάφεια με την έννοια του φαινομένου ως μορφής της ουσίας, προσφέρει στην *ΑΔ* την κατάλληλη επιχειρηματολογική βάση τόσο για να προσδοθεί στην εμφάνεια οντολογική κατοχύρωση, όσο και για να αναδειχτεί η διάσταση αλήθειας που ενέχεται στην ίδια. Για τον Καντ βέβαια κάτι τέτοιο θα ήταν αδιανόητο, αφού η υπερβατολογική εμφάνεια αποτελεί καθαρή επίφαση. Έτσι, βλέπουμε πως για να αναβαθμίσει ο Αντόρνο το νοούμενο πρέπει να ασκήσει κριτική στην έννοια της καντιανής εμφάνειας. Αυτό κατορθώνεται με την υιοθέτηση της κριτικής του Χέγκελ στον Καντ: ο Χέγκελ επιτίθεται στην έννοια της καντιανής εμφάνειας, μετατρέποντάς τη σε έποψη της αυτοκίνησης της ουσίας. Ας δούμε όμως πώς έχουν τα πράγματα στη *Λογική* και συγκεκριμένα στο δεύτερο βιβλίο, τη *Διδασκαλία περί της ουσίας*.

Ο Χέγκελ ξεκινά τη διαπραγμάτευση της εμφάνειας με την επιγραμματική πρόταση «Το Είναι είναι εμφάνεια».[198] Πράγματι, στο πρώτος μέρος της *Λογικής* η μεταφυσική οντολογική σκέψη υποχρεώθηκε να παραδεχτεί πως τόσο το καθαρό Είναι, όσο και το καθαρό Μηδέν διαλύθηκαν στην επιφατική φαινομενικότητα επουσιωδών εννοιών. Η προηγούμενη σκέψη εισέρχεται τώρα στο λογικό εκείνο χώρο όπου το Είναι λαμβάνει –αντίθετα προς την ουσία– τη μορφή της εμφάνειας. Η λογική-ανασκοπική εμφάνεια αποτελεί για τον Χέγκελ το αληθινό αποτέλεσμα-κατάληξη του πρώτου Είναι που αποδείχτηκε επίφαση, καθώς το πρώτο μέρος της *Λογικής* έδειξε πως το Είναι αποτελεί προϊόν της καθαρής δραστηριότητας της ουσίας. Ο Χέγκελ διαφοροποιεί τώρα αυτή την εμφάνεια από μια εμφάνεια την οποία εισαγάγει ως «τούτο το άμεσο μη-προσδιορισμένο-Είναι [που βρίσκεται] με τέτοιο τρόπο μέσα στην προσδιοριστικότητα του Είναι, ώστε να έχει προσδιορισμένο-Εί-

198. Βλέπε Χέγκελ, *Επιστήμη της Λογικής, Η Διδασκαλία περί της ουσίας*, σελ. 70.

ναι μόνο μέσα στο σχετικό προς άλλο, μέσα στο μη-προσδιορισμένο του-Είναι».[199] Όπως είδαμε πιο πριν, ο Χέγκελ εξηγεί τη δεύτερη αυτή εμφάνεια με μια ιστορική-φιλοσοφική αναφορά και συγκεκριμένα νοηματοδοτεί την έννοια του φαινομένου στη φιλοσοφία του σκεπτικισμού, αλλά και στην καντιανή υπερβατολογική φιλοσοφία ως εμφάνεια. Στην εμφάνεια αυτή διακρίνει μια αντίφαση μεταξύ της μηδενικότητας (δηλ. ότι δεν εδράζεται πουθενά) και της αμεσότητάς της. Η εμφάνεια αυτή από τη μια δεν εδράζεται σε «κανένα πράγμα ή πράγμα-καθ'-εαυτό», από την άλλη όμως η εμφάνεια-φαινόμενο παρουσιάζεται ως κάτι το προσδιορισμένο. Με την προσδιοριστικότητα τούτη ο Χέγκελ εννοεί προφανώς την άμεση δεδομενικότητα προϋπαρχόντων όντων.[200] Αν δούμε τώρα την πρόταση με την οποία ο Χέγκελ ξεκινά τη διαπραγμάτευση, δηλ. ότι «το Είναι είναι εμφάνεια», τότε παρατηρούμε ότι είναι ταυτόχρονα αληθής και ψευδής. Η αναίρεση του Είναι (του πρώτου μέρους της *Λογικής*) σε απλή εμφάνεια αποτελεί μια διαδικασία που θεμελιώνεται πλήρως σε λογικούς καθορισμούς. Όμως βλέπουμε πως ταυτόχρονα με τη δύση του Είναι ως δεδομένου όντος αναδύεται η εμφάνεια *κάποιου τινός* δεδομένου, δηλ. η δεδομενικότητα αυτής της ίδιας της εμφάνειας ως κάτι άμεσο. Η αρχική πρόταση μετατρέπεται και η ίδια λοιπόν σε ένα είδος εμφάνειας-επίφασης, αφού μετατρέπει το Είναι σε εμφάνεια.

Από όσο μπορώ να κρίνω, πρόθεση του Χέγκελ είναι να δείξει ότι *α)* η εμφάνεια που διαπραγματεύεται στο δεύτερο μέρος της *Λογικής* (*Λογική της ουσίας*) αποτελεί μείγμα της εμφάνειας ως αποτέλεσμα της άρσης του (απροσδιόριστου) Είναι[201] του πρώτου μέρους της *Λογικής* και του φαινομένου του σκεπτικισμού ή της καντιανής φιλοσοφίας, και *β)* ότι μεταξύ εμφάνειας και ουσίας υπάρχει μια σχέση ταύτισης, διότι η εμφάνεια αποδεικνύεται μορφή της ουσίας. Η ανασκοπικότητα της

199. Ό.π., σελ. 71.

200. «Παρόμοια το καντιανό φαινόμενο είναι ένα *δεδομένο* περιεχόμενο της κατ' αίσθηση αντίληψης· αυτό [το περιεχόμενο] προϋποθέτει διαθέσεις [= παθήσεις (Affektionen)], προσδιορισμούς του υποκειμένου οι οποίοι είναι άμεσοι ως προς τον εαυτό τους και ως προς αυτό το ίδιο». (ό.π., σελ. 73)

201. Με την αυτοκατάλυση του Είναι αναδύεται μια εμφάνεια, δηλ. το Είναι ως εμφάνεια.

ουσίας, δηλ. η αυτοαναφορική της σχέση αναδύει την εμφάνεια ως τελεστική μορφή ή ως στάδιο της αυτοκίνησης της ουσίας. Για να δείξει την αναδίπλωση της ουσίας ως εμφάνειας ο Χέγκελ επιχειρεί δύο βήματα: *α)* «Αυτό που χρειάζεται μόνο να δείξουμε είναι ότι οι προσδιορισμοί που τη διαφοροποιούν [την εμφάνεια] από την ουσία, είναι προσδιορισμοί της ίδιας της ουσίας»,[202] δηλ. η αμεσότητα και η μηδαμινότητα ως χαρακτηριστικά της εμφάνειας αποτελούν επόψεις της δομής της ίδιας της ουσίας. *β)* Πρέπει επιπλέον να αποδειχτεί πως «αυτή η *προσδιοριστικότητα της ουσίας*, που είναι η εμφάνεια, είναι ανηρημένη μέσα στην ίδια την ουσία»,[203] δηλ. η προσδιοριστικότητα της εμφάνειας έναντι της ουσίας αίρεται μέσα στην ίδια την ουσία.

Ο σύντομος σχολιασμός αρκεί πιστεύω για να περιγράψει επιγραμματικά τη στρατηγική του Χέγκελ. Στο σημείο αυτό διακόπτω προς στιγμή την παρουσίαση της χεγκελιανής διαπραγμάτευσης της εμφάνειας του κεφαλαίου περί της ουσίας διότι οι δαιδαλώδεις επιχειρηματολογικές τακτικές δεν συνεισφέρουν τα... μέγιστα στη διαύγαση της παρούσας προβληματικής. Σημαντικό παραμένει να κατανοήσουμε γιατί ο Αντόρνο καταφεύγει στη χεγκελιανή *Λογική*, έτσι ώστε ενάντια στον Καντ να προσδώσει στην εμφάνεια τη διάσταση του φαινομένου-εκδήλωσης της υπερβατικότητας. Αυτό ακριβώς επιζητά ο Αντόρνο μέσα από την ερμηνεία του κεφαλαίου της *Λογικής*. Αυτό δεν σημαίνει βέβαια πως υιοθετεί κατά γράμμα το χεγκελιανό πνεύμα. Το δεύτερο μέρος της *Λογικής* θεματοποιεί την ουσία ως αυτοαναφορική και αυτοανασκοπική δομή – ενώ ο Αντόρνο, όπως είπαμε, στοχεύει στην κατά κάποιον τρόπο οντολογικοποίηση της εμφάνειας νοηματοδοτώντας την ως φανέρωση του υπερβατικού. Για να δούμε τώρα πού στηρίζεται κάνοντας ένα τέτοιο βήμα, πρέπει να ολοκληρώσουμε τη θεματική της χεγκελιανής εμφάνειας και να δούμε πώς αυτή μετατρέπεται σε φαινόμενο.

Με την εγγραφή της εμφάνειας στη δομή της ουσίας, δηλ. με την απόδειξη ότι η εμφάνεια αποτελεί τη στιγμή διαμεσολάβησης της αυτοανασκόπησης της ουσίας, ο Χέγκελ θεμελιώνει το επόμενο βήμα του

202. Ό.π., σελ. 74.

203. Ό.π.

που θα είναι η κατάδειξη του *φαινομενικού* χαρακτήρα, η οποία ενέχεται στην εμφάνεια. Εδώ κινητήρια αρχή είναι η δομή της ουσίας, στην οποία ο Χέγκελ προσδίδει τη δυναμική[204] του «εμφαίνεσθαι του εαυτού της εντός εαυτού»,[205] καταλήγοντας μετά από ποικίλες διαμορφώσεις στο ότι «η εμφάνεια ολοκληρώνεται σε φαινόμενο».[206] Το φαινόμενο αποτελεί την αναίρεση της ουσίας ως «εμφαίνεσθαι του εαυτού της εντός εαυτού» σε αμεσότητα, δηλ. στο φαίνεσθαι ως ύπαρξη. Τούτο στη μικρή *Λογική* της *Εγκυκλοπαίδειας* (§ 132) και συγκεκριμένα υπό την κατηγορία της μορφής ενοποιεί δύο αντιθετικούς προσδιορισμούς: από τη μια ενέχει το χαρακτήρα του εμμενούς Είναι (ως «ανασκόπηση μέσα σε αυτή την ίδια», δηλ. ως θεμέλιο ή ύλη). Από την άλλη ενέχει και το αντίθετο χαρακτηριστικό του μη-Είναι ως «ανασκόπηση μακριά από αυτή την ίδια» προς το Άλλο, δηλ. την ετερότητα ή την αμεσότητα. Επειδή ο Χέγκελ συλλαμβάνει τους δύο αυτούς προσδιορισμούς ως θέτειν του Άλλου, αλλά ταυτόχρονα και ως τίθεσθαι από το Άλλο, προκύπτει ότι το φαινόμενο είναι η ενότητα των διαφορετικών, τα οποία αποδεικνύονται ταυτόχρονα ως ταυτόσημα. Αυτό κατανοείται αν σκεφτούμε πως το φαίνεσθαι φέρει εντός του το θεμέλιο ή την ουσία, αποτελώντας ενότητα Είναι και μη-Είναι. Η ουσία από την πλευρά της αναδεικνύεται ως «φαίνεσθαι», στο οποίο διαπιστώνεται το Είναι του

204. Η δυναμική αυτή εδράζεται στη διπλή κίνηση της ουσίας: από τη μια μεριά ως επάνοδος από το Άλλο πίσω στην ίδια ως άμεση ταυτότητα, δηλ. «ως μια απόλυτη αντώθηση εντός του ίδιου του εαυτού της. Διότι η προϋπόθεση της επανόδου εντός εαυτού –εκείνο από το οποίο προέρχεται η ουσία, και είναι μόνο τούτο το επανέρχεσθαι– δεν είναι παρά μόνο μέσα στην ίδια την επάνοδο». (*Η θέτουσα ανασκόπηση*, ό.π., σελ. 83) Από την άλλη μεριά η αντίθετη κίνηση στο επανέρχεσθαι αυτό, η αντώθηση, δηλαδή «η ανασκόπηση που αναφέρεται αρνητικά στον εαυτό της· αυτή αναφέρεται στον εαυτό της σαν εκείνο το μη-Είναι της». (*Η εξωτερική ανασκόπηση*, ό.π., σελ. 85)

205. Ό.π., σελ. 77.

206. Ό.π., σελ. 228. Γνωρίζω βέβαια ότι το πέρασμα από την εμφάνεια στο φαινόμενο που διενεργεί η *Επιστήμη της Λογικής* έχει πολύ περισσότερες προϋποθέσεις από αυτές που θεματοποιεί η ανασκοπική δομή της ουσίας. Μια και ο στόχος μου όμως έγκειται στο να δείξω με ποιο τρόπο και για ποιο λόγο ο Αντόρνο υιοθετεί τη χεγκελιανή έννοια της εμφάνειας ως φαινόμενο, αισθάνομαι δικαιολογημένος να συντομεύσω την παρουσίαση της προβληματικής. Γι' αυτόν το λόγο άλλωστε αναφέρομαι στη «μικρή» Λογική. Βλέπε Χέγκελ, *Enzyklopädie der philosophischen Wissenschaften* (1830), Β § 131, σελ. 134 κ.ε.

μη-Είναι (δηλ. το θεμέλιο του φαινομένου) και παραπέμπει στο μη-Είναι (ως μορφή) ενός άλλου θεμελιωμένου Είναι, το οποίο... κ.ο.κ. Ανακύπτει λοιπόν μια ατέρμονη διαδικασία διαμεσολαβήσεων και μια ακατάπαυστη εναλλαγή των προσδιορισμών της μορφής (Είναι και μη-Είναι), η οποία καταλήγει στην ολότητα του κόσμου των φαινομένων. Στην ολότητα του φαινόμενου κόσμου η αρνητικότητα της μορφής διαμεσολαβεί τα είδη του φαίνεσθαι.[207] Στο έδαφος της ολότητας του κόσμου ως φαίνεσθαι ο Χέγκελ θα αναπτύξει στη συνέχεια την έννοια της πραγματικότητας ολοκληρώνοντας την κριτική που ασκεί στην καντιανή έννοια του φαινομένου, αντιπαραθέτοντας στον υποκειμενικό, δηλ. αποκλειστικά γνωστικό χαρακτήρα του την αντικειμενική πραγματικότητα του φαίνεσθαι ως εκδήλωση μιας εσώτερης αναγκαιότητας. Συγκεφαλαιώνοντας εντοπίζουμε το πεδίο της χεγκελιανής λογικής της ουσίας, στο οποίο επικεντρώνονται οι αναφορές του Αντόρνο: στο πλαίσιο της ανασκοπικής δράσης της ουσίας αναδεικνύεται η ουσιαστικότητα της εμφάνειας και ταυτόχρονα η εμφάνεια ως ουσία. Αν αυτή η ενότητα των αντιθέτων στοιχειοθετεί το επιχειρηματολογικό θεμέλιο της κριτικής του Χέγκελ στον καντιανό χωρισμό, δηλ. στο δυαλισμό φαινομένων/πράγματος καθ' αυτού, τότε φαίνεται καθαρά για ποιο λόγο είναι χρήσιμη στο εγχείρημα του Αντόρνο για να «επανοντολογικοποιήσει» την εμφάνεια ως φαινόμενο-εκδήλωση, όχι βέβαια της ουσίας, αλλά… της υπερβατικότητας.

3.4.1. Η κριτική του Αντόρνο στον Χέγκελ

Μετά τη συνοπτική μάλλον σκιαγράφηση της χεγκελιανής κριτικής στην καντιανή εμφάνεια και το μετασχηματισμό της τελευταίας στο πλαίσιο της λογικής της ουσίας μπορούμε τώρα να συνεχίσουμε με την κριτική του Αντόρνο στη χεγκελιανή σύλληψη. Σημείο εκκίνησης είναι η μετατροπή της εμφάνειας σε φαινόμενο, το οποίο τώρα λειτουργεί ως συστατικό μέρος του ενεργήματος της ουσίας. Ως τέτοιο αντιτίθεται στην απλά υπερβατολογική του χρήση, δηλ. δεν περιορίζεται στο να λειτουργεί απλά ως σήμα κινδύνου για τη γνωσιωθεωρητική διάνοια, η

207. Ό.π., § 132, σελ. 135.

οποία ελέγχει επιφυλακτικά τις μεταφυσικές ανατάσεις και... εξάρσεις του Λόγου. Έτσι, η εμφάνεια ως εμφάνεια (φαινόμενο) της ουσίας μπορεί λοιπόν να εκπληρώσει κάποια οντολογικά κριτήρια. Αυτός άλλωστε είναι ο στόχος του Αντόρνο: όπως είδαμε, οι *Στοχασμοί για τη Μεταφυσική* επιχειρούν να επαναφέρουν το καντιανό νοούμενο στο προσκήνιο της σύγχρονης μεταφυσικής σκέψης. Η αποκατάσταση της έννοιας του νοούμενου πρέπει βέβαια για τον Αντόρνο να συμβαδίζει με την κριτική στην καντιανή χρήση του, η οποία όπως φαίνεται καλύτερα στην περίπτωση του υπεραισθητού θεμελίου από την *Κριτική της κριτικής δύναμης* είναι ρυθμιστική, δηλ. προσανατολίζει απλά το Λόγο στην αναζήτησή του της ολότητας του Είναι. Αυτό δεν σημαίνει αναγκαστικά πως οι *Στοχασμοί* αναλώνονται στο να καταδείξουν απλά ότι το καντιανό νοούμενο μπορεί να απεκδυθεί το χαρακτήρα της ρυθμιστικής καθοδήγησης του Λόγου και διαμέσου της χεγκελιανής διορθωτικής παρέμβασης να επαναλειτουργήσει στο πλαίσιο ενός ανανεωμένου μεταφυσικού στοχασμού.

Όπως έδειξε και η μέχρι τώρα εξέταση του θέματος, η διαπραγμάτευση του Αντόρνο κάθε άλλο παρά ευθυτενής είναι. Αυτό που διαπιστώνεται στο επίπεδο της επιχειρηματολογίας με βεβαιότητα είναι ότι η σκέψη του Αντόρνο μετεωρίζεται μεταξύ Καντ και Χέγκελ: από τη μια θέλει να ανασύρει την έννοια του νοούμενου από τη φιλοσοφική αφάνεια και να το εντάξει στο πλαίσιο ενός σύγχρονου μοντέλου μεταφυσικής. Πέρα από τους δυαλισμούς μεταξύ φαινομένων και πραγμάτων καθ' αυτά ο Αντόρνο στοχεύει σε ένα είδος μεταφυσικού ρεαλισμού. Αφού δεν του αρκεί σε γενικές γραμμές ο ρυθμιστικός ρόλος του υπεραισθητού θεμελίου (του intelligibilis) στο καντιανό φιλοσοφικό οικοδόμημα, ανατρέχει στον Χέγκελ, έτσι ώστε μέσα από μια ουσιολογική μεταγραφή να μπορεί να του προσδώσει σαφέστερα οντολογικές αναφορές. Από την άλλη μεριά όμως το εγχείρημα του Χέγκελ να εντάξει την εμφάνεια (δηλ. τον τρόπο που το νοούμενο μορφοποιείται για την ανθρώπινη διάνοια και το Λόγο) δεν μπορεί να έχει τη συγκατάθεση του Αντόρνο, διότι υποπτεύεται ότι το χεγκελιανό πανλογικό πνεύμα τείνει να απορροφήσει κάθε υπερβατικό επέκεινα της σκέψης.

Το σημείο όπου ο Αντόρνο αρνείται κάθετα να ακολουθήσει τη χεγκελιανή εννοιακή «άρση» κάθε υπεραισθητού θεμελίου φαίνεται ξεκάθαρα σε παρατηρήσεις όπως: «Θα έπρεπε κανείς να θέσει το ερώτημα εάν η μεταφυσική, ως γνώση του απόλυτου, είναι δυνατή χωρίς την κατασκευή της απόλυτης γνώσης, δηλ. εκείνου του ιδεαλισμού ο οποίος τιτλοφορεί το τελευταίο κεφάλαιο της *Φαινομενολογίας* [δηλ. της *Φαινομενολογίας του Πνεύματος* του Χέγκελ, Κ.Μ.]. Γιατί αυτός που διαπραγματεύεται το απόλυτο δεν υποστηρίζει τάχα αναγκαστικά ότι το όργανο της σκέψης, η οποία μπορεί να συλλάβει το απόλυτο, είναι γι' αυτόν ακριβώς το λόγο η ίδια το απόλυτο; Όμως αυτό πάλι το είδος της διαλεκτικής, η οποία περνά σε μια μεταφυσική, που δεν θα ήταν πια απλά και μόνο διαλεκτική, δεν αντιβαίνει την ίδια τη διαλεκτική έννοια της αρνητικότητας;» (397) Σε αυτό το χωρίο βρίσκει κανείς σε συμπυκνωμένη μορφή όλες τις ενστάσεις του Αντόρνο ενάντια στην ιδεαλιστική καθολική γνώση:

α) Ο Αντόρνο εφορμάται κατ' αρχάς από τη διαπίστωση ότι η σύγχρονη φιλοσοφική και μεταφυσική σκέψη είναι αναγκασμένη να αντιμετωπίσει ως δεδομένο το γεγονός ότι τα μεταφυσικά οικοδομήματα της (γερμανικής) φιλοσοφικής παράδοσης έχουν απολέσει ανεπιστρεπτί το δεσμευτικό τους κύρος. Είναι δηλ. υποχρεωμένη να προϋποθέτει την ιστορικά πια αμετάκλητη απονομιμοποίηση κάθε εγχειρήματος να συγκροτηθεί ένα στοχαστικό οικοδόμημα που θα εγείρει την αξίωση να εντάσσει τις ίδιες τις προϋποθέσεις της σκέψης στη διαδικασία του στοχασμού, δηλ., όπως στο παράδειγμα της χεγκελιανής φιλοσοφίας, να αποδεικνύει πως ότι (λογικά και χρονικά) προηγείται της σκέψης μπορεί να καταδειχτεί ως καταληκτικό αποτέλεσμα της στοχαστικής διαδικασίας. Γι' αυτόν το λόγο αυτό που προέχει για το συγγραφέα της *ΑΔ* είναι να προσανατολίσει το στοχασμό πάνω στο ερώτημα της δυνατότητας της υπερβατικής σκέψης σε ό,τι μπορεί να αποτελέσει απαράβατη συνθήκη για κάθε ανανεωτικό μεταφυσικό εγχείρημα. Αν το σχέδιο αυτό του Αντόρνο μοιάζει με εκείνο του Καντ στα *Προλεγόμενα για κάθε μελλοντική μεταφυσική*, τότε διαπιστώνουμε πως

β) το ερώτημα του χαρακτήρα της διαλεκτικής σκέψης, την οποία ο Αντόρνο ενάντια στο Χέγκελ θέλει να αποφορτίσει από κάθε στοχασμό της ολότητας, αποκτά πρωταρχική σπουδαιότητα. Αυτή βέβαια η διαλεκτική μέθοδος που οραματίζεται ο Αντόρνο προϋποθέτει

γ) την επαναδιατύπωση ή καλύτερα την απόρριψη της χεγκελιανής έννοιας της αρνητικότητας, η οποία στο πανλογικό σύστημα του απόλυτου ιδεαλισμού οδηγεί αλάνθαστα στη σύλληψη του Όλου. Ο Αντόρνο θεωρεί προτιμότερο να εκθέσει το ανανεωτικό του εγχείρημα με κίνδυνο να του καταλογιστεί ότι οπισθοχωρεί σε προ-καντιανές, προ-κριτικές δογματικές οντολογίες, παρά να συνεχίσει στην παράδοση της χεγκελιανής έννοιας της άρνησης.

3.5. Η έννοια της άρνησης στον Αντόρνο

Ας ξεκινήσουμε με το πρώτο είδος των ενστάσεων των *Στοχασμών* ενάντια στην παραδοσιακή μεταφυσική, αυτό που αφορά το θέμα της υπέρβασης. Εγείρεται αμέσως το ερώτημα για τον τρόπο που ο Αντόρνο ενεργεί το στοχασμό πάνω στα όρια ορισμού της υπέρβασης. Όπως είδαμε, ως πρώτο βήμα της διερεύνησης είναι πως αφού ο Αντόρνο σκοπεύει να στοχαστεί το ερώτημα της μεταφυσικής πέρα από τις κοσμοϊστορικές προϋποθέσεις της μεταπολεμικής συγκυρίας, είναι αναγκασμένος να τοποθετήσει την έννοια του νοούμενου (Intelligibilis), το οποίο προέρχεται από την καντιανή φιλοσοφία και ιδιαίτερα από την *Κριτική της κριτικής δύναμης*, στο επίκεντρο του ενδιαφέροντος. Ο Αντόρνο επιχειρεί να αντλήσει από το νοούμενο ή το υπεραισθητό θεμέλιο δύο συγγενικούς καθορισμούς, οι οποίοι μπορούν μεν να ενταχθούν στη νέα νοηματοδότηση της υπέρβασης, αλλά μέσα από ένα χεγκελιανό... φιλτράρισμα, δηλ. διορθωτική κριτική.

Όπως είδαμε από τη κριτική αυτή υιοθέτηση και επαναδραστηριοποίηση της έννοιας του νοούμενου προκύπτουν δύο βασικά χαρακτηριστικά: *α)* Η έννοια πρέπει να είναι ανθεκτική σε κάθε εγχείρημα τελεσίδικου προσδιορισμού και εννοιακού ορισμού, και *β)* πρέπει να λειτουργήσει ως δείκτης της υπέρβασης με οντολογική αναφορά. Ο Αντόρνο δεν είναι βέβαια πρόθυμος να συγκατατεθεί με το ριζικό καντιανό χωρισμό φαινομένων-νοούμενου, από τον οποίο προκύπτει άλλωστε αναγκαστικά η έννοια της εμφάνειας ως της πλάνης εκείνης στην οποία υποπίπτει αναπόφευκτα ο Λόγος κάθε φορά που επιχειρεί να συλλάβει την ολότητα του Είναι. Αυτό που γίνεται μέχρι τώρα φανερό είναι όμως ότι οι *Στοχασμοί* επιχειρούν από τη μια μεριά να διορθώσουν κριτικά την καντιανή εμφάνεια με χεγκελιανά επιχειρήματα, από την άλλη όμως αναπτύσσουν μια κριτική στον Χέγκελ. Βλέπουμε έτσι το εγχείρημα της ανανέωσης της μεταφυσικής να αποκτά εκείνο το είδος μετεωρισμού το οποίο διαπιστώσαμε και στην περίπτωση των ψυχικών εμπειριών ευτυχίας, πάνω στις οποίες θα πρέπει για τον Αντόρνο να βασιστεί ο μεταφυσικός στοχασμός. Η αμφισημία αυτή, η οποία προσδίδει στο όλο μεταφυσικό εγχείρημα *των Στοχασμών* έναν απορητικό χαρακτήρα, εκδηλώνεται εκτός των άλλων τόσο στο ότι εξυμνεί το καντιανό εγχείρημα για τη «μεγαλειώδη δισημία» (378)[208] του, όσο και στο ότι αρκετά παράδοξα βλέπει ως κατάληξη των συλλογισμών του εκείνο που αν και «στερείται εμφάνειας» (397) εντούτοις εμφανίζεται στο φαινόμενο της εμφάνειας.

Για να διαπραγματευτούμε κατάλληλα το είδος της υπέρβασης στο οποίο προσβλέπει ο Αντόρνο πρέπει στο σημείο αυτό να ασχοληθούμε διεξοδικότερα με την κριτική που ασκεί στον Χέγκελ. Για να κατανοήσουμε την κίνηση του Αντόρνο να αντιπαραθέσει στο χεγκελιανό πανλογικό ταυτιστικό Λόγο το *μη-ταυτόσημο* (Nicht-identische) ως πυρήνα της μεταφυσικής σκέψης πρέπει από τη μια να αναλύσουμε τις αιτίες που τον οδηγούν να επαναδραστηριοποιήσει την έννοια του καντιανού νοούμενου (Intelligibilis) διορθώνοντάς τη με τα στοχαστικά μέσα της *Λογικής της Ουσίας* από την *Επιστήμη της Λογικής* του Χέγκελ. Από την άλλη όμως ο Αντόρνο θα επιμείνει ότι παρ' όλα αυτά οι καντιανοί διαχωρισμοί και επιμερισμοί των σφαιρών του πνεύματος είναι αδύνατον να αρθούν από το νοησιαρχικό ιδεαλισμό. Σκοπός του Αντόρνο είναι να καταδείξει την *έννοια του απόλυτου στη μεταφυσική σκέψη ως το «μη-ταυτόσημο»* (398). Η έννοια του μη-ταυτόσημου έχει βέβαια γίνει αντικείμενο πολυπληθών σχολίων και ερμηνευτικών προτάσεων, τόσο στις ερευνητικές μελέτες για το έργο του Αντόρνο όσο και σε γενικότερες φιλοσοφικές εργασίες. Συχνά μάλιστα η κριτική που της ασκείται είναι τόσο δριμεία, ώστε να εμφανίζεται άλλοτε ως μηδενική

208. Η πρόθεση του Αντόρνο να εδράσει το μεταφυσικό στοχασμό σε ένα «πραγματικό» θεμέλιο εκπορεύεται ακριβώς από αυτή τη «δισημία» του Καντ, γιατί «υπάρχει η ανάγκη μιας "ύλης", έστω και αν αυτή εξαρτάται για τον Καντ από εκείνη την εποπτεία τη δυνατότητα της οποίας βέβαια αποκλείει στη σφαίρα των υπερβατικών Ιδεών» (ό.π., 383).

λύση κι άλλοτε ακόμα χειρότερα ως μυστικός χρησμός. Προτού καταφερθεί κανείς με έναν σε τελική ανάλυση φιλοσοφικά στείρο τρόπο ενάντια στο μεταφυσικό απόλυτο του Αντόρνο πρέπει κατά τη γνώμη μου να ασχοληθεί με ένα άλλο ερώτημα, δηλ. εάν το είδος μεταφυσικού στοχασμού που προβάλλεται στους *Στοχασμούς* αποτελεί για τον Αντόρνο τελεσίδικη απάντηση στις απορίες της μεταφυσικής.

Για να απαντήσουμε στο ερώτημα χρειαζόμαστε, όπως είπαμε, μια διεξοδικότερη διαπραγμάτευση της κριτικής που ασκεί ο Αντόρνο στη χεγκελιανή σκέψη. Εδώ στόχος μου είναι να δείξω πως η θέση του Αντόρνο υπέρ του καντιανού νοούμενου ή αλλιώς η πρόταση του μη-ταυτόσημου ως απόλυτης αναγκαιότητας της μετα-χεγκελιανής μεταφυσικής σκέψης γίνεται πιο κατανοητή μόνο από τη στιγμή που νοηματοδοτείται ως απόρροια της αντορνικής κριτικής στα χεγκελιανά στοχαστικά ενεργήματα, τα οποία ως γνωστόν αποσκοπούν στο να άρουν από τη μια τις διαφορές μεταξύ των μορφών της έννοιας και από την άλλη του αντικειμένου. «Αυτό που λέγεται από τα πεπερασμένα όντα για την υπέρβαση είναι η επίφασή της, η οποία όμως είναι, όπως ορθά διέγνωσε ο Καντ, αναγκαία». (386)

Ακριβώς τούτη την αναγκαιότητα υπό τη μορφή μιας λογικά και φιλοσοφικά εννοούμενης αμεσότητας είναι εκείνο που αντιπαραθέτει ο Αντόρνο στις στοχαστικές διαδικασίες του Χέγκελ, οι οποίες αίρουν την αυτοσυστασία, δηλ. την αμεσότητα της εμφάνειας, εντάσσοντάς τη στο αυτοαναφορικό και αυτοανασκοπικό ενέργημα της ουσίας. Όπως θα φανεί αμέσως παρακάτω, ο βασικός κορμός των κριτικών ενστάσεων του Αντόρνο αναφέρεται στη θεμελίωση της θέσης ότι η εμφάνεια δεν εξαντλείται στο χαρακτήρα της ως απλή εμφάνεια, δηλ. ότι αυτό που εμφαίνεται στην εμφάνεια δεν μπορεί βέβαια να αποκοπεί ριζικά από την εμφάνεια, από την άλλη μεριά όμως πρέπει να νοηθεί ως κάτι διαφορετικό από την εμφάνεια της εμφάνειας. Για να θεμελιώσει την υπόσταση αυτής της διαφοράς, δηλ. για να καταδείξει την επιτακτικότητα της «σωτηρίας της εμφάνειας» (ό.π.), ο Αντόρνο πρέπει αυτονόητα να αντικρούσει και να απορρίψει τη χεγκελιανή «άρση» της εμφάνειας που όπως είπαμε συντελείται διαμέσου της ένταξής της (και του εγκλεισμού της σύμφωνα προς τον Αντόρνο) στην αυτοαναφορική λογική ενέργεια της ουσίας. Η κριτική και η απόρριψη γίνεται στο σημείο όπου για τον

Χέγκελ ως «διαμεσολαβημένη» η εμφάνεια προσαρμόζεται με τέτοιο τρόπο στη δομή της ουσίας ώστε τελικά να ταυτίζεται μαζί της.

Εφόσον η ουσιο-λογική εξέταση της εμφάνειας στην *Επιστήμη της Λογικής* εξυπηρετεί στη θεμελίωση του επιχειρήματος ότι οι δομές της ουσίας και της εμφάνειας αντιστοιχούν η μία στην άλλη και ότι είναι απόλυτα σύμμετρες, ο Αντόρνο θα ανασκευάσει το χεγκελιανό επιχείρημα αντιλέγοντας πως το ετέρως-Είναι (Andersheit), το οποίο ο Χέγκελ προσπαθεί να άρει με την έννοια της αμεσότητας (Unmittelbarkeit) ή της προσδιοριστικότητας (Bestimmtheit), είναι αδύνατον να αφαιρεθεί από το χαρακτήρα της εμφάνειας. Ο Αντόρνο εστιάζει τα πυρά της κριτικής του ακριβώς στην έννοια αυτή του ετέρως-Είναι της εμφάνειας, το οποίο συλλαμβάνεται στη λογική της ανασκόπησης (Reflexionslogik) στο δεύτερο μέρος της *Επιστήμης της Λογικής* ως αυστηρή αυτοαναφορικότητα.[209] Με το γνώρισμα της δομής η αυτοαναφορικότητα δεν είναι δύσκολο να ταυτιστεί σε τελική ανάλυση με την αυτοαναφορικότητα της ουσίας. Από την οπτική γωνία του Αντόρνο αυτό που επιχειρεί ο Χέγκελ είναι απλά να ταυτίζει τη (φυσικά «ανασκοπούμενη») αμεσότητα της ουσίας με την απλή αμεσότητα της εμφάνειας, καταλήγοντας έτσι σε ταυτιστικά πορίσματα. Στη χεγκελιανή σύλληψη της ουσίας… επί της ουσίας αναγνωρίζεται μια αυτοαναφορική διαδικασία εν είδει κλειστού κυκλώματος: η ουσία ενεργείται ως περιεκτική ενότητα, ως σχέση (μεταξύ αυτής και της εμφάνειας), αλλά και καθένα από τα μέρη της σχέσης (πότε άμεση ουσία, πότε ανασκοπούμενη εμφάνεια)! Για τον Αντόρνο κάτι τέτοιο δεν είναι τίποτα άλλο παρά μια μεταφορά του σχήματος της φιλοσοφίας της συνείδησης στο λογικό-οντολογικό επίπεδο.[210] Τώρα, όσο πρόσφορη και να είναι στοχαστικά για την επιχει-

209. Και μάλιστα έτσι ώστε από το ετέρως-Είναι του πρώτου μέρους της Λογικής (του Είναι) που είναι σχέση δύο στιγμών (δηλ. κάτι είναι έτερο κάποιου ετέρου άλλου κάτι), προκύπτει ένα έτερο που περιέχει μόνο μια στιγμή, δηλ. στο ίδιο το ετέρως-Είναι προσδίδεται το κατηγόρημα του «ετέρου». Το ετέρως-Είναι γίνεται έτσι το έτερο του εαυτού του. Αυτή η σύλληψη του ετέρως-Είναι είναι σύστοιχη με τη μορφή της διπλής άρνησης της αποφαντικής πρότασης.

210. Ο Αντόρνο έχει προφανώς κατά νου το είδος εκείνο της αυτοναφορικότητας που είναι τόσο δομή ως ενότητα, όσο και τα στοιχεία της δομής, αλλά και οι μεταξύ τους δομικές σχέσεις. Τέτοιου είδους αναφορικότητα έχει βέβαια η συνείδηση ή το Εγώ στη *Φαινομενολογία του Πνεύματος*: «Το Εγώ είναι το περιεχόμενο της [αλληλο]αναφο-

ρηματολογία της *Λογικής* η έννοια της άρνησης που περιέχει η ετερότητα ως το ετέρως-Είναι του εαυτού της, κατά τον Αντόρνο η αντιστοιχία της στη δομή της συνείδησης είναι σε κάθε περίπτωση λανθασμένη. Ο λόγος είναι απλός: με αδιάλλακτο φρόνημα ο Αντόρνο επιμένει πως για να σταθεί κανείς στο ύψος της προβληματικής της υπέρβασης πρέπει με κάθε δυνατό τρόπο να αναδείξει το ιδιάζον της γνώρισμα, την απροσδιορισιμότητα (Unbestimmbarkeit): «Όποιος ακινητοποιεί την υπέρβαση προσδιορίζοντάς την του αξίζει καθ' όλα η μομφή ότι στερείται φαντασίας και επιπλέον ότι στέκοντας εχθρικά απέναντι στο πνεύμα προδίδει την ίδια την υπέρβαση». (392)

Για να εξετάσουμε διεξοδικά την έννοια της απροσδιορισιμότητας, την οποία ο Αντόρνο, με κίνδυνο να οπισθοδρομήσει σε προ-κριτικές και προ-καντιανές μεταφυσικές αντιλήψεις, χαρακτηρίζει ως «υπερβατική αντικειμενικότητα», πρέπει να στραφούμε στα επιχειρήματα που επιστρατεύει ενάντια στη χεγκελιανή άρση της εμφάνειας και στην ένταξή της στη δομή της ουσίας. Η αναλυτική παρουσίαση των λόγων που ωθούν τον Αντόρνο να τεθεί αποφασιστικά με το μέρος της εμφάνειας είναι κατά τη γνώμη μου απαραίτητη, αν και από πρώτη άποψη δεν προκύπτουν ξεκάθαρα τα οφέλη για τον τύπο μεταφυσικής σκέψης που αντιπαραθέτει στην παραδοσιακή φιλοσοφία. Καθένας καταλαβαίνει για ποιο λόγο η *ΑΔ* δεν βολεύεται στην καντιανή νοηματοδότηση της έννοιας της εμφάνειας. Εξίσου βέβαιο είναι πως η μέχρι τώρα διαπραγμάτευση της έννοιας της εμφάνειας ως αυτού για το οποίο ο στοχασμός πάνω

ράς (Beziehung) και η ίδια κίνηση αυτής της αναφοράς· αυτό το ίδιο είναι εκείνο που αντιτίθεται σ' ένα άλλο και συνάμα υπερβαίνει τούτο το άλλο, το οποίο για το Εγώ είναι μόνο το ίδιο το Εγώ». Βλέπε *Φαινομενολογία του Πνεύματος*, τόμ. 1, σελ. 312. Σ' αυτή την αυτοαναφορικότητα αντιτείνει ο Αντόρνο: «Η διαλεκτική της ουσίας ως αυτού που οντολογικά είναι κάτι σαν ον, χωρίς βέβαια να είναι ον, δεν μπορεί, όπως θέλει ο Χέγκελ, σε καμιά περίπτωση να αρθεί στην ενότητα του πνεύματος ως δημιουργούντος και δημιουργημένου». (170) Παρατηρεί κανείς γενικά πως ο Αντόρνο δεν είναι πρόθυμος να αναμετρηθεί με την πολυσυνθετότητα της θεματικής της ουσίας. (Βλέπε ό.π., σελ. 206 κ.ε.) Για την *Αρνητική Διαλεκτική* είναι βέβαιο ότι τη στιγμή που μπορεί κανείς να δείξει πως η δομή της ετερότητας παρουσιάζει έντονες αναλογίες με την περιεκτική ενότητα της συνείδησης ως ταυτόχρονα αυτοσυνείδησης και συνείδησης του αντικειμένου, τότε αυτό αρκεί ως πειστήριο για το... ιδεαλιστικό-νοησιαρχικό αμάρτημα του Χέγκελ.

στην υπέρβαση πρέπει να είναι απόλυτα σίγουρος, υστερεί σε επιχειρηματολογική πειστικότητα.

Ας πάρουμε ως παράδειγμα την ένσταση του Αντόρνο ότι η σύλληψη του ουσίας στη *Λογική* του Χέγκελ είναι σχεδιασμένη σύμφωνα με το πρότυπο της ανασκοπικής και αυτοαναφορικής δομής της συνείδησης. Θα μπορούσαμε κάλλιστα να αντιτάξουμε στον Αντόρνο ότι για την έννοια του πνεύματος στον Χέγκελ αυτό κάθε άλλο παρά μομφή μπορεί να είναι, εφόσον και το χεγκελιανό πνεύμα εδράζεται ακριβώς επάνω σε αυτή τη δομική αντιστοιχία και συνάφεια μεταξύ συνείδησης και αντικειμένου. Επιπλέον είναι ο ίδιος ο Αντόρνο πού εκθειάζει το χεγκελιανό στοχασμό για την ικανότητά του να συστοιχείται λογικά-φαινομενολογικά με την εξέλιξη του «ίδιου του πράγματος».[211]

Πιστεύω πως για να κατανοήσουμε την κεντρική για τους *Στοχασμούς για τη Μεταφυσική* έννοια της «σωτηρίας της εμφάνειας» πρέπει να εκτιμηθούν σωστά οι συνέπειες που απορρέουν από την κριτική του Αντόρνο στα χεγκελιανά σχήματα της λογικής της ουσίας. Η κριτική επικεντρώνεται σε τρία σημεία, δηλ. πως: *α)* η ουσιο-λογική ανασκοπικότητα είναι κυκλική, *β)* η συμμετρικότητα της σχέσης υποκειμένου-αντικειμένου πρέπει να απορριφθεί, και *γ)* το στοχαστικό σχήμα της διπλής άρνησης δεν μπορεί να εγκολπωθεί τη λογική-οντολογική ισχύ που του προσδίδει ο Χέγκελ. Σε ένα συνεκτικό όλο ενοποιούνται οι επόψεις της κριτικής στη διαπίστωση του Αντόρνο για την «ασύγκριτη μεταφυσικής σημαντικότητα» (386) της εμφάνειας.

---

211. Βλέπε *Negative Dialektik*, σελ. 189. Ο Αντόρνο βέβαια συνειδητοποιεί αυτή την ανακολουθία και προσπαθεί να σχετικοποιήσει κάπως την εμβέλεια της ισχύος της συστοίχισης αυτής, υποστηρίζοντας πως είναι μεν απαραίτητη, αλλά δεν πρέπει να ταυτίζεται με τη σκέψη καθ' αυτή. Εκεί που βλέπει πως η χεγκελιανή σκέψη υπερβάλλει στη δομική σύγκλιση συνείδησης και αντικειμένου αντιπαραθέτει αμέσως την κριτική πως η χεγκελιανή σκέψη είναι ανθρωποκεντρική (βλέπε ό.π., σελ. 398-399). Παρ' όλα αυτά η *Αρνητική Διαλεκτική* αφήνει κατά την άποψή μου ανοικτό το ερώτημα σε ποιο σημείο ακριβώς μπορεί να διαπιστώσει κανείς πως συστοιχιζόμενη με το «πράγμα το ίδιο» η σκέψη δεν κάνει τίποτα άλλο παρά να παραδίνεται απλά στις δικές της προβολές, επενδύοντας και επικαλύπτοντας το αντικείμενο με εννοιακές προ-καταλήψεις. Η κριτική αυτή ξενίζει ακόμα περισσότερο στο βαθμό που ο ίδιος ο Αντόρνο υποστηρίζει πως το στοχαζόμενο υποκείμενο «πρέπει να παρακολουθεί το αντικείμενο, γιατί αυτό από μόνο του δεν τα καταφέρνει, καθιστώντας έτσι για τη γνώση απαράβατο κανόνα να του συμπαραστέκεται». (189)

Ι. «Η κυκλικότητα της ταυτιστικής σκέψης, η οποία τελικά προσδιορίζει ταυτιστικά μόνο τον εαυτό της, είναι απόρροια της ίδιας αυτής σκέψης που δεν ανέχεται τίποτα άλλο εκτός των ορίων της· ο εγκλεισμός της στα όρια αυτά αποτελεί έργο της ίδιας». (174) Η κριτική του Αντόρνο στον Χέγκελ αφορά το γεγονός του εγκλωβισμού της φιλοσοφίας του στη σφαίρα της στοχαστικής ανασκοπικότητας. Δεν παραγνωρίζει βέβαια το γεγονός ότι η χεγκελιανή σκέψη προσπαθεί με κάθε συγκεκριμένο προσδιορισμό να στοχαστεί ταυτόχρονα και την ανεξίτηλη διαφορά ή μη-ταύτιση των στιγμών της γνωστικής διαδικασίας. Παρ' όλα αυτά θεωρεί ότι ο ταυτιστικός εξαναγκασμός είναι τόσο έντονος στη χεγκελιανή φιλοσοφία του απόλυτου πνεύματος, ώστε τελικά η διαφορά να αίρεται μετατρεπόμενη απλά σε στιγμή της αυτοκίνησης της έννοιας. Η κριτική του Αντόρνο φαίνεται ωσάν να ανασύρει επιχειρηματολογικά εφόδια από το οπλοστάσιο της μεταχεγκελιανής υλιστικής σκέψης. Όμως η μετωπική επίθεση στην ταυτιστική έννοια ξενίζει, καθώς και η πρόθεση του Αντόρνο είναι με έννοιες ή διαμέσου της έννοιας να περάσει στη μη-εννοιακή υπέρβαση.[212] Ο Αντόρνο όμως δεν ικανοποιείται με μια ξερή διαβεβαίωση πως η άποψή του υπερτερεί της χεγκελιανής σύλληψης.[213] Θέλει να ασκήσει εμμενή κριτική στην κατηγορία της προϋπόθεσης (Voraussetzung), την οποία ο Χέγκελ εκλαμβάνει ως διαστοχασμό πάνω στις σχέσεις ανασκοπικότητας και μάλιστα με την έννοια ότι η ανασκόπηση (Reflexion) είναι ικανή να δείξει ότι αυτό που αρχικά φαίνεται ως προϋπόθεση ή εκκινητήρια βάση της σκέψης αποτελεί στην ουσία κάτι που τίθεται από την ίδια τη σκέψη στη διαδικασία αναδίπλωσής της. Ο Αντόρνο θα αντιτάξει πως ο Χέγκελ μόνο πλασματικά κατορθώνει να εντάξει όσα στην αυτοκινητική διαδικασία του πνεύματος βρίσκονται εκτός της ανασκοπικότητας.

Αφού εξετάσαμε σε γενικές γραμμές την επιχειρηματολογία του Χέγκελ, ας προσπαθήσουμε τώρα να ανασυγκροτήσουμε την κριτική του Αντόρνο. Κάτι τέτοιο είναι δύσκολο εφόσον τα χωρία της *ΑΔ* που αναφέρονται στην κριτική αυτή είναι διάσπαρτα στο κείμενο και επιπλέον δεν παρουσιάζουν μια αυστηρά ερμηνευτική προσέγγιση των κειμένων

212. Βλέπε *Negative Dialektik*, ό.π.
213. Ό.π., σελ. 183 κ.ε.

του Χέγκελ. Πρόθεσή μου είναι να καταστήσω την επιχειρηματολογία του Αντόρνο όσο το δυνατόν πιο κατανοητή, καταδεικνύοντας ταυτόχρονα τα σημεία που πιστεύω ότι προσφέρουν μια βάσιμη κριτική στη χεγκελιανή φιλοσοφία. Όπως είδαμε, κεντρικό θέμα για την αντορνική κριτική είναι η διαστοχαστική άρση της εμφάνειας ως μιας προϋπόθεσης της ανασκοπικότητας: τούτη στη διαδικασία αναδίπλωσής της θέτει αυτό που κατά τα φαινόμενα, δηλ. ως απλή εμφάνειά της, προηγείται λογικά ως αποτέλεσμα του ίδιου ενεργήματος.

Στον Χέγκελ η ουσία αποδεικνύεται ως αυτοαναφορική αμεσότητα, αφού ως σχέση της άρνησης με τον εαυτό της περικλείει από τη μια τη συσχέτιση ή τη διαφορά δύο συσχετιζόμενων. Από την άλλη η αμεσότητα της ουσίας δεν στέκεται ενάντια στη διαμεσολάβηση, καθώς μόνο χάρη στη διαμεσολάβηση (δηλ. ως άρνηση της άρνησης) μπορεί και υφίσταται. Το επόμενο βήμα που κάνει ο Χέγκελ για να αποδείξει ότι η αμεσότητα της εμφάνειας πρέπει να εκληφθεί ως μέρος της ενότητας (της αυτοκίνησης) της ουσίας, την οποία, όπως είδαμε, ο Χέγκελ ονομάζει ανασκόπηση. Η ανασκόπηση διαρθρώνεται ως διαπλοκή δύο στιγμών: στο θέτειν και στο προϋπο-θέτειν.[214] Κατά το θέτειν η ανασκόπηση κατανοεί τον εαυτό της ως θεμέλιο της αμεσότητάς του, αφού και η ανασκόπηση θέτει αυτή την αμεσότητα με το να αρνείται τον εαυτό της παράγοντας έτσι κάτι που είναι κατ' «επίφαση» (δηλ. μόνο ως εμφάνεια) το έτερό της.[215] Μέσα από τη δράση της επιστροφής, η οποία συνίσταται στη σχέση αυτού που θέτει την άρνηση και του εαυτού του ή με άλλα λόγια στη θέση και στην άρση της άρνησης, συμβαίνει τώρα το ίδιο και με την αμεσότητα: τίθεται αλλά και ταυτόχρονα αίρεται. Στο βαθμό που η ουσία διαφοροποιείται από την αμεσότητά της ως κάτι που έχει τεθεί (ο Χέγκελ περιγράφει αυτήν την αυτο-διαφοροποίηση ως «αντώθηση»), διορθώνει την «επίφαση», δηλ. ότι ξεκίνησε από κάτι δεδομένο και προσδιορισμένο. Η εμφάνεια, το κατ' επίφαση δεδομένο, αποδει-

214. Βλέπε *Επιστήμη της Λογικής*, σελ. 84 κ.ε.

215. Δηλ. η ουσία θέτει την εμφάνεια ως παράγωγο της αυτοάρνησής της. Αρνούμενη τον εαυτό της και αφού βρεθεί στον πόλο της εμφάνειας η ουσία στη συνέχεια αρνείται αυτή την άρνηση και επιστρέφει στον εαυτό της. Η «επιστροφή» είναι για τον Χέγκελ η ιδιάζουσα μορφή της διαστοχαστικότητας γιατί πρόκειται για ένα είδος σχέσης χωρίς στην ουσία να υπάρχουν συσχετιζόμενα μέρη.

κνύεται ως μια προ-ϋπόθεση που έχει τεθεί στην ανασκόπηση της ουσίας. Αν η ανασκόπηση ως θέτειν αντιστοιχεί στη σχέση μεταξύ συνθήκης και συνθηκοποιημένου, η ανασκόπηση ως προϋπο-θέτειν ακολουθεί τον αντίθετο δρόμο: η ανασκόπηση προ-ϋποθέτει εαυτόν ως κάτι το ήδη δεδομένο, έτσι ώστε στην ενέργεια της άρνησης να ενέχεται κάτι που θα αίρει, δηλ. την αμεσότητα. Ως προϋπο-θέτειν η ανασκόπηση άρει τον εαυτόν της ως θέτειν. Το προϋπο-θέτειν εννοείται στο πλαίσιο αυτό ως μια αυτοαναφορική διαδικασία, στην οποία το έτερον, δηλ. η αμεσότητα, τίθεται με τέτοιο τρόπο, έτσι ώστε αυτό από το οποίο εκπορεύεται το θέτειν να ενεργεί με τρόπο ώστε να εξαρτάται από αυτή την ετερότητα-αμεσότητα. Ως μια μορφή του θέτειν είναι όμως το προϋποθέτειν τέτοιας φύσης, ώστε το θέτειν της αμεσότητας ως ανεξάρτητης στιγμής δεν αποτελεί κάτι το καθ' όλα ανεξάρτητο. Ο λόγος γι' αυτή την μερική ανεξαρτησία πηγάζει από το ότι όταν η άρνηση αναφέρεται στον εαυτό της αποδεσμεύει το αρνητικό της, δηλ. την αμεσότητα και συγκεκριμένα ως αυτό που σε σχέση με την άρνηση αποτελεί το έτερό της. Ανακεφαλαιώνοντας διαπιστώνει κανείς πως η ουσία προ-ϋποθέτει γι' τον εαυτόν της την αμεσότητα, έτσι ώστε ως προϋπο-*τιθέμενη* να την άρει: η ανασκόπηση θέτει την αυτοαναφορικότητά του με τέτοιο τρόπο ώστε να είναι αντίκρυ της, δηλ. να είναι κάτι το δεδομένο ή προ-ϋποτιθέμενο. «Μέσα στο προϋποθέτειν η ανασκόπηση προσδιορίζει την επάνοδο του εαυτού ως το αρνητικό του εαυτού της, ως εκείνο του οποίου η αναίρεση είναι η ουσία».[216]

Παρ' ότι οι παραπάνω χεγκελιανοί συλλογισμοί δεν παρέχουν το υλικό για μια σαφή και… άνετη ερμηνεία, εντούτοις διαπιστώνουμε ότι ο Χέγκελ εννοεί τις δύο στιγμές της ανασκόπησης (θέτειν και προϋπο-θέτειν) ως σχέση αμοιβαίας υποδήλωσης ή αλλιώς ως σχέση μεταξύ δύο ανταναλκάσεων. Από τη στιγμή που η άρνηση αναφέρεται στον εαυτό της (αυτοαναίρεση), απ' αυτή την αυτοαναφορικότητα προκύπτει η αμεσότητα στην ουσία. Επειδή τώρα αυτή είναι το αποτέλεσμα της αυτοαναίρεσης της ουσίας, θέτει το αρνητικό της (την αμεσότητα του Είναι, δηλ. την εμφάνεια). Αν η εμφάνεια είναι προϊόν του θέτειν, δηλ. προκύπτει καθώς στην κίνησή της η ουσία αρνείται τον εαυτό της ώσπου από το αρ-

216. Βλέπε *Λογική II*, ό.π., σελ. 82.

νητικό αυτό αποτέλεσμα να επαναστραφεί στον εαυτό της αίροντάς το, τότε στο σχήμα αυτό της επιστροφής υποδηλώνεται ότι η εμφάνεια είναι εξ αρχής προϋπο-τιθέμενη. Χωρίς αυτή την προϋπό-θεση η αρνητικότητα θα αδυνατούσε να είναι αυτοαναφορική, δηλ. θα αδυνατούσε να είναι η αμεσότητα στην ουσία για την οποία μιλήσαμε αμέσως πριν. Ο Χέγκελ θα αναπτύξει στη συνέχεια τη σχέση αυτή της αμοιβαίας υποδήλωσης μετατρέποντάς την τελικά σε ταύτιση των δύο αμεσοτήτων (αμεσότητα στην ουσία και αμεσότητα στην εμφάνεια): η ουσία ως η σχέση της άρνησης με τον εαυτό της (δηλ. άρνηση της διαμεσολάβησης = αμεσότητα) θέτει την εμφάνεια ως εκείνο το οποίο είναι ήδη προϋπο-τιθέμενο. Η επιχειρηματολογία του δεύτερου μέρους της *Λογικής*, η *Λογική της ουσίας*, καταλήγει λοιπόν στο ότι η ουσία προϋπο-θέτει τον εαυτό της ως κάτι έτερο.[217] Αυτό με τη σειρά του υποδηλώνει ότι η εμφάνεια, η αμεσότητα της οποίας ήταν στην αρχή της διαπραγμάτευσης κάτι το έτερο της ανασκόπησης, αφού παρουσιάζεται ως απόλυτη προϋπόθεση, μετατρέπεται τώρα σε απλή στιγμή της κίνησης της ανασκόπησης.[218]

Αν και η κριτική του Αντόρνο δεν αναφέρεται σε συγκεκριμένα χωρία της *Λογικής της Ουσίας*, εντούτοις το εγχείρημά του να «διασώσει» την εμφάνεια ως πρότερη κάθε στοχαστικής διαμεσολάβησης αμεσότητα σκοπεύει να δείξει ότι η διαστοχαστικότητα, όπως άλλωστε και κάθε είδος σκέψης που επιχειρεί να *μετατρέψει στοχαστικά τις προϋποθέσεις σε θέσεις*, χωλαίνει αναγκαστικά λόγω της κυκλικής επιχειρηματολογίας της. Με την έννοια της εμφάνειας ο Αντόρνο επιθυμεί να αντιτάξει στην κυκλικότητα πως το τίμημα που πληρώνει κανείς όταν θέλει να αγνοήσει την αδυναμία της διαστοχαστικότητας να ενσωματώσει τις πρωθύστερές της προϋποθέσεις είναι η τάση της σκέψης να θεωρεί δεδομένο ή άμεσο προσκείμενο μόνο εκείνο που έχει θέσει η ίδια ως

217. Με αυτή την έννοια μπορεί κανείς να ερμηνεύσει το χαρακτηρισμό που δίνει ο Χέγκελ στην ουσία ως «αυτο-αντώθηση» ότι η αμεσότητα δημιουργείται από την ίδια την ουσία, έτσι ώστε με αυτή την αντώθηση να απομακρύνεται από τον εαυτό της θέτοντας απέναντί της μια αμεσότητα, με την άρνηση της οποίας να θέτει εαυτόν πάλι στην αρχική θέση απ' την οποία θα αντωθήσει εαυτήν κτλ.

218. Σε αυτό το σημείο διακόπτω την παρουσίαση της λογικής της ανασκόπησης, γιατί το επόμενο κεφάλαιο για τη «προσδιορίζουσα ανασκόπηση» δεν προσφέρει τίποτα καινούργιο στην ανάλυση της θεματικής των προϋπο-θέσεων.

εννοιακό προσδιορισμό. «Η ίδια η αμεσότητα όμως αποτελεί ένα στοιχείο το οποίο δεν έχει τόσο την ανάγκη της γνώσης, διαμεσολάβησης, όσο αυτές έχουν τη δική του». (174)[219]

Ας προσπαθήσουμε τώρα να ανασυγκροτήσουμε την κριτική επιχειρηματολογία του Αντόρνο στο πλαίσιο της χεγκελιανής ενσωμάτωσης της εμφάνειας (ως αμεσότητας) στην αυτοναφορική ανασκόπηση της ουσίας. Η (ανασκοπική) αυτοαναίρεση της ουσίας μπορεί να γίνει μόνο υπό την προϋπόθεση ότι υπάρχει κάτι το ανεξάρτητο από την αυτοαναφορικότητα αυτή. Ο λόγος είναι απλός: η προϋπόθεση αυτή αποτελεί conditio sine qua non του γεγονότος ότι όσο η αυτοαναφορικότητα της ουσίας παραμένει στο εσωτερικό της, οι δύο πόλοι της αυτοαναφορικής σχέσης δεν γνωρίζουν τους εαυτούς τους ως τέτοιους. Αναφέρονται μεν ο ένας στον άλλο, αλλά δεν μπορούν ταυτόχρονα να έχουν αντικειμενική αντίληψη της ενότητας της σχέσης τους, δηλ. του ότι συνανήκουν στη σχέση ή ότι απλά διαφέρουν εντός της σχέσης. Η ενότητα ως θεμέλιο προ-τίθεται αναγκαστικά στη σχέση τους. Η επιχειρηματολογία του Χέγκελ συνίσταται στο να δείξει πως αυτό το πρωθύστερο θεμέλιο αποτελεί και το ίδιο αποτέλεσμα της αυτοκίνησης της ουσίας. Για τον Αντόρνο βέβαια κάτι τέτοιο είναι αδύνατον, διότι αν η αυτοαναφορική σχέση είναι ουσιώδες χαρακτηριστικό της εμφάνειας, τότε εκλείπει το στοιχείο που καθιστά την εμφάνεια κάτι το οντικό, δηλ. το οντολογικά ανεξάρτητο. Κατά τον Αντόρνο ο Χέγκελ συνδέει όχι την ουσία με κάτι που είναι ανεξάρτητο από την ίδια, αλλά – κυκλικώ τω τρόπω – συνδυάζονται δύο στιγμές της ανασκόπησης, δηλ. τους εννοιακούς προσδιορισμούς του Είναι και της Ουσίας: «Ακριβώς γι' αυτόν το λόγο η διαλεκτική της ταυτότητας και της μη-ταυτότητας μετατρέπεται σε πλασματική επίφαση: στην κατίσχυση της ταυτότητας πάνω στο ταυτό». (175)

219. Ακόμα πιο δραστικά διατυπώνει ο Αντόρνο αυτή την κριτική στη χεγκελιανή σύλληψη της αμεσότητας στο βιβλίο του *Drei Studien zu Hegel*: «Για τον Χέγκελ το Είναι αποτελεί το αντίθετο της αρχέγονης ουσίας. Η αμεσότητα· η εμφάνεια, δηλ. ότι το Είναι θα ήταν πρότερο κάθε διαστοχασμού, κάθε διάσπασης σε υποκείμενο και αντικείμενο, τόσο λογικά όσο και γενετικά, αυτό δεν καταλογίζεται στην έννοια του Είναι ως έστω και εσφαλμένη αξίωση, αλλά απλά διαγράφεται». (σελ. 278) Η σκέψη αυτή θυμίζει βέβαια την κεντρική σύλληψη του Χέλντερλιν περί του ριζικά και οντολογικά πρωθύστερου Είναι.

Σύμφωνα προς την *ΑΔ* το εγχείρημα του Χέγκελ να παραγάγει την εμφάνεια ως αμεσότητα του Είναι από την αυτοαναφορικότητα της ουσίας δεν μπορεί παρά να αστοχήσει, για τον απλό λόγο ότι δεν είναι καθόλου αυτονόητο πως η δομή αρνητικότητας της ουσίας (δηλ. η αυτοαναφορική άρνηση), η οποία αίρει τον εαυτό της, δύναται να αποτελεί το θεμέλιο πάνω στο οποίο εδράζεται η αμεσότητα. Αν, με άλλα λόγια, η αμεσότητα εμφανίζεται ως το πραγματικά έτερο της διαστοχαστικότητας, τότε θα πρέπει αναγκαστικά να είναι διαφορετικό από την αυτοαναίρεση της ουσίας, δηλ. από την αμεσότητα που προέρχεται από αυτή την αυτοάρνηση. Η εμφάνεια πρέπει να είναι κάτι το αυτόνομο ή κάτι που υφίσταται οντικά, ακόμα και μετά την αυτο-άρνηση και αυτοάρση της ουσίας. Με το επιχείρημα της κυκλικότητας ο Αντόρνο στην ουσία επανενεργοποιεί την κριτική του Σέλινγκ στον Χέγκελ, κριτική που εστιάζεται στην κυκλικότητα της ανασκοπικότητας,[220] χωρίς παρ' όλα αυτά να υιοθετεί τη σύλληψη του Σέλινγκ περί της νοητικής εποπτείας ως της μοναδικής οδού να αντιληφθεί ο υποκειμενικός λόγος το πρωθύστερο Είναι κάθε διαστοχαστικότητας. Ο Αντόρνο έχει συνείδηση του γεγονότος ότι κάθε προσπάθεια να υπερβεί κανείς τη διαστοχαστικότητα ή να την παρακάμψει «αποτυγχάνει». (86)

ΙΙ. Η δεύτερη έποψη της κριτικής του Αντόρνο στον Χέγκελ αναφέρεται στην προβληματική της αμεσότητας: «Στην αμεσότητα δεν ενυπάρχει εξίσου η διαμεσολάβηση, όπως ενυπάρχει στη διαμεσολάβηση κάτι το άμεσο, το οποίο διαμεσολαβήθηκε». (173) Ο Αντόρνο δεν θέλει να αντλήσει από την αμοιβαία αναφορικότητα υποκειμένου-αντικειμένου το συμπέρασμα της απόλυτής τους συστοιχίας, η οποία για τον Χέγκελ είναι λογικά και μεθοδολογικά αυτονόητη. Θεωρούμενη κατά κύριο λόγο στο πλαίσιο της γνωσιοθεωρίας η έννοια της διαμεσολάβη-

---

220. Βλέπε *Negative Dialektik*, σελ. 184 κ.ε. και σελ. 202 κ.ε. Ως γνωστόν, ο Σέλινγκ αντιτάσσει στο εγχείρημα του Χέγκελ να θέσει στην αρχή της *Λογικής* το Είναι ως κάτι το αρχικά στερούμενο κάθε προσδιορισμού ή ολοκληρωτικά άμεσου, την κριτική ότι στο Είναι αυτό ο Χέγκελ προϋποθέτει μια αρχικά αδιαφοροποίητη ταυτόχρονη συνύπαρξη της ουσίας (ως υποκείμενο) και του Είναι (ως αντικείμενο). Μπορεί μεν ο Χέγκελ να αναγνώρισε την κυκλικότητα ως στοιχειώδη διάσταση του Λόγου (βλέπε σχετικά *Φαινομενολογία της Πνεύματος*, ό.π., σελ. 142 κ.ε.), αλλά αυτό δεν σημαίνει για τον Σέλινγκ ότι δεν μπορεί να χρησιμοποιηθεί στην επιχειρηματολογία, η οποία ακριβώς έχει ως σκοπό να αποδείξει την αναγκαιότητά του.

σης (Vermittlung) σηματοδοτείται από τον Αντόρνο ως ασύμμετρη σχέση της αναφορικότητας (του υποκειμένου) από τη μια και αυτού στο οποίο σκοπεύει η αναφορά από την άλλη. Ενώ ο ένας πόλος της σχέσης, το «υποκείμενο» (ως δομή του αναφέρεσθαι-προς-τι) συγκροτείται διαμέσου ή καλύτερα ως το ενέργημα της διαμεσολάβησης (αναφορά στο «αντικείμενο»), ο άλλος πόλος της συσχέτισης, το «αντικείμενο», δεν ταυτίζεται με τη λειτουργία του ως σημείο αναφοράς του υποκειμένου. Αντίθετα, αποτελεί εκείνη την αμεσότητα για την οποία το στοιχείο της αναφορικότητας δεν αποτελεί δομικό χαρακτηριστικό, διότι μπορεί μεν να εντάσσεται στη διαμεσολάβηση του υποκειμένου, όμως σε καμιά περίπτωση δεν εξαντλείται στη διαμεσολάβηση, δηλ. στον εννοιακό προσδιορισμό του από το υποκείμενο.

Για τον Αντόρνο δεν υφίσταται καμία αντιστοιχία ή συμμετρία στη σχέση μεταξύ της διαμεσολάβησης της αμεσότητας και της διαμεσολάβησης της εννοιακής και γνωστικής αναφορικότητας του υποκειμένου, διότι πρέπει να γίνει σαφής διάκριση μεταξύ της λειτουργίας του όρου ως genitivus objectivus και ως genitivus subjectivus.[221] Για να θεμελιωθεί πιο στέρεα η θέση της ανεξαρτησίας της αμεσότητας από τις διαμεσολαβητικές (εννοιακές) αναφορές του υποκειμένου, ο Αντόρνο θα προσθέσει στη θέση της ασυμμετρίας ότι η αμεσότητα πρέπει να εννοιολογηθεί σύμφωνα με την καντιανή κατηγορία του υπάρχειν.[222] Τούτος ο ισχυρισμός μάλλον παραπλανά καθώς η αμεσότητα δεν αποτελεί κατηγορία του τρόπου (Modalität), δηλ. κανέναν κατηγοριακό προσδιορισμό του αντικειμένου ως προς τον τρόπο που υπάρχει για το υποκείμενο. Εδώ διαπιστώνουμε πως η αντορνική επιχειρηματολογία κατ' ουσίαν κατευθύνεται στην επιβεβαίωση της καντιανής σύλληψης της κατηγορίας του τρόπου, δηλ. ότι κάθε δεδομένη αμεσότητα (π.χ. είναι, ύπαρξη, πραγματικότητα) δεν αποτελεί προσδιοριστικό κατηγόρημα του αντικειμένου. Κι αυτό, διότι στη λογική κρίση του υπάρχειν (δηλ.

221. Όσο και αν ο Αντόρνο τονίζει την αλληλόδραση στη σχέση υποκειμένου-αντικειμένου, τελικά φαίνεται πως υποστηρίζει ένα σθεναρό αντικειμενισμό, δηλ. σύμφωνα με το μεταφυσικό ρεαλισμό τη θέση της ολοκληρωτικής ανεξαρτησίας των πραγμάτων και των αντικειμενικών καταστάσεων από τη γνωστική υποκειμενικότητα (βλέπε σχετικά Αντόρνο, *GS*, 10.2, *Zu Subjekt und Objekt*, σελ. 743 κ.ε.).

222. Βλέπε *Κριτική του καθαρού Λόγου*, B 106, σελ. 49.

σύμφωνα προς τη Modalität) δεν ενέχεται καμία απόφανση για το είδος, την ποιότητα ή το είναι του αντικειμένου.

Αντίθετα η κρίση του τρόπου αναφέρει και καταγράφει απλά το γεγονός, ότι κάτι είναι ή υπάρχει.[223] Για τον Καντ οι κρίσεις του τρόπου διακρίνονται από τις κατηγορηματικές κρίσεις καθώς διαθέτουν ένα ιδιάζον πλεόνασμα. Προσδίδοντας στο αντικείμενο την κατηγορία του υπάρχειν υπερβαίνεται ο απλά εννοιακός, δηλ. κατηγορικός προσδιορισμός του πράγματος και η σκέψη κατευθύνεται σε αυτό που προϋπάρχει κάθε κατηγορήματος, δηλ. στην πρωθύστερη κάθε στοχασμού αντιληπτική πραγματικότητα. Αυτονόητα ο Αντόρνο σπεύδει να υιοθετήσει αυτή τη σύλληψη των κρίσεων του υπάρχειν ως απόλυτης θέσης,[224] εφόσον νοηματοδοτεί την αμεσότητα ως κάτι που παραπέμπει «σε αυτό που δεν εξαντλείται από την έννοια». (174) Αυτό σημαίνει ότι όχι το *τι* της αμεσότητας (δηλ. η ποιότητα) είναι αυτό που αντιστέκεται στην εννοιακή διαμεσολάβηση, αλλά το ανεξάντλητο και μη τελεσίδικα προσδιορίσιμο *ότι* (δηλ. η εν γένει πρωθύστερη ύπαρξη).[225]

---

223. Βλέπε *Kritik der reinen Vernunft*, A 598/B 624, σελ. 572. Το ότι ο Αντόρνο συλλαμβάνει την αμεσότητα ως κατηγορία του τρόπου πιστοποιείται και από τους συλλογισμούς του στο κεφάλαιο «Subjekt-Objekt» της εργασίας του με τον τίτλο *Stichworte*: «Από την αντικειμενικότητα μπορεί κανείς να αφαιρέσει εννοιακά το υποκείμενο, κάτι τέτοιο όμως είναι δυνατόν μόνο δυνητικά, όχι στο άμεσο παρόν». Βλέπε *GS*, τόμ. 10.2, *Kulturkritik und Gesellschaft*, ό.π., σελ. 747.

224. Βλέπε Καντ, *Werkausgabe*, τόμ. 2, σελ. 632 κ.ε.

225. Ο Αντόρνο τονίζει με κάθε δυνατή έμφαση ότι τα στοιχεία της γνωστικής αναφορικότητητας που δεν εξαντλούνται από τον εννοιακό προσδιορισμό δεν συνιστούν κάποιο *τι* ως υπόστρωμα, αλλά αντίθετα αποτελούν την πρωθύστερη κάθε γνωστικής αναφοράς και σχέσης υποκειμένου-αντικειμένου δεδομενικότητα. Το ότι τη δεδομενικότητα αυτή ο Αντόρνο τη συλλαμβάνει με καντιανούς όρους (δηλ. της κατηγορίας του τρόπου) φαίνεται ξεκάθαρα στο χωρίο που ακολουθεί: «Αυτό που έβλεπε [ο Καντ, Κ.Μ.] καθαρά ήταν πως η έννοια του αντικειμένου δεν θα ήταν αντιφατική αν αυτό ήταν καθαυτό· δεν θα ήταν αντιφατική, γιατί η υποκειμενική διαμεσολάβηση του ανντικειμένου δεν οφείλεται στην ιδέα του αντικειμένου, αλλά στην ανεπάρκεια του υποκειμένου». (Βλέπε *Negative Dialektik*, σελ. 185. Επίσης βλέπε *GS*, τόμ. 5, *Drei Studien zu Hegel*, σελ. 266 κ.ε. και 284 κ.ε.) Επιπλέον η αναφορά του Αντόρνο στην καντιανή σύλληψη της απόλυτης θέσης δεν παρουσιάζει τίποτα το ανεξήγητο – κάθε άλλο, αν αναλογιστεί κανείς πως για τον Αντόρνο της *Philosophische Terminologie* το κέντρο της φιλοσοφικής δράσης εντοπίζεται «στο πρόβλημα της όπως λέγεται οντολογικής απόδειξης της ύπαρξης του Θεού». Βλέπε *Philosophische Terminologie*, τόμ. I, σελ. 98. Ο λόγος γι' αυτό είναι ότι η ύπαρξη του Θεού αποτελεί για τον Καντ παραδειγματική περίπτωση της απόλυτης θέσης.

ΙΙΙ. Τόσο στην κριτική του Αντόρνο κατά της κυκλικής επανόδου της εμφάνειας στην αυτοκίνηση της ουσίας που παράγει αμεσότητα, όσο και στην κριτική ενάντια στην απολυτοποίηση της έννοιας της διαμεσολάβησης, δηλ. εννοιακής διείσδυσης και κατάληψης του αντικειμένου, ενέχεται η έννοια της άρνησης. Αυτό δεν σημαίνει βέβαια πως ο Αντόρνο είναι εντελώς απρόθυμος να ακολουθήσει τον Χέγκελ προσδίδοντας στην έννοια λογικές-μεταφυσικές δυνατότητες συγκρότησης του πραγματικού. Η έννοια της άρνησης παρ' όλα αυτά κατέχει κεντρική θέση και στο οικοδόμημα της διαλεκτικής του Αντόρνο. Από αυτήν εξαρτάται η επιτυχία του εγχειρήματος ενός νέου μεταφυσικού στοχασμού: «Όταν η σκέψη ψηλαφίζει τρόπους αναγωγής της ίδιας έχοντας ακέραιη συνείδηση του γεγονότος ότι κατονομάζει το Άλλο ως κάτι το απόλυτο και ασύμπτωτο με αυτή, το οποίο όμως παρ' όλα αυτά στοχάζεται, τότε δεν βρίσκει πουθενά αλλού στήριγμα παρά στη δογματική παράδοση». (397) Τώρα, επειδή στα πλαίσια της αντιπαράθεσής του με τον Χέγκελ διαμορφώνονται ουσιαστικά οι κεντρικές σκέψεις του Αντόρνο πάνω στο ζητούμενο της αρνητικής διαλεκτικής, πρέπει να ανατρέξουμε στο όλο κείμενο σταχυολογώντας τα σημεία στα οποία υποτυπώνεται η κριτική στη χεγκελιανή έννοια της άρνησης.

«Η εξίσωση της άρνησης της άρνησης με την κατάφαση αποτελεί τον ακρογωνιαίο λίθο της ταύτισης, την αρχή του τυπικού λόγου στην πιο καθαρή του μορφή». (161) Ο στοχασμός της αυτοαναφορικής άρνησης, η οποία για τον Αντόρνο δεν παράγει κάποιο περιεχόμενο που είναι ανεξάρτητο απ' αυτή (λαμβάνοντας έτσι αντιφατικό χαρακτήρα), παραπέμπει από τη μια στην κριτική των χεγκελιανών λογικών διεργασιών που αποσκοπούν να δείξουν πως οι προϋποθέσεις της διαστοχαστικότητας είναι στην πραγματικότητα θέσεις-παράγωγα του στοχασμού. Από την άλλη η αυτοαναφορική άρνηση προϋποθέτει τη δομική διαφορά ανάμεσα στη συγκρότηση της ανασκόπησης και του αντικειμένου (διαμεσολάβηση-αμεσότητα). Από τη στιγμή που στη χεγκελιανή έννοια της άρνησης διακρίνονται τρεις επόψεις –δηλ. *1)* ότι αρνείται κάτι, *2)* ότι μπορεί να εφαρμόζει τη λειτουργία της άρνησης στον εαυτό της, και *3)* ότι αυτή η αυτοαναφορικότητα παράγει ένα αποτέλεσμα– διαπιστώνουμε πως η κριτική του Αντόρνο εστιάζεται στη λαθρόχειρη κατά τη γνώμη του θέση του Χέγκελ ότι από τη σχέση μεταξύ αναιρούσας και αναιρούμενης άρνησης προκύπτει ένα ιδιοσύστατο αποτέλεσμα. Η κριτική ένσταση του Αντόρνο συνίσταται στο ότι η αρνητική διεργασία του Χέγκελ εξαιτίας του ότι η διαδικασία της άρνησης έχει αυτονομηθεί, δεν μπορεί να παραδεχθεί το *negantum*, το αντικείμενο δηλ. της αρνητικής της εργασίας ως εξωγενή της προϋπόθεση. Αντίθετα, σε κάθε στάδιο της αρνητικής της αυτοαναφορικότητας το παράγει εξ ιδίων δυνάμεων. Σε αυτή την αυτοαναφορικότητα και αυτονόμηση[226] της άρνησης ο Αντόρνο διαβλέπει τον κίνδυνο που διατρέχει το εγχείρημα της αρνητικής διαλεκτικής να παρασυρθεί σε θεωρησιακές ακροβασίες. Η αντίδρασή του δεν αφήνει περιθώρια... εξάρσεων: «Ο Χέγκελ μαζεύει τα λάφυρα της πρωτοκαθεδρίας και υπεροχής της λογικής ενάντια σε κάθε τι το μετα-λογικό, αυτού του ιδεαλιστικού ψεύδους της φιλοσοφίας στην πιο καθαρή της μορφή, της ιδεολογικής νομιμοποίησης καθ' αυτήν». (162)

Εκτός από τις εγγενώς εννοιακές-λογικές αντιρρήσεις του Αντόρνο, πρέπει να λάβει κανείς υπόψη του, πως η κριτική που ασκεί στη χεγκελιανή λογική άρνηση εδράζεται εξίσου στην κοινωνική κριτική της Σχολής της Φρανκφούρτης στο μεταπολεμικό καπιταλισμό. Αναπτύσσο-

---

226. Η διπλή άρνηση ενσωματώνει τους κανόνες της άρνησης που διέπουν την αποφαντική λογική, τους εντάσσει όμως στο πλαίσιο της απροϋπόθετης διεργασίας. Διαμέσου της αυτοαναφοράς της άρνησης αποκλείεται μεν αυτό στο οποίο αναφέρεται αρνητικώ τω τρόπω ως κάτι ξέχωρο από αυτή, η διπλή όμως άρνηση καταλήγει σε κάτι από το οποίο και έναντι στο οποίο ως αποτέλεσμά της η ίδια αυτοδιαχωρίζεται. Μπορεί να πει κανείς πως ο Χέγκελ αποφεύγει την αυτοαναίρεση που αναγκαστικά θα προκύψει από τη διενέργεια της άρνησης πάνω στον εαυτό της με τον ακόλουθο τρόπο: Η δομή της αυτόνομης διπλής άρνησης αποκτά πειστική ισχύ και συνακόλουθα δύναται να λειτουργήσει ως το θεμέλιο μιας λογικής-συστηματικής φιλοσοφίας, στο βαθμό που μπορεί να καταδείξει το γεγονός ότι η κατάσταση της μη-υπόστασης που προκύπτει από την αυτοάρνηση είναι μεν κάτι το ξεχωριστό, δεν αποτελεί όμως κάτι το διαφορετικό από τη διεργασία της άρνησης. «Η άρνηση ξεκινά με το να αρνείται τον εαυτό της. Με αυτόν όμως τον τρόπο αυτοακυρώνεται και εξαναγκάζεται εξαιτίας της αυτοαναφοράς της, η οποία είναι αρνητική, να αναφερθεί στο αντίθετό της. Με αυστηρούς όρους μπορεί κανείς να κατανοήσει αυτή τη σχέση της άρνησης στο αντίθετο-άλλο της, στα πλαίσια πάντα βέβαια της αυτοναφοράς της άρνησης, ως μια σχέση στο Άλλο, που όμως δεν διαφέρει από αυτή. Αυτό όμως σημαίνει το εξής: Το αντίθετο-άλλο της αυτόνομης-διπλής άρνησης πρέπει και το ίδιο να είναι μια διπλή-αυτόνομη άρνηση. Ως αυτοσυσχέτιση η διπλή άρνηση μπορεί να εννοηθεί μόνο στο βαθμό που εννοείται διπλά». (Βλέπε ό.π., σελ. 219)

ντας την έννοια της άρνησης στο πλαίσιο του οντικά και κοινωνικά απορριπτέου ο Αντόρνο θα αντιπαραθέσει στη χεγκελιανή σύλληψη της άρνησης –την οποία βέβαια, όπως είδαμε, δεν προθυμοποιείται να αναλύσει σε βάθος λόγω της υποψίας του ότι εξυπηρετεί κύρια ιδεαλιστικούς και ιδεολογικούς σκοπούς– δύο κυρίως επιχειρήματα. Κατ' αρχάς μέμφεται την έννοια της κατάφασης που προκύπτει από τη διπλή άρνηση ως ιδεολογική λαθροχειρία, την οποία εντοπίζει στην (κατ' αυτόν) αντιφατικότητα του όλου χεγκελιανού εγχειρήματος. Ο Χέγκελ επιχειρεί από τη μια να υπερβεί την άρνηση της τυπικής-αποφαντικής λογικής, καθώς η αυτοαναφορικότητα της διπλής άρνησης, σε αντίθεση προς την άρνηση της τυπικής λογικής, δεν έχει προϋποθέσεις, δηλ. δεν έχει κάτι τι το αντικειμενικό ώστε να του ασκηθεί η λειτουργία της άρνησης. Από την άλλη όμως μεριά είναι αναγκασμένος να εξακολουθεί να χρησιμοποιεί την άρνηση της τυπικής λογικής στο βαθμό που η αυτοαναφορικότητα της αναιρούσας και αναιρούμενης άρνησης προϋποθέτει ξεχωριστά πράγματα, δηλ. την άρνηση και το *κάτι τι* της άρνησης. Για τον Αντόρνο τούτη η σχέση δεν μπορεί να έχει το χαρακτήρα της διαστοχαστικής αυτοαναφορικότητας, διότι η αρνητική απόφανση και το αρνούμενο είναι διαφορετικά πράγματα.

Διατρέχοντας τον κίνδυνο της επανάληψης διαπιστώνουμε λοιπόν πως ο Αντόρνο μέμφεται τον Χέγκελ, επειδή η σύλληψή του για τη διπλή άρνηση παρουσιάζει το αναιρούμενο (το *κάτι τι* ως αντικείμενο της αρνητικής διεργασίας) ως να ήταν αποτέλεσμα της άρνησης και όχι ως κάτι το οποίο προϋπάρχει της άρνησης ως απαράγραπτος όρος λειτουργίας της. Όπως είδαμε, ο Χέγκελ προσπαθεί να καταργήσει το «προϋπάρχον» *κάτι τι* της άρνησης μετατρέποντάς το σε απλή παραγωγή της αυτοκίνησης της ανασκοπικότητας. Γι' αυτόν το λόγο η όλη διαδικασία της αυτοαναφορικής διπλής άρνησης σε τελική ανάλυση δεν είναι τίποτα άλλο παρά η κενή περιεχομένου «νόησις νοήσεως» (163) και το παράγωγο της αυτοαναιρετικής διαδικασίας ένα μη-ον, δηλ. η υποτύπωση ενός αφηρημένου μη-Είναι.

Αν το πρώτο επιχείρημα του Αντόρνο βασίζεται στην υποψία ότι η αυτονόμηση της ανασκοπικής διπλής άρνησης εδράζεται σε ιδεολογικές και νομιμοποιητικές βλέψεις, το δεύτερο επιχείρημα που αντιπαραθέτει ενάντια στην υποστασιοποιημένη αυτονόμηση επιχειρεί αντίθετα να αντλήσει από τη μεταφυσική λογική του Χέγκελ κάποιον πυρήνα αρνητικής-φιλοσοφικής σκέψης. Για το σκοπό αυτό θέτει στο κέντρο της αρνητικής διαλεκτικής την έννοια της *προσδιορισμένης άρνησης* (bestimmte Negation): «Με την έννοια της προσδιορισμένης άρνησης, έννοια που τον καθιστά ανώτερο από κάθε στοχασμό του Νίτσε καθώς και από κάθε ανορθολογισμό, ο Χέγκελ δεν στρέφεται μόνο κατά των αφηρημένων ανώτατων εννοιών, αλλά και ενάντια στην έννοια της ίδιας της άρνησης».[227] Κατά παράδοξο όμως τρόπο, αν και η προσδιορισμένη άρνηση κατέχει κεντρική θέση στην κριτική του Αντόρνο κατά της διπλής άρνησης, στο κείμενο της *ΑΔ* ούτε αναπτύσσεται διεξοδικά, ούτε αναλύονται οι διαφορές της προς τη χεγκελιανή της χρήση.[228] Από το χωρίο που μόλις παραθέσαμε διαφαίνεται πάντως με σχετική ευκολία ότι ο Αντόρνο θέλει στη χεγκελιανή άρνηση να διαγνώσει ορισμένα στοιχεία που αντιβαίνουν την αυτονόμηση και υποστασιοποίησή της. Στο φόντο της ουσιαστικά εξω-λογικής, δηλ. ιστορικής-κοινωνικής επιχειρηματολογίας του Αντόρνο, σύμφωνα με τον οποίο η διαφορά στην έννοια της άρνησης συνίσταται στο ότι «αυτό που αναιρέθηκε παραμέ-

227. Βλέπε Αντόρνο, *Drei Studien zu Hegel*, ό.π., σελ. 316. Κατά την άποψή μου ο Αντόρνο χρησιμοποιεί την έννοια της προσδιορισμένης άρνησης πολύ πιο γόνιμα στα πλαίσια της *Αισθητικής Θεωρίας*. Ο λόγος είναι ότι στη βάση της θεωρίας του περί της εξέλιξης της τέχνης ως αναπτυσσόμενης κυριαρχίας πάνω στο καλλιτεχνικό υλικό δεν είναι δύσκολο να δείξει κανείς πως συγκεκριμένα έργα αρνούνται προσδιορισμένα άλλα έργα. (Βλέπε ό.π., σελ. 210 κ.ε.)

228. Η απροθυμία του Αντόρνο να αντιπαρατεθεί μεθοδικά με την ιδιαίτερη δυναμική που χαρακτηρίζει τη διπλή άρνηση και τις προσδιοριστικές της στιγμές, όπως αυτές αναπτύσσονται στα πλαίσια της *Επιστήμης της Λογικής* του Χέγκελ ως «εξελικτικής θεωρίας του χώρου της λογικής», ριζώνει κατά την άποψή μου στο γεγονός ότι ο Αντόρνο θεωρεί το *κάτι τι* της άρνησης πρωταρχικά ως ιστορική πραγματικότητα, ερμηνεύοντας τις ιστορικές διαδικασίες ως αρνήσεις και αρνήσεις των αρνήσεων. Η προσδιοριστικότητα την οποία απαιτεί από την άρνηση εξασφαλίζει τη συγκεκριμένη ιστορικότητα όσων πρέπει αρνητικά να αρθούν, αποκλείοντας έτσι την πιθανότητα η άρνηση να παραμείνει εγκλωβισμένη στο χώρο της σχηματικής λογικής μεταφυσικής. Η προσδιορισμένη άρνηση αντλεί την ισχύ της από τη θεώρηση της ιστορίας ως ακολουθία αρνητικών, δηλ. ανταγωνιστικών κοινωνικών σχέσεων. Από τη μια πλευρά ο Αντόρνο τη θεωρεί ταυτόχρονα ως κοινωνικό tollere (άρση) και conservare (διατήρηση). Από την άλλη όμως ο ιστορικο-φιλοσοφικός του «αρνητισμός» του απαγορεύει να θεωρήσει την άρση της ανταγωνιστικότητας των καπιταλιστικών σχέσεων εξουσίας ως συγκεκριμένο «κάτι τι».

νει αρνητικό, μέχρι να σβήσει ιστορικά» (162), η «διάσωση» των θετικών στιγμών στην έννοια της άρνησης διενεργείται στο πλαίσιο της αντιπαράθεσης με την έννοια του «προσδιορισμένου Μηδενός», όπως αυτό διαμορφώνεται στην πορεία της εξέλιξης της προβληματικής του Χέγκελ στην εισαγωγή της *Φαινομενολογίας του Πνεύματος*.[229] Αυτό που πρωταρχικά ενδιαφέρει τον Αντόρνο είναι αφού αποσπάσει το σχήμα της προσδιορισμένης άρνησης από το φιλοσοφικό πλαίσιο της φαινομενολογικής εξέλιξης της συνείδησης, να του προσδώσει κοινωνικό-ιστορικό περιεχόμενο. Γι' αυτό άλλωστε ασκεί κριτική στη χεγκελιανή θεώρηση του αντικειμένου. Η θεώρηση αυτή προσανατολίζεται σύμφωνα με την άποψή του στη γενική δεδομενικότητα των πραγμάτων, καθώς και στην αντίφαση που παρουσιάζεται σε κάθε επίπεδο της εξέλιξης της προσδιοριστικότητας μεταξύ γενικού και ειδικού. Με αυτό τον τρόπο όμως ο Χέγκελ δεν μπορεί να εκτιμήσει τον ιστορικά συγκεκριμένο χαρακτήρα του προς άρση αντικειμένου. «Ασύνειδα θα 'πρεπε η συνείδηση να βυθιστεί στα φαινόμενα, απέναντι στα οποία παίρνει θέση (...) Το φαινόμενο τότε δεν θα παρέμενε, όπως παραμένει στο Χέγκελ παρ' όλες τις εναντίον αιτιάσεις του, απλό παράδειγμα της έννοιας. Κάτι τέτοιο επιφορτίζει τη συνείδηση με περισσότερο μόχθο και εργασία, περισσότερη εργασία απ' ό,τι ο Χέγκελ θέλει να νομίζει,

229. Ο Χέγκελ θεωρεί την προσδιορισμένη άρνηση ως την πρώτη και δεύτερη άρνηση, στην οποία υποβάλλει η συνείδηση το κατ' αρχάς ως *καθεαυτό* αντιλαμβανόμενο αντικείμενο. Αυτό το πρώτο *καθεαυτό* αίρεται μετατρεπόμενο σε ένα *μη-καθεαυτό*, δηλ. *για τη συνείδηση Είναι αυτού του καθεαυτό*. Αλλά με αυτή τη μορφή αυτό το *μη-καθευτό* δεν συγκρατείται από τη συνείδηση ως αρθέν καθ' εαυτό, αλλά ως ένα ιδιοσύστατο, νέο καθ' εαυτό, δηλ. η συνείδηση δεν μένει μπροστά από ένα κενό μηδέν, αλλά το αποτέλεσμα της άρσης είναι ένα προσδιορισμένο μηδέν. Αυτό από μόνο του βέβαια δεν συνιστά κάποιο νέο περιεχόμενο, αλλά αποτελεί απλά μια τυπική ιδιότητα του παλιού καθ'εαυτό. Για να αναδυθεί ένα νέο περιεχόμενο πρέπει το αρθέν καθ' εαυτό να ειδωθεί ως ένα νέο καθ' εαυτό, δηλ. η άρση που άσκησε η συνείδηση μετατρέποντας το παλιό καθ' εαυτό σε απλό *για τη συνείδηση Είναι* πρέπει τώρα με τη σειρά της να γίνει αντικείμενο άρνησης και άρσης. Το νέο περιεχόμενο αναδύεται μόνο μέσω αυτής της διπλής άρνησης. Με την έννοια της διπλής, προσδιορισμένης άρνησης συντελείται ένας προοδευτικός εμπλουτισμός του εκάστοτε περιεχομένου (τόσο από την πλευρά της συνείδησης, όσο και του αντικειμένου) των διαφόρων μορφών εμπειρίας της *Φαινομενολογίας*. (Βλέπε ό.π., § 85 και § 86, σελ. 214-216 καθώς και *Wissenschaft der Logik*, I, σελ. 49)

διότι γι' αυτόν η σκέψη αντλεί από τα αντικείμενα μόνο αυτό που ήδη είναι σκέψη». (38) Ο Αντόρνο δεν περιορίζεται βέβαια στην αντι-ιδεαλιστική αυτή νύξη – διευρύνει την κριτική του αντιπαράθεση γύρω από την έννοια της προσδιορισμένης άρνησης υποστηρίζοντας ότι από την προσδιορισμένη άρνηση δεν μπορούν, αλλά και δεν πρέπει να αντληθούν νέα περιεχόμενα.[230]

3.5.1. Το μη-ταυτόσημο

Στο φως της κριτικής στη χεγκελιανή άρνηση μπορούμε τώρα να εξετάσουμε διεξοδικότερα τη σκοποθεσία του Αντόρνο να θεμελιώσει πάνω στον καντιανό νοούμενο κόσμο το πρόταγμα της νέας μεταφυσικής σκέψης ως στοχασμού πάνω στο μη-ταυτόσημο. Δύο είναι οι κεντρικές προβληματικές της κριτικής που οδηγούν τον Αντόρνο να αντιπαραθέσει στην ολιστική φιλοσοφία του Χέγκελ την καντιανή φιλοσοφία των δύο κόσμων (δηλ. φαινομένων και νοούμενων). Από τη μια μεριά η κριτική στην απόπειρα της *Λογικής* να παρουσιάσει τις προϋποθέσεις της ανασκόπησης ως αποτελέσματα-θέσεις της αυτοκίνησης που χαρακτηρίζει την αυτοαναφορική διπλή άρνηση ή ουσία. Από την άλλη μεριά η συναφής με την κριτική αυτή απόρριψη της θέσης ότι οι ενέργειες της άρνησης ενέχουν μια ανυπολόγιστη δύναμη ερμηνείας και θεώρησης του κόσμου ως ολότητας, δύναμη στην οποία βέβαια στηρίζεται όλο το λογικό-μεταφυσικό οικοδόμημα της *Λογικής*, αλλά και η αυτονόμηση της

230. Παρ' όλο που ο Αντόρνο υποστηρίζει αποφασιστικά πως η προσδιορισμένη άρνηση δεν επιτρέπεται να οδηγεί σε ξεκάθαρα αποτελέσματα, γιατί στο βαθμό που οι ανταγωνιστικές κοινωνικές συνθήκες εξακολουθούν να εξουσιάζουν τους ανθρώπους δεν είναι δυνατή καμία θετική προσύλληψη της ελευθερίας, έχω την εντύπωση πως δεν καταφέρνει να γονιμοποιήσει την έννοια πέρα από μια απλή μετεμφύτευσή της από το ιδεαλιστικό σύστημα του Χέγκελ στην κριτική κοινωνική θεωρία. Επιπλέον νομίζω ότι οι ενστάσεις του δεν αφορούν κύρια τη χεγκελιανή σύλληψη της προσδιορισμένης άρνησης, αλλά το ζητούμενο να αντιμετωπιστεί κριτικά η ιστορικοκοινωνική πραγματικότητα. Τούτο όμως δεν μπορεί να γίνει γιατί ο Αντόρνο είναι απόλυτα πεπεισμένος πως η άρση της καπιταλιστικής αρνητικότητας δεν μπορεί να πάρει συγκεκριμένη μορφή, δηλ. να προδιαγράψει τη μορφή του μελλοντικού. Το κοινωνικό Όλο είναι σε τέτοιο βαθμό βυθισμένο στην ολοκληρωτική αποξένωση και φενάκη, που και η σκέψη έστω κάποιας θετικής και συγκεκριμένης μεταβολής είναι για τον Αντόρνο ταμπού. Βλέπε *Negative Dialektik*, ό.π., σελ. 161.

κίνησης της άρνησης. Ο Αντόρνο αντιτάσσει πως αν έχει γίνει ιστορικά απαραίτητο να επιστρέψει η μεταφυσική σκέψη στο καντιανό παράδειγμα, τότε πρέπει η διορθωτική κριτική στο σύστημα του Χέγκελ να επικεντρωθεί στον περιορισμό της νόμιμης χρήσης των διαδικασιών άρνησης αποκλειστικά στο πεδίο μιας γνώσης η οποία, όπως είδαμε, θα βρίσκεται πάντα κοντά «στο ίδιο το πράγμα», προσανατολιζόμενη στο μοντέλο δυναμικής εμπειρίας της *Φαινομενολογίας του Πνεύματος*, χωρίς βέβαια τις ιδεαλιστικές, δηλ. ταυτιστικές της βλέψεις.[231]

Αν προσθέσει κανείς τώρα στη μεθοδολογική αυτή σκοποθεσία την κοινωνικά-κριτικά θεωρούμενη προσδιορισμένη άρνηση, η οποία όπως είπαμε δεν επιτρέπεται σύμφωνα με τον Αντόρνο να λειτουργήσει ως είδος προσύλληψης της κατάστασης εκείνης που θα προέκυπτε από τη ριζική κριτική και ανατροπή του υπάρχοντος, τότε παρατηρούμε πως διαμορφώνεται ένα είδος σκέψης, το οποίο διανοίγεται στο ευρύ και στοχαστικά απερίσταλτο πεδίο των ενεργημάτων της ανασκόπησης και της γνώσης. Η σκέψη αυτή, για την οποία η *ΑΔ* θέλει να προσφέρει ένα είδος Προλεγομένων, διακρίνεται από τα εξής χαρακτηριστικά:

α) Συμφωνεί με τη διαδικαστική μορφή της αντικειμενικής αλήθειας, η οποία για τον Χέγκελ προκύπτει από τη δυναμική της κίνησης της άρνησης, αλλά μόνο στο βαθμό που η μορφή αυτή «εισχωρεί στη σφαίρα του μικρόκοσμου. Αυτός είναι ο χώρος της μεταφυσικής ως καταφυγίου από το απόλυτο της Ολότητας». (399)

β) Η σκέψη αυτή, τόσο στις γνωστικές όσο και στις μεταφυσικές της αναφορές, έχει πλήρη συνείδηση της αδυναμίας της να προσεγγίσει με εννοιολογικά μέσα όλα αυτά που προτίθενται κάθε γνωστικής εμπειρίας, δηλ. το μη-ταυτόσημο κομμάτι κάθε γνωστικής σχέσης με τον κόσμο.

Και *γ)* η σκέψη αντιτίθεται στη θεώρηση της φιλοσοφίας ως συστηματικού εννοιακού όλου. Αν και ο Αντόρνο από τη μια μεριά βλέπει στο

231. Βλέπε Αντόρνο, *GS*, τόμ. 5, σελ. 299 κ.ε. Στην *Αρνητική Διαλεκτική* ο Αντόρνο εξαίρει την «επιστήμη της εμπειρίας της συνείδησης», χωρίς να παραλείπει να τονίσει ότι δεν απέφυγε τους πειρασμούς της κατηγοριακής υπαγωγής των συγκεκριμένων περιεχομένων της συνείδησης στη στοχαστική-λογική πορεία του πνεύματος. Βλέπε ό.π., σελ. 19 κ.ε. καθώς και σελ. 25 κ.ε.

έργο του Χέγκελ την πρώτη από τις τρεις αυτές συνθήκες να εκπληρώνεται, από την άλλη είναι κατηγορηματικά εναντίον κάθε αξίωσης του φιλοσοφικού λόγου τόσο στο να ενσωματώνει τις προϋποθέσεις του παρουσιάζοντάς τες ως αποτελέσματα των διενεργημάτων του, όσο και στο να λειτουργεί ως συστηματικό όλο: «Η επαναστροφή του αποτελέσματος της κίνησης στο αφετηριακό της σημείο καταργεί το αποτέλεσμα θανατώνοντάς το». (158) Αν λάβει κάποιος όλα αυτά υπόψη, τότε γίνεται κατανοητό το βήμα του Αντόρνο να αντιπαραθέσει στις χεγκελιανές δομές της ανασκόπησης και στο σύστημα του απόλυτου πνεύματος την έννοια του μη-ταυτόσημου, που βέβαια το βλέπει να προέρχεται από την καντιανή έννοια του νοούμενου.

Από την άλλη βέβαια τα πράγματα δεν είναι τόσα απλά, όπως ίσως φαίνεται με την πρώτη ματιά. Ο Αντόρνο θέλει φυσικά να αντιταχθεί στην απολυτοποίηση των αυτοαναφορικών δομών της σκέψης, την οποία βλέπει να κυριαρχεί στο φιλοσοφικό σύμπαν του Χέγκελ. Με την έννοια όμως του μη-ταυτόσημου αποστρέφεται με κάθε τρόπο την ένταξη στη χορεία όλων όσοι υποστηρίζουν μια επιστροφή στον Καντ ως τη σωτήρια διέξοδο από τον πανλογισμό και μυστικισμό του χεγκελιανού απόλυτου πνεύματος. Προηγουμένως –και συγκεκριμένα στο πλαίσιο του μετασχηματισμού της εμφάνειας σε φαινόμενο– είδαμε ότι η επαναδραστηριοποίηση της έννοιας του νοούμενου για τον Αντόρνο δεν σημαίνει επ' ουδενί την υιοθέτηση δυαλιστικών σχημάτων. Στην πλατωνική έννοια του χωρισμού ο Αντόρνο παραχωρεί μεν κάποιο δικαίωμα φιλοσοφικής ισχύος. Κάτι τέτοιο όμως συμβαίνει αποκλειστικά στο βαθμό που ο χωρισμός μπορεί να αποτελέσει το αντίδοτο στην εσκεμμένη λήθη που χαρακτηρίζει κάθε ιδεαλιστική νοησιαρχία, του γεγονότος δηλ. ότι η σκέψη δεν είναι σε θέση να μετατρέψει τις οντολογικές της προϋποθέσεις σε αποτελέσματα της ανασκόπησης. Εξετάζοντας στη συνέχεια το ερώτημα του τρόπου με τον οποίο ο Αντόρνο διατηρεί τις καντιανές οριοθετήσεις, επιδιώκοντας ταυτόχρονα να τις καταστήσει πιο ελαστικές, δηλ. πιο... πορώδεις, θα δούμε πώς διαμορφώνονται ουσιαστικές επόψεις της έννοιας του μη-ταυτόσημου και σε ποια σημεία διακρίνεται από το καντιανό νοούμενο.

Ι. Κατ' ουσίαν δύο είναι οι λόγοι που παροτρύνουν τον Αντόρνο να επαναδιατυπώσει την έννοια του νοούμενου ως του επέκεινα της γνώσης στην έννοια του μη-ταυτόσημου, παίρνοντας έτσι διακριτικές αποστάσεις από το καντιανό πράγμα καθ' εαυτό. Αυτό που επιχειρεί ο Αντόρνο είναι να αφαιρέσει από το νοούμενο το χαρακτήρα του αυστηρά και αποκλειστικά στοχαστικού πόλου του Λόγου σε αντιδιαστολή με τις γνωσιοθεωρητικές ικανότητες της διάνοιας. Αν για τον Καντ οι δικαιοδοσίες του Λόγου και της διάνοιας είναι αυστηρά οριοθετημένες, ο Αντόρνο θέλει ως ένα βαθμό να άρει τους διαχωρισμούς καθιστώντας δυνητικά και το ίδιο το νοούμενο αντικείμενο της προοδεύουσας γνωστικής διαδικασίας: «Η κατασκευή του πράγματος καθ' εαυτό και του νοούμενου χαρακτήρα είναι όχι μόνο αυτή ενός μη-ταυτόσημου ως της συνθήκης της δυνατότητας της ταύτισης, αλλά και αυτού που διαφεύγει κάθε κατηγοριακής ταύτισης». (286) Ο Αντόρνο συμφωνεί με τη διατήρηση της έννοιας του πράγματος καθ' εαυτό ως πρόσληψη του μη-ταυτόσημου, με τον όρο βέβαια να ικανοποιεί κάποια γνωσιοθεωρητικά ενδιαφέροντα. Η πεποίθησή του αυτή είναι στην ουσία πλατωνικής προέλευσης, καθώς δίπλα στην έννοια του χωρισμού τοποθετεί εκείνη της μέθεξης.[232]

Η προσέγγιση του μη-ταυτόσημου, το οποίο μάλιστα στους *Στοχασμούς για τη Μεταφυσική* ονομάζεται το «απόλυτο» (398) του νέου μεταφυσικού στοχασμού, πρέπει να προσανατολιστεί θετικά στην έννοια της συνάφειας (Affinität): «Μιλώντας κανείς καντιανά, αν δεν υπήρχε καμία ομοιότητα μεταξύ υποκειμένου και αντικειμένου, αν αντιπαρετίθεντο τόσο ριζικά, όσο θέλει ένας ξέφρενος θετικισμός, τότε όχι μόνο δεν θα υπήρχε αλήθεια, αλλά ούτε και Λόγος, γενικά καμία σκέψη (...) Η αλήθεια δεν είναι αντιστοιχία, αλλά συνάφεια».[233] Η αναφορά στην έννοια της «συνάφειας» της *Κριτικής του καθαρού Λόγου* και συγκεκριμένα στο κεφάλαιο της *υπερβατολογικής παραγωγής των καθαρών εννοιών του νου*,[234] αποτελεί επιτακτική αναγκαιότητα για τον Αντόρνο,

232. Βλέπε Αντόρνο, *GS*, τόμ. 5, *Zur Metakritik der Erkenntnistheorie*, σελ. 148. Η επαναδιατύπωση του πράγματος καθ' αυτό πρέπει για τον Αντόρνο να καταδείξει τη συμβατότητα του μη-ταυτόσημου με τις γνωσιοθεωρητικές ανάγκες.

233. Βλέπε *GS*, τόμ. 5, σελ. 285. Στη *Metakritik der Erkenntnistheorie* ο Αντόρνο γράφει: «Κάθε λογική σύνθεση ενυπάρχει ήδη στο αντικειμένο, αλλά μόνο ως δυνατότητα, η οποία πραγματοποιείται μόνο από το υποκείμενο». (Βλέπε *GS*, τόμ. 5, σελ. 87)

234. Βλέπε ό.π., Α 114.

καθώς η συνάφεια εκπληρώνει την προϋπόθεση να βρεθεί μια προσέγγιση στο μη-ταυτόσημο που να συνδυάζει δύο πράγματα: *α)* τη θετική-δημιουργική πρόσβαση των γνωσιοθεωρητικών προσπαθειών του ανθρώπινου πνεύματος στις αρχές που διέπουν τον κόσμο,[235] και *β)* το γεγονός ότι υπάρχει κάτι το οποίο η σκέψη είναι αδύνατον να διαυγάσει στοχαστικά. Αν και ο Αντόρνο αναφέρεται σωστά στην έννοια της συνάφειας ως υποδειγματικής λύσης του προβλήματος της σκέψης να στοχαστεί ταυτόχρονα τόσο τους τυπικούς όρους της γνώσης, όσο και τις συνθήκες των αντικειμένων (δηλ. ως λογικές-κανονικές ακολουθίες γεγονότων), παρ' όλα αυτά πιστεύει πως ο Καντ απέτυχε στο υπερβατολογικό του εγχείρημα διότι τόνισε υπέρ το δέον, ή καλύτερα διότι υπερτίμησε, την ισχύ των συνθετικών ενεργημάτων στη γνωστική διαδικασία. Η άποψη αυτή οφείλεται φυσικά στο αντι-ιδεαλιστικό πάθος του Αντόρνο, το οποίο δεν του επιτρέπει να παραδεχτεί αυτό για το οποίο εκτιμά την καντιανή σκέψη έναντι αυτής του Χέγκελ.

Επειδή πιστεύει πως ο Καντ υπέπεσε στην ιδεαλιστική ύβρη της παραγωγής όλης της πραγματικότητας από τα συνθετικά ενεργήματα της καθαρής διάνοιας, δεν μπορεί να δεχτεί ότι όντως η καντιανή ενότητα της υπερβατολογικής κατάληψης, δηλ. το συνεχές των συνθετικών πράξεων σύμφωνα με αναγκαίους κανόνες, δεν μπορεί να εννοηθεί χωρίς την υπόθεση μιας σταθερής κανονικότητας στην ακολουθία των γεγονότων. Αυτό δηλ. που αναζητά ο ίδιος από την καντιανή έννοια της συνάφειας, δεν μπορεί να παραδεχτεί ότι εκληρώνεται με

---

235. Και αυτό, γιατί η σκέψη συστοιχίζεται «ταυτόχρονα με μια δυνητικότητα, η οποία ενυπάρχει στο αντικείμενο» (βλέπε, ό.π., σελ, 30)· ή πάλι εξαιτίας του γεγονότος «ότι οι συγκεκριμένες πράξεις, οι οποίες ισχύουν γι' αυτόν [δηλ. για τον Καντ, Κ.Μ.] ως αυθόρμητα ενεργήματα της υπερβασιακής λογικής, ταυτόχρονα ενέχουν κάτι το οποίο δεν είναι οι ίδιες· ή ότι μόνο αυτό μπορεί να γίνει αντικείμενο σύνθεσης, το οποίο από μόνο του επιτρέπει να αναζητά τη σύνθεση». (ό.π., σελ. 142) Στην *Αισθητική Θεωρία* πάλι ο διπλός χαρακτήρας της τέχνης χαρακτηρίζεται ως εξής: «Αν το έργο τέχνης δεν είχε να κάνει τίποτα με τη λογική κατασκευή και την αιτιότητα, τότε θα έχανε κάθε σχέση με το Άλλο της χάνοντας έτσι ταυτόχρονα κάθε περιεχόμενο (...) Συμπεράσματα χωρίς έννοιες και κρίσεις αποκλείουν εξαρχής την αποδεικτική τους αξία, παραπέμπουν παρ' όλα αυτά σε μια επικοινωνία μεταξύ των αντικειμένων, η οποία ενδεχόμενα επικαλύπτεται από τις κρίσεις και τις έννοιες, ενώ αντίθετα η αισθητική συνέπεια διατηρεί αυτή την επικοινωνία ως συγγένεια στιγμών που δεν έχουν εννοιακά συγκεκριμενοποιηθεί ταυτιστά». (ό.π., σελ. 208)

τους όρους του υπερβατολογικού εγχειρήματος της *Κριτικής του καθαρού Λόγου*. Έτσι ο Αντόρνο αδυνατεί να διαγνώσει ότι με την έννοια της συνάφειας έχει να κάνει κανείς με εκείνη την «υποδειγματική περίπτωση "διαμεσολάβησης"» (87),[236] την οποία φυσικά διεκδικεί αποκλειστικά για τη δική του φιλοσοφία της *ΑΔ*, κάνοντας το παράδοξο βήμα να συμπράξει με τη σκέψη του Είναι του Χάιντεγκερ, η οποία στο πρώτο μέρους του βιβλίου είχε υποβληθεί σε δριμύτατη κριτική.[237]

Η σχετικά εκτενής μνεία της λειτουργίας της συνάφειας στην *ΑΔ* μας προσφέρει νομίζω μια επιπλέον πλατφόρμα για να διαπραγματευθούμε διεξοδικότερα την επαναδιατύπωση που επιχειρεί ο Αντόρνο στο καντιανό πράγμα καθ' εαυτό μετασχηματίζοντάς το στο μη-ταυτόσημο, στο οποίο αντίθετα προς το πράγμα καθ' εαυτό η γνώση μπορεί να έχει δυνητικά πρόσβαση. Το εγχείρημα είναι όντως παράδοξο: από τη μια το μη-ταυτόσημο πρέπει να αποτελεί αυτό στο οποίο η σκέψη προσκρούει αδυνατώντας να το διαπεράσει εννοιακά, από την άλλη όμως ο Αντόρνο, μη θέλοντας να υποπέσει στην παγίδα του οντολογικού δυαλισμού, διανοίγει για τη σκέψη και τη γνώση την πιθανότητα μιας δυνητικής γνωστικής πρόσβασης στο μη-ταυτόσημο. Αντίστοιχα δυσνόητες και γριφώδεις είναι οι διατυπώσεις με τις οποίες ο Αντόρνο επιχειρεί να περιγράψει τη σκοποθεσία της *ΑΔ*, όπως π.χ. η έκφραση «το πέρασμα μέσα από την έννοια πέραν και εκείθεν της έννοιας».

---

236. Το γεγονός βέβαια ότι ο Αντόρνο χρησιμοποιεί τη συγγένεια ως όρο ο οποίος μόνο στη δική του σκέψη των διαμεσολαβήσεων αποκτά το πλήρες νόημα της, παραγνωρίζοντας την κεντρική της λειτουργία στο καντιανό σύστημα, οφείλεται σε ένα βαθμό στο αδιαμφισβήτητο γεγονός ότι στο καντιανό πλαίσιο η έννοια αυτή δεν αποσαφηνίζεται απόλυτα. Αν κανείς παραβλέψει το γεγονός ότι στη δεύτερη έκδοση της *Κριτικής του καθαρού Λόγου* λείπει στο κεφάλαιο της παραγωγής κάθε μνεία του συναμφότερου, διαπιστώνει ακόμα πως στα σημεία στα οποία ο Καντ διαπραγματεύεται τη θεματική της αντικειμενικής ολότητας ως ενός πλέγματος που ρυθμίζεται από κανόνες και νόμους (βλέπε A697/B685), δεν υπάρχει τίποτα που να υποδηλώνει ότι η έννοια του συναμφότερου μπορεί να είναι κάτι παραπάνω από μια απλή ρυθμιστική αρχή του Λόγου.

237. Τελικά διαπιστώνει κανείς πως ο Αντόρνο δεν παραλείπει να υιοθετήσει την ιδέα της συνεχούς διαπλοκής των φαινομένων μεταξύ των, σηματοδοτώντας «τον πυρήνα του αντικειμένου» ως αποκρυστάλλωμα της «επικοινωνίας με το Άλλο» (βλέπε *Negative Dialektik*, σελ. 164).

(27)[238] Πιστεύω πως μόνο στο βαθμό που μπορεί κανείς να αποκωδικοποιήσει εκφράσεις αυτού του είδους, είναι δυνατόν να κατανοήσει τις κινητήριες αφορμές της σκέψης του Αντόρνο. Αυτό που διαφαίνεται αρχικά από τα απορητικά σχήματα μιας εννοιακά ενεργούμενης σκέψης, η οποία ταυτόχρονα αποβάλλει τα δεσμά της ταυτιστικής έννοιας ψηλαφώντας το μη-ταυτόσημο, είναι ότι η ίδια η σκέψη πρέπει να συνδυάζει την έννοια με το μη-εννοιακό: τούτο, όπως είναι γνωστό από τη φιλοσοφική παράδοση, και ειδικά από τις θεμελιώδεις ορολογικές διακρίσεις του Καντ και έπειτα, νοηματοδοτείται ως εποπτεία, δηλ. ως μη εννοιακή αντίληψη του αντικειμένου. Τώρα, ο συνδυασμός έννοιας και εποπτείας παραπέμπει σε αυτό που η φιλοσοφική παράδοση του γερμανικού ιδεαλισμού μετά τον Καντ χαρακτήρισε ως διανοητική εποπτεία, δηλ. μια αντίληψη του υποκειμένου η οποία υπερβαίνει τους στοχαστικούς διαχωρισμούς προσφέροντας μια άμεση συνειδησιακή εποπτεία.

Κάτι τέτοιο έχει σίγουρα ο Αντόρνο κατά νου όταν μιλά για κατηγοριακή εποπτεία,[239] τοποθετώντας τη στο πλαίσιο της παραδοσιακής

---

238. Αυτό το προγραμματικό μοτίβο της *Αρνητικής Διαλεκτικής* επαναλαμβάνεται με διαφορετικές, αλλά πάντα απορητικές διατυπώσεις, σε όλο το βιβλίο: «Η αντίφαση είναι το μη-ταυτόσημο υπό την έποψη της ταυτότητας» (17)· «η ουτοπία της γνώσης θα ήταν να διαυγάσει κανείς το μη εννοιακό, χωρίς να το εξομειώσει με την έννοια» (21)· «ο φιλοσοφικός στοχασμός διασφαλίζει το μη εννοιακό με την έννοια» (23)· «η φιλοσοφική έννοια δεν παραιτείται από τον πόθο που διαπνέει την τέχνη ως μη εννοιακή και η εκπλήρωση του οποίου με τη μορφή της εμφάνειας διαφεύγει στην τέχνη ως άμεση πραγματικότητα. Όργανο της σκέψης, αλλά ταυτόχρονα και το τείχος μεταξύ αυτής και όσων πρέπει να σκεφτεί, η έννοια καταργεί αυτό τον πόθο» (27)· «μόνο οι έννοιες μπορούν να καταφέρουν αυτό το οποίο η ίδια η έννοια εμποδίζει» (62)· «τίποτα δεν οδηγεί έξω από το πλέγμα του εμμενούς, όσο αυτό το ίδιο» (145), κτλ.

239. Ό.π., σελ. 87 κ.ε. Ο Αντόρνο φυσικά δεν θέλει σε καμία περίπτωση να παρερμηνευτεί η κατηγοριακή εποπτεία ως κριτικό σχήμα ενάντια στις απολυτοποιήσεις του ταυτιστικού και διαστοχαστικού λόγου, ότι συγγενεύει με την κατά την άποψή του βεβιασμένη αμεσότητα της διανοητικής εποπτείας a la Romantik. Όπως είναι φανερό, η κριτική του Αντόρνο στρέφεται ενάντια σε συγκεκριμένες μορφές πρόσληψης της σχήματος της διανοητικής εποπτείας των Φίχτε και Σέλινγκ και συγκεκριμένα στις αντινοησιαρχικές φιλοσοφίες του αισθημάτος και της ζωής στους κύκλους των ρομαντικών (βλέπε επίσης ό.π., σελ. 26 κ.ε.). Από την άλλη μεριά για τον Αντόρνο η αποκατάσταση της έννοιας της νοητικής άμεσης εποπτείας δεν πρέπει να ερμηνευτεί ως μεταλλαγή της ειδητικής (eidetischen) θέασης της ουσίας του Χούσερλ (ό.π., σελ. 89). Συνακόλουθα οι κριτικές του παρατηρήσεις ενάντια στην παρερμενευμένη αμεσότητα της εποπτείας ως μετοχής του νου σε υπερ-εννοιακές βεβαιότητες ακολουθεί σε γενικές γραμμές την κριτική του Χέγκελ στη ρομαντική σκέψη.

φιλοσοφικής διάκρισης μεταξύ νοήσεως και διάνοιας. Αν η νόηση εγείρει την αξίωση να διασφαλίζει τα περιεχόμενα της σκέψης με μια άμεση πνευματική ενάργεια, η διάνοια αντιθέτως αποτελεί ενέργημα του Λόγου με διαδικαστική τελεστικότητα.[240] Ιστορικά-φιλοσοφικά παρατηρούμε πως το βήμα του Αριστοτέλη να καθορίσει το νου ως την ικανότητα της σύλληψης της αλήθειας, η οποία υπερβαίνει τις διαδικασίες τελεστικής-εννοιακής θεμελίωσης, στη σφαίρα της διανοητικής αρετής, ολοκληρώνεται στη φιλοσοφία του Καντ. Η υπερβατολογική φιλοσοφία του Καντ διαφυλάσσει από τη μια μεριά τη μεταφυσική-ρασιοναλιστική κληρονομιά της παράδοσης Λάιμπνιτς-Βολφ, δηλ. τις έμφυτες ιδέες ως a priori βεβαιότητες, υπερασπίζοντάς τες ενάντια στις εμπειριστικές επιθέσεις – από την άλλη βέβαια τις εντάσσει στη σφαίρα των στοχαστικών λειτουργιών του αυτοελεγχόμενου Λόγου.

Επιστρέφοντας τώρα στην *ΑΔ* βλέπουμε πως ο Αντόρνο στην προσπάθειά του να αναδείξει τη σημαντικότητα της έννοιας της συνάφειας, υπερασπίζοντάς την ενάντια σε ορισμένες εμπειριστικές τάσεις των θεωριών της αλήθειας που προσανατολίζονται στις βεβαιότητες της αισθητικής αντίληψης, δεν διστάζει να κάνει το βήμα το οποίο ο Καντ, παρατηρώντας τις απαρχές αυτού που αργότερα ονομάστηκε απόλυτος ιδεαλισμός,[241] χαρακτήρισε ειρωνικά ως υπερφίαλη έξαρση: «Η κατηγοριακή εποπτεία, αυτοσυνείδηση της έννοιας, μας υπενθυμίζει πως στις κατηγοριακά συγκροτημένες αντικειμενικότητες, τις οποίες η παραδοσιακή γνωσιοθεωρία γνωρίζει μόνο ως αποτελέσματα συνθετικών πράξεων, ταυτόχρονα και πέρα από το απλό στοιχείο της ύλης πρέπει να αντιστοιχεί και κάτι άλλο. Σ' αυτόν το βαθμό οι αντικειμενικότητες ενέχουν επίσης κάτι το άμεσο, κάτι το άμεσα εποπτικά αντιληπτό. (...) Οι αυθόρμητες σκέψεις ενέχουν αξεδιάλυτα το στοιχείο της εμφάνισης κάποιου άλλου». (87)[242]

240. Η διάκριση μεταξύ νόησης και διάνοιας πηγάζει βέβαια από το διαχωρισμό που κάνει ο Πλάτων μεταξύ του ενορατικού και του τελεστικού Λόγου.

241. Εννοείται κύρια η αρχική φιλοσοφική τοποθέτηση του Φίχτε που στηρίζεται στη μετατροπή του καντιανού υπερβασιολογικού υποκειμένου σε απόλυτο Εγώ.

242. Υπερασπιζόμενος την πλατωνική διδαχή περί νοητικότητας ο Αντόρνο αναλύει την κριτική του στην κατηγοριακή σύνθεση, στην οποία καταλογίζει τη μονομέρεια μιας «αφαιρετικής ενοποίησης», διαμέσου του εννοιακού διδύμου συναγωγή-διαίρεση (ό.π., σελ. 53). Αν η πρώτη διενεργεί μια «άνοδο από τα σκόρπια φαινόμενα στην έννοια του είδους τους» (ό.π.), η δεύτερη αναδεικνύει το ποιοτικά ιδιοσύστατο

Αυτή η μη-αισθητική, νοητική-ενορατική συνείδηση στη σκέψη του Αντόρνο είναι κάτι που ξενίζει, μιας και δίνει την εντύπωση πως η αρνητική-διαλεκτική φιλοσοφία επαναχωρεί σε παρωχημένες θεωρήσεις, υιοθετώντας θέσεις που η φιλοσοφική μοντερνικότητα έχει προ πολλού αφήσει πίσω της. Αν κοιτάξει κανείς ένα από τα κύρια χαρακτηριστικά του φιλοσοφικού στοχασμού του 20ού αιώνα, θα καταλάβει αμέσως το γιατί. Η σχέση μεταξύ του ενορατικού-νοητικού και του διανοητικού-διαστοχαστικού δεν αποτελεί πια θεματική άξια λόγου, μιας και για το νου δεν υφίσταται τίποτα που να εποπτευθεί ή να συλληφθεί άμεσα, δηλ. νοητικά-κατηγοριακά. Όλες λοιπόν οι ενορατικές διαισθήσεις κατατάσσονται στη σφαίρα της αισθητικής αντίληψης και όλες οι σκέψεις γίνονται διαδικαστικά-τελεστικά ενεργήματα. Παρ' όλα αυτά μπορεί νομίζω να υποστηριχθεί πως στο πλαίσιο της αρνητικής του φιλοσοφίας ο Αντόρνο αναγκάζεται να στηριχθεί στη σύλληψη της διανοητικής εποπτείας αποδίδοντάς της μια κεντρική λειτουργία στη γνωσιοθεωρία και στους στοχασμούς του για τη μεταφυσική. Βάσιμο επιχειρηματολογικά και αναγκαίο αποβαίνει τούτο το βήμα, εφόσον ο Αντόρνο, πέρα από την κριτική της λειτουργία ενάντια στις ιδεαλιστικές υποστασιοποιήσεις, προσδίδει στην έννοια του μη-ταυτόσημου ένα ακόμα σημαντικότερο χαρακτηριστικό. Μια και η *ΑΔ* συλλαμβάνει τη γνωστική διαδικασία τρόπον τινά ως «τρώσας ιάσεται» (62), δηλ. ως καθαρτήρια αυτοαλλοίωση, οι *διανοητικές λειτουργίες*, οι οποίες στοιχειοθετούν την παραδοσιακή, ταυτιστική γνωσιοθεωρία, *προσδένονται σε μια ανώτερη τελι-*

στη φύση των πραγμάτων, γιατί «το να συνομαδώνει κανείς όμοια πράγματα σημαίνει ότι τα διαχωρίζει από τα ανόμοια. Κριτήριο όμως είναι η ποιότητα· (...) Στις απαρχές της ευρωπαϊκής φιλοσοφίας του Λόγου ο Πλάτων, ο οποίος πρώτος ανέδειξε τα μαθηματικά ως υπόδειγμα μεθοδολογίας, προσέδωσε στο ποιοτικό στοιχείο του Λόγου τη μέγιστη δυνατή αξία, τοποθετώντας δίπλα στη συναγωγή τη διαίρεση ως ισότιμη μέθοδο» (ό.π.· επίσης βλέπε ό.π., σελ. 160 κ.ε.). Νομίζω πάντως πόσο όσο και νόμιμη να είναι η εγγραφή του Αντόρνο στο θεωρητικό πλαίσιο της άμεσης νοητικής κατάληψης των περιεχομένων της σκέψης, δεν πρέπει να θεωρηθεί απαραίτητη για τη θεωρία της αλήθειας στη φιλοσοφία του Αντόρνο συνολικά. Είναι ο ίδιος ο Αντόρνο ο οποίος στη *Philosophischen Terminologie* καταλογίζει τόσο στο ρασιοναλισμό όσο και στον εμπειρισμό ότι εξαρτούν τη διασφάλιση της αλήθειας από την άμεση αυτή ενάργεια. Για το συγγραφέα της *ΔτΔ* αυτό δεν αποτελεί τίποτα άλλο από μεταγραφή της κυριαρχίας της φύσης και του ανθρώπου στη σφαίρα της γνωσιοθεωρίας. (Βλέπε ό.π., τόμ. 2, σελ. 165 κ.ε.)

κότητα, σε κάτι το υπερβαίνον, δηλ. ... στο μη-ταυτόσημο. «Με τρόπο κρυφό η μη-ταυτότητα είναι ο τελικός σκοπός της ταύτισης, το στοιχείο που πρέπει να διασώσει κανείς σ' αυτήν· το σφάλμα της παραδοσιακής σκέψης είναι ότι θεωρεί την ταυτότητα ως τον τελικό της σκοπό». (152) Στο βαθμό τώρα που η μεταφυσική σκέψη πρέπει να είναι στοχαστική κίνηση υπέρβασης, πρέπει για τον Αντόρνο να προσανατολιστεί σε αυτό τον τελικό σκοπό μιας νοητικής-εποπτικής σχέσης με τα περιεχόμενα της σκέψης. Αν τώρα κατανοηθεί αυτή η σχέση ως υπέρβαση του διανοητικού (ταυτιστικού-διαστοχαστικού) προς το επέκεινα νοητικό, τότε κατανοούμε όλες αυτές τις εκφράσεις που μόλις παραθέσαμε – εκφράσεις με τις οποίες ο Αντόρνο επιδιώκει ακριβώς να δείξει πως η εννοιακή διαστοχαστικότητα πρέπει να αυτοαναιρεθεί προσανατολιζόμενη στον τελικό της σκοπό, το μη-ταυτόσημο, ή το νοητικό. Εν είδει καντιανού ηθικού κανόνα ο Αντόρνο διατυπώνει με τον ακόλουθο τρόπο την επιτακτικότητα αυθυπέρβασης της έννοιας: «Αν η σκέψη εξωτερικευόταν πραγματικά στο αντικείμενο, αν αφορούσε το ίδιο το αντικείμενο και όχι μόνο την κατηγορία της, τότε κάτω από το υπομονετικό βλέμμα της σκέψης το ίδιο το αντικείμενο θα άρχιζε να μιλά». (38)

Το μοτίβο αυτό του υπομονετικού βλέμματος της σκέψης, κατά μια έννοια επανεγγραφή της διανοητικής εποπτείας στο πλαίσιο της κριτικής του Αντόρνο στις εμπειρικιστικές, θετικιστικές και επιστημονικίστικες θεωρίες αλήθειας, αποτελεί το σημαντικότερο στοιχείο της ουτοπίας της γνώσης της *ΑΔ*. *Η καινοτόμος προσφορά του φιλοσοφικού αυτού έργου στη νοητική παράδοση συνίσταται κατά την άποψή μου στο γεγονός ότι στηριζόμενος στην έννοια της συνάφειας, την οποία διαφοροποιεί σημαντικά από τον Καντ αποδίδοντάς της τη δυνατότητα υπέρβασης των μονομερειών της έννοιας, και επιπλέον μέσα από τη σύλληψη μιας γνώσης που αναφέρεται μιμητικά στο αντικείμενό της, ο Αντόρνο καταλήγει στην έννοια του μη-ταυτόσημου.* Για τη θεώρηση αυτή της μιμητικής γνωστικής αναφοράς στο αντικείμενο, την οποία εξαίρει για τις λεπτεπίλεπτες διαφοροποιήσεις που εισάγει στη γνωστική προσέγγιση, ο Αντόρνο γράφει: «Διαφοροποιημένη είναι εκείνη η σκέψη η οποία τόσο σ' αυτό [εννοείται το αντικείμενο, Κ.Μ.], όσο και στην ίδια της την έννοια μπορεί να ξεχωρίσει ακόμα και το ελάχιστο, αυτό που ξεγλιστρά από την έννοια· μονάχα η διαφοροποίηση μπορεί να πλησιάσει το ελάχιστο. Στο ζητούμενό της αυτό της γνωστικής ικανότητας προς εμπειρία του αντικειμένου –και η διαφοροποίηση αποτελεί την εμπειρία αυτή ως την υποκειμενική αντίδραση έναντι στο αντικείμενο– βρίσκει καταφύγιο το μιμητικό στοιχείο της γνώσης, η συνάφεια του γνωρίζοντος και του εγνωσμένου». (55) Με τον τρόπο αυτό ο Αντόρνο ανακαινίζει την παράδοση της νόησης εντάσσοντάς τη στη γνωσιοθεωρία του. Αυτό συντελείται με το να διαφυλάσσει το στοιχείο νοητικής μέθεξης, επεκτείνοντάς το όμως παράλληλα στο εσωτερικό της σφαίρας της διάνοιας, έτσι ώστε να αντιμετωπίσει τον κίνδυνο να καταντήσει το διανοητικό στοιχείο (δηλ. η ανασκόπηση) απλά μια τελεστική διαδικασία της ταυτιστικής σκέψης. Τώρα στο σημείο που εφάπτονται η άμεση ενάργεια από τη μια μεριά και η γνωστική διαδικασία χωρίς ταυτιστικούς περιορισμούς από την άλλη ο Αντόρνο τοποθετεί την έννοια της *μίμησης*, η οποία για την *ΑΔ είναι τόσο η οδός όσο και ο σκοπός της γνώσης*.

II. Ο δεύτερος λόγος που παρακινεί τον Αντόρνο να σχετικοποιήσει την καντιανή θεώρηση ότι η γνώση δεν έχει πρόσβαση στο πράγμα καθ' αυτό, μας επιτρέπει να αφήσουμε προς στιγμή την αποκλειστικά εμμενή διαπραγμάτευση των φιλοσοφικών αντιπαραθέσεων του Αντόρνο με τη φιλοσοφική παράδοση και το εγχείρημά του να προσφέρει προοπτικές υπέρβασης της απλής διαδικαστικής και ταυτιστικής γνώσης. Επειδή στο σημείο αυτό η ανάλυση της *ΑΔ* δεν έχει να κάνει τόσο με ερμηνεία κειμένων όσο με κοινωνικές ιδεολογικοκριτικές στάσεις, μπορούμε να επεκταθούμε στο πεδίο εκείνου του κοινωνικού-φιλοσοφικού στοχασμού που αποτελεί έναν κύριο άξονα της σκέψης του Αντόρνο ως επιφανούς μέλους της Σχολής της Φρανκφούρτης. Σε μια τέτοια λοιπόν κοινωνική-φιλοσοφική προοπτική ο Αντόρνο ανασύρει μια σκέψη από το παρελθόν της *ΔτΔ* και μάλιστα με σκοπό να εφαρμόσει το σχήμα της καντιανής κριτικής του Λόγου και τη γνωσιοθεωρητική της μορφή στον τρόπο συγκρότησης του κοινωνικού όλου: η θεωρία του σχηματισμού του Καντ[243] χρησιμοποιείται ως μοντέλο για τη μορφοποίη-

243. Όπως είναι γνωστό, στο κεφάλαιο περί της σχηματοποίησης των εννοιών (A137/B176) ο Καντ προσπαθεί να δείξει πως οι καθαρές έννοιες και η πολλαπλότητα του αισθητικού υλικού μορφοποιούνται σε εικόνες αντικειμένων.

ση της κοινωνικής δομής.[244] Ορμώμενος από την ιδέα αυτή της μεταφοράς του καντιανού μοντέλου στο πεδίο κριτικής ανάλυσης των κοινωνικών λειτουργιών ο Αντόρνο περνά από την κριτική γνωσιοθεωρία στην κριτική της ιδεολογίας. Κάνει δηλ. το βήμα από την υπερβατολογική θεμελίωση της αντικειμενικότητας σε μια κριτική κοινωνική οντολογία: «Το καθαρό Εγώ δεν είναι μόνο οντικά διαμεσολαβημένο από το εμπειρικό υποκείμενο, το οποίο στην πρώτη μορφή της παραγωγής των καθαρών εννοιών της διάνοιας [ο Αντόρνο εννοεί την πρώτη έκδοση της *Κριτικής του καθαρού Λόγου* (A84-A130), Κ.Μ.] διαφαίνεται καθαρά μέσα από την ανάλυση, αλλά και η ίδια η υπερβατολογική αρχή (...) Αυτό που από την κριτική του καθαρού Λόγου και εντεύθεν συνιστά την ουσία του υπερβατολογικού υποκειμένου, η λειτουργικότητα, η καθαρή δραστηριότητα που υποτυπώνεται στα ενεργήματα των ατομικών υποκειμένων υπερβαίνοντάς τα, αποτελεί ένα είδος αφηρημένης εργασίας που αποδίδεται στο καθαρό υποκείμενο ως πρωταρχή (...) Η γενικότητα του υπερβασιολογικού υποκειμένου δεν είναι παρά αυτή του λειτουργικού πλέγματος της κοινωνίας» (178-179).[245]

Για τον Αντόρνο η επαναδιατύπωση της καντιανής θεώρησης ρίχνει νέο φως στην προβληματική του πράγματος καθ' αυτό. Είναι πεπεισμένος πως σε αυτή την προοπτική η άποψη του Καντ ότι ο νοούμενος κόσμος (mundus intelligibilis) είναι απροσπέλαστος στη γνώση, κάλλιστα μπορεί να αποκρυπτογραφηθεί ως η σκοτεινή και ασύνειδη πλευρά του κοινωνικά υπερβατολογικού συλλογικού υποκειμένου, το οποίο υποτάσσει τα διανοητικά του ενεργήματα (δηλ. σύνθεση της εμπειρικής πολλαπλότητας και εννοιακή γενίκευση) στους καταναγκασμούς της εξουσιαστικής χειραγώγησης της πραγματικότητας. Με φόντο αυτόν το συλλογισμό μπορούμε τώρα να επιστρέψουμε σ' εκείνο το σημείο των *Στοχασμών για τη Μεταφυσική* όπου ο Αντόρνο μετασχηματίζει την καντιανή επίφαση σε εμφάνεια: η επίφαση του δήθεν πράγματος καθ' αυ-

---

244. Βλέπε σχετικά και Χορκχάιμερ, *GS*, τόμ. 6, σελ. 191 κ.ε. Για το θέμα αυτό της διαπλοκής κοινωνικής και γνωσιοθεωρητικής κριτικής βλέπε επίσης Αντόρνο, *GS*, τόμ. 10.2, *Zu Subjekt und Objekt*, σελ. 743-758.

245. Με αυτό τον ιδεολογικο-κριτικό μετασχηματισμό του καντιανού οικοδομήματος σε μια υλιστική γνωσιοθεωρία συντελείται στη σκέψη του Αντόρνο μια «καντιανοποίηση» της μαρξιστικής ανάλυσης του εμπορεύματος.

τό, δηλ. ο φετιχιστικός χαρακτήρας και ή αυτονόμηση των καπιταλιστικών μορφών κοινωνικής οργάνωσης, δεν θα ήταν τίποτα άλλο παρά ιδεολογική φενάκη, την οποία η κριτική θεωρία αντιπαλεύει αναδεικνύοντας τις ασύνειδες ή καταναγκαστικές προϋποθέσεις των υλικών και πνευματικών μορφών κοινωνικής σύνθεσης.

3.5.2. Η σκέψη υπό τον αστερισμό του μη-ταυτόσημου

Συνοψίζοντας την κύρια έποψη της θεώρησης της μεταφυσικής είδαμε λοιπόν πώς η *ΑΔ* επαναδιατυπώνει την καντιανή σύλληψη του νοούμενου κόσμου (mundus intelligibilis) και του πράγματος καθ' αυτό μετασχηματίζοντάς τη στην έννοια του μη-ταυτόσημου. Επιπλέον εξετάσαμε τον τρόπο που η επιστροφή στο νοούμενο στοιχειοθετεί το επιχειρηματολογικό πεδίο, στο οποίο ο Αντόρνο αναπτύσσει μια κριτική αντιπαράθεση με τη χεγκελιανή θεώρηση της ουσίας και της ανασκόπησης. Εκκινώντας από την υπόθεση πως το μη-ταυτόσημο αποτελεί την κεντρική έννοια τόσο της γνωσιοθεωρίας όσο και της μεταφυσικής στην *ΑΔ* είδαμε πως μπορεί κανείς να ερμηνεύσει βασικές επόψεις της φιλοσοφίας του Αντόρνο χωρίς να περιοριστεί στην απλή παράφραση των αντίστοιχων χωρίων. Αν το μη-ταυτόσημο είναι η ακρογωνιαία εκείνη σκέψη του φιλοσοφικού στοχασμού που ο Αντόρνο θα ήθελε να είναι αλληλέγγυος στη μεταφυσική «στη στιγμή της πτώσης της» (400), τότε εγείρεται το ερώτημα πώς μπορεί κανείς να διαυγάσει την έννοια αυτή, η οποία απ' ό,τι φαίνεται δεν αποτελεί και... υπόδειγμα νοητικής σαφήνειας! Σκοπός μου βέβαια δεν είναι να αναλωθώ σε ένα στοχαστικό παιχνίδι από υποθέσεις, εικασίες και σπαζοκεφαλιές επί του αναμφισβήτητου γεγονότος ότι το μη-ταυτόσημο είναι ακριβώς αυτό που ο Αντόρνο αναζητά από την αυτοκριτική έννοια, δηλ. να αντιστέκεται αψηφώντας εννοιακούς προσδιορισμούς και ορολογικές ρυθμίσεις. Αντί λοιπόν να σπεύσω στην απόδειξη πως λόγω της ασάφειας αλλά και του υπερβατικού χαρακτήρα της έννοιας η φιλοσοφία του Αντόρνο δέον να ερμηνεύεται στο πλαίσιο μιας κρυπτοθεολογίας, θα ακολουθήσω μια διαφορετική ερμηνευτική οδό.

Στο κέντρο του προβληματισμού πρέπει κατά τη γνώμη μου να βρίσκεται όχι το ερώτημα *τι* είναι το μη-ταυτόσημο, ερώτημα που ο ίδιος ο Αντόρνο επίμονα και μεθοδικά αποκλείει από τη σφαίρα των φιλοσοφικών του προσεγγίσεων, αφού κάτι τέτοιο δεν θα διέφερε σημαντικά από τον ταυτιστικό λόγο, για τον οποίο κατά τη γνώμη του οι εννοιακοί προσδιορισμοί αποτελούν άκαμπτες οριοθετήσεις και ανελαστικές κωδικοποιήσεις. Αντίθετα πιστεύω πως αν και δεν είναι αναγκαίο να συμφωνεί κανείς με τη μέθοδο του Αντόρνο, στον οποίο θα μπορούσε κανείς κάλλιστα να ασκήσει κριτική για τη... χαλαρή και δυσερμήνευτη χρήση της έννοιας του μη-ταυτόσημου, εντούτοις από μεθοδολογική έποψη είναι αποδοτικότερο να ακολουθήσουμε τα βήματα του φιλοσόφου θέτοντας ως κεντρικό το ερώτημα του *πώς* πρέπει να προσεγγιστεί το μη-ταυτόσημο. Η διαπραγμάτευση δηλ. του τρόπου πρόσβασης σε εκείνο που υπερβαίνει τις εννοιακές ακαμψίες δεν μας βοηθά απλά να διαυγάσουμε την όντως συχνά σιβυλλική γλώσσα του Αντόρνο, αλλά ταυτόχρονα να διανοίξουμε ένα ευρύτερο πεδίο προβληματισμών, όπου το μη-ταυτόσημο παύει να είναι κάτι... γριφώδες, αναδεικνύοντας την αξιακή του ισχύ. Η ισχύς αυτή είναι νομίζω κάτι ανεξάρτητο από το ερώτημα αν ο τρόπος που ο Αντόρνο συνολικά θεμελιώνει το πρόταγμα της αρνητικής διαλεκτικής είναι ορθός ή όχι. Όπως θα προσπαθήσω να δείξω στα επόμενα, η έννοια του μη-ταυτόσημου μπορεί να ειδωθεί και να ερμηνευτεί ευρύτερα, πέρα από το πλαίσιο του θεωρητικο-κριτικού «αρνητισμού» της ύστερης σκέψης του Αντόρνο. Αν και η ερμηνευτική μου ανάλυση θα καταδείξει πως ο Αντόρνο δεν κατορθώνει τελικά να χρησιμοποιήσει δημιουργικά τις ερμηνευτικές δυνατότητες της έννοιας του μη-ταυτόσημου, καθώς παραμένει πιστός σε έναν άκαμπτο «αρνητισμό», παραμένοντας συνακόλουθα προσκολλημένος στο ουτοπικό πλεόνασμα που δυνητικά θα παρείχε στη σκέψη το μη-ταυτόσημο, παρ' όλα αυτά πιστεύω πως η έννοια αυτή μπορεί να προσφέρει σημαντικά στηρίγματα σε μια φιλοσοφική θεωρία ερμηνευτικών και παραστατικών σχέσεων.[246]

Με βάση αυτές τις σκέψεις θα επιχειρήσω τώρα να προσεγγίσω την έννοια διαμέσου του ερωτήματος του *πώς* ο Αντόρνο στοχάζεται τον τρόπο της γνωσιοθεωρητικής μεν, σε τελική ανάλυση όμως μεταφυσικά προσανατολισμένης πρόσβασης στο μη-ταυτόσημο. Όπως είναι ευρύτερα

246. Βλέπε παρακάτω κεφ. 4.5.1.

γνωστό, η *ΑΔ* αναζητά την πρόσβαση στο μη-ταυτόσημο μέσα από μια διάταξη των εννοιών την οποία ο Αντόρνο ονομάζει *συναστέρωση* (Konstellation). Το ερώτημα συνακόλουθα του *πώς* διενεργείται ο στοχασμός πάνω στο μη-ταυτόσημο παραπέμπει στον τρόπο που γίνεται η διάταξή του της συναστέρωσης. Σε γενικές γραμμές σκοπεύω να διαπραγματευτώ το μεθοδολογικό αυτό ερώτημα από δύο επόψεις:

α) Αν μπορεί η έννοιά του της συναστέρωσης να αποτελέσει βιώσιμη πρόταση για το σχεδίασμα μιας κριτικής στη μεταφυσική, και

β) πώς σχετίζεται το στοχαστικό δυναμικό που περικλείει η συναστέρωση με το πρόγραμμα της αρνητικής φιλοσοφίας συνολικά.

Για να γίνει η ερμηνεία της *συναστέρωσης* περισσότερο αποδοτική την εντάσσω στο πλαίσιο θεωρητικών στοχασμών πάνω στην έννοια της *παράστασης*. Οι θεωρητικές προσεγγίσεις της παράστασης μας επιτρέπουν μεθοδολογικά να συνδέσουμε όσα είπαμε στην αρχή της ενότητας αυτής για το μεταφυσικό πρόταγμα του Αντόρνο με την ερμηνευτική προσέγγιση της συναστέρωσης, γιατί το *πώς* της μεταφυσικής συνδέεται άμεσα με, ή καλύτερα εξαρτάται από το πώς η κριτική-φιλοσοφική σκέψη συγκροτεί τη συναστέρωση ως πλέγμα εννοιών ώστε να πλησιάσει το μη-ταυτόσημο. Αν, όπως είπαμε, οι *Στοχασμοί* του τελευταίου μέρους της *ΑΔ* διατυπώνουν το ερώτημα του *πώς* της μεταφυσικής, έχοντας ως υπόδειγμα το καντιανό εγχείρημα κριτικής του μεταφυσικού Λόγου, τότε διαπιστώνεται και στην επιχειρηματολογία του Αντόρνο επί της προβληματικής του περί της συναστέρωσης κάτι το ανάλογο: πρόκειται για το ερώτημα των συνθηκών της δυνατότητας μη-ταυτιστικής, υπερβατικής σκέψης και μεταφυσικού στοχασμού. Αυτό που θέλω να δείξω στο κεφάλαιο αυτό είναι ότι, όσον αφορά το πρώτο από τα παραπάνω ερωτήματα, εάν η συναστέρωση τοποθετηθεί στο πλαίσιο της θεωρίας της παράστασης αποδεικνύεται ως υποτύπωση ενός εγχειρήματος οριοθέτησης, ανάλογο με εκείνο του Καντ. Σχετικά με το δεύτερο θέλω να υποστηρίξω τη θέση ότι το θεωρητικό οπλοστάσιο της *ΑΔ* δεν συμβιβάζεται ή ακόμα και αντιφάσκει με βασικές ιδέες που ενέχει ο όρος του της *συναστέρωσης*.

Όπως και όλες οι άλλες σημαντικές κατηγορίες του μεταφυσικού προτάγματος της *ΑΔ*, η έννοια της συναστέρωσης διαμορφώνεται ως απόρροια μιας στρατηγικής... διπλού μετώπου κριτικής: «Σύμφωνα με την έννοια του όρου, η μεταφυσική δεν είναι δυνατή ως πλέγμα κρίσεων παραγωγής (Deduktion) των όντων. Εξίσου αδύνατον είναι να τη θεωρήσει κανείς σύμφωνα με το σχήμα της απόλυτης ετερότητας, η οποία θα περιφρονούσε κάθε σκέψη. Επομένως η μεταφυσική θα ήταν δυνατή μόνο ως αναγνώσιμη συναστέρωση του όντος». (399) Εδώ βλέπουμε εν συντομία πώς ο Αντόρνο επιχειρεί να διαγράψει τη δυνατότητα της μεταφυσικής διασφαλίζοντάς τη διπλά: από τη μια ενάντια στον Χέγκελ και από την άλλη ενάντια στον Καντ. Ο όρος της παραγωγής Deduktion προέρχεται βέβαια από την *Κριτική του καθαρού Λόγου* και περιγράφει τη διαδικασία με την οποία ο Καντ αποδεικνύει πώς οι καθαρές κατηγορίες του νου εφαρμόζουν απριορικά στο δεδομένο της εμπειρίας. Ο Αντόρνο όμως χρησιμοποιεί τον όρο περισσότερο με τη σχολαστική του χρήση στρεφόμενος κατά του νοησιαρχικού πανλογισμού του Χέγκελ, του οποίου το απόλυτο σύστημα αποτελεί γι' αυτόν ένα αυστηρό πλέγμα κατηγοριών, από τη λογική συνάφεια των οποίων απορρέει το εμπειρικό δεδομένο. Από την άλλη ο Αντόρνο, όπως είδαμε και στο πλαίσιο της κριτικής του στην καντιανή σύλληψη του νοούμενου, αντιτάσσεται στη θεωρία «των δύο κόσμων» (φαινόμενα-νοούμενα), επαναδιατυπώνοντας την έννοια του νοούμενου ως κάτι χωριστού, αλλά όχι ριζικά διαφορετικού. Η συναστέρωση νοηματοδοτείται ως «διάταξη, στην οποία τα στοιχεία συντάσσονται σε γραφή» (ό.π.). Η αντορνική σκέψη για τη μεταφυσική ως διάταξη όλων αυτών στα οποία αναφέρεται η υπερβαίνουσα σκέψη, προσανατολίζεται σε ένα μοντέλο στοχασμού του απόλυτου, το οποίο (δηλ. το μη-ταυτόσημο) ούτε εντάσσεται στο συνεχές ενός συστηματικού Όλου (όπως στον Χέγκελ), αλλά ούτε και παραμένει απρόσιτο και απροσπέλαστο σε κάποιον υπερβατικό νοούμενο κόσμο (όπως στον Καντ). Ο Αντόρνο επιδιώκει ένα είδος διάταξης στην οποία τα στοιχεία της σκέψης θα σχημάτιζαν μια συναστέρωση που θα άφηνε να διαφανεί το Άλλο της σκέψης, δηλ. το μη-εννοιακό ή μη-ταυτόσημο.

Προτού υπεισέλθουμε σε συστηματική εξέταση της έννοιας, πρέπει να δούμε αναλυτικά τους λόγους που οδηγούν την επιχειρηματολογία του Αντόρνο στη συναστέρωση ως ακρογωνιαίο λίθο της νέας μεταφυσικής σκέψης.

α) Κατά πρώτο λόγο η κριτική του Αντόρνο στη θεωρία της αλήθειας που πρεσβεύει μια αντιστοιχία μεταξύ σκέψης και αντικειμένων οδηγεί την *ΑΔ* να υποστηρίξει τη θεωρία της ενάργειας της αλήθειας (Evidenztheorie der Wahrheit). Επειδή όμως δεν θέλει να συνεχίσει άκριτα την παράδοση της διανοητικής εποπτείας, μετατρέπει τη θεωρία της ενάργειας σε μια θεωρία συνεκτικότητας της αλήθειας (Kohärenztheorie der Wahrheit): «Οι σκέψεις που είναι αληθινές πρέπει να ανανεώνονται αδιάκοπα μέσα από την εμπειρία του πράγματος, το οποίο προσδιορίζει εαυτό μόνο μέσα από τις σκέψεις αυτές (...) Η αλήθεια είναι μια συναστέρωση υπό διαμόρφωση».[247] Σε αντίθεση με τη θεωρία της αντιστοιχίας, η οποία προϋποθέτει πράγματα που χαρακτηρίζονται από μονιμότητα και ταυτιστική προσδιοριστικότητα, η θεωρία της συνεκτικότητας προτείνει ένα είδος αλληλόδρασης μεταξύ της συναστέρωσης των εννοιών και του πλέγματος των πραγμάτων. Έτσι, αν η φιλοσοφική σκέψη θέλει πραγματικά να έχει πρόσβαση στο πλέγμα των πραγμάτων που βρίσκεται σε συνεχή μεταβολή, πρέπει

β) να το νοηματοδοτήσει ως αποκρυσταλλωμένη ιστορικότητα, κι αυτό πάλι με τρόπο διπλό. Πρώτα πρώτα, η συναστέρωση νοηματοδοτεί τη γενική έννοια των ατομικών πραγμάτων με τέτοιο τρόπο, ώστε να «αναδεικνύεται η ιστορία, την οποία το πράγμα ως αποτέλεσμα ενός γίγνεσθαι φέρει εντός του». (165) Επιπλέον με τη μέθοδο της συναστερωτικής σκέψης θα γινόταν και το επόμενο βήμα, δηλ. να διαυγαστεί το ερώτημα γύρω από τη λειτουργική αξία που μπορεί κάποιος να αποδώσει στο πράγμα αυτό ή στο συσχετισμό καταστάσεων στο πλαίσιο της γενικότερης ιστορικής εξέλιξης. Η ένταξη του πράγματος στο ιστορικό πλαίσιο λειτουργεί ως συνθήκη της δυνατότητας για να αναδειχτεί η εγγενής ιστορική δομή του ως σημείου αναφοράς της συναστέρωσης. Μια απλή όμως ιστορικοποίηση των εμπειρικών αναφορών της συναστέρωσης δεν ικανοποιεί απόλυτα τον Αντόρνο, ο οποίος παράλληλα επιθυμεί

γ) να διαμορφώσει το σχήμα της συναστέρωσης σύμφωνα με το μοντέλο της γλώσσας. Η γλώσσα προσιδιάζει στον τρόπο που ενεργείται η συναστέρωση, στο βαθμό που συνδυάζει τα δύο πρώτα ζητούμενα του Αντόρνο. Από τη μια μεριά ο εννοιακός τρόπος παράστασης της συναστέρωσης, ακολουθώντας τη θεωρία της αλήθειας ως συνεκτικής διά-

247. Βλέπε Αντόρνο, *Anmerkungen zum philosophischen Denken*, *GS*, τόμ. 10.2, σελ. 604.

ταξης στοιχείων, δεν επιχειρεί να νοηματοδοτήσει τα πράγματα καθηλώνοντάς τα στον ταυτιστικό τους καθορισμό, αλλά τους προσδίδει αντικειμενικότητα διαμέσου της σχέσης «στην οποία τοποθετεί τις έννοιες γύρω από το πράγμα». (164) Ως κινητική και μεταβαλλόμενη διάταξη η συναστέρωση που έχει ως υπόδειγμα τη (γραπτή) γλώσσα είναι από την άλλη μεριά σε θέση να συστοιχιστεί με το ιστορικά μεταβαλλόμενο στο βαθμό που χάρη στη μορφή του αυτή αναδεικνύει τόσο την εγγενή ιστορικότητα, όσο και την ιστορική ένταξη του πράγματος στο γενικότερο κοινωνικό-ιστορικό όλο.

«Μόνο οι συναστερισμοί αντιπροσωπεύουν από τα έξω, αυτό που η έννοια έχει εξαλείψει από το εσωτερικό του πράγματος, το επιπλέον, το οποίο τόσο εντονότερα θέλει να υπάρξει, όσο δραστικά του απαγορεύεται». (ό.π.) Παρατηρούμε πως αυτή η σύλληψη της *συναστέρωσης*, η οποία, ας το επαναλάβουμε, αποτελεί την *κεντρική έννοια του στοχασμού του Αντόρνο πάνω στο ερώτημα μιας μεταφυσικής σκέψης που εστιάζεται στο μη-ταυτόσημο*, βασίζεται σε μια θεώρηση του κόσμου η οποία, όπως και η καντιανή θεωρία, εμπνέεται από μια οντολογία φυσικών όντων. Στο πλαίσιο αυτής της οντολογίας η ατομικότητα των συγκεκριμένων πραγμάτων κατέχει εξέχουσα θέση. Τώρα αν θέλει κανείς να μεταφέρει τη σκέψη αυτή στην παρούσα συνάφεια, βλέπει πώς η οντολογία των αυθύπαρκτων ατομικών πραγμάτων υπεισέρχεται στη σφαίρα εκείνη που για τον Καντ υπερβαίνει τις γνωστικές δυνατότητες του υποκειμένου, δηλ. τη σφαίρα του πράγματος καθ' αυτό[248] – για τον Αντόρνο η σφαίρα αυτή μετατρέπεται στο απώτερο τέλος, αλλά και στο ανυπέρβλητο όριο της αρνητικής-διαλεκτικής σκέψης, δηλ. στο μη-ταυτόσημο. Η ταυτιστική έννοια δεν μπορεί να έχει πρόσβαση στο «εσωτερικό» του πράγματος, γύρω από το οποίο διατάσσεται η συναστέρωση των εννοιών, καθώς αν και ατομικότητα, το «εσωτερικό» αυτό αποτελεί το κομβικό σημείο ενός πλέγματος αναφορών. Έτσι, το να θέλει κανείς να καθηλώσει την ατομικότητα του πράγματος στον ταυτιστικό

248. Ο Καντ συλλαμβάνει τον κόσμο των πραγμάτων καθ' αυτά ως έναν κόσμο ατομικών όντων, τα οποία βέβαια δεν υπόκεινται στις συνθήκες του χώρου, του χρόνου και των κατηγοριών της διάνοιας, αλλά από την άλλη δεν διαφέρουν ως προς την οντολογική τους ατομικότητα από τα εμπειρικά πράγματα. Μπορεί λοιπόν να πει κανείς πως φαινόμενα και πράγματα καθ' αυτά είναι αριθμητικά-υπαρκτικά ταυτόσημα.

του καθορισμό σημαίνει για τον Αντόρνο να διαρρήξει τα δεσμά επικοινωνίας, τα οποία συνθέτουν την ατομικότητα ή αλλιώς το ατομικό ως αντανάκλαση των σχέσεων του με, και αναφορών του στο Άλλο: «Η επικοινωνία με το Άλλο αποκρυσταλλώνεται στο εσωτερικό του ατομικού, του οποίου το είναι ταυτόχρονα διαμεσολαβεί». (ό.π.) Βλέπουμε στο σημείο αυτό πως ο Αντόρνο διαχωρίζει τη μεταφυσική του προοπτική από τη φιλοσοφική παράδοση, για την οποία αυτό που είναι το *τόδε τι* ενυπάρχει «εντός του»: αφαιρεί από το ατομικό ον το σκληρό του πυρήνα, ανασυνθέτοντας το «εσωτερικό» του ως το σημείο τομής πολλαπλών αναφορών – με αυτό το πλέγμα ακριβώς συστοιχείται η συναστέρωση ως πλέγμα και διάταξη εννοιών. Επειδή έχει αυτή τη μορφή μπορεί συνακόλουθα η συναστέρωση να είναι το κατάλληλο παραστατικό μέσο που θα δώσει έκφραση στο μη-ταυτόσημο, δηλ. σε εκείνο «επιπλέον από ό,τι απλά είναι» (ό.π.).

Βλέπουμε λοιπόν πώς ο Αντόρνο κατανοεί τη σχέση ανάμεσα στο μη-ταυτοτικό προσδιορισμό του πράγματος και της συναστερωτικής διάταξης ως παραστατικής σχέσης. Η διατακτική σύνδεση των στοιχείων της συναστέρωσης μπορεί π.χ. να συντίθεται από ονομαστικούς όρους, γενικές έννοιες ή άλλα εκφραστικά μέσα. Αν το «μη-ταυτόσημο [είναι] η ίδια η ταυτότητα του πράγματος ενάντια στους ταυτιστικούς του προσδιορισμούς» (ό.π.), τότε είναι φανερό πως το πράγμα φανερώνει αυτό που δεν είναι, δηλ. αυτό που υπερβαίνει τους απλούς καθορισμούς της ταύτισης, αποκλειστικά διαμέσου κάποιου άλλου, «από τα έξω», δηλ. διαμέσου μιας (συναστερωτικής) παράστασης. Η παράσταση αξιώνει ακριβώς εκείνο που ο εννοιακός ορισμός, καθόσον ταυτίζει κάτι με κάτι άλλο –η ταυτιστική σκέψη κατά Αντόρνο–, δεν μπορεί να προσεγγίσει, διότι εξαρχής έχει προτάξει μεταξύ της ίδιας και της σύλληψης του πράγματος αυστηρά και άκαμπτα ταυτολογικά κριτήρια.

Για να κατανοηθεί καλύτερα τούτη η παραστασιακή θεώρηση της συναστέρωσης, η οποία δεν είναι εκ προοιμίου αυτονόητη, πρέπει να συνυπολογιστεί ότι η σύλληψή της ως παραστασιακής σχέσης εντάσσεται από τον Αντόρνο σε μια ερμηνευτική προοπτική η οποία διαυγάζει το μη-ταυτόσημο υπό το φως της απαράγραπτης ιστορικότητας του πράγματος. Εφόσον για τον Αντόρνο το κάθε ον συλλαμβάνεται ως το «κείμενο του γίγνεσθαί» του (62), ο κατάλληλος τρόπος να εκφραστεί ή παρασταθεί τούτο το γίγνεσθαι είναι η συναστέρωση υπό διαμόρφωση. Στα πλαίσια της *ΑΔ* η θεμελιώδης συνθήκη κάθε παραστασιακής σχέσης, η παράσταση δηλ. του πράγματος που είναι κάτι διαφορετικό από αυτό, έχει δύο επόψεις: από τη μια μεριά τα «αποσκληρυμένα αντικείμενα» (ό.π.) μπορούν να διανοιχτούν εντός μιας ερμηνευτικής διαύγασης μόνο στο βαθμό που η παραστατική συναστέρωση είναι σε θέση να καταδείξει ότι η παρούσα δεδομενικότητά τους αποτελεί στην ουσία αποκρυστάλλωση ιστορικών διαδικασιών. Με αυτό τον τρόπο και δίχως να ανατρέχει σε γνωσιοθεωρητικούς προβληματισμούς ο Αντόρνο δείχνει πως το μη-ταυτόσημο αποτελεί μορφή διαμεσολάβησης. Η εξήγηση γι' αυτό είναι σχετικά απλή: αφού και το προς παράσταση πράγμα μπορεί να ειδωθεί μόνο ως σημείο τομής των αναφορών του στο Άλλο, η συναστερωτική παράσταση αποδεικνύεται ως η μορφή της διαμεσολάβησης εκείνης η οποία κατέχει κεντρική θέση στο μεταφυσικό σχεδίασμα του Αντόρνο. Η κριτική της *ΑΔ* στην έννοια της αμεσότητας πλαισιώνεται έτσι από μια θεώρηση παραστασιακών σχέσεων.

Από την άλλη στο μετα-επίπεδο της αλήθειας ως συναστέρωσης υπό διαμόρφωση, ο Αντόρνο θέτει την ίδια την έννοια της παράστασης στην προοπτική μιας συναστερωτικής ερμηνείας. Αν η ιστορική διαδρομή που συνθέτει τον πυρήνα του πράγματος αξιώνεται στη συναστερωτική του παράσταση, άλλο τόσο πρέπει κανείς σύμφωνα με τον Αντόρνο να ακολουθήσει τον αντίθετο δρόμο: αν στο πλαίσιο της παράστασής του το πράγμα παροντοποιείται ως ιστορικό γίγνεσθαι, τότε το παραστατικό αυτό παρόν πρέπει με τη σειρά του να μετατραπεί σε ιστορικό γίγνεσθαι. Με το κριτήριο της αντίδρομης μετατροπής της παρούσας παράστασης σε απλό σημείο ενός ιστορικού συνεχούς, ο Αντόρνο επιδιώκει την κριτική σκοποθεσία της εξέτασης του κατά πόσο η παράσταση ενέχει την τάση πραγμοποίησης, δηλ. την τάση της παράστασης να παρουσιάσει την ιστορικότητα είτε ως άμεση σταθερά του Είναι, είτε ως απολιθωμένη δεύτερη φύση.[249] Αυτές τις συναστερώσεις-παραστάσεις «πρώτου και δεύ-

249. «Η παραδοσιακή αντίθεση μεταξύ φύσης και ιστορίας είναι τόσο αληθινή, όσο και ψευδής· αληθινή, στο βαθμό που εκφράζει αυτό που έπαθε το στοιχείο της φύσης· ψευδής, στο βαθμό που αποκρύπτει το ότι μέχρι σήμερα η ιστορία ήταν μια φυσική διαδικασία, επαναλαμβάνοντας έτσι στο επίπεδο της έννοιας απολογητικά τον καταναγκασμό της ιστορίας ως φύσης». (Βλέπε ό.π., σελ. 351)

τερου βαθμού» θα ενώσει στη συνέχεια ο Αντόρνο σε μοντέλα αρνητικής διαλεκτικής σκέψης: τα μοντέλα αυτά αποτελούν πλέγματα περισσότερων εννοιακών συναστερώσεων.

Στη βάση της παραστασιακής ερμηνείας της έννοιας της συναστέρωσης μπορούμε τώρα να συνεχίσουμε με την εξέταση του ερωτήματος ποια ακριβώς μορφή δίνει ο Αντόρνο σε αυτήν τη συναστερωτική σκέψη των παραστασιακών σχέσεων. Αν και για τη μορφή της συναστέρωσης η μουσική σύνθεση έχει υποδειγματικό χαρακτήρα, διότι όπως η μουσική έτσι και η συναστέρωση πρέπει να είναι «συνθετικό πλέγμα, όχι παραγωγική ή αναγωγική, μονόδρομη πορεία της σκέψης» (44), ο Αντόρνο τελικά προτιμά το μοντέλο του γραπτού λόγου. Η προτίμηση αυτή στη γραπτή γλώσσα ως παραστασιακό μοντέλο του μη-ταυτόσημου αποδεικνύεται αναγκαία μιας και ο Αντόρνο από τη μια θεωρεί ότι μεταξύ μουσικής και εννοιακής (δηλ. συναστερωτικής) σύνθεσης υπάρχει μια αναλογική σχέση, και από την άλλη θεμελιώνει την αναλογία αυτή στη διενέργεια της ερμηνευτικής κατανόησης.[250] Κριτήριο για το σχηματισμό συναστερώσεων είναι η σύνταξη μιας «γραφής», η οποία μετατρέπει στοχαστικά την πραγματικότητα, τα στοιχεία της οποίας ο Αντόρνο θεωρεί ως ερμηνεύσιμα σημεία, σε αναγνώσιμο κείμενο.[251] Η διαφορά με την κλασική ερμηνευτική παράδοση είναι όμως ότι ο Αντόρ-

250. Βλέπε *Negative Dialektik*, σελ. 166 κ.ε. Η ερμηνευτική νοηματοδότηση διεξάγεται όπως και στον Βέμπερ μέσω των ιδεοτυπικών κατασκευών. Για τον Αντόρνο αυτές αποτελούν μοντέλο τόσο για την επιστημονική, όσο και για εμπειρική γνώση. Τούτη πλησιάζει τα αντικείμενά της με εννοιακούς όρους της συναστέρωσης, οπότε το ουσιαστικό της περιεχόμενο συνίσταται στο να αναδεικνύει πλέγματα νοήματος στα οποία η υποκειμενική αναζήτηση νοήματος θα ολοκληρωθεί στην αντικειμενικότητα του «πνευματικού περιεχομένου» (ό.π.).

251. Βλέπε Αντόρνο, *Die Aktualität der Philosophie*, *GS*, τόμ. 1, σελ. 334 κ.ε. Σε αυτό το πρώιμο έργο, διάλεξη στα πλαίσια της συμμετοχής του στο Ινστιτούτο Κοινωνικών Ερευνών, ο Αντόρνο αναπτύσσει ένα φιλοσοφικό πρόγραμμα το οποίο είναι σημαντικά επηρεασμένο από ερμηνευτικές προβληματικές. Αν και είναι αδιαμφισβήτητο ότι το μοντέλο των συναστερώσεων της *ΑΔ* ανατρέχει σε αυτούς τους αρχικούς στοχασμούς, άλλο τόσο είναι προφανές ότι η ερμηνευτική διάσταση στην ύστερη σκέψη του φιλοσόφου δεν έχει την κεντρική σημασία που θα επιθυμούσε κανείς. Η ερμηνευτική προσέγγιση που επιχειρώ σ' αυτή την εργασία επιχειρεί να αναδείξει τις ερμηνευτικές επόψεις της συναστερωτικής σκέψης, χωρίς βέβαια να θέλει να υποστηρίξει ότι το σχεδίασμα μεταφυσικής του Αντόρνο είναι ένα είδος ερμηνευτικής φιλοσοφίας.

νο δεν υπάγει το διενέργημα της ερμηνευτικής του νοήματος στον τελικό σκοπό της ανάδειξης τελεσίδικων νοηματοδοτήσεων και περατωμένων αληθειών. Η συναστέρωση ως διάταξη και σύνταξη κειμενικού τύπου νοηματοδοτείται, αντίθετα, ως ένα ερμηνευτικό εγχείρημα για το οποίο δεν τίθεται θέμα να ικανοποιήσει τις ανάγκες νοηματοδότησης της πραγματικότητας προσφέροντας αναντίρρητες προτάσεις, αλλά να αναδείξει την ίδια την πραγματικότητα ως κατεξοχήν καθήκον ερμηνευτικής προσέγγισης.

Για τον Αντόρνο η φιλοσοφία ως ερμηνευτική δραστηριότητα πρέπει από τη μια μεριά να φανερώνει την πραγματικότητα ως ερμηνευτική απορία, αναδεικνύοντας ταυτόχρονα από την άλλη το εφήμερο και ιστορικά συγκυριακό της φανέρωσης αυτής. Η φιλοσοφία ως ερμηνευτική που βασίζεται στις συναστερώσεις διαμορφώνεται έτσι για την *ΑΔ* ως ένα νοηματοδοτικό ενέργημα με ιδιότυπο χρονικό χαρακτήρα: η κατανόηση είναι η ξαφνική λάμψη της δυνατότητας της σκέψης «να φωτίσει αστραπιαία το γρίφο λύνοντάς τον».[252] Η λύση και άρση της ιστορικής μορφής του γρίφου συντελείται στο βαθμό που η φιλοσοφική ερμηνεία καταφέρνει μέσα από διαφορετικές αναδιατάξεις της συναστέρωσης των εννοιών της να επιτύχει ένα είδος σύνθεσης της πολλαπλότητας των «μοναδικών και διάσπαρτων στοιχείων του ερωτήματος».[253] Σε αυτό το σημείο βλέπει κανείς για μια ακόμα φορά πως η ερμηνευτική στάση του Αντόρνο αντλεί μοντέλα σκέψης από το καντιανό θεωρητικό οικοδόμημα. Στην περίπτωση αυτή πρόκειται ασφαλώς για την καντιανή ερωτηματοθεσία της σχηματοποιούσας διάνοιας, χωρίς πάντως να μην είναι φανερές οι διαφορές που διαφοροποιούν το ερμηνευτικό σχήμα της *ΑΔ* από τα κατηγοριακά σχήματα της καθαρής διάνοιας της *Κριτικής του καθαρού Λόγου*. Εκεί που ο Καντ αποδίδει την αντικειμενικότητα της γνώσης στις υποκειμενικά a priori συνθετικές κρίσεις, ο Αντόρνο αποδίδει κάθε έννοια αντικειμενικότητας στον εν είδει κειμένου διενεργούμενο συναστερισμό, εξαλείφοντας την υποκειμενική προεργασία έναντι της αντικειμενικότητας του «πνευματικού περιεχομένου». «Η ομοιότητα τέτοιων συναστερώσεων με τη γραφή αποτελεί τη

252. Ό.π., σελ. 335.
253. Ό.π.

μετατροπή τού υποκειμενικά νοητού και ενοποιημένου στο αντικειμενικά ισχύον δυνάμει της γλώσσας». (167-168)[254] Συγκεφαλαιώνοντας, διαπιστώνουμε πως με τη σύλληψη αυτή της αποκρυσταλλωμένης διάταξης των στοιχείων της συναστερωτικής παράστασης ως κειμενικής δομής, δυνάμει της οποίας δίνεται έκφραση στο μη-ταυτόσημο, ο Αντόρνο συνενώνει δύο θεματικές, δηλ. *α)* την προβληματική γύρω από το θέμα του νοητικού (δηλ. του «άμεσα εμφανούς και εναργούς») και *β)* την κριτική στην υποκειμενική-ιδεαλιστική, δηλ. την καντιανή θεώρηση.

Παρ' όλες τις ερμηνευτικά αξιοσημείωτες δυνατότητες που παρουσιάζει η συναστέρωση ως στοχασμός πάνω στις παραστασιακές σχέσεις, η ανάλυση εγείρει το ερώτημα αν η συναστερωτική παράσταση έτσι όπως την κατανοεί ο Αντόρνο, δηλ. ως σχηματισμό υπό διαμόρφωση, αναλαμβάνει στοχαστικά καθήκοντα τα οποία ενδεχομένως αδυνατεί να βγάλει εις πέρας. Κατ' αρχάς προβληματικό μού φαίνεται το γεγονός ότι για τον Αντόρνο η αναγνώσιμη, εν είδει κειμενικής δομής, διενεργούμενη διάταξη των εννοιών της συναστέρωσης συντελεί στο να αναδυθεί μια κατανοησιμότητα του φαινομένου, η οποία όμως δεν έχει την ανάγκη να αναφερθεί στην καταγωγική της πηγή, δηλαδή… στον ερμηνευτή! Όπως είδαμε, η προεργασία που χρειάζεται ώστε να αναδυθεί το «πνευματικό περιεχόμενο» απαξιώνεται ακριβώς τη στιγμή που αστραπιαία θα λάμψει η φευγαλέα, αλλά εναργής θέα του μη-ταυτόσημου. Καταλαβαίνει βέβαια κανείς την τάση του Αντόρνο να υποβαθμίσει το ρόλο του ερμηνευτή, μιας και έχει την υποψία πως οι προθέσεις του εύκολα μπορούν να παραφθαρούν από το χαρακτήρα της εννοιακής κατανόησης, ο οποίος για την *ΑΔ* είναι ανεξίτηλα σημαδεμένος από τους καταναγκασμούς του ταυτιστικού και μονοδιάστατου λόγου. Σε αυτό το σημείο δεν έχουν αλλάξει και πολύ τα πράγματα από τον καιρό της *ΔτΔ*: η σκέψη στο σύμπαν του αστικού λόγου είναι αθεράπευτα ταυτιστική και μονοδιάστατη. Όσο

254. Την έννοιά του της συναστέρωσης την οφείλει ο Αντόρνο στον Μπένγιαμιν. Από τον Μπένγιαμιν υιοθετεί επίσης το κριτήριο αλήθειας του της συναστέρωσης ως «είναι άνευ προθέσεων». Στο «πνευματικό περιεχόμενο» του Αντόρνο αντιστοιχεί η έννοια της αλήθειας του Μπένγιαμιν, η οποία ως ασυνεχές, άμεσο και ξαφνικό ταίριασμα των στοιχείων του της συναστέρωσης είναι «ο θάνατος της πρόθεσης [του γνωστικού υποκειμένου, Κ.Μ.]». Βλέπε Μπένγιαμιν, *Ursprung des deutschen Trauerspiels*, *GS*, τόμ. 1.1, σελ. 216.

συναστερωτική και να γίνει η (φιλοσοφική) σκέψη, κατά τον Αντόρνο είναι πάντα επίφοβο ότι θα δελεαστεί από τις ευκολίες του ταυτιστικού καθορισμού, καθηλώνοντας τα φαινόμενα σε αμετάβλητα και μονοσήμαντα σημεία. Αυτός είναι εξάλλου ο λόγος για τον οποίο η πρόσβαση στο μηταυτόσημο πρέπει να έχει αυστηρά στιγμιαίο και ξαφνικό χαρακτήρα: έτσι διασφαλίζεται ο χαρακτήρας του ως του απόλυτου της αρνητικής μεταφυσικής, το οποίο βέβαια πρέπει όπως το καντιανό νοούμενο να είναι με κάποιο τρόπο επέκεινα διανοητικών προσβάσεων.

Ξαναγυρνώντας στο θέμα του ερμηνευτή δεν μπορούμε να παραγνωρίσουμε το αδιαμφισβήτητο γεγονός ότι το μεταφυσικό βάρος που επωμίζεται η συναστερωτική διαύγαση είναι αρκετά μεγάλο, διότι η αναγνώσιμη συναστέρωση θα πρέπει κατά τον Αντόρνο να μπορεί να αναδεικνύει το νόημα του φαινομένου, χωρίς σε τελική ανάλυση να είναι εξαρτημένος από τις εννοιακές προθέσεις του ερμηνευτή. Αυτό βέβαια το γνωρίζει ο Αντόρνο, μόνο που στην προσπάθειά του να διαφυλάξει το μη-ταυτόσημο από τον... «ιμπεριαλισμό» της ταυτιστικής λογικής, δηλ. από εκείνο τον υποκειμενικό λόγο τον οποίο η *ΔτΔ* ταυτίζει(!!!) με την ίδια τη σκέψη, ελαχιστοποιεί την εννοιακή προ-παρασκευή της συναστέρωσης, έτσι ώστε ή στιγμιαία έκλαμψη του μη-ταυτόσημου να έχει όλα τα χαρακτηριστικά του υπερβατικού. Όσο εύλογη όμως και να είναι η πρόθεση του Αντόρνο να θεωρήσει τον ερμηνεύοντα ως απλό προπαρασκευαστικό προστάδιο της εμφάνισης του μη-ταυτόσημου ως του απόλυτου της μεταφυσικής, άλλο τόσο είναι ευνόητο πως δεν μπορεί να γίνει λόγος για εκπλήρωση της αξίωσης που εγείρει το κείμενο να προσφέρει περιεχόμενα νοήματος, αν δεν αναφερθεί κανείς στο διενέργημα της κατανόησης, στο οποίο η υπόσχεση νοήματος του κειμένου πραγματοποιείται διαμέσου και για τον ερμηνευτή.

Αυτή η θεμελιώδης συνθήκη νοηματοδοτικής ερμηνείας παραβλέπεται από τον Αντόρνο κι αυτό διότι εάν κάνει την άξαφνη εμφάνισή του το «πνευματικό περιεχόμενο» ακινητοποιεί κατά κάποιο τρόπο τις σχέσεις παράστασης (ή ερμηνείας) περιορίζοντάς τες στο αιφνίδιο αποτέλεσμα. Αν μπορεί να αποδοθεί σ' αυτό κάποια αιτία, τότε νομίζω ότι θα ενδυνάμωνε την υποψία ότι η κατασκευή των συναστερώσεων διακατέχεται μάλλον από μια τελεολογική πρόθεση. Αν και πρόκειται για μεταφορά, η εικόνα που δίνει ο Αντόρνο για να περιγράψει τη λειτουργία του, συνηγορεί νομίζω υπέρ της παραπάνω υπόθεσης: «Ως συναστέρωση ο θεωρητικός στοχασμός περιστρέφεται γύρω από την έννοια την οποία θέλει να διανοίξει, ελπίζοντας πως θα ανοίξει όπως οι κλειδαριές ασφαλείας των χρηματοκιβωτίων: όχι με ένα κλειδί μόνο, ούτε με ένα μόνο αριθμό, αλλά με ένα συνδυασμό από νούμερα». (166)

Αν λοιπόν θεωρήσει κανείς τη συναστέρωση ως λειτουργικό μέσο για τη διαύγαση της αλήθειας, η οποία μοιάζει με τετελεσμένο έργο, τότε γίνεται κατανοητό το γιατί με την περάτωση του έργου η συναστέρωση χάνει κάθε ενδιαφέρον. Εδώ βλέπουμε για άλλη μια φορά πως η παραστασιακή διάταξη (των εννοιών) υποβαθμίζεται σε απλή προπαίδεια και προπαρασκευή. Βέβαια μπορεί να αντιτείνει κάποιος πως η ερμηνεία αυτή αδικεί τις προθέσεις του Αντόρνο, διότι όπως όλες οι παραστάσεις έτσι και η συναστέρωση δεν περιορίζεται στο να αποτελέσει απλά τη σκηνή πάνω στην οποία θα διαδραματιστεί το γεγονός της αλήθειας ή του νοήματος. Η παράσταση ενέχει θεμελιακά μια αναφορική δυναμική, δυνάμει της οποίας η παράσταση εξ-ίσταται, δηλ. εξαρχής υπερβαίνει εαυτήν κατευθυνόμενη στο παραστάσιμο (το νόημα, την αναφορά, την αλήθεια κτλ.). Κατά τη γνώμη μου όμως δεν αρκεί τούτο για να εξουδετερώσει την κριτική που εγείρεται κατά της μάλλον τελεολογικής χρήσης που κάνει ο Αντόρνο της συναστέρωσης, δηλ. ως εργαλειακής σχέσης μέσων-σκοπού, καθώς αυτό που δεν είναι παράσταση (δηλ. το μη-ταυτόσημο, υπερβατικό, ή νοούμενο) μπορεί να γίνει αντιληπτό αποκλειστικά μέσω της και στην παράσταση.

Συνεχίζοντας την εξέταση της σημασίας που έχει η έννοια της συναστέρωσης στο σχεδίασμα της αρνητικής μεταφυσικής του Αντόρνο στρεφόμαστε τώρα σε ένα χαρακτηριστικό της, δυνάμει του οποίου η συναστέρωση λειτουργεί ως κριτική άρση κάθε θετικιστικής δεδομενικότητας, είτε αυτή νοείται ως το απλό factum του λογικού εμπειρισμού, είτε ως αξιωματική αρχή του ιδεαλισμού. Στην *ΑΔ* η συναστέρωση λειτουργεί όχι μόνο ως παραστασιακή λογική, αλλά και ως άρση «του όντος ως κάτι το τετελεσμένο, δηλ. ως μια μη-ανακλήσιμη παγίωση (Irrevokabilität)». (62)[255] Αν και σ' αυτή τη συνάφεια του κειμένου η

255. Στο σημείο αυτό δεν μπορεί κανείς να μην σκεφτεί την πρώιμη κριτική του πρώιμου Χέγκελ ενάντια στη «θετικότητα».

συναστέρωση εξυπηρετεί ιδεολογικές-κριτικές σκοποθεσίες, δηλ. αντιτάσσεται στο ιδεολογικό καθαγιασμό και φετιχισμό του απλά δεδομενικού υπάρχοντος, εντούτοις πιστεύω πως μπορούμε να συνεχίσουμε με την προβληματική της παραστασιακής λογικής. Ένα επιπλέον χαρακτηριστικό της συναστέρωσης είναι ότι δεν λειτουργεί σημειωτικά, δηλ. δεν αποτελεί (γλωσσικό) σημείο, το οποίο φέρει μια συγκεκριμένη σημασία. Αν και κάτι τέτοιο ξενίζει από πρώτη άποψη, δεν είναι δύσκολο να κατανοηθεί, αν συνυπολογιστεί το γεγονός ότι για τον Αντόρνο η συναστέρωση καλείται να εκπληρώσει «την πρόθεση της έννοιας, να εκφράσει ολικά αυτό στο οποίο αναφέρεται». (164)

Όπως είδαμε, ο Αντόρνο είναι πεπεισμένος ότι η συναστερωτική σκέψη πρέπει να υπερβαίνει τις αγκυλώσεις της ταυτιστικής έννοιας και συγχρόνως να εκπληρώνει αυτό στο οποίο η έννοια στοχεύει, μην μπορώντας όμως λόγω αυτής της ταυτιστικής της μυωπίας να κατορθώσει: να αποδώσει δηλ. εκφραστική πληρότητα στο «ίδιο το πράγμα». Αυτό που αναδεικνύει την ανωτερότητα της συναστερωτικής σκέψης έναντι της εννοιακής κατάληψης είναι ότι η γλωσσικά υπό διαμόρφωση συναστέρωση διανοίγει αναφορικές προσβάσεις στο «ίδιο το πράγμα», οι οποίες υπερακοντίζουν τους απλούς ορισμούς και ταυτίσεις της εννοιακής σκέψης. Το είδος της πρόσβασης αυτής μας επαναφέρει στην κεντρική για όλο το οικοδόμημα της *ΑΔ* έννοια της μίμησης: η συναστέρωση υπερβαίνει την εννοιακή σκέψη καθώς είναι σε θέση να αναπτύξει μια μιμητική-εκφραστική σχέση με το «ίδιο το πράγμα». Χωρίς βέβαια να υποπίπτει σε ιρασιοναλιστικές και εχθρικές προς την έννοια στάσεις, δηλ. δίχως να αποκηρύσσει την εννοιακή διαστοχαστικότητα, η συναστέρωση θα πρέπει γα τον Αντόρνο να είναι σε θέση «να φέρει το πράγμα και την έκφρασή του τόσο κοντά, ώστε να προκύπτει εκείνο που θα είναι πράγμα και ταυτόχρονα έκφραση». (66)

Στην παρούσα συνάφεια αυτό σημαίνει ότι η εκφραστική λειτουργία της συναστέρωσης είναι τόσο αναγκαία, όσο η σύγχρονη σκέψη πρέπει επιτακτικά να αντιπαρατεθεί με κοινωνικές συνθήκες στις οποίες οι εξουσιαστικές σχέσεις έχουν αποκτήσει συνθλιπτικό βάρος, αφού στεφανώνονται από την παγιωμένη δύναμη μιας αδιαμφισβήτητης δεδομενικότητας. Αν δεν θέλουμε να αρκεστούμε σε μια απλή ιστορική-κριτική αναδρομή στις συνθήκες ανάδυσης και διατήρησης αυτών των σχέσεων, πρέπει να προσεγγίσουμε το φετιχισμό της θετικότητας των κοινωνικών δεδομένων ριζικότερα από όσο μπορεί να το κάνει μια απλή κριτική της ιδεολογίας.

Για να δούμε τώρα πώς ο Αντόρνο εννοεί το βήμα αυτό πέρα από την πεπατημένη μιας κριτικής της ιδεολογίας, πρέπει να εμβαθύνουμε στην ανάλυση της φιλοσοφίας του ως ουσιαστικά νοηματοδοτικού εγχειρήματος τονίζοντας ιδιαίτερα τις ερμηνευτικές του υποδηλώσεις. Εκκινώντας από το ότι η συναστέρωση αναλαμβάνει στο ερμηνευτικό αυτό πρόγραμμα να στοιχειοθετήσει μια σχέση αν όχι εννοιακής ταύτισης, πάντως μιας σχεδόν ολοκληρωτικής προσέγγισης έκφρασης και πράγματος, θεωρώ σκόπιμο να αναφερθούμε ξανά στην έννοια της συνάφειας, έννοια που όπως είδαμε οικειοποιείται ο Αντόρνο από τη θεωρητική φιλοσοφία του Καντ. Πιστεύω ότι η συνάφεια, πέρα από το στενό γνωσιοθεωρητικό πλαίσιο της καταγωγής της, μπορεί να μας βοηθήσει να κατανοήσουμε το συναστερωτικό διενέργημα της απόδοσης έκφρασης στο «ίδιο το πράγμα». Στην ερμηνευτική προοπτική που προτείνω για τη διαπραγμάτευση της έννοιας της συναστέρωσης η συνάφεια πρέπει να νοηθεί ως εκείνη η συναστερωτική διάταξη η οποία στη σχέση μεταξύ της γλωσσικής έκφρασης και του νοηματοδοτήσιμου πράγματος συγκροτεί αυτό που ο Γκαίτε περιέγραψε ως «εκλεκτικές συγγένειες». Οι σχέσεις τώρα συγγενικής εξομοίωσης, οι οποίες συγκροτούνται στη συναστέρωση που γίνεται όπως είπαμε εν είδει διάταξης κειμένου, μπορούν κατά την άποψή μου να ερμηνευτούν διεξοδικά μόνο αν καταφύγει κανείς στην έννοια της μετάφρασης όπως τη χρησιμοποιεί ο Μπένγιαμιν.

Για να αποδώσουμε το νοηματικό περιεχόμενο ενός κειμένου από μια άλλη γλώσσα στην οικεία, πρέπει να διενεργηθεί μια μεταφορά, η οποία όσο υπεύθυνα δύναται να συντελείται, άλλο τόσο δύσκολα αποφεύγει τον κίνδυνο... της αυθαιρεσίας. Ο λόγος γι' αυτό είναι ότι για τον Μπένγιαμιν η μετάφραση, που πόρρω απέχει από το να είναι ένα ανάτυπο του πρωτοτύπου, εδράζεται σε μια υπεριστορική συγγένεια των γλωσσών μεταξύ τους.[256] Με αυτή την υπεριστορικότητα της γλωσσικής συγγένειας ο Μπένγιαμιν συγκροτεί μεταξύ των γλωσσών ένα συνεχές συμπληρωματικότητας, στο οποίο εντάσσεται όχι μόνο η σχέση μεταξύ

256. Βλέπε Μπένγιαμιν, *Die Aufgabe des Übersetzers*, *GS*, τόμ. IV.1, σελ. 13 κ.ε.

του κειμένου και της μετάφρασής του, αλλά και του ίδιου του κειμένου (ως του συνόλου όλων των πιθανών του μεταφραστικών εκδοχών) και των κειμένων που ιστορικά θα αναφερθούν στη συνέχεια σε αυτό, αλλάζοντας και τα ίδια γλωσσικό ιδίωμα.

Στον Μπένγιαμιν η μετάφραση αξιώνει τούτη τη σχέση μόνο στο βαθμό που διαθέτει την ελευθερία να δημιουργεί μια κειμενική παρουσία στην οποία διαφαίνεται εκείνο το οποίο αν και πιθανά θα αντιβαίνει τις μεταφραστικές του μεταφορές, εντούτοις μπορεί να αποδειχτεί συμπληρωματικό της διατύπωσης στη μετάφραση. Όλες αυτές βέβαια οι παρατηρήσεις ενδέχεται να δημιουργήσουν την εντύπωση πως απομακρυνόμαστε από τη διαπραγμάτευση της αντορνικής συναστέρωσης. Μια σύντομη όμως ματιά στο πώς οι σκέψεις αυτές μπορούν να χρησιμοποιηθούν αναφορικά προς τη σχέση με τη συναστερωτική-νοηματοδοτική διαύγαση μάς πείθει για το αντίθετο: η εκφραστική λειτουργία που αποδίδεται από τον Αντόρνο στη συναστερωτική σχέση-πρόσβαση στο υπό νοηματοδότηση φαινόμενο, μπορεί κάλλιστα να νοηματοδοτηθεί ως μεταφραστική σχέση καθώς σε μια τέτοια σχέση διαδραματίζονται δύο πράγματα: από τη μια μεριά το Άλλο, δηλ. το φαινόμενο, ως σημείο της μεταφορικής-μεταφραστικής αναφοράς, εγγράφεται και μεταγράφεται στο οικείο ιδίωμα. Από την άλλη η μεταγεγραμμένη παρουσία του Άλλου στο ίδιο ιδίωμα δημιουργεί στο εσωτερικό του ένα είδος διάστασης, δηλ. το οικείο κείμενο αποκτά μέσα από την εγκολπωμένη παρουσία του Άλλου μια απόσταση από αυτό το ίδιο, αποβάλλοντας έτσι κάποιες αυτονόητες παραδοχές και αποδοχές. Αν κανείς τώρα... μεταφράσει τους προβληματισμούς του Αντόρνο περί συναστέρωσης μέσα από αυτές τις σκέψεις, και επαναδιατυπώνοντας συνάμα την έννοια της μίμησης ή της συνάφειας, τότε μπορεί να υποστηρίξει πως η έννοια της συναστέρωσης θα δήλωνε εκείνο το νοηματοδοτικό ενέργημα κατά το οποίο το Αυτό σχηματίζεται μέσου του Άλλου, συγκεκριμένα στο βαθμό που με την παρουσία του Άλλου στο ίδιο-οικείο αναδύεται ακριβώς αυτό που συνιστά και συγκροτεί την οικεία πραγματικότητα.

Κατά την άποψή μου η συγκεκριμένη ερμηνευτική προοπτική αντιστοιχεί στη βασική πρόθεση του Αντόρνο να στοχαστεί την παραστατική συναστέρωση ως την εννοιακή-γλωσσική έκφραση του μη-ταυτόσημου. Επίσης στοχεύει στο να διαφυλάξει το πλεόνασμα νοήματος απέναντι σε κάθε ταυτιστική εννοιακή οικειοποίησή του. Από μόνη της η συναστέρωση ως κριτήριο αναγνωσιμότητας του όντος (ως «κειμενικής» διάταξης) δεν μπορεί να παραστήσει αυτό που ο Αντόρνο απαιτεί από τη μεταφυσική, δηλ. το «επιπλέον» ως μη-ταυτόσημο. Αντίθετα η έννοια της συναστέρωσης θα πρέπει να διευρυνθεί, ώστε να περιλάβει τόσο το αναγνώσιμο φαινόμενο-«κείμενο», όσο και τον ερμηνευτή. Αφού συμβεί κάτι τέτοιο η «αστραπιαία διαύγαση» όσο και το «πνευματικό περιεχόμενο» του Αντόρνο μπορούν να ενταχθούν σε ένα ερμηνευτικό πλαίσιο το οποίο επιτρέπει μια εμπειρία *ελεύθερης* αλληλοπεριχώρησης του Αυτού και του Άλλου. Λέω ελεύθερης διότι τη στιγμή που διανοίγεται στον ερμηνευτή η αναγνωσιμότητα του συναστερικού «κειμένου» φανερώνοντας την υπόσχεση νοήματος που περικλείει, συγκροτείται ένας ελεύθερος χώρος, εντός του οποίου αναδύονται για το «κείμενο» (δηλ. το υπό εξέταση φαινόμενο) αλλά και για τον ερμηνευτή δυνατότητες άλλων, νέων, τρόπων έκφρασης. *Ο χρονικός πυρήνας της σκέψης, τον οποίο ο Αντόρνο εξυψώνει σε θεμελιακή συνθήκη του μεταφυσικού στοχασμού και της συναστερωτικής διαύγασης, θα μπορούσε στο ερμηνευτικό μας πλαίσιο να επαναδιατυπωθεί ως το χρονικό συναστερωτικό συμβάν της σχέσης συνάφειας μεταξύ νοηματικής πρόθεσης και νοηματικής εκπλήρωσης.* Αυτή η συστοίχιση δεν οδηγεί παρ' όλα αυτά, όπως παρασύρεται να πιστέψει ο Αντόρνο, στη στιγμιαία στασιμότητα της εναργούς σύλληψης – αντίθετα αποτελεί το στοίχημα το οποίο μόνο με όρους ελεύθερης αλληλόδρασης μπορεί να κερδηθεί.

3.5.3 Η φιλοσοφία των συναστερώσεων

Στο προηγούμενο κεφάλαιο διαπραγματευτήκαμε την έννοια του μηταυτόσημου στο φόντο της αντιπαράθεσης του Αντόρνο με το ερώτημα του εάν η μεταφυσική ως σκέψη είναι δυνατή μετά την αμετάκλητη χρεοκοπία των μεταφυσικών συστημάτων της φιλοσοφικής παράδοσης. Η ερωτηματοθεσία τού πώς ο Αντόρνο επαναπροσδιορίζει τους όρους της μεταφυσικής στο πλαίσιο της *ΑΔ* μάς οδήγησε στην παρουσίαση και ερμηνεία της έννοιας της συναστέρωσης. Η ερμηνευτική μας προοπτική βασίστηκε στην υπόθεση πως η σύλληψη της συναστέρωσης αξιώνεται ως φιλοσοφική πρόταση στο βαθμό που εντάσσεται στο πλαίσιο μιας *παραστασιακής* θεωρίας. Από την άλλη πλευρά, επειδή πιστεύω πως η παραστασιακή θεώρηση αποδεικνύεται ιδιαίτερα γόνιμη αν με τη σειρά της ενταχθεί στο πλαίσιο της φιλοσοφικής ερμηνευτικής, κάτι που άλλωστε συνάδει και με βασικές πεποιθήσεις του Αντόρνο, προσπάθησα να διαπραγματευθώ την έννοια της συναστέρωσης σύμφωνα με κριτήρια της σύγχρονης φιλοσοφίας της ερμηνείας. Το παραπάνω εγχείρημα έδειξε νομίζω πως η ερμηνευτική φιλοσοφία προσφέρει τα θεωρητικά εργαλεία αναφορικά προς τη διαύγαση των υπόδηλων επόψεων της αντορνικής συναστέρωσης, αλλά συνάμα και προς το γεγονός ότι η έννοια μπορεί να αναπτυχθεί περισσότερο, δηλ. να ξεπεράσει τα όρια απλά ενός «προλεγόμενου σε κάθε μελλοντική μεταφυσική» (Καντ). Αν εντάξει κανείς την έννοια της συναστερωτικής διαύγασης στο ευρύτερο πλαίσιο μιας θεωρίας παραστατικών και (ή) ερμηνευτικών σχέσεων, τότε μπορούμε νομίζω να δούμε το εγχείρημα του Αντόρνο να ανακαινίσει το μεταφυσικό προβληματισμό μετά την έκπτωση της μεταφυσικής παράδοσης σε μια προοπτική φιλοσοφικής ερμηνευτικής.

Όπως διαφάνηκε προηγουμένως, το συγκεκριμένο εγχείρημα παρουσιάζει δύο επόψεις: κατ' αρχάς ο στοχασμός πάνω στη δυνατότητα υπέρβασης εγγράφεται στον ορίζοντα του ιστορικού-φιλοσοφικού προβληματισμού σχετικά με το «τέλος της μεταφυσικής». Αν και το «τέλος της μεταφυσικής» δεν αποτελεί για τον Αντόρνο κάτι το τελεσίδικο, εντούτοις η στάση του απέναντι στη φιλοσοφική αυτή παράδοση σφραγίζεται από μια έντονη συνείδηση ρήξης: στο φόντο των ιστορικών και κοινωνικών τομών του 20ού αιώνα αυτό που παραδοσιακά ονομάζεται μεταφυσική έχει για τον Αντόρνο κατά μια έννοια οριστικά χρεοκοπήσει. Ως διαλεκτική κριτική όμως η παρέμβασή του θεωρεί ακριβώς αυτή τη χρεοκοπία ως αναγκαία και ταυτόχρονα γόνιμη ώστε η υπερβατική σκέψη να εκκινήσει από διαφορετικές προϋποθέσεις. Με τη μορφή συναστερωτικών διατάξεων επιμέρους συναστερώσεων τα *Μοντέλα* και οι *Στοχασμοί* της *ΑΔ* θέτουν το ερώτημα πάνω στο *πώς* της μεταφυσικής σκέψης εντάσσοντάς το στη φιλοσοφική-ιστορική παράδοση η οποία σε γενικές γραμμές ξεκινά με τη θεωρησιακή φιλοσοφία της φύσης του Καντ και φτάνει μέχρι την ιστορία του Είναι του Χάιντεγκερ.

Αν και η *ΑΔ* δεν υποστηρίζει τη θέση μιας καθολικής απόρριψης αυτής της παράδοσης, παρ' όλα αυτά διαπνέεται από την πεποίθηση ότι η ευρωπαϊκή μεταφυσική δεν έχει πια κανένα δικαίωμα να ισχυρίζεται ότι παρά τα πολιτισμικά ρήγματα και τις καταστροφές του αιώνα η σκέψη εξακολουθεί να προσφέρει δυναμικές διαύγασης του όντος. Από την άλλη βέβαια, και ενάντια στη διάγνωσή του περί της τάσης αυτοκατάλυσης του αστικού λόγου, ο Αντόρνο δεν προσυπογράφει τη θέση ότι η δυτική σκέψη έχει αμετάκλητα συνθηκολογήσει μπροστά στα τετελεσμένα γεγονότα της θετικιστικής και μονοδιάστατης πραγματικότητας. Αντίθετα, ξανοίγεται σε μια ερμηνευτική αναζήτηση εκείνων των στοιχείων του δυτικού φιλοσοφικού λόγου που θα μπορούσαν εκ νέου να θέσουν σε κίνηση την υπερβατική σκέψη. Στο πλαίσιο λοιπόν της αναζήτησης αυτής ο Αντόρνο ανατρέχει στο θεωρησιαρχικό στοιχείο της καντιανής φιλοσοφίας, στο νοούμενο κόσμο (mundus intelligibilis). Το σχήμα ερμηνευτικής οικειοποίησης της έννοιας αυτής αντιστοιχεί στη στάση γενικά του Αντόρνο να προσεγγίζει την παραδοσιακή μεταφυσική με... σωτηριολογική πρόθεση, δηλ. να επαναφέρει στο προσκήνιο στοχαστικής προβληματικής στοιχεία της παράδοσης που αν και παραγκωνίστηκαν ή ακόμα και ξεχάστηκαν στην πορεία της φιλοσοφικής εξέλιξης, θα μπορούσαν ωστόσο τώρα ενόψει της φανερής χρεοκοπίας της μεταφυσικής ως συστηματικής ολότητας να ανασυρθούν από τη λήθη στοιχειοθετώντας τα θεμέλια για μια σκέψη που ναι μεν έχει πλήρη συνείδηση του «τέλους της μεταφυσικής», αλλά δεν συμβιβάζεται με το δήθεν τετελεσμένο. Από αυτή τη σωτηριολογική πρόθεση απορρέει το γεγονός του ότι ο Αντόρνο καταβάλλει ιδιαίτερες προσπάθειες για να ανασύρει από τη μια μεριά την έννοια του υπεραισθητού θεμελίου ή του νοούμενου κόσμου από την αφάνεια στην οποία την είχε καταδικάσει ο μετακαντιανός απόλυτος ιδεαλισμός, και από την άλλη να τη μετασχηματίσει στο μη-ταυτόσημο. Από αυτή την έποψη δεν χρειάζεται πια να μας ξενίζει το γεγονός ότι φιλοσοφώντας στο πεδίο μιας φιλοσοφικής παράδοσης που στα μάτια του βρίσκεται σε κατάσταση αποσύνθεσης, ο Αντόρνο αναζητά μέσα από τα συντρίμμια των μεταφυσικών συστημάτων να περισώσει βιώσιμα στοιχεία υπερβατικού στοχασμού. Με τα *Μοντέλα* αρνητικής φιλοσοφίας νομίζω πως η *ΑΔ* καταφέρνει με αξιοσημείωτα πειστικό τρόπο να επαναδείξει τη ζωτικότητα κεντρικών προβληματισμών της φιλοσοφικής παράδοσης, όπως ελευθερία, κόσμος, μεταφυσική, προσδίδοντάς τους μια συναστερωτική παραστατική παρουσία.

Με αυτό βέβαια δεν παραβλέπω ότι όσο και γόνιμα ερμηνευτικά να επιχειρεί ο Αντόρνο να καταστήσει τα υπερβατικά στοιχεία της μεταφυσικής παράδοσης, άλλο τόσο είναι αδιαμφισβήτητο γεγονός ότι η... αισιοδοξία του όσον αφορά την επαναδραστηριοποίησή τους στα πλαίσια ενός κοινωνικού-κριτικού στοχασμού είναι περιορισμένη. Αυτό δεν είναι δύσκολο να γίνει κατανοητό εάν συλλογιστούμε τις σχεδόν παραλυτικές επιπτώσεις που είχαν για την κριτική του σκέψη τα κοσμοϊστορικά ρήγματα και οι πολιτισμικές τομές του Ολοκαυτώματος και του σταλινικού ολοκληρωτισμού. Όπως και η *ΔτΔ*, έτσι και η *ΑΔ* είναι σχεδόν πεπεισμένη πως ο αστικός πολιτισμός υποσκάπτοντας με τον εργαλειακό, ταυτιστικό και χειραγωγικό λόγο τα ίδια του τα θεμέλια, οδήγησε την ανθρωπότητα στο σημείο που όταν γίνεται επίκληση στη μεταφυσική κληρονομιά να μοιάζει μάλλον με χειρονομία απελπισίας. Η συναίσθηση της ανέλπιδης κατάστασης υποτυπώνεται σε φράσεις-αφορισμούς όπως η ακόλουθη: «Τελειώνοντας. – Η μόνη φιλοσοφία για την οποία, μπροστά στην απόγνωση, μπορεί ακόμη να αναληφθεί ευθύνη, θα ήταν η απόπειρα να θεωρεί κανείς τα πράγματα έτσι, όπως θα παρουσιάζονταν από τη σκοπιά της λύτρωσης. Η γνώση δεν έχει άλλο φως, παρά μόνον εκείνο που πέφτει στον κόσμο από τη λύτρωση: όλα τα άλλα εξαντλούνται στην ανακατασκευή κατ' απομίμησή του και παραμένουν απλή τεχνική».[257]

Εφόσον δεν μπορεί πλέον να στηριχθεί στη δήθεν αδιαφιλονίκητη αξία της μεταφυσικής παράδοσης, ο Αντόρνο επιχειρεί να ενσωματώσει στο φιλοσοφικό του εγχείρημα το απαξιωμένο αυτό παρελθόν διαμέσου μιας ερμηνευτικής προοπτικής η οποία περισυλλέγει τα θραύσματα της παρελθοντικής υπερβατικής σκέψης επανασυνθέτοντάς τα πάνω στη βάση των σύγχρονων αναγκών, αλλά ταυτόχρονα αποριών και αδιεξόδων του κριτικού στοχασμού. Εμφορούμενος από την πεποίθηση ότι η κριτική είναι υποχρεωμένη να αντιμετωπίσει το θλιβερό φαινόμενο μιας εποχής που στερείται σχεδόν παντελώς μεταφυσικών προοπτικών, ο Αντόρνο νοηματοδοτεί την ιστορικότητα του Λόγου στο φως μιας σύγχρονης κατανόησης της φιλοσοφίας, η οποία αναφορικά προς το δυναμικό υπερβατικής σκέψης πιστεύει ότι η ύστερη μοντερ-

257. Βλέπε *Minima Moralia*, σελ. 358-359.

νικότητα πρέπει να ξεκινήσει από μηδενική βάση. Ενόψει αυτής της μάλλον... ισοπεδωτικής κρίσης δεν είναι παράξενο πως το εγχείρημα της *ΑΔ* ουσιαστικά μεταθέτει το κέντρο βάρους πέρα από την αμφίδρομη σχέση μεταξύ παρελθόντος (δηλ. της φιλοσοφικής παράδοσης) και της τρέχουσας συγκυρίας φιλοσοφικού στοχασμού, αξιώνοντας σχεδόν αποκλειστικά μια στάση η οποία όπως παρατηρεί και ο Νίτσε,[258] προσφέρει στον εαυτό της μια παράδοση. Η παράδοση που η σκέψη του Αντόρνο θέλει να θεωρεί ότι έχει οδηγήσει στην παρούσα έλλειψη υπερβατικής σκέψης είναι αυτή της ιστορίας ως συνεχούς καταστροφής. Στο δεύτερο Μοντέλο της *ΑΔ* με τον τίτλο *Παγκόσμιο πνεύμα και ιστορία της φύσης* η αφοριστική ετυμηγορία του Αντόρνο δεν αφήνει καμία αμφιβολία για το είδος της ιστορικότητας το αποτέλεσμα της οποίας είναι η παρούσα απελπισία και απόγνωση: «Καμία παγκόσμια ιστορία δεν οδηγεί από την αγριότητα στην ανθρωπιά, σίγουρα όμως οδηγεί από τη σφεντόνα στην ατομική βόμβα». (314) Σε απόψεις όπως αυτή βλέπουμε πως ο Αντόρνο συνδυάζει τη θέση περί αυτοαναίρεσης του δυτικού πνεύματος με μια ερμηνευτική νοηματοδότηση του παρελθόντος, η οποία το εντάσσει στην τρέχουσα αυτοκατανόηση αποκλειστικά με αρνητικά πρόσημο. Αρνητική είναι αυτή η νοηματοδοτική ένταξη του παρελθόντος στην κατανόηση της παρούσας συγκυρίας για το λόγο ότι εξαντλεί το ιστορικό νόημα που έχει να προσφέρει η παράδοση στο παρόν σε μια απλή επιβεβαίωση του ανέλπιδου τώρα.

Με άλλα λόγια, ο Αντόρνο ανακόπτει την αμφίδρομη σχέση μεταξύ του νοηματικού περιεχομένου του παρελθόντος από τη μια μεριά και των νοηματοδοτικών ενεργημάτων του παρόντος από την άλλη. Αν και ανατρέχει σε στοιχεία της φιλοσοφικής παράδοσης, όπως στην καντιανή έννοια του νοούμενου κόσμου, εντούτοις δεν πιστεύει πως πραγματικά το ιστορικό-φιλοσοφικό αυτό παρελθόν θα μπορούσε ενόψει της καταστροφικής τελεολογίας της ιστορίας να προσφέρει δυναμικές υπερβατικής σκέψης. Αντίθετα, αυτό που επείγει είναι να δειχτεί με κάθε δυνατή σαφήνεια πως ο ιστορικός άνθρωπος έχει φτάσει στο τέλος της δημιουργικής, δηλ. της νοηματοδοτικής ικανότητάς του να οικειοποιείται το παρελθόν εγγράφοντας τα νοηματικά του αποθέματα στα παροντικά

258. Βλέπε Νίτσε, *Ιστορία και ζωή*, σελ. 40.

προτάγματα βίου και σκέψης. Διαπιστώνεται εδώ πως η μορφή νοηματικής οικειοποίησης του παρελθόντος που διενεργεί ο Αντόρνο αποβάλλει το χαρακτήρα της συγκυριακής διάγνωσης, η οποία όπως είδαμε ήταν στα πλαίσια της πολεμικής και μεταπολεμικής κατάστασης λίγο-πολύ αναπόδραστη, και μεταβάλλεται στην τελεσίδικη ετυμηγορία της αρνητικής φιλοσοφίας της ιστορίας, δηλ. σε τετελεσμένο γεγονός. Αν θέλουμε τώρα να κάνουμε ακόμα ένα βήμα παρουσιάζοντας σε όλη της την ακρότητα την αντορνική θέση για το αδιέξοδο της κριτικής μεταφυσικής και την αρνητική τελεολογία της ιστορίας,[259] τότε τίθεται αναπόδραστα το ερώτημα αν με αυτή την ιστορικά-φιλοσοφικά πλαισιωμένη νοηματοδότητηση της συγκυρίας ο Αντόρνο δεν παρουσιάζει μια λανθασμένη εικόνα των πραγμάτων.

Ο λόγος για κάτι τέτοιο είναι απλός. Η *ΑΔ* διαπερνάται από μια αντιθετικά αμφίδρομη κίνηση: από τη μια υπάρχει η ανάγκη να οικειοποιηθεί το υπερβατικό δυναμικό της μεταφυσικής παράδοσης, από την άλλη όμως στοχάζεται αυτή την υπερβατική παράδοση ως την προϊστορία του τωρινού της τέλους. Αν η ανάγκη αναφοράς στο μεταφυσικό παρελθόν οδηγεί στη σκέψη του Αντόρνο σε μια κριτική-ερμηνευτική αντιπαράθεση με το γερμανικό ιδεαλισμό και τις μεταχεγκελιανές μεταφυσικές προτάσεις, η θέση της πτώσης της μεταφυσικής και η διάγνωση πως η θετικιστική λατρεία του υπάρχοντος έχει επικρατήσει καθολικά εξαναγκάζουν την *ΑΔ* σε... απεγνωσμένες σκέψεις! Βέβαια δεν χωρά αμφιβολία πως η αρνητική φιλοσοφία της *ΑΔ* αναδεικνύεται ως κορυφαίο γεγονός της κριτικής σκέψης του 20ού αιώνα ακριβώς στο βαθμό που αντιμετωπίζει την αντίφαση αυτή καταβάλλοντας κάθε δυνατή ενέργεια ώστε να στοχαστεί σε βάθος τις συνέπειες της απορητικής κατάστασης.

Είμαι παρ' όλα αυτά της γνώμης πως δεν είναι απαραίτητο να συμφωνήσει κανείς ούτε με την ιστορική, αλλά ούτε και με τη μεταφυσική του διάγνωση. Αυτό ισχύει ακόμα και στην περίπτωση που θα ήμασταν πρόθυμοι να προσυπογράψουμε το γεγονός ότι το δεύτερο μισό του περασμένου αιώνα ήταν όντως εποχή πενιχρή σε μεταφυσικούς προβληματισμούς. Η πεποίθησή μου αυτή απορρέει από τη σκέψη ότι κατ'

259. Βλέπε *Negative Dialektik*, σελ. 353.

αρχάς οι εξουσιαστικοί καταναγκασμοί του απλά δεδομενικού υπάρχοντος δεν μπορεί να είναι τόσο καθολικοί, ώστε να μην υφίσταται καμία ευχέρεια εναλλακτικών νοηματοδοτήσεων. Αν όπως ισχυρίζεται ο Αντόρνο ο κοινωνικός κόσμος ενέχει τα χαρακτηριστικά «φυσικού φαινομένου» (351), δηλ. έχει μετατραπεί σε brutum factum, τότε, κατά τη γνώμη μου, ισχύει επιτακτικότερα η ανάγκη να επιχειρήσει κανείς να δείξει ερμηνευτικά πως η κατάσταση αυτή αποτελεί ένα είδος καταστροφής των παραστασιακών και ερμηνευτικών σχέσεων.

Για καταστροφή κάνουμε αναγκαστικά λόγο από τη στιγμή που με το σχήμα του «τέλους της μεταφυσικής» περιγράφεται μια κατάσταση, στην οποία *κατά πρώτο λόγο* η πραγματικότητα παρουσιάζεται με τέτοιο τρόπο, ωσάν να κείται πέρα από διαφορές και ετερότητες και να ταυτίζεται με αυτό που παρουσιάζει. Η έννοια της φύσης, την οποία ο Αντόρνο χρησιμοποιεί κριτικά στην παρούσα συνάφεια, σκοπεύει ακριβώς σε αυτή την ιδεολογική αμεσότητα, την επίφαση δηλ. ότι στην περίπτωση της σύγχρονης ιστορικής συγκυρίας πρόκειται δήθεν για ένα χώρο υπεράνω ερμηνευτικής νοηματοδότησης, του οποίου επιπλέον τα συστατικά στοιχεία παρουσιάζονται ως δομικά ταυτόσημα με τον τρόπο της κοινωνικής τους εκδήλωσης και παράστασης. Όμως *κατά δεύτερο λόγο* αντί να αναφερθεί στο γεγονός ότι κάθε παράσταση ή έννοια ενός πράγματος σχηματίζεται διαμέσου της παράστασης ή έννοιας άλλου πράγματος-μέσου, ότι δηλ. το πράγμα αποτελεί εξαρχής κάτι το διαμεσολαβημένο, και συγκεκριμένα ως κάτι το οποίο χωρίς την παράσταση ούτε αντιληπτό ούτε υπαρκτό θα ήταν, ο Αντόρνο υποστηρίζοντας τη θέση περί «τέλους της μεταφυσικής» τείνει μάλλον να πιστεύει πως το μόνο που μπορούμε να κάνουμε υπό τις υπάρχουσες συνθήκες είναι να ανακηρύξουμε ένα είδος ανακωχής μεταξύ του «καθαρού Είναι» (της φύσης) και του παραστατικού του αναδιπλασιασμού στη θετικιστική και μονοδιάστατη κοινωνική πραγματικότητα. Όπου τα παραστατικά σχήματα (είτε στη φιλοσοφία, στην επιστήμη, στην τέχνη, είτε σε άλλους θεσμικούς φορείς του πνεύματος) παρουσιάζουν την εικόνα της αμετάκλητης, ακίνητης και αναπόδραστης δεδομενικότητας, εκεί φαίνεται ξεκάθαρα πως ισοπεδώνεται η πρωταρχική διαφορά μεταξύ παραστάσιμου και παράστασης, διαφορά που αποτελεί νόημα και περιεχόμενο της παράστασης. Η ουσία της παράστασης βρίσκεται κατά την άποψή μου στη γεφύρωση και όχι στην ισοπέδωση της διαφοράς, στην αδιάλειπτα επαναλαμβανόμενη, ποτέ όμως περατή προσπάθεια να αγγίξει κάποιος την παρουσία του «ίδιου του πράγματος», το οποίο διαφεύγει μεν συνεχώς την άμεση κατάληψη, παραμένει δε παρόν στην παράσταση ακριβώς ως το άφταστο και ασύλληπτο.

Στη βάση αυτών των προβληματισμών μπορούμε νομίζω να αναπτύξουμε αναλυτικότερα την έννοια του συναστερωτικά προσβάσιμου μη-ταυτόσημου σύμφωνα με τις παρατηρήσεις της θεωρίας της παράστασης. Η ερμηνεία του μη-ταυτόσημου στο πλαίσιο της θεωρίας της παράστασης μπορεί να αφαιρέσει κατά την άποψή μου από την αντορνική περιγραφή της πνευματικής-φιλοσοφικής και ιστορικής-κοινωνικής κατάστασης το χαρακτήρα της απεγνωσμένης διαπίστωσης και ηττοπαθούς διάγνωσης του «τέλους». Κάτι τέτοιο άλλωστε συνάδει και με τις βαθύτερες προθέσεις του Αντόρνο, ο οποίος όπως είδαμε, παρ' όλες τις αντιξοότητες και τα αδιέξοδα του αστικού Λόγου, προσπαθεί να εμφυσήσει στο φιλοσοφικό πνεύμα μεταφυσικά υπερβατικά στοιχεία. *Αν δούμε επομένως τη συναστέρωση ως παραστατική σκέψη, διανοίγεται μια οδός για να διαυγάσουμε τις μονομέρειες, παραμορφώσεις και ιδεολογικές επιφάσεις που σίγουρα σφραγίζουν τα κυρίαρχα κοσμοείδωλα, των οποίων οι παραστάσεις του ιστορικού-κοινωνικού μπορούν όντως να παρασύρουν την κριτική σκέψη στην απόγνωση του αμετάκλητου «τέλους»*. Η ερμηνευτική μας προοπτική –ιδιαίτερα όσον αφορά την προβληματική του μη-ταυτόσημου– αποδεικνύεται αρκετά γόνιμη, διότι αλλιώς θα ήταν αδύνατη η σύλληψη του εννοιακά μη προσπελάσιμου και υπερβατικού, αν πρώτα δεν το είχαμε εντάξει στο πλαίσιο της παραστασιακής σκέψης. Πώς αλλιώς θα μπορούσε να συλληφθεί αυτό που διαφεύγει μεν των εννοιακών ορισμών και καθορισμών, ενώ συνάμα εμφαίνεται η παρουσία του στην παραστατική συναστέρωση; Με τη θεωρία της παράστασης μπορούμε πιστεύω ακόμη και να συμφωνήσουμε σε κάποιο βαθμό με τη ρήση του Αντόρνο πως «το όλον είναι το αναληθές».[260] Ακόμη και στην περίπτωση που κάτι τέτοιο θα ίσχυε αναντίρρητα, η μεταφυσική ως στοχασμός πάνω στις παραστασιακές σχέσεις θα εξακολουθούσε να είναι αναντικατάστατη. Η δυνατότητα άλλωστε να γραφτεί κάτι σαν τους *Στοχασμούς πάνω στη μεταφυσική*

260. Βλέπε *Minima Moralia*, ό.π., σελ. 121.

αποδεικνύει ex negativo ότι η καταστροφή των παραστασιακών σχέσεων δεν μπορεί ποτέ να είναι καθολική.[261]

Τελικά η ιχνηλασία του Αντόρνο για βιώσιμες προτάσεις υπερβατικής σκέψης δεν κατορθώνει να αναπτύξει τη σύλληψη της συναστέρωσης πέρα από ορισμένους στοιχειώδεις στοχασμούς πάνω στον παραστασιακό της πυρήνα. Όπως διαπιστώσαμε στη συνάφεια της σωτηριολογικής ιδέας περί λύτρωσης, η *ΑΔ* σφραγίζεται από μια δύσθυμη πνευματική στάση, η οποία παρά τις υποδείξεις του ίδιου του Αντόρνο πως π.χ. η έννοια του καντιανού νοούμενου θα μπορούσε με την κατάλληλη κριτική διαπραγμάτευση να επαναδραστηριοποιηθεί στο εγχείρημα σύγχρονης μεταφυσικής σκέψης, αδυνατεί τελικά να αποδεσμευθεί από τον καταναγκασμό της πεποίθησης πως ενόψει της καθολικής επικράτησης του ταυτιστικού λόγου η μεταφυσική είναι στη χειρότερη περίπτωση νεκρολογία και στην καλύτερη αλληλέγγυα συμπαράσταση σε έναν πολεμιστή που έχει χάσει τη μάχη. Αυτή η... ανοικονόμητη κατάσταση έχει κατά την άποψή μου σημαντικές συνέπειες για το μεταφυσικό εγχείρημα του Αντόρνο συνολικά, καθώς οι συνεπαγωγές της παραστασιακής θεώρησης της έννοιας της συναστέρωσης δεν συνάδουν με τις υποδηλώσεις του σωτηριολογικού λόγου του Αντόρνο. Προτού όμως εξετάσουμε αυτή τη θεματική αναλυτικότερα, σκόπιμο είναι να κοιτάξουμε πιο επισταμένως αυτή τη σωτηριολογική έποψη της αρνητικής μεταφυσικής.

Για να φανεί η σημαντικότητα του νοηματικού περιεχομένου αυτής της σκέψης από το *Minima Moralia* που παραθέσαμε, πρέπει πρώτα να τονίσουμε πως το μεσσιανικό φως της λύτρωσης δεν αποτελεί απλά μια γλωσσική μεταφορά – αντίθετα, η επιλογή των λέξεων καθορίζεται από τη θεώρηση περί μεταφυσικής που έχει ο Αντόρνο, και στην οποία όπως είδαμε υπεισέρχονται όχι μόνο στοιχεία ψυχικών εμπειριών, αλλά και αισθητήριες

261. Ex negativo το επιχείρημα αυτό παίρνει στα πλαίσια της διαπραγμάτευσης των όρων δυνατότητας κριτικής σκέψης τη μορφή της απόδειξης πως όντως η ριζοσπαστικότητα της διάγνωσης οδηγεί τον Αντόρνο σε απορητικά αποτελέσματα. Το κυριότερο από αυτά είναι το ερώτημα ότι αν πράγματι κυριαρχούν συνθήκες καθολικής ιδεολογικής φενάκης, από ποια επιχειρηματολογική σκοπιά και με τι στόχους διατυπώνονται καθολικές κρίσεις περί «τέλους». Το ότι το είδος της κριτικής αυτής δεν μπορεί να θεματοποιήσει τέτοια κριτήρια, σημαίνει πως δίκαια μπορεί να της προσαφθεί η μομφή της αιθεροβάμονος σκέψης. Βλέπε Χάμπερμας, *Ο φιλοσοφικός Λόγος της νεωτερικότητας*, σελ. 164 κ.ε.

αντιλήψεις. Το ότι στην περίπτωση του φωτός της λύτρωσης δεν πρόκειται για απλή μεταφορά, διαπιστώνεται και από άλλες εκφράσεις της *ΑΔ*, όπως π.χ. εκείνη με την οποία ο Αντόρνο περιγράφει το μεταφυσικό βλέμμα, το οποίο αποστρέφεται τη μονοδιάστατη δεδομενικότητα: «Δεν υπάρχει κανένα φως πάνω σε ανθρώπους και πράγματα στο οποίο δεν αναφαίνεται η υπέρβαση. Ανεξάλειπτη από κάθε αντίσταση ενάντια στο χειραγωγούμενο κόσμο της ανταλλαγής είναι η αντίσταση του ματιού, που δεν θέλει να εξαφανιστούν από τον κόσμο τα χρώματα». (396-397) Όπως η εμπειρία της ευτυχίας φέρει μέσα της δυνητικά το στοιχείο της γενίκευσης που οδηγεί σε μεταφυσικούς στοχασμούς, έτσι και αυτή η διαφοροποιούσα ματιά αντιστοιχεί στο άμεσα εναργές νοητικό στοιχείο, με το οποίο, όπως είδαμε προηγουμένως, ο Αντόρνο συνεχίζει την παράδοση της διανοητικής εποπτείας. Ως στοιχεία της αντικειμενικής εμπειρίας της υπέρβασης η ευτυχία και η διαφοροποιούσα ματιά χαρακτηρίζονται από την ίδια δομή, δηλ. της υπερβαίνουσας αναφορικότητας. Αυτή με τη σειρά της απορρέει από την αναφορά σε μια αντικειμενική δυνατότητα υπέρβασης, δηλ. αυτή της λύτρωσης.

Ξέχωρα από τις θεολογικές της υποδηλώσεις, η έννοια συνδέεται άμεσα με την αντορνική πρόσληψη της προβληματικής του νοούμενου. Αν για τον Καντ το υπεραισθητό θεμέλιο της γνώσης λειτουργεί ως κριτικό-ρυθμιστικό σημείο αναφοράς στην ενοποίηση της θεωρητικής και της ηθικής φιλοσοφίας, για τον Αντόρνο η λύτρωση δεν αποτελεί μονάχα ζητούμενο στη διαδικασία ολοκλήρωσης της φιλοσοφικής σκέψης. Αν και πιστός στο σημείο αυτό στη φιλοσοφία του Χέγκελ, έχει κάποιους ενδοιασμούς απέναντι στην έννοια, παρ' όλα αυτά υποστηρίζει την ιδέα μιας υπερβατικής πνευματικής αντικειμενικότητας, στην οποία, υπό τη μορφή βέβαια της λυτρωτικής τέλευσης, προσδίδει όχι μόνο μια γνωσιοθεωρητική κατεύθυνση, αλλά και το χαρακτήρα της νοούμενης καταγωγής του κόσμου. Το γεγονός ότι όλα τα ενδοκοσμικά όντα θα έπρεπε να ειδωθούν ωσάν να όφειλαν την ύπαρξή τους στο νοούμενο αίτιοθεμέλιο, αποτελεί κατά μια έννοια το αποτέλεσμα στο οποίο οδηγείται αναγκαστικά η αρνητική φιλοσοφία, καθώς η ενδοκοσμική παρουσία της υπέρβασης αργοπεθαίνει... *Στην έννοια της λύτρωσης ενώνονται, πιστεύω, από τη μια η κριτική μεταφυσική, δηλ. η υπόθεση της ύπαρξης ενός πνευματικού πράγματος καθ' αυτό, και από την άλλη η ριζικά αρ-*

νητική διάγνωση της σύγχρονης εποχής. Την ιδέα της λύτρωσης πρέπει επομένως να την εκλάβουμε κυριολεκτικά, ως μορφή δηλ. χειραφέτησης από τους δογματισμούς τόσο της θετικιστικής προσκόλλησης στο υπάρχον, όσο και της μεταφυσικής υποστασιοποίησης, δηλ. της πίστης σε κάποια θετικά προσδιορίσιμη essentia rerum.

Υπό το φως της ερμηνείας που προτείνω για την έννοια της λύτρωσης, μπορούμε τώρα να διαπραγματευτούμε το ερώτημα αν η μεταφυσική του Αντόρνο συμβιβάζεται με την παραστασιακή θεωρία των συναστερώσεων. Είδαμε πως το μεταφυσικό πρόταγμα του Αντόρνο εδράζεται στην πρόσληψη του νοούμενου (κόσμου) και ταυτόχρονα στην κριτική του αυστηρού καντιανού χωρισμού μεταξύ φαινομένων και νοούμενου. Στο πλαίσιο αυτό αναπτύσσεται η έννοια του απόλυτου, δηλ. του μη-ταυτόσημου, το οποίο επιφορτίζεται με γνωσιοθεωρητικά και μεταφυσικά καθήκοντα. Όσον αφορά τη γνωστική πρόσβαση στο μη-ταυτόσημο προτείνεται ένα είδος σκέψης που θα διενεργείται συναστερωτικά, δηλ. θα προσανατολίζεται στην παραστατική μορφή της γραφής διατάσσοντας τις εννοιακές της αναφορές γύρω από το ερμηνευόμενο φαινόμενο υπό τη μορφή συναστερώσεων. Εκτός από τη γνωσιοθεωρητική έποψη η συναστερωτική σκέψη του μη-ταυτόσημου έχει παράλληλα και κοινωνικές-κριτικές επόψεις εφόσον αντιτάσσεται στις μονοδιαστατικές και ισοπεδωτικές επενέργειες του ταυτιστικού λόγου στην κοινωνική αντίληψη και πρακτική καθώς και στη θετικιστική λατρεία του δεδομένου. Ως κεντρική συνιστώσα της μεταφυσικής του Αντόρνο η συναστέρωση αναλαμβάνει επιπλέον το καθήκον να αναπαραστήσει το ενδοκοσμικό είναι έτσι ώστε να αναφαίνεται η νοούμενη τελικότητά του. Κατανοούμε λοιπόν πως η συναστερωτική διάταξη των εννοιών πρέπει να ενέχει τη δυναμική να μεταφέρει πρακτικά, δηλ. στο επίπεδο της παράστασης, την άμεση ενάργεια της διανοητικής εποπτείας.[262]

---

262. Αυτό νομίζω επιβεβαιώνεται από τον τρόπο που ο Αντόρνο συλλαμβάνει την εσώτερη τελικότητα του συναστερωτικού σχηματισμού. Στην *ΑΔ* συναντά κανείς επανειλημμένα την κριτική του Αντόρνο στις καντιανές μορφές της εποπτείας και της γνώσης, μια κριτική που όπως είδαμε συνίσταται στο ότι ο Καντ παραγνωρίζει τον ουσιαστικά ιστορικό επικαθορισμό τόσο της εποπτείας όσο και της γνώσης, αφού τους προσδίδει το χαρακτήρα καθαρών, υπερβατολογικών σταθερών της ανθρώπινης διάνοιας. (Βλέπε ό.π., σελ. 378 κ.ε.) Αντίθετα ο Αντόρνο συνδυάζει τη θέση της υπερβατολογικής ιστορικότητας της γνωστικής λειτουργίας με τη σκέψη ότι το μη-ταυτόση-

Εδώ διαφαίνεται πως ο Αντόρνο περιπλέκεται σε... μεταφυσικές περιπέτειες(!) καθώς παραβαίνει έναν όρο που ο ίδιος θέλει να επιβάλει στον τρόπο της θεώρησής του: το νοούμενο κόσμο μπορούμε μόνο απορητικά να τον στοχαστούμε.[263] Για να αποφύγει την επιχειρηματολογική αντίφαση, ο Αντόρνο προσπαθεί πρώτα να μετριάσει τον ανεξίτηλα απορητικό χαρακτήρα του νοούμενου κόσμου. Η σχετικοποίηση που εφαρμόζει στο απορητικό νοούμενο, δηλ. στην αντιφατική σχέση μεταξύ της αναγκαιότητας και συγχρόνως δυνατότητας της μεταφυσικής σκέψης στην ύστερη μοντερνικότητα παρουσιάζει δύο πλευρές: από τη μια συνταυτίζει τη θέση περί του τέλους της μεταφυσικής με την ex negativo ορατή εμφάνεια της λύτρωσης.[264] Από την άλλη μεριά διαβλέπει μελλοντικά την προοπτική της κατάληψης του μη-ταυτόσημου: αυτό θα γινόταν κάτω από συνθήκες ενός ριζικά διαφορετικού κόσμου: «Η σύγκλιση [στη λυτρωτική τελικότητα, Κ.Μ.], το Άλλο της ιστορίας ως υπόσχεση στην ανθρωπότητα, καταδεικνύει αλάνθαστα αυτό που χωρίς κανένα δικαίωμα η οντολογία τοποθετεί πέραν της ιστορίας, αν δεν το εξοβελίζει κιόλας». (396) Κοινή και στις δύο αυτές θέσεις παραμένει η σκέψη του Αντόρνο για τη διατύπωση μιας τελικής προοπτικής που θα επιτρέπει στη φιλοσοφική σκέψη να υπερβεί τα όρια των παραστασιακών σχέσεων των συναστερώσεων και να άρει το χωρισμό έννοιας και εποπτείας.

Αυτή η μεταφυσική προοπτική αποτελεί αναδιατύπωση εκείνου που στα προηγούμενα εμφανίσθηκε ως η σύλληψη της άμεσης και εναργούς νοητικής εποπτείας. Αφού ο Αντόρνο την ενέταξε στο πλαίσιο μιας αρνητικής φιλοσοφικής σκέψης, τη χρησιμοποιεί επίσης ως τον τελικό στό-

---

μο είναι δυνητικά προσβάσιμο για τα γνωστικά ενεργήματα. Έτσι προκύπτει μια ιστορικά εξελικτική προσέγγιση στο στόχο μιας ολοκληρωμένης γνώσης. Γι' αυτόν το λόγο άλλωστε ο Αντόρνο είναι απόλυτα αντίθετος σε αυτό που χαρακτηρίζει ως αγνωστικισμό στον Καντ: «Η αφελής συνείδηση, τάση άλλωστε και του Γκαίτε, που υποστηρίζει πως σίγουρα δεν διαθέτουμε ακόμη τη γνώση, κάποια μέρα όμως θα λυθεί το αίνιγμα, είναι πιο κοντά στην αλήθεια παρά ο αγνωστικιστής του Καντ». (379) Ο Αντόρνο αντιπαραθέτει στο καντιανό «δεν μπορούμε να γνωρίζουμε» το «ακόμη δεν γνωρίζουμε», έτσι ώστε να δώσει παραστατική μορφή στο αινιγματικό σχήμα της λύτρωσης ως της τελικότητας της μεταφυσικής γνώσης.

263. Βλέπε *Negative Dialektik*, σελ. 384.

264. Βλέπε *Minima Moralia*, σελ. 358 κ.ε.

χο της συναστερωτικής σκέψης. Μένει λοιπόν να δούμε αν όντως η λύτρωση ως άμεση νοητική εποπτεία και υπέρβαση κάθε ταυτιστικού λόγου δεν αντιβαίνει σε βασικές συνισταμένες της παραστασιακής θεωρίας των συναστερώσεων. Το ουτοπικό πλεόνασμα που τροφοδοτεί τη μεταφυσική σκέψη του Αντόρνο αποδεικνύεται κατά τη γνώμη μου αντιπαραγωγικό στη μεταφυσική απόπειρα, η οποία εστιάζεται στη συναστέρωση ως στοχασμό πάνω στις παραστασιακές σχέσεις. Για να στηρίξω αυτή την κριτική θα διαπραγματευτώ την έννοια της συμφιλίωσης (Versöhnung).

«Η συμφιλιωμένη κατάσταση δεν θα προσαρτούσε ιμπεριαλιστικά το Άλλο, αλλά θα ήταν ευτυχής να κρατά το μακρινό και διαφορετικό στη γειτονία που της παραχωρήθηκε, σε απόσταση τόσο από το ετερογενές, όσο και από το ίδιον». (192) Υπό την έποψη αυτή η έννοια της συμφιλίωσης διασαφηνίζει τους στοχασμούς του Αντόρνο για μια μεταφυσική της οποίας το απόλυτο, δηλ. το μη-ταυτόσημο, θα γινόταν αντιληπτό μέσα από τις συναστερώσεις. Η συμφιλίωση νοηματοδοτείται ως η τελικότητα της σκέψης, η οποία διαυγάζοντας συναστερωτικά το φαινόμενο περικλείει τόσο το ίδιον όσο και το Άλλο. Στο φως της συναστερωτικής διαύγασης αυτό σημαίνει πως το φαινόμενο ούτε εξαντλείται νοητικά, δηλ. δεν ταυτίζεται επ' ουδενί με τη συναστερωτική παράσταση, αλλά ούτε και παραμένει στη μη-ταυτιστική του ιδιαιτερότητα ως ιστορικά καθορισμένη ατομικότητα. Πρόκειται αντίθετα για μια ερμηνευτική κατάσταση κατά την οποία το νοηματοδοτικό ενέργημα από τη μια μεριά και το φαινόμενο από την άλλη συνευρίσκονται σε ένα στιγμιαίο παρόν που προκύπτει «αστραπιαία», δίχως δηλ. τη δέσμευση ταυτιστικών προθέσεων. Αν κάτι τέτοιο ισχύει, τότε μπορούμε να χαρακτηρίσουμε τη χρονικότητα αυτού του συμφιλιωτικού συναστερισμού με όρους ενός άχρονου παρόντος.

Αν τα πράγματα έχουν έτσι, μπορούμε να ισχυριστούμε πως αυτοί οι στοχασμοί είναι καθ' όλα πειστικοί. Το πρόβλημα όμως είναι ότι ο Αντόρνο δεν αρκείται στις ερμηνευτικές και παραστασιακές αυτές σκέψεις. Θέλει επιπλέον να τις προσυνάψει σε μια ουτοπική προοπτική. Στη στιγμιαία αναδυόμενη διαύγαση της συναστέρωσης βλέπει να υπεισέρχονται στοιχεία μιας άμεσης και εναργούς αλήθειας, δηλ. η απόλυτα διαφανής σχέση μεταξύ έννοιας-ονόματος και φαινομένου: «Το προσδιορίσιμο λάθος όλων των εννοιών εξαναγκάζει τη σκέψη να χρησιμοποιήσει κι άλλες· έτσι αναβλύζουν εκείνες οι συναστερώσεις που είναι οι μοναδικές που διασώζουν κάτι από την ελπίδα του ονόματος». (62) Για να καταλάβει κάποιος την παραπάνω αινιγματική φράση πρέπει να λάβει υπόψη την επιρροή που άσκησε στην αντορνική σκέψη ο Μπένγιαμιν και η πλατωνική-μεσσιανική μεταφυσική του. Εδώ μας αφορά πρωταρχικά η μπενγιαμινική θεώρηση γύρω από τη λυτρωτική ενέργεια του ονόματος και της λέξης. Ο Αντόρνο ανατρέχει στο λυτρωτισμό του ονόματος (ή της έννοιας), διότι θέλει να προσδέσει το σχηματισμό της συναστέρωσης στη σκοποθεσία της απόλυτης ενότητας πράγματος και σημείου (ονόματος).[265] Τηρώντας αποστάσεις από την «αδαμική ονοματοδοσία» του Μπένγιαμιν,[266] η οποία μοιάζει με την πλατωνική ανάμνηση των ιδεών, ο Αντόρνο παρ' όλα αυτά δεν στρέφει εντελώς τα νώτα σε θεωρήσεις τέτοιου είδους. Παρά τον ιδεαλισμό του έχει ανάγκη τον πλατωνισμό του ονόματος του Μπένγιαμιν, καθώς δεν είναι απόλυτα πεπεισμένος πως η συναστέρωση μπορεί να βαστάξει μόνη της το βάρος του απόλυτου, δηλ. της ουτοπικής συμφιλίωσης.

Αντί να εστιάσει τον προβληματισμό του σε μια ανοικτή ερμηνευτική νοηματοδότηση, θέτοντας στο επίκεντρο της αρνητικής σκέψης την ιστορικά αέναη σχέση μεταξύ του νοήματος ως ζητούμενου του νοηματοδοτούντος από τη μια, και από την άλλη ως ανταπόκρισης από το μέρος του φαινομένου, ο Αντόρνο προσκολλάται στο «φάντασμα» (228) της συμφιλίωσης πνεύματος και φύσης, όραμα το οποίο κατευθύνει τις συναστερώσεις στην τελικότητα της λυτρωτικής διαύγασης. Όμως με τον τρόπο αυτό καταλύεται ο λόγος για τον οποίο ο Αντόρνο εισήγαγε την έννοια της συναστέρωσης, ενώ παράλληλα η λειτουργία της να διανοίξει έναν παραστασιακό χώρο για το μεταφυσικό στοχασμό υποτάσσεται στη σκοπιμότητα να εξυπηρετεί την τελικότητα της διανοητικής-ουτοπικής εποπτείας. Αντίθετα προς τους όρους λειτουργίας της στα

265. Στη νοητική ενάργεια του ονόματος ο Αντόρνο βλέπει άλλωστε και τη στενή συνάφεια μεταξύ μουσικής και φιλοσοφίας (βλέπε *Über das gegenwärtige Verhältnis von Philosophie und Musik*, *GS*, τόμ. 18, σελ. 154 κ.ε.). Όπως για τη μουσική το όνομα είναι «το απόλυτο ως τόνος» (ό.π.), έτσι και το μη-ταυτόσημο της *ΑΔ* αναζητά τον «ήχο» (ό.π., σελ. 165), δηλ. το όνομα ως την υπεράνω εννοιών και άμεση εποπτεία του απόλυτου.

266. Βλέπε Μπένγιαμιν, ό.π., σελ. 217.

πλαίσια της μεταφυσικής σκέψης ως στοχασμού (και) πάνω στις παραστασιακές σχέσεις, η συναστέρωση μετατρέπεται σε αντικαταστάτη της αφανούς υπέρβασης που αποτελεί η συμφιλίωση. Γι' αυτόν το λόγο πιστεύω πως ο Αντόρνο δεν κατορθώνει τελικά να διαπραγματευτεί ικανοποιητικά αυτό που γράφει στον ενδέκατο και ίσως πιο σημαντικό *Στοχασμό* της *ΑΔ*, να δει δηλ. κανείς πως «στην εμφάνεια το αφανές [εννοείται το απόλυτο ως μη-ταυτόσημο, Κ.Μ.] υπόσχεται εαυτό» (397). Πιστεύω πως ο Αντόρνο δεν μπορεί να εξαντλήσει σε όλο του το βάθος το περιεχόμενο διατυπώσεων όπως τούτη, διότι παραγνωρίζει το γεγονός ότι η υπέρβαση της απλής δεδομενικότητας δεν οδηγεί πέρα από την παράσταση, αλλά *αντίθετα επιστρέφει όλο και βαθύτερα στο χώρο της παράστασης, διότι το μη-ταυτόσημο δίνεται στην εμπειρία στην/και διαμέσου της συναστερωτικής παράστασης*. Αυτό βέβαια δεν αρκεί στην ουτοπική σκέψη του Αντόρνο, που ωθεί τη μεταφυσική σκέψη στη σύλληψη μιας τελεσίδικης παράστασης, η οποία βέβαια θα έπαυε να είναι κάτι τέτοιο, της παράστασης ενός κόσμου «όπως θα φανεί κάποια μέρα ανήμπορος και παραμορφωμένος στο μεσσιανικό φως».[267]

Αλλά και από μια άλλη έποψη μπορούμε να δούμε πως το ζητούμενο της συμφιλίωσης ούτε συνάδει με τα ερμηνευτικά-παραστατικά καθήκοντα της φιλοσοφίας ως νοηματοδοτικής ενέργειας, αλλά ούτε και αξιώνει τον ίδιο το στόχο του Αντόρνο να ενεργήσει τις συναστερώσεις ως μικρολογική διαύγαση του συγκεκριμένου.[268] Ενώ από πρώτη άποψη η φιλοσοφική συναστέρωση φαίνεται να συγγενεύει με την ερμηνευτική προσέγγιση της κειμενικής νοηματοδότησης, τελικά η φιλοσοφική της πρόσδεση στο άρμα της συμφιλιωτικής ουτοπίας μάλλον δεν συνεισφέρει στη διαύγαση της ιστορικότητας του ερμηνευόμενου φαινομένου. Όταν η «ανάγνωση του όντος ως κειμένου» τίθεται στην υπηρεσία της διαύγασης του πνευματικού περιεχομένου και αυτό με τη σειρά του τίθεται στο πλαίσιο μιας ιστορικής θεώρησης, τότε δεν μπορώ παρά να εντοπίσω μια αντίφαση στον τρόπο που ο Αντόρνο παρ' όλα αυτά θέλει να δρομολογήσει τη συναστερωτική γνώση και ερμηνεία του φαινομένου, το οποίο δεν παύει να τονίζει ότι αποτελεί ουσιαστικά απο-

267. Βλέπε Αντόρνο, *GS*, τόμ. 4, ό.π.

268. Βλέπε ό.π., σελ. 399 κ.ε.

κρυσταλλωμένη ιστορικότητα, στην κατεύθυνση της άχρονης συνθήκης της συμφιλίωσης. Μπορεί κανείς βέβαια να αντιτείνει πως η έννοια της συμφιλίωσης λειτουργεί ρυθμιστικά, όπως δηλ. οι καντιανές ιδέες για την ολότητα της γνώσης, που κατέχουν ρυθμιστικό ρόλο στη διαδικασία του σχηματισμού των συναστερώσεων. Όπως άλλωστε η έννοια του υπεραισθητού θεμελίου είναι για τον Καντ το σημείο αναφοράς της γνώσης που θέλει να ολοκληρώσει το οικοδόμημα των επιμέρους φυσικών νομοτελειών της, με τον ίδιο τρόπο θα μπορούσε να ισχυριστεί κανείς πως ο μετασχηματισμός που κάνει ο Αντόρνο στο καντιανό νοούμενο μετατρέποντάς το σε μη-ταυτόσημο θα ήταν το σημείο αναφοράς όλων των δυνατών συναστερωτικών ενεργημάτων με σκοπό την ολοκληρωτική παραστατική έκφρασή του.

Κάτι τέτοιο θα προϋπόθετε όμως πως οι εννοιακές συναστερώσεις θα έπρεπε να οργανώνονται πάντα με έναν τρόπο έτσι ώστε να διαφαίνεται συνεχώς η προοπτική της κατάστασης της συμφιλίωσης. Αυτή η τελεολογική νοηματοδότηση θα σήμαινε επομένως ότι οι συναστερισμοί θα εξυπηρετούσαν την παράσταση ως προσύλληψη ενός μελλοντικού πλήρους χρόνου. Ότι κάτι τέτοιο δεν ισχύει το διαπιστώνουμε αμέσως αν παρατηρήσουμε προσεκτικά πως ο Αντόρνο δεν λέει ότι η εμφάνεια της συναστερωτικής παράστασης προσυλλαμβάνει τη μελλοντική ουτοπία, αλλά ότι στην παράσταση αυτή αναφαίνεται η υπέρβαση. Εδώ δεν μπορεί να γίνει λόγος για χρονικούς όρους μέλλοντος-παρόντος καθώς το μοναδικό πράγμα για το οποίο η ιστορική διάγνωση, η κοινωνική θεωρία και η μεταφυσική του Αντόρνο είναι βέβαιες είναι ότι το παρόν είναι καθηλωμένο στην παγερή ακινησία της κατεστημένης δεδομενικότητας. Αντανάκλαση αυτής της κοινωνικής-οντολογικής παράλυσης είναι το ολικά διαφορετικό, το υπερβατικά Άλλο, το λυτρωτικό μη-ταυτόσημο. Βλέπουμε εδώ ξεκάθαρα πως ο Αντόρνο ακυρώνει ουσιαστικά τη συνεισφορά των συναστερώσεων στη διαύγαση της παροντικής ιστορικότητας, θυσιάζοντάς τες στο βωμό μιας έννοιας περί Όλου, το οποίο έχει αμετάκλητα περιπέσει στο μηδενισμό της θετικιστικής λατρείας του υπάρχοντος: ένα κοινωνικό-οντολογικό Όλο, στο οποίο η κριτική σκέψη μπορεί να αντιπαραθέσει μόνο το όραμα της λυτρωτικής του καθολικής άρσης. Κατά τα άλλα, ακόμη και αν η ελπίδα για μια λυτρωτική συμφιλίωση θα μπορούσε να είναι πραγματοποιήσιμη στα πλαίσια του ενδοκοσμικού γίγνεσθαι, και πάλι θα ήταν αδύνατον να τη συλλάβει κανείς με συγκεκριμένο ιστορικό τρόπο. Ο λόγος είναι απλός: αν εκπληρωνόταν η ελπίδα της λύτρωσης, αυτό σίγουρα δεν θα ήταν ένα νέο στάδιο στην ιστορία της ανθρωπότητας.

3.6. Ο Νίτσε στην Αρνητική Διαλεκτική

Νομίζω πως με αυτές τις κριτικές παρατηρήσεις ολοκληρώνεται η διαπραγμάτευση της μεταφυσικής πρότασης του Αντόρνο. Προτού περάσω στην παρουσίαση της νιτσεϊκής κριτικής της μεταφυσικής θα σταθώ για λίγο ακόμη στην *ΑΔ* όπως και σε άλλα γραπτά του ύστερου αντορνικού έργου για να εξετάσω την παρουσία του Νίτσε στη σκέψη του κριτικού φιλοσόφου της Φρανκφούρτης. Δεν με ενδιαφέρει πρωταρχικά να διαπιστώσω συγκεκριμένες επιρροές ιστορικής-φιλοσοφικής φύσης. Το επίκεντρο των προβληματισμών μου είναι να θεμελιώσω τη θέση πως η μεταφυσική διάγνωσή του δεν θα είχε αυτή τη μορφή αν ο Αντόρνο δεν είχε αναπτυχθεί αντιπαραθετικά προς τον Νίτσε. Μπορεί η μεταπολεμική ιστορική συγκυρία να σφράγισε τη στάση του οδηγώντας τον στην πεποίθηση πως ο μεταφυσικός στοχασμός έχει πλέον εξαντληθεί. Όμως η γενικευμένη υποψία που τρέφει ο Αντόρνο απέναντι σε κάθε συστηματική μορφή μεταφυσικής, ότι δηλ. αποτελεί ουσιαστικά εκδήλωση του εξουσιαστικού πνεύματος, οφείλεται χωρίς αμφιβολία στην κριτική της μεταφυσικής του Νίτσε. Αν η μεταφυσική για τον Αντόρνο πρέπει να δει κατάματα το επικείμενο τέλος της, τότε είναι εξίσου αναγκαίο στην ύστατη αυτή στιγμή να ανατρέξει στο σημείο εκείνο όπου με καταλυτικό τρόπο φάνηκε η τελεσίδικη χρεοκοπία της: στη σκέψη του Νίτσε.

Σημείο εκκίνησης για την παρουσίαση της σχέσης Αντόρνο και Νίτσε θα είναι στα επόμενα το γεγονός ότι ο Αντόρνο στους *Στοχασμούς για τη Μεταφυσική* επιχειρηματολογεί για μια μετανιτσεϊκή μεταφυσική προοπτική. Γι' αυτόν το λόγο δεν θα σταθώ στα πολυάριθμα σημεία στα οποία ο Αντόρνο αναφέρεται μεν στον Νίτσε, χωρίς όμως αυτό να άπτεται της μεταφυσικής προβληματικής. Μεθοδολογικά θα ξεκινήσω και πάλι από τους *Στοχασμούς*, θα περάσω στη συνέχεια στον κορμό της *ΑΔ* και έπειτα θα επεκταθώ στο σύνολο του έργου του ύστερου Αντόρνο. Όσον αφορά το θεματικό περιεχόμενο της διαπραγμάτευσης, δηλ. τις κύριες προβληματικές στην αντιπαράθεση του Αντόρνο προς τη νιτσεϊκή σκέψη (θεωρία της αλήθειας, μεταφυσική, ηθική και αισθητική θεωρία), θα περιοριστώ στις δύο πρώτες. Όσον αφορά την τέχνη και το παραπέρα ερώτημα σε ποιο βαθμό ο Αντόρνο υιοθετεί κεντρικές φιλοσοφικές-αισθητικές σκέψεις του Νίτσε, θα εντάξω τις αντίστοιχες παρατηρήσεις από την *ΑΔ* στο πλαίσιο της διαπραγμάτευσης της *Αισθητικής Θεωρίας* που θα κάνω στο τρίτο μέρος της εργασίας αυτής.

Στους *Στοχασμούς* ο Αντόρνο τοποθετεί την έννοια της αλήθειας σε εξέχουσα θέση στις μεταφυσικές αναζητήσεις της σκέψης: η αλήθεια είναι η «ύψιστη» (394) έννοια. Στο πλαίσιο της προβληματικής του ποιες δυνατότητες έχει ακόμη ο μεταφυσικός στοχασμός και συγκεκριμένα στο φόντο της θέσης του περί αυτοακύρωσης του αστικού πνεύματος ο Αντόρνο διαπιστώνει πως και η ίδια η έννοια της αλήθειας έχει γίνει στόχος της διαδικασίας απομυθοποίησης, στην πορεία της οποίας το περιεχόμενο της παραδοσιακής μεταφυσικής μετατράπηκε σε ανιμιστική φαντασίωση. Ο ίδιος μένει φυσικά πιστός σε μια έννοια της αλήθειας που αντιστοιχεί στο διαφωτιστικό κίνημα κριτικής της μεταφυσικής. Όμως για να μπορέσει να προφυλάξει το περιεχόμενο της μεταφυσικής, δηλ. την υπερβατική κίνηση, από την ιστορική δίνη της ριζικής αμφισβήτησης κάθε μεταφυσικής σκέψης, διενεργεί στην έννοια της αλήθειας μια διαφοροποίηση μεταξύ ορθότητας και υπερβατολογικής συνάφειας.[269] Στην περίπτωση της τελευταίας πρέπει να προσέξουμε δύο πράγματα: το πρώτο αφορά αυτό που είδαμε στα προηγούμενα, δηλ. την προσπάθεια του Αντόρνο να τονίσει την έννοια της συνάφειας ενάντια στους δυαλισμούς της καντιανής φιλοσοφίας. Κατά δεύτερο λόγο η συνάφεια, όπως και η αλήθεια, βρίσκεται σε συναστερωτική διάταξη με την έννοια του υπερβατικού νοούμενου (ως του μη-ταυτόσημου), έννοια που για τη

269. Η διαφορά μεταξύ της αλήθειας ως απλής ορθότητας των κρίσεων από τη μια και μιας αλήθειας από την άλλη μεριά που θα συστοιχιζόταν με την υπερβατική θέληση της μεταφυσικής σκέψης περιγράφεται από τον Αντόρνο στον *έβδομο Στοχασμό* ως εξής: «Το ότι ο Carnap και ο Mieses είναι πιο αληθινοί από τους Καντ και Χέγκελ δεν θα ήταν η αλήθεια ακόμα και αν ήταν ορθό». (377)

ΑΔ αποτελεί το διάδοχο στη θέση του απόλυτου των πρότερων μεταφυσικών συστημάτων.

Στη βάση των δύο αυτών υποθέσεων δεν είναι δύσκολο να διαπιστώσουμε πως η αλήθεια κατά τον Αντόρνο αποτελεί κατά κάποιον τρόπο μια αναδιατύπωση της σκέψης του Νίτσε ότι «εμείς οι άθεοι και αντιμεταφυσικοί εξακολουθούμε να παίρνουμε τη φωτιά μας από την πυρκαγιά που άναψε μια χιλιόχρονη πίστη, εκείνη η χριστιανική πίστη και η πίστη του Πλάτωνα, ότι ο θεός είναι η αλήθεια, ότι η αλήθεια είναι θεϊκή...»[270] Ο Αντόρνο είναι τόσο άθεος όσο και αντιμεταφυσικός, ώστε να βλέπει ρεαλιστικά τη μεταφυσική «στη στιγμή της πτώσης» της. Μέχρι όμως την οριστική εξαφάνισή της και προτού να σβήσει και το τελευταίο φως της υπέρβασης, δεν θέλει να συνθηκολογήσει με τη θετικιστική εξέλιξη της έννοιας της ορθότητας σε απλή καταγραφή του υπάρχοντος. Έχοντας την πεποίθηση ότι κάτι τέτοιο δεν επιτρέπεται, αναπτύσσει την κριτική του στην απλά αποφαντική θεώρηση της αλήθειας ως αντιστοιχίας μεταξύ προτάσεων-κρίσεων και γεγονότων ακολουθώντας τη νιτσεϊκή παρομοίωση της θεώρησης με το παιχνίδι των ζαριών: «Μέσα στο πλαίσιο όμως αυτού του παιχνιδιού των εννοιών σημαίνει "αλήθεια", τη χρήση κάθε ζαριού σύμφωνα με την ονομαστική του αξία· να μετράμε με απόλυτη ακρίβεια τις κουκίδες του, να σχηματίζουμε ορθές συνομοταξίες και να μην παραβιάζουμε ποτέ την ιεραρχική τάξη των κουτιών και τη σειρά προτεραιότητας στη διαδοχή των ταξινομικών βαθμίδων».[271]

Αν αυτές οι πρώτες ενδείξεις γενικά αρκούν για να διαπιστώσουμε πως ο Αντόρνο σηματοδοτεί το ερώτημα της αλήθειας στον ορίζοντα νιτσεϊκών προβληματισμών, παράλληλα τίθεται η ερμηνευτική υποχρέωση να προσδιοριστούν διεξοδικά οι αντορνικές αναφορές στη νιτσεϊκή κριτική της έννοιας της αλήθειας. Προτού διαπραγματευθούμε τη θεώρηση του Αντόρνο περί της νοητικής-άμεσης πρόσβασης στην αλήθεια, μπορούμε κιόλας να διακρίνουμε τέσσερα σημεία όπου φαίνεται η νιτσεϊκή επιρροή στη σκέψη του:

---

270. Βλέπε Νίτσε, *Χαρούμενη γνώση*, 344, σελ. 287.

271. Βλέπε Νίτσε, *KSA* I, *Über Wahrheit und Lüge in aussermoralischen Sinne*, σελ. 882 («Περί αλήθειας και ψεύδους υπό εξωηθική έννοια», μετάφραση: Πέτρος Γιατζάκης, αδημοσίευτο).

α) Η αλήθεια είναι δυνατή μόνο ως ιστορικό μέγεθος. Όταν ο Αντόρνο επιχειρεί με τις συναστερώσεις να αναδείξει την αλήθεια του φαινομένου ως του γενόμενου (αυτού «που έχει γίνει» [Gewordenes]) (165),[272] στηρίζεται ασφαλώς στη στράτευση του Νίτσε για μια ιστορική συνείδηση και για την ιστορικότητα του σχηματισμού των εννοιών. Ως πρότυπο έχει την κριτική του Νίτσε ενάντια στην «ιδιοσυγκρασία των φιλοσόφων», η οποία «έγκειται στη σύγχυση του έσχατου και του πρώτου. Αυτοί βάζουν αυτό που έρχεται στο τέλος –δυστυχώς! διότι δεν θα έπρεπε να έρθει!– τις "ανώτατες έννοιες", δηλ. τις γενικότερες, τις κενότερες έννοιες, τον τελευταίο ατμό της εξατμιζόμενης πραγματικότητας, στην αρχή *ως* αρχή (...) Επιμύθιο: καθετί που είναι πρώτης σειράς, πρέπει να είναι causa sui [αιτία του εαυτού του]. Η καταγωγή από κάτι άλλο θεωρείται ένσταση, αμφισβήτηση της αξίας του. Όλες οι ανώτερες αξίες είναι πρώτης σειράς, όλες οι ύψιστες έννοιες, το ον, το μη εξαρτημένο από όρους, το καλό, το αληθινό, το τέλειο κανένα από αυτά δεν μπορεί να έχει γίνει, άρα το καθένα *πρέπει* να είναι causa sui».[273]

β) Η δεύτερη έποψη της αντορνικής κριτικής της αλήθειας ως υπερχρονικής αντίληψης αφορά τη θεώρηση της αλήθειας ως αποκαθαρμένης των υποκειμενικών συνθηκών σχηματισμού της.[274] Ενάντια σε αυτή τη θεώρηση που τείνει στο θετικισμό, ο Αντόρνο διευρύνει τον ιστορικό χαρακτήρα της αλήθειας με το να υποστηρίζει

γ) ότι σε αντίθεση με την αλήθεια ως αντιστοιχία [Korrespondenztheorie der Wahrheit], αληθινές είναι οι γνώσεις και οι κρίσεις στις οποίες πέρα από τον εννοιακό προσδιορισμό είναι υποτυπωμένη και η σημειολογική διαδικασία[275] που οδήγησε στο σχηματισμό της έννοιας. Η αλήθεια γίνεται με αυτό τον τρόπο η εκδήλωση του Όλου από συναστερωτικά διαταγμένες έννοιες και κρίσεις. Αυτή η γλωσσοθεωρητική σύλ-

272. Σχετικά με τον ιστορικό χαρακτήρα της αλήθειας ο Νίτσε κατέχει αδιαμφισβήτητα πρωτοποριακή θέση στην ιστορία της φιλοσοφίας. Βλέπε επίσης Νίτσε, *Ανθρώπινο, πολύ ανθρώπινο*, σελ. 28 κ.ε.

273. Βλέπε Νίτσε, *Το λυκόφως των ειδώλων*, σελ. 31. Επίσης βλέπε Αντόρνο, *Metakritik der Erkenntnistheorie, GS*, τόμ. 5, σελ. 25 κ.ε.

274. Ό.π., σελ. 76 κ.ε.

275. Βλέπε επίσης Αντόρνο, *Gesellschaft, GS*, τόμ. 8, σελ. 9. Η νιτσεϊκή επιρροή φαίνεται επίσης εναργώς και σε δύο άλλα σημεία: βλέπε Αντόρνο, *Der Essay als Form, GS*, τόμ. 11, σελ. 19 κ.ε. και *Vers une musique informelle, GS*, τόμ. 16, σελ. 496.

ληψη της αλήθειας ως ιστορικής διαδρομής αποτελεί σαφώς δάνειο από τον Νίτσε.[276]

δ) Στην ιστορικότητα της αλήθειας ο Αντόρνο διακρίνει μια επιπλέον έποψη, την οποία αντιτάσσει κριτικά στη θεωρία της αλήθειας ως συμβατικού consensus. Ενάντια σε κάθε κομφορμιστική κοινή συναίσθηση (common sense) ο Αντόρνο παραθέτει την περίπτωση του φιλοσόφου Νίτσε ως μαρτυρία «της φιλοσοφικής στάσης η οποία επιδιώκει να δυναμιτίσει κάτι το αληθινό πίσω από τα είδωλα της συμβατικής συνείδησης».[277] Το κριτήριο της εκρηκτικής δύναμης που έχει η φανέρωση του αληθινού κάτω από τις κοινωνικές συνθήκες της ολοκληρωτικής φενάκης δεν έγκειται ούτε στο ότι είναι επικοινωνήσιμη, ούτε στο ότι είναι πειστική.[278] Ο Αντόρνο εκθειάζει την ιδιοφυή απόφαση του Νίτσε «να διακόψει την επικοινωνία με τον κόσμο».[279]

Αν και στα τέσσερα αυτά σημεία αισθάνεται αλληλέγγυος με την ιστορικοποίηση της αλήθειας από τον Νίτσε, εντούτοις ο Αντόρνο δεν σπεύδει να επιδοκιμάσει τη ριζική θεραπεία που προτείνει ο Νίτσε ενάντια στον «αιγυπτικισμό»[280] (δηλ. μυστικισμό) της φιλοσοφικής παράδοσης, αφού η κριτική της αλήθειας θέτει τις προτεραιότητες διαφορετικά. Ουσιαστικά ο Αντόρνο δεν καταφέρεται ενάντια στις διάφορες υποστασιοποιήσεις της αλήθειας και τους μυστικισμούς της γνώσης, αφού είναι πεπεισμένος πως τέτοια φαινόμενα έχασαν κάθε έννοια από τη στιγμή που επικράτησε ο νομιναλιστικός διαφωτισμός. Ο κίνδυνος προέρχεται από αλλού. Εφόσον η σκοποθεσία του έγκειται στο να διασώσει προοπτικές μεταφυσικού προβληματισμού ενάντια στα θετικιστικά αποτελέσματα της συνθλιπτικής κριτικής που άσκησε ο διαφωτισμός στη μεταφυσική, για τον Αντόρνο προέχει η αντίκρουση της ταύτισης της αλήθειας με όποια συγκεκριμένη ιστορική μορφή των φαινομένων. Αν όντως η σύγχρονη ιστορική συγκυρία μαρτυρεί την αλήθεια όσων έχουν γίνει, τότε το όλο οικοδόμημα της αντορνικής ανανέωσης της μεταφυ-

276. Βλέπε Αντόρνο, *GS*, τόμ. 16, σελ. 496.

277. Βλέπε Αντόρνο, *GS*, τόμ. 6, σελ. 80. Επίσης Νίτσε, *Χαρούμενη γνώση*, Αφορισμός 193, σελ. 199-200.

278. Βλέπε Αντόρνο, ό.π., σελ. 51 κ.ε.

279. Βλέπε Αντόρνο, *GS*, τόμ. 4, σελ. 238.

280. Βλέπε Νίτσε, *KSA*, τόμ. 6, σελ. 74.

σικής καταρρέει! Έτσι ο Αντόρνο είναι αναγκασμένος να κρατήσει αποστάσεις από τις ακραιφνείς απόψεις του Νίτσε για τη ριζική ιστορικότητα κάθε φαινομένου: «Αλλά ο Νίτσε υποτίμησε ταυτόχρονα αυτό που διείδε, παραμένοντας έτσι δέσμιος μιας αντίφασης, από την οποία πρέπει κάποτε βγει ο ανασκοπικός στοχασμός».[281] Αυτό που δεν έλαβε αρκετά υπόψη ο Νίτσε είναι ότι δεν μπορεί κανείς να μιλά για απόλυτη χρονική ροϊκότητα των όντων και ότι συνεπώς πρέπει να προϋποθέσουμε την ύπαρξη κάτι τι «στέρεου».[282] Διαφορετικά δεν θα είχε νόημα να κάνουμε, όπως ο Νίτσε, συνεχώς λόγο για την αλήθεια ως αναγκαίο και βιοτικά χρήσιμο ψεύδος. Η αντίφαση έγκειται για τον Αντόρνο στο γεγονός ότι για τον Νίτσε ο κόσμος είτε θεωρηθεί ως χάος, είτε ως ψευδεπίγραφη τάξη, δεν παύει να είναι το αντικείμενο το οποίο υπάρχει χάρη του υποκειμένου. Η αντιφατικότητα εστιάζεται λοιπόν στο ότι το υποκείμενο λόγω των βιοτικών εξαναγκασμών στους οποίους υπόκειται ως φυσικό ον, δημιουργεί κατά βούληση έναν πλαστό κόσμο. Αυτή είναι... όλη η αλήθεια!

Η κριτική της συγκεκριμένης αντίφασης οδηγεί τον Αντόρνο στη σκέψη ότι τα όντα ως όλο δεν μπορεί να αποτελούν απλά μια προβολή του υποκειμένου, όσο κι αν αυτή επιβάλλεται από τις απαιτήσεις του εργαλειακού λόγου της αυτοσυντήρησης. Στη σκέψη του το «στέρεο» δηλώνεται –σύμφωνα με αυτά που είδαμε στα προηγούμενα– ως συνάφεια [Affinität] του υποκειμένου με τα όντα. Ο Αντόρνο συμφωνεί με τον Νίτσε πως ναι μεν η ισχύς των εννοιών παραπέμπει στη βιοτική τους χρησιμότητα, από την άλλη όμως δεν πρέπει να ταυτίζεται με τους συγκεκριμένους ανθρωπολογικούς-ιστορικούς όρους από τους οποίους συγκροτείται. Η «λογική ισχύς των εννοιών είναι αντικειμενική».[283]

Βλέπουμε έτσι πως ο Αντόρνο, αν και συμφωνεί σε γενικές γραμμές με τη θέση της ριζικής ιστορικότητας κάθε φαινομένου, υποχρεώνεται να την περιορίσει, δηλ. να τη σχετικοποιήσει. Αυτόν το σκοπό εξυπηρετεί άλλωστε στο πλαίσιο που εξετάζουμε η έννοια της «στέρεης» αναφοράς ως της υπερβατολογικής συνάφειας υποκειμένου-αντικειμένου. Κατά

281. Βλέπε Αντόρνο, *GS*, τόμ. 5, σελ. 26.
282. Ό.π., σελ. 27.
283. Ό.π., σελ. 87.

πρώτο λόγο θέτει σε αμφισβήτηση τόσο το σκεπτικισμό του Νίτσε απέναντι στην επιστήμη, όσο και την εμπιστοσύνη που δείχνει στο γεγονός ότι αφού αποκαλύφθηκε η τάση της επιστήμης να παραμορφώνει προοπτικά τις αντικειμενικές της αναφορές, η εμπειρία μπορεί να θεωρεί εαυτήν κυρίαρχη στις νοηματοδοτήσεις του βίου: «Αν η εμπειρία αφηνόταν αποκλειστικά στη δυναμική και στη τύχη της, τότε δεν θα υπήρχε φραγμός κανένας».[284] Τούτη η κριτική αναφέρεται στην εναντίωση του Αντόρνο προς κάθε (αδιαμεσολάβητη) αμεσότητα. Τόσο το πνεύμα στα ιδεαλιστικά συστήματα, όσο και η κυρίαρχη εμπειρία του Νίτσε αποτελούν γι' αυτόν απολυτοποιήσεις, οι οποίες δεν διαφέρουν και πολύ από τις θετικιστικές υποστασιοποιήσεις του απλού δεδομένου. Αυτό το ιδεολογικό-κριτικό στοιχείο που διαφαίνεται στην επιχειρηματολογία αυτή γίνεται έκδηλο στο δεύτερο σφάλμα που καταλογίζει στον Νίτσε. Ενάντια σε όσα πρεσβεύει ο Νίτσε στο *Λυκόφως των Ειδώλων*, ο Αντόρνο αντιτάσσει ότι η πρωτοκαθεδρία της αφηρημένης έννοιας δεν πρέπει να αποδοθεί στο πνεύμα ως ένα είδος «πρώτου ψεύδους».[285] Αντίθετα ριζώνει σε αυτό που βλέπει και ο Νίτσε, αλλά τελικά υποτιμά, δηλ. στον καταναγκασμό της κυριαρχίας πάνω στη φύση με σκοπό την αυτοσυντήρηση. Βέβαια ο Αντόρνο έχει συνείδηση του γεγονότος ότι ο Νίτσε είναι ο πρώτος που θα προσυπέγραφε κάτι τέτοιο. Γι' αυτό σπεύδει να περιορίσει την ανθρωπολογική διάσταση στη βάση των εννοιακών αφαιρέσεων, αποδίδοντάς τες σε καθαρά κοινωνικούς μηχανισμούς.[286]

Σε τελική ανάλυση ο Αντόρνο δεν συμμερίζεται ούτε την κριτική της γλώσσας ως βάση για την κριτική της παραδοσιακής αλήθειας. Είναι βέβαια διατεθειμένος να ακολουθήσει τον Νίτσε μέχρι ενός ορισμένου σημείου όσον αφορά τις γλωσσικές επόψεις της κριτικής στις παραδοσιακές θεωρίες αλήθειας, διότι πιστεύει ότι το κριτήριο της γλώσσας τού είναι χρήσιμο στην αντιμετώπιση της αποφαντικής, προτασιακής αλήθειας ως ορθότητας. Όπως και με την κυρίαρχη εμπειρία ο Αντόρνο βλέπει στη νιτσεϊκή σύλληψη της γλώσσας ως ψευδοποιητικής δημιουργίας ένα έντονο στοιχείο νομιναλισμού, στον οποίο ήδη από

284. Βλέπε Αντόρνο, *GS*, τόμ. 6, σελ. 41.
285. Βλέπε Αντόρνο, *GS*, τόμ. 5, σελ. 26.
286. Βλέπε Αντόρνο, *GS*, τόμ. 13, σελ. 143 κ.ε.

την εποχή της *ΔτΔ* είχε αποδώσει την ευθύνη για την εξέλιξη του διαφωτισμού σε θετικισμό και τη μετατροπή της μεταφυσικής σκέψης σε απλή δεισιδαιμονία.[287]

Συγκεφαλαιώνοντας, διαπιστώνουμε πως η στάση του Αντόρνο απέναντι στη νιτσεϊκή θεώρηση της αλήθειας είναι δισυπόστατη. Υιοθετεί την ιστορική συνείδηση στη βάση κάθε αξίωσης για αλήθεια μόνο στο βαθμό που αντιστοιχεί στις δικές του επιχειρηματολογικές ανάγκες ενάντια στις υποστασιοποιήσεις της φιλοσοφικής παράδοσης. Από την άλλη μεριά εκεί που πιστεύει ότι διακρίνει μια τάση του Νίτσε να ριζοσπαστικοποιήσει τη θέση περί ιστορικότητας κρατά τις αναγκαίες αποστάσεις. Αυτό συμβαίνει για δύο λόγους: ο ένας είναι η υποψία του ακραιφνούς νομιναλισμού που είδαμε μόλις τώρα. Ο άλλος έχει σχέση με τις ίδιες τις προϋποθέσεις του δικού του εγχειρήματος μεταφυσικού προβληματισμού: «Η μεταφυσική του παραμόνιμου Είναι αντλούσε τα γνωστικά της θεμέλια από τη σταθερότητα του πράγματος, και η διαφωτιστική κριτική, την οποία συγκεφαλαιώνει ο Νίτσε και που στην ουσία είναι αυτή του Χιουμ, διέλυσε κάθε υποστασιοποίηση που συνδεόταν με την αντίληψη αυτή. Αλλά και αυτό πάντως δεν θέλει να πετύχει χωρίς ρήγματα».[288] Ερχόμενοι τώρα στην ίδια την προβληματική της μεταφυσικής θα δούμε ότι ισχύει κάτι ανάλογο. Η στάση του Αντόρνο χαρακτηρίζεται από μια διχοστασία, στο βαθμό που ναι μεν συντάσσεται με τον Νίτσε ως κριτικό της μεταφυσικής, χωρίς όμως από την άλλη μεριά να διστάζει να του ασκήσει κριτική όταν πιστεύει ότι τον βλέπει να υποστηρίζει μια φιλοσοφία ριζικά καθαρμένη από μεταφυσικά στοιχεία.

Όπως είδαμε, η άποψη του Αντόρνο για τη μεταφυσική είναι άκρως απαισιόδοξη και καχύποπτη. Σε αυτήν άλλωστε τη θεμελιακή αμφιβολία για τη δυνατότητα συνέχισης της παράδοσης πρέπει να συνέβαλε τα μέγιστα και ο Νίτσε. Διατυπώσεις όπως αυτή στην αρχή του *Πέρα από το καλό και το κακό* «... με την προϋπόθεση πως θέλουμε την αλήθεια: γιατί όχι την αναλήθεια;»[289] σφράγισαν αναντίρρητα τη σκέψη σύνολης της κριτικής φιλοσοφίας της Σχολής της Φρανκφούρτης. Όπως είδαμε και

287. Βλέπε επίσης Αντόρνο, *Philosophische Terminologie*, σελ. 25 κ.ε.

288. Βλέπε Αντόρνο, *GS*, τόμ. 5, σελ. 27.

289. Βλέπε ό.π., σελ. 15.

στην αρχή αυτής της ενότητας, η διάγνωση του Αντόρνο για την πνευματική κατάσταση της μεταπολεμικής συγκυρίας είναι τόσο απέλπιδη, ώστε ούτε και τα όποια ψήγματα της θέλησης να αμφισβητηθεί η συνθλιπτική κυριαρχία του μονοδιάστατου θετικιστικού πνεύματος να μην εξαιρούνται από την καχύποπτη ματιά του φιλοσόφου. Επιδοκιμάζοντας τη σκέψη του Νίτσε πως οι αξιοθετήσεις που γίνονται σύμφωνα με βιοτικά κριτήρια δεν αποτελούν επ' ουδενί βάσιμο επιχείρημα για την ισχύ των αντίστοιχων κρίσεων αλήθειας, ο Αντόρνο δεν θέλει από την άλλη μεριά να υποστηρίξει ότι η επιτακτική ανάγκη για υπερβατικό στοχασμό από μόνη της μπορεί να εγγυηθεί τη λογική-φιλοσοφική ισχύ του περιεχομένου του: «Σήμερα όπως και πριν από ογδόντα χρόνια ισχύει η άποψη του Νίτσε πως η λογική ισχύς ενός φαινομένου που προέρχεται από την επιθυμία να υπάρχει αποτελεί περισσότερο επιχείρημα εναντίον του παρά υπέρ του».[290] Ο Αντόρνο όμως δεν είναι καχύποπτος μόνο απέναντι σε ένα μεταφυσικό στοχασμό που θα αντλούσε τη νομιμότητά του απλά από την ανάγκη των ανθρώπων για μια τέτοιου είδους σκέψη. Η εμφατική σύλληψη της έννοιας της αλήθειας, η αντικειμενικότητα της οποίας πρέπει να φαίνεται με κάθε δυνατή ενάργεια, τον οδηγεί μερικές στιγμές σε... άκρα απόγνωση σχετικά με τη δυνατότητα της σκέψης να εκπληρώσει την αξίωση αλήθειας. Σε στιγμές σαν κι αυτές αισθάνεται τον Νίτσε πολύ κοντά του: «Με τον *Αντίχριστο* ο Νίτσε είχε ένα δυνατό επιχείρημα όχι απλά ενάντια στη θεολογία, αλλά και ενάντια στη μεταφυσική: το επιχείρημα ότι η ελπίδα συγχέεται με την αλήθεια».[291]

Όπως είδαμε και στο πλαίσιο της αντιπαράθεσής του με το γερμανικό ιδεαλισμό των Καντ και Χέγκελ, ο Αντόρνο είναι αρκετά διαλεκτικός ώστε όχι μόνο να αντιπαραθέσει τον έναν στον άλλο, αλλά και να δει τα θετικά στοιχεία του καθενός μέσα από μια κριτική που συ-

---

290. Βλέπε Αντόρνο, *Ohne Leitbild, GS*, τόμ. 10.1, σελ. 296.

291. Βλέπε Αντόρνο, *Minima Moralia*, σελ. 176 κ.ε. Για την αναφορά στον *Αντίχριστο* βλέπε Νίτσε, ό.π., 50, σελ. 160-161. Το επιχείρημα αυτό, ότι δηλ. δεν πρέπει κανείς να συγχέει την πνευματική ανάγκη ενός πράγματος με τη λογική του ισχύ, χρησιμοποιεί ο Αντόρνο και έναντια στον Χάιντεγκερ και στις οντολογικές του αναζητήσεις (βλέπε *Negative Dialektik*, σελ. 79 κ.ε.). Στους *Στοχασμούς* δεν αφήνει ευκαιρία ανεκμετάλλευτη να στηλιτεύσει με περιφρόνηση κάθε προκατασκευασμένη μεταφυσική, κάθε «καλώς εννοούμενη» προσφορά αξιών και νοήματος στην αγορά των πνευματικών αγαθών.

ντελείται με τα φιλοσοφικά όπλα του άλλου. Το ίδιο σχήμα διαπιστώνουμε και στη σχέση του προς τον Νίτσε. Σε θέματα αρχής είναι πρόθυμος να υιοθετήσει τον άκρατο σκεπτικισμό του Νίτσε, αποκηρύσσοντας τις μεταφυσικές βεβαιότητες. Επειδή τούτο έχει δυνητικά καταστροφικές συνέπειες για τις αδρές προοπτικές μεταφυσικής που προτείνει, περιορίζει την εμβέλεια των νιτσεϊκών αρνήσεων στο επίπεδο μιας διάγνωσης που πρέπει να επιχειρηθεί δίχως όμως να εξαγάγει... μηδενιστικά συμπεράσματα! Ο σκεπτικισμός θα στραφεί και εναντίον του Νίτσε. Ο Αντόρνο υποψιάζεται πως π.χ. η ιδέα του amor fati δεν αποτελεί χειραφέτηση από τις δεσμεύσεις της μεταφυσικής παράδοσης, αλλά υποτυπώνει την απόγνωση της προσπάθειας του Νίτσε να κάνει την ανάγκη (του μηδενισμού) αρετή (μιας κυρίαρχης βιοτικής στάσης). Χωρίς να αμφισβητεί την εντιμότητα του φιλοσόφου, βλέπει σε τέτοιες στάσεις υπερθεμάτισης του πεπρωμένου τη συνθηκολόγηση μπροστά «στα πεισματάρικα γεγονότα».[292] Από τη στιγμή που ο ίδιος δεν θέλει να συνθηκολογήσει, επιδίδεται σε μια απεγνωσμένη προσπάθεια χάραξης προοπτικών εξόδου από την κοιλάδα των δακρύων ενός κόσμου αποξενωμένου από τη μεταφυσική σκέψη, παίρνοντας «τελικά»[293] το μέρος της ελπίδας ως της μοναδικής δυνατότητας της αλήθειας. Στο κάτω κάτω, η ελπίδα νομιμοποιείται καθώς *α)* αναφέρεται σε αυτό το οποίο υπό τις υπάρχουσες συνθήκες δεν επιτρέπεται να υπάρχει ως αντικειμενική δυνατότητα εκπλήρωσής της, και *β)* αποτελεί αυτό που επιτρέπει στη κριτική σκέψη να προτάξει μια γνωστικά εναργή πρόσβαση στην αλήθεια πέρα από νομιναλιστικούς και θετικιστικούς σχετικισμούς.

Για να στηριχθεί αυτή η αξίωση πρέπει τώρα η φιλοσοφία σύμφωνα με τους *Στοχασμούς* να ανατρέξει σε ό,τι αποτελεί απαράβατη συνθήκη της ύπαρξής της: «Η φιλοσοφία του [ενν. του Καντ, Κ.Μ.] περιστρέφεται, όπως άλλωστε και κάθε φιλοσοφία, γύρω από την οντολογική απόδειξη της ύπαρξης του Θεού».[294] Η αναφορά του Αντόρνο στη μεσαιωνική φιλοσοφική παράδοση των αποδείξεων του Θεού μάς είναι γνώριμη από την κριτική του στην έννοια της άρνησης του Χέγκελ.

---

292. Βλέπε Αντόρνο, *GS*, τόμ. 4, ό.π., σελ. 110.
293. Ό.π.
294. Βλέπε Αντόρνο, *GS*, τόμ. 6, σελ. 378.

Στην παρούσα συνάφεια της προβληματικής γύρω από την ουσία της αλήθειας και σε αντιπαράθεση πάντα με τον Νίτσε διαπιστώνεται μια επιπλέον έποψη της επιχειρηματολογίας του Αντόρνο. Όπως μέχρι τώρα, έτσι κι εδώ, η διαδρομή των σκέψεων του φιλόσοφου είναι... δαιδαλώδης! Το παράδοξο της κατάστασης αρχίζει ασφαλώς με τη διάγνωση των *Στοχασμών* πως μόνο τη στιγμή της τελεσίδικής της πτώσης η μεταφυσική αποκαλύπτει το αληθινό της νόημα. Με ανάλογο τρόπο τα οντοθεολογικά επιχειρήματα του Μεσαίωνα αποκτούν μια νέα και επιτακτική επικαιρότητα ακριβώς όταν η κατάσταση της μεταφυσικής σκέψης αποβαίνει καθ' όλα ανέλπιδη και αδιέξοδη! Όσο παράδοξο κι αν φαίνεται, ο Αντόρνο πρέπει να επανακάμψει στην προκαντιανή μεταφυσική, ακριβώς επειδή η μηδενική βάση, από την οποία πρέπει να ξεκινήσει κανείς συζητώντας τις προοπτικές σύγχρονης μεταφυσικής απαιτεί... ριζικές λύσεις.[295] Άλλωστε μπροστά στο φαινόμενο του *μηδενισμού* μόνο έσχατα εγχειρήματα μπορούν να αποδώσουν.

Ας δούμε λοιπόν πως οι *Στοχασμοί* διαπραγματεύονται τη «μηδενιστική» διάγνωση του Νίτσε. Με το μηδενισμό προστίθεται ακόμα ένα στοιχείο στη συναστέρωση των αναφορών του Αντόρνο στη φιλοσοφική παράδοση. Αν η κριτική του ιδεαλισμού είναι για την *ΑΔ* η προσπάθεια να αποφύγει τόσο τους δυαλισμούς του Καντ όσο και τις υποστασιοποιήσεις του πνεύματος στον Χέγκελ, με τον Νίτσε εμφανίζεται στο συναστερωτικό ορίζοντα της μεταφυσικής μια σκέψη με την οποία ο Αντόρνο είναι μεν αλληλέγγυος, δεν παύει όμως να αποτελεί αμφισβήτηση εκείνου που επιδιώκουν οι *Στοχασμοί*. Αν για τον Χέγκελ το απόλυτο πνεύμα κοιτώντας το παρελθόν ανασυγκροτεί την ιστορική πορεία εξέλιξής του και έτσι ολοκληρώνεται, για τον Νίτσε που αποβλέπει στο μέλλον διαγράφεται η προοπτική του μηδενός ως του σημείου σύγκλισης των μεταφυσικών πρακτικών. Όλες οι μεταφυσικές συλλήψεις της γενικής

295. Τώρα αν αυτό το βήμα του Αντόρνο αποτελεί την τελευταία και πειστικότερη απάντηση του Αντόρνο στην απόρριψη του Θεού από τον Νίτσε, είναι κάτι που μάλλον δεν ισχύει. Ο λόγος είναι νομίζω πως η αναφορά στη μεσαιωνική μεταφυσική του επιφορτίζει τον Αντόρνο με επιχειρηματολογικά καθήκοντα τα οποία δεν μπορεί κατά την άποψή μου να φέρει σε πέρας, τουλάχιστον στο βαθμό που το πρόταγμα της μεταφυσικής που προτείνει η *ΑΔ* εδράζεται στις παραστασιακές σχέσεις των συναστερώσεων. Όπως είναι φανερό, οι συναστερισμοί των εννοιών δεν... ενδείκνυνται για οντολογικο-θεολογικά εγχειρήματα!

έννοιας ως του απόλυτου αποδείχθηκαν κενές περιεχομένου. Στο *Στοχασμό* πάνω στο μηδενισμό ο Αντόρνο συνυπογράφει δίχως δισταγμούς τη νιτσεϊκή διάγνωση: «Η γενική αφαίρεση κορυφώνεται στο μηδέν, και το αφηρημένο έχει απορριφθεί». (373) Επιπλέον, η κριτική του Νίτσε στον πολιτισμό της μοντερνικότητας έχει μια αναντικατάστατη λειτουργία αφού αποτελεί μια δίκαιη απόρριψη της πορείας που έχει πάρει ο σύγχρονος πολιτισμός, χωρίς ταυτόχρονα να αναλώνεται σε ρηχές και κούφιες διαμαρτυρίες του τύπου «δεν υπάρχουν πλέον αξίες».

Σε τέτοιες συντηρητικές απόψεις ο Αντόρνο βλέπει όχι μόνο το κομφορμιστικό πνεύμα της σύγχρονης σκέψης, αλλά και την επικίνδυνη ιδεολογική τάση ενορχήστρωσης της προσπάθειας να πληρωθεί το πανθομολογούμενο κενό με ψευδεπίγραφες αξίες και προκατασκευασμένες νοηματοδοτήσεις. Δεν ξενίζεται λοιπόν από το γεγονός ότι ο ανελέητος καυτηριασμός της σύγχρονης κενότητας από τον Νίτσε προκαλεί σε όλους τους κομφορμισμούς αντιδράσεις... ιεροεξεταστικού μένους καταδίωξης. Δεν τον εκπλήσσει δηλ. το γεγονός ότι αυτό που αποκηρύσσει ο Νίτσε «είναι το αντίθετο από αυτό που η λέξη [ο μηδενισμός, Κ.Μ.] σήμαινε στους κύκλους των [Ρώσων, Κ.Μ.] μηδενιστών, δηλ. η απόρριψη του χριστιανισμού ως της θεσμοθετημένης άρνησης της θέλησης για ζωή» (372). Ο κομφορμισμός βλέπει σε τούτα τα φαινόμενα την άρνηση της ίδιας της ζωής καταλογίζοντας στα κριτικά πνεύματα ότι με τη στάση τους υπονομεύουν κάθε αξιακή σταθερά της κοινωνίας. Η αντίδραση δεν μπορεί να είναι άλλη βέβαια από την πάταξη της κριτικής. Σε αυτές τις συνθήκες η πνευματική εντιμότητα, την οποία ο Αντόρνο καταλογίζει στον Νίτσε,[296] απαιτεί την άνευ όρων στράτευση με την πνευματική στάση που δεν διστάζει να χαρακτηρίζει τις συνθήκες του μηδενισμού ως πρόδρομο της ελευθερίας, με την έννοια ότι υπό το καθεστώς απαξίωσης κάθε βεβαιότητας δίνεται στον άνθρωπο η δυνατότητα να πάρει τη ζωή στα χέρια του ενεργώντας αυτοδιάθετα και αυτοπροσδιοριστικά.

296. Βλέπε *Negative Dialektik*, ό.π., σελ. 376. Αναφέρεται βέβαια στο *Ζαρατούστρα* και στο *Οι κήρυκες του άλλου κόσμου*: «Πολλοί άρρωστοι υπήρχαν πάντα ανάμεσα σ' εκείνους που ονειροπολούν και γυρεύουν θεό· με μανία μισούν εκείνον που φτάνει στη γνώση και εκείνην την αρετή που είναι νεότερη απ' όλες και ονομάζεται εντιμότητα». (ό.π., σελ. 32)

Όλα τα παραπάνω αποτελούν τη μια όψη του νομίσματος. Γιατί όσο και αλληλέγγυος να είναι με την ασυμβίβαστη κριτική στάση του Νίτσε να τραβήξει στα άκρα τη μηδενιστική προοπτική, ώστε ο άνθρωπος ξεκινώντας πάλι από μηδενική βάση να βιώσει το γεγονός της ελευθερίας του, ο Αντόρνο δεν μπορεί να συμμεριστεί τις προτάσεις του Νίτσε για την υπέρβαση του μηδενισμού. Με όλο το σεβασμό στην «ιδιοφυΐα»[297] του, είναι παρ' όλα αυτά πεπεισμένος πως οι υπερβάσεις του Νίτσε είναι χειρότερες από αυτό που πρέπει να υπερβεί η κριτική σκέψη και πράξη. Απ' όσο μπορώ να διακρίνω ο Αντόρνο έχει δύο λόγους ώστε να μην συμμερίζεται την αισιοδοξία του Νίτσε:

α) Και η υπέρβαση που προτείνει ο Νίτσε παραμένει δέσμια σε αυτό που θέλει να ανατρέψει. Το ότι μένει δέσμιος στην παράδοση που καταπολεμά φαίνεται για τον Αντόρνο στον τρόπο που ο Νίτσε συνθέτει τη φιγούρα του υπερανθρώπου. Αν και στον *Ζαρατούστρα* ο υπεράνθρωπος παρουσιάζεται με μια αδρή, περιγραμματική μορφή, ο Αντόρνο πιστεύει πως πρόκειται για ένα ολοκληρωμένο σχήμα, με την έννοια ότι ενσαρκώνει όλα τα θετικά εκείνα στοιχεία τα οποία αναδεικνύουν τον υπεράνθρωπο ως τη θετική άρνηση της μηδενιστικής αρνητικότητας. Όπως είναι γνωστό, ο Αντόρνο αποστρέφεται κάθε είδους θετικότητα: με τον ίδιο τρόπο που υποψιάζεται πως κάθε μεταφυσική πρόταση που στηρίζεται απλά στην επιθυμία και ανάγκη των ανθρώπων για αξιακές σταθερές αποτελεί στις υπάρχουσες συνθήκες μόνο μια εξαπάτηση των μαζών, έτσι πιστεύει πως οι θετικές πλευρές του υπερανθρώπου είναι απλά μια βεβιασμένη κίνηση του Νίτσε να προσφέρει νέες βεβαιότητες.[298]

β) Δεύτερος λόγος είναι ο εξής: αν και έχει τις αμφιβολίες για το αν ο Νίτσε «το εννοούσε με αυτό τον τρόπο» (373), τελικά ο Αντόρνο δεν μπορεί να απαλλαχθεί από την υποψία πως η υπέρβαση που προτάσσει σε τελική ανάλυση πρόσφερε ακούσια τα ιδεολογικά όπλα στις φασιστικές ιδεολογίες για ένα «ξεκαθάρισμα των λογαριασμών» με όλο το πνευματικό στερέωμα του αστικού πολιτισμού.[299] Από το συνδυασμό των

297. Βλέπε Αντόρνο, *GS*, τόμ. 7, σελ. 303.

298. Βλέπε Αντόρνο *Negative Dialektik*, ό.π., σελ. 373.

299. Είναι σαφές ότι σε αυτό το σημείο ο Αντόρνο κατ' εξαίρεση συμφωνεί με τον αντίποδά του στο χώρο της μαρξιστικής σκέψης, τον Λούκατς, που έβλεπε στον Νίτσε τον ιδεολογικό πρόδρομο του φασισμού.

δύο αυτών ενστάσεων προκύπτει η συνολικά αρνητική στάση του Αντόρνο απέναντι στη νιτσεϊκή υπέρβαση. Διαπιστώνει κανείς ότι υπερισχύει η υποψία πως ο Νίτσε μη μπορώντας να σταθεί στο ύψος της ριζικής κριτικής οπισθοχωρεί σε συμβιβαστικές θετικότητες.

Είναι εύκολο να δούμε εδώ για μια ακόμα φορά την αμφισημία που διαπιστώσαμε και σε άλλα σημεία της διαπραγμάτευσης της μεταφυσικής του Αντόρνο, δηλ. τη διχοστασία μεταξύ αλληλέγγυας συμφωνίας και κριτικής απόρριψης. Πώς εξηγείται αυτό; Νομίζω πως ότι αφορά την προβληματική του μηδενισμού δεν μπορεί να αντλήσει από το μηδέν της αυτοκατάλυσης των αξιών καμία δυναμική υπερβατικής σκέψης. Αντίθετα προτιμότερο του φαίνεται να κρατήσει τα πράγματα μετέωρα, μια και πιστεύει πως η επιτακτική ανάγκη να υπερβαθεί ο μηδενισμός δεν αποτελεί ipso facto γόνιμο έδαφος ή ικανή συνθήκη για... μεταφυσικές εξάρσεις. Συνακόλουθα κρατάει κριτικές αποστάσεις από τον Νίτσε, τοποθετώντας τη μεταφυσική σκέψη σε κάποιο no-man's-land «μεταξύ του Είναι και του Μηδενός» (374). Με το μετεωριζόμενο αυτό σχήμα της μεταφυσικής ο Αντόρνο στον προτελευταίο *Στοχασμό* θα εξάρει τελικά τις αρετές του Νίτσε βλέποντας στο πρόσωπό του ένα συνοδοιπόρο: «Το έργο του Νίτσε βρίθει από λίβελλους κατά της μεταφυσικής. Όμως καμια διατύπωση δεν την περιγράφει καλύτερα απ' αυτή του Ζαρατούστρα: Μόνο τρελός, μόνο ποιητής» (396)

Μάλλον έτσι έχουν τα πράγματα: αν *η σκέψη έχει συνείδηση της ανημπόριας της απέναντι στην εξουσία της καθεστωτικής δεδομενικότητας, αν γι' αυτόν το λόγο απαγορεύει στον εαυτό της να πισωγυρίσει σε ασφάλειες και βεβαιότητες που έχει δει πόσο κούφιες και πλασματικές είναι, αν όμως παρ' όλα αυτά δεν θέλει να παραιτηθεί από το αίτημα της υπέρβασης του εργαλειακού, μονοδιάστατου και τελικά αυτοκαταστροφικού αστικού σύμπαντος – τότε βέβαια δεν μένει τίποτε άλλο από την παιγνιώδη-κριτική στάση του τρελού ποιητή.* Αυτή η εικόνα-μεταφορά περιγράφει πιστά τον ορίζοντα της σκέψης του Αντόρνο: εκείνη δηλ. την εμφάνεια (Schein) μεταξύ ενός παρόντος βουτηγμένου στη λατρεία του υπάρχοντος όντος, και ενός ακαθόριστου, λυτρωτικού μέλλοντος, εμφάνεια που κρατά άσβεστο το φως της μεταφυσικής. Για χάρη του φωτός αυτού ο Αντόρνο θα στραφεί στο ύστερό του έργο στην αισθητική εμφάνεια. Το στοιχείο της εμφάνειας στην αλήθεια ή το στοιχείο αλήθειας στην εμφάνεια δεν σημαίνει βέβαια πως το ερώτημα της αλήθειας ή η φιλοσοφία ως μεταφυσική παραδίδεται προς απάντηση στην αισθητική θεωρία. Η ύστερη σκέψη του δεν είναι γι' αυτόν το λόγο μια *αισθητική* θεωρία, αλλά μια αισθητική *θεωρία*, η οποία επιδιώκει μεν τη φιλοσοφική διάσωση της εμφάνειας, αλλά αυτό μόνο στο βαθμό που η *εμφάνεια διανοίγεται προς την υπέρβαση*. Όπως θα δούμε και στην ενότητα για την Αισθητική, σκοπός του Αντόρνο είναι να διασώσει την αλήθεια της μεταφυσικής εμφάνειας ως μεστής νοήματος ολότητας. Με αυτή την έννοια η Αισθητική κατέχει ένα διαμεσολαβητικό ρόλο μεταξύ κριτικής θεωρίας και μεταφυσικής στο βαθμό που μπορεί να εκληρώσει το μεταφυσικό καθήκον να διαυγάσει την υπερβατολογική εμφάνεια (με καντιανούς όρους) με κριτήριο το κατά πόσο μπορεί να αποτελέσει φορέα αλήθειας. Η διάσωση της εμφάνειας αποτελεί την κεντρική έποψη της ύστερης φιλοσοφίας του Αντόρνο γιατί, όπως θα προσπαθήσω να δείξω, ιχνηλατεί εκείνες τις παραστασιακές συνθήκες στις οποίες η υπερβατικότητα ή η μεταφυσική αλήθεια της σκέψης δίνεται βέβαια μόνο ως εμφάνεια και μάλιστα ως αναγκαία εμφάνεια. Η αλήθεια χωρίς εμφάνεια ή παράσταση είναι μια χίμαιρα. Για τον Αντόρνο η τέχνη ενσαρκώνει την αλήθεια, καθώς παριστά τον εμφανή χαρακτήρα κάθε αλήθειας.

4. Η κριτική της μεταφυσικής στον Νίτσε

Εισερχόμαστε τώρα στο πεδίο κριτικής στη μεταφυσική που διεξάγει ο Νίτσε. Με δεδομένο ότι ο Νίτσε ενσαρκώνει ακόμη και σήμερα τον αντι-μεταφυσικό στοχαστή par excellence κατανοούμε ποια σημαντική απόσταση χωρίζει τη νιτσεϊκή σκέψη από το εγχείρημα του Αντόρνο να διασώσει με κάθε τρόπο τη μεταφυσική από την ολική καθίζηση. Τι θα μπορούσε να ενδιαφέρει λιγότερο τον Νίτσε από προσπάθειες σαν του Αντόρνο να θέσει εκ νέου θεμέλια μεταφυσικού στοχασμού στηριζόμενος μάλιστα στο καντιανό παράδειγμα; Παρ' όλα αυτά *και* ενάντια σε κάποιες από τις τρέχουσες αντιλήψεις που θέλουν στο έργο του Νίτσε να έχει διακοπεί κάθε επικοινωνία με τη μεταφυσική σκέψη, αυτό που θα επιχειρήσουμε στην παρούσα ενότητα είναι να φανεί ότι τελικά η κριτική που γίνεται από τον Νίτσε στη μεταφυσική δεν βρίσκεται τόσο μακριά από εκείνη του Αντόρνο. Θα φανεί επίσης ότι η κριτική φιλοσοφία του Νίτσε δεν είναι παντελώς αμέτοχη σε μεταφυσικούς προβληματισμούς. Εγείρονται λοιπόν απορίες.

Αναρωτιέται κανείς πώς είναι δυνατόν να επιχειρείται μια επανένταξη και επανεξέταση της νιτσεϊκής σκέψης στο πλαίσιο της μεταφυσικής παράδοσης και μάλιστα υπό τις συνθήκες ενός πνευματικού-ιστορικού συναστερισμού που γενικά και δίκαια χαρακτηρίστηκε «μετα-μεταφυσική σκέψη». Το εγχείρημα φαίνεται όντως καταδικασμένο σε αποτυχία, αφού κι αν ακόμη ακολουθήσουμε τη φιλοσοφική αυτή διάγνωση της συγκυρίας, τίποτε δεν θα ήταν πιο παράκαιρο από το να διαπραγματευτεί κάποιος τη σκέψη του Νίτσε και μάλιστα στο συνεχές της μεταφυσικής παράδοσης. Άραγε και ο φιλοσοφικός λόγος του μεταμοντέρνου δεν μας έδειξε έναν Νίτσε που κατ' ουσίαν προαναγγέλλει χαρούμενα τη μετα-μεταφυσική εποχή;[300] Είναι σε όλους γνωστό πως το όνομα του Νίτσε είναι συνώνυμο της ριζικής κριτικής ενάντια σε οποιαδήποτε prima philosophia και σε κάθε ταυτιστικό λόγο. Ο Νίτσε διακατέχεται από αντιιδεαλιστικό ήθος, απορρίπτει το ρασιοναλιστικό λόγο, φιλοσοφεί κρίνοντας τις δυνατότητες της γλώσσας και κατανοεί, τέλος, τη σκέψη ως απλό εξάρτημα των βιοκοσμικών ενεργημάτων.

Όλα τα παραπάνω είναι γνωστά. Πιστεύω παρ' όλα αυτά πως δεν πρέπει να υπερτιμώνται οι λόγοι που συγκυριακά συνηγορούν υπέρ του «αποχαιρετισμού» της μεταφυσικής. Αρκεί να δούμε τη νηφαλιότητα που ακολούθησε τις πρώτες... ενθουσιώδεις διακηρύξεις του τέλους της δυτικής μεταφυσικής και της απαρχής ενός «χαρούμενου θετικισμού» πέρα από δογματικές αγκυλώσεις και νοησιαρχικές κενολογίες. Αβίαστα διαπιστώνουμε τότε πως όλες οι προσπάθειες κάθαρσης του φιλοσοφικού τοπίου από μεταφυσικές ενασχολήσεις αποδεικνύονται πρόωρες. Οι επαγγελίες του τύπου «να παραδοθεί επιτέλους η μεταφυσική παράδοση στη λήθη του ιστορικά παρωχημένου» δεν ικανοποιούν πια αυτονόητα τα κριτικά και όποια άλλα πνεύματα, καθώς εκδηλώνονται αισθήματα δυσφορίας ή και ανησυχίας: η υποψία που παρεισφρέει στις σύγχρονες κοινωνικές-φιλοσοφικές θεωρήσεις οφείλεται κατά τη γνώμη μου στη συνειδητοποίηση του γεγονότος ότι ο μεταφυσικός αφοπλισμός περισσότερο εκθέτει τη σκέψη σε κινδύνους θετικιστικής ανακωχής με το υπάρχον, παρά τη χειραφετεί από τις δουλείες του ετερόνομου παρελθόντος.

Αν τούτη η διάγνωση θεωρηθεί βάσιμη εκτίμηση της πνευματικής συγκυρίας, τότε δεν πρέπει να στοχαστούμε τη δίχως αμφιβολία προβληματική σχέση με τη «μεταφυσική σκέψη» ως τελεσίδικο ρήγμα ή ως ριζική τομή. Ελάχιστα γόνιμες, πιστεύω, αποδείχτηκαν εκείνες οι στάσεις οι οποίες χωρίς το πρόθεμα «μετα-» δεν μπορούν να κάνουν βήμα. Αν λοιπόν αγνοήσουμε τα νεοπαγή θέσφατα της μεταμοντέρνας «ορθοδοξίας», τότε διανοίγεται ένα πεδίο «χαλαρότερης» προσέγγισης της νιτσεϊκής φιλοσοφίας στο ιστορικό πεδίο της μεταφυσικής. Αυτό δεν σημαίνει ότι παραγνωρίζεται η θέση που θεωρεί ότι η μεταφυσική παράδοση δεν είναι πλέον δυνατόν να θεωρείται αυτονόητη – πράγμα που δεν πρέπει όμως να

300. Κριτική στο φιλοσοφικό μεταμοντερνισμό κάνει ο Χάμπερμας στο: *Ο φιλοσοφικός Λόγος της νεωτερικότητας*, σελ. 128 κ.ε.

ταυτίζεται με ένα είδος συγκατάθεσης με το μετα-μεταφυσικό πνεύμα του μεταμοντερνισμού. Αντίθετα, ακριβώς επειδή η μεταφυσική σκέψη δεν διέπεται πια από εύλογες προφάνειες, είναι, πιστεύω, μια νέα ερμηνευτική προσέγγιση τόσο αναγκαία όσο και επιτακτική. Ο λόγος είναι απλός: αν στη σύγχρονη πνευματική-πολιτιστική συγκυρία το ερώτημα «Τι είναι μεταφυσική;» δεν επιδέχεται –σε αντίθεση με το παρελθόν– μονοσήμαντες νοηματοδοτήσεις και σαφείς ορισμούς, τότε πρέπει να αντιπαρατεθούμε εκ νέου με το μεταφυσικό λόγο. Θεωρώ ότι κριτικοί προβληματισμοί ενάντια στις μονομέρειες, στις υποστασιοποιήσεις καθώς και στους φενακισμούς της φιλοσοφικής σκέψης είναι δυνατόν να διατυπωθούν αποκλειστικά μέσα από μια τέτοια επαναπροσέγγιση.

Στην προοπτική της παραπάνω σκοποθεσίας η αντιπαράθεση με τη νιτσεϊκή κριτική της μεταφυσικής αποδεικνύεται επιτακτική ανάγκη. Στην παρούσα ενότητα επιχειρώ να δείξω ότι το εγχείρημα του Νίτσε να ανασκευάσει και να αποδομήσει τη μεταφυσική παράδοση καθώς και τους δυαλισμούς της είναι υποτύπωση της προσέγγισης που προτείνω για μια σύγχρονη «μετα-μεταφυσική» αντιπαράθεση με το μεταφυσικό λόγο. *Η πολύπλευρη κριτική του Νίτσε στην παραδοσιακή μεταφυσική σκέψη κατ' ουσίαν δεν δηλώνει μονομερή απόρριψη και συλλήβδην καταδίκη, όσο έναν επαναπροσδιορισμό των όρων με τους οποίους η φιλοσοφική σκέψη νοηματοδοτεί τη σχέση της με το μεταφυσικό παρελθόν.* Εστιάζοντας τα πυρά της κριτικής στο γεγονός ότι η παράδοση της σκέψης σφραγίστηκε καθοριστικά από το σχήμα των αντιθέσεων, ο Νίτσε επιχειρεί να αμφισβητήσει και στη συνέχεια να απορρίψει την ισχύ του ως καθολική νοηματοδότηση του κόσμου, γκρεμίζοντας παράλληλα τις ερμηνευτικές του αξιώσεις. Έξοχο δείγμα αποδομητικής κριτικής με παράπλευρη διάνοιξη νέων πεδίων μεταφυσικών νοηματοδοτήσεων είναι και ο *αντεστραμμένος πλατωνισμός* του Νίτσε. Το πρώτο βήμα που κάνω στο τωρινό κεφάλαιο είναι να τονίσω ότι η προσφορότερη προσέγγιση είναι αυτή της νοηματοδοτικής σχέσης στην οποία η διάνοιξη και η έκθεση της σκέψης όπως και η κριτική στη μεταφυσική αποτελούν συμπληρωματικές επόψεις της σκέψης του.

Προτού υπεισέλθω στην ερμηνευτική παρουσίασή της πρέπει να προσθέσω ορισμένα στοιχεία σχετικά με τη μέθοδο της ερμηνείας μου. Σε αντίθεση προς το κεφάλαιο για τους *Στοχασμούς για τη Μεταφυσι-*

κή, τους οποίους πρέπει να θεωρήσουμε ώς βάση του μεταφυσικού σχεδιασμού και της αρνητικής φιλοσοφίας του Αντόρνο, εδώ δεν θα επικεντρωθεί η ερμηνευτική μας προσοχή σε κάποιο συγκεκριμένο έργο του Νίτσε. Τόσο το ύφος της σκέψης του, όσο και η μορφή του έργου του απαιτούν… μια συναστεριστική προσέγγιση και παρουσίαση. Το πρόβλημα της μεταφυσικής βρίσκεται διάσπαρτο στη νιτσεϊκή εργογραφία, με συνέπεια οι προτεραιότητες και οι κύριες επόψεις να διαφέρουν σημαντικά από έργο σε έργο. Χωρίς να θέλω να εγείρω την εντύπωση ότι όλες οι επόψεις εντάσσονται αβίαστα σε ένα συστηματικό πλέγμα στοχασμών, παρουσιάζω τόσο τα έργα που εκδόθηκαν κατά τη διάρκεια της ζωής του φιλοσόφου όσο και σημαντικά μέρη των καταλειπόμενων έργων έργου. Βέβαια επειδή δεν μπορεί να αποκρυσταλλωθεί κάποιο αυστηρό και επιχειρηματολογικά συνεκτικό πλαίσιο επόψεων, θα ακολουθήσω μεθοδολογικά τη λογική της συνάφειας. Στο κριτήριο της συνάφειας προέχει ερμηνευτικά η δημιουργία συναστερωτικών σχηματισμών, στους οποίους συνανήκουν τόσο οι σχέσεις συμπληρωματικότητας, όσο και εκείνες της αντίφασης-κριτικής προς τη μεταφυσική σκέψη. Αρχίζω με τη διαπραγμάτευση του πρώτου μέρους του *Ανθρώπινο, πολύ ανθρώπινο Ι, Για τα πρώτα και τα έσχατα πράγματα.*

4.1. Η γέννηση της μεταφυσικής από το πνεύμα του ονείρου

Κύρια έποψη της νιτσεϊκής κριτικής εναντίον της μεταφυσικής ως ιεραρχικά δομημένου πλέγματος εννοιών που παράγονται με αυστηρή ακολουθία και συνεπαγωγική λογική από ύψιστες αρχές είναι να ανατρέξει στους όρους δημιουργίας και ανάδυσης εκείνων των στάσεων ώριμη υποτύπωση των οποίων αποτελεί (και) η μεταφυσική. Η νομιμότητα και η ισχύς της γενεαλογικής προσέγγισης εδράζονται στην προοπτική της νιτσεϊκής «ιστορικής φιλοσοφίας»,[301] η οποία, όπως και τα κύρια πνευματικά ρεύματα του 19ου αιώνα, ανασκευάζει το κύρος των παραδοσιακών λόγων διαμέσου μιας ιστορικής-αναδρομικής έρευνας των συνθηκών ανάδυσης και συγκρότησής τους. Το κοινό δομικό χα-

301. Βλέπε *Ανθρώπινο, πολύ ανθρώπινο Ι*, σελ. 27.

ρακτηριστικό των ιστορικών θεωρήσεων έγκειται αδιαμφισβήτητα στο ότι επανατοποθετούν τις «υψηλότερες» σφαίρες του (κάθε) «αντικειμενικού πνεύματος» (Χέγκελ) στο ιστορικό πλαίσιο των συνθηκών στις οποίες οφείλουν καταγωγικά την ύπαρξή τους. Το μυστικό της φιλοσοφικής-θρησκευτικής νοησιαρχίας λύνεται επομένως με όρους της αισθητήριας αντίληψης (Φόυερμπαχ)· οι συλλογικές παραστάσεις αποδεικνύονται παραπληρωματικά φαινόμενα της κοινωνικής οργάνωσης (Ντουρκχάιμ)· η ανθρώπινη ιδιοσυστασία εμφανίζεται ως το τελικό προϊόν της εξέλιξης των βιολογικών ειδών (Δαρβίνος)· η ιδεολογική υπερδομή (τα συστήματα της θρησκείας, της πολιτικής, της τέχνης, της επιστήμης) ως αντανάκλαση της κοινωνικής-οικονομικής βάσης (Μαρξ)· τα δεδομένα της συνείδησης αναλύονται ως αποκρυστάλλωση μηχανισμών εξιδανίκευσης και εξορθολογικοποίησης (στην εξελικτική ψυχολογία) κτλ. Για τον Νίτσε η μεταφυσική δεν αποτελεί εξαίρεση, καθώς πρέπει να απολογηθεί απέναντι στο ερώτημα που αφορά τη νομιμοποίηση του ισχυρισμού της πως δήθεν οι ανυπόθετες ύψιστες αρχές αποτελούν τα έσχατα θεμέλια της σκέψης.

Ο Νίτσε εντοπίζει τη σφαλερότητα του μεταφυσικού στοχασμού στην ανικανότητά του να εκθέσει τις θεμελιακές του αρχές σε κριτικό, δηλ. ιστορικό έλεγχο των προϋποθέσεων συγκρότησής τους. Η αδυναμία του οφείλεται σε μια χαρακτηριστική για το συγκεκριμένο είδος σκέψης θέληση να θέτει στο απυρόβλητο του κριτικού προβληματισμού την καταγωγή της γνώσης των *πρώτων αρχών*. Έτσι η ερωτηματοθεσία γύρω από την καταγωγική προέλευση καταντά περιττή, αφού και «για όσα βρίσκονται ψηλά στη σκάλα των αξιών προϋπέθεσε ότι προέρχονται από μια αρχή-θαύμα, δηλ. κατευθείαν από τον πυρήνα και την ουσία του "πράγματος καθ' εαυτό"».[302] Με οξυδερκές βλέμμα για την πνευματική ατμόσφαιρα της εποχής ο Νίτσε διακρίνει τρεις κυρίως μεθοδεύσεις της μεταφυσικής να αποσιωπήσει τις υποψίες που γεννούν οι γενετικές και γενεαλογικές έρευνες. Κάθε μεταφυσική παραδοχή αξιώνει κατ' αρχάς ένα είδος πλατωνικής μέθεξης στην «ουσία», ανάλογο με την άμεση νοητική εποπτεία. Στη συνέχεια μπολιάζει την εγγύτητα στην ουσία με μια υπεριστορική, δηλ. ανιστορική αξίωση μόνιμης ισχύος και

302. Ό.π.

διαρκούς νομιμότητας, καταλήγοντας στο να εξυψώνει τη νοησιαρχική επαφή με τις «έσχατες» αρχές στο επίπεδο του ύψιστου αγαθού. Ο Νίτσε θεωρεί ξεκάθαρο πως όλες οι μεταφυσικές μεθοδεύσεις κύριο σκοπό έχουν να διαγράψουν κάθε ίχνος αναφοράς σε ιστορικούς όρους και καταγωγικές συνθήκες.

Η μεταφυσική ενοποιεί τις τρεις τακτικές στο σχήμα της οντολογικής αντίθεσης, δηλ. του απαράβατου δυαλισμού: στις ύψιστες αρχές προσδίδονται κατηγορήματα τέτοιου βεληνεκούς, που να αποδιώχνουν και την παραμικρή υποψία ιστορικής προσδιοριστικότητας και να παγιώνονται έτσι ως υπερβατικές απολυτότητες. Το δομικό χαρακτηριστικό της μεταφυσικής σκέψης, η υπερβατική αντίθεση, περιγράφεται με ιδιαίτερη πλαστικότητα στο *Πέρα από το καλό και το κακό*: «Τα πράγματα ανώτατης αξίας πρέπει να έχουν μια άλλη, *δική τους* καταγωγή – δεν μπορούν να βγαίνουν από αυτό τον πρόσκαιρο, σαγηνευτικό, παραπλανητικό, ισχνό κόσμο, απ' αυτό το ανακάτεμα επιθυμιών και ψευδαισθήσεων! Στη μήτρα του Είναι, στο άφθαρτο, στον κρυμμένο θεό, στο "πράγμα καθ' αυτό" – εκεί πρέπει να βρίσκεται η αιτία τους και πουθενά αλλού! (...) Η θεμελιώδης πίστη των μεταφυσικών είναι η πίστη στις *αντιθέσεις* των αξιών».[303] Πρόκειται δηλ. για διαδικασία που ναι μεν σφράγισε σύνολη την πνευματική πορεία του δυτικού πολιτισμού, η οποία όμως είναι εύκολο να αποκαλυφθεί γι' αυτό που είναι: μεθοδευμένη σκηνοθεσία ασύμπτωτων αντιθέσεων και ριζικών δυαλισμών. Η πολωτική αντιπαράθεση των αντιθέτων διαμορφώνεται με τέτοια ακαμψία και αδιαλλαξία, ώστε η αμεσότητα του ούτως-Είναι των αντιθέτων να μην αφήνει κανένα περιθώριο για συνδιαλλαγές διαμεσολάβησης. Ο Νίτσε θα αναλάβει τη διαμεσολάβηση ως μέσο κριτικής των ιστορικών συνθηκών που χαρακτηρίζουν τη θέσπιση της μεταφυσικής αντιθετικότητας. *Νομίζω ότι από τούτη την κριτική πηγάζει και η κύρια συνισταμένη της νιτσεϊκής σκέψης: η αναίρεση των δυαλισμών διαμέσου της έννοιας του συνεχούς Γίγνεσθαι και συνακόλουθα η σχετικοποίηση κάθε αντιθετικής αξιολόγησης και αξιοθέτησης.*

Ως αντίδοτο στους μεταφυσικούς δελεασμούς η ιστορική φιλοσοφία του Νίτσε θέτει αναγκαστικά το ερώτημα των καταγωγικών όρων που

303. Βλέπε ό.π., σελ. 15-16. Επίσης βλέπε *Το λυκόφως των ειδώλων*, σελ. 31.

οδήγησαν στη θέσπιση απολυτοποιημένων αντιθέσεων. Οι παράγραφοι 5, 12 και 13 του *Ανθρώπινο, πολύ ανθρώπινο I* είναι καθ' όλα διαυγείς και σαφείς στη διαπίστωση της αιτίας: η μεταφυσική έχει την καταγωγή της στο όνειρο. «Παρανόηση των ονείρων. – Σε εποχές ακατέργαστων, αρχέγονων κουλτούρων, ο άνθρωπος πίστευε ότι μπορούσε να ανακαλύψει στα όνειρα ένα *δεύτερο πραγματικό κόσμο*: αυτή είναι η καταγωγή κάθε μεταφυσικής. Χωρίς τα όνειρα ο άνθρωπος δεν θα 'βρισκε κανένα κίνητρο για να χωρίσει τον κόσμο στα δύο».[304]

Προτού ξεκινήσω την ερμηνεία του προηγούμενου χωρίου θέλω να εφιστήσω την προσοχή μας στο ότι η αναφορά του Νίτσε στο όνειρο δεν είναι και τόσο παράξενη εκ πρώτης όψεως, διότι η γενεαλογική σκοποθεσία αποβλέπει στο να κατακτήσει ένα σημείο θεώρησης δυνάμει του οποίου το εξεταζόμενο φαινόμενο θα αναδεικνύει την ιστορική του ιδιοσυστασία. Με την αναφορά στην ερμηνεία του ονείρου ως γενέθλιου τόπου της μεταφυσικής ο Νίτσε κατορθώνει να εξασφαλίσει ακριβώς την οπτική γωνία που του επιτρέπει να μεταφέρει το φαινόμενο της μεταφυσικής στο επίπεδο της εμπειρίας των εικόνων, αποφεύγοντας έτσι εξαρχής τις παγίδες μιας απλής ιστορικής-εννοιακής αντιπαράθεσης γύρω από το θέμα του ορισμού *τι είναι μεταφυσική*. Επιπλέον συντρέχει κι ένας άλλος λόγος που οδηγεί στην κατανόηση του ονείρου ως διαύγαση της απαρχής της μεταφυσικής.

Στη *Γέννηση της Τραγωδίας* ο Νίτσε είχε ήδη διατυπώσει τις ουσιαστικές επόψεις της θεωρίας του ονείρου. Στην αρχή κιόλας του έργου εισάγονται το όνειρο και η μέθη ως σύστοιχες ορμές με αυτές της τέχνης, δηλ. του απολλώνειου και του διονυσιακού. Η ονειρική πραγματικότητα με τις εικόνες και τα βιώματά της διαμορφώνει την αίσθηση μιας εμφάνειας, στην οποία ο Νίτσε, στο παρόν στάδιο δίχως βέβαια να έχει κριτικές διαθέσεις, εδράζει την ανάδυση του «άλλου κόσμου».[305] Κάτω από την πνευματική επιρροή του Σοπενχάουερ ο «άλλος κόσμος» διπλασιάζεται με τη μορφή της «εμφάνειας της εμφάνειας»,[306] δηλ. ο ίδιος ο ονειρευόμενος μετατρέπεται σε παράσταση του αρχέγονου Ενός. Αν συνυπολογιστεί εδώ και το γεγονός της τερπνής θέασης, βλέπουμε

304. Βλέπε *Ανθρώπινο, πολύ ανθρώπινο I*, σελ. 31.
305. Βλέπε ό.π., σελ. 12.
306. Βλέπε ό.π., σελ. 24.

πως συντελείται το πέρασμα από τον εικονικό κόσμο του ονείρου ως αρχέγονης τερπνής θέασης στην απολλώνεια ονειρική δράση ως σχηματισμός μορφών με σαφές περίγραμμα κι από εκεί στη θέση ότι κάθε παράσταση αποτελεί ένα principium individuationis.

Αν στη *Γέννηση της Τραγωδίας* η εμφάνεια ως ονειρική παράσταση τίθεται στην υπηρεσία του καλλιτεχνικού υποκειμένου, στο *Ανθρώπινο, πολύ ανθρώπινο* η εμφάνεια θα αποβεί τόπος όπου αναδύονται όλα τα σφάλματα και οι λοξοδρομήσεις της μεταφυσικής. Η αλλαγή οπτικής οφείλεται στο ότι την περίοδο συγγραφής του κειμένου ο Νίτσε είναι θερμός υποστηρικτής της διαφωτιστικής και ιστορικής-επιστημονικής στάσης για την οποία η φιλοσοφία –σε αντίθεση προς τη *Γέννηση της Τραγωδίας*– είναι ανίκανη πλέον να μετασχηματιστεί σε αισθητική και τέχνη. Στην ερμηνευτική του ονείρου στο *Ανθρώπινο, πολύ ανθρώπινο* φαίνεται με την πρώτη ότι παρακολουθώντας τις επιστημονικές μελέτες της εποχής ο Νίτσε στοχεύει σε μια ιστορική-ανθρωπολογική διερεύνηση συγκεκριμένων διαδικασιών στις απαρχές της ιστορίας της ανθρωπότητας. Πιστεύω πως ουσιαστικά διαβλέπει σε μια κριτική αξιολόγηση της πίστης στον «άλλο κόσμο», η οποία απορρέει από τα ονειρικά βιώματα. Η πίστη στις «αντιθέσεις των αξιών» και η «παρανόηση του ονείρου» πρέπει να ειδωθούν ως συνανήκοντα στο ίδιο θεωρητικό πλαίσιο.

Στο στόχαστρο της νιτσεϊκής κριτικής δεν είναι ο ίδιος ο σχηματισμός της ονειρικής εμφάνειας, αλλά η μεταφυσική της θεμελίωση και αξιολόγηση. Η εμφάνεια του ονείρου εξαντικειμενικεύεται στη μορφή του «άλλου πραγματικού κόσμου» και συγκεκριμένα τη στιγμή κατά την οποία ακινητοποιείται το ροϊκό Γίγνεσθαι του συνεχούς των εικόνων. Η ακινητοποίηση ασφαλώς δεν νοείται μόνο ως χρονική τομή. Εκείνο που ο Νίτσε θέλει να δείξει είναι ότι η πίστη στον «άλλο κόσμο» αποτελεί έποψη της εξαντικειμενίκευσης του ονείρου σε οντολογικά σταθερή εμφάνεια. Από τη σύγκλιση ονείρου και ξυπνήματος προσδίδεται στη φαντασματική εικονικότητα της ονειρικής εμφάνειας το κατηγόρημα του Είναι ή της οντολογικής ύπαρξης. Πρόκειται ασφαλώς για διπλασιασμό,[307] ή καλύτερα για μια μορφή ρηγματικού διαχω-

307. Την έννοια του διπλασιασμού βρίσκει κανείς και στα καταλειπόμενα έργα του Νίτσε. Βλέπε *KSA*, τόμ. 13, 11[50], σελ. 24.

ρισμού του κόσμου σε δύο οντολογικές περιοχές, για τη διενέργεια του οποίου το όνειρο αποδεικνύεται απλά η αφορμή. Η παρανόηση εμφιλοχωρεί στο ανθρώπινο πνεύμα ταυτόχρονα με την ενορατική παραπλανητική διαίσθηση ότι η εμπειρία του ονείρου και της εικονικής εμφάνειας μετέχουν σε μια οντολογική περιοχή η οποία κατέχει υπέρτερη σπουδαιότητα. Με άλλα λόγια, η οντολογική αξία και η εξέχουσα σημαντικότητα που αποδίδεται στην ονειρική εικονικότητα απορρέουν από τη δυναμική ενάργεια και διαύγεια του ονείρου, που στη συνείδηση της αρχαϊκής ανθρωπότητας μεταβάλλεται σε αυταπόδεικτη πραγματικότητα. Τα πράγματα όμως δεν τελειώνουν εδώ. Η εναργής πραγματικότητα του ονείρου μεταστοιχειώνεται σε βαθμίδα αξιολόγησης και κρίσης όλων των βιοτικών και νοηματοδοτικών ενεργημάτων. Δυνάμει της έντονης και μεστής νοήματος παρουσίας τους οι ονειρικές παραστάσεις δρομολογούν μια δυναμική, η οποία, σύμφωνα πάντα με τη κριτική θεώρηση του Νίτσε, καταλήγει να αποκτήσει την πρωτοκαθεδρία στους κατευθυντήριους προσανατολισμούς και στις νοηματικές αξίες του βίου.

Οι παράγραφοι 12 και (ειδικότερα) 13 εμβαθύνουν στην προβληματική της ερμηνευτικής του ονείρου ως ανάλυσης της εμφάνειας με στόχο να αναδειχθεί σε καταγωγική πηγή της μεταφυσικής. Επιχείρημα του Νίτσε είναι ότι η «ονειρική σκέψη» εδράζεται στην ίδια αναλογική συλλογιστική η οποία καθοδηγεί την αντιληπτική αίσθηση και την εμπειρία όταν αυτή συγκροτεί αιτιακούς και μηχανιστικούς συνειρμούς. Η ονειρική σκέψη «αναζητά και αναπαριστά τις αιτίες».[308] Στον κόσμο του ονείρου οι φαντασματικές αιτίες παρίστανται ως βιωμένες συναισθήσεις και στη συνέχεια τα αίτια προσαρμόζονται με τέτοιο τρόπο στα ονειρικά αιτιατά (φανταστικές παραστάσεις, όνειρα ως συνεκτικές ιστορίες), ώστε με τρόπο παράδοξο να αντιστρέφονται οι όροι αιτίου-αιτιατού. Τη «λογική» του ονείρου ως αναστροφής ο Νίτσε τη μεταφέρει στη συνέχεια στο επίπεδο λειτουργίας της μυθικής-παραστατικής σκέψης, αναγνωρίζοντας ως κοινό χαρακτηριστικό τους το ότι θεωρούν τα παραστατικά-νοητικά περιεχόμενα ως κάτι το αιτιακά πραγματικό καθώς παρουσιάζουν την τάση να στοιχειοθετούν παραστα-

308. Βλέπε Ανθρώπινο, πολύ ανθρώπινο *Ι*, ό.π., σελ. 38.

σιακές αφηγήσεις και πλέγματα εικονικών ακολουθιών στηριζόμενες σε φευγαλέες ομοιότητες, χαλαρές συνειρμικές αλληλουχίες και σφαλερές εξομοιώσεις. Παρ' όλα αυτά χαρακτηρίζονται από μια «τέλεια καθαρότητα»,[309] καθώς σε αυτά προσιδιάζει η ιδιότυπη πειθώ του αυτονόητου και συνεκτικά σαφούς γεγονότος – και τα δύο συστατικά στοιχεία ασκούν μια ακαταμάχητη επιρροή, όχι μόνο πάνω στην προϊστορική σκέψη, αλλά και γενικότερα στην ανθρώπινη εμπειρία, στο βίωμα της εικονικής παράστασης καθώς και στην καλλιτεχνική δραστηριότητα.

Στην καταγωγική σκηνή της μεταφυσικής παίζεται για τον Νίτσε το ίδιο έργο που στη *Γέννηση της Τραγωδίας* χαρακτηρίστηκε ως η κατεξοχήν καλλιτεχνική-μεταφυσική δράση.[310] Και στις δύο περιπτώσεις ο άνθρωπος παρασύρεται σε σφαλερές αντιλήψεις εξαιτίας της σαγηνευτικής πειθούς των εικονικών παραστάσεων: τείνει δηλ. να πιστέψει ότι η εικονική πραγματικότητα χάρη στην άμεση ενάργεια και αφοπλιστική προφάνειά της ενέχει δεσμευτική δύναμη, η οποία δέον να λειτουργεί ως κανονιστική αρχή για όλους τους βιοκοσμικούς προσανατολισμούς. Είναι παράτολμο ίσως να υποστηρίξουμε πως εδώ εργάζεται το επηρεασμένο από το επιστημονικό ιδεώδες της εποχής πνεύμα του Νίτσε – εργασία που συνίσταται σε μια κριτική αποδόμηση και απόρριψη των φαντασμαγοριών της εικονικής παράστασης και των μεταφυσικών

309. Ό.π., σελ. 37.

310. Η *Άγρια σκέψη* (Levi-Strauss) της ονειρικής παραστατικότητας και η καλλιτεχνική δραστηριότητα παρουσιάζουν ένα κοινό χαρακτηριστικό: όπως εκείνη, «έτσι λοιπόν ο άνθρωπος, ο προικισμένος με καλλιτεχνική ευαισθησία, συμπεριφέρεται, απέναντι στην πραγματικότητα του ονείρου, κατά τον ίδιο τρόπο που ο φιλόσοφος συμπεριφέρεται απέναντι στην πραγματικότητα της ύπαρξης. Του αρέσει να εξετάζει την πραγματικότητα του ονείρου λεπτομερειακά και πρόθυμα, γιατί αυτές οι εικόνες τον βοηθούν να ερμηνεύσει τη ζωή, γιατί αυτά τα παραδείγματα του είναι χρήσιμα να ασκηθεί στη ζωή» (ό.π., σελ. 12-13). Στο *Ανθρώπινο, πολύ ανθρώπινο* ο Νίτσε επανέρχεται στο σημείο αυτό: «Το ίδιο ισχύει και για μια άλλη μεταφυσική προϋπόθεση: αν ήταν ο ορατός κόσμος μας μόνο φαινόμενο, όπως δέχονται οι μεταφυσικοί, τότε η τέχνη θα ερχόταν να σταθεί πολύ κοντά στον πραγματικό κόσμο, επειδή θα υπήρχε τότε πολλή ομοιότητα ανάμεσα στον κόσμο των φαινομένων και στον κόσμο των ονείρων του καλλιτέχνη» (βλέπε ό.π., σελ. 230 καθώς και το χωρίο 159, σελ. 184). Νομίζω λοιπόν ότι είναι εσφαλμένο να αποδίδουμε την ανάδυση της μεταφυσικής σε εμπειρίες πόνου και δυστυχίας, γιατί έτσι παραγνωρίζεται εντελώς η κεντρική αξία που κατέχει η εμπειρία της παραστατικής-εικονικής σκέψης για τη νιτσεϊκή διαύγαση της καταγωγής της μεταφυσικής.

της συμπαραδηλώσεων. Ότι ο Νίτσε δεν εκκινείται από μια απλή «θετικιστική» κατάλυση κάθε είδους επιφατικότητας των φαντασιακών παραστάσεων υποστηρίζοντας ενεργά την επιστροφή στα «σκληρά γεγονότα» της πραγματικότητας, φαίνεται καθαρά στο χωρίο με το χαρακτηριστικό τίτλο «Το επιστημονικό πνεύμα είναι ισχυρό στο μέρος, όχι στο όλον»: «Τώρα, στη φιλοσοφία –κορυφή ολόκληρης της επιστημονικής πυραμίδας– το ερώτημα του οφέλους της γνώσης γενικά τίθεται αυτόματα, και κάθε φιλοσοφία έχει ασύνειδα την πρόθεση να προσκομίσει στη γνώση το *μεγαλύτερο όφελος*. Γι' αυτόν το λόγο έχουν όλες οι φιλοσοφίες τόσο πολλή ιπτάμενη μεταφυσική και τέτοια απέχθεια για τις φαινομενικά ασήμαντες λύσεις που δίνει η φυσική. Γιατί η σπουδαιότητα της γνώσης για τη ζωή πρέπει να φανεί όσο το δυνατόν μεγαλύτερη. Εδώ έχουμε τον ανταγωνισμό ανάμεσα στα μεμονωμένα επιστημονικά πεδία και στη φιλοσοφία.».[311] Στο σχετικά μεγάλο αυτό παράθεμα συναντούμε κυρίαρχες επόψεις της νιτσεϊκής νοηματοδότησης της φιλοσοφίας μετά από τη στροφή του φιλοσόφου και την κριτική που άσκησε στο πρώιμο έργο γύρω από τη *Γέννηση της Τραγωδίας*. Τέχνη, φιλοσοφία και επιστήμη εντάσσονται σε μια σχέση αμοιβαίας συμπληρωματικότητας.

Κατ' αρχάς είναι σημαντικό ότι ο Νίτσε δεν μιλά απαξιωτικά για τη μεταφυσική. Στις υπέρμετρες... ανατάσεις της, όσο και στη φιλοσοφία την ίδια, διαπιστώνει μια τάση να θεωρούν τη γνώση ως την αρχή των κατευθυντήριων ερωτηματοθεσιών, δηλ. ως το έσχατο «προς τί», ως την ύψιστη αξία. Αιτία γι' αυτό είναι ότι η γνώση ενέχει και προσφέρει το δυναμικό μιας συνολικής νοηματοδότησης των βιοκοσμικών προοπτικών. Η σύνθεση τούτων των προοπτικών και η υπαγωγή τους σε μια ανώτερη νοηματοδοτική αξιολόγηση επιτρέπει αρχικά μια κριτική αποστασιοποίηση από την αμεσότητα των ενδοκοσμικών συμβάντων και γεγονότων, ώστε στη συνέχεια η πολυείδεια να ενταχθεί σε ένα νοηματικό όλο, στο οποίο οι επιμέρους δεδομενικότητες να ιεραρχούνται και να σημασιοδοτούνται ως καθορισμένες αξιακά οντότητες. Αν η εξήγησή μας είναι εύστοχη, τότε διαπιστώνουμε πως ο Νίτσε μένει πιστός στην έννοια της μεταφυσικής ως κοσμοθεωρητικά ενοποιητικού ενερ-

311. Ό.π., σελ. 32.

γήματος, δηλ. ως της παραστατικά συνολιστικής εκείνης θεώρησης στην προοπτική της οποίας η πολυμορφία των βιοτικών ενεργημάτων συνομαδώνεται σε νοηματική ολότητα.[312]

Τι γίνεται όμως με τη μεταφυσική ως άλλον, ως «δεύτερο κόσμο»; Η κριτική βέβαια μπορεί να έχει ως στόχο να προσβάλει τον πυρήνα της ενοποιητικής-συνολιστικής λειτουργίας της μεταφυσικής, εάν και εφόσον αυτή προσφέρει στη βιοκοσμική δράση το νοηματικό και σκοποθετικό πλαίσιο αξιών, πλην όμως με στρεβλωτικό τρόπο. Όπως είναι γνωστό, η δεύτερη περίοδος του νιτσεϊκού έργου (μέσα της δεκαετίας του 1870) χαρακτηρίζεται από έντονη τάση αποδοχής της επιστήμης, των θετικών της προόδων, αλλά και του διαφωτιστικού της ιδεώδους. Δεν ξενίζει επομένως που το *Ανθρώπινο, πολύ ανθρώπινο* εμπνέεται από μια, αν όχι θετικιστική, σίγουρα πάντως μια στάση για την οποία η επιστήμη αποτελεί ακρογωνιαίο λίθο κατανόησης και εξήγησης της βιοπραγματικότητας. Στο φως λοιπόν της επιστημονικής πρακτικής των μικρών βημάτων και του μετριοπαθούς φρονήματος η μεταφυσική ως πρόταγμα ολικής κοσμοθεώρησης εμφανίζει σκοτεινές πλευρές: όσο περισσότερο απομακρύνεται από τη βιωματική αμεσότητα των ανθρώπινων ενεργημάτων, θέλοντας να συγκροτήσει ένα πόλο συνολικής αξιακής νοηματοδότησης, τόσο μεγαλώνει ο κίνδυνος που διατρέχει να υποκύψει στη σαγήνη της φενάκης και να υποκαταστήσει το αξιακό της πρόταγμα, δηλ. το κοσμοείδωλο της καθολικής θεώρησής της για την πραγματικότητα, με τον ίδιο της τον αυτό. Και δεν αρκεί μόνο αυτό: η υποκατάσταση διενεργείται με όρους ιεραρχικής διάταξης. Η βιοκοσμική πραγματικότητα απαξιώνεται ως ισχνή, ατελής, και στρεβλωμένη αντανάκλαση του άλλου, «δεύτερου κόσμου».

Σε αυτό το σημείο διαπιστώνουμε επίσης και την απόσταση που χωρίζει πια τον Νίτσε από το αισθητικό-καλλιτεχνικό ιδεώδες που διακατείχε το πρώιμο έργο του. Η εικονικότητα του μεταφυσικού κοσμοειδώλου

312. Βλέπε Νίτσε, *Ιστορία και Ζωή*, σελ. 19 κ.ε. Στη συνάφεια αυτή παρατηρούμε πόσο συγγενικές είναι οι απόψεις περί μεταφυσικής των Νίτσε και Αντόρνο. Όπως είδαμε, θεμελιακή για τους *Στοχασμούς* είναι η πεποίθηση ότι χωρίς τις ενοποιητικές προοπτικές που προσφέρει η μεταφυσική, κάτω βέβαια από την προϋπόθεση της λυτρωτικής συμφιλίωσης, τα βιοκοσμικά ενεργήματα καταντούν απλά τεχνικές επιβίωσης.

ενέχει την ίδια τάση αυτονόμησης, θύμα της οποίας πέφτει και ο καλλιτέχνης στο βαθμό που υποκύπτει στις δουλείες του παραστατικού του έργου. Μεταφυσική και καλλιτεχνική παραγωγή πέφτουν θύματα της αυθυποβολής, που συνίσταται στο ότι η νοηματοδότηση που προσφέρει η συνολιστική εικονικότητα του κοσμοειδώλου είναι δυνατόν να αποβάλει τη λειτουργικότητά της ως θεραπαινίδα βιοκοσμικών αξιοθετήσεων και να αυτονομηθεί σε νοησιαρχική εποπτεία του Όλου με αξιώσεις αυταπόδεικτης προφάνειας. Η θεωρησιακή ενατένιση και τα κηρύγματα για τον «άλλο κόσμο» αποτελούν όψεις του ίδιου νομίσματος.

Για τη νέα φιλοσοφία που ευαγγελίζεται ο Νίτσε και τα δύο είναι – στην καλύτερη περίπτωση – κάτι το αδιάφορο, κάτι που κανείς δεν ξέρει σε τι ωφελούν,[313] πράγμα που σημαίνει ότι στην ακοσμία τους έχουν και τα δύο πάψει να προσφέρουν στην ανθρωπότητα νοηματικές και αξιακές ολότητες, τη βεβαιότητα δηλ., ότι ο άνθρωπος έχει μια αξιότιμη και αξιοπρεπή θέση μέσα στον κόσμο.[314] Σε αντίθεση με τη μεταφυσική, η οποία εξαιτίας των άκοσμων υποστασιοποιήσεών της αυτοακυρώνει τη διαυγαστική της ικανότητα, η επιστήμη γνωρίζει να προσφέρει στην ανθρωπότητα αλήθειες που δεν είναι μεν τόσο φαντασμαγορικές όπως αυτές της μεταφυσικής, συνεισφέρουν όμως στην πρόοδο του ανθρώπινου πνεύματος. Ενώ λοιπόν το *Ανθρώπινο, πολύ ανθρώπινο* διαπνέεται από ένα επιστημονικό φρόνημα, αυτό δεν σημαίνει πως ο Νίτσε συντάσσεται με το διαφωτιστικό μοντέλο γνώσης, το οποίο στο τελευταίο τέταρτο του 19ου αιώνα είχε αναμφισβήτητα το χαρακτήρα ρηχής παιδαγωγικής και ανυποψίαστου προοδευτισμού. Ο Νίτσε είναι αρκετά οξυδερκής ώστε να διακρίνει ότι η συσσώρευση επιστημονικά κα-

313. Βλέπε *Ανθρώπινο, πολύ ανθρώπινο*, ό.π., σ. 29· επίσης καταλειπόμενα έργα *KSA*, τόμ. 8, 30[24], σελ. 526.

314. Μια ιδέα που προέρχεται βέβαια από τον Καντ. Η θέση του Νίτσε δεν απέχει πολύ από την καντιανή αυτή ιδέα, σε αντίθεση με αυτά που θα έπρεπε να σκεφτεί κανείς αν πάρει υπόψη του την αυστηρή κριτική του Νίτσε σε κάθε είδους τελεολογία. (Για την κριτική αυτή βλέπε Νίτσε, *Χαρούμενη Γνώση*, σελ. 109· επίσης *Γενεαλογία της Ηθικής*, σελ. 79· για την κριτική του Νίτσε ενάντια σε κάθε ιδέα προόδου βλέπε καταλειπόμενα έργα, *KSA*, τόμ. 11, 15[8], σελ. 408 κ.ε.). Ύψιστο μέλημα του Νίτσε είναι νομίζω κατά την περίοδο συγγραφής του *Ανθρώπινο, πολύ ανθρώπινο* να δείξει πως η φιλοσοφία (ή η μεταφυσική) έχει κάποια αξία μόνο στο βαθμό που προτάσσει τη θεώρηση ενός κόσμου «που αφορά τον άνθρωπο» (*Χαρούμενη Γνώση*, σελ. 245).

τοχυρωμένων γνώσεων συντελείται απρόσκοπτα, καθώς αποφορτίζεται από αναγκαιότητες βιοκοσμικής νοηματοδότησης, και από την άλλη ότι η στάση της ιστορικής φιλοσοφίας που πρεσβεύει δεν πρέπει να επιδοθεί σε πολώσεις του είδους «σκληρά» γεγονότα εναντίον ακοσμικών νοησιαρχιών. Μια τέτοια ρηχή αντιπαράθεση πρέπει αντίθετα να τεθεί στο στόχαστρο της κριτικής, εφόσον και η ιστορική φιλοσοφία στοχεύει ακριβώς στο να αναδειχτούν οι συνθήκες συγκρότησης των φαινομένων, καθώς και τα περάσματα, οι αλλοιώσεις, οι αναοχηματισμοί, αλλά και οι μεταλλαγές που υφίστανται κατά τη διάρκεια της οντολογικής τους παρουσίας.[315] Η σχέση μεταξύ μεταφυσικής και επιστημονικής πρακτικής πρέπει αντίθετα να αποδεσμευθεί από το σχήμα της πολωτικής αντιπαράθεσης και να εξεταστεί στο κοινό και στις δύο έδαφος της ενασχόλησής τους με τις απλούστερες μορφές.[316] Στο βαθμό που οι μορφές της μεταφυσικής υποστασιοποιούνται σε άκοσμα οικοδομήματα νοησιαρχικής τελειότητας, οι απλές και απέριττες μορφές της επιστημονικής πρακτικής καλούνται να παρέμβουν διορθωτικά, δηλ. να εντάξουν τις αποκτημένες γνώσεις σε ένα υπό διαμόρφωση και ολοκλήρωση, αλλά σε καμία περίπτωση κλειστό κοσμοείδωλο.

Για να γίνει κάτι τέτοιο απαιτείται μια διαμεσολάβηση. Λειτουργία διαμεσολαβήτριας θα αναλάβει στο *Ανθρώπινο, πολύ ανθρώπινο* η ιστορική φιλοσοφία. Υπό την έποψη αυτή το κείμενο έχει προγραμματικό χαρακτήρα. Εδώ ο Νίτσε διατάσσει τέχνη, μεταφυσική, επιστήμη και φιλοσοφία σε μια συναστέρωση, στο πλαίσιο της οποίας τα παραπάνω στοιχεία διαμορφώνουν σχέσεις αμοιβαίας κριτικής, αλλά και δημιουργικής συνέργιας. Τόσο η τέχνη, όσο και η φιλοσοφία συνεισφέρουν στο πρόταγμα της μεταφυσικής ως κοσμοείδωλο, διότι η φιλοσοφία «όπως και η τέχνη, θέλει να δώσει το μεγαλύτερο δυνατό βάθος και νόημα στη ζωή και στο δραν»[317] – κοινή είναι και στις δύο η σκοποθεσία του προτάγματος βιοκατευθυντήριων αξιακών προτεραιοτήτων, οι οποίες (θα) λειτουργούν ως ορίζοντες σε έναν κόσμο πλήρη νοήματος. Ως συντελεστές κοσμικής συνεκτικότητας ενέχουν άλλωστε την ίδια δυναμική δη-

315. Βλέπε *Ανθρώπινο, πολύ ανθρώπινο*, ό.π., σελ. 27 κ.ε.
316. Ό.π., σελ. 30.
317. Ό.π., σελ. 32.

μιουργίας: όπως η τέχνη προτάσσει δυνάμει του εικονικού της παραστασιακού σύμπαντος ένα κοσμοείδωλο που διαπνέεται από «προϋποθέσεις που είναι πιο αποτελεσματικές, δηλ. το φανταστικό, το μυθικό, το αβέβαιο, το ακραίο, την αίσθηση του συμβολικού (...)»,[318] δηλ. από αξιακές προτεραιότητες, έτσι και η φιλοσοφία δρομολογεί τη σκέψη να διαμορφώσει μια συνολική κοσμοθεώρηση με δεσμευτικό χαρακτήρα, δηλ. με την ύψιστη αξία για τη ζωή και τη βιοπρακτική δράση.

Η δημιουργική δύναμη είναι το στοιχείο που τις ενώνει ενάντια στη μεταφυσική, διότι αν κάτι διακατέχει τη μεταφυσική, τούτο είναι η πίστη της στην «ευρεθείσα αλήθεια».[319] Όμως η σχέση που εδράζεται στο δημιουργικό στοιχείο κάθε συνολικής βιοθεώρησης δεν στερείται ανταγωνισμών και αντιφάσεων καθώς η βαρύτητα που έχει κάθε φορά το είδωλο ως κόσμος ή ο κόσμος ως είδωλο (δηλ. το κοσμοείδωλο) είναι διαφορετική. Όπως θα δούμε στην ενότητα για την αισθητική και τη φιλοσοφία της τέχνης, ο Νίτσε διέγνωσε από νωρίς, δηλ. ήδη από τη *Γέννηση της Τραγωδίας*, την τάση π.χ. της απολλώνειας μορφής να αυθυποβάλλεται από τις ίδιες της τις παραστάσεις, θεωρώντας τες οντολογική πραγματικότητα sui generis. Η αφελής άφεση στη δύναμη των μορφών είναι ένα εγγενές χαρακτηριστικό στοιχείο πλάνης της τέχνης. Στο βαθμό που ο καλλιτέχνης μένει δέσμιος από και αποσβολωμένος μπροστά στις παραστατικές και εικονικές δημιουργίες (του), αναιρεί την προμηθεϊκή δύναμη ανάδειξης του νέου, αποπλανάται από τη σαγηνευτική τελειότητα των ολοκληρωμένων μορφών και των καλοσμιλεμένων σχημάτων και πέφτει τελικά στην παγίδα της θεωρησιακής και ενατενίζουσας μεταφυσικής. Ενάντια σε φενακισμούς τέτοιου είδους παρεμβαίνει η (ιστορική) φιλοσοφία με το να αναλύει το αποτέλεσμα (δηλ. την αισθητική παράσταση) αίροντάς το στους όρους παραγωγικής και συγκρότησής του, διαλύοντας έτσι ταυτόχρονα την επίφαση δήθεν αυτόνομης πραγματικότητας.

Ο Νίτσε βλέπει πως προκύπτει ομοιογένεια φιλοσοφίας και μεταφυσικής εφόσον από τη φύση τους ρέπουν προς τις χίμαιρες του θεω-

318. Ό.π., σελ. 176.

319. Ό.π., σελ. 36. Ο Νίτσε θα μείνει πάντα πιστός στη θεώρηση της φιλοσοφίας ως τέχνης: «Η φιλοσοφία είναι μια τέχνη τόσο όσον αφορά τους σκοπούς, όσον αφορά και την παραγωγή της (...) Είναι μια μορφή ποίησης». (βλέπε καταλειπόμενα έργα, ***KSA***, τόμ. 7, 19[62], σελ. 439)

ρησιακού Είναι. Εδώ αποκρυσταλλώνονται εκ νέου στοιχεία διορθωτικής κριτικής. Η φιλοσοφία θα καταλογίσει δίκαια στη μεταφυσική ότι παραμένει αφελώς προσκολλημένη στο φαντασματικό Είναι, δηλ. στην επίφαση της τέλειας προφάνειας και της τελεσίδικης αποδεικτικότητας που τάχα διακρίνει το δεύτερο, τον «άλλο κόσμο». Επειδή ο Νίτσε δεν θέλει επ' ουδενί να στερήσει τη φιλοσοφία από τις νοηματοδοτικές και κοσμοθεωρητικές της λειτουργίες, πρέπει να διενεργήσει τη φιλοσοφική απομαγικοποίηση της μεταφυσικής, η οποία, ειρήσθω εν παρόδω, όσον αφορά φενακισμούς, επιφάσεις και φαντασματικές προβολές συγγενεύει με την τέχνη, κατά τρόπο που να μην μας επιτρέπεται η συλλήβδην απόρριψή της. Το να κατηγορηθεί η μεταφυσική επειδή δεν έχει συνείδηση του ότι αποτελεί εξωκοσμική προβολή που βασίζεται απλά σε μια αισθητική εμπειρία εικονικών παραστάσεων, δεν αρκεί, καθώς κάτι ανάλογο μπορούμε κάλλιστα να ισχυριστούμε και εναντίον της τέχνης, αλλά και για την ίδια τη φιλοσοφία στο βαθμό που μετατρέπεται σε μεταφυσική. Για να αναχαιτισθεί λοιπόν η φιλοσοφική ροπή προς μεταφυσικές υποστασιοποιήσεις, πρέπει να κρατηθεί μακριά από αυτή την ίδια. Χρειάζεται δηλ. μια (αυτο-)διαμεσολάβηση. Τέτοια διαμεσολάβηση είναι η επιστήμη.[320] Δεν γίνεται βέβαια λόγος, όπως είδαμε και πριν, για την επιστήμη ως ρηχό διαφωτισμό και θετικιστικό φρόνημα – για τον Νίτσε η επιστήμη καλείται να ξεσκεπάσει τις φενάκες της μεταφυσικής με πιο... λεπτό τρόπο.

Πώς πραγματοποιείται κάτι τέτοιο; Μια πρώτη ένδειξη μάς δίνουν οι «απλές κι απέριττες μορφές» της επιστήμης, στις οποίες υποτυπώνεται η απομάκρυνση του Νίτσε από το καλιτεχνικό-αισθητικό παράδειγμα της *Γέννησης της Τραγωδίας* και η στροφή του σε μια φιλοσοφία δίχως μεταφυσικά-ολιστικά στηρίγματα. Ορίστε πώς τοποθετείται απέναντι στη μεταφυσική: «Απ' αυτόν τον κόσμο της παράστασης [ενν. το κοσμοείδωλο της μεταφυσικής, Κ.Μ.] η αυστηρή επιστήμη μπορεί πραγματικά

320. Αυτή η συμπληρωματική και κριτική σχέση της επιστήμης με τη φιλοσοφία εκφράζεται ιδιαίτερα παραστατικά στο χωρίο 251 του *Ανθρώπινο, πολύ ανθρώπινο*: «Σε μια περιοχή βρίσκεται η πηγή της ισχύος [εννοείται της φιλοσοφίας, Κ.Μ.], σε μια άλλη [της επιστήμης] ο ρυθμιστής. Οι αυταπάτες, οι μονοπλευρικότητες, τα πάθη πρέπει να δίνουν θερμότητα· με τη βοήθεια της γιγνώσκουσας επιστήμης πρέπει να αποτρέπονται οι ολέθριες και επικίνδυνες συνέπειες της υπερθέρμανσης». (τόμ. ΙΙ, σελ. 209).

να μας απαλλάξει μόνο σε μικρό βαθμό (κάτι που δεν επιθυμούμε), επειδή είναι ανήμπορη να συντρίψει ουσιαστικά τη δύναμη των παμπάλαιων συνηθειών του αισθήματος. Μπορεί όμως να φωτίσει, πολύ σιγά, βήμα προς βήμα, την ιστορία της γένεσης αυτού του κόσμου ως παράστασης – και να μας ανεβάσει, για κάποιες στιγμές τουλάχιστον, πάνω από τη συνολική διαδικασία».[321] Στα μάτια του Νίτσε η επιστήμη αποτελεί το ενδεδειγμένο αντιστάθμισμα απέναντι στις νοησιαρχικές φαντασμαγορίες τόσο της μυστικότητας ενός «άλλου κόσμου», όσο και του αρνητισμού της μεταφυσικής της βούλησης (Σοπενχάουερ). Αφενός αποκαλύπτει τις παρανοήσεις και διαστρεβλώσεις τους και αφετέρου καθαρίζει το τοπίο για τη βιοκοσμική νοηματοδότηση. Λειτουργεί με υποδειγματικό τρόπο όσον αφορά την επιβεβλημένη κριτική στάση απέναντι στα μεταφυσικά κοσμοείδωλα: διατυπώνει προτάσεις με τις οποίες το ανθρώπινο πνεύμα αποστασιοποιείται από τις εγγενείς τάσεις του για αυτοαπασχόληση, δίχως συγχρόνως να απορρίπτει συλλήβδην τη (βιοπρακτική) αξία των συνολιστικών νοηματοδοτήσεων που προσφέρουν τα μεταφυσικά κοσμοείδωλα. Ο Νίτσε στο πλαίσιο της ιστορικής του φιλοσοφίας προσδίδει στην επιστήμη ρόλο διαυγαστικό, στο βαθμό που νοηματοδοτείται υπό την «οπτική του καλλιτέχνη»,[322] συνυπολογίζοντας δηλ. την ποιητική της διάσταση, τονίζοντας όμως παράλληλα ότι η επιστήμη προσπορίζει γνώσεις, οι οποίες έχουν περάσει από διάφορες πειραματικές και ελεγκτικές εξετάσεις.

Μια τέτοια κατανόηση της επιστήμης έχει τρία πλεονεκτήματα:

α) συγκεκριμενοποιεί την προοπτική που είχε σκιαγραφήσει ο Νίτσε στη *Γέννηση της Τραγωδίας* και συγκεκριμένα στο σχήμα του Σωκράτη-μουσικού,[323] δηλαδή την προοπτική μιας σχέσης επιστήμης-τέχνης, στην οποία η επιστήμη θα υιοθετούσε τα ποιητικά-δημιουργικά χαρακτηριστικά μιας κοσμοπλαστικής τέχνης·

β) αυτό με τη σειρά του επιτρέπει στον Νίτσε να εμπιστευθεί πλέον ανεπιφύλακτα τις «γνωστικές ορμές» της επιστήμης, οι οποίες βέβαια ήταν στην εποχή της *Τραγωδίας* υπεύθυνες για την αποσύνθεση του τραγικού σύμπαντος. Όπως είδαμε και παραπάνω, στο νέο ιστορικό-φι-

321. Ό.π., σελ. 44-45.

322. Βλέπε Νίτσε, *Versuch einer Selbstkritik*, *KSA*, τόμ. 1, σελ. 14.

323. Βλέπε ό.π., σελ. 80. Βλέπε επίσης Νίτσε, *KSA*, τόμ. 7, 19[52], σελ. 436.

λοσοφικό πλαίσιο της μέσης περιόδου του Νίτσε η επιστήμη καλείται να αναλάβει έναν ενεργό και δημιουργικό ρόλο. Συνακόλουθα,

γ) διαμορφώνεται το πρόταγμα μιας ιστορικής-φιλοσοφικής θεώρησης, όπου η σχέση μεταξύ επιστημονικών προόδων στα επιμέρους και νοηματοδότησης του Όλου εξομαλύνεται, καθώς αφαιρούνται οι τριβές και οι προστριβές ανταγωνιστικής πρωτοκαθεδρίας. Αν στη θεώρηση τούτη η επιστήμη αντικρούει τις τάσεις αυτονόμησης που διακατέχουν το φιλοσοφικό στοχασμό, άλλο τόσο επικουρείται και η ίδια από την τέχνη, έτσι ώστε να μην απολύει τις μορφοπλαστικές της δυνατότητες. Κάτι τέτοιο γίνεται με σχετική ευχέρεια αφού γιά τον Νίτσε και η τέχνη μετατρέπεται ολοένα σε διανοητική διαδικασία.[324] Η τέχνη αποβάλλοντας στοιχεία αισθαντικότητας εγγράφεται σε σύστημα γνωσιοθεωρητικής διαύγασης της πραγματικότητας. Όταν η τέχνη απορρίψει τους καταναγκασμούς της αναπαραστατικότητας, τότε αναδιπλώνεται ως μια δημιουργία σημείων, που μπορεί να λειτουργήσει ως πρωτότυπο και πηγή κάθε σημειωτικής γλώσσας, της επιστημονικής συμπεριλαμβανομένης.[325] Αν ο «επιστήμονας άνθρωπος είναι η μετεξέλιξη του καλλιτέχνη»,[326] τότε οι συνθήκες της γνώσης δεν περιορίζονται στα στενά όρια της λογικής και εννοιακής διάνοιας.

Αν τώρα συγκεντρώσουμε τα νήματα όλων των προβληματισμών γύρω από τις διαπλεκόμενες σχέσεις μεταξύ τέχνης, επιστήμης, μεταφυσικής και φιλοσοφίας, προκύπτει, αν όχι ένα συστηματικά ιεραρχημένο οικοδόμημα, σε κάθε περίπτωση πάντως ένα συνεκτικό δίκτυο αλληλοσυμπληρωματικών σχέσεων. Κυρίαρχη ενοποιητική προοπτική με

324. Βλέπε *Ανθρώπινο, πολύ ανθρώπινο*, σελ. 220 κ.ε.

325. Την ιδέα αυτή θα την υποστηρίζει ο Νίτσε μέχρι το τέλος της πνευματικής του ζωής: βλέπε καταλειπόμενα έργα, *KSA*, τόμ. 13, 14[114], σελ. 296 κ.ε. Εδώ μπορούμε ex negativo να κατανοήσουμε καλύτερα την κριτική του Νίτσε στον αφελή ρεαλισμό και στις μεταφυσικές του συνέπειες. Βάση της κριτικής είναι βέβαια η σημειωτική της γλώσσας και συγκεκριμένα η γραμματική της δομή. Ήδη η στοιχειώδης δομής της πρότασης, δηλ. υποκείμενο-κατηγόρημα, παρασύρει το πνεύμα να πιστέψει ότι το λογικό-γραμματικό υποκείμενο υπάρχει ως οντολογική σταθερά. Από εδώ ξεκινούν όλες οι πλάνες και υποστασιοποιήσεις της μεταφυσικής. Ο λόγος είναι απλός: αρκεί να χρησιμοποιήσουμε μια λέξη, και αμέσως η πολυπλοκότητα και πολυσυνθετότητα του φαινομένου παραμορφώνεται στην πλασματική ενότητα της λέξης-έννοιας.

326. Βλέπε *Ανθρώπινο, πολύ ανθρώπινο*, σελ. 231 κ.ε.

μια υπερβατολογική έννοια είναι η οπτική της «ζωής».[327] Η οπτική της ζωής ενέχει πολλαπλές λειτουργίες: διανοίγει τις βιοκοσμικές προοπτικές προσφέροντάς τους διευρυμένους ορίζοντες νοηματοδότησης και αξιοθέτησης του Όλου. Προσφέρει παράλληλα κριτική διείσδυση στους δαιδαλώδεις τρόπους συνάρθρωσης των ολικών νοηματοδοτήσεων με τις επιμέρους αξιολογικές σκοποθεσίες, φροντίζοντας η σχέση όλου-επιμέρους να μην καταντά υπαγωγική ένταξη και υποταγή του τελευταίο στο πρώτο. Όσον αφορά τα δομικά χαρακτηριστικά της διαπλοκής των σχέσεων αυτών παρατηρούμε τα εξής στοιχεία:

α) Διαπιστώνουμε σχέσεις συνέχειας, δηλ. υπάρχει μια οργανωτική αρχή που διαπερνά την τέχνη, την επιστήμη, τη μεταφυσική και τη φιλοσοφία. Αυτό ισχύει στην περίπτωση της τέχνης, η οποία βασίζεται στην εμπειρία των παραστάσεων, νοηματοδοτώντας τα βιοτικά ενεργήματα ως παραστασιακές σχέσεις. *Η οργανωτική αρχή της παραστασιακότητας* διαπερνά όμως και τις άλλες περιοχές του πνεύματος: όχι μόνο τη φιλοσοφία ως πρόταγμα-παράσταση ενός κοσμοειδώλου αλλά και τη μεταφυσική ως υποστασιοποίηση αυτής της παράστασης. Συνειδητοποιείται επίσης από την επιστήμη ο ποιητικός χαρακτήρας της γνώσης και γίνεται αποδεκτό πως η γνώση δεν νοείται έξω από αισθητικές παραστάσεις. Όταν ο Νίτσε κατατάσσει την επιστήμη στη φιλοσοφική κριτική της μεταφυσικής δεν θέλω να πω φυσικά ότι δεσμεύοντας παράλληλα τη φιλοσοφία στο πλαίσιο ενός επιστημονικού φρονήματος, θέλει απλά να ταυτίσει την επιστήμη με την τέχνη. Κεντρική σκέψη στη συνάφεια αυτή είναι ότι χωρίς το σχήμα της αισθητικής εμπειρίας ούτε η μεταφυσική, αλλά ούτε και η φιλοσοφία με την επιστήμη δύνανται να κατανοηθούν επαρκώς. Αυτό δεν σημαίνει βέβαια ότι... όλα είναι τέχνη, αλλά ότι μέσα από τις παραστατικές σχέσεις της τέχνης καταδεικνύεται τι είναι και η φιλοσοφία και η επιστήμη και η μεταφυσική.

β) Υπάρχει δεύτερον η σχέση του περικλεισμού. Εδώ βέβαια ενσαρκώνει η φιλοσοφία την κοσμοπλαστική και συνολιστικά νοηματοδοτική βαθμίδα, στην οποία εντάσσονται οι άλλες εκφάνσεις του ανθρώπινου πνεύματος. Η φιλοσοφία ως πρόταγμα και δημιουργία οριζόντων συνολικού νοήματος στηρίζεται επικουρικά από την τέχνη που της πα-

---

327. Βλέπε *Versuch einer Selbstkritik*, ό.π.

ρέχει τη δημιουργική φλέβα, αλλά και την εμπειρία του κόσμου ως παράστασης. Από την άλλη η φιλοσοφία ενσωματώνει τις γνώσεις της επιστημονικής πρακτικής, εντάσσοντάς τες σε μια αυτοκριτική κίνηση, ενάντια δηλ. στην ίδια της την τάση να υποκύπτει στις αυθυποβολές των κοσμοθεωρήσεων καταντώντας αποστεωμένη μεταφυσική.

γ) Το τρίτο δομικό χαρακτηριστικό είναι αυτό της συναστέρωσης, στην οποία τέχνη, φιλοσοφία, μεταφυσική και επιστήμη αποτελούν μέλη μιας διάταξης που κυριαρχείται από την οπτική της «ζωής». Η οπτική της ζωής είναι επομένως η υπέρτατη βαθμίδα νοηματοδότησης της βιοκοσμικής ολότητας, και αυτό διότι όχι μόνο βοηθά τη φιλοσοφία να κατανοήσει το τι πραγματικά επιζητά η μεταφυσική προτάσσοντας την υπερβατική προοπτική του «άλλου κόσμου», αλλά επιπλέον επειδή διοχετεύει τη δημιουργική δυναμική της τέχνης και της επιστήμης στη διαδικασία αέναης πρόταξης κοσμοθεωρήσεων.

Τέλος, *δ)* το χαρακτηριστικό της ετερογένειας, που σημαίνει πως η τέχνη, η επιστήμη, η μεταφυσική και η φιλοσοφία διατηρούν την αυτοτέλειά τους. Ο λόγος είναι απλός: παρ' όλη την αυξανόμενη διανοητική της διάσταση η τέχνη δεν καταλήγει σε γνωστικό ενέργημα, αλλά ούτε και η επιστήμη μπορεί να ταυτιστεί με τα αισθητικά της στοιχεία. Ούτε η φιλοσοφία είναι μια «μεταφυσική των καλλιτεχνών»,[328] αλλά ούτε και η μεταφυσική ταυτίζεται με τη φιλοσοφία. Ως κατ' επίφαση μόνο υπερβατικότητα η μεταφυσική διαυγάζεται και αναλύεται κριτικά, όπως άλλωστε η υπερβατολογική εμφάνεια του Καντ. Αυτό όμως δεν σημαίνει πως μπορεί να εξαφανιστεί εντελώς. Ουσιαστικά ο Νίτσε δεν στοχεύει στην οριστική κατάλυση της μεταφυσικής, αλλά σε μια διαφοροποιημένη προσέγγισή της. Τι σημαίνει τούτο; Όπως είδαμε η μεταφυσική είναι ουσιαστικά η σκέψη των αντιθέσεων[329] – ο Νίτσε φιλοσοφεί ενάντια στην αντι-

328. Βλέπε Νίτσε, *Versuch einer Selbstkritik*, ό.π., σελ. 21.

329. Με ιδιαίτερη πλαστικότητα περιγράφει ο Νίτσε την αντιθετικότητα της μεταφυσικής σε μια σημείωσή του το καλοκαίρι του 1887: «Αυτός ο κόσμος είναι φαινομενικός – επομένως υπάρχει ένας αληθινός κόσμος. Αυτός ο κόσμος είναι υπό όρους – επομένως υπάρχει ένας κόσμος που είναι δίχως όρους, δηλ. απόλυτος. Αυτός ο κόσμος είναι αντιφατικός – επομένως υπάρχει ένας κόσμος χωρίς αντιφάσεις. Αυτός ο κόσμος είναι εν Γίγνεσθαι – επομένως υπάρχει ένας κόσμος που είναι». (βλέπε *Die Metaphysiker*, καταλειπόμενα έργα, *KSA*, τόμ. 12, 8[2], σελ. 325)

θετικότητα αυτή καθώς και στους συμπαρομαρτούντες δυαλισμούς. *Αυτό που αντιπαραθέτει στις μεταφυσικές απάτες είναι το κυρίαρχο βιοτικό ενέργημα, το οποίο δεν έχει ανάγκη από μεταφυσικά δεκανίκια, επειδή γνωρίζει πώς να διενεργεί τις κοσμοπλαστικές και ολιστικές του νοηματοδοτήσεις ως προοπτικούς ορίζοντες ή ως πλέγματα αισθητικών, ηθικών, επιστημονικών και φιλοσοφικών αξιακών αναφορών.*[330]

Στην προοπτική των προβληματισμών που προκύπτουν από τη σε βάθος ερμηνεία του έργου *Ανθρώπινο, πολύ ανθρώπινο*, μπορούμε να διατυπώσουμε μια προσωρινή εκτίμηση της νιτσεϊκής κριτικής στη μεταφυσική. Το γεγονός ότι η κατανόηση της μεταφυσικής σφραγίζεται από την εναντίωσή του σε κάθε είδος αντιθετικής σκέψης, μας οδηγεί στη συνέχεια της μελέτης να εξετάσουμε δύο περιπτώσεις φιλοσοφικού λόγου στις οποίες ο Νίτσε εντοπίζει την αντιθετική σκέψη στο απόγειό της, δηλ. την καντιανή θεώρηση περί του πράγματος καθ' αυτό και την πλατωνική διδασκαλία των Ιδεών.[331] Όπως ο Αντόρνο διαμορφώνει το πρόγραμμα της αρνητικής μεταφυσικής στο πλαίσιο της αντιπαράθεσης με τους Καντ και Χέγκελ, αντίστοιχα και η νιτσεϊκή κριτική της μεταφυσικής προσεγγίζει τους δύο επιφανέστερους αντιπροσώπους της, τον Πλάτωνα και τον Καντ, ως στοχαστικό αντικίνημα ενάντια στη φιλοσοφική παράδοση. Στη συνάφεια της διαπραγμάτευσης της έννοιας της «ερμηνείας» στον Νίτσε προχωρώ στη σύγκριση των μοντέλων κριτικής της μεταφυσικής ρωτώντας ποιο θα άρμοζε ως καταλληλότερο στις σύγχρονες ανάγκες κριτικού προβληματισμού.

---

330. Στη σύλληψη αυτή πιστεύω έγκειται και η επικαιρότητα του Νίτσε για το λόγο της μοντερνικότητας (βλέπε σχετικά Χάμπερμας, *Ο φιλοσοφικός Λόγος της νεωτερικότητας*, σελ. 113 κ.ε.). Η ερμηνευτική πρόταση που διατυπώνω σκοπεύει να αναδείξει τη διάσταση της νιτσεϊκής σκέψης, η οποία προσφέρει στοιχεία για την κριτική του λόγου και της ορθολογικότητας που, κατά τη γνώμη μου, έχουν αποδειχτεί απολύτως απαραίτητα για τη (μετα-)νεωτερική σκέψη και την κριτική της στο «λογοκεντρισμό». Τα στοιχεία αυτά συναρθρώνονται σε αυτό που αποκαλείται *ένας λόγος και πολλές ορθολογικότητες*. Η νιτσεϊκή σκέψη μπορεί να θεωρηθεί ένας δημιουργικός τρόπος να διενεργηθεί η αντιπαλότητα μεταξύ ενότητας και πολλαπλότητας: ο λόγος υπό την «οπτική της ζωής» διενεργείται ως πλέγμα περασμάτων από τη μια ορθολογικότητα στην άλλη και από τη μια θεώρηση του λόγου στην άλλη.

331. Ο Νίτσε μιλά βέβαια για τη φιλοσοφία του ως «ανεστραμμένο πλατωνισμό»: βλέπε καταλειπόμενα έργα, *KSA*, τόμ. 7, 7[156], σελ. 199.

4.2. Νίτσε και Καντ

Στην παρούσα ενότητα επικεντρώνομαι στην κριτική που ασκεί ο Νίτσε στη μεταφυσική, όπως τη θεωρεί, σύλληψη του Καντ και συγκεκριμένα στην έννοια του πράγματος καθ' εαυτό. Όπως είδαμε και στην κριτική του Αντόρνο στον Καντ, μεθοδολογικά χρήσιμο είναι να αρχίσουμε από την έννοια του καντιανού υπερβατολογικού *χ*. Βέβαια για τον Νίτσε ένα τέτοιο ξεκίνημα θα φάνταζε σε πρώτη άποψη ως αυθαίρετος ακαδημαϊσμός και φιλολογική στρεψοδικία. Πράγματι, αν θέσουμε κατά μέρος τις κατά κύριο λόγο απαξιωτικές κρίσεις για το πρόσωπο του Καντ, ο Νίτσε ενσαρκώνει μια σκέψη ριζικά, ασυμβίβαστα αρνητική και κατηγορηματικά απορριπτική κάθε έννοιας περί νοούμενης σφαίρας. Χλευάζει ανελέητα τις απρόσιτες δήθεν στη γνώση απόλυτες οντότητες ή την αυτόνομη νομοθεσία του πρακτικού λόγου ή τα όποια υπεραισθητά θεμέλια κτλ. Είναι κατηγορηματικός: «Το καλό ύφος *καθ' αυτό* - είναι μια καθαρή τρέλα, ένας απλός "ιδεαλισμός", είναι κάτι σαν το "ωραίο *καθ' αυτό*", το "καλό *καθ' αυτό*", το "πράγμα *καθ' αυτό*"...»[332] Στο τελευταίο διαβλέπει την επιτομή των διαστρεβλώσεων που έχουν επιφέρει η μεταφυσική αντιθετικότητα και οι δυαλιστικοί χωρισμοί στην ανθρώπινη σκέψη: αντιστροφή του πραγματικού, οντολογικοποίηση όσων θεωρούνται αξιακά υπέρτερα, υποστασιοποίηση της ύψιστης αλήθειας, απαξίωση του ενδοκοσμικού κτλ. Η απορριπτική στάση του Νίτσε είναι σαφής και δεν απαιτείται ιδιαίτερος σχολιασμός για την άποψη που έχει για το πράγμα καθ' αυτό ή για το νοούμενο. Το να θελήσουμε λοιπόν να διαπραγματευθούμε ειδικά τούτη την άξια περιφρόνησης –κατά τον Νίτσε– θεματική είναι χαμένος κόπος.

Επιμένοντας λίγο στο σημείο αυτό, νομίζω πως αν κοιτάξουμε επισταμένως τις προϋποθέσεις και τις επιχειρηματολογικές κινήσεις του Νίτσε ενάντια στη σύλληψη του πράγματος καθ' αυτό ως ακρογωνιαίου λίθου της μεταφυσικής σκέψης, παρουσιάζεται εντέλει μια κάπως... πιο διαφορετική εικόνα των πραγμάτων. Ο Νίτσε επιτίθεται από διαφορετικές πλευρές στο πράγμα κάθ' αυτό. Εκείνο όμως που παραμένει ως υπόβαθρο όλων των απορρίψεων είναι η υπόνοια ή μάλλον η βεβαιότητα

332. Βλέπε *Ecce Homo* (*Ίδε ο άνθρωπος*), σελ. 226.

του Νίτσε πως πίσω από συλλήψεις τέτοιου είδους κρύβεται ο... «άλλος κόσμος», εκείνος που υπάρχει πέραν των φαινομένων.

Ας παρουσιάσουμε και πάλι από το *Ανθρώπινο, πολύ ανθρώπινο* τις πολεμικές επιχειρήσεις του φιλόσοφου με το σφυρί ενάντια σε κάθε έννοια του «πίσω». Κατ' αρχάς διαπιστώνουμε τέσσερα είδη κριτικών επιχειρημάτων:

α) Η φιλοσοφία, από τη στιγμή που επιδιώκει να εγείρει μεταφυσικές αξιώσεις, μεταχειρίζεται τον ορατό κόσμο των φαινομένων ως «πίνακα [ζωγραφικής]»,[333] συλλαμβάνει όμως την ουσιαστικά αισθητική εμπειρία με εντελώς διαφορετικό τρόπο. Για τον Νίτσε αυτό οφείλεται στο γεγονός ότι η φιλοσοφία επανανοηματοδοτεί την αρνητική διεργασία που απαιτείται ώστε να διαχωριστεί η εικόνα ως φορέας της παράστασης από εκείνο που παρίσταται, με τέτοιο τρόπο, ώστε η εικονική παράσταση να αποκρυσταλλώνεται ως δεδομενικότητα. Έχοντας λοιπόν προσδώσει στην εποπτική παράσταση την οριστικότητα του τετελεσμένου κάνει και το επόμενο –αναπόφευκτο– βήμα να θεμελιώσει την εξαντικειμενικευμένη τούτη πραγματικότητα σε ικανά αίτια και επαρκείς λόγους (causa efficiens). Από τη στιγμή που η «ζωή και η εμπειρία» αναγορεύονται σε σταθερά οντολογικά μεγέθη, η αναζήτηση των ικανών αιτίων μπορεί να διαλέξει μεταξύ διάφορων εναλλακτικών λύσεων. Μια από αυτές είναι αναμφίβολα για τον Νίτσε οι καντιανές Ιδέες του καθαρού Λόγου, τις οποίες η *Κριτική του καθαρού Λόγου* θεωρεί ως τις υπερβατολογικές εκείνες έννοιες που βοηθούν το νου να θεωρήσει ότι «κάθε εμπειρική γνώση καθορίζεται από μια απόλυτη ολότητα των όρων δυνατότητας»[334] (δηλ. των απόλυτων συνθηκών κάθε δυνατής εμπειρίας). Είναι γνωστό πως οι καντιανές Ιδέες έχουν ρυθμιστικό χαρακτήρα, διότι προσφέρουν στην ανθρώπινη διάνοια εκείνες τις ενοποιητικές και ολιστικές συνθήκες υπό την αιγίδα των οποίων οι επιμέρους εμπειρικές γνώσεις και οι επιστημονικοί νόμοι συντίθενται συγκροτώντας ένα ενιαίο σύνολο καθολικής θεώρησης και γνώσης της πραγματικότητας. Ο Καντ στο σημείο αυτό είναι αυστηρός, επειδή ο ρυθμιστικός ρόλος των Ιδεών στο αρχιτεκτονικό οικοδόμημα του Λόγου θε-

333. Βλέπε ό.π., σελ. 42.

334. Βλέπε *Kritik der reinen Vernunft*, B 384, σελ. 359.

μελιώνει ακριβώς σύνολη την κριτική αποστασιοποίηση της φιλοσοφίας από το δογματικό παρελθόν της μεταφυσικής, για την οποία βέβαια οι Ιδέες ήταν κάτι σαν οντολογικές σταθερές. Στη νεωτερική μετα-μεταφυσική φιλοσοφία που εγκαινιάζεται με τον Καντ οι Ιδέες πρέπει να έχουν αποκλειστικά διαδικαστική και ρυθμιστική λειτουργία, δηλ. να κατευθύνουν τη σκέψη σε όλο και περιεκτικότερες ολότητες και διευρυνόμενες συνομαδώσεις των επιμέρους γνώσεων σε ενιαία σύνολα. Γνωστά βέβαια αυτά. Για τον Νίτσε όμως που τον βασανίζει κάθε υποψία υφέρπουσας μεταφυσικής, τα πράγματα είναι σχετικά απλά, καθώς είναι προφανές ότι πρόκειται για τις συνήθεις νοησιαρχικές προβολές στον υπερβατικό «άλλο κόσμο».

Έχουν όντως έτσι τα πράγματα; Προτού ενδώσω με τη σειρά μου στον πειρασμό να απλοποιήσω τη θέση του Νίτσε, θα έπρεπε να τονίσω πως δεν στερείται βάσιμων επιχειρημάτων. Θα μπορούσε μάλιστα να αντιτάξει κανείς ότι με τη θέση του για το καθολικό Γίγνεσθαι κάθε βιοκοσμικής νοηματοδοτικής ενέργειας ο Νίτσε καταφέρει ένα ουσιαστικό πλήγμα στους μεταφυσικούς διπλασιασμούς του κόσμου, οι οποίοι βέβαια εδράζονται στην πεποίθηση του αμετακίνητου Είναι και της παραμόνιμης θέασης του κόσμου ως ισχνής του αντανάκλασης. Όσο και να ευστοχεί τούτο το επιχείρημα, δεν αποτελεί επαρκή λόγο για την απόρριψη του πράγματος καθ' αυτό. Εκτός βέβαια και αν κάποιος, στην περίπτωση αυτή και ο Νίτσε, συγχέει το άχρονο του πλατωνικού κόσμου με την καντιανή έννοια του νοούμενου κόσμου. Ο Νίτσε, καθώς στοχεύει στο να αποδείξει περίτρανα ότι στον Καντ συναντάμε και πάλι την ιδέα ενός παραμόνιμου Είναι που βρίσκεται «πίσω» από τα φαινόμενα και εντός ενός «άλλου κόσμου», παραβλέπει οικτρά ότι αυτό που πρωταρχικά ενδιαφέρει τον Καντ είναι η υπερβατολογική χρήση του όρου πράγμα καθ' αυτό, δηλ. η οπτική γωνία της θεώρησης του πράγματος ως καθ' αυτό, οπότε το ερώτημα *τι είναι αυτό το πράγμα* δεν τον απασχολεί ιδιαίτερα.[335] Εφόσον ο Καντ δεν διατυπώνει κρίσεις σχετικές με κάποιο επέκεινα του πράγματος καθ' αυτό, δεν αποκλείεται

335. Βλέπε ό.π., Β 344, σελ. 330 κ.ε. Ότι η έννοια του πράγματος καθ' αυτό έχει νόημα μόνο στο πλαίσιο του υπερβατολογικού στοχασμού, ο δυαλισμός του είδους «the "true" world and the "apparent" world» στερείται κάθε αλήθειας.

θεωρητικά και οντολογικά να (θέλει να) εντοπίσει κανείς το ποιόν του στο Γίγνεσθαι. Ακριβώς τη διάσταση αυτή υπεξαιρεί ο Νίτσε από την καντιανή οντολογία.

β) Έστω ότι αφήνουμε προς στιγμή το πράγμα καθ' αυτό, ή τη συγγενική έννοια του υπερβατολογικού *χ* (που στερείται κάθε ποιοτικής ιδιότητας), στην ησυχία τους... Δίχως χρονοτριβή μπορεί να στοιχειοθετηθεί εκ νέου κριτική και μάλιστα κάτω από διαφορετική σκοπιά. Το γεγονός ότι ο Καντ, περιορίζοντας τη γνώση εν γένει στα πλαίσια της εμπειρίας, δεν προσδίδει στο *χ* κανένα κατηγόρημα, είναι για τον Νίτσε άκρως ύποπτο: «Οι ιδιότητες ενός πράγματος είναι οι επενέργειες του πάνω σε άλλα "πράγματα": αν αφαιρέσει κανείς τα άλλα "πράγματα", τότε το πράγμα δεν έχει πια καμία ιδιότητα, δηλ. δεν υπάρχει πράγμα χωρίς άλλα πράγματα, δηλ. δεν υπάρχει "πράγμα καθ' αυτό"».[336] Η σκέψη είναι ευλογοφανής: αν όντως το πράγμα ταυτίζεται ουσιαστικά με το σύνολο των επενεργειών του στον περιβάλλοντα χώρο των πραγμάτων, τότε η έννοια ενός πράγματος αποδεσμευμένου από κάθε αναφορά επενέργειας στερείται νοήματος. Άλλωστε ο Νίτσε επιχειρηματολογώντας έτσι δεν φαίνεται να επαναλαμβάνει την εσφαλμένη άποψη του πρώτου επιχειρήματος (α). Ο λόγος είναι απλός: εδώ δεν χρησιμοποιεί την έννοια του «πράγματος καθ' αυτό» χωριστά από το πράγμα αυτό ως φαινόμενο, επομένως δεν το τοποθετεί κάπου «πίσω» από τα φαινόμενα, στον «άλλον κόσμο». Για να μπορεί να φέρει το όνομα αυτό, κάθε πράγμα πρέπει για τον Νίτσε να πληροί την προϋπόθεση του να είναι χρονικά πεπερασμένη αποκρυστάλλωση, δηλ. εφήμερο αποτέλεσμα πολλαπλών επενεργειών. Αν λοιπόν στη συνάφεια αυτή δεν μπορεί να εννοεί κάποιο μεταφυσικά υπερβατικό «πράγμα-καθ'-αυτό»,[337] συνεχίζει παρ' όλα αυτά να επιχειρεί την ακύρωση κάθε έννοιας «καθ' αυτό», μιας και το ερμηνεύει ως δι' αυτό (für sich), δηλ. χωρίς καμιά αναφορά και ιδιότητα. Την έλλειψη αναφορών δεν την προσδένει όμως στο υποκείμενο της γνώσης, οπότε και θα ευθυγραμμιζόταν με το καντιανό γράμμα, αλλά εν γένει σε κάθε Άλλο.

---

336. Βλέπε καταλειπόμενα έργα, *KSA*, τόμ. 12, 2[85], σελ. 104.

337. Στα επόμενα διαχωρίζω το υπερβατολογικό πράγμα καθ' αυτό από τη μεταφυσική του υποστασιοποίηση, το πράγμα-καθ'-αυτό ως οντολογική σταθερά.

Από τους καντιανούς συλλογισμούς κάτι τέτοιο δεν προκύπτει. Πρέπει να προσέξουμε ιδιαίτερα τη διαφορά μεταξύ του πράγματος καθ' αυτό ως προς την αναφορά του στην εμπειρία από τη μια και ως προς την υπερβατολογική του χρήση από την άλλη. Στα όρια εμπειρικής χρήσης της έννοιας το πράγμα καθ' αυτό σηματοδοτεί τον τομέα των όντων που ως μη υποκειμενικός περικλείει το σύνολο των αντικειμένων τα οποία είναι διυποκειμενικά και κοινά σε όλους τους ανθρώπους. Ο τομέας έρευνας της παραδοσιακής φυσικής επιστήμης αποτελεί τέτοιο δείγμα. Στον Καντ το εμπειρικό διαμερίζεται σε «φαινόμενο» (δηλ. αποκλειστικά με αναφορικότητα ως προς το υποκείμενο) και σε «πράγμα καθ' αυτό» (δηλ. ανεξάρτητο από το υποκείμενο, ιδιοσύστατο και αυτοτελές αντικείμενο). Εάν τούτη η διάκριση αποτελεί το πρώτο επίπεδο υπερβατολογικού στοχασμού, τότε, σε δεύτερο επίπεδο, ο στοχασμός ανασκοπεί τη διάκριση αυτή, δηλ. στοχάζεται την αντίθεση κάποιου πράγματος άλλοτε ως «φαινομένου» κι άλλοτε ως «μη-φαινομένου». *Είναι προφανές πως η αντίθεση που παρουσιάζεται εδώ δεν αφορά το ίδιο το αντικείμενο, αλλά τις εναλλακτικές προοπτικές θεώρησής του.* Συνακόλουθα διαπιστώνουμε ότι το εμπειρικό πράγμα καθ' αυτό γνωσιοθεωρητικά δεν είναι εν γένει απρόσιτο στα νοηματοδοτικά και εξηγητικά διενεργήματα της διάνοιας. Άρα η κριτική του Νίτσε είναι εσφαλμένη ακριβώς επειδή επιχειρεί άστοχα να αντιπαραθέσει στην υποτιθέμενη έλλειψη αναφορών του πράγματος καθ' αυτό το πλέγμα αμοιβαίων επενεργειών και αλληλοδράσεων των πραγμάτων μεταξύ τους.

γ) Η υπόθεση όμως δεν τελειώνει εδώ. Δεν είναι μονάχα το πράγμα καθ' αυτό εννοούμενο ως μη αναφορικό δι' αυτό που εξοργίζει τον Νίτσε. Η ανεξαρτησία του πράγματος καθ' αυτό από το υποκείμενο φαντάζει, στην καλύτερη περίπτωση, κούφιος καζουισμός: «Το ότι τα πράγματα έχουν καθ' αυτά μια ιδιοσύσταση, ξέχωρη από υποκείμενο και ερμηνεία, είναι μια καθ' όλα αυθαίρετη υπόθεση: αυτό θα προϋπέθετε ότι το ερμηνεύειν και το υποκειμενικώς-είναι δεν έχουν καμία σημασία, ότι το πράγμα ξέχωρα από κάθε σχέση παραμένει πράγμα».[338] Κατά τη γνώμη μου σ' αυτό το σημείο ο Νίτσε διαπράττει το ίδιο σφάλμα που το καταλογίζει μάλιστα με σφοδρότητα στη φιλοσο-

338. Βλέπε ό.π., 9[40], σελ. 353.

φική παράδοση, δηλ. ότι συγκεκριμένες έννοιες και φράσεις υποστασιοποιούνται με τέτοιο τρόπο, ώστε το αναφορικό τους νοηματοδοτούμενο να αίρεται στο επίπεδο οντολογικής σταθεράς. Υπό τη μορφή γραμματικής-συντακτικής ενότητας («πράγμα-καθ'-αυτό») το καντιανό πράγμα καθ' αυτό αποκτά οντολογική εξοχότητα, οπότε δεν έχει ανάγκη καμιά υποκειμενική διαμεσολάβηση. Βλέπουμε συνακόλουθα πόσο προκατειλημμένος είναι ο Νίτσε όταν κατατάσσει επιπόλαια τον Καντ στο αμαρτωλό μεταφυσικό παρελθόν. Ούτε καν η κριτική στις υποστασιοποιήσεις της γλώσσας τον υποψιάζει για το τυχόν εσφαλμένο των αντικαντιανών κρίσεων. Δεν βλέπει δηλ. ότι στην περίπτωση του πράγματος καθ' αυτό δεν πρόκειται για τις συνήθεις (μεταφυσικές) ουσιαστικοποιήσεις επιθέτων και ρημάτων, τις οποίες βέβαια ο Νίτσε αριστουργηματικά διαλύει στα εξ ων συνετέθησαν, αλλά για έναν ουσιαστικά επιρρηματικό καθορισμό, δηλ. για το *πώς*, τον τρόπο της θεώρησης του αντικειμένου.

δ) Τα τρία τελευταία επιχειρήματα που επικαλέστηκα για να δείξω ότι η νιτσεϊκή κριτική στο πράγμα καθ' αυτό δεν είναι και τόσο... επιτυχής, δεν κινούνται αυστηρά στα πλαίσια του έργου του φιλόσοφου. Όπως είδαμε, ο Νίτσε δεν αναπτύσσει διεξοδικά την αντιπαράθεσή του με την καντιανή φιλοσοφία. Αυτό άλλωστε, όπως και η γενικότερη στάση του απέναντι στη φιλοσοφική παράδοση, δεν τον πολυενδιαφέρει. Στα καταλειπόμενα έργα του βρίσκουμε πάντως ενδιαφέρουσες παρατηρήσεις, σαν αυτές που παρατέθηκαν στα προηγούμενα. Μια νιτσεϊκή σημείωση που θεωρώ ότι χρήζει χωριστής ερμηνείας είναι η ακόλουθη: «Ο Καντ δεν είχε πια κανένα δικαίωμα να διακρίνει τα "φαινόμενα" από το "πράγμα καθ' αυτό" –είχε ο ίδιος αφαιρέσει από τον εαυτό του το δικαίωμα να κάνει τέτοιους παραδοσιακούς διαχωρισμούς, στο βαθμό που απαγόρευσε να συνάγει κανείς από το φαινόμενο το αίτιο του φαινομένου– σύμφωνα βέβαια με την έννοια της αιτιότητας και της ισχύος της καθαρά στη σφαίρα των φαινομένων».[339] Η σκέψη του Νίτσε

339. Βλέπε ό.π., 5[4], σελ. 185-186. Το επιχείρημα είναι στην ουσία δανεισμένο από την κριτική του Σοπενχάουερ στην καντιανή φιλοσοφία. Βλέπε *Fragmente zur Geschichte der Philosophie*, Werke III, σελ. 118 κ.ε. Η κριτική ενάντια στο αίσθημα (Affektion) ως αιτιακή διαδικασία αποτελεί έναν από τους ακρογωνιαίους λίθους της μετακαντιανής φιλοσοφίας.

αφορά βέβαια το αίσθημα (Affektion): αν ο Καντ είχε θελήσει να συλλάβει τον τρόπο επενέργειας του πράγματος καθ' αυτό πάνω στις μορφές εποπτείας του υποκειμένου με όρους αιτιακής διαδικασίας, δηλ. αιτιακού ντετερμινισμού, θα είχε ασφαλώς καταστρατηγήσει ένα θεμελιακό όρο της χρήσης της έννοιας της αιτιότητας, γιατί όπως είναι γνωστό η αιτιότητα έχει καθολική ισχύ, αλλά μόνο στη σφαίρα του κόσμου ως φαινομένου. Το επιχείρημα του Νίτσε θα μπορούσε να έχει νομιμότητα μόνο στο βαθμό που προϋποθέτουμε ότι το «καθ' αυτό» εννοείται ως υπερβατικό-μεταφυσικό επέκεινα, ως ένας κόσμος οντολογικών «πραγμάτων-καθ'-αυτά», κάτι βέβαια που δεν είναι άστοχο, αν προσέξουμε τους «παραδοσιακούς χωρισμούς», για τους οποίους κάνει λόγο ο Νίτσε εννοώντας ασφαλώς την παραδοσιακή μεταφυσική. Στην ουσία κάτι τέτοιο δεν ισχύει, διότι η σχέση μεταξύ παθητικού αισθήματος και επενεργούσας αιτίας-αντικειμένου πρέπει να τοποθετηθεί στο σωστό πλαίσιο, δηλ. στα όρια της εμπειρίας. Επειδή με την υπερβατολογική έννοια του όρου το «πράγμα καθ' αυτό» είναι απλά το πράγμα θεωρούμενο καθ' αυτό, το αίσθημα (Affektion) που προκαλείται από «πράγματα καθ' αυτά» δεν δηλώνει τίποτα άλλο παρά το αίσθημα που προκαλούν τα εμπειρικά αντικείμενα, τα οποία, όπως είδαμε, σε ένα δεύτερο επίπεδο υπερβατολογικής σκέψης, θεωρούνται ως καθ' αυτά, ανεξάρτητα και πέρα από τις αναφορές και επενέργειές τους (πάνω) στο υποκείμενο.

ε) Ο Νίτσε πιστεύει πως εντοπίζει μια ακόμα βαρυσήμαντη αντίφαση του Καντ: ο όρος «πράγμα καθ' αυτό» νοηματοδοτείται ως αδιαμεσολάβητη πρόσβαση στην αλήθεια, «λες και η γνώση να κατόρθωνε να συλλάβει το αντικείμενο της καθαρό και γυμνό, ως "πράγμα καθ' αυτό", δίχως να λαμβάνει χώρα καμία παραποίηση από την πλευρά του υποκειμένου, ή από τη μεριά του αντικειμένου».[340] Στην κριτική ενάντια στο πράγμα καθ' αυτό ως δογματική-μεταφυσική πραγμοποίηση προστίθεται τώρα και η σαφής απόρριψη κάθε έννοιας άμεσης γνωστικής βεβαιότητας, όπως είναι η διανοητική εποπτεία. Άμεση-υποκειμενική μέθεξη στη γνώση δεν μπορεί για τον Νίτσε να υπάρχει για τον ίδιο λόγο που αδυνατούμε να μιλήσουμε για το πράγμα καθ' αυτό ως φορέα της

340. Βλέπε *Πέρα από το καλό και το κακό*, σελ. 26.

αλήθειας του «άλλου», του πραγματικού «κόσμου»: και τα δύο δεν είναι τίποτα άλλο παρά κίβδηλες υποστάσεις που οφείλονται στις συνηθισμένες δουλείες και αδράνειες του νου. *Το τελευταίο αποτελεί τον κοινό παρονομαστή όλων των κριτικών ενστάσεων του Νίτσε ενάντια στο πράγμα καθ' αυτό ως μεταφυσική φενάκη. Το κατηγορητήριο είναι όντως εντυπωσιακό: αποστεωμένη φαινομενικότητα, οντολογική υποστασιοποίηση, «είδωλο της αγοράς» (Φράνσις Μπέικον), φενακισμένη πίστη σε σταθερές οντότητες, στρεψοδικία του αδρανούς και δογματικού πνεύματος κτλ.* Όλα δηλ. χαρακτηριστικά μιας σκέψης, την οποία ο Νίτσε απορρίπτει προτάσσοντας την ανάγκη ρευστότητας και χρονικότητας κάθε εννοιακού καθορισμού.

Εάν οι αντιρρήσεις που προβάλλονται στην κατανόηση του πράγματος καθ' αυτό είναι καθ' όλα νόμιμες και εύστοχες, πρέπει να δεχτούμε πως η ολοκληρωτική επίθεση του Νίτσε στο μεταφυσικό οικοδόμημα όντως απομονώνει από το φιλοσοφικό τοπίο τις διακρίσεις «δι' αυτό» και «καθ' αυτό». Προσπάθησα να δείξω ότι οι αιτιάσεις του Νίτσε κατά του πράγματος ως μη-φαινόμενο δεν αφορούν τόσο πολύ το υπερβατολογικό εγχείρημα του Καντ, όσο την οντολογικοποιημένη εκδοχή της καντιανής φιλοσοφίας ως θεωρίας των «δύο κόσμων». Παρ' όλα αυτά παραμένει ασαφές πώς θα επιτευχθεί η γεφύρωση του χάσματος μεταξύ καντιανής και νιτσεϊκής κριτικής της μεταφυσικής.

Πιστεύω πως είναι εφικτό παρ' όλη τη σφοδρότητα των κατηγορηματικών κρίσεων του Νίτσε. Σκοπεύω να ερμηνεύσω έτσι την έννοια του υπερβατολογικού αντικειμένου ώστε να αναδεικνύεται ο χαρακτήρας προτάγματος (Entwurf) που ενέχει. Επομένως δημιουργείται αυτόματα μια ερμηνευτική βάση στο έδαφος της οποίας η σκέψη του Νίτσε μπορεί να διαυγαστεί ως θεωρία προταγμάτων. Το ότι πάλι ξεκινήσαμε από το υπερβατολογικό αντικείμενο ή το πράγμα καθ' αυτό είναι καθ' όλα νόμιμο διάβημα, από τη στιγμή μάλιστα που ο ίδιος ο Νίτσε αναφέρεται σε κεντρικό σημείο στο έργο του *Περί αλήθειας και ψεύδους υπό εξωηθική έννοια* στον «αινιγματικό άγνωστο Χ του πράγματος καθεαυτό»,[341] ως του πεδίου όπου αναπτύσσονται οι αξιακές και βιοκοσμικές αναφορές.

341. Βλέπε *KSA*, τόμ. 1, σελ. 879.

4.2.1. Το υπερβατολογικό αντικείμενο

Δείξαμε πως στο σύνολό της η νιτσεϊκή κριτική του Καντ αδικεί το υπερβατολογικό εγχείρημα. Με αχαλίνωτη πολεμική διάθεση ο Νίτσε θα παρουσιάσει τον Καντ ως δέσμιο της μεταφυσικής παράδοσης και συνεχιστή της δισχιλιετούς ιστορίας της φιλοσοφίας, ως θεματοφύλακα *του αλλοτινού κόσμου*. Η ειρωνεία της υπόθεσης είναι ότι ο Νίτσε, φιλόσοφος της ερμηνείας και των κυρίαρχων προταγμάτων της θέλησης για δύναμη, εξαπολύει μύδρους, ξιφουλκεί και μάχεται ενάντια στον Καντ, για τον οποίο ακρογωνιαίος λίθος της φιλοσοφίας του *καθαρού Λόγου* είναι η σύλληψη ότι «ο λόγος ενοράται μόνο εκείνο που ανακαλύπτει ο ίδιος σύμφωνα με το δικό του προδιάγραμμα».[342]

Για να εκτιμήσουμε το αξιακό βάρος του υπερβατολογικού αντικειμένου στο οικοδόμημα του ελέγχοντος και αυτοελεγχόμενου Λόγου, πρέπει να εστιάσουμε στο ερώτημα γύρω από το ποιες είναι οι φιλοσοφικές ανάγκες και οι επιχειρηματολογικές σκοπιμότητες που οδηγούν τον Καντ να εισαγάγει τη συγκεκριμένη έννοια. Η πρώτη κιόλας έκδοση της *Κριτικής* διαπραγματεύεται τις αναφορές των εμπειρικών φαινομένων, τα οποία δεν είναι παρά αισθητές εποπτείες, αφού σε κάθε γνωστική διαδικασία γίνεται λόγος για *κάτι* που αντιστοιχεί στην υποκειμενική γνώση, δίχως όμως να ταυτίζεται με αυτή. Η σκέψη για ένα αντικείμενο ως κάτι τι εν γένει (= Χ) αποδεικνύεται αναγκαία υπόθεση «διότι εκτός από τη γνώση μας αληθινά δεν έχουμε τίποτε άλλο το οποίο θα μπορούσαμε να αντιπαραθέσουμε στη γνώση αυτή ως αντίστοιχό της».[343] Χαρακτηριστικό κατ' αρχάς είναι το γεγονός ότι ο Καντ συλλαμβάνει την αναφορά στο αντικείμενο ως σχέση αντιστοιχίας, σε αντίθεση με τη θεωρία της αντανάκλασης που θέλει τις εποπτείες απλά είδωλα-υποτυπώσεις των πραγμάτων στον ανθρώπινο νου. Αφού η αντικειμενική αναφορά δεν αποτελεί κάποιο δεδομένο που στέκεται αντίκρυ στην υποκειμενική γνωστική αναφορά, είναι εύκολο για τον Καντ να το μεταφέρει στη σφαίρα δικαιοδοσίας του κρίνοντος και γι-

342. Βλέπε *Κριτική του καθαρού Λόγου*, Β XIII, σελ. 42. Ο Α. Γιανναράς μεταφράζει το Entwurf ως προδιάγραμμα – σε πολλές περιπτώσεις θα προτιμήσουμε τον όρο «πρόταγμα».

343. Ό.π., Α 104, σελ. 93.

γνώσκοντος υποκειμένου. Αυτό σημαίνει ότι το υπερβατολογικό αντικείμενο προδιαγράφεται (vorentworfen) a priori από τη διάνοια, και συγκεκριμένα ως ένα είδος οθόνης προβολής, η οποία παρέχει στο κρίνον υποκείμενο τη δυνατότητα να συσχετιστεί με κάτι που αντιστοιχεί στη γνωστική του αναφορικότητα. Οι κρίσεις υπ' αυτή την έννοια, ανεξάρτητα του αν είναι αληθείς ή ψευδείς, αποκτούν αντικειμενικό νόημα. Με άλλα λόγια, η έννοια του (υπερβατολογικού) αντικειμένου αποτελεί εκείνο το υπερβατολογικό πρόταγμα στα πλαίσια του οποίου η αντικειμενική αναφορά απορρέει από την αναφορικότητα του υποκειμένου, πράγμα που σημαίνει ότι αυτό το αντικειμενικό αντίστοιχο δεν είναι κάτι το οποίο προϋπήρχε της γνωστικής αναφορικότητας. Όπως και στην *Κριτική του πρακτικού Λόγου*, δηλ. στη θεωρία του για την ελευθερία, ο Καντ συλλαμβάνει την αναφορά του υποκειμένου ως διενέργημα που δεν ξεκινά από κάτι δεδομένο, παρά κατευθύνεται σε κάτι το οποίο συγκροτείται και στοιχειοθετείται ακριβώς κατά τη διάρκεια αυτής της αναφοράς.

Θέτοντας τα πράγματα σε τούτη την προοπτική βλέπουμε πως η αναφορά των εννοιών και κατηγοριών της διάνοιας, «οι οποίες αναφέρονται a priori σε αντικείμενα της εποπτείας εν γένει»,[344] αποκτά πλήρες νόημα: μόνο στο πλαίσιο της προδιαγραφής (Vorentwurf) τού τι θα ήταν εν γένει μια συγκεκριμένη αντικειμενικότητα δύνανται οι κατηγορίες ως κατευθυντήριες της γνώσης προοπτικές να συγκροτηθούν προς εννοιακό προσδιορισμό της προδιαγεγραμμένης καθορισιμότητας (δηλ. αντικειμενικότητας) εν γένει. Η υπόθεση τώρα του μη-εμπειρικού (δηλ. υπερβατολογικού) αντικειμένου εν γένει, αντλεί την αναγκαιότητά της από το γεγονός ότι το υποκείμενο πρέπει να την έχει ήδη συλλάβει, ώστε στις εμπειρικές του κρίσεις να μπορέσει να αναφερθεί εν γένει στο αντικείμενο αυτό ως εμπειρικά καθορίσιμο και προσδιορίσιμο. Με άλλα λόγια, η προδιαγραμματική προσδιορισιμότητα (δηλ. το υπερβατολογικό αντικείμενο) προσφέρει στο υποκείμενο όλα τα υπό προσδιορισμό φαινόμενα. Το υποκείμενο από την πλευρά του προσδιορίζει τα φαινόμενα με τις κατηγορίες της καθαρής διάνοιας, οι οποίες «χρησιμεύουν μονάχα για να καθορίσουν το υπερβατικό αντικείμενο (την

344. Ό.π., Α 80, σελ. 48.

έννοια του κάτι εν γένει) με αυτό που είναι δεδομένο στην αισθητικότητα, με σκοπό να αναγνωρίζουμε το φαινόμενο υπό μορφή εννοιών αντικειμένων».[345] Βλέπουμε έτσι πόσο απέχει η έννοια του υπερβατολογικού αντικειμένου από μεταφυσικές υποστάσεις και αλλοκοσμικές υποδηλώσεις, εφόσον δεν αποτελεί ούτε αυθύπαρκτη οντολογικά σταθερά, ούτε και εμπειρικό αντικείμενο. *Ας το επαναλάβουμε: το υπερβατολογικό αντικείμενο αποτελεί μια αναγκαία συνθήκη γνωστικής αναφοράς και προσδιορισιμότητας, η οποία συγκεκριμενοποιείται κάθε φορά (δηλ. ανάλογα με τις εμπειρικές εποπτείες και φαινόμενα) σε εμπειρικό αντικείμενο αντικειμενικής γνώσης. Δεν πρέπει να ταυτίζεται ούτε με το εμπειρικό αντικείμενο ως δεδομένο, αλλά ούτε και βρίσκεται κάπου πίσω από το αντικείμενο ή τα φαινόμενα. Αντίθετα, αποτελεί είδος υπερβατολογικού θεμελίου κάθε αντικειμενικής προσδιορισιμότητας, διότι συνιστά τη βαθμίδα αντικειμενικών αναφορών η οποία διασφαλίζει τη διαφορά τους από το υποκειμενικό-ψυχικό ενέργημα της αναφοράς.*

Συγκεφαλαιώνοντας τη σύλληψη του Καντ για το αντικείμενο εν γένει, και ειδικά στο πλαίσιο του υπερβατολογικού προτάγματος (ή προδιαγράμματος) εμπειρικής γνώσης, μπορούμε να πούμε ότι υποκείμενο και αντικείμενο του προτάγματος είναι μεν διαφορετικά πράγματα, αλλά σε καμία περίπτωση χωριστά. Όσο βέβαιο είναι ότι ο καθορισμός τού φαινομένου μόνο ως διενεργήματος του υποκειμένου είναι νοητός, άλλο τόσο είναι σίγουρο πως το υποκείμενο δεν νοείται χωρίς το υπερβατολογικό αντικείμενο που το ίδιο το υποκείμενο αντιθέτει στον αυτό του ως το μη-υποκείμενο Άλλο του. Αυτό το αντι-θέτειν (δηλ. το θέτειν του αντικειμένου) είναι η βάση της συγκρότησης τόσο του υποκειμένου που αναφέρεται στον αντικειμενικό κόσμο, όσο και των αντικειμενικών αυτών αναφορών. Η καντιανή έννοια της εμπειρίας ή γνώσης συνίσταται στο ότι εμπειρία και γνώση είναι δυνατές μόνο στο βαθμό που διαμέσου της a priori σύνθεσης εποπτείας και διάνοιας το υποκείμενο διενεργώντας το γνωστικό πρόταγμα δίνει στον εαυτό του (δηλ. *αντι-θέτει*) το μη-υποκείμενο Άλλο του, ώστε να το προσδιορίσει στη συνέχεια ως κάποιο συγκεκριμένο εμπειρικό αντικείμενο. Αν όντως έχουν έτσι τα πράγματα, και δεν βλέπω πουθενά λόγο για κριτικές εν-

345. Ό.π., A 251, σελ. 300.

στάσεις στο σημείο αυτό, τότε η εξάρτηση του αντικειμένου από τις γνωστικές λειτουργίες του υποκειμένου πρέπει να ειδωθεί προσεκτικότερα απ' ό,τι γίνεται συνήθως σε θεωρίες που μέμφονται το δήθεν μονομερή υποκειμενισμό της καντιανής γνωσιοθεωρίας. Ο λόγος περί εξάρτησης του (υπερβατολογικού) αντικειμένου από το γνωστικό υποκείμενο δεν πρέπει να παρερμηνεύεται με την έννοια ότι το αντικείμενο εξαρτάται αποκλειστικά παθητικά από το υποκείμενο. Τουναντίον, η ενεργός διάσταση του (υπερβατολογικού) αντικειμένου είναι σημαντικότερη, διότι σηματοδοτεί ότι το αντικείμενο, χάρη στην ανεξάλειπτη διαφορά του από το υποκείμενο, απεξαρτάται απ' αυτό και συγκροτεί αυθύπαρκτο (δηλ. αντικειμενικό!) γεγονός. Ως το αντικειμενικά προτασσόμενο ενός υποκειμενικού προτάγματος το (υπερβατολογικό) αντικείμενο διαμορφώνεται σε μεταβατικό ενέργημα, δηλ. σε διαρκή μετάβαση μεταξύ υποκειμένου και αντικειμένου.

Προτού προχωρήσουμε στη νιτσεϊκή κριτική της μεταφυσικής μένει να διαπραγματευτούμε το ερώτημα γύρω από τη σχέση που υπάρχει μεταξύ του υπερβατολογικού αντικειμένου, το οποίο, όπως είδαμε, ο Νίτσε το ταυτίζει εσφαλμένα με κάποιο οντολογικοποιημένο αντικείμενο «πίσω» από τα φαινόμενα, με την έννοια του πράγματος καθ' αυτό. Στην πρώτη έκδοση της *Κριτικής* η κρίση του Καντ είναι σαφής: «Το αντικείμενο, προς το οποίο σχετίζω τα φαινόμενα εν γένει, είναι το υπερβατικό αντικείμενο, δηλ. η ολικά ακαθόριστη νοητική αναφορά σε κάτι γενικά. Το αντικείμενο αυτό δεν μπορεί να χαρακτηρίζεται ως νοούμενο· γιατί δεν γνωρίζω τι είναι το ίδιο αυτό καθ' αυτό και δεν έχω καμιάν άλλη ιδέα γι' αυτό παρά μόνο ότι αποτελεί την έννοια του αντικειμένου μιας κατ' αίσθηση εποπτείας εν γένει, η οποία είναι ταυτόσημη για όλα τα φαινόμενα».[346] Αν και στο σημείο αυτό γεννώνται κάποια ερωτηματικά, ξεκάθαρο είναι πάντως πως η διαφορά μεταξύ «υπερβατολογικού αντικειμένου» και «νοούμενου» διατυπώνεται σαφώς. Η διαφορά δεν μπορεί ασφαλώς να έγκειται στο ότι σε αντίθεση με το υπερβατολογικό αντικείμενο, το οποίο, όπως μόλις είδαμε, είναι η προδιαγραμματική-προταξιακή βάση της προσδιορισιμότητας (δηλ. νοηματοδότησης και καθορισμού) του εμπειρικού πράγματος, ο στοχα-

346. Βλέπε *Κριτική του καθαρού Λόγου*, Α 253, σελ. 302-303.

σμός πάνω στα πράγματα καθ' αυτά επικεντρώνεται στο πως είναι αυτά καθ' αυτά. Το θέμα είναι πολύπλοκο. Εάν υπάρχει πάντως μια ικανοποιητική λύση, νομίζω πως πρέπει να αναζητηθεί στο πλαίσιο του υπερβατολογικού προτάγματος.

Ο λόγος της διαφοράς πρέπει ουσιαστικά να βρίσκεται στο δισδιάστατο χαρακτήρα του προτάγματος, δηλ. στο υποκειμενικό προτάσσειν από τη μια μεριά, και στο αντικειμενικό προτάσσεσθαι από την άλλη. Αν με το προτάσσειν του υπερβατολογικού αντικειμένου νοηματοδοτείται η υποκειμενική πλευρά, δηλ. η θεώρηση των πραγμάτων ως προσδιορίσιμων φαινομένων, τότε πρέπει να υπάρξει κάτι αντίστοιχο για την αντικειμενική πλευρά του προτάγματος. Αυτός ακριβώς ο στοχασμός-νοηματοδότηση διενεργείται με την υπερβατολογική-φιλοσοφική θεώρηση, για την οποία τα εμπειρικά πράγματα ταυτόχρονα θεωρούνται όχι μόνο ως φαινόμενα, αλλά ως αυτά καθ' αυτά. Αυτό το είδος θεώρησης προκύπτει αναγκαία από το γεγονός ότι στο πλαίσιο του προτάγματος το πράγμα εν γένει προτάσσεται ως αντικειμενική προσδιορισιμότητα εν γένει, ως το έδαφος δηλ. πάνω στο οποίο θα γίνει στη συνέχεια ο οποιοσδήποτε προσδιορισμός του εμπειρικού αντικειμένου ως τέτοιου. Αν αυτός ο προσδιορισμός του εμπειρικού πράγματος είναι επιτυχής, προκύπτει ένα προσδιορισμένο εμπειρικό αντικείμενο, το οποίο όσο και εξαρτημένο να είναι από το υποκειμενικό προτάσσειν της προσδιοριστικής διάνοιας, δεν παύει να είναι στην ουσία κάτι το ανεξάρτητο. Στο θεμελιακό τούτο γεγονός έγκειται το νόημα που έχει η λειτουργία της θεώρησης του πράγματος ως «καθ' αυτό», δηλ. ότι το εμπειρικό αντικείμενο από τη στιγμή που προσδιορίζεται ως τέτοιο παύει να ταυτίζεται με το υποκειμενικό προτάσσειν. Το σχήμα «πράγματα - θεωρούμενα ως αυτά καθ' εαυτά» νοηματοδοτεί την αναγκαιότητα να αφήσουμε προς στιγμήν κατά μέρος την εξάρτηση του αντικειμένου από τις κατηγορίες και έννοιες του υποκειμένου, εξάρτηση βέβαια που δεν παύει να υπάρχει, και να επικεντρωθούμε στο γεγονός ότι απλά το προτάσσειν (της αντικειμενικής προσδιορισιμότητας εν γένει) δεν εξασφαλίζει εξ ιδίων δυνάμεων το αν ο εμπειρικός προσδιορισμός του αντικειμένου τελικά θα πετύχει.

Ας συνοψίσουμε: με τη διαφορά μεταξύ υπερβατολογικού αντικειμένου και πράγματος καθ' αυτό ο Καντ διενεργεί ένα στοχασμό που κινείται σε δύο επίπεδα. Για τον εμπειρικό χαρακτήρα των πραγμάτων μπορεί το υποκείμενο να διατυπώσει γνωστικές κρίσεις μόνο στο βαθμό που ξεκινώντας από το σύνολο της εμπειρίας (δηλ. την έννοια του εν γένει «φαινομένου»), προχωρήσει στη συνέχεια να στοχαστεί πάνω στην ολότητα αυτή των φαινομένων.

Στο αρχικό επίπεδο στοχασμού το υπερβατολογικό αντικείμενο αναδύεται ως η εν γένει (προταξιακή) προσδιορίσιμη αντικειμενικότητα ενός προτάσσοντος υποκειμένου, το οποίο με τη σειρά του για να φτάσει σε εμπειρική γνώση του εμπειρικού αντικειμένου συσχετίζει την εποπτεία του με το a priori προταχθέν αντικείμενο εν γένει. Με άλλα λόγια: η υποκειμενική πλευρά της σχέσης αξιώνεται όταν τα πράγματα θεωρούνται ως «φαινόμενα», δηλ. ως κάτι το οποίο ως αντικείμενο της αναφοράς απεξαρτάται μεν κατά κάποιο τρόπο από τη σχέση του υποκειμένου προς την αντικειμενικότητα εν γένει, αλλά παρ' όλα αυτά δεν παύει να αποτελεί μέρος του προτάγματος του υποκειμένου. Επειδή το πρόταγμα δεν μπορεί εκ των προτέρων να εγγυηθεί την επιτυχία της γνωστικής αυτής σχέσης, πρέπει ο υπερβατολογικός στοχασμός να διενεργήσει ένα ακόμα βήμα προσπαθώντας να αξιώσει και την αντικειμενική πλευρά του προτάγματος. Αυτό γίνεται με την αλλαγή οπτικής γωνίας: αντί να θεωρεί την αντικειμενική αναφορά «ως κάτι τι» τη βλέπει τώρα «ως καθ' αυτή».

Ουσιαστικά για να κατανοήσουμε τον καντιανό υπερβατολογικό στοχασμό, ο οποίος ειρήσθω εν παρόδω δεν είναι και τόσο σαφής, πρέπει να έχουμε κατά νου το δισδιάστατο της θεωρησιακής προοπτικής. Δεν πρέπει επομένως να συγχέουμε τα πράγματα νομίζοντας πως η θεώρηση «ως κάτι τι» (δηλ. «ως φαινόμενο» ή «ως μη-φαινόμενο») παραμένει η ίδια και στα δύο επίπεδα υπερβατολογικής ανασκόπησης. Η στάση θεώρησης του «ως κάτι τι», δηλ. όταν το εμπειρικό αντικείμενο συλλαμβάνεται ως παράδειγμα-εφαρμογή μιας έννοιας, δεν ισχύει στο δεύτερο επίπεδο, στο οποίο λαμβάνει χώρα μια εντελώς διαφορετική στάση θεώρησης: εδώ τα εμπειρικά πράγματα δεν θεωρούνται «ως κάτι τι», οπότε παρεισφρύει η μεταφυσική υποστασιοποίηση του πράγματος-καθ'-αυτό, μια και στο πράγμα αυτό αποδίδεται μια έννοια οντολογική-μεταφυσική, «πίσω» από τα φαινόμενα. Αυτό που διενεργείται αντίθετα στο δεύτερο επίπεδο υπερβατολογικού στοχασμού είναι η θεώρηση του πράγματος διαφορετικά, δηλ. ως απεξαρτημένο από εννοιακές-προσδιοριστικές προθέσεις, δηλαδή... ως καθ' αυτό.

4.3. Το φιλοσοφικό πρόταγμα του Νίτσε

Στο φως αυτής της ερμηνείας του «πράγματος-θεωρούμενου καθ' εαυτό» μπορούμε τώρα να ξαναπιάσουμε τα νήματα διαπραγμάτευσης της κριτικής που ασκεί ο Νίτσε στη μεταφυσική. Ξενίζει κατ' αρχάς ότι στο στόχαστρο της νιτσεϊκής κριτικής τίθενται καντιανές θέσεις που απορρέουν, όπως φάνηκε, από μια εσφαλμένη ερμηνεία του πράγματος καθ' εαυτό. Δηλ. θεωρεί δεδομένη την υποστασιοποίησή του σε μεταφυσική οντότητα, δηλ. σε πράγμα-καθ' αυτό, οπότε δεν είναι δύσκολο να το εντάξει στην ανίερη παράδοση μεταφυσικών φενακισμών και νοησιαρχικών προβολών στον «άλλο», τον «αληθινό κόσμο». Για τον Νίτσε δεν χωρά καμιά αμφιβολία: «Επειδή για χιλιάδες χρόνια κοιτάζαμε τον κόσμο με ηθικές, αισθητικές και θρησκευτικές αξιώσεις, με τυφλή προτίμηση, πάθος και φόβο, και παραδοθήκαμε πλήρως στις κακές έξεις της άλογης σκέψης, ο κόσμος αυτός έγινε βαθμιαία τόσο παράξενα ποικιλόχρωμος, τρομακτικός, βαθύς από σημασία, μεστός από ψυχή· απόκτησε χρώμα, αλλά εμείς ήμασταν οι χρωματιστές· η ανθρώπινη διάνοια επέτρεψε στο φαινόμενο να εμφανιστεί, και πρόβαλε τις λαθεμένες θεμελιώδεις συλλήψεις του πάνω στο πράγμα».[347] Πρέπει να προσέξουμε εδώ ότι ο Νίτσε διευρύνει την ισχύ της υπερβατολογικής προσέγγισης, δηλ. τη θεώρηση του εμπειρικού «ως φαινομένου», στο σύνολο των σχέσεων και αναφορών του ανθρώπου στον κόσμο. Αυτό αν δεν απατώμαι γίνεται κατά έναν τρόπο διαμέσου μιας ριζικότερης σύλληψης της έννοιας του προτάγματος.

Για τον Καντ η προτάσσουσα προδιαγραφή ορίζει το πλαίσιο εντός του οποίου μπορούν να σχηματίζονται γνωσιοθεωρητικές κρίσεις αλήθειας από τη μια, και παράλληλα να ασκείται έλεγχος και κριτικός αυτοστοχασμός ενόψει δογματικών αξιώσεων, οι οποίες δήθεν οδηγούν σε αντικειμενική γνώση του κόσμου ως ολότητας. Από την άλλη και υπό

347. Βλέπε *Ανθρώπινο, πολύ ανθρώπινο*, σελ. 43.

την έποψη της ηθικής-πρακτικής δράσης, το υπερβατολογικό πρόταγμα διασφαλίζει την ιδέα της ελευθερίας ως αυτονομίας και αυτοδιάθεσης του αυτόβουλου υποκειμένου. Από τη σκοπιά του ο Νίτσε προσδίδει τώρα στο προταγματικό προδιάγραμμα διευρυμένες αρμοδιότητες. Φαίνεται άμεσα στην ίδια την επιλογή των λέξεων: εκεί που ο Καντ μιλά για ανακάλυψη, ο Νίτσε εντοπίζει προβολή.

«Να προβάλουμε μέσα στα πράγματα την αλήθεια, ως διαδικασία in infinitum, σαν ενεργό καθορίζειν, όχι ως συνειδητοποίηση κάποιου πράγματος, το οποίο "καθ' αυτό" είναι σταθερό και προσδιορισμένο».[348] Οι εκφράσεις που χρησιμοποιεί είναι απόλυτα ενδεικτικές: εισαγωγή, προβολή, ποιητική επένδυση (Hineintragen, -legen, -dichten, -projizieren) – ακάματα ο Νίτσε μας δίνει να καταλάβουμε πως είναι άδικος κόπος, αν δεν είναι κιόλας εξαιτίας μεταφυσικών τάσεων και ροπών απαράδεκτη καταισχύνη, να προσκολλάται κάποιος στην πεποίθηση πως υπάρχει κάτι σταθερό και αμετάβλητο, κάτι ως πυξίδα προσανατολισμού δηλ. για το πρόταγμα κατανόησης του εαυτού και του κόσμου. Το κριτικό μένος του Νίτσε ενάντια σε κάθε ύποπτη μεταφυσικής φενάκης πίστη σε οντολογικές σταθερές αυξάνεται στο βαθμό που κατανοεί πως η πρόθεση του Καντ ήταν μεν καθ' όλα σωστή,[349] αλλά η φιλοσοφία του συνολικά στηρίζεται σε παρανοήσεις και σφάλματα. Ας δούμε από κοντά το είδος των παρανοήσεων: πρώτα η έννοια του «καθ' αυτό». Για τον Νίτσε, ο οποίος, ας το επαναλάβουμε, πιστεύει πως το «καθ' αυτό» εξυπηρετεί στην καντιανή φιλοσοφία άμεσα γνωσιοθεωρητικά καθήκοντα, τα πράγματα είναι ξεκάθαρα: πρόκειται για μια δειλή υπαναχώρηση του Καντ σε προνεωτερικές θέσεις, δηλ. σε θεωρίες αντανάκλασης. Αντί δηλ. ο Καντ να συμφιλιωθεί με την ιδέα πως το πρόταγμα των ανθρώπινων αναφορών στον κόσμο αποτελεί ουσιαστικά μια νοηματική προβολή, συνεχίζει με τη γνωστή αμετροέπεια της μεταφυσικής παράδοσης να πιστεύει πως υπάρχουν βαθμίδες του όντος ή κριτήρια αντιστοίχισης τα οποία ο ανθρώπινος νους απλά πρέπει να έχει ως πρότυπα μέτρα και σταθμά, ρυθμίζοντας έτσι τα γνωστικά διενεργήματα ώστε να είναι υποτυπώσεις, αντανακλάσεις και αντιστοιχίες

348. Βλέπε καταλειπόμενα έργα, τόμ. 12, 9[91], σελ. 385. Επίσης *Χαραυγή*, σελ. 96.
349. Βλέπε *KSA*, τόμ. 2, 19, σελ. 41.

με αυτές τις αντικειμενικές σταθερές. Από τη στιγμή που η φιλοσοφία πάρει αυτόν το δρόμο, η κατάληξη είναι προδικασμένη: ο «αληθινός κόσμος» της μεταφυσικής.

Ο Νίτσε δεν αρκείται μόνο στην παραπάνω μομφή. Εσφαλμένη είναι η σύλληψη του υπερβατολογικού προτάγματος και για έναν πρόσθετο λόγο: κάνει την υπόθεση πως το υπερβατολογικά προτασσόμενο εκπληρεί το κριτήριο της συνθετικής ενότητας, το καντιανό κριτήριο δηλ. σύμφωνα με το οποίο η εμπειρική πολλαπλότητα ενοποιείται σε γνωστικό αντικείμενο. Επομένως ο Καντ δεν σφάλλει στο χαρακτήρα του προτάγματος, τον οποίο τον συλλαμβάνει εν γένει σωστά ως διενέργημα που προβάλλει ή προτάσσει τον ορίζοντα κάθε δυνατής αντικειμενικότητας. *Το λάθος έγκειται στο γεγονός ότι αν υποθέσουμε πως η σφαίρα της υπερβατολογικής αντικειμενικότητας είναι η τάξη των επιμέρους όντων, τότε πρέπει αναγκαστικά να θεωρήσουμε ότι η σφαίρα της αντικειμενικής προσδιορισιμότητας εν γένει αποτελείται από ενότητες, οι οποίες όμως κατ' ουσίαν χαρακτηρίζουν τα επιμέρους πράγματα. Με άλλα λόγια η σφαίρα της αντικειμενικής προσδιορισιμότητας εν γένει συλλαμβάνεται εξαρχής ως πολλαπλότητα από σαφώς οριοθετημένες ενότητες, δηλ. από οντότητες με σαφές περίγραμμα. Κάτι τέτοιο αποτελεί βέβαια για τον Νίτσε προστάδιο και προετοιμασία για εκείνο το είδος του διπλασιασμού (Verdoppelung) το οποίο σφραγίζει τη μεταφυσική σκέψη.*

Για να αναχαιτίσει τέτοιου είδους κινδύνους, αλλά και ουσιαστικότερα για να διαρρήξει μια κι έξω κάθε δεσμό του προτάγματος της γνώσης με τη (μεταφυσική) ιδέα ότι υπάρχουν οντότητες ως σταθερές ενότητες προβαίνει στο αποφασιστικό βήμα: «Δεν υπάρχουν "πράγματα" (– αυτό είναι φαντασία) (...) Έχουμε δανειστεί την έννοια της ενότητας από την έννοια του "Εγώ" – το πανάρχαιο αυτό άρθρο πίστης. Αν δεν θεωρούσαμε τους εαυτούς μας ενότητες, δεν θα είχαμε σχηματίσει την έννοια "πράγμα"».[350] Επομένως δεν πρέπει να μας ξενίζει ότι η φυσική οντολογία των επιμέρους οντοτήτων οδήγησε τον Καντ στην πλάνη, αναγκάζοντάς τον μάλιστα να θυσιάσει τη δημιουργική σύλληψη του προταγματικού Λόγου στο βωμό της μεταφυσικής νοησιαρχίας και του αλλοκοσμικού «πράγματος-καθ'-αυτό».

350. Βλέπε καταλειπόμενα έργα, *KSA*, τόμ. 13, 14 [79], σελ. 257- 258.

Βλέπουμε έτσι εναργώς μεταξύ Καντ και Νίτσε σχετικά με το εννοιακό περίγραμμα του προτάγματος. Για τον Καντ οι δυνατότητες της φιλοσοφίας είναι σαφώς οριοθετημένες: ενώ στο πρώτο επίπεδο υπερβατολογικού στοχασμού η σκέψη προτάσσει το αντικείμενο εν γένει ως τη γνωστικά δυνατή αντικειμενικότητα εν γένει, στο δεύτερο επίπεδο η γνωσιοθεωρητική στάση αλλάζει και έχουμε τη θεώρηση του τύπου «το πράγμα-θεωρούμενο ως αυτό καθ' αυτό». Με την αλλαγή της θεωρησιακής στάσης ο Καντ αξιώνει με απαράμιλλο τρόπο τη δομική συνθήκη κάθε γνωστικής σχέσης προς το αντικείμενο: το να αναγνωρίσει δηλ. η σκέψη στο εμπειρικό το Άλλο, το οποίο όμως παράλληλα δεν μπορεί ποτέ να γνωρίσει. Ο Νίτσε βλέπει τα πράγματα αλλιώς. Καθώς αναγνωρίζει στην έννοια της ενότητας μεταφυσικά κατάλοιπα επιχειρεί να αποκαθάρει τόσο το Εγώ όσο και το Άλλο (του) από κάθε ενοποιητική βλέψη. Ενώ λοιπόν είμαστε εμπλεκόμενοι σε ένα αέναο προτάσσειν δυνατών και νοηματικά θετικών κόσμων και μάλιστα με κριτήριο την εύτακτη ενότητα και την οικεία προφάνεια, αυτό δεν σημαίνει ότι νομιμοποιούμαστε όταν πιστεύουμε ότι στις σκοπιμότητες αυτές των βιοκοσμικών προταγμάτων νοήματος και αξιών αντιστοιχεί κάτι το αντικειμενικό in medias res.

Αν τα πράγματα είχαν έτσι γενικά, δεν θα υπήρχαν, νομίζω, περιθώρια εμβάθυνσης του προβληματισμού, μια και η κατάσταση φαίνεται εκ πρώτης όψεως απλή: και στις δύο περιπτώσεις πρόκειται για ένα είδος αγνωστικισμού. Όπως ο Καντ, πιστός άλλωστε στο αντιμεταφυσικό του πρόγραμμα, αποφεύγει με κάθε τρόπο να εγείρει την εντύπωση πως η γνωστική στάση προς το «πράγμα-θεωρούμενο ως αυτό καθ' αυτό» θα μπορούσε ποτέ να αποδειχθεί γόνιμο έδαφος γνωσιοθεωρητικής πρόσβασης στην «ουσία» των πραγμάτων, έτσι και ο Νίτσε αφήνει την οποιαδήποτε οντολογική «ουσία» κατά μέρος και επικεντρώνει την προσοχή της φιλοσοφικής, αλλά και κάθε σκέψης, σε αυτό που κατά την άποψή του τη χαρακτηρίζει ουσιαστικά: το προτάσσειν. Μια προσεκτική ανάγνωση του νιτσεϊκού έργου μας πείθει πως τα πράγματα είναι πιο πολύπλοκα από ό,τι θα ήθελε η απλή διαπίστωση ότι για τη νεωτερική καντιανή και μετακαντιανή σκέψη αποτελεί αυτονόητο γεγονός να μην επιδίδεται κανείς σε... μεταφυσικές αναζητήσεις και έρευνες των πραγμάτων καθ' εαυτά. Αναμφισβήτητο παραμένει όμως ότι όσον αφορά τον Νίτσε και παρ' όλη την αλλεργική αντιπάθεια που χαρακτηρίζει τη σκέψη του ενάντια σε κάθε είδος πραγμοποίησης (δηλ. του «πράγματος-καθ'-αυτό» ως οντολογικής ενότητας και σταθεράς) του προτάσσειν, δεν μπορεί παρά να διαπιστώσουμε πως και ο ίδιος δεν αντιστέκεται στον πειρασμό να αναπτύξει προβληματισμούς πάνω στο ερώτημα «σε τι τελικά αναφέρονται τα προτάγματα». Το ερώτημα όντως είναι αναπόφευκτο: παρά τις δεδηλωμένες και σε μεγάλο βαθμό βάσιμες υποψίες του ο Νίτσε θα αντιπαρατεθεί με την προβληματική της αντικειμενικής αναφοράς των προταγμάτων εφόσον τα θεωρεί νοηματοδοτικά και αξιοθετικά διενεργήματα, σχήματα κατ' ουσίαν εύτακτης μορφοποίησης του κοσμικού Γίγνεσθαι. Αναγκάζεται να αναπτύξει μια εννοιολογία για να συγκεκριμενοποιήσει τον πόλο της αναφοράς τους.

Αυτό συμβαίνει με εντυπωσιακό τρόπο στη *Χαρούμενη Γνώση*: «Ο συνολικός χαρακτήρας του κόσμου όμως είναι και θα είναι αιώνια χάος – όχι με την έννοια της απουσίας αναγκαιότητας, αλλά με την έννοια της απουσίας τάξης, συνάρθρωσης, μορφής, ομορφιάς, σοφίας και όσων άλλων ονομάτων υπάρχουν για τις ανθρώπινες κατηγορίες μας».[351] Στο ίδιο κείμενο ο Νίτσε θα γίνει πιο συγκεκριμένος: η σκέψη του χάους αποκτά κάποιου είδος περίγραμμα, διαμορφώνεται δηλ. σε συνεχές, στο οποίο οι μορφές της γνώσης εγγράφουν ορισμένες διατάξεις-κανονικότητες. Με τα προτάγματα το ομογενές, συνεχές και ροϊκό Όλο διαρθρώνεται και επιμερίζεται.[352] Αν τώρα θεωρήσουμε την έννοια του χάους κεντρικής σημασίας τόσο για τη νιτσεϊκή κριτική στη μεταφυσική, όσο και για τη θεωρία των προταγμάτων (είτε επιστημονικά είναι αυτά, είτε ηθικά, αισθητικά κτλ.), τότε δεν θα μας ξαφνιάσει που για τον Νίτσε τα προτάγματα ενώ είναι ό,τι πιο σίγουρο έχει ο άνθρωπος, δεν παύουν να είναι φανταστικά. Εφόσον στα κοσμο-νοηματοδοτικά προτάγματα δεν αντιστοιχεί τίποτε το «αντικειμενικό», δεν αποτελούν τίποτα άλλο παρά αναγκαίες αυταπάτες του ανθρώπινου είδους. Η σκέψη αυτή γίνεται νομίζω σαφέστερη αν δούμε προσεκτικά την επιλογή των λέξεων στο χωρίο (112) της *Χαρούμενης Γνώσης*. Ο Νίτσε περιγράφει

351. Βλέπε ό.π., σελ. 156.
352. Ό.π., σελ. 162.

το διενέργημα του προτάγματος ως δημιουργία μιας εικόνας. Ο συλλογισμός φαίνεται να είναι ο εξής: αν τα προτάγματα (δηλ. κοσμοείδωλα) ήταν αληθινά, τότε θα έπρεπε ως εικόνες του χάους να είναι και οι ίδιες... χαοτικές! Αλλά σε μια τέτοια περίπτωση θα έπαυαν να είναι κοσμοείδωλα, καθώς η λειτουργία τους έγκειται ακριβώς στο να προτάσσουν ορίζοντες προοπτικών, οι οποίες προσανατολίζουν τη βιοκοσμική δράση, αλλά και εξασφαλίζουν τόσο τη γνώση (όχι βέβαια του «αντικειμενικού») όσο και την αυτοσυντήρηση.

Τι μπορούμε όμως να πούμε για το νιτσεϊκό κοσμοείδωλο της ολότητας των όντων ως χαοτικής συνομάδωσης; Εγείρεται αμέσως το ερώτημα αν η ίδια η εικόνα του χάους είναι κατάλληλη να περιγράψει το κοσμικό Όλο ή όχι. Αν είναι ορθή, τότε όντως ο κόσμος ως σύνολο είναι χάος. Αυτό όμως θα σήμαινε ότι, όπως προείπαμε, η συνεκτικότητα, δηλ. η μορφική συνοχή του κοσμοειδώλου θα εξαφανιζόταν! Επομένως κάθε προσπάθεια να μορφοποιηθεί η κοσμική ολότητα σε μια ενότητα παραστατική είναι εκ προοιμίου καταδικασμένη σε αποτυχία. Και αυτό γιατί κάθε συνεκτική παράσταση θα απέδιδε το Όλο λανθασμένα, θα απεικόνιζε δηλ. ένα Όλο το οποίο φυσικά στερείται κάθε εγγενούς αξίας, με μια παράσταση η οποία, εξαιτίας της συνοχής της, θα έθετε προτεραιότητες, κεντρικά και περιθωριακά στοιχεία, αξιολογήσεις τέλος πάντων, που όμως αντιβαίνουν την καταστατική υφή του χάους. Στο σημείο αυτό βέβαια μπορούμε να εγείρουμε την ένσταση ότι έστω και έτσι, η κατάσταση δεν θα ήταν και τόσο ανοικονόμητη, μιας και θα μπορούσε να νοηματοδοτηθεί με τον τρόπο του Πλάτωνα, δηλ. ως σκόπιμο ψεύδεσθαι (*Πολιτεία* ΙΙΙ, 389b). Θα μπορούσε δηλ. να είναι φανταστικό δημιούργημα κομμένο και ραμμένο στα μέτρα μας, αφού από τη μια το Όλο έτσι κι αλλιώς «δεν το αγγίζει καμία αισθητική και ηθική μας κρίση»,[353] και από την άλλη αυτό εξυπηρετεί τους στόχους της αυτοσυντήρησης της ανθρωπότητας.

Σε αντίθετη περίπτωση, αν δηλ. η εικόνα-κοσμοείδωλο του χάους είναι όντως μια λανθασμένη παράσταση-απεικόνιση της σύνολης πραγματικότητας, τότε θα πρέπει να υποθέσουμε ότι ex negativo το χάος δεν είναι και τόσο... χαοτικό, δηλ. παρουσιάζει κάποια τάξη, οπότε το

353. Ό.π., σελ. 156.

φιλοσοφικό πρόταγμα του Νίτσε δεν θα ήταν τίποτα άλλο παρά ένα συνειδητά στρεβλό στρατήγημα να σχηματίσει με τέτοιο τρόπο το κοσμοείδωλο, έτσι ώστε η τάξη, η οποία στην περίπτωση αυτή πρέπει να υποθέσουμε ότι διέπει την ουσία του κόσμου, να επικαλυφθεί με μια ψευδή μεν, αλλά κατά τα άλλα και ειδικά όσον αφορά τις «αισθητικές μας ανάγκες» καθ' όλα απαραίτητη και επιβεβλημένη εικονική παράσταση. Γιατί όμως απαραίτητη και επιβεβλημένη; Για τον απλό λόγο ότι αυτό δεν θα εξυπηρετούσε μόνο τις ανθρώπινες βιοπρακτικές σκοπιμότητες, αλλά θα ήταν ταυτόχρονα και ισχυρό έναυσμα για τη δημιουργικότητα και τη φαντασιακή παραγωγικότητα του ανθρώπου.

Αυτό ακριβώς θα ήταν το νόημα του γενναίου ψεύδους: Παρ' ότι ο κόσμος συνολικά θα ενείχε κάποιο νόημα, το γενναίο ψεύδεσθαι θα παρότρυνε τους ανθρώπους, ενάντια και σε πείσμα κάθε «αντικειμενικότητας» νοήματος, να αναπτύξουν όλες τις δημιουργικές, φαντασιακές τους ικανότητες του προτάσσειν. «Εμείς που σκεπτόμαστε και αισθανόμαστε, την ίδια στιγμή είμαστε εκείνοι που πραγματικά και αδιάκοπα *κάνουμε* κάτι που δεν υπήρχε πιο πριν: ολόκληρο τον αιώνια αυξανόμενο κόσμο των εκτιμήσεων, των χρωμάτων, των προοπτικών, των κλιμάκων, των καταφάσεων και των αρνήσεων. Αυτό το ποίημα που επινοούμε...»[354]

Σε αυτό το σημείο παρατηρούμε να συγκλίνουν οι δύο θεματικές που εξετάσαμε μέχρι τώρα: από τη μια η αξία και η λειτουργία της φι-

354. Ό.π., σελ. 245. Δεν είναι δύσκολο να διαπιστωθεί πως οι δημιουργικές, προταξιακές απόψεις του Νίτσε αποτελούν ακριβώς αυτό που ο Χάιντεγκερ θεματοποιεί κριτικά ως κοσμοείδωλο, δηλ. ο «κόσμος» ως εικόνα. Στον Χάιντεγκερ πρόκειται για μια κεντρική έποψη του νεωτερικού εξουσιαστικού υποκειμένου: «Τα όντα στην ολότητά τους θεωρούνται και ισχύουν ως τέτοια, μόνο στο βαθμό που τίθενται ως παραστατικά περιεχόμενα της συνείδησης του υποκειμένου. Όταν διαμορφώνεται ένα κοσμοείδωλο, έχει παρθεί ταυτόχρονα και μια θεμελιακή οντολογική απόφαση για το ον ως Όλο. Το Είναι των όντων αναζητάται και ανακαλύπτεται στο Είναι του ως παράσταση» (βλέπε *Die Zeit des Weltbildes*, σελ. 87-88). Ό,τι ο Νίτσε θεωρεί φανταστική προβολή, είναι για τον Χάιντεγκερ η εξουσιαστική βούληση της υποκειμενικής παράστασης, βούληση που φέρνει το Είναι στα μέτρα της με το να το μεταβάλλει σε παράσταση και εποπτεία του υποκειμένου. Αυτός άλλωστε είναι και ένας από τους λόγους που ο Χάιντεγκερ κατατάσσει τον Νίτσε στη μεταφυσική παράδοση της λήθης του Είναι. Στα πλαίσια της παρούσας εργασίας δεν μπορώ φυσικά να επεκταθώ συνολικά στην κριτική που ασκεί ο Χάιντεγκερ στη νιτσεϊκή φιλοσοφία.

λοσοφίας ως προτάγματος που διαμορφώνει προοπτικές προσανατολισμού στον κόσμο ως ολότητα (*Ανθρώπινο, πολύ ανθρώπινο*), και από την άλλη η κριτική στο καντιανό πράγμα καθ' αυτό. *Κινητήρια δυναμική τόσο στη μια περίπτωση όσο και στην άλλη είναι η κριτική στάση του Νίτσε απέναντι στην τάση της προταγματικής σκέψης να παρερμηνεύει το προταθέν ως κάτι ανεξάρτητο από το πρόταγμα, ως οντολογική σταθερά, οπότε προκύπτει αναπόδραστα η μεταφυσική πραγμοποίηση και υποστασιοποίηση του «άλλου κόσμου»*. Όπως είναι φανερό, προτάγματα που καταλήγουν σε μεταφυσική αποκηρύσσουν τον ίδιο τους τον εαυτό. Γεγονός αρκετό για να κάνει τον Νίτσε να επιμείνει πως το μόνο που βοηθάει στις περιπτώσεις αυτές δεν είναι ο αμυντικός, απαισιόδοξος και ηττοπαθής σκεπτικισμός, αλλά η εντατικοποίηση της προταξιακής δραστηριότητας. Κάτι τέτοιο άλλωστε επιβάλλεται στη νεωτερική φιλοσοφική-πνευματική συγκυρία, μια και μετά την απονομιμοποίηση των μεταφυσικών κόσμων έχουν καταρριφθεί όλα τα εμπόδια που αποκλειστικό σκοπό είχαν να περιστείλουν το κυρίαρχο προτάσσειν για τη βιοκοσμική ολότητα. Η πτώση της μεταφυσικής αποδεικνύεται έτσι ως η άνοδος του προτάγματος ως κοσμοπλαστικού ενεργήματος. Βέβαια τίθεται πάντα το ερώτημα αν εκτός από την κριτική διάσταση της έννοιας του προτάγματος ως αντίδοτο στις βλαβερές συνέπειες των μεταφυσικών εξάρσεων, υπάρχει για τον Νίτσε κάποιος επιπρόσθετος λόγος που τον οδηγεί στη θεωρία του κόσμου ως χάους. Δεν θα ήταν λοιπόν προτιμότερο να χρησιμοποιήσει ένα πιο μετριοπαθές επιχείρημα, π.χ. ότι και το ίδιο το πρόταγμα της μεταφυσικής δεν θα μπορούσε –ακόμα και στο σημείο που καταγράφει απλά τη θέλησή του για οντολογική τάξη και ιεραρχία των όντων ή των κόσμων– να περικλείει ορισμένες δυνατότητες νοηματοδοτικής βλέψης, οι οποίες θα ήταν δυνατόν να διοχετευθούν σε ανοικτότερα και ελαστικότερα διενεργήματα προτάγματος;

Για να επιστρέψουμε στην απορία που διατυπώθηκε παραπάνω γύρω από το κοσμοείδωλο του χάους: αν η εικόνα του κόσμου μπορεί να θεωρηθεί φανταστική και αναγκαία προβολή, κάτι που άλλωστε συνηγορεί υπέρ της θέσης του καθαρού (με την καντιανή έννοια) προτάσσειν, τότε θα ήταν εξίσου αναγκαίο να υποτεθεί πως η «ορθή» εικόνα-είδωλο του κόσμου μάλλον αντιβαίνει στην έννοια του προτάσσειν ως αέναου διενεργήματος και συνεχούς δημιουργίας κοσμοπλαστικών προοπτικών. Ως προς τη μεταφυσική αυτό σημαίνει ότι το «ορθό» κατ' αυτήν πρόταγμα του «άλλου», του «αληθινού» κόσμου αναιρεί πράγματι κάθε δημιουργικό προτάσσειν. Κάτι τέτοιο βέβαια δεν επιτρέπεται να ισχύσει. Ο ίδιος ο Νίτσε εισάγει το κατάλληλο επιχείρημα: μέμφεται τα κοσμοείδωλα της μεταφυσικής διότι η αντίθεση μεταξύ ενός «αληθούς» και ενός επίπλαστου κόσμου προτάσσουν μεν ένα συνεκτικό σύμπαν νοήματος, μόνο που είναι τόσο άκαμπτο και δογματικό που πνίγει κάθε κοσμοπλαστική δημιουργική ενέργεια. Τα επιμέρους άστοχα προτάγματα της μεταφυσικής, δηλ. τα διάφορα μεταφυσικά συστήματα από τον Πλάτωνα μέχρι και τους Γερμανούς ιδεαλιστές ενισχύουν επομένως τη θέση ότι το προτάσσειν εν γένει αποτελεί εξ ορισμού δημιουργικό ενέργημα, άσχετα με το εάν η μορφοποίηση του προτάγματος, το κοσμοείδωλο, στρέφεται με τη δογματικότητά του ενάντια στην πηγή δημιουργίας.

Επομένως ο Νίτσε επιχειρηματολογώντας πρέπει να μας δείξει ότι το πρόταγμα του «αληθινού-άλλου» κόσμου, είτε ως τάξη, είτε ως χάος, δεν αποτελεί εξαρχής ένα είδος φενάκης, δηλ. δεν αντιβαίνει a priori το κοσμοπλαστικό και κοσμονοηματοδοτικό πρόταγμα ως τέτοιο. Αντιθέτως, ιδεολογική φενάκη και εχθρικός προς τη ζωής, δογματισμός αποβαίνει στο βαθμό που αυθυποβάλλεται εμμένοντας πως στο διενέργημα του προτάσσειν αντιστοιχεί κάτι το «αντικειμενικό», το οντολογικά θεμελιωτικό. Τελικά ο Νίτσε θα μας πει πως το πρόταγμα του χάους δεν συνίσταται στο να προτείνει το σωστό δρόμο. Η έννοια του χάους δεν υπόσχεται τη βασιλική οδό ορθής προταγματικής δράσης. Το νόημα βρίσκεται αλλού, δηλ. στο ότι παρακινεί τους ανθρώπους να αναπτύξουν τις προταγματικές τους ικανότητες ελεύθερα και κυριαρχικά.

Για τον Νίτσε προέχει λοιπόν η διαμόρφωση ενός προτάγματος το οποίο θα πληροί τις ακόλουθες προϋποθέσεις:

α) θα αξιώνει πως κάθε αναφορά στον κόσμο διενεργείται ως κυρίαρχο προτάσσειν προοπτικών, οι οποίες διαυγάζουν, νοηματοδοτούν και διαμορφώνουν κάθε τι που αποκαλείται κόσμος. Σε έναν αφορισμό από το *Πέρα από το καλό και το κακό* η συνθήκη αυτή διατυπώνεται ως εξής: «*Εμείς* είμαστε αυτοί που έχουμε κατασκευάσει μόνοι μας αιτίες, διαδοχή, αμοιβαιότητα, εξαναγκασμό, αριθμό, νόμο, ελευθερία, κίνητρο, σκοπό· και όταν εισάγουμε αυτό τον κόσμο των συμβόλων στα πράγματα και τον ανακατεύουμε μ' αυτά σαν να ήταν ένα "καθ' αυτό" αυτός ο κόσμος, φερόμαστε για μια ακόμη φορά όπως φερόμασταν πάντα, δηλ. *μυθολογικά*».[355] Αντί για «μυθολογικά» δεν θα μπορούσε κάλλιστα να πει «μεταφυσικά», εφόσον η μεταφυσική αποτελεί το κατεξοχήν παράδειγμα προτάγματος που παρερμηνεύει την ουσία του προτάσσειν πραγμοποιώντας το σε αυταπόδεικτες, αναντίρρητες και οντολογικά ακλόνητες βεβαιότητες; Εναντιούμενη στη μεταφυσική η κριτική φιλοσοφική πρόταση του Νίτσε αντιτείνει έναν τύπο προτάγματος κοσμοειδώλων, το οποίο

β) θα διασφαλίζει το προτάσσειν από τις υποστασιοποιήσεις του είδους «αληθής κόσμος». Δεν είναι τυχαίο άλλωστε ότι τη συγκεκριμένη περίοδο της ζωής του ο Νίτσε αποκαλεί την ιστορική κριτική που ασκεί στη μεταφυσική «πειραματική φιλοσοφία», προσφεύγοντας παράλληλα στην επιστημονική πράξη ως διορθωτική παρέμβαση. Από τη στιγμή που και η επιστήμη ως κοσμο-νοηματοδοτικό πρόταγμα (π.χ. η φυσική) υποκύπτει στον πειρασμό υποστασιοποίησης, π.χ. πιστεύοντας για παράδειγμα ότι υπάρχουν σταθερές οντότητες, ο Νίτσε δεν θα διστάσει να συντάξει το σχετικό κατηγορητήριο. Αναγκαίο προφυλακτικό βήμα ενάντια σε τέτοιες ροπές είναι σε τελική ανάλυση

γ) η συγκρότηση μιας στέρεης βάσης κριτικής των μεταφυσικών παρεκτροπών και συγκεκριμένα μηχανισμών ελέγχου, ώστε να διαπιστώνεται έγκαιρα η (μετα-)τροπή του προτάγματος από νοηματοδοτικό ενέργημα in actu σε αποστεωμένο δογματισμό της οντολογίας. Η νιτσεϊκή φιλοσοφία διαμορφώνεται έτσι σε πρόταγμα, και σε ένα μετα-επίπεδο σε κριτικό στοχασμό πάνω σε κάθε πρόταγμα: «Οι ερμηνείες μέχρι σήμερα είχαν όλες τους ένα κάποιο νόημα για τη ζωή –να τη συντηρούν, να την κάνουν υποφερτή ή και να την αποξενώνουν, να την εκλεπτύνουν, να αποκόβουν ό,τι το άρρωστο αφήνοντάς το να πεθάνει–, η δική μου νέα ερμηνεία προσφέρει στους μελλοντικούς φιλοσόφους ως κύριους της γης την αναγκαία αμεροληψία».[356]

Τέτοιο πρόταγμα διαμορφώνει ο Νίτσε με τη διδασκαλία του για

355. Ό.π., σελ. 31.

356. Βλέπε καταλειπόμενα έργα, *KSA*, τόμ. 11, 40[12], σελ. 633.

τη θέληση για δύναμη ως ενέργημα ερμηνείας. Η ερμηνεία της έννοιας της δύναμης που θα αναπτύξω συνυφαίνεται αξεδιάλυτα με τον καθολικό χαρακτήρα της ερμηνείας. Επιπλέον θα προσπαθήσω να δείξω πως η σύλληψη της θεωρίας της δύναμης ως ερμηνευτικό δραν συνιστά ένα πρόταγμα που πληροί τις τρεις προϋποθέσεις που προαναφέρθηκαν. Το πρόταγμα της θέλησης για δύναμη εξαίρει τη διαυγαστική δύναμη των συναστερώσεων δύναμης, οι οποίες υπό τη μορφή φιλοσοφικών κοσμοειδώλων και συνολιστικών ερμηνειών προσφέρουν στη ζωή κανονιστικές αρχές και στόχους προσανατολισμού. Επιπλέον είναι αρκετά ευέλικτο ώστε να αποφεύγει τις σκληρύνσεις των δογματικών πεποιθήσεων. Τέλος η φιλοσοφία των θελήσεων για δύναμη ως κοσμοπλαστική ερμηνεία δύναται να διαγνώσει τις παρεκτροπές της μεταφυσικής στο βαθμό που μπορεί να διακρίνει σε ποιο σημείο τα μεταφυσικά προτάγματα εξαιτίας μιας υπέρμετρης συγκέντρωσης δύναμης στη συγκυρία των ανταγωνιστικών κέντρων δύναμης μεταβάλλονται σε αναιρετικές για τη ζωή πραγμοποιήσεις. Συνακόλουθα, παρατηρούμε πως η κεφαλαιώδης έννοια της ερμηνείας στη σκέψη του Νίτσε αναδεικνύεται σε καθολικό σχήμα που ισχύει για όλες της διαδικασίες σχηματισμού προταγμάτων. Ξέχωρα από την κριτική της διάσταση ενάντια στις οντολογικές ιδεολογίες της μεταφυσικής, η ερμηνεία ως στοχαστικό και συνάμα κοσμοπλαστικό ενέργημα διανοίγει προοπτικές για αμερόληπτη σχέση με την παράδοση της φιλοσοφικής-μεταφυσικής σκέψης. Προτού όμως διαπραγματευτούμε διεξοδικά τη φιλοσοφία της θέλησης για δύναμη ως ερμηνεία, πρέπει να εξετάσουμε το δεύτερο άξονα της αντιμεταφυσικής στάσης του Νίτσε, δηλ. την αντιπαράθεσή του με τη φιλοσοφία του Πλάτωνα.

4.3.1. Η νιτσεϊκή κριτική στον Πλάτωνα

Αν το καντιανό «πράγμα καθ' αυτό» αποτελεί κατασταλαγμένη μορφή νεωτερικού μεταφυσικού Λόγου, δηλ. υποστασιοποίησης του «άλλου κόσμου», στην περίπτωση του Πλάτωνα και στη διδασκαλία του για τις Ιδέες ο Νίτσε διαβλέπει τις απαρχές της επικράτησης του «άλλου», του «αληθινού» κόσμου, έναν πραγμοποιημένο δηλ. διπλασιασμό του κόσμου. Η ιστορική-φιλοσοφική συγκυρία των απαρχών είναι ξεκάθαρη για το φιλόσοφο: η ανάδυση της πλατωνικής μεταφυσικής συμβαδίζει, ή καλύτερα, προκαλεί την πτώση τόσο του ηρακλείτειου Γίγνεσθαι, όσο και του αισθητικού-καλλιτεχνικού του ομόλογου, της διονυσιακής τραγικής θεώρησης του κόσμου. Για τον Νίτσε της *Χαραυγής* οι υπερβατικές Ιδέες του Πλάτωνα δρομολογούν στη σκέψη μια πορεία προς το επέκεινα: «Οι μοναδικοί δρόμοι. –"Η διαλεκτική είναι ο μοναδικός δρόμος για να φτάσουμε στο θεϊκό είναι και πίσω από το πέπλο των φαινομένων"– αυτό ισχυρίζεται ο Πλάτωνας τόσο πανηγυρικά και παθιασμένα όσο ισχυρίζεται το αντίθετο ο Σοπενχάουερ – και έχουν και οι δύο άδικο. Διότι δεν υπάρχει καθόλου αυτό προς το οποίο θέλουν να μας δείξουν ένα δρόμο. – Και όλα τα μεγάλα πάθη της ανθρωπότητας δεν ήταν μέχρι σήμερα τέτοια πάθη για ένα τίποτα;»[357] Όπως από την υπόθεση του «πράγματος καθ' αυτό» εξυπηρετείται πίσω από τα φαινόμενα η οντολογία των διπλασιασμών και των αντιθέσεων, έτσι κι εδώ η διαλεκτική αναζήτηση της αλήθειας επωμίζεται το ρόλο της καθοδήγησης και απελευθέρωσης του θνητού και φευγαλέου κόσμου από την κοιλάδα των δακρύων.

Ο Νίτσε φυσικά έχει επίγνωση ότι η συνοπτική κρίση-καταδίκη της πλατωνικής σκέψης δεν είναι κάτι τόσο εύστοχο, αδικεί μάλιστα τον Αθηναίο στοχαστή της διαλεκτικής. Επομένως δεν πρέπει να μας ξενίζει που παρά τις συχνές και σφοδρές επιθέσεις του ο Νίτσε γνωρίζει πως να αποδώσει στον αντίπαλο την τιμή που του αξίζει. Στο χωρίο 544 εξαίρει με επιδοκιμαστικά σχόλια ότι σε αντίθεση με κάποιες νεώτερες μορφές διανοητικής εποπτείας και άμεσης μετοχής στην αλήθεια, η διαλεκτική του Πλάτωνα ήταν ικανή να συνδυάσει και να συνθέσει δημιουργικά την ερωτικά κινούμενη έξαρση της σκέψης προς το θείο με την ορθολογική και μεθοδική διεξαγωγή της φιλοσοφικής αναζήτησης του αληθούς. Εξίσου αναμφισβήτητο παραμένει για τον Νίτσε ότι η πλατωνική σκέψη δεν πρέπει να ταυτίζεται με τους κάθε λογής αναιμικούς και άκοσμους ιδεαλισμούς, επειδή ο Πλάτωνας ήξερε ότι η φιλοσοφία εκτελεί «περιαγωγή ψυχής», που διενεργείται στη βάση μιας σφριγηλής και ρωμαλέας ζωτικής δύναμης.[358] Όμως, παρά το γε-

357. Βλέπε ό.π., σελ. 218. Βλέπε επίσης ό.π., σελ. 47 κ.ε.

358. Ό.π., σελ. 314. Βλέπε και καταλειπόμενα έργα, *KSA*, τόμ. 9, 4[44], σελ. 110.

γονός ότι ο Νίτσε υπερασπίζεται τον Πλάτωνα ενάντια σε ρηχές κριτικές, η ετυμηγορία του έχει κιόλας διαμορφωθεί: η σκέψη του Πλάτωνα και η διδασκαλία των Ιδεών ανοίγουν τον ασκό του Αιόλου για μεταφυσικές δημιουργίες και οντολογικές υποστάσεις του «άλλου» κόσμου, διαφορετικού από αυτόν «της ζωής, της φύσης και της ιστορίας».[359]

Σε γενικές γραμμές, έτσι δομείται η κριτική του Νίτσε στην κατά τη γνώμη του σαθρή μεταφυσική του Πλάτωνα. Ας δούμε τώρα διεξοδικά τους λόγους που φέρουν τη διδασκαλία των Ιδεών στο στόχαστρο της κριτικής του. Στη συνέχεια θα εξετάσω κατά πόσο οι θέσεις του Νίτσε αντέχουν στον κριτικό έλεγχο, αν εξεταστούν δηλ. με κριτήριο την αρτιότητα και τη σαφήνεια στην ερμηνευτική των πλατωνικών σκέψεων. Στα πλαίσια μιας τέτοιας αναζήτησης εγείρεται η υποψία μήπως ο Νίτσε δεν βάζει τελικά το πλατωνικό έργο στο στόχαστρο της ριζικής κριτικής, μήπως έχει κατά νου την παραδοσιακή εικόνα της πλατωνικής φιλοσοφίας, αυτό δηλ. που αποκλήθηκε πλατωνισμός. Ας δούμε λοιπόν ποια εικόνα έχει ο Νίτσε για τις Ιδέες.

α) Οι Ιδέες αποτελούν αναντίρρητες βεβαιότητες, οι οποίες λειτουργούν ως βάση σε κάθε γνωστική διαδικασία: ο Νίτσε θεωρεί πως κατ' ουσίαν η γνώση επαληθεύει απλά το γνωστό, βέβαιο και προφανές, όλα εκείνα τέλος πάντων που μέσα από τις συνήθειες και την παράδοση έχουν αποκτήσει την περιωπή του δεδομένου. Δεν πρόκειται δηλ. για απόκτηση νέων γνώσεων, αλλά για αναγωγή του μη οικείου σε οικείο και γνωστό. «Ύστερα αναρωτήθηκα: τι εννοεί ο λαός με τη λέξη γνώση; Τι ακριβώς θέλει όταν τη ζητάει; Τίποτε παραπάνω από αυτό: κάτι ξένο πρέπει να αναχθεί σε *γνωστό*. Και εμείς οι φιλόσοφοι – εννοούμε μήπως τίποτε *παραπάνω* απ' αυτό όταν μιλάμε για γνώση; (...) Κάποιος φιλόσοφος θεώρησε τον κόσμο "γνωστό" μόλις τον ανήγαγε στην "Ιδέα": αχ, μήπως δεν οφειλόταν αυτό στο ότι η "Ιδέα" του ήταν πολύ γνωστή και την είχε συνηθίσει τόσο πολύ, στο ότι δεν τη φοβόταν πια; »[360] Δεν είναι δύσκολο να διακρίνουμε σε τι αναφέρεται ο Νίτσε: στο πλατωνικό μοντέλο γνώσης ως αναγνώρισης. Η αναγνώριση απο-

359. Βλέπε *Χαρούμενη Γνώση*, σελ. 287.
360. Ό.π., σελ. 305-306.

τελεί διαδικασία κατά την οποία κάτι το αντιληπτό, το αισθητικά δεδομένο ταυτίζεται με την υποτύπωσή του στην ψυχή. Η γνωστική διαδικασία συνίσταται επομένως στο να αναγνωριστεί εντός του αντικειμένου της γνώσης η Ιδέα (π.χ. του όμοιου ή του ίσου) – όσο και ατελές και άμορφο να είναι αυτό που συναντά η γνώση: «Πρὸ τοῦ ἄρα ἄρξασθαι ἡμᾶς ὁρᾶν καὶ ἀκούειν καὶ τἆλλα αἰσθάνεσθαι, τυχεῖν ἔδει που εἰληφότας ἐπιστήμην αὐτοῦ τοῦ ἴσου ὅτι ἔστιν, εἰ ἐμέλλομεν τὰ ἐκ τῶν αἰσθήσεων ἴσα ἐκεῖσε ἀνοίσειν, ὅτι προθυμεῖται μὲν πάντα τοιαῦτα εἶναι ἐκεῖνο, ἔστιν δὲ αὐτοῦ φαυλότερα» (Φαίδων, 75b).[361]

Με το μοντέλο της αναγνώρισης θεματοποιείται στο σχήμα της ταύτισης (δηλ. κάτι-ως-κάτι) το στοιχείο αναφορικής βλέψης: για να μπορέσει κάποιος να αντιληφθεί και να γνωρίσει κάτι ως τέτοιο πρέπει εξαρχής να έχει στη διάθεσή του το σημείο αναφοράς, το είδος δηλ. του πράγματος ως βάση της ταύτισης. Τώρα, επειδή μόνο στη βάση αυτή ή υπό το φως της αναφοράς στο είδος δύναται εν γένει να προσεγγιστεί το πράγμα ως-τέτοιο, οι Ιδέες πρέπει να βρίσκονται προκαταβολικά στην ψυχή ακριβώς ως αναφορικές βλέψεις και κριτήρια του είδους που καθοδηγούν κάθε ορατότητα, αντιληπτικότητα και γνώση (ή αναγνώριση) του δεδομένου πράγματος. Στο διάλογο *Μένων* η προϋπάρχουσα στην ψυχή Ιδέα νοηματοδοτείται ως αναμιμνήσκεσθαι (86b) – στον *Φαίδρο* πάλι και συγκεκριμένα στο πλαίσιο της διήγησης της άμαξας της ψυχής τονίζεται η ενεργής απόκτηση των Ιδεών (247d-248). Αυτές οι ενδείξεις αρκούν νομίζω για να κατανοηθεί πως η νιτσεϊκή ερμηνεία της γνώσης υπό το φως των ειδών-εννοιών (ή Ιδεών) αδικεί αισθητά τις σκέψεις του Πλάτωνα. Αυτό οφείλεται στο ότι ερμηνεύει το πρόθεμα ανα- (δηλ. στις έννοιες αναγνώριση και ανάμνηση) ως αφαιρετική αναγωγή, δηλ. ως μείωση της πολυπλοκότητας των φαινομένων και ταύτισή τους με τα οικεία σχήματα γνώσης.[362] Ποια σκέψη όμως τροφοδοτεί αυτή την... παρερμηνεία;

361. «Επομένως, πριν αρχίσουμε να βλέπουμε και να ακούμε ή να έχουμε οποιοδήποτε άλλο αίσθημα, πρέπει να είχαμε την ευκαιρία να λάβουμε γνώση του τι είναι αυτό τούτο το ίσιο, αν επρόκειτο να αναγάγουμε τα ίσα που προέρχονται από τη σφαίρα των αισθήσεων σε αυτό, επειδή όλα βέβαια έχουν την επιθυμία να είναι όπως εκείνο, πλην όμως είναι κατώτερά του».

362. Βλέπε επίσης στα καταλειπόμενα έργα, *KSA*, τόμ. 11, 34[82], σελ. 445.

Η άποψη που έχει ο Νίτσε για τη γνωσιοθεωρία του Πλάτωνα ως επαναγωγή και επανεγγραφή του νέου στο γνώριμο εδράζεται κατά τη γνώμη μου στην υποψία του ότι με αυτό τον τρόπο αποκόπτεται το γνωρίζον υποκείμενο από το ανεξάντλητο πεδίο του εμπειρικά και γνωστικά δυνατού, στερώντας από τον εαυτό του τη δυνατότητα να γνωρίσει κάτι που θα διέφερε από τα κεκτημένα και οικεία σχήματα ιδιοποίησης του κόσμου. Όσο βάσιμη και να είναι η παραπάνω υποψία για τη γνωστική διαδικασία εν γένει, δεν παύει να είναι μονερής έναντι της πλατωνικής σύλληψης των Ιδεών ως εννοιών-ειδών, οι οποίες καθοδηγούν τη γνωστική βλέψη του υποκειμένου προσανατολίζοντάς το στην απόκτηση μιας προσύλληψης του συναντώμενου αντικειμένου. Δεν είναι δηλ. τίποτα περισσότερο από a priori δυνατότητες κατανοησιμότητας και αναγνωρισιμότητας. Η γνωστική δομή που υποτυπώνεται στο πρόθεμα ανα- καθιστά εμφανή την επαναγωγή στις προϋποθετικές συνθήκες στις οποίες το υποκείμενο πρέπει να έχει ήδη αναφερθεί, ώστε να μπορεί να αντιληφθεί ή να γνωρίσει αυτό που συναντά στο βιόκοσμο.

Η κριτική του Νίτσε δεν μέμφεται τελικά τη χρήση των Ιδεών για να επιβεβαιωθεί η συντηρητική θέση ότι όσα γίνονται αντικείμενο γνώσης είναι στην ουσία γνωστά και οικεία. Επιπλέον κατηγορεί τον Πλάτωνα ότι *β)* εγγράφει τις Ιδέες στο χώρο του αντικειμενικά δεδομένου, το οποίο φυσικά μπορεί μόνο να καταγραφεί, δηλ. απλά να διαπιστωθεί. Πρόκειται φυσικά για κριτική στο πνεύμα της πραγμοποίησης.[363] Για τον Νίτσε ο Πλάτωνας έκανε το μοιραίο βήμα όχι μόνο για τη φιλοσοφία αλλά και για τον πολιτισμό γενικότερα να υποστασιοποιήσει την Ιδέα σε αντικείμενο ανώτερης τάξης, το οποίο μπορεί να θεωρηθεί από το υποκείμενο της γνώσης μόνο ως ακλόνητη δεδομενικότητα και αυθύπαρκτη πραγματικότητα. Η πραγμοποίηση των Ιδεών σε υποστάσεις οντολογικής ανωτερότητας συντελείται

363. Βλέπε ό.π., 26[171], σελ. 194. Στο απόσμασμα 34[179] ο Νίτσε διαφοροποιεί κάπως την κριτική της πραγμοποίησης, παραδεχόμενος ότι ο Πλάτωνας δεν μπορεί να ήταν τόσο «αφελής» (βλέπε ό.π., σελ. 481) ώστε να αποδώσει στις Ιδέες οντολογική σταθερότητα. «Ήθελε απλά να το πιστέψει ο κόσμος» (ό.π.) – οπότε έχουμε ένα είδος κριτικής της φιλοσοφίας ως ιδεολογίας, δηλ. ως μορφής ψευδούς συνείδησης.

καθόσον «το σημαίνον [ενν. η συνακτική θέση, Κ.Μ.] του κατηγορήματος ταυτίζεται με το ίδιο το πράγμα· και οι φιλόσοφοι (...) έβαλαν τη σφραγίδα τους σ' αυτό το ανακάτωμα καθώς δίδαξαν πως ακριβώς αυτά τα σημαίνοντα, δηλ. οι Ιδέες, ήταν το αληθινά υπάρχον, αμετάβλητο και καθολικά ισχύον».[364] Η πραγμοποίηση, αποτελώντας το πρώτο βήμα προς τον «αληθή κόσμο» της μεταφυσικής, συνίσταται επομένως στο ότι οι Ιδέες, αρχικά κατηγορήματα που δήλωναν ποιοτικά χαρακτηριστικά των όντων, μετατρέπονται οι ίδιες σε (γραμματικό-συντακτικό) υποκείμενο, παίρνοντας έτσι τη θέση του πράγματος. Από τη στιγμή που το ίδιο το κατηγόρημα θεωρηθεί σημείο αναφοράς προτάσεων και κρίσεων, μεταβάλλεται ανεπαίσθητα σε αντικείμενο, στο οποίο προσδίδουμε κατηγορήματα με την πρόταση.

Νομίζω πως εδώ ο Νίτσε αγγίζει ένα ευαίσθητο σημείο, δηλ. κατά πόσο οι απριορικές αναφορές της γνώσεις ως ορίζοντες εν γένει κάθε κατανοησιμότητας είναι δυνατόν να γίνουν με τη σειρά τους αντικείμενο αντικειμενικής θεώρησης. Ας το εξηγήσουμε διαφορετικά: είναι δυνατόν, –εννοείται αποφεύγοντας τη σκόπελο της πραγμοποίησης–, να εγγραφούν και οι ίδιες οι προϋποθέσεις μέσα από τις οποίες μπορεί εν γένει να γίνει κάτι κατανοητό, στο λογικό χώρο αντικειμενικής γνώσης; Με την κριτική στις πραγμοποιημένες Ιδέες ο Νίτσε πιστεύει πως ο Πλάτωνας γίνεται ένοχος μιας υφαίρεσης (subreptio), καθώς δεν αρκείται να τονίσει μόνο το λειτουργικό τρόπο των Ιδεών ως σημαινόντων μέσω των οποίων ο άνθρωπος θέτει το «πράγμα» «ως γνωστό, το καταλαβαίνει, το συλλαμβάνει». Επιπλέον θα υποστηρίξει «ένα γνώθειν, ένα τελεσίδικο γνώθειν». Εφόσον λοιπόν οι Ιδέες αποσπώνται με τον τρόπο αυτό από τη βιοκοσμική λειτουργία τους ως προοπτικές νοήματος και γνώσης, μεταβαλλόμενες σε προϋπάρχοντα πράγματα καθ' εαυτά, δεν είναι άδικος ο Νίτσε όταν μιλά για μια «μυθολογία».[365] Ασφαλώς θα μπορούσε να διατυπωθεί η ένσταση ότι η λειτουργία των Ιδεών ως προοπτικής κατανόησης και νοηματοδότησης εν γένει μπορεί να πλαισιωθεί από έναν προβληματισμό που θα ήλεγχε ποια κριτήρια πρέ-

364. Βλέπε καταλειπόμενα έργα, *KSA*, τόμ. 11, ό.π., 38[14], σελ. 614.
365. Όλα τα παραθέματα ό.π.

πει να εκπληρώνουν για να ισχύουν ως ορθές. Σε ένα τέτοιο επιχείρημα ο Νίτσε θα απαντούσε ότι έτσι κι αλλιώς βιοκοσμικά αποδεικνύεται ότι αυτό που αποκαλείται «Ιδέα» έχει λειτουργήσει άριστα στην υπηρεσία της συντήρησης και της ενδοκοσμικής πρακτικής του ανθρώπινου είδους. Η βιοκοσμική λειτουργικότητα της «Ιδέας» επομένως αρκεί και τυχόν υποθέσεις περιττεύουν, μιας και αυτό θα ανέσυρε εκ νέου τον κίνδυνο του μεταφυσικού διπλασιασμού. Ενόψει του... χαοτικού χαρακτήρα των όντων ως ολότητας, αυτού του είδους η επιχειρηματολογία έσχατης θεμελίωσης των Ιδεών φαντάζει στον Νίτσε μυστικοπαθής και αλλοτριωτική.

Όσο δικαιολογημένος και να παρουσιάζεται ο σκεπτικισμός του Νίτσε απέναντι στην πραγμοποίηση που συνοδεύει κάθε προσπάθεια οι ίδιες οι προϋποθέσεις γνωστικής αναφοράς να αποβούν με τη σειρά τους αντικείμενο έρευνας και ελέγχου, νομίζω πως οι κρίσεις του για τον Πλάτωνα δεν ευσταθούν. Διότι ο ίδιος ο Πλάτωνας είναι που αντιπαρατίθεται στο συγκεκριμένο πρόβλημα, ασκώντας κριτική σε κάθε πραγμοποιημένη χρήση των Ιδεών. Το καλύτερο και σημαντικότερο παράδειγμα (αυτο-)κριτικής της λανθασμένης κατανόησης και χρήσης τους μας δίνεται στο διάλογο *Παρμενίδης*. Ιδιαίτερα στο πρώτο μέρος ο Πλάτωνας αντιπαρατίθεται και αποκρούει ακριβώς την οντολογική πραγμοποίηση της διδασκαλίας των Ιδεών.

Κρίνω σκόπιμο να αναφερθώ έστω και συνοπτικά στον επιχειρηματολογικό ιστό του διαλόγου, ο οποίος αν και από τους δυσκολότερους στο έργο του Πλάτωνα, είναι κεφαλαιώδους σημασίας για το πρόβλημα της πραγμοποίησης. Περιορίζομαι φυσικά μόνο στις απόψεις που αφορούν το θέμα της εσφαλμένης/σωστής χρήσης των Ιδεών. Η συζήτηση ξεκινά από τον ισχυρισμό του Ζήνωνα (του Ελεάτη), ότι η έννοια των «πολλών» στερείται νοήματος. Το επιχείρημα έχει ως εξής: αν τα όντα είναι πολλά, έπεται ότι πρέπει να είναι όμοια και ανόμοια. Αυτό όμως είναι αδύνατον να συμβαίνει ταυτόχρονα. Το αντεπιχείρημα του Σωκράτη συνίσταται στο να δείξει ότι ο Ζήνωνας δεν χρησιμοποιεί σωστά τις έννοιες του όμοιου και του ανόμοιου. Τις θεωρεί με τέτοιο τρόπο, ώστε να αλληλοαποκλείονται (δηλ. ισχύει για αυτόν η αριστοτελική λογική του αποκλειόμενου τρίτου). Ο Σωκράτης αντίθετα τις θεωρεί ως κατηγορήματα που γίνεται να αποδοθούν στο ίδιο ον ή αλλιώς το ον μπορεί να μετέχει στις λογικές σφαίρες και των δύο:[366]

«Καὶ τὰ μὲν τῆς ὁμοιότητος μεταλαμβάνοντα ὅμοια γίγνεσθαι ταύτῃ τε καὶ κατὰ τοσοῦτον ὅσον μεταλαμβάνει, τὰ δὲ τῆς ἀνομοιότητος ἀνόμοια, τὰ δὲ ἀμφοτέρων ἀμφότερα; εἰ δὲ καὶ πάντα ἐναντίων ἀμφοτέρων μεταλαμβάνει, καὶ ἔστι τῷ μετέχειν ἀμφοῖν ὅμοιά τε καὶ ἀνόμοια αὐτοῖς, τί θαυμαστόν;» (129a)

Δεν ξενίζει λοιπόν που στο ίδιο πράγμα μπορεί να αποδοθεί από τη μια το κατηγόρημα της ομοιότητας και από την άλλη το κατηγόρημα της ανομοιότητας. Διαμέσου της μετοχής τους σε αντίθετες Ιδέες τα πολλά αισθητά πράγματα καθορίζονται ως αντίθετα. Η σωκρατική κριτική πλήττει καίρια τον ελεατικό μονισμό του Ζήνωνα, τον ισχυρισμό δηλ. ότι πράγματα και κατηγορούμενα ταυτίζονται. Δεν πρόκειται για ταύτιση αλλά για το μεταλαμβάνειν των πραγμάτων στο χώρο των Ιδεών ή κατηγορημάτων. Αξιοπρόσεκτο είναι πάντως ότι στη συνέχεια του διαλόγου και ο Σωκράτης θα περιπλακεί σε αντιφάσεις όταν αναγκάζεται να απαντήσει στο ερώτημα του Παρμενίδη για το πώς δομείται οντολογικά η σχέση της μετοχής. Όπως φαίνεται στην πορεία του διαλόγου, κάθε προσπάθεια να ορισθεί η σχέση μετοχής των πραγμάτων στις Ιδέες ως χωρική-αντικειμενική σχέση αποτυγχάνει παταγωδώς. Ο λόγος είναι απλός: τη στιγμή που οι Ιδέες-κατηγορήματα αποκόπτονται από το λειτουργικό τους χώρο, δηλ. τη συγκρότηση προοπτικών απριορικής θέασης και αντίληψης των πραγμάτων, μεταβάλλονται αυτόματα σε πραγμοποιημένες οντότητες, οπότε και αυτοακυρώνονται.

Το ζήτημα είναι όντως σημαντικό και χρήζει διεξοδικής διαπραγμάτευσης. Ενδεικτικό πάντως είναι ότι ο Σωκράτης παρά το νεαρό της ηλικίας του –γεγονός που εξηγεί τόσο την αναποφασιστικότητά του γύρω από το αν πρέπει να υποθέσουμε την ύπαρξη Ιδεών για όλα τα πράγματα, ακόμα και για τα πιο τιποτένια, όσο και την απειρία

366. «Και ότι όσα μετέχουν στην ομοιότητα γίνονται έτσι όμοια, και μάλιστα τόσο όσο μετέχουν, όσα μετέχουν στην ανομοιότητα γίνονται ανόμοια, και όσα και στα δύο γίνονται το ένα και το άλλο; Αν όλα μετέχουν και στις δύο ιδέες, που είναι αντίθετες, και είναι δυνατόν κάτι να μετέχει και στα δύο και να είναι όμοιο και ανόμοιο, τι το παράδοξο;»

του, την οποία βέβαια ο Παρμενίδης εκμεταλλεύεται στο έπακρο για να καταρρίψει όλα τα επιχειρήματα περί μετοχής– μας δίνει παρ' όλα αυτά αμυδρές ενδείξεις για το πως πρέπει να κατανοηθούν σωστά οι Ιδέες:[367]

«οἷον [εἰ] ἡμέρα εἴη, <ἥ> μία καὶ ἡ αὐτὴ οὖσα παλλαχοῦ ἅμα ἐστὶ καὶ οὐδέν τι μᾶλλον αὑτῆς χωρίς ἐστιν, εἰ οὕτω καὶ ἕκαστον τῶν εἰδῶν ἓν ἐν πᾶσιν ἅμα ταὐτὸν εἴη». (131b)

Με τη μεταφορά του φωτός ο Σωκράτης μας δίνει να καταλάβουμε πως οι Ιδέες δεν είναι κάτι το αντικειμενικό με την έννοια της αντικειμενικής και ενικής οντότητας, αλλά αντίθετα αποτελούν τη συνθήκη της δυνατότητας κάθε γνωστικής σχέσης, δηλ. της δυνατότητας να δοθεί στα όντα αντιληπτική και γνωσιοθεωρητική μορφή. Στη συνέχεια βέβαια ο Σωκράτης λόγω των επιχειρηματολογικών κρούσεων του Παρμενίδη δεν θα καταφέρει να υπεραμυνθεί των θέσεών του, κάνοντας το στρατηγικό λάθος να επιχειρήσει να αντεπεξέλθει των οξυδερκών επιχειρημάτων του Παρμενίδη που αφορούν την έννοια της Ιδέας ως εμπράγματης οντότητας. Το πρώτο παρμενίδειο επιχείρημα με το καραβόπανο αντιτίθεται διπλά στη μεταφορά του φωτός του Σωκράτη, όχι μόνο διότι μετατρέπει την Ιδέα σε... πανί, αλλά επειδή ως τέτοιο συγκαλύπτει τα πράγματα, αντί να διανοίξει την προοπτική διαύγασής τους. Επομένως ο Παρμενίδης ως στοχαστής της ενότητας που αποκλείει την πολλαπλότητα έχει κιόλας κερδίσει το παιχνίδι, εφόσον το πανί-Ιδέα διαιρείται και κατά συνέπεια δεν υπάρχει νόημα να μιλάμε για την Ιδέα ως ενότητα. Το δεύτερο επιχείρημα του Παρμενίδη ακολουθεί την ίδια στρατηγική, μόνο που τώρα το Είδος-Ιδέα δεν παρουσιάζεται ως κάτι το υλικά αντικειμενικό, αλλά κάτι παρόμοιο με κάποιο συγκεκριμένο μέγεθος. Αν υποθέσουμε πως η Ιδέα έχει κάποιο μέγεθος, τότε θα εμπλακούμε σε αξεδιάλυτες αντιφάσεις, δηλ. στην απορία του regressus ad infinitum (132a): αν υποθέσουμε πολλά και μεγάλα πράγματα, τότε, για να γίνει εφικτή η θέαση του πεδίου τους συνολικά, θα πρέπει να υποθέσουμε ταυτόχρονα μια «ευρύτερη ιδέα μεγέθους, όπου εξαιτίας

367. Οι Ιδέες δεν θα χωρίζονταν «αν ήταν σαν την ημέρα, που είναι μία και αυτή, ταυτόχρονα όμως είναι σε πολλά μέρη, δίχως να χωρίζεται. Με τον ίδιο τρόπο κάθε ιδέα θα μπορούσε να είναι μία και η αυτή ταυτόχρονα σε όλα».

της θα φανούν μεγάλα όλα αυτά». Επομένως αν θέσουμε τα πολλά πράγματα-μεγέθη δίπλα σε μια ακόμα ιδέα μεγέθους, θα είναι κάποια ευρύτερη ιδέα εκείνη που θα προκύψει από την ενοποίησή τους κ.ο.κ. Η Ιδέα του μεγέθους αποβαίνει επομένως σε ανεξάντλητη πολλαπλότητα – ο Σωκράτης πρέπει να παραδεχτεί πως και σε αυτή την περίπτωση η Ιδέα ως ενότητα δεν έχει νόημα. Ενόψει των παραπάνω δυσκολιών ο Σωκράτης θα καταλάβει πως η καλύτερη άμυνα είναι η επίθεση: αρνείται τώρα κάθε έννοια της ιδέας ως αντικειμενικού μεγέθους και τη μεταφέρει στην ψυχή (132b).

Πιστεύει ότι έτσι θα αποφύγει τον κίνδυνο διαιρετότητας της ιδέας. Όμως ο Παρμενίδης έχει το κατάλληλο αντεπιχείρημα: αν η ιδέα είναι υποκειμενική έννοια κάποιου πράγματος, τότε πρέπει να είναι έννοια μια άλλης ιδέας, αφού και οι Ιδέες είναι σύμφωνα με το επιχείρημα του Σωκράτη ψυχικά-πνευματικά φαινόμενα. Άρα έχουμε Ιδέα περιέχουσα μια μερικότερη Ιδέα. Και μετά μας χρειάζεται μια Ιδέα που να περιέχει την περιέχουσα Ιδέας της μερικότερης Ιδέας κ.ο.κ... Συνειδητοποιώντας το αδιέξοδο ο Σωκράτης προσπαθεί να... αποψυχολογικοποιήσει τις Ιδέες, ισχυριζόμενος την υπόθεση μιας παραδειγματικής αντιστοιχίας ιδεών και πραγμάτων (132d). Αν τα πράγματα όμως αποτελούν απομιμήσεις του παραδείγματος-ιδέας, τότε κατά μια έννοια είναι όμοιά τους, οπότε θα πρέπει να υποθέσουμε και το αντίστροφο, δηλ. ότι και οι ιδέες είναι παρόμοιες με τα πράγματα. Για να δει όμως κάποιος τη σχέση ομοιότητας, χρειάζεται μια επιπρόσθετη ιδέα που θα διαμεσολαβεί μεταξύ πραγμάτων και ιδεών, οπότε επαναλαμβάνεται η ίδια ιστορία με το regressus.[368] Τελικά όλες οι προσπάθειες «εἴδη ὄντα αὐτὰ καθ' αὑτὰ διορίζηται» (133a), δηλ. να συλλάβουμε την αυθυπαρξία των Ιδεών διαμέσου εννοιακών προσδιορισμών, καταλήγουν σε αποτυχία. Συνακόλουθα το επιχειρηματικό μέτωπο του Σωκράτη καταρρέει – η έννοια της μετοχής εγκαταλείπεται και αντ' αυτής ο Σωκράτης καταφεύγει στο τελευταίο αμυντικό οχυρό: το ριζικό χωρισμό των Ιδεών από τα πράγματα, και σε τελική ανάλυση στην εξίσου προβληματική θέση ότι οι Ιδέες είναι πέρα από κάθε γνωστική πρόσβαση (134a-134c).

---

368. Ο Παρμενίδης χρησιμοποιεί τη σχέση ομοιότητας αυστηρά αμφίδρομα: όπως τα πράγματα στις Ιδέες, έτσι και οι ιδέες πρέπει να ομοιάζουν στα πράγματα.

Στο πλαίσιο των ερμηνευτικών μου προθέσεων δεν είναι δυνατή η διεξοδική διαπραγμάτευση του δεύτερου μέρους του διαλόγου, όπου ο Πλάτωνας μεταφέρει τη σχέση Ιδεών και πραγμάτων στη σφαίρα των ίδιων των Ιδεών. Για τη θεματική μας, τη νιτσεϊκή κριτική στον Πλάτωνα, αρκεί να συγκρατήσουμε πως δεν μπορεί να γίνει σε καμία περίπτωση λόγος ούτε για πραγμοποίηση των Ιδεών (ως υποστασιοποιημένων κατηγορημάτων), ούτε και για κατασκευή οντολογικών υπερδομών. Στο δεύτερο μέρος του διαλόγου η κύρια επιχειρηματική θεματική περιστρέφεται γύρω από την έννοια της ενότητας. Αφού στο πρώτο μέρος του διαλόγου κατέρριψε όλες τις οντολογικές συμπαραδηλώσεις της πλουραλιστικής εκδοχής των Ιδεών, δηλ. την αντικειμενοποιημένη θεώρηση της έννοιας της μετοχής, βλέπουμε τον Παρμενίδη στο δεύτερο μέρος να αναγκάζεται να παραδεχεί πως η Ιδέα του Ενός (της ενότητας) πρέπει να συναρτηθεί με τις άλλες ιδέες, δηλ. στο πλέγμα Ιδεών, οι οποίες μετέχουν αλλήλοις. Με το πλέγμα αλληλομετοχής των ιδεών, που στην ουσία αποτελεί μια ώριμη μορφή της πλατωνικής διαλεκτικής, ο Πλάτωνας διαγράφει ένα πεδίο αλληλοαναφορικών εννοιών-προσδιορισμών (π.χ. του ταυτού και του ετέρου, της κίνησης και της ακινησίας), καταρρίπτοντας ταυτόχρονα το (ελεατικό) μοντέλο της μονιστικής οντολογίας.

Ιδωμένο σε αυτή την προοπτική το φιλοσοφικό πρόταγμα του Πλάτωνα και συγκεκριμένα η θεώρηση των Ιδεών ως αλληλοδιαπλεκόμενων και αλληλοκαθοριζόμενων μεγεθών κάθε άλλο παρά αποτελεί παράδειγμα πραγμοποίησης και υποστασιοποίησης. Η κριτική του Πλάτωνα στον ελεατικό μονισμό του Παρμενίδη προσφέρει την κατάλληλη μέθοδο ώστε να στοχαστούμε τις Ιδέες χωρίς να τις θεωρήσουμε σταθερές οντολογικές ενότητες και οντότητες. Πάντως ειρωνεία της υπόθεσης αποτελεί ότι ο ίδιος ο Παρμενίδης είναι που στην κριτική του εναντίον του Σωκράτη αποδομεί κάθε πραγμοποιητική θεώρηση των ιδεών! Η διαλεκτική θεώρηση των ιδεών αποβαίνει ουσιαστικά καταλυτική αποδόμηση κάθε οντολογίας. Ο Νίτσε από τη μεριά του δεν φαίνεται πρόθυμος να καταπιαστεί με το στοχαστικό εγχείρημα της κριτικής αποδόμησης: αισθάνεται επειγόντως την ανάγκη να σώσει τα φαινόμενα ενάντια στους οντολογικούς-Ιδεολογ-ικούς σφετεριστές.

Χειραφετημένη από τα δεσμά της οντολογικής θεμελίωσης και τους μεταφυσικούς κορσέδες η φαινομενικότητα αποκτά μια αναβαθμισμένη οντολογικά εμφάνεια. Σε έναν αφορισμό από τα καταλειπόμενα έργα του ο Νίτσε διατυπώνει το credo της νέας φιλοσοφίας ως εξής: «Ενάντια στη λέξη "Φαινόμενα". Η εμφάνεια (Schein) όπως την καταλαβαίνω είναι η μόνη και η αληθινή πραγματικότητα (...) Δεν αντιπαραθέτω έτσι την "εμφάνεια" στην "πραγματικότητα", αλλά αντίθετα θεωρώ την εμφάνεια ως την πραγματικότητα, η οποία αντιστέκεται στη φανταστική μετατροπή της σε κάποιον "αληθινό κόσμο"».[369] Προερχόμενη από την κριτική στους μεταφυσικούς διπλασιασμούς και αντιθέσεις η έννοια της εμφάνειας αποκτά, πιστεύω, τη σημαντική δυναμική που αναπτύσσεται στη σκέψη του Νίτσε από τη *Γέννηση της Τραγωδίας* μέχρι το τέλος της πνευματικής του ζωής, μόνο αν ειδωθεί σε αντιπαράθεση προς την πλατωνική έννοια του μη όντος. Το συναφές στις έννοιες εμφάνεια και μη-ον δεν οφείλεται μόνο στο ότι ο Νίτσε θέλει να αποστρέψει τη φιλοσοφική σκέψη από τις συμπαγείς και ακλόνητες μεταφυσικές οντότητες του «αληθινού κόσμου», επαναπροσανατολίζοντάς τη σε μια εμμενή ενασχόληση με... ελαστικότερες «υλικότητες», δηλ. με την εμφαινόμενη πραγματικότητα του Γίγνεσθαι.

Ο λόγος είναι βαθύτερος: ενώ η κριτική του Νίτσε στη θεωρία των Ιδεών αστοχεί στη σκοποθεσία της, ωστόσο θα ήταν λάθος να υποστηρίξουμε πως η έννοια της εμφάνειας προτάσσεται από τον Νίτσε ως απλή αναστροφή: δηλ. εκεί που ήταν το ὄντως ὄν, έρχεται τώρα το μὴ ὄν. Αντίθετα, η επιχειρηματολογία που στοχεύει στην αξιακή αναβάθμιση της εμφάνειας ως της μοναδικής πραγματικότητας αναπτύσσει μια δυναμική προφάνειας και προδηλότητας ακριβώς στο βαθμό που ο Νίτσε θεωρεί τη φιλοσοφία ως καθαρό πρόταγμα, δηλ. στο βαθμό που αξιώνει τις ποιητικές, καλλιτεχνικές διαστάσεις που χαρακτηρίζουν κάθε ενέργημα μορφοποίησης αξιών και βιοκοσμικών νοημάτων. Όπως δείξαμε και στο πλαίσιο της κριτικής του στον Καντ, ο κυρίαρχος χαρακτήρας του νιτσεϊκού προτάγματος-κοσμοειδώλου συνίσταται στο ότι η προταγματική θέληση αποδεσμεύεται από οντολογικές προδιαγραφές ενότητας και καθορισμών. Στο βαθμό που αντιμάχεται και υπερβαίνει τη σχηματική αντίθεση μεταξύ ουσίας και φαινομένου, η νοηματοδοτική δύναμη του κο-

369. Ό.π., 40[53], σελ. 654.

σμοειδώλου οφείλει τη δεσμευτική της ισχύ στην προφάνεια των παραστάσεων, οι οποίες δεν αποτελούν αναπαραστάσεις, αλλά υποτυπώσεις του ενεργήματος ενός δημιουργικού θέτειν. Ακριβώς γι' αυτό η εμφάνεια αναδεικνύει μια οντολογική αυθυπαρξία.

Για να εξετάσουμε τώρα το είδος της οντολογικής σταθερότητας που χαρακτηρίζει την αναβαθμισμένη εμφάνεια, στο πλαίσιο πάντα της νιτσεϊκής κριτικής στον Πλάτωνα, πρέπει να επιστρέψουμε στο πλατωνικό έργο – η εκτενέστερη διαπραγμάτευση της εμφάνειας ως μη όντος βρίσκεται ασφαλώς στον *Σοφιστή*. Αν εξαιρεθεί το γεγονός ότι ο διάλογος πρέπει να συσχετιστεί στενά με τον *Παρμενίδη* –εφόσον κοινή και στους δύο προέχει η διαλεκτική ως πλέγμα αμοιβαίων συσχετίσεων των Ιδεών, όπως και η κριτική του οντολογικού μονισμού– υπάρχει και ένας επιπρόσθετος λόγος για τον οποίο ο *Σοφιστής* ενδείκνυται προς διαπραγμάτευση. Ο συγκεκριμένος διάλογος επιτρέπει την προετοιμασία του εδάφους για την εξέταση του πολυθρύλητου «ανεστραμμένου πλατωνισμού» του Νίτσε.

Μεθοδολογικά θα προχωρήσω όπως και στον *Παρμενίδη*: θα επικεντρωθώ σε μια κύρια προβληματική, τούτη τη φορά σ' αυτή της εμφάνειας, προϋποθέτοντας ως γνωστές τόσο τη μέθοδο της διαίρεσης, με την οποία επιχειρείται ο προσδιορισμός του *Σοφιστή*, όσο και το κομμάτι του διαλόγου όπου γίνεται λόγος για τις Ιδέες. Μας ενδιαφέρει ουσιαστικά ο τρόπος που ο Πλάτωνας διαπραγματεύεται τη σοφιστική πλάνη στο πλαίσιο μιας θεωρίας για την εικόνα. Ενώ η θεώρηση της εικόνας στην *Πολιτεία* (VI, 509c-511e), όπου εικονικό χαρακτήρα έχουν όλα όσα, με την αυστηρή έννοια του όρου, είναι οντολογικά ανύπαρκτα, στον *Σοφιστή* η ερωτηματοθεσία αντιστρέφεται: η μεθοδική εξέταση της σοφιστείας στοχεύει στον εντοπισμό της οντολογικής υπόστασης που ενέχει η επίφαση του σοφιστικού λόγου.

Το πρώτο μέρος του διαλόγου αφιερώνεται σε μια σχοινοτενή έρευνα των ιδιαζόντων χαρακτηριστικών του σοφιστή. Το ερώτημα που κατευθύνει τις όντως εξονυχιστικές διακλαδώσεις και εννοιακές-λογικές διαφοροποιήσεις αναζητά το ποιόν της σοφιστικής πλάνης, και συγκεκριμένα το είδος της φαινομενικότητας εκείνης που παρουσιάζεται με αξιώσεις έκδηλης προφάνειας και ψυχαναγκαστικής πειθούς. Αποτελώντας μια ιδιαίτερη μορφή εικονικής εμφάνειας το σοφιστικό ιδίωμα προκαλεί το ερώτημα πώς είναι δυνατόν μια φαινομενικότητα να αξιώνει ισχύ αλήθειας. Για τον Πλάτωνα η σκέψη πρέπει να κατευθυνθεί στη διαπίστωση πως «τό τε μὴ ὂν ὡς ἔστι κατά τι καὶ τὸ ὂν αὖ πάλιν ὡς οὐ ἔστι πη» (241d).[370] Το ερώτημα αποδεικνύεται επιτακτικό στο βαθμό που η εικόνα, αν και ανήκει στη σφαίρα των μη όντων, ωστόσο έχει κάποια οντότητα (240b). Η εικόνα αποτελεί εξέχον παράδειγμα για όλα εκείνα τα στοιχεία της αισθητής πραγματικότητας, τα οποία με την αυστηρή έννοια του όρου *δεν είναι*, δεν υπάρχουν οντολογικά. Επειδή στην περίπτωση αυτή δεν μπορεί να γίνει λόγος για την οντολογική ποιότητα της εικόνας, καθώς δεν υπάρχει καμία Ιδέα που θα καθόριζε το χαρακτήρα της, διαπιστώνουμε ότι οι εικόνες είναι άλλο από αυτό που παριστάνουν. Αφού η αναφορά στην ιδέα, η οποία όπως είδαμε διαμορφώνει την προοπτική του νοήματος κάθε πράγματος ως τέτοιου, δεν ισχύει, η εικόνα βρίσκεται μετέωρη, είναι δηλ. οντολογικά ανερμάτιστη, οπότε έτσι ανοίγονται οι ασκοί του Αιόλου για κάθε επίφαση και πλάνη. Ασφαλώς ο Πλάτωνας δεν αναφέρεται σε όλο το εύρος πιθανών επιφάσεων, ψευδών παραστάσεων και πλανερών φαινομενικοτήτων. Τον ενδιαφέρει να καθορίσει το ιδιάζον στοιχείο που χαρακτηρίζει τη σοφιστική φαινομενικότητα. Όπως άφησα να διαφανεί, το στοιχείο αυτό εντοπίζεται στην αξίωση αληθοφανούς προφάνειας με την οποία περιβάλλεται η σοφιστική φαινομενικότητα, μια εικόνα δηλ. που επιμένει να είναι κάτι.

Για να ξεσκεπάσει τη δόλια λαθροχειρία της σοφιστικής αξίωσης ο Πλάτωνας εμβαθύνει στο χαρακτήρα του «πρὸς τἀληθινὸν ἀφομοιωμένον ἕτερον τοιοῦτον» (240a), εντοπίζοντας την πλάνη των εικόνων στο είδος της αφομοίωσης, δηλ. της ομοιότητας. Για να εξετάσει το είδος αυτό, χωρίζει τη μιμητική τέχνη με κριτήριο το είδος της μίμησης σε δύο μορφές: την εικαστική και τη φανταστική (235d-236c). Η πρώτη μορφή μιμητικού διενεργήματος συνίσταται στην ένα-προς-ένα αναπαράσταση στη βάση του παραδείγματος των ουσιαστικών συμμετριών, αλλά και των χρωμάτων του υποδειγματικού πρωτοτύπου. Στη σύμμετρη και ισόμορφη (ανα-)παράσταση αντιτίθεται η φανταστική μίμηση: κριτήριο της διαμόρφωσης της εικονικής παράστασης δεν είναι τώρα η

370. «(...) το μη ον είναι [παρόν] εν μέρει όσο και ότι το ον, πάλι δεν είναι [παρόν] κατά κάποιο τρόπο».

ισόμετρη και ισόμορφη αναπαράσταση, αλλά ένα είδος εικονικού ρεαλισμού, το γεγονός δηλ. ότι η εικονικότητα παράγεται από προοπτικές, σμικρύνσεις και μεγεθύνσεις. Αυτό που τις χαρακτηρίζει δεν είναι «τὰς οὔσας συμμετρίας», αλλά οι «τὰς δοξούσας εἶναι καλάς» (236a).[371]

Παρ' όλη την (εμπαθή) αντιπάθεια του Πλάτωνα για κάθε καλλιτεχνική εικονικότητα, εδώ η σκέψη του θα διεισδύσει στο φαινόμενο χωρίς εμμονές και προκαταλήψεις: το ουσιαστικό στοιχείο που φέρνει στο φως αφορά τη δομή κάθε εικονικής παράστασης ή γενικότερα κάθε εμφάνειας. Πόρρω απέχοντας από το να δημιουργεί απλά παραπλανητικές εντυπώσεις –και χωρίς πρωθύστερη εξασφάλιση της εγκυρότητας της παράστασής της, εφόσον δεν στηρίζεται σε σχέσεις συμμετρίας– η φανταστική εξεικόνιση αποδεικνύεται άκρως πειστική, εφόσον συγκροτεί εμμενώς παραστασιακές σχέσεις, οι οποίες για τον παρατηρητή/θεατή είναι άμεσα προφανείς επειδή βασίζονται στη σωστή προοπτική, στη ρεαλιστική διάταξη των στοιχείων της εικόνας μέσα από τους νόμους που διέπουν την ανθρώπινη αισθητηριακή αντίληψη. Η κατασκευή της εικόνας προσανατολίζεται στη δημιουργία μιας παράστασης η οποία θα διακρίνεται για τη συνοχή και την εσωτερική συμφωνία των μερών της, ουσιαστικά θα προκύψει μια ολοκληρωμένη πραγματικότητα.[372]

Η διαφορά με την εικαστική παράσταση είναι εμφανής: για να εκτιμηθεί σωστά η εικονικότητα της εικαστικής παράστασης πρέπει να είναι γνωστές οι αναλογίες τού προς αναπαράσταση πρωτοτύπου. Αληθινή και κατανοητή είναι με άλλα λόγια η εικονική παράσταση στη βάση μιας αποκλειστικής διαμεσολάβησης, δηλ. της πρωθύστερης γνώσης του προτύπου. Αντίθετα η φανταστική δεν είναι υποχρεωμένη να εξαρτά την κατανοητότητα της εικονικής της παράστασης από κάποια έξωθεν μαρτυρία. Επειδή η ίδια παράγει τις σχέσεις παραστασιακότητας, αποκτά το δικαίωμα να άρει την (εξωτερική) σχέση προτύπου-ανατύπου. Τουλάχιστον κατά τη διάρκεια που τη βλέπει ο θεατής, πρότυπο και ανάτυπο είναι ένα. Μίμηση δεν σημαίνει επομένως την εικονική υποτύπωση αυτού στο οποίο ως αντικειμενικό πρέπει να δοθεί υποκειμε-

371. Όσον αφορά τις καλές τέχνες το «καλός» σημαίνει το όμορφο στο βαθμό που ικανοποιεί κάποια κριτήρια αισθητικής αντίληψης.

372. Βλέπε σχετικά Χάιντεγκερ, *Platon, Sophistes*, σελ. 402.

νική παράσταση, αλλά ένα εικονικό φάντασμα, στο οποίο προοπτική αντίληψη και ορθά διενεργούμενη παράσταση (δηλ. σύμφωνα με τους κανόνες της συμμετρίας ορατών πραγμάτων και υποκειμενικών εποπτειών) ταυτίζονται.[373]

Ο Πλάτωνας είναι φυσικά άκρως καχύποπτος απέναντι στη δυναμική πειθούς που ενέχει το φανταστικό εἴδωλον. Για τον Νίτσε, αντίθετα, ο οποίος συνολικά αναβαθμίζει την οντολογική σφαίρα της εμφάνειας, το γεγονός της αυθυπαρξίας της παράστασης αποδεικνύεται φιλοσοφικά ιδιαίτερα ελκυστικό και γόνιμο. Και αυτό όχι μόνο σε ό,τι αφορά το πεδίο της καλλιτεχνικής παραγωγής, αλλά γενικότερα το χαρακτήρα της κοσμοεικόνας ως ριζικού προτάγματος. Η αντιθετική σχέση μεταξύ εικαστικής και φανταστικής τέχνης αποδεικνύεται ερμηνευτικά ακόμη πιο πρόσφορο έδαφος για τη διαύγαση της φιλοσοφίας του Νίτσε, στο βαθμό που μπορεί να παραλληλιστεί με την αντίθεση μεταξύ «πράγματος-καθ'-αυτό» και φαινομένων.

Αν σκεφτούμε ότι ο κύριος λόγος που ο Νίτσε απορρίπτει το πρόταγμα της οντολογίας των πραγμάτων-καθ'-αυτά είναι ο αξιακά, οντολογικά και βιοκοσμικά πρότυπος ρόλος τους ως έσχατων αλλά πραγμοποιημένων βαθμίδων νοηματοδότησης, τότε γίνεται αυτόματα καταφανές γιατί η φιλοσοφική του σκέψη θέλει να πλησιάσει τη φανταστική καλλιτεχνική δημιουργία, ή καλύτερα να διενεργήσει το φιλοσοφικό στοχασμό ως φανταστική δημιουργία. *Πράγματι, ό,τι η αρχαία ελληνική φιλοσοφία αποκαλεί λόγους, αυτό διαμέσου του οποίου και υπό το φως του οποίου το ενδοκοσμικά υπάρχον νοηματοδοτείται, και στο οποίο εδράζεται επιπλέον η διαφορά μεταξύ αληθινού και πλασματικού, αποτελεί για τον Νίτσε φάντασμα.* Το νόημά του εντοπίζεται στα «ανθρώπινα αισθητικά κριτήρια» με τα οποία, κατά τον Νίτσε, ο άνθρωπος μετασχηματίζει φαντασιακά το χάος σε νοηματικό κόσμο. Εδώ βλέ-

---

373. Με την έννοια αυτή η φανταστική τέχνη αποφεύγει τη δυσκολία που αντιμετωπίζει διαρκώς η εἰκαστική. Για τη φανταστική τέχνη δεν τίθεται θέμα «σωστής» απεικόνισης, δηλ. πιστής εικονικής μεταγραφής του πρωτοτύπου. Όπως είδαμε η εἰκαστική τέχνη είναι διαρκώς αναγκασμένη να παραπέμπει στην έξωθεν πηγή της, οπότε έχουμε κατά μια έννοια την περίπτωση ενός ελαφρά... φαύλου κύκλου. Η απόδειξη ότι κάποια ιδέα έχει παρασταθεί σωστά, μπορεί να ισχύει μόνο υπό την προϋπόθεση ότι η εικονική παράσταση αντιστοιχεί απόλυτα στην ιδέα – οπότε παλινωδούμε μεταξύ ιδέας και παράστασης.

πουμε και την υπόδηλη συμφωνία του Νίτσε με την πλατωνική θεώρηση της φανταστικής εικονικότητας. Εάν όντως τα φαντάσματα είναι πλασματικές δημιουργίες, επείγει να αναρωτηθούμε απέναντι σε και σε αντίθεση με ποιο πράγμα, θεωρούμενο ως προφανή και αληθινή γνώση, το φανταστικό πρέπει όντως να θεωρηθεί πλασματική φαινομενικότητα. Αν ο Πλάτωνας εισάγει τις Ιδέες ως απριορικές μορφές οντολογικής νοηματοδότησης, για τον Νίτσε είναι ξεκάθαρο ότι και οι ίδιες οι Ιδέες αποτελούν δημιουργίες και διενέργειες των προταγμάτων σχηματισμού κοσμοειδώλων.

Ο συλλογισμός μάς παραπέμπει στην προβληματική της αξιακής βαρύτητας του σκόπιμου ψεύδους: πώς έχουν τα πράγματα όσον αφορά το ίδιο το κοσμοείδωλο του Νίτσε, δηλ. του κόσμου ως χάος; Με ποια έννοια δικαιούται να μιλήσει κάποιος για φανταστική δημιουργία; Η σκέψη του Πλάτωνα περί ευγενούς και τολμηρού ψεύδους είναι νομίζω το κατάλληλο έδαφος για να δώσουμε μια απάντηση, αλλά και για να προσεγγίσουμε το θεώρημα περί «αναστροφής» του πλατωνισμού από τον Νίτσε. Κατ' αρχήν πρέπει να τονίσουμε πως η σκέψη του Νίτσε διαπνέεται από την ακλόνητη πεποίθηση, ότι οι αξιακές σκοποθεσίες ως προτάγματα κοσμικής ολότητας και συνολικής νοηματοδότησης των όντων, αποτελούν ουσιαστικά κυριαρχικές, δηλ. ανεξάρτητες από οντολογικές προδιαγραφές, αισθητικές δημιουργίες.

Γι' αυτό άλλωστε διαγράφεται από τον Νίτσε ο χαρακτήρας του προτάγματος ως σχέση αλήθειας-πλάνης, ώστε και το δικό του πρόταγμα-κοσμοείδωλο του κόσμου ως χάους να εγγραφεί στη σφαίρα εκείνων των ψευδών τα οποία έχουν ως αποτέλεσμα την αλήθεια, γιατί όπως είδαμε κινητοποιούν την ανθρώπινη δημιουργική φαντασία στην αέναη διαμόρφωση προταγμάτων. Όπως και τα φαντάσματα της φανταστικής τέχνης, έτσι και τα προτάγματα καλούν το ανθρώπινο πνεύμα να βυθιστεί στη συνεκτική προοπτική με την οποία δίνουν στον κόσμο παράσταση, και συνακόλουθα να συνειδητοποιήσει ότι η αλήθεια αποτελεί διενέργημα που θέτει από μόνο του τις προϋποθέσεις και τους τρόπους διεξαγωγής του. Όπως και οι παραστάσεις της φανταστικής τέχνης, έτσι και εδώ πρόταγμα ως δημιουργία του κόσμου ως συνεκτικού νοήματος και ως διαύγαση του κόσμου ταυτίζονται. Η συστράτευση του Νίτσε με το πλατωνικό ευγενικό ψεύδος έχει τις ρίζες της ακριβώς σε αυτή την ταύτιση. Εξυπηρετεί δηλ.

μια ρητορική στρατηγική, η οποία θέλει να πείσει για την επιτακτικότητα του δημιουργικού διενεργήματος του προτάγματος κοσμοειδώλων με κριτήριο τις «μεταβαλλόμενες βλέψεις και επιθυμίες» του ανθρώπου.[374] Αν τα πράγματα ειδωθούν σε μια τέτοια προοπτική, τότε η αλήθεια του ψεύδους περί χάους είναι ουσιαστικά το κίνητρο για συνεχή νοηματοδοτική δημιουργία συνεκτικών και αξιακά βιώσιμων κόσμων διαμέσου βέβαια προοπτικών ερμηνειών.

Σε αντίθεση με τον Πλάτωνα ο Νίτσε αντιστρέφει το πρόσημο: στο ψεύδος της αλήθειας του φαντάσματος αντιπαραθέτει την αλήθεια του ψεύδους. Ψευδής είναι η αλήθεια του φαντάσματος για τον Πλάτωνα, διότι ναι μεν προσφέρει στο θεατή μια συνεκτική και προοπτικά σωστή παράσταση, τούτο όμως ταυτόχρονα εμποδίζει και διαστρεβλώνει τη θέαση της ιδέας. Για τον Νίτσε αντίθετα η αλήθεια του ψεύδους, δηλαδή ο ψευδής χαρακτήρας κάθε «αλήθειας», συνιστά την conditio sine qua non για την κινητοποίηση δημιουργικών, κοσμοπλαστικών ενεργειών, οι οποίες τροφοδοτούν τη σύσταση κοσμοειδώλων. Τέτοια κοσμοείδωλα αποτελούν για τον Νίτσε κοσμοθεωρητικές, αλλά και βιοκοσμικές αληθοφάνειες, στις οποίες εξάλλου εδράζονται οι διαρκώς μεταβαλλόμενες ερμηνείες του κόσμου.[375] Άρα είναι απόλυτα συνεπές όταν ο Νίτσε με-

374. Ό.π., 1[30], σελ. 17.

375. Αξιοπρόσεκτο εδώ είναι ότι ο Νίτσε υιοθετώντας την έννοια του φαντάσματος ως δομικού χαρακτηριστικού κάθε κοσμοειδώλου εξαίρει την υποκειμενική διάσταση της δημιουργίας που άλλωστε σφραγίζει κάθε καλλιτεχνική δράση. Αν ο Πλάτωνας διαπραγματεύται το φάντασμα ως εικονική παράσταση, ο Νίτσε το επαναφέρει στη σφαίρα υποκειμενικών παραστάσεων και κοσμοειδώλων. Φαντασματικό χαρακτήρα πρέπει για τον Νίτσε να έχουν όλες οι ερμηνείες και οι αξιοθετήσεις του κόσμου, στο βαθμό που εδράζονται αποκλειστικά στη δεσμευτικότητα που ενέχεται στην πειστικότητα της παραστατικής του ενέργειας. Ενδιαφέρον είναι στη συνάφεια αυτή πως η υποκειμενικοποίηση του φαντάσματος δεν είναι άγνωστη στην αρχαία ελληνική φιλοσοφία. Εξέχον παράδειγμα είναι ασφαλώς η λειτουργία της φαντασίας στο *Περί ψυχής* του Αριστοτέλη (*De anima*). Ο Αριστοτέλης ασκεί κριτική στον περιορισμό που επιβάλλει ο Πλάτωνας στο φάντασμα ή στη φαντασία, να είναι δηλ. αποκλειστικά καλλιτεχνικά φαινόμενα και εικονικές μιμήσεις, οπότε η οντολογική τους διάσταση είναι άκρως ασταθής. Ο Αριστοτέλης αντίθετα τοποθετεί τη φαντασία εξαρχής στο πλέγμα των πνευματικών δυνάμεων της ψυχής, με τις οποίες «κρίνει τι ἡ ψυχὴ καὶ γνωρίζει τῶν ὄντων» (427a-428a). Για να θίξει τις αναγκαίες διαφοροποιήσεις ο Αριστοτέλης ξεχωρίζει τη φαντασία από τις άλλες ψυχικές ικανότητες: δεν είναι ούτε διάνοια, αλλά ούτε και υπόθεση (*ὑπόληψις*). Επιπλέον, επειδή δεν ανήκει στην

ταγράφει το κοσμοείδωλο του χάους σε ένα κοσμοείδωλο όπου ο κόσμος αποτελεί τη διαρκώς μεταβαλλόμενη ολότητα από φαντασματικές ενό-

---

καθαυτή διαδικασία της κατανόησης, μπορεί να κάνει λάθος. Η φαντασία δεν μπορεί να καταταχθεί στη σφαίρα ούτε της φρόνησης ούτε της επιστήμης. Με τη δόξα δεν επιτρέπεται επίσης να συγχέεται, διότι τούτη έχει να κάνει με τη σκέψη του υπαρκτού (427b). Σε αντίθεση με τη δόξα η διαδικασία της φαντασίας είναι αποκλειστικά στη δύναμη του υποκειμένου. Η φαντασία παρουσιάζει ακόμα δύο χαρακτηριστικά: το ένα είναι η αναπαραγωγική διάσταση, δηλ. η φαντασία αναπαράγει ή, καλύτερα, αντικαθιστά το αισθητά αντιληπτό, όταν αυτό δεν είναι πλέον παρόν στην αίσθηση. Είναι δηλ. κάτι σαν ίχνος της αισθητικής εμπειρίας στην ψυχή, μετά την πάροδο της αντιληπτικής διαδικασίας. Στη βάση μιας τέτοιας λειτουργίας η φαντασία είναι ο συνδετικός κρίκος μεταξύ σκέψης και αισθητήριας αντίληψης (427b-429a). Η φαντασία όμως παρουσιάζει επιπρόσθετα και μια δεύτερη διάσταση, δηλ. την... παραγωγική. Με την ικανότητα που έχουν οι «εἰδωλοποιοῦντες» (427b 18-20) και με το συσχετιζόμενο χαρακτηριστικό «ἐφ' ἡμῖν» (427b 21) η φαντασία αναδεικνύει μια αυθύπαρκτη αυτοκίνηση, η οποία δεν οφείλεται καθόλου στην κίνηση της ενεργεία αντίληψης (429a). Η έμφαση που δίνει ο Αριστοτέλης στην αυθυπαρξία του φαντάσματος έναντι της αισθητήριας εικόνας αποκτά πλήρες νόημα, αν αναλογιστούμε ότι τα προϊόντα της φαντασίας δεν είναι σε καμιά περίπτωση αυθαίρετες... φανατασιώσεις του υποκειμένου. Στο τρίτο βιβλίο του *Περί Ψυχής* (κεφάλαιο 7) ο Αριστοτέλης προσδιορίζει το λόγο που η φαντασία δεν είναι αυθαίρετη παραγωγή εικόνων: «Τῇ δὲ διανοητικῇ ψυχῇ τὰ φαντάσματα οἷον αἰσθήματα ὑπάρχει (...) Διὸ οὐδέποτε νοεῖ ἄνευ φαντάσματος ἡ ψυχή» (431a). Όπως δεν είναι στο χέρι μας να μην σκεπτόμαστε, άλλο τόσο αδύνατον είναι να σκεπτόμαστε χωρίς φαντάσματα. Αν και στη διαπραγμάτευση της φαντασίας ο Αριστοτέλης θέτει τη φαντασία στην υπηρεσία βιοπρακτικών αναγκών, εντούτοις η λειτουργική της αξία έγκειται πρωταρχικά στην παροχή σχηματικών εικόνων στη σκέψη. Όπως απέδειξε η ερμηνευτική έρευνα του *Περί Ψυχής*, στην περίπτωση του φαντάσματος πρόκειται για εκείνη την παραστασιακή μορφή με τη βοήθεια της οποίας η σκέψη συνδέεται με την αισθητήρια αντίληψη. Ως εικόνες τα φαντάσματα προσφέρουν στη σκέψη κατά κάποιο τρόπο την ύλη της: «τὰ μὲν οὖν εἴδη τὸ νοητικὸν ἐν τοῖς φαντάσμασι νοεῖ» (431b). Αν η ερμηνεία αυτή αληθεύει, τότε ο Αριστοτέλης νοεί τη φαντασία όπως ο Καντ στην *Κριτική του καθαρού Λόγου*. Ο Καντ σημειώνει π.χ. πως «δεν μπορούμε να νοήσουμε καμιά γραμμή, χωρίς να τη σύρουμε νοερά» (B154). Μπορεί επομένως να υποστηριχθεί πως ο Αριστοτέλης κάνει ένα αποφασιστικό βήμα πέρα από τον Πλάτωνα, όταν αποδεσμεύει το φάντασμα από την οντολογική του λαθροβίωση. Το φάντασμα νοηματοδοτείται ως εκείνο στο οποίο πρέπει να ανατρέξει ο νους, ώστε να κατορθώσει να σκεφτεί τις μορφές (ή είδη). Αν λοιπόν το φάντασμα συνδέεται αξεδιάλυτα με τη σκέψη, τότε περιττεύει κάθε σκέψη περί της αναγκαιότητας να του αποδοθεί το οντολογικό χαρακτηριστικό του μη-είναι. Ο Αριστοτέλης επομένως προσφέρει τα θεμέλια για μια θεωρία της φαντασίας, θεωρία την οποία αναπτύσσει ο Καντ και η οποία διαμέσου της έννοιας της καλλιτεχνικής ιδιοφυΐας στη ρομαντική παράδοση παραδίδεται στον Νίτσε.

τητες, δηλ. «ως ένα έργο τέχνης που αυτοδημιουργείται».[376] Περιττεύει επομένως το ερώτημα για το τι είναι αυτό που συναιρεί τη χαοτική πολλαπλότητα των αδιάλειπτα αναδυόμενων φαντασμάτων, αν όχι σε συνεκτικό σύνολο, τουλάχιστον σε ενότητα με κάποια διάταξη. Το ερώτημα στερείται νοήματος επειδή θέτει ως προϋπόθεση ότι στη βάση των προταγματικών κόσμων θα βρισκόταν κάποιο είδος τακτικής ακολουθίας. Βέβαια δεν υπάρχει καμιά έσχατη βαθμίδα του όντος που θα εξασφάλιζε κάποια κανονικότητα στην ανάδυση και διαμόρφωση των φαντασμάτων. Αυτό που έχει νόημα για τον Νίτσε θα ήταν αντίθετα να αναζητήσουμε ένα ψευδές, αλλά ταυτόχρονα σωστό κοσμοείδωλο, ένα φάντασμα, το οποίο θα μετέφερε στο χώρο της παράστασης αυτό που παραμένει το ίδιο, ακριβώς επειδή αλλάζει συνεχώς. Ψευδές πρέπει να είναι το είδωλο, διότι προσποιείται ότι μεταφέρει σε τακτική και σταθερή παραστατικότητα τη χαοτική αμορφία στη βάση κάθε κόσμου.[377] Ταυτόχρονα πρέπει όμως να είναι αληθινό, επειδή με τον τρόπο του δίνει παραστατική υποτύπωση στο άμορφο και χαοτικό Γίγνεσθαι: «Ο κόσμος που μας αφορά, είναι ψευδής, δηλ. δεν είναι δεδομένο γεγονός, αλλά ποιητική δημιουργία και σφαιρική, ενωτική ολοκλήρωση του ελλιπούς συνόλου των παρατηρήσεων μας· ο κόσμος βρίσκεται εν ροή ως κάτι εν Γίγνεσθαι, σα μια αέναη μετακυλιόμενη πλάνη, η οποία δεν θα πλησιάσει ποτέ την αλήθεια: γιατί – δεν υπάρχει αλήθεια».[378] *Αυτό*

---

376. Βλέπε ό.π., 2[114], σελ. 119.

377. Αν η καχυποψία του Νίτσε απέναντι σε κάθε κοσμοείδωλο είναι βάσιμη, καθώς ενέχει πάντα την τάση μεταφυσικών διπλασιασμών και υποστασιοποιήσεων, τότε δεν μπορεί να του προσαφθεί η κατηγορία ότι πέφτει και ο ίδιος θύμα των κατασκευών του. Πράγματι, με το ψεύδος των ανθρώπινων προταγμάτων πρέπει να είμαστε προσεκτικοί: δεν είναι σωστό να ερμηνεύουμε τον Νίτσε σαν να ήθελε να υποστηρίξει ότι στον ψευδή χαρακτήρα των κοσμοειδώλων αντιστοιχεί η χαοτική πολλαπλότητα του πραγματικού. Αυτό θα αποτελούσε μια περίπτωση της θεωρίας της αλήθειας ως ανταπόκρισης μεταξύ σκέψης και Είναι, κάτι που ο Νίτσε ασφαλώς δεν συμμερίζεται. Το ψεύδος αντίθετα έγκειται στον ίδιο το χαρακτήρα των φαντασματικών κοσμοειδώλων, εφόσον και η προοπτική, καθ' όλα σωστή και βιοπρακτικά ωφελιμότατη, είναι αναγκαστικά ψευδής, επειδή η εικονική-ειδωλική παράστασή της υποβάλλει την εντύπωση της σταθερότητας του κόσμου, πράγμα ασφαλώς που αντιβαίνει στο καταστατικό του Γίγνεσθαι.

378. Βλέπε καταλειπόμενα έργα, *KSA*, τόμ. 12, 2[108], σελ. 114. Επίσης βλέπε τόμ. 9, 11[156], σελ. 500.

το κοσμοείδωλο των συνεχών μεταμορφώσεων του αδόμητου χάους είναι η νιτσεϊκή θέληση για δύναμη.

4.4. Το κοσμοείδωλο της θέλησης για δύναμη

Με την κριτική του Νίτσε στο καντιανό πράγμα καθ' αυτό και στην πλατωνική θεωρία των Ιδεών προετοιμάστηκε, νομίζω, το έδαφος για να διαπραγματευτούμε την έννοια της δύναμης. Η ερμηνευτική παρουσίαση της θεωρίας της δύναμης θα μας οδηγήσει στη συνέχεια στην εξέταση της νιτσεϊκής έννοιας για την ερμηνεία, οπότε το φιλοσοφικό πρόταγμα του Νίτσε –με τους δύο άξονες των εννοιών της δύναμης και της ερμηνείας– ολοκληρώνεται. Η θέση που υποστηρίζω στην επερχόμενη ερμηνεία στηρίζεται στη σκέψη ότι η νιτσεϊκή έννοια της εμφάνειας ή το φάντασμα ως προοπτικό πρόταγμα κοσμοειδώλου συνδέεται διπλά με τη σύλληψη της έννοιας της θέλησης για δύναμη: *από τη μια μεριά* αυτό που εκδηλώνεται φανερά με τις αλυσώσεις, τους κομβικούς συνδέσμους και τις μεταβατικές μορφές κρυστάλλωσης των ενεργημάτων της θέλησης είναι ότι οι σχετικά σταθεροί σχηματισμοί ενότητας που δημιουργούνται από την αλληλόδραση των θελήσεων δύναμης, δεν είναι κάτι το φαινομενικό, το ενέργημα δηλ. κάποιας υποκείμενης εποπτικής πραγματικότητας. Αποτελούν οντολογικά μια συγκέντρωση δύναμης που μπορεί να διατηρηθεί για συγκεκριμένο χρονικό διάστημα ως ηγεμονικός πόλος στο πλέγμα αντιθετικών δυνάμεων. Συγχρόνως η οντολογική ηγεμονία είναι αυτό που φαίνεται, δηλ. ο κυρίαρχος πόλος (θέλησης για δύναμη) που συσπειρώνει τους άλλους σε ηγεμονική δομή. *Από την άλλη πλευρά* το κοσμοείδωλο αντιθετικών θελήσεων για δύναμη είναι εξίσου ένα είδος εμφάνειας, δηλ. φαντάσματος που απευθύνει μια παρότρυνση προς τους ανθρώπους. Ποια; Μα φυσικά να οικειοποιηθούν την προοπτική του κοσμοειδώλου, υιοθετώντας ταυτοχρόνως την ερμηνεία του κόσμου ως αυξητικής και επεκτατικής διεύρυνσης της δύναμης.

Αν τώρα συνδέσουμε την εμφάνεια (δηλ. το φάντασμα) ως αποκρυσταλλωμένο σχήμα, δηλ. αποτέλεσμα διενεργημάτων δύναμης, με το κοσμοείδωλο ως πρόταγμα συνολικής ερμηνείας του κόσμου, προκύπτει η νιτσεϊκή έννοια της ερμηνείας ως καθολικό σχήμα όλων το κοσμοπλαστικών προταγμάτων. Επειδή κύρια προβληματική μας ήταν η κριτική του Νίτσε στη μεταφυσική, θα διαπραγματευθώ την έννοια της δύναμης μέσα από το εξής ερώτημα: μέχρι ποιου βαθμού η θεώρηση της θέλησης για δύναμη συμβάλλει στην αποδόμηση των αποστεωμένων μεταφυσικών συστημάτων; Στα επόμενα θα γίνει λόγος για δύναμη και διενεργήματα δύναμης, δίχως να αγνοώ τη διαφορά θέλησης και δύναμης. Η εστίαση του ερμηνευτικού μας ενδιαφέροντος στην έννοια της δύναμης γίνεται επειδή σε κάθε δύναμη ενέχεται το στοιχείο της θέλησης.

Όπως είδαμε, η κριτική του Νίτσε στη μεταφυσική εδράζεται στην απόρριψη κάθε ουσιολογίας, στην κατάρριψη κάθε ακλόνητου μεγέθους (π.χ. αυθύπαρκτα πλατωνικά είδη, πράγματα-καθ'-αυτά). Συνακόλουθα αναπτύσσεται η έννοια του προτάγματος-κοσμοειδώλου ως πλέγματος σχέσεων και αμοιβαίων αναφορών. Με αυτό τον τρόπο απαξιώνονται αυτόματα όλα τα παραδοσιακά σχήματα αναγωγών (Reduktion) και παραγωγών (Deduktion), όπως π.χ. η αναγωγή σε ύψιστες αρχές, οι ιεραρχημένες σχέσεις εξάρτησης μεταξύ ουσίας και φαινομένου, οι αιτιακοί μονόδρομοι του ντετερμινισμού κτλ. Ο Νίτσε συνηθίζει να περιγράφει το κοσμοείδωλο των συναστερώσεων δύναμης με ιδιαίτερη πλαστικότητα: «Και ξέρετε ακόμη τι είναι "ο κόσμος"; Να σας το δείξω στον καθρέπτη μου; Αυτός ο κόσμος: ένα τέρας δύναμης, χωρίς αρχή, χωρίς τέλος, ένα σταθερό, σιδηρό μέγεθος δύναμης (...), ως παιχνίδι δυνάμεων και κυματισμών δύναμης ταυτόχρονα ένα και "πολλά", εδώ σε αύξηση, εκεί ταυτόχρονα σε μείωση, μια θάλασσα από δυνάμεις μαινόμενες και τρικυμιώδεις, πάντα σε μεταβολή, πάντα σε υποχώρηση (...) Αυτός ο κόσμος είναι η θέληση για δύναμη».[379]

Οι άκρως χαρακτηριστικές μεταφορές της καθολικής ροϊκότητας στο συμπαντικό Γίγνεσθαι, του οποίου η θέληση για δύναμη αποτελεί τη μορφή που διενεργείται, συγκροτούν το στοχαστικό πεδίο όπου η έννοια της ενότητας μπορεί να νοηματοδοτηθεί δίχως μεταφυσικές ουσιοποιήσεις. Ότι το πλέγμα των σχέσεων δύναμης διενεργείται ταυτόχρονα ως ένα και πολλά φαίνεται αμέσως αν σκεφτούμε περαιτέρω το σχεσιακό χαρακτήρα της δύναμης. Η δύναμη δεν αποτελεί καμιά σταθερή οντό-

379. Βλέπε καταλειπόμενα έργα, *KSA*, τόμ. 11, 38[12], σελ. 610-611.

τητα και ουσία επειδή υπάρχει μόνο ως αντίθεση και σε αντιπαράθεση με ανάλογες μορφές άσκησης δύναμης. Αυτή η αμοιβαία αλληλοαναφορικότητα κατανοείται από τον Νίτσε ως οργανωμένο σχήμα, δηλ. «σχήμα εξουσίας, που σημαίνει ένα, αλλά δεν είναι ένα».[380] Η ενότητα με άλλα λόγια δεν είναι σταθερό μέγεθος, αλλά το προσωρινό αποτέλεσμα της συγκαιρινής συναστέρωσης δυνάμεων, όπου οι αντιτιθέμενες ενέργειες των δυνάμεων ιεραρχοποιούνται σε διατεταγμένη αντίθεση. Ενότητα σχηματίζεται μόνο όταν η υπερδεέστερη δύναμη στο συσχετισμό αναλαμβάνει την ηγεμονία επιβάλλοντας σε όλο το συσχετισμό το χαρακτήρα, τις προοπτικές, τις σκοποθεσίες και τις σκοπιμότητές της. Η διατακτική δύναμη επιβάλλει ή, καλύτερα, διαμορφώνει τη συναστέρωση των αντικρουόμενων δυνάμεων ως διατεταγμένη ενότητα, επειδή είναι σε θέση να ενσωματώσει τις πολλαπλές δυνάμεις στην ηγεμονική της προοπτική. Επομένως ενότητα και ηγεμονία ταυτίζονται, διότι το διενέργημα δύναμης αποκρυσταλλώνεται σε ηγεμονικό κέντρο μέσα από τη δυναμική εξουσία που ασκεί πάνω στις άλλες δυνάμεις. Αν αφαιρέσουμε τις δυναμικές της αναφορές προς άλλες ανταγωνιστικές δυνάμεις, το ηγεμονικό κέντρο θα παύσει να υφίσταται.

Η πολλαπλότητα των δυνάμεων ή θελήσεων για δύναμη και η συγκυριακή ενοποίησή τους κάτω από μια ηγεμονική προοπτική είναι σκέψεις με σημαντικές επιπτώσεις στην προβληματική της εμφάνειας, του φαινομένου ή του φαντασματικού κοσμοειδώλου. Για τις ενότητες δύναμης παύει να ισχύει το σχήμα ουσία-φαινόμενο ή εσώτερος πυρήνας-εξωτερική έκφραση. Καθόσον δεν αποτελεί καθορισμένο μέγεθος με εξωτερικές επιδράσεις, το «εσωτερικό» της δύναμης συγκροτείται ακριβώς αποκλειστικά ως διαδικασία αυτοοργάνωσης, αλλά ταυτόχρονα και σχηματισμού, διαμόρφωσης και ηγεμονικής διάταξης των αντιτιθέμενων δυνάμεων. Ο «εσώτερος πυρήνας» (αν επιμένουμε σε τέτοιους όρους) της δύναμης αποκτά πραγματικότητα μονάχα στο βαθμό που μπορεί να αναπτύξει οργανωτικές, ηγεμονικές στρατηγικές. Για τον Νίτσε το να θέλει κάποιος να ερμηνεύσει τον τρόπο διενέργειας της δύναμης σαν κίνηση έκφρασης, εκδήλωσης, εμφάνισης μιας ουσίας είναι λάθος, γιατί μόνο η δυναμική της επιβολή, δηλ. τόσο ως αυτοοργάνω-

380. Βλέπε καταλειπόμενα έργα, *KSA*, τόμ. 12, 2[87], σελ. 104.

ση, όσο και ως ηγεμονική δόμηση του συσχετισμού δυνάμεων, είναι αποφασιστική για το ερώτημα τι μπορεί να λογίζεται ως δύναμη. Η (θέληση για) δύναμη διαμορφώνεται ασταμάτητα ως μεταβαλλόμενος συσχετισμός ανάμεσα σε δυναμικές επιδράσεις.

Η σκέψη αυτή έχει στρατηγική σπουδαιότητα για τη φιλοσοφία του Νίτσε διότι καταλύει κάθε μεταφυσικά ύποπτη αντίθεση μεταξύ της υποστασιακής «εσωτερικότητας» και των «εξωτερικών» φαινομένων-εκδηλώσεών της. Αποδομεί συγχρόνως ριζικά κάθε έννοια για το δήθεν υποκειμενικό χαρακτήρα της θέλησης για δύναμη. «Δεν υπάρχει θέληση: υπάρχουν θελήσεις-κομβικά σημεία, τα οποία αυξάνουν τη δύναμή τους ή τη χάνουν».[381] *Κάθε θέληση δεν είναι τίποτε άλλο παρά η κίνηση με την οποία διενεργείται, δηλ. η αυτοοργανωτική της συγκρότηση και η δυναμική της επενέργεια πάνω στις άλλες θελήσεις.* Πρόκειται ουσιαστικά για μια κίνηση με ελικοειδή χαρακτήρα: οι θελήσεις για δύναμη αυτοσυγκροτούνται με κριτήριο τη δυναμική τους κατίσχυση στις αντιτιθέμενες δυνάμεις, οπότε υπερισχύοντας στο συσχετισμό δυνάμεων, δηλ. διαμέσου της ενσωμάτωσης των άλλων δυνάμεων, αυξάνουν και οι ίδιες τη δυναμική τους εμβέλεια και μπορούν στη συνέχεια να ξεκινήσουν από ανώτερο επίπεδο συγκέντρωσης δύναμης... και ούτω καθεξής. Για τον Νίτσε η δύναμη είναι ουσιαστικά μια διαρκής αυθυπέρβαση, μια διευρυνόμενη αυτοκατίσχυση.

Η πλουραλιστική θεώρηση των θελήσεων για δύναμη δεν έχει καταλυτικές συνέπειες μόνο για τις παραδοσιακές αντιλήψεις της φιλοσοφίας γύρω από την ενότητα ως υποστασιακής οντότητας. Αναθεωρεί συλλήβδην την ενότητα και το συμπαγές του σχήματος ουσία-φαινόμενο. Με τη θεώρηση των δυνάμεων ως κομβικών σημείων συγκέντρωσης ενέργειας ο Νίτσε καταφέρει το αποφασιστικό πλήγμα κατά της τελεολογίας. Κι αυτό διότι οι κομβικές συγκεντρώσεις δυναμικής ενέργειας ούτε αποβλέπουν να φτάσουν στην οντολογική πλήρωση του όντως όντος, αλλά ούτε και η αυθυπέρβαση προσανατολίζεται σε τελική ολοκλήρωση, δηλ. σε καθολική ανάπτυξη των εν δυνάμει (με την αριστοτελική έννοια του όρου) δυνατοτήτων τους. Δεν μπορεί να γίνει σε καμία περίπτωση λόγος για ολοκλήρωση της ουσίας ή μορφής, για πραγμάτωση

381. Βλέπε καταλειπόμενα έργα, *KSA*, τόμ. 13, 11[73], σελ. 36-37.

του τελικού σκοπού και τα παρόμοια. Ο Νίτσε συλλαμβάνει τις διενέργειες της δύναμης με τέτοιο τρόπο, ώστε αυτό που σχηματίζεται δυναμικά σε κάθε συγκυρία των σχέσεων δύναμης να μην παρουσιάζει κανένα άλλο χαρακτηριστικό έξω από το αίσθημα (για να μιλήσουμε κάπως... ανθρωπομορφικά) ότι η δύναμη απάντησε θετικά στην πρόκληση, δηλ. κατίσχυσε ενάντια στις αντιθετικές και ανταγωνιστικές δυνάμεις, αυξάνοντας μάλιστα το εύρος των δυναμικών της επενεργειών και επιβολών. Επιπλέον, η διεύρυνση αυτή γίνεται επιτακτική, διότι στο επίπεδο συγκέντρωσης που έχει κατακτήσει η δύναμη πρέπει, για να διατηρούνται τα κεκτημένα, κάθε στιγμή να προσβλέπει στις παρουσιαζόμενες δυνατότητες επέκτασης της ηγεμονικής της θέσης υποτάσσοντας από τη μια με ένταση τις ήδη ενσωματωμένες δυνάμεις, και συγχρόνως υπάγοντας νέες στην ιεραρχική της δομή. Πρέπει διαρκώς να διατηρεί την πρωτεϊκή της μορφή και να μεταβάλλεται αδιάλειπτα ώστε να μπορεί προοπτικά να διατηρεί την ηγεμονική της θέση συνυπολογίζοντας πάντα τις πιθανότητες ανάδυσης ανταγωνιστικών πόλων δύναμης και της πιθανής τους καθυπόταξης και ενσωμάτωσης. Η διατήρηση των κεκτημένων και ο σχεδιασμός μελλοντικών ενσωματώσεων δομούν χαρακτηριστικά τα διενεργήματα της δύναμης (ή καλύτερα των δυνάμεων). Χωρίς κανένα τελεολογικό προκαθορισμό, κάθε συγκέντρωση δύναμης «θέλει να διατηρηθεί, να μεγαλώσει και να αποκτήσει συνείδηση του εαυτού της».[382]

Με τη θεώρηση των σκοποθετικών και όχι τελεολογικών διενεργημάτων των δυνάμεων ο Νίτσε προτάσσει ένα κοσμοείδωλο της πραγματικότητας που λειτουργεί κριτικά ως προς τη μεταφυσική, χωρίς όμως να εγκαταλείπει το πεδίο του μεταφυσικού στοχασμού. Είναι προφανές πως η φιλοσοφία της θέλησης για δύναμη αποτελεί τον αντίποδα μεταφυσικών συστημάτων όπως είναι η πλατωνική θεωρία των Ιδεών και το υπερβατολογικό πρόγραμμα του Καντ. Ο Νίτσε διαβλέπει στη φιλοσοφία του Πλάτωνα ότι η σκέψη εξαρτάται από δεδομένες προδιαγραφές του Είναι (δηλ. στη μορφή των Ιδεών), οπότε και τα νοηματοδοτικά προτάγματα καταντούν απλά προσπάθειες της ψυχής να ενθυμηθεί τις Ιδέες. Εξίσου δριμεία κριτική ασκεί ο Νίτσε στον Καντ επει-

382. Βλέπε καταλειπόμενα έργα, *KSA*, τόμ. 12, 1[124], σελ. 40.

δή και αυτός αγνόησε την αρχική του σύλληψη: ενώ αρχικά δεχόταν πως ο λόγος προβάλλει και εισάγει στον κόσμο τις νομοθετικές του ρυθμίσεις, υπαναχώρησε τελικά σε δογματικές θέσεις και οντολογικές βεβαιότητες. Και τις δύο μορφές σκέψης ο Νίτσε τις μέμφεται για την ακλόνητη πεποίθησή τους ότι υπάρχει μια ουσιώδης τάξη του Είναι –είτε αυτή είναι προδιαγεγραμμένη (απριορικές ιδέες), είτε απορρέει από τις αρχές του Λόγου– που αντιβαίνει και σε τελική ανάλυση διαστρεβλώνει την πραγματικότητα, η οποία δεν είναι τίποτε άλλο παρά καθολικό Γίγνεσθαι. Εκτός αυτού ο Νίτσε διακρίνει ένα ακόμη σκοτεινό σημείο στη φιλοσοφία του Πλάτωνα και του Καντ: ενώ και οι δύο προϋποθέτουν κάποιο πεδίο έσχατης θεμελίωσης του Λόγου, κανείς τους όμως δεν το προσκολλά στο ρόλο της ανθρώπινης ορθολογικότητας. Τόσο το ανυπόθετον του Πλάτωνα όσο και ο υπεραισθητός, νοούμενος κόσμος του Καντ, αν και αποτελούν τις δύο ύψιστες βαθμίδες και τα οντολογικά θεμέλια κάθε ορθολογικής-εννοιακής προσδιοριστικότητας, βρίσκονται παρ' όλα αυτά στο επέκεινα κάθε ορθολογικής πρόσβασης. Ούτε η ιδέα του αγαθού στον Πλάτωνα, ούτε το καντιανό νοούμενο μπορούν να γίνουν ποτέ αντικείμενο ορθολογικού προσδιορισμού. Αυτή η απροσδιοριστία είναι για τον Νίτσε ο προθάλαμος του μεταφυσικού «άλλου κόσμου»: «Ο αληθινός κόσμος, απρόσιτος, αναπόδεικτος, ανυπόσχετος, αλλά η σκέψη και μόνο γι' αυτόν είναι παρηγοριά, υποχρέωση, προσταγή. (Ο παλιός ήλιος κατά βάση [ενν. η φιλοσοφία του Πλάτωνα, Κ.Μ.], αλλά όπως φαίνεται μέσα από τα σύννεφα και το σκεπτικισμό· η ιδέα έχει γίνει υψηλή, ωχρή, βόρεια, καινιγκσμπεργκική [δηλ. καντιανή, Κ.Μ.])».[383]

Ο Νίτσε κατά βάση εννοεί πως οι τελεολογικές φιλοσοφίες, όπως και η παραδοσιακή σκέψη γενικότερα, προσανατολίζονται προς μια έσχατη θεμελίωση των λογικών, οντολογικών, πρακτικών κτλ. προσδιορισμών, κινούνται από την πεποίθηση για το Είναι ως τελικό, έσχατα θεμελιωμένο και προσδιορισμένο Είναι. Από την άλλη κατανοεί πως η μεταφυσική είναι αναπόφευκτη, από τη στιγμή μάλιστα που η φιλοσοφία ζητώντας να θεμελιώσει όλους τους προσδιορισμούς του Λόγου σε μια τελευταία, έσχατη και θεμελιακή προσδιοριστικότητα –δηλ. του όντως

383. Βλέπε *Λυκόφως των ειδώλων*, σελ. 34.

όντος ως της τελικής ολοκλήρωσης κάθε προσδιορισμού– οδηγείται στον αγνωστικισμό του απρόσιτου «άλλου κόσμου». Ακριβώς γι' αυτό προηγουμένως είπαμε ότι ο Νίτσε, ενώ τηρεί όλες τις κριτικές αποστάσεις από τη μεταφυσική, εντούτοις δεν εγκαταλείπει το φιλοσοφική εξήγηση του πώς θα μπορούσαν να αποφευχθούν οι... μεταφυσικές παρεκτροπές. Στην παρούσα φάση πρέπει να βρεθεί λοιπόν ένας τρόπος φιλοσοφικού διενεργήματος που να ικανοποιεί τις ανάγκες της σκέψης για ορθολογικό προσδιορισμό, χωρίς όμως να ταυτίζεται με την τελεολογία έσχατων θεμελιώσεων και τελεσίδικων οντολογικών προσδιορισμών, οι οποίοι αργά ή γρήγορα καταλήγουν στη συνθηκολόγηση με τον «άλλο κόσμο». Πρέπει λοιπόν να δούμε πώς ο Νίτσε αναπτύσσει περαιτέρω τη θεώρηση της θέλησης για δύναμη, ώστε, σε αντίθεση προς τη φιλοσοφική παράδοση, να αντιμετωπίσει γονιμότερα το πρόβλημα της προσδιοριστικότητας (Bestimmtheit). Στην ενότητα που ακολουθεί, θα ασχοληθούμε με τη θεματική αυτή όπως και με την έννοια του γίγνεσθαι. Στη συνέχεια θα διαπραγματευτούμε τη νιτσεϊκή θεώρηση της ερμηνείας ως τον πυρήνα της φιλοσοφικής του πρότασης ή προτάγματος.

4.4.1. Γίγνεσθαι και μη-προσδιοριστικότητα

Πρέπει τώρα να αναπτυχθεί διεξοδικότερα η θέση που διατύπωσα στην αρχή του κεφαλαίου για τη φιλοσοφία του Νίτσε, ότι δηλ. αντιτίθεται ριζικά στην παραδοσιακή μεταφυσική, χωρίς όμως να κατατάσσεται σε μια μετα-μεταφυσική εποχή της σκέψης. Όπως είδαμε, η φιλοσοφία ως σκέψη και ως διενέργημα της θέλησης για δύναμη αποτελεί το αντίπρόταγμα του Νίτσε ενάντια στην παραδοσιακή μεταφυσική. Σκοπός του δεν είναι βέβαια να αντιπαρατεθεί στην... ανίερη παράδοση αντιπροτείνοντας ύψιστες αρχές, έσχατες βεβαιότητες ή ακλόνητες οντολογικά αλήθειες. Αντίθετα, το φιλοσοφικό του πρόταγμα στοχεύει να επαναδιατυπώσει το ερώτημα της μεταφυσικής κατευθύνοντας τη σκέψη σε πεδία που για την παραδοσιακή φιλοσοφία και τη μεταφυσική δεν τίθενται καν σε διαπραγμάτευση, καθώς παραμένουν στη σφαίρα του απωθημένου (για να μιλήσουμε λίγο... φροϋδικά). Είκοσι πέντε αιώνες τώρα η δυτική σκέψη δεν έκανε τίποτε άλλο παρά να επεξεργάζεται, να αναπτύσσει και να τελειοποιεί τη θέση ότι «είναι» σημαίνει «προσδιορισμένο είναι» (είναι τι) και «λέγειν» σημαίνει «προσδιορισμένο λέγειν» (τι λέγειν). Ασφαλώς, δεν πρέπει να σκεφτούμε αμέσως πως η μεταφυσική, ως κατεξοχήν σκέψη της προσδιοριστικότητας (Bestimmtheit), δεν είχε γνώση των ορίων της προσδιορισιμότητας (Bestimmbarkeit) ή ακόμα και των ορίων της ίδιας της σκέψης. Αρκεί να αναφέρουμε δύο παραδείγματα από τον Πλάτωνα και τον Καντ – προσφιλείς στόχοι άλλωστε των αντιμεταφυσικών μύδρων του Νίτσε.

Ούτε στον Πλάτωνα, ο οποίος διαπραγματεύεται το θέμα του πέρατος και του απείρου (*Φίληβος*, 23c-23d, 25c), αλλά ούτε και στον Καντ, του οποίου η σκέψη περιστρέφεται γύρω από τα όρια του ανθρώπινου λόγου, μπορούμε να καταλογίσουμε πως ήταν προσκολλημένοι πεισματικά στην προσδιοριστικότητα ή ότι αγνοούσαν κατάφορα το πρόβλημα της μη-προσδιορισιμότητας. Ο Νίτσε τονίζει –αν μπορούμε ποτέ με σιγουριά να δείξουμε τις προθέσεις του φιλοσόφου...– ότι στη βάση ενός αρχετυπικού και αρχέγονου Είναι η φιλοσοφία προσπάθησε να επικαλύψει τις διενέργειες του προσδιορισμού επικαλούμενη πάντα τα σταθερά θεμέλια προσδιοριστικότητας που της προσέφερε αυτό το Είναι. Το προσδιορισμένο Είναι ήταν γι' αυτή πάντα το non plus ultra του Λόγου. Ο Νίτσε αντίθετα εφορμά από εκείνο που πιστεύει πως η παραδοσιακή σκέψη πρέπει κατ' ανάγκη να απωθήσει, δηλ. τη σκέψη ότι «η διδασκαλία του Είναι, του πράγματος, γενικά κάθε σταθερής ενότητας, είναι εκατό φορές πιο εύκολη από τη διδασκαλία του Γίγνεσθαι».[384]

Στη σκέψη του Νίτσε η αναγκαιότητα του Γίγνεσθαι δεν απορρέει πρωταρχικά από κάποια φιλοσοφική-ιστορική αντιπαράθεση και διένεξη γύρω από θέματα ορισμού και προτεραιότητας. Όπως για τον Αντόρνο η ανάγκη μεταφυσικής υπέρβασης ριζώνει στην υποκειμενική εμπειρία της ευτυχίας, έτσι και για τον Νίτσε η αναστροφή από τη μεταφυσική σκέψη του Είναι στο στοχασμό του Γίγνεσθαι έχει τις ρίζες της σε αισθήματα παροδικότητας, στη «ρευστότητα όλων των εννοιών, των τύπων και των ειδών».[385] Εκ πρώτης όψεως τούτη η θέση φαίνεται απλοϊ-

384. Βλέπε καταλειπόμενα έργα, *KSA*, τόμ. 13, 18[23], σελ. 535.
385. Βλέπε *Ιστορία και Ζωή*, σελ. 94.

κή, αφελής και τετριμμένη. Όχι όμως αν την τοποθετήσουμε στο πλαίσιο κριτικής της μεταφυσικής, δηλ. τη νοηματοδότηση ως εκδήλωση μιας στοχαστικής κίνησης που στοχεύει να κινηθεί στο πεδίο που απλώνεται μεταξύ των ορίων της άμορφης πολλαπλότητας μεταβαλλόμενων συνθηκών από τη μια, και της προσδιοριστικότητας των καθορισμένων πραγμάτων του γνώριμου βιόκοσμου από την άλλη. Ο παροδικός χαρακτήρας των πραγμάτων εξαναγκάζει τη φιλοσοφική σκέψη να ορμήξει πάνω στον ίσκιο της (... δηλ. την εμμονή προσδιοριστικής βεβαιότητας), και να διανοιχτεί στην προοπτική αντιπαράθεσης με ένα καθήκον που εκ πρώτης όψεως φαίνεται αδύνατον: να αποσπάσει από το Γίγνεσθαι, το οποίο καταδικάζει τα πάντα στη μη-προσδιοριστικότητα του όχι-ακόμη και του όχι-πια, κάποια δυνατότητα προσδιορισμού. Πώς όμως μπορεί να αναπτυχθεί ένας προσδιορίζων λόγος για τη μη-προσδιοριστικότητα, ή με άλλα λόγια πώς θα υπάρξει μια θετική διατύπωση του φευγαλέου Γίγνεσθαι;

Για τον Νίτσε δεν τίθεται πρωταρχικά θέμα αντιπαράθεσης του Γίγνεσθαι στις νοησιαρχίες της μεταφυσικής παράδοσης. Επιτακτικότερο είναι να αναδείξει το Γίγνεσθαι ως τη θεμελιώδη έννοια στη βάση κάθε αντικειμενικής αναφοράς στον κόσμο, καθώς και του υποκειμένου. Η θεώρηση του Γίγνεσθαι επιβάλλει μια βιοκοσμική στάση η οποία αξιώνει άνευ όρων την παροδικότητα, αποφεύγοντας παράλληλα τους... πειρασμούς-ανάγκες για σταθερές και σίγουρες εδραιώσεις.[386] Η αναγκαιότητα του Γίγνεσθαι διανοίγει ένα στοχαστικό χώρο στον οποίο το ερώτημα του Είναι ως προσδιοριστικού-Είναι δύναται επιτέλους να τεθεί με τον κατάλληλο τρόπο: δεν είναι άραγε το Είναι «γενίκευση της έννοιας "ζωή"»;[387] Η έννοια του Είναι δεν είναι πρωταρχική, καθώς πηγάζει από μια αφαίρεση – αυτό από το οποίο προκύπτει η αφαίρεση είναι η ζωή, την οποία ο Νίτσε νοηματοδοτεί με τους αριστοτελικούς προσδιορισμούς ως ενότητα συνείδησης, κίνησης και Γίγνεσθαι. Ως η «πιο γνωστή μορφή του Είναι», η ζωή διαφοροποιείται από το Γίγνεσθαι, από αυτό τον «απόλυτο ρου των γεγονότων»,[388] με την έννοια ότι, αν και

386. Βλέπε καταλειπόμενα έργα, *KSA*, τόμ. 12, 9[60], σελ. 368.

387. Βλέπε καταλειπόμενα έργα, *KSA*, τόμ. 9[63], σελ. 369.

388. Βλέπε καταλειπόμενα έργα, *KSA*, τόμ. 13, 14[82], σελ. 262 και *KSA*, τόμ. 9, 11[293], σελ. 554.

μέρος του Γίγνεσθαι, αποτελεί κάτι στο οποίο η ανθρώπινη γνώση έχει πρόσβαση: η ζωή είναι η μορφή του Γίγνεσθαι με την οποία το Γίγνεσθαι, ως προσδιορίσιμο τώρα Είναι, γίνεται προσβάσιμο στην ανθρώπινη γνώση. Το Είναι εδώ δεν είναι ασφαλώς αυτό της μεταφυσικής παράδοσης, αλλά αποτελεί εκείνη τη μορφή βιοτικού Γίγνεσθαι η οποία ως σχετικά προσδιορισμένη βρίσκεται σε συνεχή σύνδεση με την ουσιαστική μη-προσδιοριστικότητα του Γίγνεσθαι. Μπορούμε να πούμε επομένως πως η ζωή ακινητοποιεί το Γίγνεσθαι εκεί όπου η ανθρώπινη γνώση μπορεί να σχηματίσει σχετικά σταθερές (ή προσωρινά ισχύουσες) ενότητες γνώσης, δηλ. προσδιοριστικότητες κάθε λογής (τα πράγματα ως προσδιορισμένο Είναι).

Στο κέντρο των συλλογισμών του Νίτσε βρίσκεται η σχέση της ζωής προς το Γίγνεσθαι. Κατ' αρχάς ο Νίτσε θεωρεί θεμελιακή την προϋπόθεση πως «τα πάντα είναι Γίγνεσθαι»,[389] οπότε το αριστοτελικό *τόδε τι μετατρέπεται στο γίγνεσθαί τι*. Σκέπτεται ότι η ζωή (ή η γνώση) και το Γίγνεσθαι ενώ βρίσκονται σε κάποια ένταση, εντούτοις η σχέση τους είναι αμοιβαίας συμπληρωματικότητας. Από τη μεριά η ζωή διενεργείται ως διαδικασία υποκειμενοποίησης και μάλιστα με διττό τρόπο: ως «ήρεμη κίνηση αποσύνδεσης των μορφών»,[390] αλλά και ταυτόχρονα ως απόφαση ταυτότητας ή διαφοράς. Η βλέψη προς κάτι το προσδιορισμένο, είτε ως ταύτιση-καθορισμός ενός αντικειμένου της αισθητικής αντίληψης, είτε ως κατηγορηματική κρίση, διαμορφώνει το Γίγνεσθαι ως προσδιορισμένη μορφή – η χαοτική πολλαπλότητα του ροϊκού Γίγνεσθαι διαμορφώνεται έτσι σε προσδιορισμένη μορφή. Στην πλευρά του Γίγνεσθαι τώρα ο Νίτσε βλέπει να συντελείται μια σχέση ανασκοπικότητας (Reflexionsbeziehung): αν θέλουμε να χρησιμοποιήσουμε το σχήμα υποκείμενο-αντικείμενο, τότε προκύπτει ότι το Γίγνεσθαι ανασκοπούμενο διενεργείται ως σχέση, στην οποία η ζωή (ή η σκέψη) ως το προσδιορίζον υποκείμενο σχετίζεται με το Γίγνεσθαι ως προσδιορίσιμο αντικείμενο. Επομένως ο καθολικός χαρακτήρας του Γίγνεσθαι απορρέει από τη σκέψη ότι το Γίγνεσθαι αποτελεί κατά μια έννοια τη δυνατότητα διαμεσολάβησης της ζωής: το Γίγνεσθαι συνειδητοποιείται και διαυγάζεται αποκλειστι-

389. Βλέπε καταλειπόμενα έργα, *KSA*, τόμ. 12, 2[91], σελ. 106.
390. Βλέπε Χέγκελ, *Φαινομενολογία του πνεύματος*, τόμ. Ι, σελ. 319.

κά στο έδαφος της ζωής, η οποία για βιοπρακτικούς λόγους θέτει προσδιορισμούς, αλλά συγχρόνως δεν μπορεί να αγνοήσει ότι οι προσδιορισμοί είναι απλά νησίδες στη θάλασσα της μη-προσδιοριστικότητας.

Η ζωή ως μορφή του Γίγνεσθαι είναι εξ ολοκλήρου αντιφατικό διενέργημα, διότι θεσπίζει προσδιορισμούς και ταυτότητες μέσα σε ένα Όλο που χαρακτηρίζεται από ριζικές διαφορές: «Για να υπάρξει στον κόσμο έστω και κάποια συνείδηση, έπρεπε να αναδυθεί ένας μη-πραγματικός κόσμος της πλάνης, δηλ. όντα με την πίστη σε σταθερές οντότητες σε ατομικότητες. Μόνο αφού σχηματίστηκε ένας φαντασιακός κόσμος σε αντίθεση με τον απόλυτο ρου, μπόρεσε να υπάρξει μια βάση για να γνωρίσει κανείς εν γένει οτιδήποτε –τελικά και την ίδια την πρωταρχική πλάνη μπορεί να γνωρίσει κανείς τώρα (γιατί μπορεί κανείς να σκεφτεί τις αντιθέσεις)– και όμως η πλάνη δεν διαλύεται, εκτός και αν καταστρέψει κανείς την ίδια τη ζωή».[391] Η ζωή, με άλλα λόγια, είναι αδύνατη χωρίς κάποιο ορισμένο θέτειν σχετικό με το ερώτημα της ταυτότητας, δηλ. χωρίς κάποιον ατομικό προσδιορισμό του κάθε τόδε τι. Αυτό το γεγονός είναι για τον Νίτσε η βάση πάνω στην οποία ενεργείται ο στοχασμός πάνω στο προσδιορίσιμο Είναι (δηλ. ταυτότητες και ενότητες), αλλά και στη μη-προσδιοριστικότητα ή τη ριζική διαφορά. Επειδή η σκέψη των αντιθέσεων είναι δυνατή, στο χώρο της σκέψης συναντάμε τόσο την προσδιορισμένη ταυτότητα, όσο και την απροσδιόριστη διαφορετικότητα. Προχωρώντας η σκέψη προς το φιλοσοφικό στοχασμό αντιμετωπίζει την επιτακτικότητα να αξιώσει την αντίθεση μεταξύ ταυτότητας και διαφοράς (ή ζωής και Γίγνεσθαι), αλλά και να αντικρούσει την παγίωση της αντίθεσης στο είδος αντίφασης του μεταφυσικού δυαλισμού. Η φιλοσοφική σκέψη έχει τη δύναμη να αναδείξει το χαρακτήρα της ζωής ως θέτειν προσδιοριστικότητας, το οποίο είναι ταυτόχρονα πηγή πλάνης. «Ο καθορισμός της διαφοράς "αληθινό"-"μη-αληθινό", ο καθορισμός εν γένει ως διαπίστωση γεγονότων είναι τελείως διαφορετικός από το δημιουργικό θέτειν, σχηματίζειν, μορφοποιείν, το καθυποτάσσειν, τη θέληση, όλα αυτά δηλ. που προσιδιάζουν στη φιλοσοφία».[392]

Το πώς συντελούνται όλα αυτά τα διενεργήματα έγινε φανερό από

391. Βλέπε καταλειπόμενα έργα, *KSA*, τόμ. 9, 11[162], σελ. 503-504.
392. Βλέπε καταλειπόμενα έργα, *KSA*, τόμ. 12, 9[48], σελ. 359.

την ερμηνεία της θεωρίας της δύναμης. Μένει τώρα να δούμε διεξοδικότερα πώς συσχετίζεται η θεωρία της θέλησης για δύναμη με την προβληματική του Γίγνεσθαι και της μη-προσδιοριστικότητας. Θεωρώ την ακόλουθη σκέψη του Νίτσε άκρως σημαντική: «Να βάλουμε στο Γίγνεσθαι τη σφραγίδα του είναι – αυτό είναι η ύψιστη θέληση για δύναμη».[393] Το αίτημα αυτό είναι κατά μια έννοια απόρροια της επιτακτικής ανάγκης που έχει η αντι-μεταφυσική σκέψη να αξιώσει απόλυτα το Γίγνεσθαι. Αυτό που απαιτείται είναι η ζωή να διενεργηθεί με τέτοιο τρόπο, ώστε το προσδιοριστικό θέτειν, καθ' όλα απαραίτητο για τη συντήρηση του ανθρώπινου είδους, να τεθεί στην προοπτική συνεχούς αμφισβήτησης και άρσης. Ως πρόταγμα νοηματοδότησης και αξιοθέτησης πρέπει κάθε ολότητα ενδοκοσμικού Είναι να διανοιχτεί στην προοπτική του ριζικού Γίγνεσθαι, δηλ. να απελευθερώσει δυνάμεις αυθυπέρβασης. Αυτή η αυθυπερβατική κίνηση, κατά την οποία οι προσδιοριστικές σχέσεις μεταξύ ταυτότητας και διαφοράς, ενσωμάτωσης και αποκλεισμού κτλ. χάνουν το καθολικό τους κύρος, πρέπει να γίνει με τέτοιο τρόπο ώστε να αναδύονται συνεχώς νέοι ορίζοντες νοήματος και αξιών. Για να ξεφύγει από τον εγκλωβισμό των ισχυόντων και στο πλαίσιο των βιοκοσμικών πρακτικών (και) δεσμευτικών προσδιορισμών, η ζωή πρέπει να συνειδητοποιήσει ότι είναι «έκφραση των μορφών ανάπτυξης της δύναμης».[394]

Η θεώρηση τούτη έχει ταυτόχρονα χαρακτήρα περιγραφής και έκκλησης: τα διενεργήματα της ζωής, που είναι ουσιαστικά διαδικασίες της θέλησης για δύναμη, πρέπει να γίνουν ο συνειδητός φορέας που θα τροφοδοτεί τα διαρκή προτάγματα και τις δημιουργίες νοηματοδοτικών οριζόντων. Η απεριόριστη κατάφαση του Γίγνεσθαι ως τρόπος του βίου που διενεργείται ως συγκέντρωση και αύξηση της δύναμης είναι η αναγκαία απόρροια του αιτήματος το Γίγνεσθαι να σφραγιστεί με το χαρακτήρα του Είναι. Αυτό δεν σημαίνει βέβαια ότι τούτο το Είναι έχει κάποια σχέση με τις πραγμοποιημένες υποστασιοποιήσεις του αμαρτωλού μεταφυσικού παρελθόντος. Αν πρέπει το Γίγνεσθαι να θεωρηθεί ενοποιημένη ολότητα, αυτό θα γίνει μόνο με την προϋπόθεση ότι η λογική

393. Ό.π., 7[54], σελ. 312.
394. Ό.π., 9[14], σελ. 345.

της προσδιοριστικής σκέψης δεν θα έχει πια την πρωτοκαθεδρία. Η υπέρβαση της λογικής αυτής σημαίνει για τον Νίτσε να κάνουμε ένα βήμα πίσω από τις αγκυλώσεις του προσδιορισμένου Είναι, θεωρώντας το Γίγνεσθαι ως τη διαδικασία του θέτειν κάθε δυνατής (δηλ. προσδιοριστικής) μορφής του Είναι. Η διαδικασία του θέτειν αυτού που μπορεί να ισχύει ως είναι ή ως καθορισμένο ον, και μάλιστα σε αντίθεση προς τις ανταγωνιστικές μορφές θέτειν, είναι ακριβώς αυτό που συγκροτεί το γεγονός της θέλησης για δύναμη. Ως οργανωμένη δομή η δύναμη διενεργείται με τη μορφή δημιουργίας ή αναδημιουργίας κάθε οντολογικού και αξιολογικού θέτειν. Δεν χωρά αμφιβολία πως στο πλαίσιο των ανταγωνιστικών σχέσεων δύναμης οι αναδημιουργικές διενέργειες του θέτειν που χαρακτηρίζουν την εκάστοτε ηγεμονική δύναμη παίρνουν αναγκαστικά τη μορφή υπεροχής και κατανίκησης: «Η θέληση για δύναμη μόνο αντιμέτωπη με εμπόδια και αντιστάσεις μπορεί να εκδηλωθεί (...) Η ιδιοποίηση και ενσωμάτωση [του ανταγωνιστικού θέτειν, Κ.Μ.] είναι πρωταρχικά μια θέληση κατανίκησης, μια διαμόρφωση, σχηματισμός και ανασχηματισμός, μέχρι τελικά ο ηττημένος αντίπαλος να ενσωματωθεί ολοκληρωτικά στη σφαίρα δύναμης του επιτιθέμενου, αυξάνοντας έτσι τη δύναμή του».[395]

Αν θελήσουμε τώρα να συνδυάσουμε την προηγούμενη σκέψη με τους στοχασμούς του Νίτσε πάνω στα κοσμοείδωλα, διαπιστώνουμε πως η νικήτρια ενσωμάτωση δηλώνει κάποια συμβολική ολότητα με όλες τις αξιοθετήσεις και νοηματοδοτήσεις της, ένα οργανωμένο σύστημα ή κοσμοείδωλο που υπάγεται στην πρωτοκαθεδρία και στις προτεραιότητες κάποιας άλλης οργανωμένης νοηματοδότησης του κόσμου ως ολότητας. Η υπεροχή της επιβληθείσας δύναμης που εκδηλώνεται με τη συνολική νοηματοδότηση του προτάσσειν δεν αίρει απλά τις νοηματοδοτήσεις της υποδεέστερης δύναμης, αλλά τις μεταλλάσσει σε βοηθητικά και συμπληρωματικά εργαλεία, δηλ. τους δίνει «το νόημα μιας λειτουργίας, τη δικής της υπερισχύουσας έποψης»,[396] δηλ. του συστήματός της. Οι προσδιορισμοί του είναι οι στόχοι της γνώσης, οι ηθικές σκοποθεσίες, οι πρακτικές και αισθητικές αρχές, κτλ. – όλα τα στοι-

395. Ό.π., 9[151], σελ. 424.
396. Βλέπε *Γενεαλογία της Ηθικής*, σελ. 79.

χεία της υποδεέστερης κοσμοθεωρίας επανανοηματοδοτούνται ώστε να εξυπηρετήσουν τις νέες σκοποθεσίες και να συνεισφέρουν στην αύξηση της δύναμης του νικητή. Το Γίγνεσθαι διενεργείται επομένως σύμφωνα με τις προτεραιότητες της κάθε φορά υπερισχύουσας δύναμης, η οποία όσο διαρκεί αποτελεί το είναι, μια και «η εσώτατη ουσία του είναι δεν είναι παρά η θέληση για δύναμη»[397] – θέληση για δύναμη που εγγράφει στο ταμπλό των σκοπών και αξιών της κάθε αντίπαλη νοηματοδότηση και αξιοθέτηση.

Όλα αυτά έχουν μεταξύ άλλων μια πολύ σημαντική επίπτωση, δηλ. να σχετικοποιήσουν δραστικά μια από τις κυριότερες κατηγορίες της παράδοσης, την προσδιοριστικότητα. Ο λόγος είναι απλός: από τη σκοπιά κάθε πόλου (και συγκέντρωσης) δύναμης αυτό που δεν είναι συστατικό μέρος του ίδιου συστήματος φαίνεται ως κάτι το μη-προσδιοριστικό, το οποίο ως τέτοιο αποτελεί πρόκληση για το νοηματοδοτικό και προσδιοριστικό θέτειν της δύναμης αυτής – πρόκληση που πρέπει να αντιμετωπίσει, αν θέλει να αυξήσει το εύρος της δυναμικής της εξουσίας. Κάτι φυσικά που γίνεται πάντα.

Βλέπουμε λοιπόν τη δύναμη να είναι η μορφή διενεργήματος του Γίγνεσθαι. Η δύναμη με τη σειρά της διενεργείται όπως είδαμε υπερισχύοντας, κατακυριαρχώντας και ενσωματώνοντας άλλες, ανταγωνιστικές δυνάμεις. Έτσι όχι μόνο διατηρείται, αλλά αυξάνει ταυτόχρονα το εύρος επιρροής της. Η αύξηση, ανάπτυξη, επέκταση και διεύρυνση συντελείται διαμέσου της ερμηνείας. Η «κατακυριάρχηση», δηλ. η ενσωμάτωση άλλων πόλων δύναμης με σκοπό την επέκταση της νοηματοδοτικής και αξιοθετικής επιρροής, είναι για τον Νίτσε ουσιαστικά μια διαδικασία ερμηνείας: «Η θέληση για δύναμη ερμηνεύει: στην περίπτωση του σχηματισμού ενός οργάνου πρόκειται για διενέργημα ερμηνείας· θέτει όρια, καθορίζει μεγέθη, διαφορές δύναμης (...) Στην πραγματικότητα η ερμηνεία είναι και αυτή ένα μέσο, για την κυριαρχία πάνω σε κάτι».[398] Παρατηρούμε τον Νίτσε να περνά από τη θεώρηση των συνεχώς μεταβαλλόμενων συναστερώσεων δύναμης στην έννοια της ερμηνείας, η οποία συλλαμβάνει το Γίγνεσθαι ως ένα συνεχές εναλ-

397. Βλέπε καταλειπόμενα έργα, *KSA*, τόμ. 13, 14[80], σελ. 260.
398. Βλέπε καταλειπόμενα έργα, *KSA*, τόμ. 12, 2[148], σελ. 139-140.

λασσόμενων ερμηνειών, δηλ. νοηματοδοτήσεων και αξιοθετήσεων. Στη συνέχεια θα εξετάσουμε αναλυτικά την έννοια, με απώτερο σκοπό να την εντάξουμε στο φιλοσοφικό πρόταγμα της νιτσεϊκής σκέψης.

4.5. Το νιτσεϊκό πρόταγμα της ερμηνείας

Όπως είδαμε στα προηγούμενα, η στοχαστική κίνηση του Νίτσε ενάντια στην παραδοσιακή μεταφυσική ως οντολογία του προσδιοριστικού Είναι εκβάλλει μέσα από τα διενεργήματα των ανταγωνιστικών δυνάμεων στη σύλληψη ενός Είναι-εν-Γίγνεσθαι. Αν το Είναι-εν-Γίγνεσθαι χρονούται ως αγωνιστικό συμβάν, στο οποίο τα πολλαπλά κέντρα δύναμης ανταγωνίζονται για την αύξηση και επέκταση των κοσμοπλαστικών τους ενεργειών, τότε η αύξηση συντελείται διαμέσου της ερμηνευτικής δραστηριότητας. Πάντως ο Νίτσε είναι κατηγορηματικός στο ότι η «πράξη»[399] της ερμηνείας δεν έχει καμία σχέση με τις συνήθεις υποκειμενικές δράσεις ή τις πρακτικά σκοποθετικές δραστηριότητες των ανθρώπων: οι ερμηνείες δεν είναι δραστηριότητες, με τις οποίες ο φορέας της δράσης αποβλέπει στην πραγμάτωση ενός τελικού σκοπού. Ο τρόπος του Είναι των ερμηνειών είναι αντίθετα η χρονικότητα ενός συμβάντος, αποκλειστικά στο πλαίσιο του οποίου σχηματίζονται εν γένει προσδιορισμοί και ενότητες, όπως π.χ. φορέας της δράσης, κίνητρο και σκοπός της δράσης, επιπτώσεις της δράσης κτλ. Ο λόγος είναι ότι τέτοιοι προσδιορισμοί είναι κάθε φορά θέμα... διαπραγμάτευσης!

Εννοείται ότι σε κάθε ερμηνευτική συγκυρία οι όροι με τους οποίους προσδιορίζονται οι ενότητες καθορίζονται από την κάθε φορά ηγεμονική οργάνωση δύναμης ως λειτουργικά στοιχεία του κοσμοπλαστικού της προτάγματος. Όπως βλέπουμε, το επιχειρηματολογικό φορτίο που αναλαμβάνει ο Νίτσε με το να αποσυνδέσει τις διαδικασίες προσδιορισμού από τις υποκειμενικές σκοποθεσίες και να τις αποδώσει στα δυναμικά ενεργήματα των θελήσεων για δύναμη είναι σημαντικό. Γίνεται αμέσως φανερό αν αναλογιστούμε ότι η αλλαγή επιπέδου δεν σημαίνει αυτόματα ότι αποφεύγονται οι οντολογικοί κίνδυνοι, δηλ. ο κίν-

399. Ό.π., 7[54], σελ. 313.

δυνος να θεωρηθεί το ίδιο το συμβάν της ερμηνείας ως οντολογικά προσδιορισμένο Είναι. Σε τούτη την περίπτωση θα μπορούσε να μεμφθεί κάποιος τον Νίτσε επειδή αποφεύγει τις οντολογικοποιήσεις (σταθερών ενοτήτων, προσδιοριστικών όντων, πραγμοποιημένων σχέσεων κτλ.), αλλά δεν διασφαλίζει το συμβάν της ερμηνείας από οντολογικές... παρερμηνείες! Το θέμα όντως είναι δύσκολο, γιατί αν θέλουμε να μιλήσουμε και να στοχαστούμε πάνω στην έννοια της ερμηνείας ως συμβάν πρέπει να προϋποθέσουμε ότι πρόκειται για κάποιου είδους ενότητα. Αν όμως, όπως πιστεύει ο Νίτσε, το μόνο που έχουμε είναι μια αμετάκλητη πολλαπλότητα από ανταγωνιστικά κέντρα δύναμης, τότε εγείρεται το ερώτημα ποιο είδος ενότητας χαρακτηρίζει τα πολλαπλά κέντρα. Για να απαντήσουμε στο ερώτημα πρέπει νομίζω να εξετάσουμε όλες τις διαστάσεις του φαινομένου.

Ας ξεκινήσουμε με μια παρατήρηση: αν η «κατακυριάρχηση» φανερώνει τις υποδηλώσεις που ενέχει η έννοια της οργανωμένης δύναμης ως εξουσιαστικής δομής, στην έννοια της ερμηνείας υποτυπώνεται ο χαρακτήρας της οικειοποίησης και ενσωμάτωσης. Μια προσεκτική ανάγνωση όλων των σχετικών χωρίων στο έργο του Νίτσε μας δίνει μια όντως πολύπλοκη εικόνα του φαινομένου διακρίνοντας τουλάχιστον τα εξής σημεία:

α) Τα χαρακτηριστικά που συνήθως αποδίδονται στα όντα (π.χ. ανάπτυξη, ενοποιημένη μορφή, σταθερότητα στο χρόνο κτλ.) ισχύουν μόνο στο βαθμό που είναι έκφραση και υποτύπωση της διαδικασίας της ερμηνείας. Η ερμηνεία συγκροτεί τον τρόπο του Είναι κάθε πράγματος που μπορεί να ισχύει ως κάτι συγκεκριμένο και προσδιορισμένο. Σύμφωνα με το κριτήριο του αυτεξούσιου και κυριαρχικού χαρακτήρα κάθε προτάγματος, η ερμηνεία δεν ανακαλύπτει ένα ήδη υπάρχον νόημα, ούτε βρίσκει κάποιο δεδομένο προσδιορισμό, απεναντίας θέτει και τα δύο μέσα στα πράγματα. «Δεν υπάρχει "δεδομένο αυτό καθ' αυτό", αλλά πρέπει πρώτα να εισαγάγουμε κάποιο νόημα, για να μπορεί να υπάρξει ένα δεδομένο. Το ερώτημα "τί είναι αυτό;" αποτελεί θέτειν νοήματος από κάποιο άλλο σημείο».[400] Υπ' αυτή την έννοια το διενέργημα της ερμηνεί-

400. Δηλ. όχι από το ίδιο το πράγμα, αλλά από τη νοηματοθετική πηγή. Βλέπε ό.π., 2[149], σελ. 140.

ας αντιστοιχεί στην κριτική του Νίτσε ενάντια στο πράγμα-καθ'-αυτό. Το χαρακτηριστικό αυτό στοιχείο της ερμηνείας έχει θεμελιακή σημασία στη φιλοσοφία του Νίτσε: δεν αποτελεί απλά κίνηση χειραφέτησης από την καταδυνάστευση οντολογικών προδιαγραφών και προδεδομένων προσδιορισμών, αλλά λειτουργεί και ως απομυθοποίηση της πίστης των επιστημών σε ακλόνητες νομοτέλειες.[401] Για αυτές ισχύει αυτό που για τον Νίτσε χαρακτηρίζει το Γίγνεσθαι ως την ολότητα των ενεργημάτων δύναμης και ερμηνείας: μια και πόρρω απέχουν από το να είναι απλά διαπιστώσεις και καταγραφές υπαρκτών φυσικών νόμων, οι επιστημονικές νομοτέλειες απορρέουν από τη δσμή του επιστημονικού προτάγματος, η οποία επιτάσσει ερμηνευτική θέσπιση νοήματος μέσα σε μια ολότητα από χαοτικές διαδικασίες δύναμης.

Η έννοια λοιπόν της ερμηνείας έχει διπλή αποδομητική λειτουργία: πρώτα εκτοπίζει από τη φιλοσοφία τις οντολογικές και ουσιολογικές μονομέρειες της παραδοσιακής μεταφυσικής. Από την άλλη καταλύει τις θετικιστικές φενάκες της επιστημονικής δραστηριότητας. Αυτή η σύλληψη όμως της ερμηνείας ως καθολικού φαινομένου έχει

β) σημαντικές επιπτώσεις γι' αυτό που η παραδοσιακή σκέψη απαξίωνε ως απλή εμφάνεια ή εκδήλωση-φαινόμενο της υποκείμενης ουσίας. Αν το προσδιοριστικό Είναι μπορεί να ισχύει μόνο ως θέτειν νοήματος στο συμβάν της ερμηνείας, τότε η διαφορά μεταξύ πραγματικού και φαινομενικού Είναι χάνει το αξιόπιστο κύρος αναμφισβήτητης βεβαιότητας. Στα προηγούμενα είδαμε την κριτική εμπάθεια του Νίτσε απέναντι σε κάθε είδους (μεταφυσική) πραγμοποίηση των αντιθέσεων. Τώρα μπορούμε να δούμε πώς οι αντιθετικότητες σχετικοποιούνται, πώς δηλ. τους αφαιρείται ή δυαλιστική ακαμψία: τα συμβάντα-διενεργήματα της δύναμης ως ερμηνείας δεν προϋποθέτουν προσδιοριστικά γεγονότα, αντιθέτως τα δημιουργούν. Το θεμελιακό για το δυναμικό σχήμα του Γίγνεσθαι θέτειν νοήματος σημαίνει ότι το Είναι ως ποιοτική προσδιοριστικότητα εξοβελίζεται στη σφαίρα της μεταφυσικής νοησιαρχίας. Οι ποιοτικές διαφορές και οι οντολογικές αντιθέσεις ανάγονται τώρα στο απλό επίπεδο των ποσοτικών διαβαθμίσεων.[402] Μπροστά στο γε-

401. Βλέπε *Πέρα από το καλό και το κακό*, σελ. 31-32.
402. Βλέπε καταλειπόμενα έργα, *KSA*, τόμ. 12, 10[19], σελ. 465.

γονός του χαοτικού πλέγματος από διενεργήματα δύναμης και ισχύος, τα οποία συνολικά μόνο ως πολλαπλότητα ποσοτικών διαφορών μπορούν να θεωρηθούν, δεν θα είχε κανένα νόημα να αναζητήσουμε τι είναι απλά ποσοτικά συμβεβηκός (με την αριστοτελική έννοια) και ποια είναι εκείνη η ουσία-θεμέλιο στη βάση κάθε φαινομενικότητας.

Στο ευρύ πεδίο των ανταγωνιστικών σχέσεων που διαμορφώνουν τα διενεργήματα δύναμης και ισχύος πραγματικότητα και φαινόμενο ταυτίζονται: κάθε προσδιοριστικότητα (ως quantum δύναμης) ισχύει ως τέτοια μόνο στο βαθμό που φαίνεται, δηλ. που είναι παρούσα και ενεργή στο ανταγωνιστικό πεδίο ως ενέργημα, κατά τη διάρκεια του οποίου η δύναμη αυξάνεται ή μειώνεται. Αν συνυπολογιστεί και ο θεμελιώδης συσχετισμός μεταξύ των ενοτήτων δύναμης, τότε είναι φανερό πως οι ενότητες αυτές υπάρχουν η μια για την άλλη (ή τις άλλες) μόνο στο βαθμό που φαίνονται ως ανταγωνιστικοί αντίπαλοι ή ως ενσωματωμένοι υποδεέστεροι. Καταλύοντας έτσι τη διαφορά μεταξύ του ουσιαστικού πράγματος και της εμφάνισής του, το διενέργημα δύναμης στο συμβάν της ερμηνείας αναβαθμίζει την εμφάνεια, εφόσον κάθε κυρίαρχο πρόταγμα δεν αντιμετωπίζει κάτι το δεδομένο. Αντίθετα, τους όρους συσχετισμού με το Άλλο τους δημιουργεί το ίδιο, συγκροτώντας έτσι μια εμφανή φαινομενικότητα, στην οποία ουσιαστικά δεν υπάρχει τίποτε που να εμφανίζεται – «ο πραγματικός κόσμος είναι εμφάνεια».[403] Η σύλληψη της εμφάνειας γίνεται καλύτερα κατανοητή αν ανατρέξουμε στις σχετικές παρατηρήσεις του Νίτσε στο *Πέρα από το καλό και το κακό* σύμφωνα με τις οποίες το διενέργημα της ερμηνείας νοηματοδοτείται σε αναλογία με την ερμηνεία κειμένων.[404] Αναφορικά με το νόημα του κειμένου η ερμηνεία δεν προσβλέπει σε κάτι το δεδομένο, το οποίο απλά καταγράφει: κάθε ερμηνεία σκοπεύει ασφαλώς στη διαύγαση του νόημα-

403. Βλέπε καταλειπόμενα έργα, *KSA*, τόμ. 13, 11[72], σελ. 35. Αν με αυτό τον τρόπο Είναι και εμφάνεια ταυτίζονται, δεν έχει κανένα νόημα να επιρρίπτουμε στον Νίτσε την κατηγορία του ανορθολογισμού. Ο Χάμπερμας π.χ. μέμφεται τον Νίτσε για την «ανομολόγητη παραδοσιολατρία» του, επειδή δήθεν προϋποθέτει την οντολογική θεωρία της αλήθειας της παράδοσης, έτσι ώστε να μπορεί να την ανατρέψει ριζικά πρεσβεύοντας μια καθολική φαινομενικότητα. Για τον Νίτσε αντίθετα η εμφάνεια είναι η μόνη πραγματικότητα, η οποία καταλύει τη διαφορά μεταξύ «φύσης» και «φαινομένου».

404. Ό.π., σελ. 31-32.

τος, τούτο το νόημα όμως δεν αποτελεί κάτι που προϋπάρχει έξω από τα νοηματοδοτικά διενεργήματα αναμένοντας να ανακαλυφθεί από τον ερμηνευτή. Αντίθετα, το νόημα αναδύεται ως συμβάν της ερμηνευτικής οικειοποίησης του κειμένου.

Στη βάση μιας τέτοιας προοπτικής διαπιστώνουμε πως το διενέργημα της ερμηνείας αποτελεί εξίσου, όπως και τα πλέγματα δύναμης και ισχύος, φαινόμενο συσχετισμού και αλληλοεπιδράσεων. Κάθε νοηματική ενότητα και ταυτιστική προσδιοριστικότητα είναι αποτέλεσμα ενός δυναμικού θέτειν. Η αύξηση και επέκταση της δυναμικής ισχύος των προταγμάτων επιτυγχάνεται αποκλειστικά στην προοπτική της κυρίαρχης ερμηνείας. Η κάθε ηγεμονική δύναμη στη συγκυρία του συσχετισμού δυνάμεων επεκτείνει την ισχύ της διευρύνοντας την κυρίαρχη προοπτική της. *Η έννοια της προοπτικής (Perspektive) είναι θεμελιώδης για το χαρακτήρα του προτάγματος, αλλά και γενικότερα για το ύστερο έργο του Νίτσε: το νοηματοδοτικό, αξιακό και σκοποθετικό θέτειν του προτάγματος διενεργείται προοπτικά.* Συγκεκριμένα πρέπει να δούμε πώς σχετίζεται η έννοια της προοπτικής με τη θεώρηση της θέλησης για δύναμη ως ερμηνευτική δράση.

Κατ' αρχάς ο προοπτικός χαρακτήρας κάθε αναφοράς (στον κόσμο) είναι άμεση απόρροια της κριτικής που ασκεί ο Νίτσε σε κάθε σκέψη περί πραγμάτων «αυτών καθ' αυτά», καθώς και της νοηματοδότησης του προσδιοριστικού Είναι ως δημιουργίας των κοσμοπλαστικών και κοσμο-νοηματοδοτικών προταγμάτων. Για τον Νίτσε το να μιλάμε για προσδιοριστικό Είναι έχει νόημα μονάχα στο βαθμό που εντάσσεται στο πλαίσιο μιας ερμηνευτικής δραστηριότητας, ή με άλλα λόγια στο πλαίσιο ενός ερμηνευτικού θέτειν, το οποίο επιβάλλει με την προοπτική του το είδος της προσδιοριστικότητας, καθορίζει δηλ. τον τρόπο του Είναι ως συγκεκριμένου Είναι-αυτό.

Η φιλοσοφία επωμίζεται το καθήκον να δείξει ότι η προοπτική είναι καθολικό γνώρισμα όλων των σχέσεων με- και αναφορών στον κόσμο, συμπεριλαμβανομένων και των γνωσιοθεωρητικών και επιστημονικών αναφορών σε ατομικές-φυσικές «αντικειμενικότητες»: «Ο φυσικοί πιστεύουν και αυτοί με τον τρόπο τους σε έναν «αληθινό κόσμο»: ένα σταθερό και σε όλα τα όντα κοινό σύστημα ατόμων με νομοτελειακή κίνηση (...) Αυτό το κοσμοείδωλο, το οποίο προτάσσουν (...) είναι φτιαγμένο απλά με πνευματικές αισθήσεις, αλλά καθ' όλα με τις δικές μας, τις ανθρώπινες αισθήσεις (...) Και σε τελική ανάλυση ξέχασαν (...) να συνυπολογίσουν την αναγκαία προοπτικότητα (...) Ξέχασαν να λογαριάσουν το βαθμό στον οποίο η δύναμη με το θέτειν-προοπτική που διαθέτει συμμετέχει στο "αληθινό Είναι"».[405] Η θεμελιώδης έννοια της προοπτικότητας δεν λειτουργεί μόνο ως διορθωτική κριτική ενάντια σε κάθε φετιχισμό των δεδομένων. Ως «βασικός όρος» κάθε βιοτικού διενεργήματος είναι εκείνη η «μορφοποιητική, απλουστευτική, πλαστική, ποιητική δύναμη»,[406] η οποία χαρακτηρίζει κάθε ενέργημα δύναμης και ερμηνείας. Όλα τα κέντρα δύναμης ή τα διενεργήματα ερμηνείας είναι ουσιαστικά δομές προοπτικότητας, από τη σκοπιά της οποίας αναπτύσσουν κάθε φορά τα κοσμικά τους προτάγματα. Η κάθε προοπτική, η οποία ασφαλώς δεν είναι δημιουργία ex nihilo, αλλά σχηματίζεται και ανασχηματίζεται στο πλαίσιο της κάθε συγκυρίας του συσχετισμού δυναμικών ερμηνειών, θέτει όλες εκείνες τις προσδιοριστικότητες, οι οποίες είναι η μορφή με την οποία παρουσιάζονται στο οπτικό της πεδίο όλες οι άλλες πιθανές ανταγωνιστικές προοπτικές. Αυτό το θέτειν προσδιορισμών δεν είναι βέβαια μονοσήμαντο: οι προσδιορισμοί έχουν πολλές επόψεις, καθώς είναι πολλαπλές και οι σχέσεις του πλαισίου στο οποίο βρίσκονται. Σε τελική ανάλυση το κοσμοείδωλο του Νίτσε συντίθεται από μια πολλαπλότητα απεριόριστων σχέσεων ερμηνείας: «Αντίθετα, για μας ο κόσμος έχει ξαναγίνει "άπειρος", στο βαθμό που δεν μπορούμε να αποκλείσουμε τη δυνατότητα του να περικλείει άπειρες ερμηνείες».[407]

4.5.1. Το διενέργημα της ερμηνείας

Το πρόταγμα-κοσμοείδωλο της πολλαπλότητας των ερμηνειών με τις οποίες διενεργούνται οι σχέσεις δύναμης στοιχειοθετώντας επομένως κάθε πραγματικότητα, δηλ. το Γίγνεσθαι ως ολότητα, οδηγούν τη σύλληψη του Νίτσε να σφραγίσει το Γίγνεσθαι με το χαρακτήρα του Είναι.

405. Βλέπε καταλειπόμενα έργα, *KSA*, τόμ. 13, 14[186], σελ. 373.

406. Βλέπε *Πέρα από το καλό και το κακό*, σελ. 14 και καταλειπόμενα έργα, *KSA*, τόμ. 11, 25[505], σελ. 146.

407. Βλέπε *Χαρούμενη γνώση*, σελ. 342.

Όπως σημείωσα, δεν είναι δυνατόν να εξετάσω τη σύλληψη της αιώνιας επιστροφής κι έτσι στα επόμενα θα περιοριστώ στο νιτσεϊκό πρόταγμα της προοπτικής πολλαπλότητας των κόσμων της ερμηνείας. Σε πρώτη φάση θα αναπτύξω περαιτέρω την έννοια της ερμηνείας, ώστε να αναδειχτεί πληρέστερα ο αναφορικός και συσχετικός της χαρακτήρας. Είδαμε με ποια έμφαση ο Νίτσε εκφράζει την πεποίθηση του ότι «μπορούμε να καταλάβουμε μόνο έναν κόσμο που έχουμε φτιάξει εμείς οι ίδιοι».[408] Ας το επαναλάβω: η φιλοσοφία του Νίτσε είναι, αλλά και εκφράζει το πρόταγμα της νοηματοδοτικής δημιουργίας του κόσμου ως ερμηνευτικής προοπτικής. Μεταξύ της πολλαπλότητας των διενεργημάτων της δύναμης, ή καλύτερα των ανταγωνιστικών δυνάμεων, και της πολλαπλότητας των προοπτικών υπάρχει αυστηρή αναλογία και αντιστοιχία.

Πώς αρθρώνεται όμως η πολλαπλότητα των ερμηνειών στην κάθε συγκυρία και στο συσχετισμό δυναμικών προοπτικών; Προτού απαντήσουμε στο ερώτημα πρέπει να διευκρινίσω κάτι που αφορά το χαρακτήρα του προτάγματος: θα ήταν απλουστευτικό να πιστέψουμε πως το προταγματικό θέτειν νοήματος σε αυτό στο οποίο αναφέρεται το πρόταγμα απλά ανασύρει στη συνέχεια το νόημα που είχε εναποθέσει η θέτουσα αυτή αναφορικότητα. Δεν πρόκειται δηλ. για μονόδρομη σχέση μεταξύ θέτειν και τιθέμενου. Για τον Νίτσε όλα τα οργανωτικά πλέγματα προτάγματος, δύναμης και ερμηνείας συγκροτούνται σε μια αμφίδρομη αλληλόδραση προτάγματος και αντι-προτάγματος. Το ίδιο ισχύει και για τις ερμηνευτικές προοπτικές: δεν αποτελούν μονόδρομες αναφορές, αλλά σχηματίζονται και ανασχηματίζονται αλληλοκαθοριζόμενες. Η χαοτική πολλαπλότητα των κόσμων (των θελήσεων) δύναμης υποτυπώνεται στο πλέγμα αμοιβαίων αναφορών και ανταγωνισμών των κοσμο-νοηματοδοτικών ερμηνειών. Ας δούμε λοιπόν πώς το νιτσεϊκό κοσμοείδωλο των προοπτικών ερμηνειών συνεισφέρει στην κατανόηση κάθε είδους κοσμοπλαστικού προτάγματος. Στη συνέχεια θα ολοκληρώσουμε την παρουσίαση της κριτικής φιλοσοφίας του Νίτσε εξετάζοντας το ερώτημα πώς η σύλληψη του προτάγματος ως ερμηνεία λειτουργεί ως μοντέλο κριτικής της μεταφυσικής.

---

408. Βλέπε καταλειπόμενα έργα, *KSA*, τόμ. 11, 25[470], σελ. 139.

Ως το καθολικό σχήμα των κοσμοπλαστικών προταγμάτων η ερμηνεία, όπως είδαμε, αποτελεί τον τρόπο με τον οποίο τα κομβικά κέντρα δύναμης, στα οποία συμπεριλαμβάνονται ασφαλώς τόσο φυσικές όσο και πνευματικές δυνάμεις, επενεργούν πάνω –και ενάντια– στις άλλες δυνάμεις. Εγείρεται βέβαια το ερώτημα αν το διενέργημα της ερμηνείας ενέχει κάποια εσώτερη λογική, σύμφωνα με την οποία η προοπτική διαρθρώνει το συμβατικό πεδίο των ανταγωνιστικών ερμηνειών συστήνοντας έτσι ηγεμονικά συγκροτημένους σχηματισμούς. Κατ' αρχάς πρέπει να πούμε πως η παραπάνω λογική γίνεται κατανοητή μόνο διαδικαστικά-τελεστικά. Ούτε στην αρχή, αλλά ούτε και στο τέλος των ερμηνευτικών συμβάντων έχουμε να κάνουμε με σχηματισμούς, στους οποίους θα απέδιδε κανείς σταθερή, ουσιαστική ταυτότητα. *Επειδή για τον Νίτσε δεν υπάρχει άλλη πραγματικότητα εκτός από αυτή των ερμηνειών,*[409] *η ολότητα του Είναι ως Γίγνεσθαι, δηλ. το σύνολο των ενεργημάτων δύναμης και ερμηνείας, συντίθεται (ασφαλώς... χαοτικά!) ως το άθροισμα όλων των αμφίδρομων αναφορών, αλληλοεπιρροών και πολύπλευρων σχέσεων.* Για τη λογική των ερμηνειών αυτό σημαίνει ότι αποτελεί καθαρά εμμενές φαινόμενο, δηλ. δεν υπάρχουν εξωγενείς πραγματικότητες (π.χ. ουσίες, διακριτές οντότητες, και ατομικά υποκείμενα), στα οποία θα αναφερόταν η ερμηνεία ως κάτι προδεδομένο.

Αν λοιπόν όλα διαδραματίζονται στη σφαίρα των συμβάντων της ερμηνείας, μένει να δούμε αν υπάρχουν παρ' όλα αυτά κάποια χαρακτηριστικά τα οποία ασφαλώς να μην αποτελούν οντολογικούς προσδιορισμούς. Αν κάθε κέντρο ή οργανωμένη συγκέντρωση δύναμης αναπτύσσει ένα πρόταγμα του κόσμου, τότε αυτό συντελείται διαμέσου μιας ερμηνείας των σχέσεων δύναμης, στο πεδίο των οποίων το συγκεκριμένο ερμηνευτικό πρόταγμα ως διενέργημα κυριαρχίας και κατίσχυσης στοχεύει να επιβληθεί. Η ερμηνευτική δύναμη αποτελεί και η ίδια μια ερμηνεία, στο βαθμό που προσεγγίζει τον εαυτό της ερμηνευτικά, δηλ. υπολογίζοντας τις επεκτατικές της δυνάμεις στο φως των πιθανών αντιστάσεων και ανταγωνισμών από μεριάς των άλλων ερμηνευτικών προοπτικών. Αυτό συνιστά και την ιδιαίτερη ανασκοπικότητα (Reflexion) της ερμηνείας: ερμηνεύει τις πιθανότητες που έχει να

409. Βλέπε καταλειπόμενα έργα, *KSA*, τόμ. 12, 1[115], σελ. 38 και 7[60], σελ. 315.

επιβληθεί ερμηνεύοντας τις πιθανές ερμηνευτικές αντιστάσεις των άλλων, οι οποίες από τη μεριά τους κάνουν το ίδιο, ερμηνεύουν δηλ. τις ερμηνευτικά επεκτατικές βλέψεις εκείνης της ερμηνευτικής δύναμης με κριτήριο τις ερμηνευτικές δυνατότητες που τους προσφέρει η ερμηνευτική προοπτική της δικής τους υπερίσχυσης. Με αυτό τον τρόπο συγκεκριμενοποιείται αυτό που είπαμε πιο πάνω για τον πολλαπλό, πολυδιάστατο και πολυσύνθετο χαρακτήρα του πλέγματος αλληλοσυμπλεκόμενων σχέσεων ερμηνείας. Ταυτόχρονα γίνεται κατανοητό το απόλυτα εμμενές χαρακτηριστικό των συμβάντων ερμηνείας: ερμηνεία και ερμηνευόμενο ή ερμηνευτική αναφορά στο Άλλο και ερμηνεία του Αυτού είναι συμπλέκονται αξεδιάλυτα. Ό,τι μπορεί να ειπωθεί από τη σκοπιά του «πρώτου» κέντρου δύναμης, ότι δηλ. «αυτό που εμφανίζεται αντίκρυ μας [δηλ. ο κόσμος στο σύνολό του, Κ.Μ.], είναι δικό μας έργο, το οποίο τώρα απλά αντανακλά τις ενέργειες που του εναποθετήσαμε»,[410] ισχύει εξίσου απόλυτα για όλα τα κέντρα δύναμης. Τα συμβάντα ερμηνείας συντελούνται επομένως ως μια συνεχώς ανασχηματιζόμενη συναστέρωση σχέσεων ερμηνείας.[411] Οι σχέσεις αυτές συγκροτούν κάθε φορά το πεδίο όπου μπορούν να τεθούν εν γένει ερωτήματα περί του πραγματικού ή του νοήματος.

Στο σημείο αυτό εγείρεται εύλογα το ερώτημα: ας υποθέσουμε πως η παρουσίαση που επιχειρήσαμε είναι σωστή, δηλ. ότι η μορφή διενεργήματος του κυριάρχου Γίγνεσθαι συνιστά το σύνολο των ερμηνευτικών σχέσεων. Τι κερδίσαμε όμως σχετικά με τη νιτσεϊκή κριτική της μεταφυσικής; Ή διατυπωμένο αλλιώτικα: μπορεί η σύλληψη των σχέσεων ερμηνείας να αποδειχτεί γόνιμο έδαφος για να θέσουμε το ζήτημα της με-

---

410. Βλέπε καταλειπόμενα έργα, *KSA*, τόμ. 11, 26[44], σελ. 159.

411. Αυτή η ερμηνευτική παρουσίαση της έννοιας της ερμηνείας, με την οποία προσπαθώ να τονίσω τον πολυδιάστατο χαρακτήρα των ενεργημάτων της δύναμης, καθώς και την πολλαπλότητα των σχηματισμών δύναμης και ερμηνείας, μας οδηγεί αναγκαστικά στο συμπέρασμα ότι το φιλοσοφικό πρόταγμα του Νίτσε δεν γίνεται να κατανοηθεί αν δεν τεθεί στο κέντρο της προβληματικής η ολότητα των σχέσεων ερμηνείας. Αν έτσι όμως κάθε προσδιοριστικότητα δημιουργείται και καταλύεται αποκλειστικά στη σφαίρα των σχέσεων ερμηνείας, εγείρεται η ένσταση ότι τα διενεργήματα ερμηνείας ως ρευστές σχέσεις δεν μπορούν να αξιώσουν την ερμηνεία ως συγκεκριμένο κατόρθωμα διαύγασης και νοηματικού εμπλουτισμού της ανθρώπινης εμπειρίας.

ταφυσικής, καθώς και της κριτικής της; Για να προσεγγίσουμε το ερώτημα πρέπει αρχικά να θυμηθούμε πως η ερμηνευτική προοπτική του Νίτσε τοποθετεί το φαινόμενο της μεταφυσικής στη σφαίρα της εικονικής εμπειρίας. Ξεκινώντας έτσι από μια θεωρία του ονείρου ανασυγκροτεί την πορεία που οδηγεί σε μεταφυσικές αντιθέσεις και δυαλισμούς ως μια διαδικασία υποστασιοποίησης, κατά την οποία ορισμένα τμήματα της ροϊκής εικονικότητας παγιώνονται σε ακλόνητες, φαινομενικά άκρως ευλογοφανείς και εναργείς παραστάσεις που παραπέμπουν σε έναν άλλο, «αληθινό» κόσμο. Πρέπει λοιπόν τώρα να δούμε πώς η κριτική στη μεταφυσική ως πραγμοποίηση εγγράφεται στο συνολικότερο πρόταγμα του Νίτσε, το οποίο χαρακτήρισα ως θεωρία και κοσμοείδωλο των σχέσεων ερμηνείας.

Είδαμε ότι η κύρια κατηγορία της ιστορικής-κριτικής φιλοσοφίας του Νίτσε, την οποία πρότεινα να περιγράψουμε ως πλέγμα αλληλοαναφορικών σχέσεων μεταξύ τέχνης, επιστήμης και φιλοσοφίας, ενάντια στη μεταφυσική συνίσταται στο ότι η πραγμοποίηση των παραστατικών σχέσεων οδηγεί σε άκαμπτες αντιθέσεις και παγιωμένους δυαλισμούς. Πώς μπορούμε όμως κάθε φορά να εντοπίζουμε με ασφάλεια τις περιπτώσεις τέτοιων... εκτροχιασμών; Ποια θα ήταν με άλλα λόγια η κατάλληλη οπτική γωνία μέσα από την οποία οι πραγμοποιήσεις αυτές θα γίνονταν αμέσως ορατές; Μια πρώτη απάντηση προκύπτει αβίαστα από το ερμηνευτικό σχήμα των διενεργημάτων της δύναμης ως οργανωμένων δικτύων ισχύος: Η μεταφυσική αποτελεί εκείνη τη συγκέντρωση δύναμης η οποία, όπως και κάθε άλλο κέντρο δύναμης, βρίσκεται σε μια συνεχή διαδικασία διευρυντικής αυθυπέρβασης και ηγεμονικής επέκτασης. Στο βαθμό που υπερισχύει, δηλ. στο βαθμό που το κοσμοείδωλο που προτάσσει αποκτά καθολικό κύρος και δεσμευτικές αξιώσεις, διοργανώνει το σύνολο των ερμηνευτικών προοπτικών έτσι ώστε να εξυπηρετούν τις σκοποθετικές και αξιοθετικές της βλέψεις. Αυτό σημαίνει τα ακόλουθα: η γνώση καθηλώνεται στους απλά ταυτιστικούς καθορισμούς του προσδιοριστικού Είναι, η ηθική ανάγεται αυταρχικά σε διά βίου άσκηση με στόχο την απάρνηση του εαυτού και του κόσμου, η τέχνη καταντά απλή παραγωγή της όμορφης, αλλά απατηλής εμφάνειας κτλ. Όχι βέβαια πως η κατάσταση αυτή είναι αναπόδραστη – όπως δείχνει και η μικρή ιστορία από το *Λυκόφως των ει-*

δώλων, Πώς ο «αληθινός κόσμος» έγινε τελικά μύθος, η μεταφυσική βρίσκεται σε διαρκή ανασχηματισμό. Στη διαδικασία μεταβολής και επαναπροσδιορισμού των προτεραιοτήτων είναι αναπόφευκτο να απολέσει κάποτε το μονοπώλιο δεσμευτικής κοσμοθεώρησης και μάλιστα προς όφελος κάποιας άλλης ερμηνευτικής προοπτικής. Τούτη ως το νέο ηγεμονικό κέντρο δύναμης και ισχύος αναδιοργανώνει σύνολο το πεδίο της προσδιοριστικότητας (δηλ. του ορθού γνωσιοθεωρητικά, ηθικά-πρακτικά, αισθητικά, πολιτικά κτλ.) με κριτήριο τις δικές της αξιοθετήσεις. Στη μικρή ιστορία του Νίτσε αυτό γίνεται όταν στο τέλος της πορείας της η μεταφυσική εκθρονίζεται και ο θετικισμός ως νέος σχηματισμός κοσμοθεωρητικής δύναμης και ισχύος… μοιράζει εκ νέου την τράπουλα! Αλλά ούτε και ο θετικισμός μπορεί να επαίρεται για τη μακροβιότητά του, εφόσον και ο ίδιος θα αναγκαστεί σε παραίτηση στο βαθμό που γίνεται φανερό ότι μεταγράφει και διατηρεί τις αντιθετικότητες της μεταφυσικής. Η κοσμο-νοηματοδοτική του πρωτοκαθεδρία φθίνει στο βαθμό που εντάσσεται στο καθολικό πλαίσιο των σχέσεων ερμηνείας.

Το *Πώς ο «αληθινός κόσμος» έγινε τελικά μύθος* περιγράφει παραστατικά τις διαδικασίες της δύναμης ως το σύνολο των διαδοχικών κοσμοειδώλων τα οποία διενεργούνται ως επεκτατικές ερμηνείες. Για να ολοκληρώσουμε την παρουσίαση των σχέσεων ερμηνείας ας στρέψουμε την προσοχή μας σε μια έποψη της θεματικής η οποία άπτεται τόσο της κριτικής της μεταφυσικής, όσο και του φιλοσοφικού του προτάγματος του Νίτσε. Εννοώ την παραστασιακή διάσταση των σχέσεων ερμηνείας. Στο φόντο της ερμηνείας που ανέπτυξα για την αντιμεταφυσική πολεμική του Νίτσε είναι πρόδηλο ότι το στοιχείο της παράστασης κατέχει κεντρική θέση στη σκέψη του, επειδή όπως είδαμε οι υποστασιοποιήσεις και οι πραγμοποιημένες προβολές των «άλλων», των «αληθινών», κόσμων εδράζονται σε μια στρεβλωτική αντίληψη των εικονικών παραστάσεων. Η κατηγορία του Νίτσε ενάντια στα μεταφυσικά κοσμοείδωλα έγκειται στη δελεαστική τους εμφάνεια και εναργή αμεσότητα. Παραπλανούν το πνεύμα να πιστέψει σε παραστάσεις που εντός τους εκδηλώνεται, εκφράζεται και υποτυπώνεται «ο επαρκής λό-

412. Βλέπε *Ανθρώπινο, πολύ ανθρώπινο*, σελ. 42.

γος για τον κόσμο των φαινομένων».[412] Έτσι παρερμηνεύεται ο χαρακτήρας του κοσμοειδώλου αφού μετατρέπεται σε άμεση εμφάνιση της ουσιαστικής πραγματικότητας. Για τον Νίτσε η λαθροχειρία είναι εμφανής: ως παραστατική υποτύπωση του επαρκούς λόγου της πραγματικότητας το κοσμοείδωλο της μεταφυσικής εγείρει την αξίωση ότι μετέχει στην οντολογική θεμελίωση του Είναι: στο μεταφυσικό κοσμοείδωλο αντανακλάται ο «πραγματικός κόσμος». Το να αντιταχθεί σε αφέλειες τέτοιου είδους αποτελεί για τον Νίτσε ύψιστο καθήκον κάθε ειλικρινούς και ασυμβίβαστης σκέψης. Αν λοιπόν οι υφαιρέσεις (subreptio) τέτοιου τύπου μας κάνουν να πιστέψουμε πως χάρη σε κάποια analogia entis η παραστατική τάξη του μεταφυσικού λόγου μετέχει στον κόσμο των οντολογικά ουσιαστικών πραγμάτων, επείγει για την κριτική φιλοσοφία να αναπτύξει τις παραστατικές της δυνατότητες πέρα και ενάντια στη λογική της αναπαράστασης – αναπαράστασης δηλ. κάποιου οντολογικού θεμελίου. Όπως θα δούμε αμέσως με την αποκαθήλωση του μοντέλου της παράστασης ως αναπαράστασης η σκέψη του Νίτσε κινείται στην κατεύθυνση μιας θεμελιακής σύλληψης, δηλ. του ότι η παράσταση υπεισέρχεται στο παριστούμενο.

Στην προοπτική του στοχασμού αυτού δεν είναι δύσκολο να καταλάβουμε αναδρομικά τόσο το ριζοσπαστικό χαρακτήρα που προσδίδει ο Νίτσε στο καντιανό πρόταγμα του Λόγου, καθώς και τη διεύρυνση της εμβέλειας της (πλατωνικής) φανταστικής δημιουργίας (τέχνης) σε όλα τα προτάγματα νοηματοδότησης του κόσμου. Για τη φιλοσοφία του Νίτσε η δημιουργία του φαντάσματος είναι άλλωστε η μόνη δυνατή μορφή χειραφέτησης από το ανίερο παρελθόν της μεταφυσικής ως αναπαραστατικής λογικής. Αν έτσι έχουν τα πράγματα, τότε διαπιστώνουμε πως το εγχείρημα του Νίτσε στο σύνολό του έγκειται στην ανάπτυξη ενός προτάγματος-κοσμοειδώλου το οποίο θα δίνει παραστατική μορφή στον κόσμο ως το χαοτικό πλέγμα δυναμικών και ανταγωνιστικών διενεργημάτων ισχύος και ερμηνείας, ενώ ταυτόχρονα θα ενσωματώνει στην παραστατική του οπτική τη σκοπιά από την οποία ο κόσμος ως σύνολο δυναμικών ενεργειών και αντενεργειών γίνεται ορατός. Οι πολλαπλοί, αντιθετικοί και προοπτικοί κόσμοι της ερμηνείας που είδαμε πιο πάνω δεν είναι επομένως τίποτα άλλο παρά εκείνος ο τρόπος παράστασης που εξ ιδίας δυναμικής συμμετέχει στην κίνηση του Γίγνεσθαι

– γίγνεσθαι το οποίο θέλει ασφαλώς να αξιωθεί καθολικά, χωρίς όμως την ίδια στιγμή να ισχυρίζεται κάτι άλλο από το ότι αποτελεί μια παράσταση από μια συγκεκριμένη οπτική γωνία. «Αν υποτεθεί ότι κι αυτό είναι μόνο ερμηνεία –και είστε αρκετά πρόθυμοι να κάνετε αυτήν την ένσταση;– τότε, τόσο το καλύτερο».[413]

Όσον αφορά την παραστατική διάσταση της ερμηνείας, ας επιχειρήσουμε τώρα μια ερμηνευτική προσέγγιση. Κάθε αναφορικότητα στον κόσμο και στον εαυτό διενεργείται ως παραστατικό προτάσσειν, το οποίο ενσωματώνει στην παραστατικότητά του τόσο αυτό εκ του οποίου εφορμάται, όσο και εκείνο στο οποίο διαβλέπει. Πιστός στον αμετάκλητα προοπτικό χαρακτήρα κάθε παράστασης ο Νίτσε διαμορφώνει ένα παραστατικό σχήμα το οποίο συστοιχίζεται τόσο με τη ροή του Είναι ως Γίγνεσθαι, όσο και με τις μεταβαλλόμενες συναστερώσεις των δυνάμεων, ερμηνειών και παραστατικών προοπτικών. Από την άλλη μεριά το παραστατικό αυτό σχήμα δεν είναι παρά ένα ανάμεσα σε πολλά – αυτό το προφυλάσσει από τις αξιώσεις πρωτοκαθεδρίας που εγείρουν οι μεταφυσικές παραστάσεις του κόσμου. Ακριβώς επειδή έχει συνείδηση της σχετικότητάς του μπορεί να τοποθετηθεί κριτικά απέναντί τους. Η κριτική του αυτή στάση αξιώνει δύο πράγματα: πρώτον ότι αυτό που είναι να παρασταθεί δεν εξαντλείται ποτέ στην παραστατική του υποτύπωση, και δεύτερον ότι κάθε παράσταση συμμετέχει στην υφή αυτού που είναι να παρασταθεί. Ότι ο Νίτσε απορρίπτει κάθε έννοια (οντολογικών) θεμελίων, τα οποία θα έβρισκαν ολοκληρωτική παραστατική έκφραση σε κάποιο πρόταγμα νοηματοδότησης του κόσμου, σημαίνει ότι διανοίγει προοπτικές μιας ανεξάντλητης παραστατικότητας. Με αυτό τον τρόπο η νιτσεϊκή φιλοσοφία των ερμηνευτικών και παραστατικών σχέσεων εξασφαλίζει μια προοπτική στην οποία η μεταφυσική ως ολική παράσταση του κόσμου απαξιώνεται ή, διατυπωμένο λιγότερο δραστικά, διαυγάζεται κριτικά.

413. Βλέπε *Πέρα από το καλό και το κακό*, σελ. 32.

5. Αντόρνο, Νίτσε και το πρόβλημα της μεταφυσικής

Η κριτική της μεταφυσικής στους Αντόρνο και Νίτσε αποτελεί μια στοχαστική κίνηση στην πορεία ενός νέου προσδιορισμού των όρων και των προϋποθέσεων της φιλοσοφικής σκέψης μετά την κατάρρευση των μεγάλων συστημάτων του ιδεαλισμού. Η στάση αυτή εκδηλώνεται εντονότερα στην περίπτωση του Αντόρνο, ο οποίος εντάσσει τους *Στοχασμούς για τη Μεταφυσική* του τελευταίου μέρους της *Αρνητικής Διαλεκτικής* στο πλαίσιο των καντιανών προβληματισμών γύρω από τη δυνατότητα ύπαρξης αυτοκριτικού λόγου. Τόσο οι σκέψεις του Αντόρνο για μια αρνητική διαλεκτική, όσο και το νιτσεϊκό πρόταγμα των πολλαπλών κόσμων βούλησης (δύναμης και ερμηνείας) περιστρέφονται γύρω από το ερώτημα του εάν είναι δυνατή μια κριτική της μεταφυσικής η οποία δεν θα αρκείται πλέον ούτε στο ρόλο ενός ασυμβίβαστου αρνητισμού αλλά ούτε και μιας συλλήβδην απόρριψης. Επειδή ο Αντόρνο δεσμεύεται από την καντιανή ερωτηματοθεσία μιας αρνητικής μεταφυσικής (στα όρια του καθαρού λόγου), επιχειρεί την κριτική σωτηρία της μεταφυσικής στο πλαίσιο μιας αρνητικής ερμηνείας του κόσμου. Παρ' όλα τα παράδοξα και τα αδιέξοδα μιας σθεναρά ασυμβίβαστης αρνητικής στάσης, η κριτική-αρνητική θεώρηση της *Αρνητικής Διαλεκτικής* ευελπιστεί να αποτελέσει συνεπή θεωρητική πρόταση.

Από τη μεριά του ο Νίτσε πρώτος καταγράφει με ενάργεια την παράλυση –ή ακόμα καλύτερα– τη διάλυση των μεταφυσικών κοσμοθεωρήσεων, διάγνωση που για τον Αντόρνο αποτελεί αναπόφευκτο σημείο εκκίνησης κάθε σύγχρονου φιλοσοφικού λόγου. Από τη στιγμή που και οι δύο στοχαστές τοποθετούνται αρνητικά απέναντι στην παραδοσιακή μεταφυσική, μας ενδιαφέρει να εξακριβώσουμε με ποιο τρόπο αντιδρά ο καθένας τους απέναντι στο φαινόμενο της εξάντλησης και έκλειψης του μεταφυσικού στοχασμού. Η θέση που υποστηρίζω εδώ είναι πως μπορούμε να αντιπαραθέσουμε τις δύο προτάσεις κριτικής της μεταφυσικής πάνω στην επιχειρηματολογική βάση μιας αντίθεσης. Και στα δύο φιλοσοφικά εγχειρήματα κριτικής της μεταφυσικής βλέπουμε από την αντίθεση μεταξύ αποφασιστικής εναντίωσης κατά της μεταφυσικής, και της βούλησης να εξεταστεί το δυναμικό ερμηνευτικής διαύγασης του κόσμου που μπορεί να παράσχει η μεταφυσική.

Για να δούμε καλύτερα την αντιθετική στάση πρέπει να ανατρέξουμε στις αφετηριακές νοηματοδοτήσεις της κριτικής της μεταφυσικής στη σκέψη του Αντόρνο και του Νίτσε. Ο Αντόρνο εντάσσει το στοχασμό γύρω από τη δυνατότητα ή την αναγκαιότητα μεταφυσικής σκέψης στο πρόγραμμα μιας κριτικής που υπερβαίνει το αντικείμενο κριτικής, διατηρώντας ή «διασώζοντας» τον υγιή του πυρήνα. Το στοχαστικό σχήμα της αλληλεγγύης με τη «*μεταφυσική τη στιγμή της πτώσης της*»[414] αποτελεί μια από εκείνες τις συνηθισμένες στη σκέψη του Αντόρνο διαλεκτικές διατυπώσεις που προκαλούν αμηχανία. Η καταληκτική αυτή πρόταση της *Αρνητικής Διαλεκτικής* προκύπτει από μια επιχειρηματολογική στρατηγική αντιμετώπισης δύο δεδομένων: από τη μια η κριτική του Λόγου έχει ήδη διαγνώσει ότι οι ιδέες της μεταφυσικής (για τον Καντ ο θεός, η ελευθερία και η αθανασία) έχουν αναμφισβήτητα υποχωρήσει στη σφαίρα του παρωχημένου. Αν όμως κάποιος δεν θέλει να απολέσει τη δυναμική υπέρβασης που ενέχεται στη μεταφυσική συνθηκολογώντας μπροστά στο υπαρκτό, πρέπει να διατηρήσει την επιθυμία που τροφοδοτεί ο μεταφυσικός στοχασμός προς το μετά ή το υπεράνω της κοινωνικής-οντικής κατάστασης. Ο Αντόρνο παροξύνει κατά μια έννοια την κρίσιμη κατάσταση της μεταφυσικής σκέψης υποστηρίζοντας ότι η έκλειψή της συμπίπτει με την αξίωση που εγείρει για έναν αληθινό και υπερβατικό λόγο. Παραδόξως, ακριβώς τη στιγμή που η μεταφυσική αποχωρεί από το προσκήνιο, αποδεικνύεται περίτρανα η αναγκαιότητά της.

Ας στραφούμε τώρα στον Νίτσε. Παρατηρούμε με έκπληξη ότι αναφορικά προς τη δίπλευρη αντιμετώπιση της μεταφυσικής, η στάση του δεν διαφέρει πολύ από αυτή του Αντόρνο. Αντί για «πτώση» ο Νίτσε μιλά για μηδενισμό. Η έννοια νοηματοδοτεί ακριβώς την κατάσταση των ανε-

414. Βλέπε Αντόρνο, *Negative Dialektik*, ό.π., σελ. 400.

νεργών πια αξιώσεων ισχύος της μεταφυσικής (προ πάντων της αλήθειας και της ηθικής), των οποίων η αναγκαιότητα οδηγεί αντίστροφα τον Αντόρνο στην κατάστρωση σχεδίου διάσωσης ή κριτικής διατήρησής της. Ο Νίτσε δεν θέλει βέβαια να αντιμετωπίσει θετικά την ανέλπιδη κατάσταση της μεταφυσικής, που φθίνει λόγω των συνθηκών της ύστερης νεωτερικότητας. Με λίγα λόγια, δεν επιθυμεί να συμβάλει στην κριτική της διάσωση. Από την άλλη μεριά θέλει να εκμεταλλευτεί το συμβάν έκπτωσης της μεταφυσικής ώστε να αντλήσει κάποιο θετικό δυναμικό υπέρβασης. Η θετική πλευρά της αποσύνθεσης της μεταφυσικής φέρει το όνομα *ενεργός μηδενισμός*.[415] Όταν η ολοκλήρωση του μηδενισμού ενέχει το δυναμικό αυτοκριτικής και αυθυπέρβασης, τότε όλα εξαρτώνται από το να κατανοήσουμε πως τα προτάγματα νοηματοδότησης και αξιολόγησης του κόσμου δεν σχετίζονται με κάποια «πραγματικότητα», αλλά αντίθετα αποτελούν προτάγματα. Ως σύμπτωμα μιας τέτοιας διαδικασίας σηματοδοτεί ο Νίτσε την πειραματική φιλοσοφία του: η φιλοσοφία αυτή «προδιαγράφει πειραματικά τις δυνατότητες του θεμελιώδους μηδενισμού – χωρίς αυτό να σημαίνει ότι παραμένει απλά σε ένα όχι, σε μια άρνηση, σε μια θέληση για το όχι».[416] Θεμελιακή προϋπόθεση για τη φιλοσοφία που θα υπερκεράσει το μηδενισμό ανοίγοντας νέες προοπτικές κριτικής σκέψης είναι η άνευ όρων κατάφαση του Γίγνεσθαι.

Από τη σκιαγράφηση της στάσης του Αντόρνο και του Νίτσε απέναντι στην έκπτωση της μεταφυσικής προβάλλει ένας κοινός μεταξύ τους άξονας. Και οι δύο κριτικοί της μεταφυσικής εκκινούν από τη θέση ότι η άθλια κατάσταση στην οποία έχει περιέλθει η μεταφυσική δεν απορρέει από τούτο ή εκείνο το παράπτωμα στοχαστικής αστοχίας. Τόσο η θέση του Αντόρνο περί της «ακύρωσης του πνεύματος»[417] όσο και ο παθητικός μηδενισμός του Νίτσε ως «έκπτωση και ατροφία της δύναμης του πνεύματος»[418] υποδηλώνουν πως η κριτική σκέψη αντιμετωπίζει μοντέλα μεταφυσικής των οποίων η ημερομηνία λήξης έχει παρέλθει. Πρώτιστο μέλημα και των δύο είναι να καταδειχθεί πως το απελπιστικά «χαμηλό βαρομετρικό» της μεταφυσικής δεν είναι τυχαίο

415. Βλέπε καταλειπόμενα έργα, *KSA*, τόμ. 12, 9[35], σελ. 350 κ.ε.
416. Βλέπε καταλειπόμενα έργα, *KSA*, τόμ. 13, 16[32], σελ. 492.
417. Βλέπε Αντόρνο, ό.π., σελ. 386.
418. Βλέπε καταλειπόμενα έργα, *KSA*, τόμ. 12, σελ. 351.

συμβάν στην πορεία της σκέψης, αλλά πως η σκέψη υπό τη μορφή μεταφυσικού στοχασμού έχει ανεπιστρεπτί εκφυλιστεί σε πράξη αυτοκαταστροφής. Στο ζήτημα ερμηνείας αυτής της αυτοαναίρεσης οι δρόμοι των Αντόρνο και Νίτσε χωρίζουν. Με μια επιχειρηματολογία ιστορικά και φιλοσοφικά ανθρωπολογική ο Αντόρνο αποδίδει τη διαδικασία αποσύνθεσης της μεταφυσικής στην επιτακτική αναγκαιότητα της αυτοσυντήρησης, η οποία καταναγκάζει το πνεύμα να επανακάμψει στις φυσικές του απαρχές. Γι' αυτό η διάγνωση των απόλυτα άγονων πια πεδίων μεταφυσικών αναζητήσεων δεν αποτελεί για τον Αντόρνο κάποια ιδιαιτερότητα της πνευματικής συνθήκης του ύστερου αστικού πολιτισμού. Η ακύρωση του πνεύματος δεν αποτελεί πρωτοφανή κατάσταση, αλλά συνεχίζει, ριζοσπαστικοποιεί και τερματίζει μια εξέλιξη που χαρακτήριζε το πνεύμα ανέκαθεν και σε όλες του τις ιστορικές μορφοποιήσεις. Για τον Αντόρνο προέχει σε σημασία η άντληση νέας ώθησης του στοχασμού ένεκα της σύγχρονης έκπτωσης της μεταφυσικής που θα οδηγήσει το πνεύμα στην αυτογνωσία. Δείγμα μιας τέτοιας αυτογνωσίας αποτελεί και η συνείδηση του γεγονότος πως η μεταφυσική ως υπέρβαση εξακολουθεί να είναι απολύτως απαραίτητη, ακριβώς εξαιτίας των «κακώς κειμένων» της αστικής παρακμής.

Ο Νίτσε αντίστοιχα θέτει σε κίνηση έναν αυτοανασκοπικό στοχασμό, για τον οποίο όμως τα σημεία της σύγχρονης πνευματικής παράλυσης δεν μπορούν να ερμηνευθούν με τη βοήθεια ιστορικών-φιλοσοφικών σχημάτων. Η αντιτελεολογική του στάση τού απαγορεύει την υιοθέτηση κάποιας εξελικτικότητας, ακόμα και όταν είναι αρνητικής κατεύθυνσης. Η ανάδυση μεταφυσικών σχημάτων ερμηνείας του κόσμου, όπως προκύπτει από το πρώιμο έργο του *Γέννηση της Τραγωδίας*, γίνεται βέβαια κατανοητή στο πεδίο ενός συγκεκριμένου ιστορικού συναστερισμού ανθρωπολογικών-πολιτιστικών παραγόντων. Παρ' όλα αυτά ο Νίτσε δεν προτίθεται να αποδώσει στη μηδενιστική κατάσταση της νεωτερικότητας το χαρακτήρα απόρροιας από κάποιο ιστορικό ντετερμινισμό. Γι' αυτόν το λόγο η απαξιωτική στάση του απέναντι στη μεταφυσική παράδοση διαφέρει από αυτήν του Αντόρνο. Το τέλος της μεταφυσικής δεν του προκαλεί το ζήλο να επέμβει σωτηριολογικά. Ούτως ή άλλως για τον Νίτσε οι παραδεδομένες μορφές μεταφυσικών νοηματοδοτήσεων και αξιοθετήσεων δεν συντελούν πια στην ώθηση της ζωής, ούτε και λειτουργούν βοηθητικά στην παροχή προσανατολισμού. Την κριτική του μηδενισμού την κατανοεί ο Νίτσε ως ενέργεια καταληκτική και συνάμα υπερβατική. Ως συνειδητό ριζικό πρόταγμα ξεσκεπάζει από τη μια τις ολιγοθυμίες όλων των νοηματοδοτήσεων του βίου που στηρίζονται στα δεκανίκια ενός ακλόνητου δήθεν Είναι. Από την άλλη διανοίγεται ένας ορίζοντας νέων προταγμάτων, των οποίων ο κυριαρχικός χαρακτήρας συνοψίζεται στον υπεράνθρωπο. Μπορούμε να πούμε ότι ο Νίτσε επιδιώκει κατά κάποιον τρόπο κάτι ανάλογο με αυτό που ο Αντόρνο ζητά από την έννοια της «αρνητικής φιλοσοφίας». Αν αυτό συγκεφαλαιώνεται στο αίτημα να αποτελέσει η αρνητική διαλεκτική κριτική του Λόγου και συνάμα διάσωση της μεταφυσικής, τότε και ο Νίτσε ζητά να υπερβεί τον (παθητικό) μηδενισμό μέσω του (ενεργού) μηδενισμού. Ο μηδενισμός τίθεται, βέβαια, στο στόχαστρο ανελέητης κριτικής, αλλά λειτουργεί ταυτόχρονα και ως διαμεσολαβητική βαθμίδα για την ανάδυση νέων προταγμάτων και κοσμοειδώλων.

Πέρα βέβαια από αυτές τις λανθάνουσες συγγένειες που διαπιστώνονται, μένει ανοικτό το ερώτημα γύρω από το πώς ο Αντόρνο και ο Νίτσε κατανοούν τη μεταφυσική. Ο τρόπος με τον οποίο κατανοούν την έννοια της μεταφυσικής γίνεται κεντρικής σημασίας για τον τρόπο που οργανώνουν την κριτική τους εναντίον της. Τόσο η αλληλεγγύη με τη μεταφυσική που επιζητά ο Αντόρνο, όσο και η συνέργεια του Νίτσε στη διαδικασία καταστροφής των αξιώσεών της για αλήθεια (ενεργητικός μηδενισμός) απορρέουν από μια συγκεκριμένη εικόνα που έχουν για το τι είναι ή τι θα έπρεπε να είναι η μεταφυσική. Πρώτα πρώτα, ούτε η διάγνωση της νεωτερικότητας από τον Αντόρνο (δηλ. η θέση περί της εξουδετέρωσης του πνεύματος), ούτε η φιλοσοφία του Νίτσε ως αυτοκριτική του επιρρεπούς σε μεταφυσικούς δελεασμούς πνεύματος επιτρέπουν να ειπωθεί ότι και οι δύο θέλουν να ξεκόψουν από μεταφυσικούς στοχασμούς. Κι αυτό, διότι ούτε ο ένας ούτε ο άλλος ασπάζεται την αναγκαιότητα της αποδόμησης ή του τέλους της μεταφυσικής τύπου Χάιντεγκερ. Αν έτσι έχουν τα πράγματα, τότε εγείρεται το ερώτημα για το τι καταλογίζουν και τι απορρίπτουν στη μεταφυσική.

Όπως είπαμε και πριν, ο Αντόρνο αναπτύσσει το πρόγραμμα της αρνητικής διαλεκτικής στο φόντο της καντιανής κριτικής της μεταφυσικής. Αν για την εποχή του Καντ το αίτημα του κριτικού ελέγχου των ορίων της μεταφυσικής σκέψης ήταν καθ' όλα νόμιμο, τα πράγματα για τον Αντόρνο είναι τελείως διαφορετικά. Ιστορικά γεγονότα όπως το εβραϊκό ολοκαύτωμα καθιστούν για το φιλόσοφο της Κριτικής Θεωρίας και την ίδια την έννοια της υπέρβασης –στην καλύτερη περίπτωση– φρούδα ελπίδα. Ο Αντόρνο πιστεύει στη δυνατότητα κοινωνικής κριτικής που στηρίζεται στη δυναμική της υπέρβασης. Η ίδια δυναμική ενέχεται κατά τη γνώμη του και στο μεταφυσικό στοχασμό. Γι' αυτό αναλαμβάνει την προσπάθεια ανεύρεσης επιχειρημάτων στήριξης αυτής της δυναμικής. Πρώτα παραδέχεται βέβαια πως οι μεταφυσικές ιδέες έχουν χάσει κάθε νομιμοποίηση, ταυτόχρονα όμως επιμένει πως δίχως κάτι παρόμοιο η ιδέα της ίδιας της κριτικής θα ήταν ανέφικτη. Η κατάσταση είναι πράγματι ανοικονόμητη: από τη μια μεριά η νηφάλια αλλά απεγνωσμένη διαπίστωση πως η ιστορική εξέλιξη έχει οδηγήσει τον (υπερβατικό) λόγο σε αδιέξοδο. Από την άλλη η αγωνία να μην αποτελέσει η παραίτηση της απόγνωσης τον επικήδειο λόγο για το στοχασμό.

Ο Αντόρνο ισχυρίζεται πως η επιστροφή στον Κάντ υπόσχεται πολλά για μια εκ νέου συγκρότηση της δυνατότητας κριτικής σκέψης. Ο ίδιος, ενώ διατηρεί την καντιανή διαφοροποίηση μεταξύ διάνοιας και λόγου, τη νοηματοδοτεί εντελώς διαφορετικά. Βασισμένος στις θέσεις της *Διαλεκτικής του Διαφωτισμού* ταυτίζει τη διάνοια με την ταυτιστική σκέψη και της προσάπτει την ευθύνη για τον εκφυλισμό της νεωτερικότητας σε κτηνώδη λατρεία του απλά υπάρχοντος. Το ότι στον Καντ κάθε αξίωση αλήθειας προσδένεται στην επιστημονικά ελεγχόμενη διαδικασία της γνωσιοθεωρίας, η οποία επικυρώνει και διαιωνίζει την αρχή της ταυτότητας, αποτελεί για τον Αντόρνο τεκμήριο προδοσίας της μεταφυσικής. Ο Αντόρνο αντιλαμβάνεται πως η γνωσιοθεωρία εμπλέκεται στα δίχτυα της ταυτιστικής λογικής, και επομένως θεωρεί την κίνηση του Καντ να περιορίσει τη γνώση στο πλαίσιο του επιστημονικά διασφαλισμένου ως προδοσία της δύναμης υπέρβασης της μεταφυσικής. «Το κύρος της καντιανής έννοιας της αλήθειας έγινε τρομοκρατικός μηχανισμός από τη στιγμή που απαγόρευσε τη σκέψη του απολύτου. Η απαγόρευση αυτή εξελίσσεται αναπότρεπτα σε απαγόρευση της ίδιας της σκέψης».[419] Αυτή η θέση θεμελιώνεται στην προ-

419. Βλέπε Αντόρνο, ό.π., σελ. 381.

σπάθεια του Αντόρνο να αποσπάσει τη μεταφυσική από τον καντιανό περιορισμό της εντός των ορίων του γνωσιοθεωρητικά δυνατού. Λόγω της καθολικότητας της ταυτιστικής λογικής η διαδικασία εξουδετέρωσης του πνεύματος έχει προχωρήσει σημαντικά. Παρ' όλα αυτά υφίσταται για τον Αντόρνο η πιθανότητα μιας τελευταίας προσπάθειας διάσωσης. Η μεταφυσική γίνεται με αυτό τον τρόπο το τελευταίο καταφύγιο όλων των δυναμικών υπέρβασης.

Η προσπάθεια απεγκλωβισμού της μεταφυσικής από την απολυταρχική κηδεμονία της ταυτιστικής λογικής θα αποτελούσε για τον Νίτσε παγίωση σχημάτων σκέψης που έχουν ως αποκλειστικό γνώρισμα τις αντιθέσεις και τους διπολισμούς. Το εγχείρημα του Αντόρνο να αντιδιαστείλει το ενθάδε της νεωτερικής κακοδαιμονίας στο επέκεινα της δυνατότητας υπέρβασης θα φάνταζε στα μάτια του ως μια ακόμα αναβίωση μεταφυσικών δυϊσμών, που ο ίδιος πολέμησε με πάθος από τη *Γέννηση της Τραγωδίας* μέχρι τη *Γενεαλογία της Ηθικής*. Η δυσφορία του Νίτσε απέναντι σε τέτοιες αναπαλαιώσεις του μεταφυσικού οικοδομήματος κατανοείται εύκολα αν αναλογιστούμε πως γι' αυτόν η μεταφυσική ανήκει στα προτάγματα κοσμοθεώρησης που παρέχουν στη βιοτική ύπαρξη πλασματικές δυνατότητες ολιστικής νοηματοδότησης και προσανατολισμού. Για τον Νίτσε εξίσου ξεκάθαρο είναι πως αυτή η λειτουργία αναπτύσσει μια δυναμική αυτονόμησης που στην περίπτωση των μεταφυσικών προταγμάτων παίρνει τη μορφή ιδεολογικής φενάκης. Αυτό δεν αποτελεί κάποιο είδος εκτροχιασμού που θα μπορούσε να αποφευχθεί λαμβάνοντας κατάλληλα μέτρα.

Σε τι άλλο συνίσταται η νιτσεϊκή κριτική της μεταφυσικής αν όχι στην παραπάνω σκέψη; Στο έργο του ο πυρήνας των ερμηνευτικών και μορφοποιητικών του κόσμου προταγμάτων ταυτίζεται με μια τάση απολυτοποίησης. Τόσο το γνωσιοθεωρητικά ορθό, το ηθικά επιβεβλημένο ή το αισθητικά αξιόλογο, όσο και οι κάθε λογής βιοπρακτικές σκοπιμότητες προτάσσονται ως αμετάβλητες βεβαιότητες του πραγματικού. Θα μπορούσε βέβαια να αντιτείνει κανείς πως η αξίωση αυτή δεν είναι κάποια υπερφίαλη αμετροέπεια, μιας και τα μεταφυσικά προτάγματα στοχεύουν σε μια δεσμευτική ερμηνεία που προσδίδει στο κοσμικό όλο πλέρια νοηματοδότηση και αξιακή αυτοτέλεια. Ο Νίτσε σε καμιά περίπτωση δεν κωφεύει απέναντι στο γεγονός ότι η ζωτικότητα, ή αλλιώς το ανανεωτικό σφρίγος, των μεταφυσικών κοσμοειδώλων πηγάζει από την ικανότητά τους να εντάσσουν τις σχέσεις του ανθρώπου με τον εαυτό του και τον κόσμο σε ένα συνεκτικό πλαίσιο κανονιστικών δεσμεύσεων. Η διάγνωσή του είναι πως η ικανότητα των κοσμοειδώλων να λειτουργούν κανονιστικά εδράζεται πάντα στην επικράτηση μορφωμάτων της βούλησης για δύναμη. Εντοπίζεται έτσι εύστοχα η εστία των απολυτοποιήσεων. Στο βαθμό που τα κοσμοείδωλα αποτελούν αποκρυσταλλώσεις της βούλησης για δύναμη δεν μπορούν παρά να αίρονται σε απόλυτη βαθμίδα δικαιοδοσίας όσον αφορά το γνωσιοθεωρητικά δυνατό, το κανονιστικά αρμόζον, το αισθητικά αξιόλογο κτλ. Όμως ότι, σε αντίθεση προς την ιδεολογική αυτή κατίσχυση, κάθε κοσμοείδωλο είναι για τον Νίτσε ουσιαστικά πρόταγμα φαίνεται όταν προκύπτει μια κατάσταση όπου «οι ύψιστες αξίες απαξιώνονται».[420] Τότε αποδεικνύεται αδιάψευστα ότι η μεταφυσική δεν είναι θεματοφύλακας ακλόνητων αληθειών, αλλά απορρέει, όπως και κάθε άλλο μόρφωμα της βούλησης για δύναμη, από συγκεκριμένους συσχετισμούς δυνάμεων. Κατά τον Νίτσε οι συσχετισμοί αυτοί μορφοποιούνται ως κοσμοείδωλα καθώς κατορθώνουν να συγκροτήσουν δίπολα αντιθετικών αρχών.

Ο μηδενισμός προετοιμάζει λοιπόν το έδαφος, ώστε να συνειδητοποιηθεί ο χαρακτήρας κάθε μεταφυσικού προτάγματος. Αυτό με τη σειρά του έχει άμεσες συνέπειες για τη μορφή και την προσέγγιση της φιλοσοφικής κριτικής στο αντικείμενό της. Αποβάλλοντας τη μεταφυσική ως σύστημα δεσμευτικών ερμηνειών του κόσμου η κριτική της μεταφυσικής ενεργείται ως ερμηνεία ακριβώς της αξίωσης ερμηνευτικής δεσμευτικότητας που εγείρει η μεταφυσική. Σκοπός της είναι τώρα να αναδείξει τον ερμηνευτικό χαρακτήρα κάθε μεταφυσικού προτάγματος, συνάμα όμως να αποδεσμεύσει νέες δυνάμεις ερμηνευτικότητας με χαρακτήρα δημιουργικού προτάγματος. Σε αντίθεση με τον Αντόρνο ο Νίτσε είναι με αυτό τον τρόπο σε θέση να έχει μια πιο «χαλαρή» στάση απέναντι στη μεταφυσική. Ο λόγος είναι απλός: εξαιτίας του γεγονότος ότι ο ίδιος βλέπει τη μεταφυσική ως πλέγμα ερμηνευτικών και αξιοκεντρικών σκοποθετήσεων, δεν νιώθει αναγκασμένος να συμμεριστεί τη στάση ριζικής απόγνωσης που χαρακτηρίζει την κριτική του

420. Βλέπε Νίτσε, ό.π., σ. 351.

Αντόρνο. Σίγουρα ο Νίτσε θα συνυπέγραφε τη σκέψη του Αντόρνο περί της απελπιστικής έκπτωσης του μεταφυσικού λόγου: «Ως να μην ήταν η πρόθεση [της μεταφυσικής, Κ.Μ.] να στραφεί στους ανθρώπους και να διαμορφώσει το λόγο της σύμφωνα με τις ανάγκες τους ακριβώς αυτό που τους αφαιρεί κάθε δυνατότητα να έχουν αξιώσεις, ακόμα και όταν δεν πιστεύουν σε κάτι τέτοιο. Τόσο χαμηλά έχει ξεπέσει η μεταφυσική».[421] Δεν απαιτείται οξυδέρκεια για να διακρίνουμε στους στοχασμούς περί του «τελευταίου ανθρώπου» πως ο Νίτσε έχει θέσει κάτι ανάλογο στο στόχαστρο της κριτικής. Βολεμένος στη θαλπωρή της γενικευμένης απαξίωσης των αξιών ο σύγχρονος άνθρωπος παρερμηνεύει την αυξανόμενη παραλυσία που προκύπτει από την αποκαθήλωση των παραδόσεων ως να ήταν η πιο βολική κατάσταση αυτάρεσκης μετριότητας. Η κριτική που ασκεί ο Νίτσε στη φιλοσοφία ως πανεπιστημιακής διαχειρίστριας της μιζέριας είναι εξουθενωτική. Αν και στην κριτική της ιδεολογίας ο Νίτσε δεν υστερεί σε τίποτα του Αντόρνο, εντούτοις σε ένα συγκεκριμένο σημείο είναι υποχρεωμένος να ξεκόψει οριστικά και αμετάκλητα με τις περιπέτειες της μεταφυσικής. Στο σημείο αυτό βρίσκεται η καρδιά της κριτικής φιλοσοφίας του Αντόρνο: το εγχείρημα διάσωσης της υπερβατικότητας της μεταφυσικής πρέπει να εξουδετερώσει την αντίληψη της διαφοράς ως αντίθεσης.

Η βαθιά δυσπιστία και καχυποψία του Νίτσε απέναντι σε κάθε προσπάθεια, όπως η ανάλογη του Αντόρνο, να διασωθεί η διαφορά στην υπέρβαση (της αντίθεσης), γίνεται κατανοητή αν εγκύψουμε στους καταληκτικούς στοχασμούς του Αντόρνο για τη μεταφυσική. Οι σκέψεις του Αντόρνο καθοδηγούνται από την αναγκαιότητα μιας διπλής άρνησης: το απόλυτο της μεταφυσικής δεν μπορεί με κανέναν τρόπο να νοηθεί ως ον. Αυτό θα αποτελούσε για τον Αντόρνο εκείνον ακριβώς το διπλασιασμό με τη μορφή του «αληθινού κόσμου» τον οποίο ο Νίτσε χαρακτηρίζει ως την πηγή της απορριπτέας μεταφυσικής. Όμως ο Αντόρνο δίνει μια ελαφρώς διαφοροποιημένη χροιά στην κριτική του διπλασιασμού απ' ό,τι ο Νίτσε. Επιχειρηματολογώντας κοινωνιοκριτικά μέμφεται τις οντολογίες (δηλ. του διπλασιασμού με την έννοια του όντως όντος σε αντίθεση προς το ενθάδε όν) ότι επικροτούν τα κακώς κείμενα.

---

421. Βλέπε Αντόρνο, ό.π., σελ. 361.

Σύμφωνα με τη δεύτερη άρνηση το απόλυτο της μεταφυσικής ούτε ως μη-ον μπορεί να νοηθεί, διότι θα σήμαινε ότι υποτάσσεται κανείς στο θετικισμό και τις απαγορεύσεις του. Με δεδομένα τα δύο αυτά μέτωπα, στον Αντόρνο απομένει ως μοναδικός υποψήφιος για την θέση του απολύτου το μη-ταυτόσημο. Η έννοια αυτή επιχειρεί να συλλάβει όλα όσα διαφεύγουν από τον κλειστό ορίζοντα της ταυτιστικής σκέψης. Συνάμα το μη-ταυτόσημο αποτελεί τον ουτοπικό χώρο της σκέψης, όπου θα είχε αρθεί ο βίαιος καταναγκασμός των κοινωνικών σχέσεων, αλλά και η εξουσιαστική ταυτιστική σκέψη. Καθήκον της φιλοσοφίας στο βαθμό που θέλει να παραμείνει πιστή στη μεταφυσική είναι να προτάξει μια ερμηνεία του κόσμου η οποία στην προοπτική της εσχατολογικής αλήθειας θα ιχνηλατούσε τα λανθάνοντα σημάδια της λύτρωσης στην κόλαση της ενθάδε ασυμφιλίωτης ύπαρξης. Η πεποίθηση αυτή δεν είναι καταστάλαγμα των στοχασμών του ύστερου Αντόρνο. Ήδη στη μελέτη του για τον Κίρκεγκωρ (αρχές της δεκαετίας του '30) γίνεται λόγος για την ολοκληρωμένη αρνητικότητα της γήινης ύπαρξης, η οποία μετατρέπεται σε αντικατοπτρισμό του αντίθετού της, δηλ. της λύτρωσης.[422] Η ενδοκοσμική αναλήθεια γίνεται έτσι δείκτης του εαυτού, αλλά και του αντίθετού της.

Αν έχουμε κατά νου τη νιτσεϊκή κριτική της μεταφυσικής, δεν θα αργήσουμε να αντιληφθούμε πως η παραπάνω σκέψη δεν είναι το μοναδικό θεολογίζον σχήμα του Αντόρνο που θα προκαλούσε τη δυσφορία και την απόρριψη του Νίτσε. Είναι η ίδια η μορφή της σκέψης του Αντόρνο, η οποία αντλεί τη δυναμική της από τις ερμηνευτικές δυνατότητες της αντίθεσης-αντίφασης, που θα προκαλούσε την ένσταση του Νίτσε, διότι όπως είδαμε μεταφυσική σημαίνει για τον Νίτσε δυϊσμός και αντίθεση.[423] Ο Αντόρνο με την αντιθετική του σκέψη δεν κάνει τίποτα διαφορετικό από εκείνο που ο ίδιος απορρίπτει στις οντολογίες ως νομιμοποιητικές ιδεολογίες του υπάρχοντος. Αντί να εναντιωθεί στα κυρίαρχα σχήματα σκέψης, ο Αντόρνο παγιώνει δυϊστικές σκοποθεσίες. Για τον Νίτσε αυτό θα αρκούσε για να φανεί ότι η φιλοσοφία του Αντόρνο αποτελεί –στην καλύτερη περίπτωση– μια τελευταία μάχη της μεταφυ-

422. Βλέπε Αντόρνο, *Kierkegaard*, *GS*, τόμ. 2, σελ. 123.
423. Βλέπε Νίτσε, *Πέρα από το καλό και το κακό*, σελ. 16.

σικής για την τιμή των όπλων, η οποία, παρά την προσπάθεια, είναι καταδικασμένη σε αφανισμό. Αν τα πράγματα είχαν μόνο έτσι, δεν θα έμενε τίποτα άλλο παρά να κατατάξουμε το εγχείρημα του Αντόρνο στη σφαίρα της χρεοκοπημένης μεταφυσικής.

Προσωπικά θεωρώ πως μια τέτοια ενέργεια θα ήταν λανθασμένη καθώς θα παραγνώριζε το ερμηνευτικό βάρος που έχει για τη φιλοσοφία του Αντόρνο η έννοια του συναστερισμού (Konstellation), έννοια η οποία εισάγει ένα είδος σκέψης πέρα από ταυτιστικά στεγανά. Από την άλλη η κριτική της μεταφυσικής του Νίτσε προσφέρει το κατάλληλο πλαίσιο για να εκδιπλωθεί το ερμηνευτικό δυναμικό που ενέχεται στην έννοια του συναστερισμού. Σε κάθε περίπτωση, διαπιστώνουμε πως ο Νίτσε αναπτύσσει ένα είδος κριτικής της μεταφυσικής που είναι ικανή να διαρρήξει τις αποστεωμένες δομές της μεταφυσικής αντιθετικότητας. Εκκινώντας από τη νιτσεϊκή απόρριψη της σκέψης των αντιθέσεων μπορούμε να ισχυριστούμε πως η ασαφής σχέση μεταξύ αναγκαιότητας και αδυνατότητας της μεταφυσικής στον Αντόρνο, δεν είναι απαραίτητο να αποτελεί και την τελευταία λέξη πάνω στο θέμα. Οι απορίες της αντορνικής σκέψης αποδεικνύονται στο φως της νιτσεϊκής κριτικής αβάσιμες, καθώς ο Νίτσε αναπτύσσει μια φιλοσοφία που οδηγεί πέρα από τις έννοιες και τα προβλήματα, τα οποία ωθούν τον Αντόρνο σε απεγνωσμένες κινήσεις. Από αυτή την άποψη η σκέψη του Νίτσε αναφορικά προς τη μεταφυσικοκριτική της προοπτική δύναται να λειτουργήσει διορθωτικά απέναντι στις αδιέξοδες απορίες του Αντόρνο.

5.1. Συναστερώσεις ερμηνείας

Η διορθωτική παρέμβαση που μπορεί να έχει η νιτσεϊκή κριτική της φιλοσοφίας για το εγχείρημα της αρνητικής διαλεκτικής ως διάσωσης της μεταφυσικής φαίνεται καλύτερα αν κοιτάξουμε τον τρόπο που νοηματοδοτείται το καθήκον της φιλοσοφίας. Στο πλαίσιο της ερμηνείας της συναστέρωσης κάναμε λόγο για την κατανόηση του Αντόρνο περί της φιλοσοφίας ως νοηματοδοτικού εγχειρήματος. Ο Αντόρνο αναπτύσσει στην εναρκτήρια εισήγησή του στο Ινστιτούτο Κοινωνικής Έρευνας στη Φρανκφούρτη μια ερμηνευτική έννοια του φιλοσοφικού στοχασμού: «Η αληθινή φιλοσοφική ερμηνεία δεν στοχεύει σε κάποιο νόημα που βρίσκεται ήδη πίσω από το προς εξέταση ερώτημα»,[424] δεν είναι με άλλα λόγια άμεση έκφραση του ερμηνευτικά ζητούμενου. Αντίθετα αποτελεί προταξιακή δημιουργία και ανασύνθεση των αποσπασμάτων της πραγματικότητας, έτσι ώστε να γίνεται φανερό το στοιχείο της διαμεσολάβησης που χαρακτηρίζει τόσο τα ενεργήματα της πρακτικής όσο και τα δεδομένα της εμπειρίας. Επειδή η φιλοσοφική ερμηνευτική προσεγγίζει το ερμηνεύσιμο όχι ως προϋπάρχον δεδομένο, η μέθοδος της συναστέρωσης διεξάγει την ερμηνεία ως στιγμιαία παράσταση. Η άποψη του Αντόρνο για την ερμηνευτική διαφέρει όμως από την παραδοσιακή φιλοσοφική ερμηνευτική σε ένα ουσιαστικό σημείο. Τούτη εκκινείται από την προϋπόθεση ότι η ερμηνεία μέσω της προοπτικής εξέτασης ανακαλύπτει στο ερμηνευόμενο φαινόμενο ολοένα και νέα στρώματα ερμηνευσιμότητας. Ο Αντόρνο αντίθετα δεν θέλει να επιτρέψει καμία θετικότητα και δεδομενικότητα νοήματος, γιατί το κείμενο «που έχει να διαβάσει η φιλοσοφία είναι ανολοκλήρωτο, αντιφατικό και γεμάτο ρήγματα».[425] Για τον Αντόρνο η αντιφατική δομή του κόσμου καθιστά αδύνατη την προσπάθεια της ερμηνευτικής να του προσδώσει το χαρακτήρα ενός συνεκτικού νοηματικού πλέγματος. Εκτός αυτού βέβαια, δεδομένης και της αρνητικότητας της κοινωνικής πραγματικότητας, η ιδεολογικοκριτική εγρήγορση απαγορεύει κάθε εγχείρημα συγκρότησης συνεκτικής-ολοκληρωτικής νοηματοδότησης.

Η αρχική δυσπιστία έναντι της ερμηνευτικής καταλήγει στο ύστερο έργο του Αντόρνο σε ανοικτή αποστροφή· η κατανόηση του νοήματος ως μια συνεκτική ερμηνευτική του κόσμου είναι για τον Αντόρνο αδύνατη. Στην *Αρνητική Διαλεκτική* ο ερμηνευτής του έργου του Αντόρνο βρίσκεται μπροστά σε μια παράδοξη κατάσταση: εκεί που αρχικά ίσχυε ότι η ρηγματική και αντιφατική πραγματικότητα απωθεί κάθε έννοια νοηματοδοτικής ένταξης του υπάρχοντος, περιττεύει στον ύστερο Αντόρνο κάθε ερωτηματοθεσία ερμηνευτικής διαύγασης της πραγματικότητας. Όσο ακραίο και να φαίνεται, δεν είναι εντούτοις δύσκολο να καταλάβουμε γιατί. Εφόσον ο Αντόρνο αδυνατεί πια να ανεύρει την αντιφα-

424. Βλέπε *GS*, τόμ. 1, σελ. 335.
425. Βλέπε Αντόρνο, ό.π., σελ. 334.

τικότητα, είτε στο επίπεδο μιας μονοδιάστατης κοινωνικής πραγματικότητας, είτε ιστορικά-φιλοσοφικά σε σχέση με τη διαδικασία του πολιτισμού, δεν μπορεί να γίνει λόγος ούτε για συνεκτική ερμηνευτική ανάπλαση του πραγματικού, ούτε καν για ανάγκη ερμηνευτικής προσέγγισης. Το αντίθετο. Κάθε ίχνος ρωγμής και αντιφατικότητας έχει εξαλειφθεί, η ίδια η ιστορία αποκτά «την ποιότητα του ανιστορικού».[426] Έχοντας εξοριστεί από το εσωτερικό της πραγματικότητας οι ανταγωνισμοί και οι αντιφάσεις βρίσκουν καταφύγιο σε μια φιλοσοφική σκέψη που στοχάζεται τη δυνατότητα υπέρβασης.

Στο εσωτερικό τούτης της σκέψης η αντιφατικότητα του κόσμου συμπυκνώνεται σε υπερβατική διαφορά, η οποία με τη σειρά της πιστοποιεί τη δυνατότητα διάσωσης της μεταφυσικής. Το κριτικό πνεύμα της διαλεκτικής των αντιθέσεων διαφυλάσσεται έτσι μονάχα ως ζωντανή μαρτυρία υπέρ της μεταφυσικής διαφοράς απέναντι σε μια πραγματικότητα που έχει βυθιστεί στην αναλήθεια της αστικής φενάκης. Αν δούμε το θέμα από αυτή τη σκοπιά δεν μπορούμε να πούμε ότι η περίφημη ρήση του Αντόρνο «το όλο είναι το αναληθές»[427] κατανοείται και αντίστροφα. Το ζητούμενο του Αντόρνο, δηλ. η αλληλεγγύη με τη μεταφυσική ως θεματοφύλακα της υπέρβασης, αντλεί δυνάμεις από την πεποίθηση ότι το ψεύδος δεν μπορεί να είναι το όλο, όλη δηλ. η πραγματικότητα. Η κριτική της μεταφυσικής (genitivus subjectivus) πιστοποιεί τη διαφορά μεταξύ αλήθειας και πραγματικότητας ή με άλλα λόγια αποκαλύπτει την αρνητική ουσία του (κοινωνικού) όλου.

Έχοντας όλα αυτά κατά νου καταλήγουμε στη διαπίστωση ότι ο Αντόρνο δεν στέκεται στο ύψος του καθήκοντος με το οποίο ο ίδιος έχει επιφορτίσει τη φιλοσοφία ως ερμηνευτικό πρόταγμα. Οι προγραμματικές του σκέψεις για μια συναστεριστική διαύγαση της πραγματικότητας θέτουν ως στόχο την ερμηνεία του πλέγματος των ιδιαίτερων φαινομένων ως του όλου που τα προσδιορίζει. Μέχρι εδώ μπορούμε να πούμε ότι έχουμε να κάνουμε ουσιαστικά με έναν ερμηνευτικό στοχασμό. Στο βαθμό όμως που η ερμηνευτική διαδικασία παίρνει τη μορφή του πετρωμένου προσωπείου της Μέδουσας, δηλαδή μια έκφραση τρόμου

426. Ό.π., σελ. 350.

427. Βλέπε *Minima Moralia*, σελ. 121.

μπροστά στο κοινωνικό όλο που αναδεικνύει όλο και απεχθέστερα τον αρνητικό και καταπιεστικό του χαρακτήρα, τότε πια η σκέψη του Αντόρνο απομακρύνεται αποφασιστικά από την ερμηνευτική. Έτσι, το τέλος της ερμηνευτικής στάσης σημαδεύει το σημείο που για τον Αντόρνο η μεταφυσική (έστω και στα τελευταία της) γίνεται απόλυτα αναγκαία.

Η σκέψη του Νίτσε βρίσκεται στον αντίποδα μιας τέτοιας εξέλιξης. Είναι ακριβώς το (μηδενιστικό) τέλος της μεταφυσικής που παροτρύνει τη φιλοσοφική σκέψη στην εκδίπλωση ερμηνευτικών προταγμάτων. Διαπιστώνουμε επομένως πως στη σχέση μεταξύ φιλοσοφίας ως ερμηνείας και μεταφυσικής η σκέψη του Νίτσε αντιστρέφει τα πρόσημα του αντορνικού στοχασμού. Στην περίπτωση του Αντόρνο η ακαμψία της ερμηνείας ενός κόσμου ο οποίος στα μάτια της αρνητικής διαλεκτικής είναι ανέλπιδα παραδομένος στη λογική της ισοπεδωτικής ταύτισης και αναπόδραστης αυτοκαταστροφής κατευθύνει τη σκέψη από τη μεταφυσική ως υπέρβαση στη μεταφυσική ως βιβλική έξοδο από τη βαβυλώνεια αιχμαλωσία. Για τον Νίτσε αντίθετα η ακαμψία των μεταφυσικών θεωρήσεων του κόσμου γίνεται αφορμή για να αναλάβει εκ νέου ερμηνευτικές προσπάθειες. Η ανάληψη του ερμηνευτικού έργου καθοδηγείται με τη σειρά της από τη σκέψη ότι η φαινομενικά άκαμπτη μεταφυσική αντιμετωπίζεται αποκλειστικά και μόνο με μια ερμηνευτική ρευστοποίηση. Το παράδοξο της απορίας του Αντόρνο, δηλ. να θέλει να διασώσει την επιθανάτια μεταφυσική, λύνεται από τη σκοπιά του Νίτσε με το να προσεγγίσει κανείς τη μεταφυσική όχι ως κάτι το πολιτιστικά διατηρητέο, δηλ. ως ένα ουσιαστικά ολοκληρωμένο πολιτισμικό μέγεθος. Η απροθυμία του Νίτσε να αναλάβει για τη μεταφυσική το ρόλο της σωτήριας επέμβασης γίνεται πλήρως κατανοητή αν αναλογιστούμε ότι τη θεωρεί ως πολύπλοκο ερμηνευτικό γεγονός. Μεταφυσική για τον Νίτσε σημαίνει το πλέγμα από ερμηνείες του κόσμου το οποίο, σκοποθετώντας τις νοηματοδοτικές της αξίες, η ζωή αναστοιχειοθετεί και ανασυγκροτεί αδιάκοπα εκ νέου. Σε αντίθεση με τον Αντόρνο, για τον οποίο η μεταφυσική αποτελεί κάτι με το οποίο το πνεύμα έρχεται σε σχέση, ο Νίτσε κατανοεί τη φιλοσοφία ως μια διαδικασία εκ προοιμίου ενταγμένη στο ευρύτερο πλέγμα ερμηνευτικών και ερμηνευόμενων προταγμάτων.

Αν λοιπόν η μεταφυσική κατανοείται από τον Αντόρνο στενά, ώστε να της αποδοθεί η ερμηνευτική διάσταση που ενέχει, τότε μπορούμε βασιζόμενοι στη νιτσεϊκή φιλοσοφική σκέψη ως ερμηνευτικό πρόταγμα να επαναδιατυπώσουμε ορισμένες ερωτηματοθεσίες της *Αρνητικής Διαλεκτικής*. Μόνο έτσι μπορούν μερικά από τα φιλοσοφικά αδιέξοδα στη σκέψη του ύστερου Αντόρνο όχι απλά να θεματοποιηθούν, αλλά και να βρουν ικανοποιητική λύση.

Κάτι τέτοιο φαίνεται αρκετά καθαρά στην εξέταση της κεντρικής έννοιας της αρνητικής διαλεκτικής, του μη-ταυτόσημου. Επειδή ο Αντόρνο είναι βαθιά πεπεισμένος ότι η εξάλειψη της διαφοράς αποτελεί το ιδιοποιό χαρακτηριστικό της νεωτερικότητας,[428] νοηματοδοτεί τη μεταφυσική κίνηση της υπέρβασης ως στροφή προς εκείνο το οποίο ο καθολικός καταναγκασμός της ταυτιστικής λογικής εξοβελίζει. Ο στοχασμός του μη-ταυτόσημου ανάγεται από τον Αντόρνο στο non plus ultra της μεταφυσικής σκέψης, ιδιαίτερα στο βαθμό που βλέπει την κεντρική ερωτηματοθεσία της μεταφυσικής, δηλ. πώς το ον γενικά αποκτά ταυτότητα προσδιορισμού, να γίνεται αντικείμενο σφετερισμού από τον ταυτιστικό λόγο. Για να αποφευχθεί ο κλειστός ορίζοντας των ταυτιστικών καθορισμών πρέπει με βάση τον Αντόρνο η φιλοσοφική σκέψη να επαναπροσδιορίσει τη σχέση μεταξύ της ταυτότητας και της διαφοράς ή του προσδιοριστικού και του μη-προσδιοριστικού.[429] Ως εισαγωγή για την αλλαγή στάσης του ο Αντόρνο προτείνει τον πειραματισμό με τις συναστερωτικές διατάξεις των εννοιών, οι οποίες αποτελούν μια φευγαλέα παράσταση των φαινομένων, ακριβώς επειδή πρέπει να αποφευχθεί ο εννοιακός προσδιορισμός τους με τα μέσα της ταυτιστικής λογικής. Σε αντίθεση με τη λογική αυτή ο Αντόρνο σκιαγραφεί έναν τύπο σκέψης του οποίου η εννοιολογική εργασία στοχεύει να κρατήσει το νόημα του καθορισμού σε μια ανοικτή σχέση με τις ανεξάντλητες δυνατότητας καθοριστικότητας. Αρχικά διατυπωμένο στα πλαίσια της κριτικής στον Χέγκελ το φιλοσοφικό πρόγραμμα της αρνητικής διαλεκτικής θέτει ως στόχο να διαυγάσει εκείνο το «περισσότερο»[430] του ακαθόριστου χρησιμοποιώντας τη σκέψη των συναστερώσεων.

---

428. Ό.π., σελ. 16.

429. Βλέπε Αντόρνο, ό.π., σελ. 165.

430. Ό.π., σελ. 164. Με την έννοια του μη-ταυτόσημου ο Αντόρνο εννοεί επίσης την ανεξάλειπτη ιδιαιτερότητα, το συγκεχυμένο, ετερογενές, ανεπανάληπτο, αμεσότητες γενικότερα ποικίλου είδους.

Εκτός από τις υποδηλώσεις των ερμηνευτικών και παραστασιακών διαστάσεων των συλλογισμών αυτών πρέπει να σταθούμε προσεκτικά στους στοχασμούς αυτούς. Όπως είπαμε και προηγουμένως, σε σύγκριση με τη φιλοσοφία του Νίτσε οι διαλογισμοί του Αντόρνο αποτελούν μια προσπάθεια συντήρησης της μεταφυσικής ως υπόσχεσης υπέρβασης του επιστητού. Μένει τώρα να δούμε πώς διαμορφώνεται η σκοποθεσία αυτή σε σχέση με τη συναστεριστική προσέγγιση της προβληματικής του εννοιακού καθορισμού. Στο πλαίσιο της κριτικής της ταυτιστικής λογικής και ιδιαίτερα όσον αφορά το μεταφυσικό ερώτημα του καθορισμού του όντος η φιλοσοφία είναι για τον Αντόρνο αναγκασμένη να αποδεσμεύσει το ον από τους εγκλεισμούς του ταυτιστικού λόγου. Μέσα από μια μικρολογική επαφή των εννοιών που περιστρέφονται ως στιγμιαίος συναστερισμός γύρω από το υπό εξέταση φαινόμενο ελπίζει ο Αντόρνο να ξαναδώσει στα φαινόμενα μια διάσταση νοήματος, την οποία η ταυτιστική λογική αποκόπτει εξαρχής. Σε αντίθεση με τη λογική αυτή η συναστεριστική σκέψη αφιερώνεται στο να εγγράψει το ον ή φαινόμενο στο πλαίσιο μιας αναγνώσιμης ακολουθίας νοήματος, ώστε να αναδυθούν κάτω από την κρούστα των ταυτιστικών επεμβάσεων οι πολλαπλές διαστρωματώσεις ερμηνευτικών δυνατοτήτων. Στο βαθμό που ο Αντόρνο επιχειρεί μια πειραματική προσπάθεια να διαυγάσει το πρόβλημα του καθορισμού, όντως συντηρείται ή διατηρείται η μεταφυσική προβληματική. Τα πράγματα γίνονται όμως πολύπλοκα από τη στιγμή που το φιλοσοφικό του πρόγραμμα, η διαύγαση του νοήματος μέσω του συναστερισμού των εννοιών, παρουσιάζει ήδη σε ένα πρώτο επίπεδο ανάλυσης μια χαρακτηριστική παλινωδία.

Όπως είδαμε και στα προηγούμενα, η προσπάθεια του Αντόρνο να αναπτύξει ένα είδος μεταφυσικού διαλογισμού μετά το τέλος της μεταφυσικής παίρνει τη μορφή μιας μαιανδρικής πλεύσης. Ο Αντόρνο προσπαθεί να αποφύγει τόσο τις συμπληγάδες του εννοιολογικού ολοκληρωτισμού (Χέγκελ) και των δυαλιστικών σχημάτων (Καντ), όσο και τους σκοπέλους της θετικιστικής ακύρωσης κάθε έννοιας υπέρβασης. Δεν θέλει ούτε το παγκόσμιο και καθολικό πνεύμα (του Χέγκελ) να ενσωματώσει το δυναμικό του «περισσότερο», δηλ. της υπέρβασης που ενέχει το μη-ταυτόσημο, ούτε και να κατατάξει τη μη-ταυτισιμότητα στη σφαίρα του καντιανικού νοούμενου. Ακόμα λιγότερο είναι πρόθυμος να συνθηκολογήσει με μια κατάσταση όπου καθορισμός σημαίνει απλά καταχώριση στο αρχείο του θετικιστικά δεδομένου. Οι πολλαπλές κριτικές αποστάσεις οδηγούν αναγκαστικά στην έννοια της μεταφυσικής κατά τη μετέωρη στιγμή της αλήθειας του τέλους της. Από τις στιγμιαίες διαυγάσεις του νοηματοδοτούμενου ελπίζει ο Αντόρνο όχι μόνο να κρατήσει ζωντανή τη διαφορά στη σχέση μεταξύ καθορισμένου και ακαθόριστου όντος, αλλά και να δώσει μια νέα διάσταση στην κατανόηση της διαφοράς πέρα από την εμμένεια της έννοιας ή την παγίωση των δυαλισμών.

Παρ' όλα αυτά ο Αντόρνο δεν μπορεί να αντισταθεί στην ελκτική δύναμη κάποιας υποστασιοποίησης του μη-ταυτιστικά καθορίσιμου όντος. Αυτό συμβαίνει γιατί το ζητούμενο της μεταφυσικής σκέψης κατά τον Αντόρνο, δηλ. η διαφορά «επέκεινα του ετερογενούς, αλλά και του ιδίου»[431] δεν μπορεί να αρκεστεί στο να θεωρήσει τη διαφορά ως κάτι που αναδεικνύεται κάθε φορά εκ νέου ως στόχος της σκέψης και του φιλοσοφικού λόγου. Αντί να έχει απλά το νόημα ενός βηματοδότη, η έννοια του μη-ταυτόσημου μεταβάλλεται σε ένα ατοπικό σημείο, από το οποίο εκπέμπεται ένα ενδοκοσμικό φως που κάνει ορατές όλες τις πραγμοποιήσεις του ταυτιστικού λόγου. Παρ' όλες τις προειδοποιήσεις και τις επισημάνσεις του Αντόρνο να μην δοθεί συγκεκριμένη μορφή στη σχέση του προσδιοριστικού προς το μη-προσδιοριστικό, μη-ταυτόσημο (π.χ. η βιβλικής προέλευσης απαγόρευση της παράστασης-εικόνας), τελικά η σχέση αυτή κρίνεται και αποτιμάται με κριτήριο μια σαφώς διακεκριμένη κατάσταση, δηλ. τη συμφιλίωση. Στην περίπτωση που η συμφιλιωμένη ενδοκοσμική ύπαρξη γινόταν πραγματικότητα, τότε η διαλεκτική, συμπεριλαμβανομένης και της αρνητικής, θα έπαυε. Ο λόγος είναι απλός: τότε όλα τα ζητούμενα της μεταφυσικής θα εκπληρώνονταν. Για να μιλήσουμε με την εικόνα που παραθέτει ο Αντόρνο: θα υπήρχε ένας τελεσίδικος συνδυασμός αριθμών, με τον οποίο θα άνοιγε η κλειδαριά της σχέσης καθορισμένου και μη-ταυτόσημου.

Στον Νίτσε ένα τέτοιο ενδεχόμενο στερείται κάθε νοήματος. Όπως είδαμε, ο Νίτσε παραπέμπει μια τέτοια ελπιδοφόρα προοπτική στη σφαίρα των ονειροφαντασιώσεων της μεταφυσικής. Αν τοποθετηθεί στο πλαίσιο της προβληματικής περί του (εννοιολογικού) καθορισμού η

431. Βλέπε Αντόρνο, ό.π., σελ. 192.

στάση αυτή γίνεται αμέσως κατανοητή. Ο Νίτσε δεν χρειάζεται να αντιπαραθέσει στους ασφυκτικούς εναγκαλισμούς της ταυτιστικής λογικής το ακαθόριστο ως το μη-ταυτόσημο, γιατί θεωρεί τη φιλοσοφική σκέψη ένα ερμηνευτικό πρόταγμα στον ορίζοντα της χαοτικής ακαθοριστίας. Εκεί που ο Αντόρνο ελπίζει η κατάσταση της συμφιλίωσης να επιφέρει μια σχέση καθορισμού-ακαθόριστου χωρίς εντάσεις και ταυτιστικές παραμορφώσεις, ο Νίτσε θέτει την πριν από κάθε στοχασμό και σκέψη υπάρχουσα ακαθοριστία ως βάση, πάνω στην οποία εκδιπλώνονται τα κυριαρχικά προτάγματα κοσμοθεώρησης. Ως κυριαρχικά μπορούν να χαρακτηριστούν εφόσον δεν σκοπεύουν να υπαγάγουν τους καθορισμούς που συνάγουν στο σχήμα μιας αντιστοιχίας μεταξύ έννοιας και πραγματικότητας. Στην κριτική των σχημάτων της γραμματικής και του συντακτικού, σχήματα από τα οποία προέρχονται οι ιδέες της μεταφυσικής περί ενός αληθινού κόσμου επέκεινα και πίσω από τον ενθάδε πραγματικό, ο Νίτσε αναπτύσσει μια ερμηνευτική ουσιαστικά φιλοσοφία.

Κεντρική της σύλληψη αποτελεί η ιδέα ότι το ακαθόριστο ή αλλιώς η χαοτική πολλαπλότητα δεν υπάγεται στις καθοριστικές και ταυτιστικές λειτουργίες του καθενός προτάγματος κοσμικής θεώρησης. Η ανάστροφη αντιστοιχία που είδαμε παραπάνω επαναλαμβάνεται και στην περίπτωση της κριτικής του Νίτσε στη σκέψη του προσδιορισμού. Σε αντίθεση με τον Αντόρνο, που εκκινά από τη θέση ότι η παντοδύναμη ταυτιστική λογική πρέπει ακριβώς ενόψει των ολοκληρωτικών της επιπτώσεων να ανοιχτεί στην κατεύθυνση του μη-προσδιοριστικού μη-ταυτόσημου, ο Νίτσε ξεκινά από τη θέση της χαοτικής και ανοικτής μη-προσδιοριστικότητας, στην οποία τα κοσμοθεωρητικά και βιοπρακτικά προτάγματα εγγράφουν τους ταυτιστικούς καθορισμούς τους. Με αυτό τον τρόπο ο Νίτσε μπορεί να δείξει πως οι καθορισμοί αυτοί παγιώνονται σε αμετάβλητες αντιθέσεις και μεταφυσικούς δυαλισμούς, αλλά και πως η σκέψη μπορεί να εναντιωθεί σε τέτοιες διαδικασίες πραγμοποίησης. Κριτική της πραγμοποίησης σημαίνει για τον Νίτσε η κατάδειξη της τάσης κάθε κοσμοθεωρητικού και κοινωνικού-πρακτικού προτάγματος να επιβάλλει τις αξιοθεσίες του ως απαράβατες συνθήκες του ανθρώπινου βίου. Υπό αυτή την έποψη η διαφορά στις κριτικές προσεγγίσεις γίνεται ακόμα εμφανέστερη. Ο Αντόρνο γαντζώνεται από το μη-ταυτόσημο διότι έτσι, και με τη βοήθεια της συναστεριστικής παράστασης, πιστεύει πως θα απελευθερώσει τη δυναμική του ιστορικού Γίγνεσθαι που συνθλίβεται κάτω από το βάρος των ταυτιστικών πρακτικών. Ο Νίτσε ξεκινά αντίθετα από το εννοιολογικά ανυπόθετο Γίγνεσθαι, ώστε να δείξει ότι κάθε οντολογικός καθορισμός είναι ενταγμένος σε ένα συναστερισμό βούλησης-για-δύναμη και ερμηνείας.

Η συνεισφορά του Νίτσε στην παράδοση της κριτικής της μεταφυσικής συνίσταται στο να θέτει τη φιλοσοφική σκέψη στη βάση της πεποίθησης ότι «η πραγματικότητα του Γίγνεσθαι είναι η μόνη».[432] Στο βαθμό που δεν θέλει να καταλήξει απλή παραγωγή υποστασιοποιήσεων, δηλ. αμετάβλητων τάξεων του όντος, η μεταφυσική πρέπει να είναι αποκλειστικά στοχασμός πάνω στην πλατωνική «γένεσιν εις ουσίαν» (*Φίληβος* 26d), δηλ. στην κίνηση του Γίγνεσθαι προς το είναι. Αν το Γίγνεσθαι τοποθετηθεί στο επίκεντρο του φιλοσοφικού στοχασμού, τότε εξανεμίζεται κάθε αύρα αυστηρής δεσμευτικότητας που αποπνέουν τα μεταφυσικά προτάγματα όταν δυνάμει των οντολογικών τους καθορισμών παρουσιάζουν το Γίγνεσθαι ως μη-ουσιώδη μη-προσδιοριστικότητα. Σημαντικό είναι να συνειδητοποιήσουμε πως οι οριοθετήσεις που επιχειρεί η μεταφυσική μεταξύ αυτού που μπορεί να προσδιοριστεί και αυτού που σφραγίζεται με την ιδιότητα της μη-προσδιοριστικότητας αποτελούν ουσιαστικά την αποκρυστάλλωση ή καλύτερα το πραγμοποιημένο αποτέλεσμα ενός ερμηνευτικού προτάγματος για την ολότητα του κόσμου. Αν συμβεί αυτό, η κριτική των πραγμοποιημένων καθορισμών έχει μεγαλύτερη ευχέρεια να αποδομήσει την ταυτιστική λογική.

Μια τέτοια κριτική αποτελεί την κατάλληλη εννοιολογική στάση για να δούμε πως κάθε καθοριστική οριοθέτηση είναι στην ουσία μια ιστορική συνθήκη μέσα στη διαδικασία του Γίγνεσθαι. Με άλλα λόγια, από τη σκοπιά της φιλοσοφίας της δύναμης-για-βούληση ως ερμηνευτικού προτάγματος κάθε (εννοιολογικός) προσδιορισμός αποτελεί συνθήκη ή ακόμα και απόρροια των ερμηνευτικών διαδικασιών, οι οποίες για τον Νίτσε είναι ουσιαστικά θέληση για δύναμη. Διαφορετικά από τον Αντόρνο, του οποίου την κριτική ματιά θολώνει η σκέψη ότι οι καθορισμοί της ταυτιστικής λογικής έχουν γίνει πια παντοδύναμοι, ο Νίτσε κατορθώνει να βάλει τα πράγματα στη θέση τους, μια και δείχνει ότι τα

432. Βλέπε καταλειπόμενα έργα, *KSA*, τόμ. 13, 11[99], σελ. 48.

όρια καθορισμών και προσδιοριστικότητας κάθε προτάγματος είναι ιστορικά-χρονικά περιορισμένα. Τα συστήματα καθορισμών και λογικών προσδιορισμών είναι εξαρχής ενταγμένα σε συναστερώσεις δύναμης-για-βούληση ως ερμηνείας και γι' αυτόν το λόγο δεν είναι τίποτα άλλο παρά το σημείο εκείνο όπου η ισχύς του Γίγνεσθαι αναδύεται ως απαράβατη πραγματικότητα. Ο λόγος γι' αυτό είναι απλός: οι συναστερώσεις των προταγμάτων βούλησης-για-ερμηνεία, δηλ. τα πλέγματα οντολογικών καθορισμών ή κοσμοθεωρητικών προσδιορισμών αποτελούν ως σχετικά σταθερά συστήματα το χώρο εκείνο (της σκέψης) στον οποίο αποκλειστικά μπορεί να βιωθεί το Γίγνεσθαι.

Έχοντας αυτό στο νου μπορούμε να εκτιμήσουμε καλύτερα την κεντρική σημασία της έννοιας της ερμηνείας στο πλαίσιο της κριτικής της μεταφυσικής. Ο Νίτσε κατανοεί την κριτική ως μια αυτοανασκοπική διαδικασία, κατά την οποία η φιλοσοφία δίνει λόγο για τη δράση της ή με άλλα λόγια αποτιμά εαυτήν και κάθε άλλο ερμηνευτικό πρόταγμα με κριτήριο το κατά πόσο υπάρχει συνείδηση του ερμηνευτικού a priori. Όπως οι συναστερώσεις της βούλησης-για-δύναμη είναι σταθερά πλέγματα, αλλά περιορισμένα χρονικά και σε διαρκή μετάβαση, έτσι διενεργείται η φιλοσοφική ερμηνεία το κόσμου ως συνπαίγνιο. Με άλλα λόγια πρόκειται για μια συνέργεια καθορισμών (αξιών και νοήματος) σε μια συγκεκριμένη κάθε φορά ερμηνευτική προοπτική από τη μια μεριά και της μη-ταυτόσημης πολυείδειας του ακαθόριστου από την άλλη. Η αδυνατότητα αναγωγής αυτής της μη-ταυτόσημης πολλαπλότητας στη μονοσημία του καθορισμού δεν είναι για τον Νίτσε λόγος να θεωρηθεί το μηταυτόσημο πεμπτουσία της κριτικής σκέψης. Ακόμη λιγότερο και σε αντίθεση με τον Αντόρνο, ο Νίτσε δεν αισθάνεται την ανάγκη να επισπεύσει, έστω και την τελευταία στιγμή, για να το διασώσει από τις επεκτατικές βουλήσεις του ταυτιστικού λόγου. Σε καμιά περίπτωση άλλωστε δεν θα κατανοούσε το νόημα του εγχειρήματος του Αντόρνο, δηλ. να νοηματοδοτήσει τη φιλοσοφία ως προπαίδεια για τη συμφιλίωση, εφόσον θα το θεωρούσε φαντασίωση ολοκληρωτικής διαφάνειας. Ως λειτουργία ερμηνευτικής διαύγασης και κοσμο-πρακτικού προσανατολισμού η φιλοσοφία είναι αντίθετα για τον Νίτσε συνήγορος του μη-ταυτόσημου και αυτό μόνο και μόνο εξαιτίας του γεγονότος ότι μέσα από τις διαφορετικές συναστερώσεις των ερμηνευτικών της προταγμάτων τού δίνει τη δυνατότητα να παριστάται κάθε φορά διαφορετικά. Αν, όπως γίνεται σε τούτη τη μελέτη, εφαρμόσουμε την έννοια του συναστερισμού του Αντόρνο στα νιτσεϊκά πλέγματα αποκρυστάλλωσης των ενεργημάτων της δύναμης-για-βούληση ως ερμηνεία τότε δεν είναι δύσκολο να κατανοηθεί γιατί η υπόθεση του μη-ταυτόσημου προάγεται καλύτερα μέσα από τη φιλοσοφία του Νίτσε.

Αυτή η φιλοσοφία κατανοεί τη λειτουργία της ως παράσταση μιας συγκεκριμένης προοπτικής και δεν υποκύπτει, όπως εκείνη του Αντόρνο, στον πειρασμό να προσδώσει στο «μη-παραστάσιμο» (δηλ. το μη-ταυτόσημο) όλες τις μεταφυσικές αρετές της υπερβατικής ελπίδας σωτηρίας. Συμβαίνει ακριβώς το αντίθετο. Επειδή τα προτάγματα εκκινούνται (ή θα έπρεπε να εκκινούνται) από τη συνείδηση του γεγονότος ότι το προτασσόμενο περιεχόμενό τους δεν μπορεί να κατέχει ποτέ τη θέση θεμελιωτικής αρχής, είναι γι' αυτό σε θέση να δώσουν στην ακαθόριστη πολλαπλότητα ακριβώς μέσα από την πολλαπλότητα παραστατικών μορφών τους μια συγκεκριμένη παρουσία. Το ότι αυτή η παρουσία που συγκροτείται από την ερμηνευτική εργασία των καθορισμών βρίσκεται σε άμεση συσχέτιση με το χαοτικά ακαθόριστο εξηγεί το γεγονός γιατί ο Νίτσε θα αρνιόταν να δραματοποιήσει την απόγνωση, που για τον Αντόρνο συνοδεύει κάθε συνείδηση του μηδενισμού.

Όσο και ιστορικά παντοδύναμες να φαίνονται με τις νοηματοδοτήσεις, τις αξιοθετήσεις και τους καθορισμούς τους οι μεταφυσικές ερμηνείες του κόσμου δεν είναι σε θέση να αποφύγουν να γίνουν με τη σειρά τους αντικείμενα μιας ερμηνείας η οποία αποκαθηλώνει κάθε αξίωσή τους για δεσμευτικό προσδιορισμό του νοήματος και της αξίας του είναι. Έτσι αποδεικνύεται πάντα ότι το υποτιθέμενα αυταπόδεικτο των μεταφυσικών οντολογικών καθορισμών βασίζεται σε υποστασιοποιήσεις. Κριτική της μεταφυσικής πρέπει να δηλώνει επομένως την ατελεύτητη εργασία αποδόμησης ή με άλλα λόγια το στοχαστικό ενέργημα που διανοίγει κάθε φορά εκ νέου το χώρο ερμηνευσιμότητας του κόσμου. Υπό αυτή την οπτική γωνία διαπιστώνεται πως η συναστεριστική σκέψη που απαιτεί ο Αντόρνο από το φιλοσοφικό στοχασμό, ο οποίος είναι με κριτική πρόθεση αλληλέγγυος με τη μεταφυσική, μπορεί να γίνει γόνιμη αποκλειστικά στο πλαίσιο μιας κριτικής της μεταφυσικής όπως την ενεργεί ο Νίτσε, δηλ. ως διαρκές ερμηνευτικό ενέργημα.

6. Η σκέψη στον αστερισμό της αισθητικής εμφάνειας

Το πέρασμα από την κριτική της μεταφυσικής στην αισθητική θεωρία δημιουργεί αρχικά την εντύπωση ότι απορρέει κύρια από ερμηνευτικές ανάγκες οι οποίες επιβάλλουν μια ολοκληρωμένη παρουσίαση της σκέψης των Αντόρνο και Νίτσε. Πράγματι, το φυσιογνωμικό προφίλ της κριτικής τους φιλοσοφίας αποτελεί εξέχον παράδειγμα της κίνησης του εννοιακού στοχασμού προς στην κατεύθυνση της φιλοσοφίας της τέχνης. Η μετατόπιση του κέντρου βάρους στην αισθητική θεωρία γίνεται επιτακτική στο βαθμό που η φιλοσοφική κριτική αντιμετωπίζει ριζικά το ερώτημα των ορίων της εννοιακής διαύγασης των φαινομένων. Για τη φιλοσοφική σκέψη του Αντόρνο, όπως είδαμε, κεντρικό ζητούμενο είναι η υπέρβαση της ταυτιστικής έννοιας· η στροφή στη φιλοσοφία της τέχνης μετά την κριτική της μεταφυσικής αποτελεί αναγκαίο και επιτακτικό βήμα. Όπως προσπάθησα να δείξω στα πλαίσια της ερμηνείας της *ΑΔ*, ο Αντόρνο θέτει την εμφάνεια (Schein) ως οριακή έννοια της αρνητικής μεταφυσικής – δηλ. ως το στοχαστικό εκείνο στοιχείο όπου εκδηλώνεται η αυθυπερβατική δυνατότητα της σκέψης όταν αυτή υπερβαίνει περιορισμούς και καταναγκασμούς του ταυτιστικού λόγου. Αν συνυπολογιστεί το γεγονός ότι στο ύστερο έργο του Αντόρνο στον οριακό αυτό χώρο της εμφάνειας εκδηλώνεται τόσο η συμμετοχή της εμφάνειας σε κάθε αλήθεια, αλλά και η αλήθεια σε κάθε εμφάνεια, τότε το βήμα προς την *ΑΘ* (*Αισθητική Θεωρία*) δεν παρουσιάζει κανένα ερμηνευτικό πρόβλημα. Για τον ύστερο Αντόρνο η αισθητική αναλαμβάνει μια διαμεσολαβητική λειτουργία στο βαθμό που επωμίζεται το καθήκον να εκπληρώσει το μεταφυσικό καθήκον να αναδείξει τη διάσταση αλήθειας που

---

433. Βλέπε τον *όγδοο Στοχασμό για τη μεταφυσική*, *Negative Dialektik*, ό.π., σελ. 386 κ.ε.

ενέχει η υπερβατολογική εμφάνεια.[433] Η διάσωση της εμφάνειας έχει στρατηγική σημασία για το στοχασμό πάνω σε εκείνη τη σχέση παράστασης στην οποία η υπέρβαση ή η μεταφυσική αλήθεια είναι μεν μόνο ως εμφάνεια προσιτή στη σκέψη, αλλά ως αναγκαία εμφάνεια – αλήθεια χωρίς εμφάνεια ή παραστατικότητα είναι για τον Αντόρνο χίμαιρα.

Στρεφόμενοι τώρα στον Νίτσε, βλέπουμε πως ο προταγματικός χαρακτήρας κάθε αναφοράς στον κόσμο και τον εαυτό, κεντρική έποψη της κριτικής που ασκεί στη μεταφυσική, αναδεικνύει όπως και οι *Στοχασμοί* του Αντόρνο, τον κυριαρχικό ρόλο της έννοιας της εμφάνειας. Η φιλοσοφική στράτευση του Νίτσε υπέρ της αλήθειας ως εμφάνειας δημιουργεί το έδαφος ώστε να αναπτυχθεί μια λογική των παραστασιακών σχέσεων, η οποία καταλύει τις υποστασιοποιήσεις της μεταφυσικής παράδοσης. Για τη νιτσεϊκή θεώρηση της νεωτερικότητας ο ουσιαστικός και ακατάλυτος σύνδεσμος μεταξύ αλήθειας και εμφάνειας, των δύο επόψεων δηλ. κάθε παραστασιακής σχέσης, αναδεικνύει την τέχνη ως τον κατεξοχήν χώρο φιλοσοφικής διαύγασης του κόσμου. Και αυτό όχι μόνο γιατί η τέχνη κατέχει κεντρική θέση στην αυτοσυνείδηση της νεωτερικότητας, αλλά γιατί επιπλέον διανοίγει την προοπτική μιας κριτικής θεώρησης του νεωτερικού Λόγου. Θέτοντας την αισθητική θεωρία ως βάση και στοχαστικό υπόδειγμα η φιλοσοφική κριτική καταδεικνύει τον τρόπο με τον οποίο ο λόγος εδράζεται σε συγκεκριμένα βιοτικά ενεργήματα. Αυτό βέβαια ούτε για τον Αντόρνο αλλά ούτε και για τον Νίτσε σημαίνει πως η κριτική του Λόγου από τη σκοπιά των αισθητικών παραστατικών σχέσεων πρέπει να οδηγήσει, όπως συχνά συμβαίνει στα πλαίσια των μεταμοντέρνων θεωριών, σε μια καθολική αισθητικοποίηση των βιοτικών σχέσεων.

Έτσι, αναφορικά προς την αναβάθμιση της εμφάνειας ως θεμελιώδους διάστασης της αλήθειας ο Νίτσε και ο Αντόρνο είναι της ίδιας άποψης. Συνοπτικά μπορεί να διατυπωθεί ως εξής: *το στοιχείο της (αισθητικής) εμφάνειας ανήκει θεσμοθετικά στην αλήθεια, διότι κάθε γεγονός αλήθειας περικλείει τόσο την αποκάλυψη όσο και την επικάλυψη, τόσο τη σαγήνη του αυταπόδεικτα εμφανούς, όσο και την απομάγευση της κριτικής διείσδυσης, τόσο το προφανές της παράστασης όσο και την αμετάκλητη διαφορά μεταξύ παράστασης και παριστάμενου κτλ. – στοιχεία δηλ. που συγκροτούν τον ιδιότυπο μετεωρισμό του αισθητικού φαινομένου, αλλά και κάθε παραστατικής σχέσης*. Για τους Αντόρνο και Νίτσε η τέχνη είναι μορφή της αλήθειας στο βαθμό που αναδεικνύει τη διάσταση της εμφάνειας που ενέχεται σε κάθε αλήθεια. Επιπλέον σχηματίζεται η εντύπωση πως και οι δύο θέλουν να στοχαστούν τη σχέση εμφάνειας-αλήθειας με τη βοήθεια του ίδιου σχήματος παραστατικών σχέσεων: το Άλλο εμφαίνεται στην παράσταση του Αυτού. Τι σημαίνει αυτό; Όπως θα δούμε στη συνέχεια, για τον Νίτσε η απύθμενη αλήθεια του κόσμου ως χάους εμφαίνεται παραστατικά διαμέσου των αισθητικών αρχών της απολλώνειας ευταξίας. Για την αισθητική θεωρία του Αντόρνο από την άλλη μεριά μόνο στο έδαφος μιας ριζικά ορθολογικής κατασκευής και σύνθεσης του έργου τέχνης και των (αισθητικών) παραστάσεων εν γένει προκύπτει η εμφάνεια της υπέρβασης.

Αυτή η σύγκλιση των αισθητικών θεωριών και η κεντρικότητα της έννοιας της εμφάνειας δεν σημαίνει αυτόματα ότι η νοηματοδότηση της εμφάνειας εδράζεται σε κοινές σκοποθεσίες. Ο Νίτσε στη *Γέννηση της Τραγωδίας* ευαγγελίζεται μια κυρίαρχη θεώρηση της εμφάνειας: στη συνεκτικότητα και οργανική συνοχή που χαρακτηρίζουν το αισθητικό φαινόμενο διακρίνει την επιτυχή σύνθεση της χαοτικής πολλαπλότητας με την εύτακτη ορθολογικότητα – σύνθεση η οποία ειρήσθω εν παρόδω προαναγγέλλει την κεντρική για την ουτοπική σκέψη του Αντόρνο έννοια της συμφιλίωσης. Αν κατ' αρχάς η εμφάνεια ως συνεκτική ενότητα λειτουργεί ως ζωοδόχο αντίβαρο ενάντια στις ζοφερές αλήθειες της ύπαρξης, στη συνέχεια η σκέψη του Νίτσε θα μετακινηθεί προς μια σύλληψη της φιλοσοφίας η οποία παίρνοντας αποστάσεις από την πρώτη, «τραγική» περίοδο είναι πια άκρως καχύποπτη ενάντια στις φαινομενικότητες της τέχνης, όσο και συνεκτικές, δομικά άρτιες και πειστικές να είναι αυτές.

Όπως είδαμε, στο *Ανθρώπινο, πολύ ανθρώπινο* η δυσπιστία του απέναντι στο καλλιτεχνικό φαινόμενο εκφράζεται ως κριτική στις εναργείς και σαγηνευτικές, αλλά στην ουσία επιφατικές παραστάσεις της τέχνης. Ασφαλώς η οξυδερκής παρατήρηση του φιλοσόφου όσον αφορά μια συγκεκριμένη έποψη του αισθητικού φαινομένου, δηλ. την ιδιότυπη παραστατική του προοπτική, όπου παράσταση και παριστάμενο συμπτύσσονται σε αξεδιάλυτη ενότητα, τον έχει κάνει ιδιαίτερα προσεκτικό απέναντι στην τάση της αισθητικής εμφάνειας να αυτονομείται.

Η αυτονόμηση εννοείται ακριβώς όπως αυτή των μεταφυσικών κοσμοειδώλων, δηλ. μια παράσταση που αξιώνεται μια διαφανή, προφανή και αυταπόδεικτη παρουσίαση των όντως όντων. Το γεγονός ότι με την παραστατική της ενάργεια η τέχνη νοηματοδοτεί και διαυγάζει κάποια έποψη του κόσμου με απαράμιλλο τρόπο, είναι ταυτόχρονα η αιτία της *φενακισμένης προσκόλλησης της τέχνης στην παραστατική εμφάνεια*, μια και αίρει την εποπτική της προοπτική σε μοναδική, ασύγκριτη και τελεσίδικη έκφραση της πραγματικότητας. Η φιλοσοφία, την οποία ο Νίτσε θα υποστηρίξει από το *Ανθρώπινο, πολύ ανθρώπινο* μέχρι το τέλος της πνευματικής του ζωής, αντιτάσσεται στις επιφάσεις της τέχνης με το να καταλύει τις φενάκες της αισθητικής παράστασης διαυγάζοντάς τες από τη σκοπιά της γενετικής τους αρχής, δηλ. του δημιουργικού θέτειν. Βέβαια, όπως είδαμε, το θέτειν συλλαμβάνεται ως ουσιαστικά καλλιτεχνική, φαντασιακή παραγωγή και θέσμιση προταγμάτων. Η κυρίαρχη εμφάνεια είναι άλλωστε αυτό που αντιτάσσει ο Νίτσε στις πραγμοποιημένες υποστασιοποιήσεις των μεταφυσικών και άλλων προταγμάτων. Αυτό όμως δεν σημαίνει ότι δεν είναι ταυτόχρονα σκεπτικός απέναντι στις τάσεις αυτονόμησης της εμφάνειας. Ο φιλοσοφικός στοχασμός, που στην περίπτωση της *Γέννησης της τραγωδίας* ήταν ο άσπονδος εχθρός του αισθητικού φαινομένου, δεν αποβάλλει βέβαια τώρα την αρνητική του στάση, αλλά η στάση αυτή επενδύεται με την καθ' όλα θετική και αναγκαία λειτουργία του διορθωτικού ελέγχου των αισθητικών... εξάρσεων.

Το ότι η έννοια της εμφάνειας μπορεί να χρησιμοποιηθεί, διαμεσολαβημένη όμως από τον κριτικό στοχασμό, είναι κάτι που καθοδηγεί και την αισθητική θεωρία του Αντόρνο. Ο Αντόρνο συλλαμβάνει την αισθητική παραστασιακή σχέση ως άρση της φαινομενικής εικαστικότητας για χάρη της εμφάνειας εκείνου το οποίο δεν είναι το έργο τέχνης. Σε αυτό το σημείο η αξιακή νοηματοδότηση της συνεκτικής εικαστικότητας αποκλίνει από εκείνη του Νίτσε. Η φαινομενικότητα των συνεκτικών ενοτήτων που είναι σίγουρα τα έργα τέχνης –για τον Αντόρνο η ευδαιμονία του πνεύματος τη στιγμή της αισθητικής αλήθειας–, αποτελεί για την *ΑΘ* μόνο μια διάσταση του αισθητικού γεγονότος, και μάλιστα όσον αφορά την αξίωση υπέρβασης που ενέχει η τέχνη σίγουρα όχι την πρωταρχική. Ο λόγος είναι απλός: η φαινομενικότητα της αρμονικής συνοχής και εύτακτης δόμησης του έργου τέχνης δεν προκαλεί μόνο την ιδεολογική-κριτική καχυποψία του Αντόρνο. Η ίδια του η θεώρηση της εξέλιξης της μοντέρνας τέχνης, η οποία εδράζεται στην κατηγορία της προοδευτικής κυριαρχίας πάνω στα αισθητικά μέσα, καθιστά την έννοια της συνεκτικής καλλιτεχνικής εμφάνειας προβληματική, μια και τα νεωτερικά έργα τέχνης βρίσκονται σε μια διαδικασία συνεχούς αποδόμησης της εμφάνειάς τους, δηλ. σε μια διαρκή αμφισβήτηση των εικαστικών και άλλων μορφών.

Αντί για την πλαστική μορφοποίηση συνεκτικής εμφάνειας και δομημένης φαινομενικότητας ο Αντόρνο αγκυροβολεί το νόημα της τέχνης στην κριτική και αντιστασιακή της δυναμική, η οποία αποδομεί το αισθητικό φαινόμενο για χάρη της εμφάνειας της υπέρβασης. Στη σαγήνη του εικαστικού φαινομένου, δηλ. στην εμφάνεια του έργου τέχνης ως απλά φαινομενικής εμφάνειας, αντιπαραθέτει έτσι την εμφατική έννοια του φαίνεσθαι της υπέρβασης, ένα φαίνεσθαι που διαρρηγνύει το αισθητικό κέλυφος της καλλιτεχνικής φαινομενικότητας ωθώντας το έργο τέχνης στην αυτοαναίρεση. Στην προοπτική αυτή της άρνησης της φαινομενικότητας ως απλής φαντασμαγορίας αναδύεται και η θεμελιακής σημασίας έννοια της έκφρασης, η οποία στο βαθμό που καταγράφει μια μη-εξουσιαστική σχέση μεταξύ υποκειμένου και αντικειμένου αποτελεί ένα είδος ουτοπικής γνώσης.

Κατά την άποψή μου σχεδόν όλα τα χαρακτηριστικά της αισθητικής θεωρίας του Αντόρνο, τα οποία πρωταρχικά σκοπεύουν στην κριτική και διάσωση της εμφάνειας (ως φαίνεσθαι της υπέρβασης), συνομαδώνονται γύρω από τη θεματική τής, προβληματικής και για τον ίδιο, αισθητικής εμφάνειας. Στη βάση της ερμηνευτικής διαπραγμάτευσης (της *ΑΘ*) που θα αναπτύξω στη συνέχεια δύο θα είναι οι κύριες επόψεις της αισθητικής εμφάνειας: *η δομική συνεκτικότητα (Stimmigkeit) και το στιγμιαίο (Augenblicklichkeit) του έργου τέχνης.* Ξεκινώντας από αυτές θα επιχειρήσω να ενοποιήσω σε μια συνεκτική ερμηνευτική πρόταση τις διάσπαρτες στην *ΑΘ* επόψεις της υπερβατικότητας του έργου τέχνης φροντίζοντας παράλληλα να τεκμηριώσω τη θέση ότι η αισθητική σύλληψη του Αντόρνο είναι σημαντικά επηρεασμένη από τη νιτσεϊκή θεώρηση τόσο της συνεκτικότητας, όσο και της στιγμιαίας εμφάνειας του έργου τέχνης. Επειδή οι δυο αυτές έννοιες πρέπει να εξεταστούν ερμηνευτικά κατ' αρχάς στο έργο του Νίτσε, θα ξεκινήσω από τη *Γέννηση της τραγωδίας* επικεντρώνοντας την προσοχή στην ιδιοσυστασία, αλλά και την κρίση του αισθητικού φαινομένου, μια κρίση που αποδεικνύεται αναπόφευκτη στο φως της φιλοσοφικής κριτικής του πρώιμου Νίτσε. Το ερμηνευτικό αυτό βήμα δεν είναι μόνο αναγκαίο, επειδή η νιτσεϊκή θεώρηση της αισθητικής εμφάνειας ως συνεκτικής ενότητας άσκησε σημαντική επιρροή στην αισθητική σκέψη του περασμένου αιώνα, αλλά επιπλέον γιατί αποτελεί το έδαφος της κριτικής του Αντόρνο στην ιδεολογική διάσταση της αισθητικής εμφάνειας. Στη συνέχεια και πάντα στο πλαίσιο της ερμηνείας των δύο εννοιών θα επιχειρήσω μια συγκριτική ανάλυση των αισθητικών θεωριών των Αντόρνο και Νίτσε.

6.1. Η προβληματική της εμφάνειας στον Νίτσε

Για να εξεταστεί το πλέγμα αισθητικών στοχασμών που αποτελεί τον πυρήνα της *Γέννησης της τραγωδίας*, δηλ. η προβληματική της εμφάνειας, πρέπει να ξεκινήσουμε από τη θεμελιώδη διαφοροποίηση, δηλ. το χωρισμό που κάνει ο Νίτσε μεταξύ της «εμφάνειας της εμφάνειας» και της «εμφάνειας του Είναι». Η πρώτη εμφάνεια σχηματίζεται ως ο χώρος της παράστασης στον οποίο το Γίγνεσθαι παρίσταται με τη μορφή μιας δράσης ή καλύτερα ενός βιοτικού διενεργήματος. Το Γίγνεσθαι βρίσκει εδώ παραστατική αντανάκλαση ως κοσμικό και βιοτικό συμβάν. Η δεύτερη εμφάνεια τώρα προσθέτει σ' αυτή την αντανάκλαση μια δεύτερη. Με την έννοια του διονυσιακού, δηλ. της «εμφάνειας του Είναι», ο Νίτσε νοηματοδοτεί το διενεργηματικό χαρακτήρα και τη μη-εξαντικειμενίκευση της μουσικής, δηλ. τη μουσική ροϊκότητα και τις στιγμιαίες εμπειρίες της χορικής δράσης. Επομένως διονυσιακή χαρακτηρίζεται η κατάσταση στην οποία οι ροϊκές εμπειρίες των βιοτικών διενεργημάτων αποκτούν παροντικά ένα ευδιάκριτο περίγραμμα. Η διονυσιακή μουσική δεν μπορεί βέβαια να αποκτήσει μια ολοκληρωμένη παροντική μορφή, καθόσον διενεργείται ως συνεχής κίνηση. Τα μέλη του χορού μάλλον ζουν τη μουσική ροϊκότητα, παρά τη βιώνουν. Για να αποκτήσει το ροϊκό διενέργημα του χορού το χαρακτήρα μιας βιωμένης εμπειρίας, δηλ. της συνείδησης της παροντικής στιγμής, πρέπει τα μέλη του χορού να κρατήσουν μια απόσταση από την αμεσότητα αυτή του ροϊκού ζην, που σημαίνει πως πρέπει να παρεμβάλουν μια διαμεσολάβηση. Αυτή θα έχει το χαρακτήρα εικαστικής παράστασης.

Πρόκειται για την παράσταση που δίνει ο χορός στον εαυτό του ως το όραμα της απολλώνειας παράστασης. Το ροϊκό γίγνεσθαι του μουσικού-χορικού ενεργήματος προσδίδει μια παράσταση στον εαυτό του, δυνάμει της οποίας είναι σε θέση να αποκτήσει συνείδηση της παροντικής του δράσης και εμπειρίας. Η διαμεσολάβηση αυτή είναι για τον Νίτσε αναγκαία εξαιτίας του χαρακτήρα του χορού: για να βιωθεί το γίγνεσθαι της μουσικής ροϊκότητας απαιτείται η σταθερότητα μιας παροντικής παράστασης, η οποία μεταφέρει το Γίγνεσθαι στο παροντικό Είναι της σταθερής εικαστικότητας. Μέσα από τη φευγαλέα και ατέρμονη ροϊκότητα του ζωικού Γίγνεσθαι, το οποίο όπως είδαμε εκφράζεται απερίσκοπτα μέσα από τη μουσική-χορική κίνηση, αναδύεται μια σειρά από εικαστικές μορφές, οι οποίες ως παραστατικό όλο είναι μια εμφάνεια και ένας καθρέπτης, στον οποίο ο χορός αναγνωρίζει τον εαυτό του. Με τη διαμεσολάβηση της εικαστικής παράστασης η κινούμενη ζωτικότητα αποκτά εμπειρία των βιωμάτων της.

Η διαμεσολάβηση της απολλώνειας εμφάνειας είναι έτσι ένα ενέργημα παραστατικής αυτο-έκφρασης, στην οποία «μέσα από την επίδραση του απολλώνειου στοιχείου αποκαλύπτεται στο διονυσιακό χορό το όραμα της ίδιας του της ζωής».[434] Η σχέση μουσικής-εικόνας έχει κυκλικό χαρακτήρα: η μουσική ως ροϊκή εμπειρία βιοτικής δράσης αποβάλλει την αμεσότητά της και εξαντικειμενικεύεται στην εικαστική παραστατικότητα. Αυτή από την άλλη, ως αποτύπωση και διαμεσολάβηση, παραπέμπει ως φαινόμενο-παράσταση σε αυτό που παριστά ως το θεμέλιό της. Οι (απολλώνειες) εικόνες αποκτούν νόημα ως αντικατοπτρισμοί της ζωής, στο βαθμό που ο άνθρωπος εντάσσεται στη χορεία του Διόνυσου βιώνοντας τη ζωτικότητά του ως μουσική ροϊκότητα.

«Τότε όμως, κάτω από την επίδραση του απολλώνειου ονείρου, τούτη η μουσική αποκτά γι' αυτόν την ορατή μορφή ενός συμβολικού ονείρου. Η αντανάκλαση αυτή του αρχέγονου πόνου, που εκφράζεται στη μουσική χωρίς τη βοήθεια οποιασδήποτε εικόνας ή αντίληψης, και η

434. Βλέπε καταλειπόμενα έργα, *KSA*, τόμ. 7, σελ. 191.

απολύτρωση απ' αυτή την οδύνη που συντελείται στη φαινομενικότητα, ανταναλάται για δεύτερη φορά στο απομονωμένο σύμβολο ή στο παράδειγμα».[435] Ο διονυσιακός ρους αποκρυσταλλώνεται σε μια εικαστική παραστατικότητα, η οποία συνθέτει τα στοιχεία ζωτικής durée σε συνεκτική παραστατικότητα. Η εμφάνεια με την οποία ο διονυσιακός χορός *αυτοδιαμεσολαβείται μετατρέποντας την κίνηση του μουσικού γίγνεσθαι σε σταθερή παράσταση απολλώνειας εικαστικότητας* αποτελεί το χώρο εκείνο του παραστατικού Είναι στον οποίο η παροδικότητα του γίγνεσθαι μορφοποιείται σε ευδιάκριτο παρόν. Στην εμφάνεια της απολλώνειας παράστασης υποτυπώνεται ένα παρόν το οποίο αποτελεί τη μοναδική συνθήκη δυνατότητας να υπάρξει ένας χώρος εμπειρίας όλης εκείνης της φευγαλέας πολυσπερμίας βιοτικών στιγμών που συνθέτουν την παροδικότητα του κοσμικού Γίγνεσθαι. Μόνο διαμέσου της εκβολής των φευγαλέων στιγμών της παροδικότητας στη σφαίρα της σχετικά σταθερής εικαστικότητας της απολλώνειας παράστασης μπορεί εν γένει η διονυσιακή έκσταση και αποχαλίνωση του ροϊκού γίγνεσθαι να καθηλωθεί σε βιοτικό παρόν, αποκτώντας ένα σταθερό πόλο αναφοράς και αυτοσυνείδησης.

Από την άλλη πλευρά και η ίδια η απολλώνεια εικαστικότητα, παρά τη σταθερή της υπόσταση, μετέχει στη ροϊκότητα του Γίγνεσθαι και στην αστάθεια της πρωτεϊκής durée: μπορεί μεν ως μέσο διαμεσολάβησης των διενεργημάτων του βιοτικού Γίγνεσθαι να μεταμορφώνει το αδιάκοπο και ρηξικέλευθο ρεύμα των μουσικών μεταβάσεων στη σχετική, δηλ. μορφική, σταθερότητα του παρόντος των εικόνων, όμως το εικαστικό αυτό παρόν δεν αποβάλλει το χρονικό του χαρακτήρα, δηλ. το γεγονός ότι η απολλώνεια συναστέρωση των στιγμών του Γίγνεσθαι σε εικαστική διάταξη είναι και η ίδια ένα χρονικό συμβάν. Η απολλώνεια εμφάνεια του Γίγνεσθαι διατάσσει βέβαια τα στοιχεία-στιγμές του ροϊκού Γίγνεσθαι σε μορφικές διατάξεις ενότητας και συνεκτικότητας, αλλά αυτό γίνεται, όπως φαίνεται και από τον πληθυντικό αριθμό που χρησιμοποιώ, σε διαφορετικές χρονικές στιγμές και κάτω από διαφορετικούς συσχετισμούς: «Μόνο ο ορχιζόμενος χορός είναι πραγματικός, ενώ ο κόσμος της σκηνής, τα πρόσωπα και οι δράσεις τους, είναι ορα-

435. Βλέπε *Γέννηση της τραγωδίας*, σελ. 28.

τά μόνο ως φαινομενικές μορφές της απολλώνειας φαντασίας».[436] Η αναπαράσταση της χρονικά ροϊκής διενέργειας της μουσικής κίνησης, που για τον Νίτσε αρθρώνεται στην ακολουθία των εικόνων της λυρικής ποίησης, είναι και η ίδια χρονικού και μεταβατικού χαρακτήρα, που σημαίνει ότι η απολλώνεια εμφάνεια δεν είναι και τόσο... σταθερή. Συνακόλουθα η απολλώνεια εικαστική εμφάνεια δεν αποτελεί συνθετική ενότητα με σαφή και απαράκαμπτα κριτήρια συγκρότησης. «Υπάρχει πάντα ο πειρασμός και ο κίνδυνος να θεωρήσει κανείς τη σειρά των σκηνών όπως τα κομμάτια ενός πίνακα και να εξετάσει στη συνέχεια την ολική αυτή παράσταση ως προς την οργανική της σύνθεση. Αυτό αποτελεί πραγματικά μια σύγχυση των αρχών της τέχνης, γιατί εφαρμόζει κανείς έτσι τους νόμους της χωρικής παράταξης στις σειρές χρονικής ακολουθίας».[437]

Ο Νίτσε νοηματοδοτεί το φαινόμενο της (λυρικής) μουσικής ως πλέγμα παραστασιακών σχέσεων, το οποίο αποτελείται βασικά από δυο ενεργήματα παράστασης που αντιστοιχούν, όπως είδαμε, στις δυο μορφές της εμφάνειας: στην εμφάνεια του Είναι και στην εμφάνεια της εμφάνειας. Από τη μια ο κόσμος του αέναου Γίγνεσθαι παριστάνεται στη μουσική κίνηση του χορού και από την άλλη η μουσική ροϊκότητα του χορού εκφράζεται παραστατικά στην απολλώνεια εμφάνεια των λυρικών εικόνων και των εναλλασσόμενων εικονικών συναστερώσεων. Όταν ο Νίτσε χρησιμοποιεί τις σχέσεις αυτές παράστασης –στο πλαίσιο των οποίων γίνεται ο μετασχηματισμός του Γίγνεσθαι σε μουσική και αυτής σε εικαστικότητα, ως ερμηνευτικό μέσο για τη θεώρηση των αισθητικών φαινομένων γενικά και της τραγωδίας ειδικότερα– έχει παράλληλα επίγνωση του γεγονότος ότι η παράσταση δεν είναι ποτέ σε θέση να δώσει πλήρη παραστατική έκφραση σε αυτό στο οποίο αναφέρεται. Οι παραστατικές σχέσεις αποτελούν ουσιαστικά διενεργήματα μετα-φράσεων ή μετα-φορών[438] σε άλλο επίπεδο παραστατικής έκφρασης, όπου αυτό που είναι προς παράσταση βρίσκει βέβαια μια εκφραστική υποτύπωση, αλλά διαθλασμένα και αντίστροφα. Όπως η κίνηση

436. Βλέπε καταλειπόμενα έργα, *KSA*, τόμ. 7, ό.π.
437. Ό.π., σελ. 58.
438. «Όλες οι αρχές της τέχνης αναφέρονται σε μεταφορές...». Βλέπε ό.π., σελ. 395.

του Γίγνεσθαι μεταφέρεται στο επίπεδο του «ακίνητου» παρόντος, έτσι και η μουσική ροϊκότητα μεταφράζεται σε εικονική-παραστατική παύση. Απ' αυτή τη σκοπιά η θέση του Νίτσε ότι η απολλώνεια φαινομενικότητα αναδύεται μέσα από το ανεικονικό ρεύμα της χορικής μουσικής, είναι καθ' όλα εύστοχη, αφού και η μεταβίβαση, μετάφραση και μεταφορά του μουσικού διενεργήματος στη σφαίρα της εικαστικής παράστασης συνοδεύεται όντως από μια αντιστροφή.

Όπως είναι φανερό, η αναγκαιότητα αυτής της αντιστροφής προέρχεται από τον τρόπο που το Γίγνεσθαι αυτοδιαμεσολαβείται, δηλ. όσον αφορά το βιοτικό Γίγνεσθαι αποκτά αυτοσυνείδηση μέσα από τον καθρέπτη του αντίθετού του, δηλ. του σχετικά σταθερού Είναι-εικόνας. Πάνω στο ερμηνευτικό αυτό έδαφος μπορούμε τώρα να εξετάσουμε την αντίρροπη σχέση μεταξύ της διονυσιακής (μουσικής-λυρικής) εμφάνειας που προσδίδει στο Γίγνεσθαι μια πρώτη παράσταση, και της απολλώνειας εικαστικότητας, της εμφάνειας της πρώτης, διονυσιακής εμφάνειας. Στη συνέχεια μπορούμε να δούμε τη μορφή που παίρνει η «συμφιλίωση».[439] Στο πλαίσιο της ερμηνείας που θα αναπτύξω δεν θα αναφερθώ στις πολιτισμικές και πολιτιστικές επόψεις της *Γέννησης της τραγωδίας*, οι οποίες άλλωστε έχουν διερευνηθεί εξαντλητικά σε μελέτες των έργου του φιλοσόφου. Αντίθετα η προσοχή μας θα επικεντρωθεί στη σχέση μεταξύ του Γίγνεσθαι πριν από κάθε εμφάνεια, της μουσικής του παράστασης και της εμφάνειας της εμφάνειας, δηλ. της απολλώνειας εικαστικής παράστασης. Θα ξεκινήσω από τη θεμελιακή δομή των σχέσεων μεταφοράς και μεταβατικότητας, η οποία κατά την άποψή μου άλλωστε αποτελεί το στοχαστικό κορμό του έργου. Πιστεύω πως διανοίγει την κατάλληλη προοπτική ερμηνείας τόσο της έντασης και αντιθετικότητας μεταξύ των παραστασιακών στοιχείων, δηλ. του μετασχηματισμού του Γίγνεσθαι πέρα από κάθε φαινομενικότητα στο παραστατικό Είναι της απολλώνειας φαινομενικότητας, όσο και της λογικής, στην οποία για τον Νίτσε οφείλεται η αποδόμηση της αρχαίας τραγωδίας και του κοσμοειδώλου της από το επιστημονικό-ορθολογικό και φιλοσοφικό-στοχαστικό ιδεώδες βίου που αντιπροσωπεύει ο Σωκράτης.

439. Βλέπε *Γέννηση της τραγωδίας*, ό.π., σελ. 18.

Προτού συνεχίσουμε ας συγκεφαλαιώσουμε όσα διαπιστώσαμε για το πλέγμα των παραστασιακών σχέσεων που συγκροτούν το αισθητικό φαινόμενο για τον Νίτσε της *Τραγωδίας*. Η σχέση εικόνας-μουσικής χαρακτηρίζεται από τα εξής στοιχεία:

α) η απολλώνεια εικόνα αναδύεται ως ο τρόπος αυτοσυνείδησης και εμπειρίας του μουσικού διενεργήματος, και

β) η μεταφορά και μεταβίβαση της διονυσιακής ζωτικότητας στο σχετικά σταθερό φαινόμενο της απολλώνειας εικόνας συνδέεται με μια αντιστροφή, καθώς έχουμε να κάνουμε με μια αλλαγή στον τρόπο και το μέσο παράστασης. Η μεταφορά, ή αλλιώς η αριστοτελική «μετάβαση εις άλλο γένος», δηλ. άλλο γένος παράστασης, κατέχει για τον Νίτσε αποφασιστική σημασία στην εξέταση του φαινομένου της αρχαίας τραγωδίας, όπως και του αισθητικού φαινομένου γενικότερα.

Με τη διαπίστωση της μεταφοράς και της αλλαγής μέσων παράστασης ο Νίτσε εφιστά την προσοχή του αναγνώστη στο ότι κάθε παραστασιακή σχέση ενέχει ένα είδος αντιστροφής ή διάθλασης: όπως η ιδέα του κύκλου μπορεί να ζωγραφιστεί, να σχεδιαστεί με κιμωλία στον πίνακα ή να χαραχτεί στην άμμο, έτσι και κάθε τι που πρέπει να παρασταθεί βρίσκει παραστατική έκφραση σε κάτι άλλο, δηλ. σε ένα άλλο παραστατικό μέσο, το οποίο δεν είναι βέβαια της ίδιας οντολογικής υπόστασης με αυτό.

Επομένως η ανάδυση της απολλώνειας εμφάνειας μπορεί να χαρακτηριστεί ως το διενέργημα κατά το οποίο το Γίγνεσθαι βρίσκει έκφραση στο Άλλο του, όταν δηλ. μετατρέπεται σε εικαστικό Είναι. Για να διαπιστωθεί ότι ο Νίτσε πραγματικά έτσι στοχάζεται την αμεσότητα του Γίγνεσθαι, η οποία για να αποκτήσει συνείδηση του εαυτού της διαμεσολαβείται μέσα από την παραστατική της διάθλαση στον απολλώνειο κόσμο των εύτακτων μορφών, παραθέτουμε την ακόλουθη παρατήρηση του φιλοσόφου: «από τη φαινομενικότητα όμως αυτή αναδύεται, σαν άρωμα αμβροσίας, ένας κόσμος φαινομενικότητας, μια οπτασία αόρατη για όσους είναι αιχμαλωτισμένοι από την πρώτη φαινομενικότητα».[440] Σε κάθε τι που διαφεύγει από την άμεση βιοτική εμπειρία της μουσικής ροϊκότητας μπορεί να δοθεί εκφραστική παράσταση, αλλά

440. Ό.π., σελ. 24.

μόνο διαμέσου της μετατροπής και μεταφοράς του μη-οριοθετημένου στη σφαίρα των ορίων, του απεριόριστου στο περιορισμένο, με άλλα λόγια του χειμαρρώδους διονυσιακού στοιχείου στον κόσμο των κρυστάλλινων μορφών και εύκτακτων διατάξεων. Η διαδικασία της παράστασης του διονυσιακού στο οριοθετημένο παραστατικά πλαίσιο του Άλλου του, δηλ. του απολλώνειου Είναι, και ταυτόχρονα η συγκρότηση του απολλώνειου στη βάση ενός κόσμου σε συνεχές Γίγνεσθαι, δεν αποτελεί για τον Νίτσε το έδαφος πάνω στο οποίο θα αναδυθεί μια τρίτη παραστατική μορφή που θα «συμφιλιώσει» τις δύο πρώτες. Η διονυσιακή παράσταση (μουσική, χορός) και η απολλώνεια εμφάνεια (λυρική ποίηση, δράμα) δεν έχουν ανάγκη μιας έξωθεν παραστατικής διαμεσολάβησης, συντονισμού και σύνθεσης. *Απεναντίας ο Νίτσε νοηματοδοτεί την αντίδρομη σχέση μεταξύ Γίγνεσθαι και Είναι, μουσικής και εικόνας, χορού και θεατρικής σκηνικής δράσης κτλ. ως δημιουργική αλληλοπεριχώρηση των παραστατικών μορφών, δηλ. δυναμική διαπραγμάτευση και παραγωγική συνδιαλλαγή μεταξύ των μεταφορών και παραστατικών αντιστροφών.*[441]

---

441. Πρέπει να παρατηρήσουμε πως ο Νίτσε δεν εξετάζει μεθοδικά και αναλυτικά τη μια από τις κατευθύνσεις των παραστασιακών σχέσεων, δηλ. την επιστροφή της απολλώνειας εμφάνειας ως χωροχρονικά οριοθετημένης σφαίρας πίσω στην κοσμική απεριοριστία της διονυσιακής ακράτειας. Ο προσεκτικός αναγνώστης της *Τραγωδίας* διαπιστώνει πως το ενδιαφέρον του στρέφεται αποκλειστικά στην άλλη κατεύθυνση μεταφορών, δηλ. στο μετασχηματισμό των άμορφων μουσικών διενεργημάτων σε μορφικά περιγράμματα ευδιάκριτων σχημάτων. Θα προσπαθήσω να αμβλύνω κατά κάποιον τρόπο την ασυμμετρία αυτή με το να τονίσω τη χρονικότητα και σχετική αστάθεια της απολλώνειας εικαστικότητας. Ο «συμβιβασμός» του απολλώνειου με το διονυσιακό έγκειται άλλωστε στο γεγονός ότι η παραστατική εικαστικότητα δεν έχει το χαρακτήρα μιας και μοναδικής παράστασης, όπως π.χ. σε ένα ζωγραφικό πίνακα. Αντίθετα οι «εικαστικές» παραστάσεις του απολλώνειου στοιχείου μένουν προσδεδεμένες στη χρονική ροϊκότητα της μουσικής έκφρασης. Όπως θα δούμε στα επόμενα, για τον Νίτσε η παράβαση αυτής της θεμελιακής συνθήκης, δηλ. της χρονικά περιορισμένης ισχύος της απολλώνειας εικαστικότητας, είναι ακριβώς η αιτία της αποδόμησης και κατάλυσης του τραγικού σύμπαντος: στο βαθμό που το απολλώνειο σύμπαν απολλύει τη ζωτικότητά του, την οποία βέβαια οφείλει στη διονυσιακή του βάση, μετατρέπεται σε άκαμπτη κοσμοθεώρηση και νοησιαρχική βιοθεωρία. Έχοντας χάσει έτσι κάθε δυναμική ροϊκής μεταβολής γίνεται εύκολη λεία της σωκρατικής κριτικής, η οποία πολύ εύστοχα θα αποδείξει ότι ο κόσμος του τραγικού αισθητικού φαινομένου είναι όντως... φαινομενικός!

6.1.1. Η δραματουργική δράση

Ας δούμε τώρα την εσώτερη δυναμική που χαρακτηρίζει τις παραστασιακές σχέσεις, που, όπως είπαμε, αποτελούν τη δομή του αισθητικού φαινομένου γενικά και της τραγωδίας ειδικότερα. Πρέπει να έχουμε κατά νου το πλαίσιο στο οποίο ο Νίτσε τοποθετεί την αισθητική εξέταση της ανάδειξης της τραγωδίας, γιατί οι μεταφορές που συντελούνται με την εκάστοτε αλλαγή του παραστατικού μέσου καταλήγουν όπως είναι γνωστό στη δραματουργική και θεατρική δράση. Μέχρι τώρα είδαμε τις δύο πρώτες επόψεις του αισθητικού πλέγματος, δηλ. τα μεταφορικά διενεργήματα από το ζωικό Γίγνεσθαι στη μουσική ροϊκότητα και στη συνέχεια από τη ροϊκή μουσικότητα στη συνεκτική εμφάνεια της απολλώνειας εικαστικότητας. Μένει τώρα να δούμε την τρίτη έποψη της μεταφορικής διαδικασίας που είναι η δραματουργική δράση. «Όταν εξέταζα το φαινόμενο του λυρικού ποιητή, ανέπτυξα με ποιο τρόπο η μουσική αγωνίζεται στο πρόσωπο του λυρικού ποιητή, για να εκφραστεί η ίδια με απολλώνειες εικόνες. Αν τώρα φανταστούμε ότι η μουσική, στην ανώτατη εκδήλωσή της, αναζητά κι αυτή, μοιραία, τις υπεροχότερες εικόνες στις οποίες θα μπορούσε να ενσαρκωθεί, τότε, θα πρέπει να αποδεχτούμε ότι θα είναι επίσης σε θέση να βρει τη συμβολική έκφραση που αρμόζει στην καθαρά διονυσιακή της σοφία. Και πού αλλού θα 'χαμε να αναζητήσουμε αυτή την έκφραση, έξω από την τραγωδία και γενικά έξω απ' την έννοια του τραγικού;»[442]

Αν όπως είδαμε η πρώτη μορφή εκφραστικής παράστασης των αχαλίνωτων βιοτικών ορμών είναι η μουσική ροϊκότητα, η οποία με τη σειρά της... «εξευγενίζεται» περαιτέρω με την παραστατική της μεταφορά στην οραματική εμφάνεια του απολλώνειου μέτρου, παρουσιάζεται στη συνέχεια για τον Νίτσε μια τρίτη σημαντική μεταφορά, δηλ. η μεταβίβαση σε άλλο παραστατικό μέσο: αν η μουσική του διονυσιακού χορού αποτελεί μεταφορά-διαμεσολάβηση του αρχέγονου Γίγνεσθαι, και αν με τη σειρά της η μουσική αρθρώνεται διαμεσολαβητικά διαμέσου της ονειρικής και οραματικής απολλώνειας φαινομενικότητας, τότε βλέπουμε και τούτη με τη σειρά της να αρθρώνεται παραστατικά δομώντας την εικαστικότητά της ως ακολουθία σκηνών, οι οποίες στα πλαίσια του δραμα-

442. Βλέπε *Γέννηση της τραγωδίας*, σελ. 186.

τικού μύθου συνδέονται σε αφηγηματική ενότητα. Με αυτή την έννοια η δραματουργική δράση μπορεί να θεωρηθεί ως κορύφωση των διαδικασιών μεταφοράς και παραστατικής διαμεσολάβησης, καθώς λειτουργεί ως η ανώτατη παραστατική έκφραση. Ενοποιεί τις παραστάσεις της ασταθούς ροϊκότητας (χορός) και της σταθερής παροντικότητας (λυρική ποίηση) στην παραστατική σύνθεση της θεατρικής δράσης.[443] Η θεατρική δράση αποτελεί για τον Νίτσε τη δημιουργική μορφή που παίρνει η ανταγωνιστική σχέση διονυσιακού-απολλώνειου. Οι απολλώνειες αρχές της ενότητας του μέτρου και των ατομικών, ευδιάκριτων μορφών εγείρουν, όπως είδαμε, το οικοδόμημα του οραματικού κόσμου των μορφικών εικόνων στο έδαφος ή, καλύτερα, σύμφωνα με το κριτήριο του ουσιαστικού Γίγνεσθαι.

Είναι φανερό πως στη βάση της δραματουργικής δράσης λειτουργεί μια μεταφορά: η λυρική έκφραση, παράσταση της οποίας είναι η οραματική-ονειρική εικαστικότητα του απολλώνειου στοιχείου, μεταφέρεται παραστατικά στην αφηγηματική ακολουθία των εξατομικευμένων (αντίθετα προς τη συλλογικότητα της χορικής δράσης) δραματουργικών δράσεων. «Αυτή η πορεία του τραγικού χορού αποτελεί το αρχέγονο δραματικό φαινόμενο, που συνίσταται στ' ότι βλέπει την αυτομεταμόρφωσή του και ενεργεί στο εξής σα να ζούσε πραγματικά σ' ένα άλλο πρόσωπο».[444] Ο Νίτσε τονίζει ιδιαίτερα εμφατικά το δευτερογενή χαρακτήρα της σκηνικής δράσης, σε αντίθεση με τον πρωταρχικό ρόλο που προσδίδει στην εικαστική απολλώνεια παράσταση των διονυσιακών ενεργημάτων.

Ας το επαναλάβουμε: το διονυσιακό στοιχείο είναι για τον Νίτσε ουσιαστικά μια εκτελεστική διαδικασία που διενεργείται ως συνεχής και ροϊκή μουσική έκφραση. Όπως το Γίγνεσθαι της έκφρασης αυτής «παγιώνεται» στο Είναι των απολλώνειων εικόνων, έτσι και τώρα στην περίπτωση της δραματικής δράσης συντελείται μια μεταφορική αντιστροφή: όπως και στην περίπτωση παραστασιακών σχέσεων που υποτυπώνονται σε μουσική και εικόνα, έτσι και εδώ συντελείται μια παραστασιακή αντιστροφή, μια και η ποιητική λυρικότητα της γλώσσας και η χορική μουσική μετασχηματίζονται σε σκηνική δράση καθορισμένων

443. Βλέπε καταλειπόμενα έργα, *KSA*, τόμ. 7, σελ. 116.

444. Βλέπε *Γέννηση της τραγωδίας*, σελ. 44. Βλέπε επίσης καταλειπόμενα έργα, *KSA*, τόμ. 7, σελ. 55.

χαρακτήρων. «Οι απολλώνειες φαινομενικότητες στις οποίες αντικειμενοποιείται ο Διόνυσος δεν είναι πια, όπως η μουσική του χορού, μια "αιώνια θάλασσα, ένας κινούμενος κυματισμός, μια φλογερή ζωή". Δεν είναι πια εκείνες οι δυνάμεις που τις αισθανόμαστε, που δεν έχουν όμως συμπυκνωθεί σε εικόνες, που, στα πλαίσιά τους, ο θεράποντας του Διονύσου, που εκστασιάζεται, διαισθάνεται τον ερχομό του θεού. Τώρα ο Διόνυσος μιλά στη σκηνή με όλη την ακρίβεια και τη σταθερότητα της επικής μορφής, χωρίς τη μεσολάβηση σκοτεινών δυνάμεων, αλλά σαν επικός ήρωας και σε γλώσσα σχεδόν ομηρική».[445] Στην τελευταία αυτή μεταφορά και αλλαγή του παραστασιακού μέσου η απολλώνεια μορφοπλαστική δύναμη φτάνει στο απόγειο της δημιουργικής της δύναμης, καθώς συνθέτει το βιοτικό Γίγνεσθαι με το μορφικό Είναι σε μια συνεκτική και δομικά στέρεη παράσταση, δηλ. τους ατομικούς χαρακτήρες και τις προσωπικότητες του δράματος.

Αν το αισθητικό φαινόμενο συντίθεται από μεταφορικές και παραστασιακές σχέσεις, οι οποίες κατευθύνονται προς την πραγματοποίηση μιας παραστατικής αντικειμενικότητας που δίνει στο παρόν πλέρια έκφραση, τότε μπορούμε να πούμε πως στη μοίρα των δρώντων προσώπων της τραγωδίας ενσαρκώνεται παραστατικά το θεμέλιο του Γίγνεσθαι κάθε μορφής ζωής, δηλ. αυτό που ο Νίτσε εννοεί με «τη θεμελιώδη γνώση για τον παγκόσμιο μονισμό, την αντίληψη ότι η εξατομίκευση αποτελεί το θεμέλιο κάθε κακού και τέλος ότι η τέχνη αντιπροσωπεύει την προαίσθηση και τη χαρούμενη ελπίδα πως κάποια μέρα θα συντριβεί ο αφορισμός της εξατομίκευσης, και θα ξαναποκατασταθεί η ενότητα».[446] Η απολλώνεια παράσταση ως συνεκτική εμφάνεια-έκφραση[447] του αρχέγονου θεμελίου, του Γίγνεσθαι, είναι μια ιδέα στην οποία ο Νίτσε θα μείνει πιστός σε όλη του τη ζωή.

Ας δούμε τώρα την κορύφωση της απολλώνειας παράστασης ως δραματικής δράσης συγκεκριμένων χαρακτήρων. Όπως και η λυρική εικα-

---

445. Βλέπε ό.π., σελ. 46.

446. Βλέπε ό.π., σελ. 54.

447. «Το φαινόμενο λοιπόν του λυρικού δημιουργού είναι το ακόλουθο: σαν απολλώνειο πνεύμα ερμηνεύει τη μουσική με τη βοήθεια του συμβόλου της βούλησης, ενώ ο ίδιος, απαλλαγμένος ολοκληρωτικά απ' την απληστία της βούλησης, δεν είναι παρά ένας καθάριος κι ανέφελος ηλιο-οφθαλμός». Βλέπε ό.π., σελ. 35.

στικότητα, έτσι και η δραματική εμφάνεια αποτελεί συνεκτική έκφραση και παραστατική διαμεσολάβηση των χορικών-μουσικών διεργημάτων. Για την ερμηνεία της δραματικής παράστασης είναι αναγκαίο νομίζω να ξεκινήσουμε από τη θεώρηση του τραγικού μύθου – η ερμηνευτική εξέταση του μύθου αποτελεί το έδαφος πάνω στο οποίο μπορεί να θεματοποιηθεί η προβληματική του Νίτσε για ποιο λόγο η απολλώνεια εμφάνεια αποδεικνύεται ανίσχυρη να αντιμετωπίσει τη σωκρατική πρόκληση, πέφτοντας τελικά θύμα των ίδιων της των ψευδαισθήσεων. Όπως ξέρουμε, διαμέσου της γλωσσικής παράστασης ο μύθος δομεί τις σκηνικές δράσεις σε συνεκτική ιστορία διαπλεκόμενων πράξεων. Η απολλώνεια έκφραση, δηλ. η παραστατική ερμηνεία του Γίγνεσθαι, διενεργείται ως συνεκτική ακολουθία ευδιάκριτων και ξεχωριστών εικόνων, οι οποίες, αν και παροντικές, παραπέμπουν σε ένα απόμακρο παρελθόν. Το στοιχείο αυτό σκηνικής παροντικότητας και παρελθοντικών αναφορών στοιχειοθετεί τον αντιδρομικό χαρακτήρα της δραματουργικής δράσης: αντιδρομικό, διότι ο δραματικός μύθος παραπέμποντας στο αρχέγονο παρελθόν, το οποίο σηματοδοτεί ασφαλώς ότι έχει χάσει πια το προσδιοριστικό του παρόν περνώντας στη σφαίρα του αμετάκλητου Γίγνεσθαι, του προσδίδει μια διάρθρωση, δηλ. εξατομικευμένη σκηνική δράση. Ταυτόχρονα ανακαλεί τα δραματικά πρόσωπα στις αρχέγονες καταγωγές του. «Ο τραγικός μύθος μπορεί να εξηγηθεί μονάχα αν αποτελεί την εικονική παράσταση της διονυσιακής σοφίας, που τη βοηθούν απολλώνειες καλλιτεχνικές μέθοδες. Ωθεί το φαινομενικό κόσμο ως το όριο εκείνο που τον αναγκάζει ν' αρνηθεί τον εαυτό του, που τον υποχρεώνει ν' αναζητήσει να ξαναμπεί στον κόρφο της αληθινής και μοναδικής πραγματικότητας».[448] Ο μύθος οργανώνει τη δραματική σκηνογραφία και δράση με τέτοιο τρόπο, ώστε το άμεσο παρόν της σκηνικής δράσης των χαρακτήρων να δοξάζεται επί σκηνής και μπροστά στους θεατές πανηγυρικά. Από την άλλη αίρεται καθώς η δράση των χαρακτήρων τους οδηγεί στην καταστροφή, δηλ. επιβεβαιώνει την κυριαρχία του αρχέγονου παρελθόντος ως αέναου Γίγνεσθαι. Η άρση της απολλώνειας εμφάνειας γίνεται διαμέσου της… οδύνης: «Από ποιο όμως μυστηριώδη δρόμο η οδύνη για την τύχη του ήρωα, οι επώδυνες θυσίες, η βασανιστική σύγκρουση των αιτιών, μ' ένα λόγο, όλα όσα

448. Βλέπε ό.π., σελ. 116.

επικυρώνουν τη σοφία του Σειληνού, – μ' αισθητικούς όρους το φριχτό και το δυσαρμονικό (...)».[449] Ως συνεκτική παράσταση των ανέκφραστων, αφανών και άφατων θεμελίων της ζωής ο δραματικός μύθος διενεργεί την αντιθετικότητα μεταξύ Είναι και Γίγνεσθαι με διπλό τρόπο: από τη μια μεριά ακινητοποιεί το Γίγνεσθαι παραστατικά διαμέσου της απολλώνειας εξατομίκευσης των χαρακτήρων και της έμμετρης μορφικής εμφάνειας. Από την άλλη αίρει την παροντική σταθερότητα των μορφών αυτών, ανακαλώντας τες στην αρχέγονη καταγωγή τους, στο προαιώνιο έτσι-ήταν-πάντα, στην καθολική δύναμη της μοίρας.

Ο παραστατικός τρόπος του μύθου δομείται με άλλα λόγια ως ένα εικονοπλαστικό πεδίο δυνάμεων, στο οποίο το διαφανές παρόν των ατομικών χαρακτήρων αίρεται προς χάρη του αδιαφοροποίητου παρελθόντος, το οποίο υπό την κυριαρχία της μοίρας αναιρεί κάθε διαφοροποίηση, κάθε εξατομίκευση, κάθε μορφική ιδιοσυστασία, ισοπεδώνοντας τα πάντα κάτω από τη γενική και αφηρημένη εξουσία της μοίρας. Με αυτή την έννοια η απολλώνεια παράσταση του μύθου δεν διαφέρει πολύ από τις διαλεκτικές εικόνες του Βάλτερ Μπένγιαμιν, γιατί «στη διαλεκτική εικόνα εγγράφεται μαζί με το αντικείμενο τόσο η καταγωγή όσο και η εξαφάνισή του».[450]

449. Ό.π., σελ. 126.

450. Βλέπε Μπένγιαμιν, *Exposé zum Passagen-Werk*, *GS*, τόμ. V 2, σελ. 1250. Βέβαια έχω επίγνωση του γεγονότος ότι οι διαλεκτικές εικόνες του Μπένγιαμιν αποτελούν ουσιαστικά γνωσιοθεωρητικό όργανο για μια ιστορική-υλιστική εξέταση της παρισινής κουλτούρας του 19ου αιώνα. Γι' αυτόν το λόγο δεν φαίνεται να είναι τόσο... κατάλληλες για ερμηνευτικές παραπομπές! Ιδιαίτερα αυτές της απολλώνειας εικαστικότητας. Παρ' όλα αυτά δεν μπορεί να μην διαπιστώσουμε πως υπάρχει μια καταφανής ομοιότητα στον τρόπο της νοηματοδότησής τους. Αν η ερμηνεία που προτείνω ευσταθεί, τότε μπορεί να συγκεκριμενοποιηθεί η συνάφεια μεταξύ απολλώνειας φαινομενικότητας και διαλεκτικών εικόνων με τον εξής τρόπο: *α)* η σχέση μεταξύ παρελθόντος και παρόντος είναι σχέση εικόνων: ο Μπένγιαμιν εντοπίζει την ύπαρξη της διαλεκτικής εικόνας στο σημείο εκείνο όπου οι αντιθέσεις έχουν φτάσει στο απόγειο δυναμικής έντασης. Στη διαλεκτική αντίθεση γενικά ενέχεται μια συνειδητοποίηση του παρόντος η οποία αναφέρεται με τέτοιο τρόπο στο παρελθόν, ώστε το νόημα που ενέχει αυτό για το παρόν να εξαρτάται από το πλαίσιο στο οποίο το παρόν εντάσσει τα περιεχόμενα του παρελθόντος. Αν τώρα νοηματοδοτήσουμε τις αντιστροφές των αισθητικών-παραστασιακών σχέσεων ως διαλεκτικές αντιθέσεις και εφαρμόσουμε επίσης τη διαλεκτική στη νιτσεϊκή απολλώνεια εμφάνεια, τότε διαπιστώνουμε την αντιθετικότητα του αισθητικού φαινομένου, η οποία στον Νίτσε υπάρχει ως η πόλωση με-

6.2. Η κρίση της εμφάνειας

6.2.1. Η προετοιμασία

Με τη μυθική υποστρωμάτωση της δραματικής εικαστικότητας η διαδικασία που χαρακτηρίσαμε ως ακολουθία μεταφορικών και παραστατικών στιγμών μπαίνει σε ένα νέο στάδιο. Για τον Νίτσε εδώ συναντάται η ολοκλήρωση και η τελειοποίηση της απολλώνειας εμφάνειας ως σταθερής, συνεκτικής και δομικά αρθρωμένης αισθητικής εμφάνειας. Με τους εξατομικευμένους χαρακτήρες και τις προσωπικές πράξεις η αισθητική παράσταση της ώριμης πια (καλλιτεχνικά-αισθητικά) δραματουργίας δίνει παροντική έκφραση σε όλα αυτά που κατά τη διάρκεια του άμεσου ζωικού ρου παραμένουν αναγκαστικά ανέκφραστα και αφανή. Για τον Νίτσε αυτή η απολλώνεια παραστατικότητα, με τη μοναδικότητα και συνεκτικότητά της, αποτελεί κάτι το ανάλογο με το πλατωνικό *εκφανέστατον*.[451]

Αν αυτό είναι το απόγειο της απολλώνειας παραστατικότητας, μένει τώρα να δούμε τη λογική με την οποία η απολλώνεια δραματουργία χάνει την πρωτοκαθεδρία της στο τραγικό σύμπαν των αρχαίων Ελλήνων, υποβιβαζόμενη σε μια απλά αισθητική παράσταση, η οποία δεν θα έχει από εδώ και στο εξής καμία ιδιαίτερη κοσμοθεωρητική βαρύτητα. Το συγκεκριμένο σημείο είναι απόλυτα σημαντικό, γιατί κατά την άποψή μου σκοπός του Νίτσε γράφοντας τη *Γέννηση της τραγωδίας* είναι μεν η αναστύλωση της ιδέας του Gesamtkunstwerk, αισθητική θεώρηση που την οφείλει βέβαια στον Βάγκνερ, αλλά αυτό που θέλει κύρια να εξετά-

---

ταξύ παρελθόντος και παρόντος – πόλωση που διενεργείται με κριτήριο το Γίγνεσθαι. *β)* Ο φευγαλέος χαρακτήρας της εικαστικότητας ως η ιδιάζουσα στο Γίγνεσθαι παραστατική έκφραση. Η εικαστική εμφάνεια του απολλώνειου στοιχείου αποδίδει φόρο τιμής στο Άλλο της, το διονυσιακό Γίγνεσθαι, διαμέσου μιας παράστασης που στοιχειοθετείται από μεταβαλλόμενες συναστερώσεις: ο μύθος οργανώνει παραστατικά τη σκηνική δράση έτσι που η εμφατική παροντικότητα των δράσεων επί σκηνής να θριαμβεύει, αλλά και να καταλύεται. Αν η απολλώνεια εμφάνεια συγκροτεί την παραστατική της εικονογραφία ως άρση, ως πρόσκαιρη παύση του αέναου Γίγνεσθαι, σχηματίζοντας συναστερώσεις δρώντων ατόμων και χαρακτήρων, άλλο τόσο καταλύει την ευταξία των εικόνων, γκρεμίζοντας την αυτοτέλεια της ανθρώπινης δράσης στο βάραθρο του αρχέγονου Γίγνεσθαι και της μοίρας.

451. Βλέπε Πλάτων, *Φαίδρος*, 250b.

σει είναι για ποιους λόγους η τραγική θεώρηση της ζωής των αρχαίων Ελλήνων καταστράφηκε από τον ορθολογισμό και τη νοησιαρχία του Σωκράτη. Με τη διαλεύκανση των αιτίων της παρακμής του τραγικού ιδεώδους ο Νίτσε πίστευε πως θα μπορούσε να αναζωογονήσει την αρχαία παράδοση, χωρίς να έχει τίποτα να φοβηθεί από τα επιστημονικά και θετικιστιστά πνεύματα της εποχής του.

Ερμηνευτικά θα προχωρήσω όπως και στη διαπραγμάτευση της λογικής ακολουθίας που διέπει τη σειρά των παραστατικών μεταφορών: η κατάλυση του αισθητικού και κοσμοθεωρητικού σύμπαντος της αρχαίας τραγωδίας δεν οφείλεται για τον Νίτσε σε κάποια έξωθεν καταστροφική επενέργεια. Ούτε και ο σωκρατικός ορθολογισμός, η επιστημονική δηλ. αντίληψη, ευθύνεται άμεσα για την πτώση της θεατρικής-τραγικής θέασης του κόσμου. Αντίθετα, για τον Νίτσε επίκεντρο της ερμηνείας του γίνεται η παραδοχή ότι η άρση της τραγωδίας είναι στην ουσία μια αυτο-άρση και η κατάλυση μια αυτο-κατάλυση. Τη διαδικασία της αυτοαναίρεσης θα την εντοπίσω και πάλι στις παραστασιακές σχέσεις και στη λογική εν γένει του παραστασιακού Είναι. Θα προσπαθήσω να δείξω ότι η υποβάθμιση της απολλώνειας εμφάνειας σε απλό αισθητικό φαινόμενο, το οποίο επικαλύπτει μάλλον τα πράγματα παρά τα διαυγάζει, κάνοντας παράλληλα επιτακτική τη διορθωτική επέμβαση του σωκρατικού ορθολογισμού, έγκειται στον ίδιο το χαρακτήρα της αισθητικής προφάνειας: «Η ελληνική τραγωδία δεν εξαφανίστηκε όπως τα άλλα είδη της αρχαίας τέχνης, μα ολότελα διαφορετικά. Εκμηδενίστηκε αυτοκτονώντας κατά τρόπο τραγικό, εξαιτίας μιας αδιέξοδης σύγκρουσης».[452]

Για να εξετάσουμε διεξοδικά το αναπόδραστο για τον Νίτσε τέλος της τραγωδίας, πρέπει να αναφερθούμε και πάλι στο χαρακτήρα της εικαστικής παράστασης. Όπως είδαμε, στην παραστατική μεταφορά και μετάφραση του αφανούς Γίγνεσθαι στην αισθητική εμφάνεια της απολλώνειας εικόνας ενέχεται ένα στοιχείο αντιθετικότητας, η οποία προκύπτει αναγκαία από το γεγονός ότι κάθε παράσταση ενός πράγματος συντελείται σε κάτι Άλλο από αυτό το πράγμα. Στην ουσία αυτό που συντελείται κατά τη διάρκεια των μεταφορών και των αλλαγών

452. Βλέπε *Γέννηση της τραγωδίας*, ό.π., σελ. 56.

παραστασιακού μέσου είναι η ανάδυση μιας αισθητικής εικονικής παρουσίας, η οποία είναι το παραστατικό παρόν αυτού που δεν γνωρίζει καμία παροντικότητα, δηλ. του Γίγνεσθαι.

Για τον Νίτσε η εμφάνιση και σταθεροποίηση της απολλώνειας εμφάνειας και της τραγικής δραματουργίας στον αρχαίο ελληνικό κόσμο σηματοδοτεί τη διαμόρφωση μιας παροντικότητας η οποία ενέχει μια ιδιαίτερη δυναμική. Το θεμέλιο αυτής της δυναμικής εντοπίζεται κατά τον Νίτσε στην ιδιάζουσα τάση της απολλώνειας εμφάνειας να εγκαθιδρύσει την εικαστική της σφαίρα ως τη δεσμευτική και κατηγορηματική έκφραση και ερμηνεία όλων των βιοτικών ενεργημάτων που συντελούνται στο κοινό σύμπαν ιστορίας και πολιτισμού.[453] Έτσι όμως η εικαστικότητα του αισθητικού παρόντος ανεξαρτητοποιείται από το καταγωγικό της πλαίσιο των παραστασιακών μεταφορών και μεταφράσεων του Γίγνεσθαι σε Είναι και αντίστροφα, παίρνοντας ταυτόχρονα το χαρακτήρα τελεσίδικης κοσμοθεωρίας. Αυτό είναι άλλωστε το σημείο που αποτελεί για τον Νίτσε την αφορμή για τη σωκρατική επέμβαση, η οποία, όπως θα δούμε αμέσως, επιτίθεται στην αισθητική αυτή κοσμοθεώρηση καταλογίζοντάς της ότι αποτελεί απλά ένα πέπλο, μια ψευδεπίγραφη επίφαση, οπότε καθήκον κάθε έλλογου ανθρώπου πρέπει από εδώ και στο εξής να είναι η υπέρβαση της πλασματικής εμφάνειας και η θεωρητική-επιστημονική διείσδυση στην ουσία των πραγμάτων. Αν και η παρουσίαση του Σωκράτη στη *Γέννηση της τραγωδίας* είναι από πρώτη άποψη άκρως αρνητική, δεν πρέπει να μας κάνει να πιστέψουμε πως ο Νίτσε θέλει απλά να αντιπαραθέσει το νέο φιλοσοφικό και ορθολογικό ιδεώδες του σωκρατικού διαφωτισμού στις πλανερές φαινομενικότητες της τέχνης και της αισθητικής κοσμοαντίληψης. Δεν πρόκειται σε καμία περίπτωση για μια ρηχή αντιπαράθεση επιστήμης και τέχνης. Δεν είναι η ορθολογικότητα της επιστήμης που καταστρέφει την τραγική τέχνη της τραγικής κοσμοθεώρησης, αλλά η ίδια η τέχνη... σκάβει το λάκκο της. Γιατί; Την απάντηση στο ερώτημα πρέπει να την αναζητήσουμε στο χαρακτήρα της αυτονόμησης που ανέφερα μόλις τώρα. Η εγκαθί-

453. «Ως τα τότε οι Έλληνες ήσαν υποχρεωμένοι, παρά τη θέλησή τους, ν' ανάγουν στους μύθους τους όλες τις εμπειρίες τους, και που μπορούσαν να τις ερμηνεύσουν χάρη σ' αυτούς τους μύθους. Το πιο άμεσο παρόν τούς εμφανιζόταν υποχρεωτικά sub specie aeterni κατά κάποιο τρόπο άχρονο». (βλέπε ό.π., σελ. 122)

δρυση μιας αυτόνομης εικαστικότητας που αξιώνει να είναι κοσμοεικόνα έχει να κάνει με αυτό που αναφέραμε στα προηγούμενα ως «σύγχυση των αρχών της τέχνης». Για την ερμηνεία που θα επιχειρήσω στα επόμενα η σύγχυση σημαίνει ότι καθώς η χρονική ακολουθία αντικαθίσταται από τη χωρική διάταξη του τύπου «το ένα δίπλα στο άλλο», η αισθητική εμφάνεια απολύει το στοιχείο διαδικασιακού διενεργήματος και μετατρέπεται σε αυστηρά περιχαρακωμένη, περιγραμματικά οριοθετημένη και δομικά συμπαγή αφηγηματική παράσταση με αξιώσεις κοσμοεικόνας.

Ας κοιτάξουμε τα σημεία εκείνα στο κείμενο που διαπραγματεύονται σε τελική ανάλυση την ιδεολογική αυτονομία της αισθητικής εμφάνειας. Το πρώτο στάδιο ανεξαρτητοποίησης εντοπίζεται από τον Νίτσε στην αυξανόμενη αναβάθμιση της αισθητικής παραστατικότητας, η οποία απορρέει από τα επιπλέον καθήκοντα που προοδευτικά αναλαμβάνει η απολλώνεια εμφάνεια, να αποτελεί δηλ. ρεαλιστική αναπαράσταση.[454] Αν για την παραστατική τάξη του δράματος η σφαίρα της απολλώνειας εμφάνειας χαρακτηριζόταν από μια αντιθετικότητα, την οποία είδαμε να ισχύει μεταξύ της εύμορφης ατομικότητας και του άμορφου Γίγνεσθαι, βλέπουμε τώρα να κυριαρχεί η τάση να μετατραπεί η παραστατική έκφραση του άμορφου και αφανούς Γίγνεσθαι σε πιστή αναπαράσταση των στοιχείων που το συνθέτουν. Η αισθητική συνεκτικότητα της απολλώνειας εικόνας δεν θεωρείται πια αποκλειστικά αρχή δόμησης της παράστασης, που όπως είδαμε αντιπαλεύει δημιουργικά την παλινωδία μεταξύ της παροντικότητας και του Γίγνεσθαι.[455]

Τώρα νοηματοδοτείται αντίθετα: πιστή ως αναπαράσταση και διαφανής

454. Ό.π., σελ. 60 κ.ε.

455. Για τον Νίτσε η πορεία της τέχνης προδιαγράφεται από το καθήκον να δώσει παραστατική έκφραση στις θεμελιακές για τη ζωή αντιθέσεις και ανταγωνισμούς που προέρχονται από την απαράβατη συνθήκη της παροδικότητας και του ανελέητου Γίγνεσθαι. Η αισθητική έκφραση είναι μια μορφή με την οποία η ζωή υπερβαίνει τις αντιξοότητες της ροϊκής και φευγαλέας ύπαρξης, μια και δεν τις αγνοεί, αλλά αντίθετα τις εγκολπώνεται στα παραστατικά της διενεργήματα. Η «διαφωνία» (Dissonanz) της διονυσιακής αμορφίας εντάσσεται δημιουργικά στο σύνολο των εικονικών παραστάσεων διαμέσου αυτού που χαρακτηρίσαμε διαλεκτική εικόνα. (Βλέπε Νίτσε, καταλειπόμενα έργα, *KSA*, τόμ. 7, σελ. 166 κ.ε.) Γι' αυτό άλλωστε η δομή της απολλώνειας εικαστικότητας μπορεί να χαρακτηριστεί ως «μετέωρη ισορροπία».

ως προς το παραστατικό της περιεχόμενο εμφάνεια. Η πορεία προς την πλήρη διαφάνεια τις αναπαράστασης δεν είναι βέβαια απρόσκοπτη: ο Νίτσε παρατηρεί ότι υπάρχουν κάποια εμπόδια, καθώς η νέα δραματουργία του Ευριπίδη «ανακάλυψε και στο πιο ασήμαντο χαρακτηριστικό, στη πιο μικρή γραμμούλα, κάποια αντίθεση: μια ακρίβεια που μπορεί να μας ξεγελάσει απ' τη μια, κι απ' την άλλη ένα μυστηριώδες βάθος κι ένα απροσμέτρητο άπειρο».[456] Έτσι, η αισθητική εικαστικότητα σε αυτό το στάδιο πρέπει να εντείνει τις προσπάθειες με σκοπό να αυξήσει τη διαφάνεια της παραστατικότητάς της: πρέπει να κάνει την ενότητα της σύνθεσης των παραστάσεων πιο συμπαγή και την ακολουθία των σκηνικών δράσεων λογικά πιο αναγκαία. Πρέπει να έχει ως σκοπό μια αναντίρρητη προφάνεια, η οποία θα είναι τόσο άμεσα πειστική και λογικά ευλογοφανής, όσο και κοσμοθεωρητικά δεσμευτική. Τι σημαίνει αυτό για τη θεατρική δραματουργία; Επειδή η απολλώνεια εικαστικότητα αντλεί την πειστικότητά της από την «ιδανικότερη και υψηλότερη εκδήλωσή της»,[457] είναι αναγκασμένη να κάνει μια μετατόπιση στις παραστατικές προτεραιότητες. Αν μέχρι τώρα το παραστατικό μέσο της ζωντανής ομιλίας έπαιζε δευτερεύοντα ρόλο σε αντίθεση με τη σκηνική δράση,[458] ο λόγος αναλαμβάνει τώρα την πρωτοκαθεδρία, οπότε συνακόλουθα ένα μέρος της δραματουργικής δράσης μετατρέπεται σε λόγο, ο οποίος αναλαμβάνει να περιγράψει τα σκηνικά δρώμενα και να θεμελιώσει με επιχειρήματα τη λογική ακολουθία των σκηνικών παραστάσεων.

Επειδή η νέα μεταφορά θα αποδειχθεί αποφασιστική για τη διαδικασία της αυτοκατάλυσης της τραγικής κοσμοθεώρησης, πρέπει να την εξετάσουμε προσεκτικά. Ξεκινήσαμε από τη νιτσεϊκή σκέψη ότι η εικαστική παροντικότητα που διαμορφώνεται ως αισθητικό αποτέλεσμα αντιθετικών στιγμών, δηλ. το απολλώνειο σύμπαν της εύμορφης συμμετρίας, ενέχει την τάση να παγιώσει την εικαστική παραστατικότητα σε αμετακίνητο κοσμοείδωλο. Αυτή η παγίωση είναι ταυτόχρονα και μια ανεξαρτητοποίηση από το πλαίσιο των παραστασιακών σχέσεων και δηλώνει ότι η απολλώνεια εμφάνεια εγείρει τώρα αξιώσεις θεωρητικής νοηματοδότησης και συνεκτικής ερμηνείας του κόσμου.[459] Το αι-

456. Ό.π., σελ. 61.
457. Ό.π., σελ. 63.
458. Ό.π., σελ. 87 κ.ε.

σθητικό αυτό κοσμοείδωλο αποδεικνύεται σταδιακά ως το κατάλληλο έδαφος για την ορθολογική επεξεργασία του δραματικού μύθου. Ο εξορθολογισμός της μυθικής αφήγησης αποτελεί μια μορφή επεξεργασίας της απολλώνειας κοσμοθεώρησης[460] – επεξεργασία που έχει ως στόχο να καταστήσει την αισθητική εμφάνεια της καλλίμετρης παράστασης ακόμη πιο διαφανή και ευλογοφανή, δηλ. ακόμη πιο πειστική ως πιστή αναπαράσταση του κόσμου.

Η διαδικασία αυτή εξορθολογισμού και λογικοφάνειας, την οποία ο Νίτσε βλέπει να κορυφώνεται στη δραματουργία του Ευριπίδη, είναι αναπόδραστη συνέπεια του γεγονότος ότι η απολλώνεια παραστατικότητα παύει να είναι αναπόσπαστο μέρος των άμεσων βιοτικών ενεργημάτων, τα οποία όπως είδαμε διευθετούν, δηλ. καθιστούν βιώσιμη, τη διαφορά και αντίθεση μεταξύ Είναι και Γίγνεσθαι. Αυτό που εννοεί ο Νίτσε είναι ότι αυτό που χάνει η απολλώνεια παράσταση, δηλ. τη βιοτική ζωτικότητα, προσπαθεί να το κερδίσει διαμέσου μιας αυξημένης λογικοποίησης. Η λογικοποίηση αυτή ενέχει δύο στιγμές: *α)* την αναπαραστατικά πιστή απόδοση εξωαισθητικών γεγονότων και καταστάσεων, και *β)* τη διαμεσολάβηση του λόγου και της δραματικής γλώσσας ως μέσου για τη λογική θεμελίωση και νομιμοποίηση της σκηνικής δράσης. Για τη θεώρηση αυτής της αισθητικής παράστασης είναι αδύ-

---

459. Αυτή την αξίωση δεσμευτικής προφάνειας και ευλογοφανούς διαφάνειας, την οποία εγείρει η αισθητική εμφάνεια, θα τη συναντήσουμε ως λογική συνέπεια της *ΑΘ* του Αντόρνο: «Η λογική συνέπεια καθορίζει αντικειμενικά τα έργα τέχνης στη δομή τους, χωρίς να λαμβάνεται υπόψη η υποδοχή τους. Και όμως δεν πρέπει να παίρνουμε τη λογικότητα κατά γράμμα. Σε αυτό σκοπεύει η παρατήρηση του Νίτσε –η οποία πάντως υποτιμά με ερασιτεχνικό τρόπο τη λογικότητα της τέχνης– ότι στα έργα τέχνης όλα φαίνονται απλώς σαν να πρέπει να είναι έτσι, σαν να μην μπορούσαν να είναι διαφορετικά» (236). Αν και ο Αντόρνο συμμερίζεται την έννοια αυτής της αισθητικής συνεκτικότητας, δυσκολεύεται κατά τη γνώμη μου να εξαντλήσει το νόημα της νιτσεϊκής σύλληψης της συνεκτικότητας. Αυτό φαίνεται εκτός των άλλων στο γεγονός ότι καταλογίζει στον Νίτσε προχειρότητα και ερασιτεχνισμό, γιατί βέβαια ο ίδιος έχει πάρει απερίφραστα το μέρος της καλλιτεχνικής πρωτοπορίας. Για την αισθητική θεωρία του Αντόρνο ακόμη και στις περιπτώσεις που η αισθητική εμπειρία δεν υπόκειται στους όρους της μοντέρνας καλλιτεχνικής παραγωγής πρέπει παρ' όλα αυτά να εξετάζεται από τη σκοπιά της Avantgarde.

460. Ο καλλιτέχνης παραμένει εδώ «ο ήρεμος θεωρός, ο απαθής με τα ορθάνοιχτα μάτια που βλέπει να παρελαύνουν μπροστά του εικόνες». Ό.π., σελ. 64.

νατον «να ανυψωθεί ως την απολλώνεια δράση του έπους, ενώ, απ' την άλλη, επειδή απαλλάχτηκε, στο βαθμό που του 'ταν δυνατόν, από κάθε διονυσιακό στοιχείο, έχει ανάγκη για να δράσει, να καταφύγει σε άλλα μέσα συγκίνησης, που δεν μπορούν παι να προέρχονται απ' τις δύο μονάχα παρορμητικές δυνάμεις της τέχνης του, το απολλώνειο πνεύμα και το διονυσιακό ένστιχτο. Τα μέσα συγκίνησης είναι ψυχρές και παράδοξες σκέψεις, που αντικαθιστούν τους απολλώνειους οραματισμούς, και παράφορα πάθη, που αντικαθιστούν τα διονυσιακά θέλγητρα – είναι, ακόμα περισσότερο, σκέψεις και πάθη που τα έχουν περιγράψει κατά τρόπο ξεχωριστά ρεαλιστικό και που δεν έχουν τίποτα το κοινό με τις αιθέριες δημιουργίες της τέχνης».[461] Με την αλλαγή των προτεραιοτήτων και τη μετατόπιση του κέντρου βάρους σε μια παραστατικότητα η οποία θέλει να λειτουργεί ως λογική προφάνεια και πειστική αναπαράσταση, ο νέος αυτός τύπος αισθητικής εμφάνειας νομίζει ότι κατακτά ένα ανώτερο επίπεδο κοσμικής σύλληψης και θέασης. Η αντίθεση με την προηγούμενη μορφή απολλώνειας παράστασης είναι εμφανής: εκείνη βασιζόταν σε έναν αισθητικό «συμβιβασμό» μεταξύ των ατομικών εικαστικών συναστερώσεων και της άρσης κάθε ατομικότητας από το πανίσχυρο Γίγνεσθαι και την κυρίαρχη μοίρα. Τούτη αντίθετα προσηλώνεται στο να διαμορφώσει μια παράσταση που θα είναι μια συνεκτική και επιχειρηματολογικά δεσμευτική αφηγηματική δομή. Το δραματικό έπος, το οποίο για τον Νίτσε αποτελεί την οργανωτική μορφή αυτής της σκηνικής παραστατικότητας, ωθεί τη διαδικασία των μεταφορών και αλλαγών στα παραστατικά μέσα στο σημείο όπου η αισθητική παροντικότητα της σκηνικής δράσης υποβαθμίζεται σε απλό στοιχείο μετάβασης, ανάμεσα «στην επική πρόβλεψη του παρελθόντος και την επική περιγραφή του μέλλοντος».[462]

6.2.2. Η αποδόμηση της αισθητικής εμφάνειας

Νομίζω πως αυτές οι ερμηνευτικές παρατηρήσεις βοηθούν σημαντικά να εμβαθύνουμε στην εξέταση της αυτοκατάλυσης της απολλώνειας εμφάνειας και της τραγικής κοσμοθεώρησης. Για τον Νίτσε, όπως κατα-

461. Ό.π.
462. Ό.π., σελ. 66.

δείχτηκε, η κρίση και πτώση του τραγικού σύμπαντος στην αρχαία Ελλάδα δεν αποτελεί αποτέλεσμα της έξωθεν επιρροής του νέου ορθολογικού κοσμοειδώλου όπως αυτό εκφράζεται από το σωκρατικό διαφωτισμό. Αντίθετα, η εμφάνιση της ορθολογικής σκέψης καθίσταται δυνατή ακριβώς στο έδαφος της εξέλιξης της απολλώνειας κοσμοθεώρησης ως συνεκτικής αναπαράστασης του κοσμικού Είναι. Για την οξυδερκή σκέψη του Νίτσε είναι φανερό ότι η φιλοσοφική κοσμοθεώρηση δεν είναι φαινόμενο εξωγενές της τέχνης, αλλά αναδύεται στα πλαίσια και στο εσωτερικό της απολλώνειας εμφάνειας.

Η *φιλοσοφική κοσμοθεώρηση ως εξελικτική αναδίπλωση της απολλώνειας εμφάνειας*: αυτή είναι η θέση που θα προσπαθήσω να υποστηρίξω στην ενότητα αυτή. Για την ερμηνευτική αυτή προοπτική η *Γέννηση της τραγωδίας* δεν είναι μόνο διαύγαση του αισθητικού φαινομένου, αλλά ταυτόχρονα και μια γενεαλογική εξέταση της ανάδυσης της φιλοσοφίας ως ορθολογικής σκέψης και επιστημονικής κοσμοαντίληψης. Στο σημείο αυτό πρέπει να παρατηρηθεί ότι όσον αφορά τη φιλοσοφία ως μετεξέλιξη της αισθητικής κοσμοαντίληψης οι μελετητές του νιτσεϊκού έργου συμφωνούν ότι ο Νίτσε με τη *Γέννηση της τραγωδίας* προετοιμάζει το έδαφος για τις μετέπειτα γενεαλογικές κριτικές ενάντια στην ηθική και στο χριστιανισμό. Από την άλλη βλέπουμε πως είναι ασαφής η προβληματική γύρω από τη λειτουργία και την αξία που έχει η φιλοσοφία στο πρώιμο έργο του φιλοσόφου. Πρέπει λοιπόν στην αρχή κιόλας της ενότητας να αντικρούσουμε μια ευρέως διαδεδομένη αντίληψη όσον αφορά την ισχύ και τη νομιμότητα της σωκρατικής αποδόμησης της αισθητικής εμφάνειας. Σύμφωνα με τη θεώρηση αυτή η θεωρητική-ρασιοναλιστική στάση του Σωκράτη αποτελεί ένα είδος παρανόησης, το οποίο οδηγεί μοιραία στην επικράτηση ενός εξουσιαστικού επιστημονισμού.[463] Αντίθετα, πεποίθησή μου είναι πως η κριτική της

463. Συχνά δεν αντιστέκεται κανείς στον πειρασμό να ταυτίσει την παρανοϊκή αντίληψη του Σωκράτη, την οποία όντως έτσι χαρακτηρίζει ο Νίτσε, με έναν αχαλίνωτο ορθολογισμό, ο οποίος στην πορεία της πολιτισμικής προόδου θα κατακτήσει την εξουσία δεσμευτικής και τελεσίδικης νοματοδότησης παντός επιστητού. Κατά την άποψή μου η ταύτιση της σωκρατικής νοησιαρχίας με το θετικισμό της επιστημονικής αιτιοκρατίας είναι λάθος. Κατ' αρχάς για τον Νίτσε η παρανοϊκή αντίληψη του Σωκράτη πόρρω απέχει από το να αποτελεί μια πρώιμη μορφή αυτού που ο Χάιντεγκερ

αισθητικής εμφάνειας πρέπει να διεξαχθεί αποκλειστικά στο έδαφος της εξέτασης του χαρακτήρα της παραστατικότητας εν γένει. Με αυτό ως βάση μπορούμε στη συνέχεια να διευρύνουμε την προβληματική των παραστασιακών σχέσεων εντάσσοντας στην ερμηνευτική μας προσέγγιση τη διάσταση της επικάλυψης και αποκάλυψης που ενέχεται στις παραστασιακές σχέσεις.

Ο Νίτσε δίνει μεγάλη σημασία στο γεγονός ότι μόνο μετά την ανάδυση μιας κυρίαρχης, δηλ. ανεξάρτητης από τα κοινά βιοτικά ενεργήματα (όπως εκείνα που εκφράζονται στα χορικά μέρη της τραγωδίας), εικαστικής παράστασης, μπορεί να τεθεί καν το ερώτημα της αισθητικής της αξίας. Όντως το ερώτημα τίθεται επιτακτικά, γιατί παύοντας να είναι διαμεσολαβητική έκφραση της αντίθεσης Είναι-Γίγνεσθαι η αισθητική παραστατικότητα είναι αρχικά αβέβαιη για το τι στην ουσία παριστά. Η τραγική εικαστική-θεατρική παραστατικότητα θα αντιμετωπίσει την αβεβαιότητα αυτή με το να στοιχειοθετήσει την αισθητική της εμφάνεια πάνω στη βάση μιας συνεκτικής και ευλογοφανούς φαινομενικότητας, η οποία από εδώ και στο εξής αναλαμβάνει καθήκοντα νοηματοδότησης και ερμηνείας του κοσμικού όλου. Στο σημείο αυτό παρουσιάζεται ένα παράδοξο: στο βαθμό που η τραγική παράσταση εντείνει τη δυναμική ανανοηματοδότησης της αισθητικής εμφάνειας, δηλ. αναπροσαρμογής της λειτουργικής αξίας των εκφραστικών μέσων (εικόνα, τόνοι, γλώσσα, χορός), ώστε να εξυπηρετούν αποκλειστικά τη διαφάνεια και κατανοησιμότητα των σκηνικών δρώμενων – στο βαθμό αυτό έχει να αντιμετωπίσει την απορία πώς να ξεχωρίσει την αισθητική εμφάνεια από τα ουσιαστικά φαινόμενα (Schein vs. Erscheinung). Ο

θα χαρακτήριζε ως θέληση για δύναμη της εξουσιαστικής υποκειμενικότητας. Αν υπάρχει μια παράνοια, αυτή έγκειται όπως είδαμε στην ίδια την απολλώνεια εμφάνεια στο βαθμό που αυτή εγείρει την αξίωση να αναπαριστά το κοσμικό Είναι συνεκτικά, λογικά και ορθολογικά. (Βλέπε Νίτσε, καταλειπόμενα έργα, *KSA*, τόμ. 7, σελ. 98 κ.ε.) Αν κοιτάξει κανείς προσεκτικά τι λέει ο Νίτσε στη *Γέννηση της Τραγωδίας* για την παράνοια αυτή, τότε θα αναρωτηθεί γιατί ειδικά η επιστημονική ορμή σπρώχνεται «ακατάπαυστα στα όριά της, όπου αναγκαστικά μεταμορφώνεται σε τέχνη» (βλέπε ό.π., σελ. 78). Νομίζω ότι η αρχικά παράδοξη αυτή σκέψη μπορεί να ερμηνευτεί ικανοποιητικά αν την τοποθετήσει κανείς στο πλαίσιο της λογικής των παραστασιακών σχέσεων. Αυτό άλλωστε θα είναι και το κύριο επιχειρηματολογικό μέρος της ενότητας αυτής.

λόγος γι' αυτό δεν είναι δύσκολο να γίνει αντιληπτός: επειδή προσανατολίζει την αισθητική παράσταση/εμφάνεια στην αναπαράσταση της πραγματικότητας, επιδιώκει να γίνει παραστατική υποτύπωση και έκφραση του όντως Είναι των πραγμάτων. Με αυτό τον τρόπο όμως αξιώνει υπόδηλα ότι είναι σε θέση να μετατρέψει την αισθητική εμφάνεια –η οποία για τον Νίτσε δεν είναι αναπαράσταση, αλλά ο τρόπος ή το σχήμα με το οποίο η ζωή διενεργεί και βιώνει την αντίθεση μεταξύ Είναι και Γίγνεσθαι– σε ουσιαστική φαινομενικότητα, πιστή υποτύπωση ή/και αναπαράσταση της πραγματικότητας. Στο σημείο αυτό ξεκινά ένας δρόμος, στην άκρη του οποίου βρίσκεται ο Σωκράτης και η κριτική αναίρεση της αισθητικής εμφάνειας.

Η κατάσταση είναι εξαρχής προβληματική. Η μετα-τραγική αισθητική εμφάνεια προκαλεί άμεσα την υποψία *α)* αν είναι στην ουσία αληθινή παραστατική μορφή, και αν όχι, αν θα μπορούσε να βρεθεί μια καταλληλότερη, και ακόμη σημαντικότερα *β)* αν τελικά χρειάζεται κανείς την εμφάνεια ως φαινόμενο ενός πράγματος, το οποίο θα μπορούσαμε να συλλάβουμε και να καταστήσουμε αντιληπτό με άλλα μέσα, πέρα από εμφάνειες και αισθητικές φαινομενικότητες. Όσον αφορά την πρώτη υποψία, το ερώτημα που τίθεται είναι αν η τραγική κοσμοθεώρηση της δραματικής παράστασης είναι η μόνη δυνατή και κατάλληλη έκφραση του κοσμικού Είναι ή αν θα μπορούσαμε να βρούμε κι άλλες, εξίσου πρόσφορες. Στη δεύτερη περίπτωση η υποψία είναι πολύ ριζικότερη, εφόσον αυτό που τίθεται σε αμφισβήτηση είναι η ίδια η παράσταση, δηλ. η ίδια η νομιμότητα του παραστατικού Είναι. Για τον Νίτσε ο θεωρητικός τύπος βίου που εκφράζεται από τον Σωκράτη θέτει στη δραματική-τραγική παραστατικότητα και τα δύο είδη ερωτήματος. Η σωκρατική αμφισβήτηση του τραγικού κοσμοειδώλου συνδυάζει τον αρνητισμό της «αφάνισης του κόσμου»[464] –αρνητισμός που στοχεύει να συλλάβει την ουσία των πραγμάτων πέρα και ενάντια σε κάθε ενδιάμεση (παραστατική) φαινομενικότητα– με μια εντελώς αντίθετη στάση βίου: στο βαθμό που ο θεωρησιακός και ορθολογικός αρνητισμός διαπιστώνει πως η σύλληψη της ίδιας της ουσίας των πραγμάτων είναι μια χίμαιρα, μεταστρέφεται κι ο ίδιος σε απολογητή της καθολικής φαινομενικότη-

464. Βλέπε καταλειπόμενα έργα, *KSA*, τόμ. 7, σελ. 62.

τας. Η συνάφεια αυτή είναι όντως δυσνόητη. Ας δούμε επομένως τα πράγματα αναλυτικότερα.

Όπως είπαμε, η τραγική παραστασιακή μορφή του δράματος χαρακτηρίζεται από μια ανεξαρτητοποίηση της αισθητικής εμφάνειας από το πλαίσιο της παροντικής εικαστικότητας, στην οποία όπως είδαμε οι χαρακτήρες της τραγωδίας δοξολογούν με τη δράση τους το Είναι, αλλά ταυτόχρονα επιβεβαιώνουν με την πτώση και καταστροφή τους το αέναο Γίγνεσθαι. Η άρση της διαλεκτικής εικόνας και η παγίωση της παράστασης σε αναπαράσταση, διαδικασίες που ο Νίτσε βλέπει να χαρακτηρίζουν την ευριπίδεια δραματουργία, έχουν μια καταστροφική συνέπεια και για το σύμπαν της τραγικής κοσμοθεώρησης: το *θέατρο μετατρέπεται σε θεωρία*. Τι σημαίνει αυτό; Σημαίνει ότι η χρονική ακολουθία μεταφορών και μεταφράσεων από το ένα παραστατικό μέσο στο άλλο, αλλοιώνεται σε σειριακή παράταξη εικόνων, τις οποίες τώρα οι θεατές καλούνται να «διαβάσουν» ως αφηγηματική αναπαράσταση του πραγματικού Είναι. Ο Νίτσε δεν αμφιβάλλει πουθενά για το ότι η καθαρή, δηλ. διαυγής και προφανής εικαστικότητα είναι κοινό χαρακτηριστικό τόσο της αισθητικής, όσο και της θεωρητικής στάσης, εφόσον «ο θεωρητικός άνθρωπος νιώθει μια απέραντη ικανοποίηση για κάθε τι το πραγματικό»,[465] όπως και ο καλλιτέχνης. Και ο θεωρητικός άνθρωπος βιώνει μια αισθητική εμπειρία, αλλά όχι με τον τρόπο του καλλιτέχνη, γιατί γνωρίζει ότι κάθε αισθητική εμφάνεια είναι κάτι το προσωρινό, και ακόμη ότι η εμφάνεια έχει την τάση να παρουσιάζεται ως διάφανος καθρέπτης που δήθεν αναπαριστά πιστά τα όντα. Επομένως, σε αντίθεση με τον καλλιτέχνη ο θεωρητικός άνθρωπος είναι σε θέση να διαγνώσει τον κίνδυνο που ενέχει η αισθητική εμφάνεια να παρεμβάλλει τις παραστάσεις της μεταξύ του υποκειμένου και του αντικειμένου, δηλ. να επικαλύπτει τα περιεχόμενα διαμέσου μιας καθ' όλα πειστικής, ευλογοφανούς και αναντίρρητα σαγηνευτικής παράστασης.

«Ενώ δηλ. ο καλλιτέχνης με κάθε αποκάλυψη της αλήθειας προσκολλάται με σαγηνεμένο βλέμμα σ' αυτό που και μετά την αποκάλυψη παραμένει το επικάλυμμά της, ο θεωρητικός άνθρωπος απολαμβάνει και ικανοποιείται για το αχρείαστο αυτό επικάλυμμα, έχοντας σαν ύψιστο

465. Βλέπε *Γέννηση της τραγωδίας*, ό.π., σελ. 77.

στόχο απόλαυσης τη διαδικασία ολοένα και επιτυχέστερων αποκαλύψεων».[466] Αν η αισθητική συνείδηση χαρακτηρίζεται από την προσήλωση στη φαινομενικότητα της εμφάνειας ως εύστοχης παράστασης, η θεωρητική συνείδηση δεν θεωρεί τον εαυτό της αρχικά ως αντίθετο πόλο στις... εκστατικές παραστάσεις της αισθητικής εμφάνειας. Αντίθετα θέλει να είναι η δημιουργική διευθέτηση της αντίθεσης μεταξύ σταθερού Είναι και των παροδικών φαινομένων του Γίγνεσθαι, που θα συντελεστεί όμως εξω-αισθητικά. Αυτό σημαίνει ότι κατ' αρχάς αναζητά την ίδια την ουσία του Είναι πέρα από τις φαινόμενες παραστάσεις του. Για τον Νίτσε, που όπως είπαμε έχει πλήρη συνείδηση των αισθητικών διαστάσεων κάθε σκέψης, αργά ή γρήγορα η θεωρητική στάση καταλήγει στην απορητική κατάσταση ενός regressus ad infinitum,[467] αφού, όπως άλλωστε δείχνουν οι μεταφορές των ανασκαφών που χρησιμοποιεί ο Νίτσε, κάθε αποκάλυψη μετατρέπεται αυτόματα σε επικάλυψη. Η επίπονη λοιπόν διαδικασία του να ανασυρθεί το ουσιαστικό περιεχόμενο των πραγμάτων στο φως της ημέρας παίρνει το χαρακτήρα μιας σισύφειας αποκαλυπτικής επικάλυψης.[468] Πρόκειται δηλ. για μια διαλεκτική που δεν γνωρίζει τη σύνθεση, παρά μόνο το ριζικό βάθεμα: όσο προσπαθεί η γνώση να διαφύγει από τη διαλεκτική επικάλυψης-αποκάλυψης, και να βρει επιτέλους τη βασιλική οδό για την αλήθεια, τόσο πιο πολύ βυθίζεται στη σφαίρα των αποκαλυπτικών επικαλύψεων της εμφάνειας και των φαινομένων εν γένει.

Με αυτές τις παρατηρήσεις είμαστε νομίζω τώρα σε θέση να ερμηνεύσουμε συνολικά την έννοια που έχει για τον Νίτσε η κρίση της αισθητικής εμφάνειας, καθώς και τη νοηματοδότηση που προσδίδει στη φι-

---

466. Ό.π. Επίσης βλέπε καταλειπόμενα έργα, *KSA*, τόμ. 7, σελ. 135.

467. Ό.π.

468. Βλέπε Χάιντεγκερ, *Beiträge zur Philosophie*, σελ. 348 κ.ε. Ενώ ο πρώιμος Χάιντεγκερ συλλαμβάνει την αλήθεια ως αποκαλύπτεσθαι (ή Erschlossenheit) (βλέπε *Είναι και χρόνος*, § 44, σελ. 212), κατά τη διάρκεια της δεκαετίας του 1930 συντελείται στη σκέψη του ένας επαναπροσδιορισμός της έννοιας. Το αποκαλύπτεσθαι διαυγάζεται τώρα στον ορίζοντα του «κρυμένου» θεμελίου. Η πρωταρχική αυτή διαύγαση αποτελεί το έδαφος στο οποίο ριζώνει η σχέση μεταξύ αποκαλύπτεσθαι-επικαλύπτεσθαι. Ο Χάιντεγκερ συλλαμβάνει τη σχέση αυτή ως την αντίθεση μεταξύ της αλήθειας και της αναλήθειας (βλέπε *Beiträge zur Philosophie*, ό.π.). Επίσης βλέπε του ιδίου, *Der Ursprung des Kunstwerkes*, σελ. 25 κ.ε.

λοσοφική θεωρία ως διορθωτική παρέμβαση ενάντια στις αυτάρεσκες εξάρσεις της αισθητικής εμφάνειας. Ας ανακεφαλαιώσουμε πρώτα τα βήματα που κάναμε μέχρι τώρα. Η ερμηνεία της εργασίας μας ξεκίνησε από τη θέση ότι στο πλαίσιο της φιλοσοφικής-αισθητικής σύλληψης της *Γέννησης της τραγωδίας* ο Νίτσε περιγράφει τα στάδια *εξέλιξης της παραστασιακής λογικής*. Η πορεία των παραστασιακών σχέσεων ξεκινά από το άμορφο Γίγνεσθαι των βιοτικών αμεσοτήτων και περνώντας μέσα από μια σειρά μεταφορών και μεταφράσεων από το ένα παραστατικό μέσο σε άλλο, καταλήγει στη μορφική μοναδικότητα του έργου τέχνης, του οποίου το αισθητικό σύμπαν αποτελείται από ευδιάκριτες, έμμετρες και καλλίμορφες ατομικότητες. Η παραστατική εμφάνεια αξιώνει να προσφέρει μια διαφανή και συνεκτική κοσμοεικόνα. Ο Νίτσε προβάλλει εδώ τη φιλοσοφική ένσταση (στο πρόσωπο του Σωκράτη) έναντι των κοσμοθεωρητικών αξιώσεων της εξορθολογισμένης απολλώνειας εμφάνειας (Ευριπίδης): η θεωρητική στάση της φιλοσοφίας διατείνεται πως αν η αισθητική εμφάνεια μπορεί να αναλάβει καθήκοντα κοσμοειδώλου, τότε η φιλοσοφία είναι σε θέση να φέρει εις πέρας τη λειτουργία αυτή πολύ καλύτερα, αφού δεν δεσμεύεται από τις... επιφάσεις-επικαλύψεις της αισθητικής παράστασης. Η διαλεκτική δηλ. επικάλυψης-αποκάλυψης δεν είναι αποκλειστικό προνόμιο της καλλιτεχνικής παραστατικότητας. «Η άκρα καθαρότητα της εικόνας δε μας άρκεσε γιατί φαινόταν να μας αποκαλύπτει και να μας κρύβει σύγχρονα κάτι. Κι ενώ μας προσκαλούσε, με τη συμβολική αποκάλυψη που μας πρόσφερε, να σκίσουμε το πέπλο, να αποκαλύψουμε το μυστηριώδες πίσω μέρος της σκηνής, συγχρόνως η ίδια η φωτεινή ενέργεια του συνόλου συγκρατούσε τα βλέμματά μας και τα εμπόδιζε να προχωρήσουν βαθύτερα».[469] Αν στο παρόν της αισθητικής παράστασης εμφαίνεται κάθε φορά μόνο μια έποψη των πραγμάτων και συνακόλουθα η αισθητική εμφάνεια διατρέχει πάντα κίνδυνο να παρερμηνεύσει την παραστατική αυτή έποψη ως τελεσίδικη και επιτυχή αναπαράσταση ή και συνεκτική ερμηνεία του κόσμου, τότε ο φιλοσοφικός στοχασμός μπορεί και πρέπει όντως να παρέμβει διορθωτικά, υποστηρίζοντας συγκεκριμένα τη θέση ότι ενάντια στις επιφάσεις της μιας παράστασης μόνο η

469. Ό.π., σελ. 125.

πολλαπλότητα των παραστάσεων βοηθά. Με την πλουραλιστική στάση των παραστάσεων του κόσμου και των εικαστικών ερμηνειών (δηλ. κοσμοειδώλων), ο συνεκτικός χαρακτήρας της αισθητικής εμφάνειας δεν τίθεται βέβαια σε καθολική αμφισβήτηση. Αυτό που γίνεται αντικείμενο κριτικής παρέμβασης είναι η τάση της να μετατρέπεται σε τελεσίδικη παρουσία. Η θεωρητική-αισθητική αυτή στάση τονίζει βέβαια το στοιχείο της αποκάλυψης, δηλ. της ασύγκριτης εποπτικά διαύγασης του κόσμου που χαρακτηρίζει όλες τις επιτυχημένες καλλιτεχνικές μορφές. Παρ' όλα αυτά για τον Νίτσε η θεωρητική-αισθητική στάση δεν μένει δέσμια της σαγήνης των αισθητικά επιτυχημένων εποπτικών παραστάσεων. Αφήνεται σε ένα ανοικτό πεδίο παραστασιακών διενεργημάτων, τα οποία δεν προσανατολίζονται αναγκαστικά στη δημιουργία της τελεσίδικης παράστασης.

Σε τι αναφέρονται όμως οι παρατηρήσεις αυτές πάνω στην αισθητική-φιλοσοφική στάση; Ασφαλώς στην κεντρική για τη λογική κατάληξη των στοχασμών της *Γέννησης της τραγωδίας* μορφή του «Σωκράτη μελετητή της μουσικής».[470] Αυτή νομίζω είναι και η απάντησή του στην κρίση της αισθητικής εμφάνειας. Σηματοδοτεί κατά την άποψή μου εκείνο το διενέργημα κριτικής της αισθητικής εμπειρίας η οποία δεν αναζητά τη σωτηρία από τις επιφάσεις και πλάνες της αισθητικής παράστασης κάπου αλλού, έξω από την παράσταση (δηλ. π.χ. σε κάποιο μη-παραστατικό Είναι), αλλά επιστρέφει πάντα στη σφαίρα της παράστασης θέτοντάς την αντιμέτωπη με άλλες παραστάσεις. Ο «διονυσιακός Σωκράτης» ενσαρκώνει για τον Νίτσε μια θεωρητική στάση για τον κόσμο, η οποία αντίκειται φυσικά στις αυθυποβολές της τέχνης και τις απατηλές αξιώσεις της αισθητικής παράστασης. Ταυτόχρονα όμως εμφορείται από την πεποίθηση ότι η διαύγαση του κόσμου μπορεί να γίνει μόνο ως παραστασιακή σχέση. Δεν υπάρχει γι' αυτήν άλλο Είναι από το παραστατικό.

Αν η ερμηνεία είναι σωστή, τότε δεν γίνεται ο Νίτσε, όπως θέλουν αρκετοί μεταμοντέρνοι συγγραφείς, να υποστηρίζει μια καθολική αι-

470. Ό.π., σελ. 80. Η φιγούρα του μουσικού Σωκράτη αποτελεί ασφαλώς την προσύλληψη του νιτσεϊκού ζητούμενου για μια φιλοσοφία από την οπτική γωνιά του καλλιτέχνη.

σθητικοποίηση των βιοτικών διενεργημάτων. Η Αισθητική, με λίγα λόγια, δεν ενθρονίζεται από τον Νίτσε ως είδος (αριστοτελικής) πρώτης φιλοσοφίας, δηλ. σε καμιά περίπτωση δεν καλείται να υποκαταστήσει το λόγο της αλήθειας και της ηθικής. Αυτό στο οποίο στοχεύει η αισθητική-φιλοσοφική στάση του Νίτσε είναι να καταδείξει το γεγονός ότι η διαύγαση του κόσμου πρέπει να γίνεται αποκλειστικά στο έδαφος των παραστασιακών σχέσεων – το αν οι σχέσεις αυτές ενέχουν τη δυναμική πραγμοποίησης, δηλ. παγίωσης της παράστασης σε τελεσίδικη αναπαράσταση, είναι κάτι που καταδεικνύεται μόνο από το φιλοσοφικό στοχασμό, ο οποίος διανοίγει και πάλι τον ορίζοντα παραστατικότητας υποδεικνύοντας τον πλουραλιστικό χαρακτήρα του παραστατικού Είναι.

7. Η κρίση της αισθητικής εμφάνειας στην *Αισθητική Θεωρία*

Η προβληματική της κρίσης της αισθητικής εμφάνειας μπορεί κατά τη γνώμη μου να εξεταστεί κατάλληλα αν στρέψουμε αρχικά την προσοχή μας σε ορισμένες επόψεις της αισθητικής εικαστικότητας με τις οποίες ασχολείται ο Αντόρνο και συγκεκριμένα στο επίπεδο φιλοσοφικού στοχασμού πάνω στην κρίση της αισθητικής εμφάνειας στην πρωτοποριακή τέχνη του 20ού αιώνα. Κατ' αρχάς πρέπει να διαπραγματευτούμε το φαινόμενο του αμφίσημου χαρακτήρα της αισθητικής εμφάνειας, ώστε να μπορέσει στη συνέχεια να θεματοποιηθεί η αναφορική δομή της αισθητικής εμφάνειας στην εξωαισθητική πραγματικότητα, αλλά και στην υπερβατική διάσταση του έργου τέχνης. Η ερμηνεία της αισθητικής του Αντόρνο θέτει ως βάση τα κεφάλαια που αφορούν την εσώτερη οργάνωση του καλλιτεχνικού έργου. Στηριγμένος στις έννοιες της συνεκτικής συμφωνίας των μερών του έργου τέχνης και της αισθητικής στιγμής θα επιχειρήσω μια συνοπτική παρουσίαση της *Αισθητικής Θεωρίας*. Στη συνέχεια θα διερευνήσω τα ίχνη του Νίτσε στο τελευταίο και ανολοκλήρωτο έργο του Αντόρνο.

7.1. Επόψεις αμφίσημης εμφάνειας

1. Σε πρώτο επίπεδο η αισθητική εμφάνεια (ή εμφάνεια, Schein) συγκροτείται σύμφωνα με τον Αντόρνο γύρω από την ψευδαίσθηση της αξίωσης που εγείρει το έργο τέχνης να είναι μιμητική αναπαράσταση του εξω-αισθητικού στοιχείου. Υπό τη μορφή αισθητικών συστατικών του έργου τα στοιχεία της πραγματικότητας μετουσιώνονται σε εικονικές

ανα-παραστάσεις. Αυτό γίνεται διότι απεκδύονται την πραγματιστική τους ένταξη στο πλέγμα συγκεκριμένων βιοτικών ενεργημάτων. Από την άλλη δεν απολύουν την καταγωγική τους αναφορά στη σφαίρα του εξω-αισθητικού. Η πλασματική αξίωση αναπαράστασης αποτελεί αναπόσπαστο στοιχείο του έργου τέχνης στο βαθμό που το έργο ουσιαστικά εγείρεται πάνω σε μια βασική αμφισημία, δηλ. σε μια παλινωδία μεταξύ της αποφασιστικής θέλησης να μετουσιώσει όλα τα στοιχεία αναφορικότητας στην εξω-αισθητική πραγματικότητα σε καθαρές και αποκλειστικά αισθητικά βιώσιμες εικονικότητες[471] από τη μια, και της ανεξίτηλης εξάρτησης των στοιχείων αυτών από την εξωκαλλιτεχνική πραγματικότητα από την άλλη. «Προφανώς ο ενύπαρκτος χαρακτήρας φαινομενικότητας των έργων δεν μπορεί να απελευθερωθεί από μια δόση, έστω λανθάνουσας, απομίμησης της πραγματικότητας και κατά προέκταση από το στοιχείο της ψευδαίσθησης, καθώς ό,τι σχετικό με τη μορφή και τα υλικά, με το πνεύμα και την ύλη, περιέχουν τα έργα τέχνης έχει μεταναστεύσει από την πραγματικότητα στα έργα τέχνης, όπου έπαψε να είναι πραγματικό: ό,τι και αν είναι κατά τα άλλα, γίνεται πάντοτε και ομοίωμα της πραγματικότητας». (181)

2. Η ψευδαίσθηση του οντικά αυθύπαρκτου, η παλινωδία και η ακαθοριστία της αισθητικής εμφάνειας αποτελεί μια από τις επόψεις της. Αν διεισδύσουμε στο εσωτερικό της ενότητας του έργου, η οποία συγκροτείται μέσω της ενοποίησης-ολοκλήρωσης των ποιοτικών στοιχείων της πραγματικότητας, θα διαπιστώσουμε πως η ένταση μεταξύ του εξωγενούς και του αισθητικά εμμενούς ξεσπά εκ νέου. Τη φορά αυτή η αμφισημία της αισθητικής εμφάνειας παίρνει το χαρακτήρα της αντίρροπης σχέσης μεταξύ της (καλλιτεχνικής) ενωτικής ολοκλήρωσης και συνεκτικής συνάρθρωσης των στοιχείων από τη μια μεριά, και του γεγονότος από την άλλη ότι τα στοιχεία αυτά στο πλαίσιο της ένταξής τους σε πραγματιστικά σύνολα είναι ασύνδετα. Η αισθητική θεώρηση του Αντόρνο κυριαρχείται από την εξής αντινομία: αν και το έργο ως μορφοποίηση της συνεκτικής ολοκλήρωσης των στοιχείων του τα εξαναγκάζει να απεκδυθούν τις πραγματιστικές τους αναφορές, έτσι ώστε

471. Βλέπε Αντόρνο, *Αισθητική θεωρία*, σελ. 106. Όλες οι παραπομπές στις παρενθέσεις αναφέρονται στην ελληνική μετάφραση.

ως μέρη να ενταχθούν στην αισθητική εμφάνεια ως ολότητα, παρ' όλα αυτά το έργο αποτελεί ένα πεδίο διαρκούς έντασης, για το λόγο ότι τα στοιχεία ως εξωαισθητικές «υλικότητες» αντιστέκονται στην άμεση υπαγωγή τους στη μορφική-νοηματική ενότητα του έργου. Το οικοδόμημα του έργου τέχνης εγείρεται με την αξίωση να είναι η ολότητα μιας πλήρους και ενωτικής κατασκευής. Ως τέτοια ολότητα η αισθητική εμφάνεια αποτελεί για τον Αντόρνο ενοποιημένη-ολοκληρωμένη διάταξη των στοιχείων.[472]

3. Η ενοποιημένη-ολοκληρωμένη εμφάνεια του έργου, το οποίο ο Αντόρνο, δανειζόμενος έναν όρο του Λάϊμπνιτς, αποκαλεί «μονάδα» (306) εξαιτίας ακριβώς της αυθύπαρκτης αυτοτέλειάς του, δεν παραμένει όμως περιχαρακωμένη στα μορφικά της όρια. Δεδομένης της αισθητικά εύστοχης και καλλιτεχνικά επιτυχούς σύνθεσης η εμφάνεια του έργου τέχνης επιστρέφει σύμφωνα με τον Αντόρνο στις εξωαισθητικές της αναφορές. Αυτή τη φορά όμως οι αναφορές δεν ισχύουν για τα καταγωγικά στοιχεία του έργου, ούτε για όλες εκείνες τις εξωαισθητικές «υλικότητες» που εντάχθηκαν στην αισθητική ολότητα. Η αναφορά έχει τον προοπτικό χαρακτήρα της πρόληψης: η εμφάνεια αποτελεί προβολική παράσταση μιας μελλοντικής κοινωνικής κατάστασης, η οποία

---

472. Ο φιλοσοφικός-αισθητικός προβληματισμός της *Αισθητικής Θεωρίας* είναι αρκετά διεξοδικός ώστε να θεματοποιεί τις σχέσεις έντασης μεταξύ αισθητικής σύνθεσης και πολλαπλότητας των στοιχείων (π.χ.: «Τα πολλά και διάφορα μέσα στο αισθητικό συνεχές θέλουν ασφαλώς τη σύνθεσή τους, αλλά, καθώς ταυτόχρονα καθορίζονται από εξωαισθητικούς παράγοντες, την αποφεύγουν. Η σύνθεση που επιτυγχάνεται με την παρέκταση των πολλών και διάφορων, τα οποία δυνητικά την εμπεριέχουν, είναι αναπόφευκτα και η άρνησή τους», σελ. 289). Παρ' όλα αυτά υπάρχει μερικές φορές η αντίληψη ότι οι εκφραστικές στιγμές του έργου δεν τείνουν από μόνες τους σε κάποιο κοινό κέντρο-σύνθεση και ότι επιπλέον η προβολή που κάνει ο Αντόρνο μιας τάχα αρραγούς ενότητας και σύνθεσης του έργου τέχνης πρέπει να θεωρηθεί λανθασμένη. Η κριτική αυτή είναι κατά τη γνώμη μου ασταθής και οδηγεί σε απορίες, για το λόγο ότι ενάντια στη πρόθεσή του να αποδείξει πως για το Αντόρνο η αισθητική σύνθεση πρέπει να εννοηθεί αναγκαστικά ως διαδικασία καταναγκαστικής συναίρεσης των στοιχείων σε ολότητα, ο ίδιος πιστεύει πως το έργο θέτει αναντίρρητα εκτός λειτουργίας κάθε λειτουργία ταυτιστικής-συνολιστικής ενοποίησης (βλέπε ό.π., σελ. 139 κ.ε.). Αν όσον αφορά τις συνθετικές λειτουργίες τέχνη και σκέψη δεν διαφέρουν, τότε πρέπει να παραδεχτούμε πως η προβληματική της ιδιαιτερότητας του έργου τέχνης, κύριο άλλωστε μέλημα της *Αισθητικής Θεωρίας* (!) –το ερώτημα δηλ. πώς στην αισθητική εμφάνεια συγκροτείται το ολοκληρωμένο συνεχές του όλου και των μερών– μένει αναπάντητο.

δεν θα χαρακτηριζόταν από εξουσιαστικές σχέσεις και ανταγωνισμούς. Βέβαια και αυτή η εμφάνεια διαπερνάται από μια αμφισημία, η οποία δεν έχει όμως καθαρά αισθητικό χαρακτήρα.

Ο στοχασμός του Αντόρνο έχει στο σημείο αυτό κοινωνικό-ουτοπικό χαρακτήρα. Είναι πεπεισμένος ότι δεν επιτρέπεται καμία παραστατική προβολή της απελευθερωμένης κοινωνίας που να φορτίζει την αισθητική εμφάνεια με δύσκολα καθήκοντα. Ενώ είναι με κάποια έννοια προάγγελος της συμφιλίωσης (Versöhnung), δεν πρέπει να λειτουργεί ούτε ως προβολική ανα-παράσταση της μελλοντικής χειραφέτησης, αλλά ούτε ως συμβολικό αντικατάστατο με την έννοια ότι μόνο η τέχνη –καμία κριτική κοινωνική σκέψη και θεωρία– θα μπορούσε να επωμισθεί αποκλειστικά την αποστολή κριτικής εναντίωσης στο υπάρχον. Ο Αντόρνο είναι κατηγορηματικός όσον αφορά την απόρριψη κάθε αναπαραστικής λειτουργίας του έργου τέχνης. Η αισθητική εμφάνεια αποκόπτεται ριζικά από την καθηκοντολογία της απεικόνισης. Αυτό δεν σημαίνει ότι η αναβάθμισή της πρέπει να καταλήξει σε απολυτοποίηση της φαινομενικότητας ως αυτονομημένης αυταξίας. Κάτι τέτοιο θα είχε ως συνέπεια το αισθητικό φαινόμενο να έπαυε να συγκροτείται μέσω των αναφορών του στο εξω-αισθητικό, αλλά προπάντων μέσα από το υπερ-αισθητικό, στην υπέρβαση, καταλήγοντας σε απλή και αυτάρκη φαντασμαγορία.[473]

7.1.1. Η αναφορικότητα του έργου

Ο αμφίσημος χαρακτήρας της αισθητικής εμφάνειας, η παλινδρομική της αστάθεια μεταξύ των εξω-αισθητικών αναφορών και της εμμενούς νομοτέλειας που χαρακτηρίζει τη μορφική της συγκρότηση, γίνεται ευκολότερα κατανοητός αν λάβει κανείς υπόψη του τη λογική των παραστασιακών σχέσεων. Η μεταφορά και ένταξη των στοιχείων στο εσωτερικό του έργου αποτελεί μια διαδικασία κατά την οποία το εξω-αισθητικό μετατρέπεται σε εκφραστικό υποτύπωμα. Η αισθητική εμφάνεια συντελεί με άλλα λόγια ένα διπλασιασμό, ο οποίος όμως δεν αποτελεί αναπαραστατική αναπαραγωγή του εξω-αισθητικού. Για τον Αντόρνο η αισθητική

473. Ό.π. σελ. 65 κ.ε.

εμφάνεια νοηματοδοτείται ως είδος μιας διαθλασμένης αναφορικότητας, της οποίας όμως είναι αρκετά δύσκολο να προσδιοριστεί το σημείο αναφοράς. Η ασάφεια της αναφορικής σχέσης της εμφάνειας με αυτό το οποίο βρίσκεται πέρα από το αισθητικό φαινόμενο έγκειται κατά την άποψή μου στο χαρακτήρα των παραστασιακών σχέσεων. Η αισθητική εμφάνεια λειτουργεί δηλ. ως παραστατική μεταφορά του εξω-αισθητικού στο έργο τέχνης. *Το ότι το έργο τέχνης δεν είναι το δίδυμο Άλλο της εξω-αισθητικής πραγματικότητας, αλλά μια ιδιάζουσα πραγματικότητα με ιδιόρρυθμο τρόπο αυτοδιενέργειας παρουσιάζεται στο εσωτερικό του έργου τέχνης η χαρακτηριστική εκείνη ένταση, την οποία είδαμε κατά την εξέταση της πλατωνικής εμφάνειας, σφραγίζει ο χαρακτήρας του μη-όντος. Το έργο τέχνης θα προσπαθήσει να αποβάλει την οντολογική αυτή αστάθεια είτε με το να επιχειρήσει να άρει την αισθητική εμφάνεια στο επίπεδο μιας πραγματικότητας καθ' αυτήν,*[474] *είτε αντίστροφα να ανακαλέσει κάθε αισθητική αξίωση, τονίζοντας το γεγονός ότι πρόκειται απλώς για ένα πράγμα όπως όλα τα άλλα.*

Με τον τρόπο αυτό ο Αντόρνο νοηματοδοτεί την αντιθετικότητα που διαπερνά την αισθητική εμφάνεια ως τη διαλεκτική των αισθητικών παραστάσεων, οι οποίες πρέπει να διευθετήσουν την αντιθετικότητα μεταξύ της καθαρής εμφάνειας καθ' αυτήν και του απλού πράγματος αποκλειστικά μέσα στην αισθητική σφαίρα. Η διμέτωπη στρατηγική του Αντόρνο –συχνό φαινόμενο στα πλαίσια της φιλοσοφικής του κριτικής– παρουσιάζεται κι εδώ με αμείωτη ένταση. Από τη μια αντιτίθεται σε κάθε προσπάθεια του καλλιτεχνικού έργου να εξαφανίσει κάθε αναφορά στην εξω-αισθητική πραγματικότητα κατασκευάζοντας μια μονήρη σφαίρα αυτάρεσκης και αυτόνομης φαινομενικότητας, γιατί «το άρρηκτο είναι καθ' εαυτό, που το καθαρό έργο τέχνης ποθεί με λαχτάρα, δεν συμβιβάζεται με τον ορισμό του ως φτιαγμένο από ανθρώπους και κατά συνέπεια a priori αναμεμειγμένου με τον κόσμο των πραγμάτων». (180) Εξίσου έντονα ασκεί κριτική και στην αντίστροφη τάση που παρουσιάζουν ορισμένα καλλιτεχνικά κινήματα, τα οποία

474. Σε μια άλλη συνάφεια ο Αντόρνο κάνει λόγο για την τάση των έργων τέχνης να αποκοπούν από κάθε «πραγματιστική» αναφορά στην εξωαισθητική πραγματικότητα, με το να αίρονται τα ίδια σε πραγματικότητα sui generis, δηλ. να αίρουν το μοναδολογικό τους χαρακτήρα σε πράγμα αυτό καθ' αυτό. Βλέπε ό.π., σελ. 152 κ.ε.

αρνούμενα κατηγορηματικά κάθε αυτονόμηση της αισθητικής εμφάνειας μετατρέπουν το έργο σε απλή υλική κατασκευή: «Ωμά φυσικοεπιστημονικές διαδικασίες μεταχείρισης του υλικού, μετρήσιμες σχέσεις ή αναλογίες μεταξύ των παραμέτρων, απωθούν ανίσχυρα την αισθητική εμφάνεια, την αλήθεια για τον τεχνητό τους χαρακτήρα, ο οποίος, καθώς εξαφανίστηκε μέσα στο πλαίσιο αυτονομίας των έργων, άφησε πίσω του την "αύρα" ως αντανάκλαση του ανθρώπινου στοιχείου που αντικειμενοποιείται σε αυτά». (180) Καταδικασμένη να πελαγοδρομεί μεταξύ της Σκύλλας της αυτοκατάλυσης και της Χάρυβδης της απολυτότητας της εμφάνειας η τέχνη για τον Αντόρνο είναι αναγκασμένη να διευθετεί την αντίθεση μεταξύ εμφάνειας και (υλικού) φαινομένου αποκλειστικά στο έδαφος όπου παρουσιάζονται και όλα τα προβλήματα, αυτό δηλ. της αισθητικής εμφάνειας.

7.1.2. Υπερβαίνουσα αναφορικότητα

Για να εξετάσουμε γόνιμα τον υπερβατικό χαρακτήρα της τέχνης πρέπει να στρέψουμε την προσοχή μας στο κεφάλαιο της *Αισθητικής Θεωρίας* που διαπραγματεύεται το ωραίο στη φύση ως κρυπτογράφημα εκείνου του στοιχείου που οδηγεί την τέχνη στην αυθυπέρβαση ή καλύτερα καθιστά την τέχνη χώρο του φαίνεσθαι της υπέρβασης. Το επόμενο ερμηνευτικό βήμα θα είναι να δούμε μερικές επιπλέον επόψεις της αυθυπέρβασης της τέχνης.

«Έργα τέχνης γίνονται παράγοντας αυτό το περισσότερο· παράγουν την ίδια τους την υπέρβαση, δεν είναι το πεδίο δράσης της, και αυτό τα διαχωρίζει πάλι από την υπέρβαση. Η θέση της μέσα στα έργα τέχνης είναι το πλέγμα συναρτήσεων των στοιχείων τους». (140) Διαπιστώνουμε αρχικά πως ο Αντόρνο κάνει μια σημαντική διαφοροποίηση μεταξύ του χώρου και της σκηνής ως του πεδίου δράσης της (αυθ-)υπέρβασης της αισθητικής εμφάνειας: με το μεταφορικό σχήμα της σκηνής, πάνω στην οποία διαδραματίζεται η υπερβαίνουσα αναφορικότητα, ο Αντόρνο θέλει να αναδείξει στην υπερβατικότητα αυτή τη χρονική συμβατικότητα της αναφοράς του έργου τέχνης, ενώ το σχήμα του χώρου εκφράζει αυτό από το οποίο αναπηδά και αναβλύζει η υπέρβαση.

Πιο συγκεκριμένα ο χώρος αυτός συγκροτείται από το πλέγμα των στιγμών και στοιχείων του έργου, από την ορθολογικότητα, η οποία κατευθύνει την «υποκειμενική διαμόρφωση της τέχνης ως μη εννοιολογικής γλώσσας» (ό.π.). Άκρως ενδιαφέρον στο σημείο αυτό είναι το γεγονός ότι για να περιγράψει την καταγωγή της υπέρβασης από την αισθητική ορθολογικότητα ο Αντόρνο χρησιμοποιεί το διαλεκτικά παράδοξο σχήμα της αρνητικής αντιστροφής: στην παρούσα συνάφεια αυτό σημαίνει ότι αποκλειστικά στη βάση της ορθολογικής συνεκτικότητας που χαρακτηρίζει τη διάταξη των αισθητικών στοιχείων αναπηδά αυτό που δεν έχει καμία σχέση με κατασκευές και ορθολογικούς σχεδιασμούς, δηλ. η υπέρβαση.[475]

Όταν λοιπόν ο Αντόρνο μιλά για την αισθητική εμφάνεια ως αυτοαναίρεση και αναφορικότητα στην υπέρβαση, αυτό σημαίνει ότι το αποτέλεσμα αισθητικής-ορθολογικής προσδιοριστικότητας (Bestimmtheit) είναι το αντίθετό της: η μη-προσδιοριστικότητα, με άλλα λόγια, το γνωστό μας από το φιλοσοφικό πρόγραμμα του Αντόρνο μη-ταυτόσημο. Για τον Αντόρνο το *έργο τέχνης ως ορθολογικό διενέργημα χαρακτηρίζεται από την υπερβαίνουσα αντιστροφή της προσδιοριστικότητας που ενέχει η σύνθεση των αισθητικών στοιχείων στη μη-προσδιοριστικότητα του «περισσότερο».*[476] Το υπερβατικό πλεόνασμα της τέχνης, αν και προδιαγράφεται ως δυνητικότητα από την εμμενή ορθολογικότητα που διέπει τη διαμόρφωση των αισθητικών υλικών, δεν μπορεί από την άλλη μεριά να γίνει αντικείμενο προσδιοριστικού καθορισμού, γιατί δεν ανήκει οντολογικά στην ίδια τάξη[477] με την εμμενή ορθολογικότητα του έργου τέχνης, είναι κάτι «μη-πραγματικό» (140), δηλ. στην ουσία εμφάνεια. Η εξήγηση είναι απλή: αν το «περισσότερο» ήταν προσδιορίσιμο, τότε θα ήταν ταυτόχρονα εμμενές στο έργο τέχνης. Κάτι τέτοιο θα ήταν για τον Αντόρνο αντιφατικό, διότι αυτό στο οποίο το έργο τέχνης αναφέ-

---

475. Πραγματικά ο Αντόρνο νοηματοδοτεί τη διαδικασία αυτή σε αναλογία με τη γενικότερη κοινωνική ορθολογικότητα της εξέλιξης των παραγωγικών δυνάμεων.

476. Με το υπερβατικό «περισσότερο» τα έργα τέχνης αντιπροσωπεύουν το ωραίο στη φύση ως προσδιοριστική μη-προσδιορισιμότητα: «Όσο πιο τέλειο το έργο τέχνης, τόσο πιο πολύ αποβάλλονται από πάνω του οι προθέσεις. Η έμμεση φύση, η εμπεριεχόμενη αλήθεια της τέχνης, αποτελεί άμεσα το αντίθετο της φύσης».

477. «Τα καλλιτεχνικά στοιχεία στο πλέγμα συναρτήσεών τους υποβάλλουν κάτι που δεν εμπίπτει σε αυτό».

ρεται ως η υπέρβασή του δεν θα ήταν αυτό που το έργο... δεν είναι, δηλ. υπέρβαση!

Τώρα η έννοια της εμφάνειας ως χώρου της υπέρβασης διαφοροποιείται στον Αντόρνο από εκείνη τη φαινομενικότητα η οποία αποτελεί πλασματική επίφαση. Μια τέτοια απατηλή φαινομενικότητα έχουν τα έργα τέχνης όταν παρουσιάζονται ως φαινόμενο-έκφραση της ουσίας ή ακόμη και όταν αρνούνται την ορθολογικότητα που χαρακτηρίζει την ενότητα του έργου, μετατρέποντας έτσι την αισθητική εμφάνεια σε απλή φαντασμαγορία.[478] Εξίσου αρνητικά στέκεται όμως ο Αντόρνο ενάντια σε κάθε προσπάθεια να προσδεθεί η υπερβατικότητα του έργου στην ενότητα της ορθολογικής τάξης που χαρακτηρίζει τη σύνθεση των αισθητικών υλικών. *Όσο εμφατικά και να πρεσβεύει τη θέση ότι το έργο τέχνης είναι αποτέλεσμα ορθολογικής κατασκευής, άλλο τόσο είναι πεπεισμένος πως η αισθητική ορθολογικότητα αποτελεί αναγκαία, αλλά όχι ταυτόχρονα ικανή συνθήκη για το φαίνεσθαι της υπερβατικότητας.* Αφού λοιπόν η μη-προσδιοριστικότητα της υπερβατικότητας δεν μπορεί να είναι απόρροια ορθολογικών (αισθητικών) διακανονισμών, ο μόνος τρόπος να διαφυλαχθεί από τους... επεκτατισμούς του ορθολογικού πνεύματος είναι να τονιστεί ότι τα έργα τέχνης είναι στην ουσία... μουγγά!

Το ότι τα έργα τέχνης δεν έχουν γλώσσα σημαίνει για τον Αντόρνο πως αντιστέκονται στην ενοποιητική ορθολογικότητα –η οποία για την *ΑΘ* είναι βέβαια ο πυρήνας του έργου τέχνης–, αντιπαραθέτοντας στο συνεκτικό συνεχές, στο οποίο συνδέονται τα αισθητικά υλικά, την ασυνέχεια, την τομή και το ρήγμα της υπερβατικής αναφοράς. Ο Αντόρνο αποκαλεί τη στιγμή που εμφανίζεται η ρωγμή της συνέχειας *Apparition*. Συγγενική με τη νοηματοδότηση της υπερβατικότητας του έργου ως Apparition είναι και η παρομοίωση του έργου τέχνης με πυροτέχνημα: «Το πυροτέχνημα είναι κατεξοχήν Apparition: κάτι εμπειρικά εμφανιζόμενο, απελευθερωμένο από το βάρος της εμπειρικότητας ως διάρκειας, σημείο του ουρανού και ταυτόχρονα κάτι κατασκευασμένο, σοβαρό προμήνυμα συμφοράς, μια γραφή που αστράφτει μια στιγμή και αμέσως χάνεται». (144)

Στο εσωτερικό τώρα του έργου τέχνης ο Αντόρνο διακρίνει δύο

478. Ό.π., σελ. 179 κ.ε.

στιγμές: την εικαστικότητα και το φαίνεσθαι. Η εικαστικότητα είναι ο τρόπος που διενεργείται η αισθητική εμφάνεια του έργου τέχνης ως κατασκευαστική ενότητα. Το φαίνεσθαι από την άλλη μεριά σηματοδοτεί το σημείο όπου η κατασκευαστική ενότητα παρουσιάζει ένα ρήγμα, όπου δηλ. η αισθητική συνέχεια αίρεται προς χάρη της ασυνέχειας, του «περισσότερο»: «Αν τα έργα τέχνης ως εικόνες είναι η διάρκεια του εφήμερου, τότε συμπυκνώνονται στην εμφάνισή τους, που συνιστά κάτι το στιγμιαίο». (150) Έτσι βλέπουμε δύο αντίθετες σειρές προσδιορισμών: από τη μια Apparition, φαίνεσθαι, στιγμή. Από την άλλη διάρκεια (συνεχές), ορθολογικότητα και κατασκευαστική ενότητα. Το έργο τέχνης γίνεται εικαστική παράσταση διαμέσου της σύνθεσης του καλλιτεχνικού αντικειμένου που διενεργεί η αισθητική ορθολογικότητα. Αντίθετα το ασυνεχές φαίνεσθαι καταλύει το εικαστικό συνεχές, γιατί τη στιγμή του φαίνεσθαι φανερώνεται αυτό που δεν είναι τα έργα τέχνης, δηλ. το υπερβατικό τους πλεόνασμα. Με άλλα λόγια: τη στιγμή του φαίνεσθαι η υπερβατικότητα κυριαρχεί καταλυτικά πάνω στην αισθητική εμφάνεια. Η έννοια με την οποία ο Αντόρνο περιγράφει αυτή την... καταλυτική εμφάνιση της υπερβατικότητας είναι αυτή της έκρηξης: «Τα έργα τέχνης δεν πλάθουν απλώς εικόνες ως κάτι διαρκές. Έργα τέχνης γίνονται επίσης καταστρέφοντας τις ίδιες τους τις συλλογές εικόνων· γι' αυτό οι εικόνες τους συγγενεύουν βαθύτατα με την έκρηξη». (ό.π.)

Όπως βλέπουμε η έννοια της έκρηξης περιγράφει δραστικά την κύρια έποψη του έργου τέχνης για την *ΑΘ*, δηλ. την... εκρηκτική ένταση μεταξύ ορθολογικότητας και αυθυπέρβασης, συνέχειας και ασυνέχειας, προσδιοριστικότητας και μη-ταυτόσημου, εμφάνειας και φαίνεσθαι. Ο πυρήνας όλων των επόψεων της αντιθετικότητας που σφραγίζει το έργο τέχνης συνοψίζεται στη θέση του Αντόρνο ότι η αισθητική ενότητα, ορθολογικότητα, συνεκτικότητα, εμφάνεια κτλ. συγκρούεται με το φαίνεσθαι, την Apparition της υπέρβασης. Η αντιθετικότητα δεν έχει ασφαλώς μόνο αισθητικό χαρακτήρα. Το (υπερβαίνον) φαίνεσθαι αντιβαίνει την αισθητική εμφάνεια για έναν επιπλέον λόγο. Για τον Αντόρνο ο λόγος εντοπίζεται στις κοινωνικές-θεωρητικές συμπαραδηλώσεις της έννοιας της συνεκτικότητας και συμφωνίας των αισθητικών στοιχείων του έργου τέχνης (Stimmigkeit). Εννοεί ασφαλώς τις παραδοσιακές θεωρήσεις της αισθητικής εμφάνειας ως αρμονικής ολότητας και ολιστικής ενότητας, έννοιες δηλ. που χρησιμοποιούνται ιδεολογικά για να επικαλύψουν τον ανταγωνιστικό και αντιφατικό χαρακτήρα των κοινωνικών σχέσεων, δημιουργώντας παράλληλα αντιλήψεις κοινωνικής αρμονίας και απρόσκοπτης λειτουργικότητας των καταπιεστικών θεσμών. Αν παραβλέψουμε τη διάσταση αυτών των υπόδηλων στοχασμών και παραμείνουμε στη συνάφεια της αισθητικής θεώρησης του Αντόρνο, μπορεί να διακρίνουμε για ποιο λόγο είναι βαθιά καχύποπτος απέναντι σε κάθε έννοια αρμονικής συνεκτικότητας: αν στο έργο τέχνης φαινόταν αυτό που είναι τα ίδια, τότε το φαίνεσθαι θα συνέπιπτε με την εμφάνεια της ενότητάς τους. Αυτό πάλι θα σήμαινε πως η αισθητική εμφάνεια θα απορροφούσε μέσα στη δομή του έργου το στοιχείο της υπερβαίνουσας αναφορικότητας. Με αυτό τον τρόπο η ενότητα του έργου θα συνέπιπτε με την υπερβαίνουσα Apparition. Άρα στην ουσία θα χανόταν κάθε έννοια υπέρβασης! Ο Αντόρνο σε αυτό το σημείο είναι κατηγορηματικός: αφού το έργο τέχνης αντιπροσωπεύει αυτό που δεν είναι, η χειραφέτηση από τα ιδεολογήματα της αρμονικής συνεκτικότητας παίρνει τη μορφή μιας «επανάστασης κατά της φαινομενικότητας» (176). Και αντίστροφα: αν τα έργα τέχνης με την Apparition αντιπροσωπεύουν αυτό που δεν είναι τα ίδια, τότε στρέφονται με την Apparition ενάντια στον ίδιο τους τον εαυτό, δηλ. στην αισθητική τους φαινομενικότητα. Το στοιχείο στο οποίο η τέχνη εναντιώνεται στον εαυτό της περιγράφεται στην *ΑΘ* με τις έννοιες της διαφωνίας (Dissonanz) και της έκφρασης.[479]

Η έκφραση αποτελεί μια δυσερμήνευτη κατά τη γνώμη μου έννοια, γιατί το πλαίσιο στο οποίο τη διαπραγματεύεται ο Αντόρνο είναι αρκετά πολύπλοκο. Θα προσπαθήσω να εξετάσω μόνο τις κυριότερες επόψεις. Η έκφραση του έργου τέχνης μπορεί να οριστεί κατ' αρχήν ως η «αντικειμενοποίηση του μη αντικειμενικού» (194). Το έργο τέχνης, αν και αισθητική πραγμάτωση υποκειμενικών σκοποθετήσεων, αποβάλλει με την έκφραση τις υποκειμενικές του καταγωγές και μετατρέπεται σε αντικειμενικότητα ενός μη-εμπράγματου, δηλ. στη νοηματική και διυποκειμενική γλώσσα.[480] Η γλώσσα αυτή αντιβαίνει στην εξουσιαστική ορθολογικότητα, η οποία διασπά την ενότητα υποκειμένου-αντικειμένου φέρνοντάς τα αντι-

479. «Η διαφωνία είναι ταυτόσημη με το στοιχείο της έκφρασης». (193)

480. Αποτελεί για τον Αντόρνο την αισθητική ορθολογικότητα, της οποίας ο τελικός σκοπός είναι η έκφραση. Βλέπε ό.π., σελ. 199 κ.ε.

μέτωπα. Όπως είδαμε και στην ενότητα για τη *ΔτΔ* στην πόλωση υποκειμένου-αντικειμένου ο Αντόρνο αντιθέτει την έννοια της μίμησης, η οποία είναι προγενέστερη χρονικά της διασπαστικής ορθολογικότητας. Η μίμηση είναι κάτι σαν συμβιοτική συσχέτιση. Ακριβώς με αυτή την έννοια χρησιμοποιείται η μίμηση και στην *ΑΘ*: ως αισθητικό φαινόμενο, η έκφραση, όπως και η μίμηση, αντιμάχεται την ορθολογική πόλωση. Αυτό που τη διακρίνει από τη μίμηση είναι ότι υπερβαίνει μια απλή μιμητική συσχέτιση υποκειμένου-αντικειμένου. Αυτό γίνεται στο βαθμό που ισχύει το εξής: «Η έκφραση είναι ένα φαινόμενο επαλληλίας, συνάρτηση της μεθόδου όσο και της μίμησης. Η μίμηση με τη σειρά της προκαλείται από την πυκνότητα της τεχνικής διαδικασίας, της οποίας η εγγενής ορθολογικότητα φαίνεται ότι εναντιώνεται στην έκφραση». (198). Με άλλα λόγια, η έκφραση αναδύεται από τη σφαίρα της αισθητικής ορθολογικότητας, αλλά παρ' όλα αυτά είναι σε θέση να εντάξει την ορθολογική πόλωση σε μια αντικειμενικότητα, που δεν έχει προδιαγραφεί ορθολογικά. Η έκφραση συμπαραδηλώνει έτσι μια αποσύνδεση της υπερβατικής αντικειμενικής αναφοράς από την εμμενή ορθολογικότητα της αισθητικής εμφάνειας. Ότι η αντικειμενική αναφορά δεν είναι κάτι που ενσωματώνεται από την αισθητική εμφάνεια δεν αποτελεί «παρεκτροπή της τέχνης, αλλά το θανάσιμο διορθωτικό μέσον της. Τα πιο επιφανή προϊόντα της είναι καταδικασμένα να έχουν αποσπασματικό χαρακτήρα, μέσα από τον οποίο ομολογούν ότι ούτε αυτά έχουν εκείνο που το εσωτερικό πλαίσιο της μορφής τους διεκδικεί ως επίτευγμά της». (159) Διορθωτική είναι η υπερβαίνουσα εκφραστικότητα του έργου τέχνης, γιατί καταδείχνει την αναγκαιότητα για την τέχνη να άρει την αυτάρεσκη φαντασμαγορία της. Η έκφραση είναι μεν μέρος της ολότητας του έργου, δεν εξαντλείται όμως στην ιδιότητα αυτή. Η ορθολογική ολότητα αποτελεί απλά την αναγκαία συνθήκη, δυνάμει της οποίας τα έργα τέχνης με την αντικειμενική τους έκφραση αντιπροσωπεύουν αυτό το οποίο δεν είναι οργανικό τους μέρος. Συνοψίζοντας διαπιστώνουμε πως η έκφραση είναι κάτι ανάλογο με το φαίνεσθαι: εκεί που αναδύεται η έκφραση του έργου, η ορθολογική ενότητα και ολότητα μοιάζουν σαν άδειο κέλυφος.

Εκτός όμως από την έκφραση ο Αντόρνο χρησιμοποιεί και άλλη μια έννοια για την υπερβαίνουσα αναφορικότητα του έργου τέχνης. Αν και δεν είναι σίγουρο, η έννοια του *πνεύματος* είναι σημαντική για την αισθητική υπερβατικότητα. Η έννοια του πνεύματος νοηματοδοτεί το μηγεγονικό στη γεγονότητα (Faktizität) του έργου. Η αισθητική χρήση της έννοιας κατάγεται βέβαια από τον Χέγκελ και τις παραδόσεις του πάνω στη *Φιλοσοφία της Τέχνης*. Ο Αντόρνο πιστεύοντας ότι για τον Χέγκελ το πνεύμα είναι η «ουσία» (160) του έργου, δεν θέλει να ταυτίσει τις δύο έννοιες, διότι «το πνευματικό στοιχείο της τέχνης δεν είναι αυτό που η ιδεαλιστική αισθητική αποκαλεί πνεύμα. Είναι μάλλον η καθηλωμένη μιμητική παρώθηση ως ολότητα». (ό.π.) Το πνεύμα είναι αντίθετα η υλοποίηση της μίμησης στο πλαίσιο της αισθητικής ολότητας – ή καλύτερα μια έκφραση (με την έννοια που της δίνει ο Αντόρνο) με καθολικό χαρακτήρα. Ο Αντόρνο είναι όμως προσεκτικός στο να σχετικοποιήσει την καθολικότητα του πνεύματος, αφού το πνεύμα «δεν είναι ασφαλώς μια λεπτομέρεια που απορρέει από την πρόθεση, αλλά ένα στοιχείο όπως κάθε επιμέρους συστατικό, κάθε δεδομένο μέσα σε αυτά» (158). Αν και στο φόντο της κριτικής του Χέγκελ το επιχείρημα αυτό του Αντόρνο είναι ευλογοφανές, εντούτοις δεν παύει κατά την άποψή μου να είναι κάπως προβληματικό, καθώς το να απορρίψει την, έστω ιδεαλιστική, νοηματοδότηση του πνεύματος, σημαίνει σε τελική ανάλυση ότι βάζει σε κίνδυνο τον ίδιο το χαρακτήρα υπέρβασης της τέχνης. Ο λόγος είναι απλός: αν και ενάντια στις ιδεαλιστικές... εξάρσεις η έννοια του πνεύματος πρέπει να σχετικοποιηθεί, αυτό δεν σημαίνει αναγκαστικά ότι στο αισθητικό πλαίσιο το πνεύμα είναι απλά ένα μέρος της ενότητας του έργου, και όχι η ολότητα. Διότι τότε είναι δύσκολο να δούμε πού μπορεί να εδράζεται η αυθυπέρβαση της τέχνης. Στην ουσία πρόκειται για κάτι ανάλογο με το φαίνεσθαι: αν το πνεύμα εντασσόταν απόλυτα στην αισθητική ενότητα, τότε τα έργα τέχνης θα ταυτίζονταν βέβαια με αυτό που είναι, αλλά κάτι τέτοιο θα σήμαινε το... τέλος της υπέρβασης!

7.2. Επόψεις αισθητικά συνεκτικής εμφάνειας

Κατά μια έννοια όλες οι ουσιώδεις επόψεις του αισθητικού φαινομένου συνομαδώνονται στο πλαίσιο της *ΑΘ* γύρω από την προβληματική της εσώτερης οργάνωσης του έργου τέχνης. Για τον τρόπο που συγκροτείται η αισθητική εμφάνεια θεμελιακή είναι βέβαια η έννοια της συνεκτικότητας και συμφωνίας των μερών μεταξύ τους (Stimmigkeit). Όπως είδαμε, η αισθητική *συνεκτικότητα* νοηματοδοτείται παραδοσιακά στην αισθητική φιλοσοφία ως αρμονική ολότητα. Δεν χρειάζεται να είναι κανείς, όπως ο Αντόρνο, άκρως καχύποπτος ενάντια σε κάθε έννοια αρμονίας ως ιδεολογικής φενάκης. Η ίδια η εξέλιξη της τέχνης στον 20ό αιώνα κατέστησε άκρως προβληματική κάθε επιδίωξη ολιστικής ενότητας και αρμονικής σύνθεσης. Αυτό που διακρίνει την *ΑΘ* είναι ότι συνδυάζει την ιδεολογική κριτική στην αρμονική εμφάνεια με την εγγενή στα καλλιτεχνικά κινήματα του περασμένου αιώνα άρνηση, αποδόμηση και κατάλυση του αρμονικά συνεκτικού χαρακτήρα που είχε παραδοσιακά το έργο τέχνης. Η αισθητική φιλοσοφία του Αντόρνο δεν είναι μόνο συνέχιση της κριτικής του Λόγου με άλλα μέσα, αλλά μια εξίσου σημαντική φιλοσοφία της καλλιτεχνικής Avantgarde. Στο φόντο της κριτικής της αστικής ορθολογικότητας ο Αντόρνο ασκεί μεν κριτική στην αισθητική εμφάνεια, αλλά αυτό δεν σημαίνει ότι παραμένει σε ένα αυστηρά φιλοσοφικό επίπεδο επιχειρηματολογίας. Απεναντίας, ως βαθύς γνώστης των καλλιτεχνικών εξελίξεων πριν και μετά το Β΄ Παγκόσμιο πόλεμο, ενσωματώνει στο θεωρητικό του οικοδόμημα όλες τις σχετικές κριτικές από τη σφαίρα της ίδιας της καλλιτεχνικής παραγωγής.

Ας δούμε τώρα αναλυτικότερα τις κριτικές ενστάσεις του Αντόρνο κατά της θεώρησης του έργου τέχνης ως ισορροπημένης, εύτακτης και συνεκτικής εμφάνειας. Κύρια έποψη της ερμηνευτικής μου προσέγγισης θα είναι, όπως διαφάνηκε στα προηγούμενα, η έννοια της συνεκτικότητας και συμφωνίας των μερών (της αισθητικής εμφάνειας) μεταξύ τους. Η εξέταση της έννοιας είναι κατά την άποψή μου θεμελιώδης, γιατί όχι μόνο μας οδηγεί στον πυρήνα της *ΑΘ*, αλλά επιπλέον γιατί μας παρέχει το έδαφος για να θεματοποιήσουμε το ερώτημα αν και σε ποιο βαθμό η χρήση της συνεκτικότητας είναι δόκιμη σχετικά με την αυτόνομη τέχνη και τις καλλιτεχνικές πρωτοπορίες. Άλλωστε γύρω από αυτό το ερώτημα περιστρέφεται και ένα μεγάλο μέρος της σύγχρονης αισθητικής σκέψης. Η έννοια της συνεκτικότητας μας προσφέρει παράλληλα την κατάλληλη ερμηνευτική προοπτική για να εξετάσουμε την αντιπαράθεση του Αντόρνο με τη νιτσεϊκή σύλληψη της έννοιας.

Στην *ΑΘ* ο προσεκτικός αναγνώστης μπορεί να διακρίνει τις εξής επόψεις νοηματοδότησης της έννοιας:

1. *Συνεκτικότητα ως επιτυχής εικαστικά έκφραση.* Η συνεκτικότητα της αισθητικής εμφάνειας συγκροτεί για τον Αντόρνο το έργο τέχνης ως «ταυτότητα με τον εαυτό» του (320), δηλ. ως ασύγκριτη μοναδικότητα, η οποία δεν αντιμετωπίζεται με αξιολογικά κριτήρια του «λιγότερο ή περισσότερο» (ωραίο, επιτυχές, καλόγουστο κτλ.). Αν και η μοναδικότητα της εμφάνειας αντιβαίνει σε αξιολογικές διαβαθμίσεις, ο Αντόρνο είναι επιφυλακτικός ως προς την απεριόριστη συγκατάβαση που θα έπρεπε να δείξει κανείς απέναντι στην εμφάνεια, και αυτό για τους εξής δύο λόγους:

α) Η συνεκτικότητα αποτελεί μεν απαράβατη προϋπόθεση αισθητικά επιτυχημένης εικαστικής έκφρασης, αλλά δεν είναι η μόνη: «Η ικανότητα του έργου τέχνης να αποδίδει με ακρίβεια κάτι, ο πλούτος μεμονωμένων στοιχείων στην ενότητα, η έκφραση ή χειρονομία της γενναιοδωρίας ακόμη και στα πιο ασκητικά έργα: αυτά είναι δείγματα απαιτήσεων από την τέχνη, αλλά δεν χωρούν στη διάσταση της εσωτερικής συνοχής» (321), και

β) από μόνη της η συνεκτικότητα ενέχει την τάση να μετατρέπεται σε απλά αρμονική φαινομενικότητα, οπότε περιπέφτει στην αναλήθεια – αναληθής γίνεται στο σημείο που αυτονομείται, επιδιώκοντας να υπερισχύσει του περιεχομένου του έργου ή του πυρήνα της αλήθειας που εμπερικλείει (320 κ.ε.). Αυτή η εξάρτηση της εμφάνειας από το πνευματικό περιεχόμενο της τέχνης μας οδηγεί

2. στην έννοια της *συνεκτικότητας ως βάση της αλήθειας.* Η συνεκτικότητα, που για να το επαναλάβω αποτελεί την αυστηρή δόμηση και τη συστηματική διάρθρωση του έργου τέχνης, έχει για τον Αντόρνο το δυναμικό να υπερβεί την απλή φαινομενικότητα της αισθητικής παράστασης, κάνοντας την εμφάνεια να διαμορφωθεί στο φαίνεσθαι αυτού που δεν έχει καμία παραστατικότητα, δηλ. της υπέρβασης. Η επιτυχής καλλιτεχνική έκφραση αποτελεί επομένως προϋπόθεση για την εμφάνιση της αλήθειας, η οποία δεν έχει βέβαια το χαρακτήρα αντιστοιχίας και απόδοσης της «ουσίας» των πραγμάτων, αλλά συγγενεύει με αυτό που είδαμε στο κεφάλαιο για το μεταφυσικό στοχασμό του Αντόρνο ως συμφιλίωση. Η αισθητική εμφάνεια, στο βαθμό που είναι συνεκτική, προσφέρει μια παράσταση η οποία μας κάνει να σκεφτούμε πώς θα ήταν ο κόσμος στην προοπτική της συμφιλίωσης. Δίνει

με άλλα λόγια μια παροντική προσύλληψη της μελλοντικής (πιθανά) ουτοπίας. Όμως η παροντοποίηση του μελλοντικού, ή όπως το περιγράφει η *ΑΘ*: «όταν *ένα* φαινόμενο υπερβαίνει τη φαινομενικότητα του, όταν πηγαίνει πέρα από αυτή, αυτό το «πέρα» είναι το αισθητικό περιεχόμενο αλήθειας, το στοιχείο της φαινομενικότητας που δεν είναι φαινομενικότητα» (481-482) – η παροντική προσύλληψη δεν είναι για τον Αντόρνο κάτι το σταθερό, δηλ. παρουσιάζει μια ιδιάζουσα ταλάντευση: από τη μια μεριά πρέπει να είναι κάτι σαν συμβάν χωρίς παραστατική έκφραση, αφού μάλιστα παροντοποιεί και το πνεύμα του έργου τέχνης. (ό.π.) Από την άλλη πρέπει εξίσου αναγκαία να έχει κάποια παραστατική υποτύπωση, μιας και αναφέρεται στο κοινωνικό Είναι ως η μορφή της μελλοντικής ελευθερίας. Σε αυτό το σημείο θα ήθελα να παρατηρήσω ότι δεν πρέπει να ξεχνάμε πως η αισθητική θεωρία του Αντόρνο εντάσσεται στο πλαίσιο του ιστορικού υλισμού, δηλ. το έργο τέχνης, αν και μέρος του «εποικοδομήματος», αποτελεί μορφή αυτοσυνείδησης της αναγκαιότητας άρσης του καπιταλιστικού συστήματος. Επομένως δεν ξενίζει το γεγονός ότι ο Αντόρνο χαρακτηρίζει τη συνεκτικότητα που λειτουργεί ως βάση και προϋπόθεση της αλήθειας με τον εξής τρόπο: «Στην εσωτερική συνοχή ενός έργου συμμετέχει μια ορθή συνείδηση της εξωαισθητικής πραγματικότητας· ο καθορισμός της πνευματικής και της κοινωνικής θέσης ενός έργου μπορεί να επιτευχθεί μόνο με την κατανόηση της εσωτερικής κρυστάλλωσής του» (587). Δίπλα στις δύο αυτές κύριες επόψεις συνεκτικότητας μπορούμε να δούμε επιπλέον και ορισμένες άλλες νοηματοδοτησεις της έννοιας.

3. *Συνεκτικότητα ως μορφική ενότητα.* Σε αναλογία με την καντιανή γνωσιοθεωρία ο Αντόρνο συλλαμβάνει το έργο τέχνης ως διενέργημα συνθετικής ενότητας, η οποία εντάσσει την πολλαπλότητα των αισθητικών υλικών στη δομική διάταξη της μορφής. Όπως για τον Καντ η προσδιοριστικότητα του αντικειμένου απορρέει από την υπαγωγή των στοιχείων της αίσθησης στους κανόνες εννοιακής σύνθεσης της καθαρής διάνοιας, έτσι και για τον Αντόρνο η αισθητική προσδιοριστικότητα ως προσδιοριστικότητα της μορφής είναι η «ενότητα», η οποία τα κάνει «να αντιστοιχούν στη λογική της εμπειρίας, όσο και αν οι μέθοδοί τους, τα στοιχεία τους και οι εσωτερικές τους αναλογίες απέχουν από τα αντίστοιχα

της πρακτικής εμπειρίας». (235)[481] Με αυτό τον τρόπο η δημιουργία της αισθητικής μορφής διενεργείται όπως η υπερβατολογική συγκρότηση της εμπειρίας, και συνακόλουθα το έργο τέχνης αναλαμβάνει καθήκοντα κατηγοριακής σύνθεσης. Η αναλογική αυτή σύλληψη προκαλεί, φυσικά, προβλήματα – αυτό άλλωστε δεν ξενίζει αν θυμηθούμε όσα είπαμε για την αντιπαράθεση του Αντόρνο με την καντιανή θεωρία της γνώσης.[482]

Η μορφική ενότητα του έργου τέχνης φέρει όλα τα χαρακτηριστικά βίαιης υπαγωγής του μερικού στο γενικό τα οποία ο Αντόρνο στη *ΔτΔ* καταλόγισε στην καντιανή γνωσιοθεωρία. Στην περίπτωση του αισθητικού αντικειμένου αυτό σημαίνει πως τα επιμέρους εκφραστικά στοιχεία του έργου εντάσσονται στην ενότητα της μορφής, χωρίς όμως αυτό να πηγάζει από την ίδια τους τη δυναμική. Ο Αντόρνο προσπαθεί να μετριάσει κάπως τη... βιαιότητα της υπαγωγής που χαρακτηρίζει αμετάκλητα κατά τη γνώμη του τη συνεκτική αισθητική εμφάνεια ως δομική, ολιστική ενότητα, με το να υποστηρίζει ότι μόνο υπό αυτή την προϋπόθεση το έργο τέχνης μπορεί να εγείρει αξιώσεις αλήθειας.

Κατά τη γνώμη μου σε αυτό το σημείο η *ΑΘ* δεν μπορεί να κάνει κάποιο στοχαστικό βήμα πέρα από την αντιθετική σχέση μεταξύ υλικού και αισθητικής μορφής, και αυτό για δύο λόγους: κατ' αρχάς δεν μπορεί να εντοπίσει στην αισθητική μορφή στοιχεία διαφορετικά από τη λειτουργία της ως ενοποιητικής σύνθεσης. Επιπλέον, παρά τις διακηρύξεις για το αντίθετο, ο Αντόρνο δεν είναι πρόθυμος να παραχωρήσει στα υλικά της αισθητικής σύνθεσης τη δυναμική εκείνη η οποία θα τα έσπρω-

481. Για την αντιστοίχιση αυτή μεταξύ αισθητικής υποκειμενικής σύνθεσης και καντιανού υπερβατολογικού σχηματισμού βλέπε ακόμα ό.π., σελ. 107 κ.ε.

482. Η κριτική του Αντόρνο στην καντιανή γνωσιοθεωρία θέτει ως στόχο να αναγάγει τους δυαλισμούς της υπερβατολογικής φιλοσοφίας (π.χ. μορφή-περιεχόμενο, παθητικότητα-αυθορμησία, αίσθηση-διάνοια) στην κεντρική αντίθεση του νεωτερικού Λόγου, τον οποίο ο Αντόρνο βλέπει να έχει διαμορφωθεί μεταξύ της γενικής-αφηρημένης σκέψης και της απλής αισθητικής πολλαπλότητας, για την οποία και στην ερμηνεία της *ΔτΔ* ο Αντόρνο θεωρεί ότι έχει καταντήσει απλό υπόστρωμα εξουσιαστικών χειραγωγήσεων. Σε σχέση με την προβληματική της σχέσης μεταξύ μορφής και περιεχομένου ο Αντόρνο μέμφεται την έννοια της σύνθεσης του Καντ, γιατί κατά την άποψή του επιβάλλει την ενότητα βίαια στο εμπειρικό υλικό. Από την άλλη ο Αντόρνο διαμαρτύρεται ότι το υλικό της εμπειρίας έχει υποβαθμιστεί σε χαοτικό συσσωμάτωμα, οπότε παρατηρείται η αντίφαση: δεν είναι δηλ. εύκολο να σκεφτούμε πώς ένα χαοτικό υλικό ενοποιείται, έστω και βίαια!

χνε εξ ιδίων δυνάμεων να ενταχθούν στην ενότητα της μορφής.[483] Για τον Αντόρνο όσο και να είναι ιδεολογικά-κριτικά ύποπτη η έννοια της ενωτικής μορφής, αποτελεί αναπόσπαστο μέρος της αξίωσης αλήθειας που εγείρει η τέχνη. Άμεσα συνδεδεμένη με αυτή την πεποίθηση είναι η έννοια της συνεκτικότητας.

4. ως *επιτυχούς διαμεσολάβησης του αισθητικού όλου με τα (υλικά) μέρη* του έργου τέχνης. Για να στοχαστεί τη σχέση όλου-μέρους ο Αντόρνο ανατρέχει και πάλι στον Καντ και συγκεκριμένα στο μοντέλο οργανικής σχέσης όλου-μερών από την *Κριτική της κριτικής δύναμης*. Η συνεκτικότητα ως οργανική διάζευξη περιγράφει για τον Αντόρνο εκείνη τη σκοπιμότητα (Zweckmäßigkeit) σύμφωνα με την οποία «τα έργα τέχνης ήταν σκόπιμα ως μια δυναμική ολότητα στην οποία όλα τα επιμέρους στοιχεία είναι εκεί για να υπηρετούν το σκοπό τους, το όλον, όπως και το όλον υπάρχει για να πραγματοποιεί το σκοπό του, την εκπλήρωση ή την αρνητική τήρηση όσων υπόσχονται τα στοιχεία». (240) Η τελεολογική αντιστοίχηση των μερών με την ολότητα και αντίστροφα δεν μπορεί όμως να τίθεται στην υπηρεσία μιας οντολογικά ύποπτης έννοιας της σκοπιμότητας,[484] γιατί για τον Αντόρνο η οργανική μορφή

483. Ο Αντόρνο παρατηρεί βέβαια ότι η σύνθεση ενέχεται στην εμπειρική πολλαπλότητα, γιατί «τα πολλά και διάφορα μέσα στο αισθητικό συνεχές θέλουν ασφαλώς τη σύνθεσή τους, αλλά, καθώς ταυτόχρονα καθορίζονται από εξωαισθητικούς παράγοντες, την αποφεύγουν. Η σύνθεση που επιτυγχάνεται με την παρέκταση των πολλών και διαφόρων, τα οποία δυνητικά την εμπεριέχουν, είναι αναπόφευκτα και η άρνησή τους». (289) Κατά τη γνώμη μου ο Αντόρνο δεν στέκεται στο... διαλεκτικό ύψος της κατάστασης. Αυτό οφείλεται στο ότι εξαρχής έχει αποφασίσει να ταυτίσει την ενότητα μορφής του έργου τέχνης με τη σύνθεση που διενεργεί το υπερβατολογικό υποκείμενο της καντιανής γνωσιοθεωρίας. Όσο και εμφατικά να τονίζει το «νομιναλιστικό» χαρακτήρα της μοντέρνας τέχνης, δηλ. την οργάνωση του έργου τέχνης «από τα κάτω», σε τελική ανάλυση δεσμεύεται να δώσει την πρωτοκαθεδρία στην ενότητα της μορφής. Παραδειγματική περίπτωση της στενής του αντίληψης περί αισθητικής ενότητας ως βίαιας σύνθεσης είναι και το εξής χωρίο: «Κάθε βαθύτερη ανάλυση αποκαλύπτει πλασματικά μεγέθη στην αισθητική ενότητα, καθώς άλλοτε τα μέρη δεν απαρτίζουν ακούσια μια τέτοια ενότητα, η οποία απλώς επιβάλλεται σε αυτά, και άλλοτε τα στοιχεία είναι εκ των προτέρων κομμένα και ραμμένα στα μέτρα της ενότητας, δηλ. δεν είναι καν πραγματικά δυναμικά στοιχεία του όλου». (183-184)

484. Για την απόρριψη του Όλου, βλέπε ό.π., σελ. 268 κ.ε. Μόνο με την εσώτερη σύνθεση του έργου, σύνθεση η οποία είναι βέβαια αυστηρά ανάλογη με την τεχνολογική κατασκευαστικότητα, μπορεί το έργο τέχνης να εγείρει την αξίωση κάποιας σκοπιμότητας. Βλέπε ό.π., σελ. 367 κ.ε.

σύνθεσης του έργου τέχνης δεν αποτελεί υποτύπωση-παράδειγμα καμίας ανώτερης, κοσμικής τελεολογίας.[485] Αν θέλουμε στη συνάφεια αυτή να μιλήσουμε οπωσδήποτε για τελεολογία, τότε πρέπει να το επιχειρήσουμε μόνο με αρνητική έννοια: αν το έργο πρέπει οπωσδήποτε να έχει έναν τελεολογικό σκοπό, τότε αυτός θα ήταν αποκλειστικά η αυθυπέρβασή του για χάρη της εμφάνισης εκείνου που το έργο τέχνης δεν είναι. Έτσι τα καλλιτεχνικά αντικείμενα δεν αποτελούν απλά μικροσκοπικά παραδείγματα της υποταγής «σε μια τυφλή νομοτέλεια, που δεν διαφέρει πια από τον πλήρη καθορισμό του από τα πάνω» (190),[486] εντούτοις δεν τους επιτρέπεται σύμφωνα με την *ΑΘ* από την άλλη μεριά να αφήσουν τα πράγματα στην τύχη τους, δηλ. να αγνοήσουν τη νομοτέλεια που ασφαλώς ενέχεται σε κάθε έννοια τελεολογίας. Τι σημαίνει όμως νομοτέλεια σε αυτή τη συνάφεια; Για τον Αντόρνο που θεωρεί αδιάσειστο γεγονός πως το έργο τέχνης διενεργείται ως ενωτική σύνθεση, η νομοτέλεια που διέπει τη μοντέρνα, πρωτοποριακή τέχνη συνίσταται στο «ότι η καλλιτεχνική συνείδηση κατέχει και χρησιμοποιεί σε μεγάλο βαθμό ελεύθερα τα μέσα» (361). Η έννοια με τη σειρά της μάς φέρνει κοντά στο κύριο χαρακτηριστικό της πρωτοποριακής μοντερνικότητας σύμφωνα με τον Αντόρνο, δηλ.

5. στη *συνεκτικότητα ως διαρθρωτικό συνεχές διαμόρφωσης των στοιχείων* (δηλ. των υλικών του έργου τέχνης). Πρόκειται βέβαια για την ορθολογικότητα της τέχνης, ή γι' αυτό που ο Αντόρνο αποκαλεί «παρατακτική λογικότητα», η οποία «συνίσταται στην ισορροπία των συντονιζόμενων, σε εκείνη την ομοιόσταση που αποτελεί την τελευταία μορφή μετουσίωσης της αισθητικής αρμονίας» (270), και η οποία διαρθρώνει τα στοιχεία του έργου εντάσσοντάς τα σε ένα συνεχές. Κριτήριο της αισθητικής συνέχειας είναι η ομοιότητα και η διαφορά.[487] Η αλύσωση των στοιχείων είναι για τον Αντόρνο μια διαδικασία «κατα-

485. Ό.π., σελ. 240.

486. Στη συνάφεια αυτή ανήκει και ο ορισμός που δίνει ο Αντόρνο στην έννοια του αποσπασματικού: «Η κατηγορία της αποσπασματικότητας, που έχει τη θέση της εδώ, δεν ταυτίζεται με την τυχαία λεπτομέρεια: το απόσπασμα είναι το μέρος της ολότητας του έργου που αντιστέκεται σε αυτή». (87)

487. «Τα στοιχεία δεν παρατίθενται στη σειρά, αλλά προστρίβονται μεταξύ τους ή το ένα προσελκύει το άλλο, το ένα θέλει το άλλο ή το απωθεί». (314)

σκευής, η αδυσώπητη πρωτοκαθεδρία του προσχεδιασμένου όλου έναντι των λεπτομερειών και της συνάρτησής τους στη μικροδομή» (267),[488] η οποία σφραγίζει την πορεία της μοντέρνας τέχνης, καθώς επιτάσσει στην καλλιτεχνική παραγωγή να έχει πάντα ως κανόνα και μέτρο της δημιουργικής της δράσης το ανώτερο σε κάθε ιστορική συγκυρία επίπεδο (αισθητικά) τεχνολογικής κυριαρχίας πάνω στα υλικά. Με αυτή την έννοια η συνεκτικότητα ως ορθολογική αλύσωση των στοιχείων αντιστοιχεί στην εξέλιξη των τεχνών στον 20ό αιώνα, η οποία για τον Αντόρνο έχει σαφώς το χαρακτήρα επιτεινόμενης τεχνολογικότητας και λειτουργικότητας. Τι σημαίνει πάλι αυτό γία την αισθητική εμφάνεια της τέχνης; Η αισθητική εμφάνεια είναι το διενέργημα της συνεχούς υπέρβασης του επιπέδου αισθητικής ορθολογικότητας. Με άλλα λόγια, αν θέλει να ανήκει στην καλλιτεχνική πρωτοπορία, κάθε έργο τέχνης πρέπει να ξεκινά κάθε φορά από το πιο ψηλό επίπεδο τεχνολογικής ορθολογικότητας προσπαθώντας παράλληλα να το υπερβεί. «Η απόλυτη πράξη του καλλιτέχνη είναι το ελάχιστο: πρέπει να μεσολαβεί ανάμεσα στο πρόβλημα που έχει μπροστά του, κάτι που είναι ήδη προκαθορισμένο, και στη λύση, η οποία επίσης προϋπάρχει δυνητικά στο υλικό». (285)[489]

Ας δούμε συγκεκριμένα πώς διαμορφώνεται η κριτική του Αντόρνο στη συνεκτική αισθητική εμφάνεια. Από όσο μπορώ, να κρίνω δυο είναι οι κύριες επόψεις της κριτικής: η μία αφορά τη συνεκτικότητα ως εν-

488. Στη *Φιλοσοφία της νέας Μουσικής* (*Philosophie der neuen Musik*), η οποία αποτελεί τη στοχαστική βάση για όλες τις έννοιες ριζικής κατασκευής, ο Αντόρνο μιλά σαφώς για «ολική οργάνωση των στοιχείων», «ορθολογική οργανοτικότητα» και «ολοκληρωτική διαμόρφωση» των αισθητικών υλικών. Τα χαρακτηριστικά τα εντοπίζει φυσικά στις μουσικές συνθέσεις του Σένμπεργκ (βλέπε *GS*, τόμ. 12, ό.π., σελ. 55 κ.ε.). Στην *ΑΘ* η στρατηγική του Αντόρνο επιδιώκει να καταδείξει την ορθολογικότητα που διέπει το έργο τέχνης. Σχετικά με τη διαμόρφωση των στοιχείων η ορθολογικότητα είναι μεν ακριβώς ανάλογη με την κυριαρχία πάνω στη φύση που ασκεί ο εργαλειακός λόγος, παρ' όλα αυτά στην αισθητική σφαίρα δεν λειτουργεί καταπιεστικά. Για να δείξει ότι η αισθητική ορθολογικότητα είναι κάτι παραπάνω από απλή καταπίεση, ο Αντόρνο χρησιμοποιεί την έννοια της Apparition, ως την αυθυπέρβαση της αισθητικής εμφάνειας (βλέπε ό.π., σελ. 144 κ.ε.).

489. Πρόκειται για «την κοινωνικά πιο προηγμένη στάθμη ανάπτυξης των παραγωγικών δυνάμεων, μια από τις οποίες είναι η συνείδηση, στο εσωτερικό των αισθητικών μονάδων (Monaden) είναι η στάθμη ανάπτυξης του προβλήματος». (70)

σωμάτωση των επιμέρους στοιχείων, δηλ. υλικών, στη μορφική ενότητα του έργου, και η άλλη την έννοια της σύνθεσης με κριτήρια σκοπιμότητας (Zweckmäßigkeit). Τα επιχειρήματα που προβάλλει ο Αντόρνο είναι αντίστοιχα δύο ειδών:

α) Στην ενσωμάτωση των υλικών στην ενότητα ελλοχεύει ο κίνδυνος η αισθητική εμφάνεια να αποδεσμευτεί από το όλο του καλλιτεχνικού διενεργήματος και να μετατραπεί σε αυτάρεσκη, ανεξάρτητη και αφηρημένη φαινομενικότητα. Για τον Αντόρνο η αφηρημένη ενότητα του έργου διακρίνεται πάντα από την τάση να εξαλείφει κάθε αναφορά στη διαδικασία σχηματισμού της, δηλ. να υποβαθμίζει π.χ. τη διάταξη των τόνων, την τοποθέτηση των χρωμάτων, την επεξεργασία των υλικών του γλυπτού, το στήσιμο των κομματιών της κατασκευής κτλ. σε αμελητέα ποσότητα, σε κάτι δηλ. που δεν έχει εγγενή αξία, εφόσον η αισθητική εμφάνεια είναι πια ολοκληρωμένη. «Σκιά του αυτάρκους ριζοσπαστισμού της τέχνης είναι ο ακίνδυνος χαρακτήρας της, η απόλυτη σύνθεση χρωμάτων βρίσκεται πολύ κοντά στα σχέδια μιας ταπετσαρίας τοίχου». (60-61)

Με άλλα λόγια, το γεγονός ότι το μοντέρνο έργο τέχνης σφραγίζεται από την αναγκαιότητα να επιτείνει την αισθητική-τεχνολογική της ορθολογικότητα, ενέχει αναντίρρητα μια τάση φετιχισμού της ορθολογικότητας αυτής, δηλ. μια τελειομανία, η οποία καταντά στα μάτια του Αντόρνο περιττή αυτοαναφορικότητα. Αυτό δεν αποτελεί κάτι που η μοντέρνα τέχνη θα μπορούσε απροβλημάτιστα να αποφύγει, καθώς ριζώνει στην ίδια τη νομοτέλειά της: στην προσπάθειά της να αποβάλει το στοιχείο του απλά τερπνού και του ανώδυνα ωραίου, να καταργήσει δηλ. αυτή την παραδοσιακή αντίληψη της αισθητικής εμφάνειας, το έργο της καλλιτεχνικής πρωτοπορίας αφιερώνεται στη ριζικά ορθολογική διάταξη, διάρθρωση, αλύσωση, σύνθεση και ενοποίηση των υλικών του στοιχείων, οδηγούμενο όμως αναγκαστικά στην απορητική κατάσταση μιας κατασκευαστικής τεχνολαγνείας.[490] Μπορεί μεν να δημιουργεί μια ικανοποιητικά συνεκτική παράσταση, αλλά δεν παύει να εγείρει την εντύπωση ότι είναι απλά μια άσκηση αριστουργηματικής δεξιοτεχνίας.

490. «Αυτό που μόνο ευσταθεί και που ευσταθεί απολύτως, δεν ευσταθεί. Η απόλυτη συνοχή είναι άστοχη». (321)

Για την κριτική σκέψη του Αντόρνο η μομφή που πρέπει να της καταλογιστεί είναι σαφής: «Η άρνηση της ισορροπίας μέσα στα έργα της τέχνης γίνεται κριτική της ιδέας της εσωτερικής συμφωνίας μεταξύ των μερών του, της πλήρους διαμόρφωσής του χωρίς υπολείμματα σκωρίας και της ενοποίησης-ολοκλήρωσής τους». (86-87).

β) Το δεύτερο επιχείρημα –στην ουσία απόρροια της ιδεολογικής-κριτικής βλέψης του πρώτου– είναι ότι στα πλαίσιο των ανταγωνιστικών κοινωνικών συνθηκών της καπιταλιστικής τάξης πραγμάτων κάθε αισθητική εμφάνεια που παρουσιάζεται ως εξισορροπημένη, ολιστικά ολοκληρωμένη και αρμονικά δομημένη είναι εξαρχής ύποπτη, και αυτό γιατί «μέσα στο μόρφωμα αποτυγχάνει κατ' ανάγκη η εξισορρόπησή τους [ενν. των αισθητικών υλικών, Κ.Μ.], επειδή έξω, μεταισθητικά, δεν υπάρχει». (289)

Αν τα δύο αυτά επιχειρήματα στέκουν, τότε πρέπει κατά τη γνώμη μου η *ΑΘ* να αποδείξει πως παρά το γεγονός της εξάρτησης της τέχνης από το καπιταλιστικό κοινωνικό σύστημα και τις δουλείες που προκύπτουν απ' αυτή, υπάρχουν παρ' όλα αυτά έργα ύψιστης αισθητικά αξίας, τα οποία επιπλέον απορρίπτουν το φετιχισμό της καθαρής εμφάνειας και διανοίγουν προοπτικές υπέρβασης. Το ερώτημα είναι όντως καίριο για όλο το οικοδόμημα της αισθητικής θεωρίας του Αντόρνο. Αν δεν απατώμαι ο Αντόρνο δεν δίνει σαφή απάντηση, αλλά κατά μια έννοια πλαγιοδρομεί, δηλ. αλλάζει επίπεδο επιχειρηματολογίας μεταφέροντας την έννοια της συνεκτικότητας από το συγκεκριμένο έργο στην τέχνη γενικά, ή καλύτερα στην καλλιτεχνική πρωτοπορία ως σύνολο.

Δεν χωρά αμφιβολία ότι η κριτική της αισθητικής εμφάνειας εδράζεται στη θεωρία που έχει σχηματίσει ο Αντόρνο για την εξέλιξη της μοντέρνας καλλιτεχνικής πρωτοπορίας, η οποία όπως είδαμε στα πλαίσια της θεωρίας αυτής είναι δεσμευμένη από την κατηγορική προσταγή της συνεχούς τεχνολογικής προόδου. Όπως και για τον Rimbaud, τον οποίο ο Αντόρνο θεωρεί πατέρα της καλλιτεχνικής νεωτερικότητας, η αυτονομία της τέχνης ταυτίζεται με τη ριζική παροντικότητα του έργου. Αυτονομία σημαίνει το ριζικά και ασυμβίβαστα νέο. Μόνο η αποκλειστική προσήλωση στο νέο ως αέναο ρήγμα και τομή διαφυλάσσει την τέχνη τόσο από τις λειτουργικές εξαρτήσεις του παρελθόντος, την ενσωμάτωση στην καπιταλιστική μονοδιαστατότητα της μόδας, όσο και από τα ιδεολογήματα ενός αφηρημένου (προδιαγεγραμμένου) ουτοπισμού. Ως διαρκής ασυνέχεια το νέο, δηλ. η αισθητική παροντικότητα είναι εξ ορισμού αναγκασμένη να θέτει εαυτήν σε συνεχή αμφισβήτηση – αν δεν θέλει βέβαια να υποταγεί σε προκατασκευασμένα σχήματα, κομφορμιστικές αντιλήψεις και λειτουργικούς εξαναγκασμούς. Εδώ νομίζω βρίσκεται το κατάλληλο έδαφος για να εξετάσουμε τόσο την κρίση της αισθητικής εμφάνειας ως απόρροια των καλλιτεχνικών επαναστάσεων του περασμένου αιώνα, όσο και την κριτική του Αντόρνο, η οποία ασφαλώς είναι άμεσα συνδεδεμένη με τις εξελίξεις αυτές. Μόνιμη επωδός των κριτικών παρατηρήσεων της *ΑΘ* ενάντια στην αυτονόμηση της εμφάνειας είναι η θέση ότι όσο κεντρική σημασία και να έχει ως κριτήριο αξιολογικής εκτίμησης του έργου τέχνης, δεν πρέπει να καταλήξει σε προσδιορισμένη σταθερά, γιατί αυτό θα υπονόμευε τη ριζική παροντικότητα του μοντέρνου έργου. Η μοντερνικότητα κατακτιέται συνεχώς εκ νέου διαμέσου της ριζικής άρνησης του παραδεδομένου και της ανατροπής κάθε εικαστικής κληρονομιάς.

Για να εξετάσουμε αναλυτικότερα το διενέργημα παραμόνιμης ρήξης και αμφισβήτησης που σφραγίζει για τον Αντόρνο το χαρακτήρα της αισθητικής μοντερνικότητας, πρέπει να εστιάσουμε την προσοχή μας στην ορθολογική, τεχνολογική διάσταση του έργου τέχνης. Αναγκαίο είναι το βήμα αυτό και για το λόγο ότι η αισθητική εμπειρία της ριζικής παροντικότητας που ενσαρκώνει το καλλιτεχνικό έργο πρέπει σύμφωνα με τον Αντόρνο να αποδεσμευτεί από το πλαίσιο της υποκειμενικής πρόσληψης και αισθητικής αντίληψης του έργου, και να προσδεθεί στην ίδια τη δομή του. Για να περιγράψει τη δομή αυτή ο Αντόρνο ανατρέχει στο μαρξιστικό σχήμα των παραγωγικών δυνάμεων, το οποίο του προσφέρει και το μοντέλο για να συλλάβει τη διαδικασία εξέλιξης της μοντέρνας τέχνης. Όπως ο καπιταλισμός αποτελεί σύμφωνα με τον Μαρξ μια αδιάκοπη ανατροπή, ραγδαία αλλαγή, και συνεχή αύξηση των παραγωγικών δυνάμεων, έτσι και για τον Αντόρνο όλες οι καλλιτεχνικές πρωτοπορίες του 20ού αιώνα εντάσσονται σε ένα εξελικτικό συνεχές σύμφωνα με το κριτήριο της αύξησης, δηλ. τελειοποίησης των αισθητικών παραγωγικών δυνάμεων. Αξιώσεις αυθεντικής νεωτερικότητας μπορεί όπως είδαμε να εγείρει το έργο τέχνης μόνο στο βαθμό που μπορεί να αποδείξει ότι κατέκτησε ένα ανώτερο επίπεδο εικαστικής εμφάνειας, καταλύοντας παράλληλα τις προγενέστερες αισθητικές μορφές στο χώρο του. Αύξηση των αισθητικών παραγωγικών δυνάμεων σημαίνει την υπέρβαση των υπαρχουσών μορφών συνεκτικότητας, διάρθρωσης και ενότητας της αισθητικής εμφάνειας και το πρόταγμα νέων. Για τον Αντόρνο στην ουσία κάθε καλλιτεχνική πρωτοπορία ανατρέπει τη μορφή συνεκτικότητας των προκατόχων της δείχνοντας ότι η δική της εικαστική πρόταση αντιπροσωπεύει καλύτερα το τεχνικό-αισθητικό επίπεδο ελέγχου των υλικών του έργου. «Η προχωρημένη συνείδηση κατακτά την πιο προηγμένη στάθμη ανάπτυξης των υλικών στην οποία έχει κατασταλάξει η ιστορία, μέχρι τη στιγμή στην οποία απαντά το έργο· έτσι όμως το έργο ασκεί επίσης κριτική στη μεθοδολογία με στόχο την αλλαγή, πορευόμενο στα ανοιχτά, πέρα από το status quo». (329)

Η αυθεντική τέχνη διαμορφώνεται επομένως στη συγκεκριμένη εκείνη ιστορική-αισθητική στιγμή όπου το εν λόγω έργο καταλύει τη συνεκτικότητα των πρωθύστερων εικαστικών συνθέσεων προτείνοντας μια νέα, πιο «εξελιγμένη». Η συγκεκριμένη στιγμή αποτελεί για τον Αντόρνο τη ριζική παροντικότητα του νεωτερικού έργου: πρόκειται για τη στιγμή[491] μεταξύ αυτού που δεν ισχύει πια (εννοείται αισθητικά-τεχνικά) και αυτού που ισχύει μεν στο παρόν ως υπέρβαση των προκατόχων του, αλλά δεν θα ισχύει και πολύ στο μέλλον, μιας και θα ξεπεραστεί με τη σειρά του στη διαδικασία εξέλιξης των αισθητικών παραγωγικών δυνάμεων. Βλέπουμε λοιπόν από μια άλλη οπτική γωνία πώς η αισθητική εμφάνεια μπορεί και πρέπει να αποφύγει να μετατραπεί απλά σε τερπνή, ωφέλιμη και λειτουργικά κομφορμιστική φαινομενικότητα: μόνο με το να διαμορφώνεται συνεχώς σε πεδίο αμφισβήτησης και ριζικής παροντικότητας, ως υπέρβαση του προηγούμενου και αυθυπέρβαση από αυτό το οποίο η ίδια τεχνικά και αισθητικά προδιαγράφει. Διαπιστώνεται ότι η στιγμιαία παροντικότητα (Augenblicklichkeit) είναι εξίσου σημαντική όπως και η συνεκτικότητα. Αν αυτή υποδηλώνει τη χωρική διάσταση του έργου, η στιγμιαία παροντικότητα είναι ο χρονικός του πυρήνας. Στην παρο-

491. «Κάθε έργο τέχνης είναι μια χρονική στιγμή. Κάθε επιτυχές έργο είναι μια ισορροπία δυνάμεων, μια στιγμιαία διακοπή της διαδικασίας που συνιστά το έργο τέχνης όπως φανερώνεται στο επίμονο μάτι». (22)

ντικότητα διαπλέκονται στοιχεία της συνεκτικότητας που καταλύθηκε, με εκείνη που προδιαγράφει η τωρινή, μιας και το παροντικό επίπεδο αισθητικής τεχνολογίας ενέχει την αναγκαιότητα ανάπτυξης και κατάλυσης του προσκαιρινού παρόντος. Για να μιλήσουμε λίγο... νιτσεϊκά, η αισθητική στιγμιαία παροντικότητα δεν προλαβαίνει καν να αποκρυσταλλωθεί στο παραστατικό Είναι της συνεκτικής και επιτυχούς εμφάνειας, και αμέσως παρασύρεται στη δίνη του Γίγνεσθαι των μελλοντικών υπερβάσεων, δηλ. αισθητικών-τεχνολογικών προόδων.[492]

492. Ως προσπάθεια να δοθεί μια ικανοποιητική απάντηση στον καθορισμό της συνεκτικής αισθητικής εμφάνειας που θα αντιστέκεται στις τάσεις αυτονόμησης που ενέχει, η έννοια της στιγμής ως χρονικού πυρήνα του έργου τέχνης παρουσιάζει κατα τη γνώμη μου τρεις προβληματικές διαστάσεις. Τα δύο πρώτα μέρη προβλημάτων αναφέρονται σε ερωτήματα που περιστρέφονται γύρω από τη στιγμιαία χρονικότητα των έργων της καλλιτεχνικής πρωτοπορίας. Το τρίτο μέρος αφορά το ερώτημα της υπερβατικής αναφορικότητας του έργου τέχνης, δηλ. σε αυτό το οποίο δεν είναι το ίδιο, αλλά που μπορεί να εμφανιστεί μόνο διαμέσου της καλά οργανωμένης εμφάνειας. *α)* Αν η ριζική στιγμιαιότητα είναι το απαράβατο χαρακτηριστικό της μοντέρνας παραγωγής και υποδοχής της τέχνης, τότε εγείρεται το ερώτημα της αισθητικής αξίας προμοντερνικών έργων τέχνης. Ο Αντόρνο, παρ' ότι προσανατολίζεται στην τέχνη των καλλιτεχνικών πρωτοποριών του 20ού αιώνα, δεν νομίζω να μπορεί εύκολα να περιορίσει την αλήθεια των ισχυρισμών του αποκλειστικά στην πρωτοποριακή τέχνη. Κάτι τέτοιο θα σήμαινε αυτόματα πως τα έργα της τέχνης πριν από τη νεωτερικότητα δεν θα είχαν πια καμία αξία. Το γεγονός δηλ. ότι έργα της κλασικής αρχαιότητας παραμένουν απαράμιλλες αισθητικές αξίες δεν μπορεί να ενταχθεί εύκολα στο σχήμα της στιγμιαίας ουσίας του έργου τέχνης. Ο Αντόρνο θα αναγνωρίσει βέβαια στην προνεωτερική τέχνη ότι μεταβίβασε ένα μέρος της αλήθειας του περιεχομένου της στη μοντέρνα τέχνη καθώς «τα μεγάλα έργα περιμένουν. Κάτι από την εμπεριεχόμενη αλήθειά τους δεν διαλύεται μαζί με το μεταφυσικό τους νόημα, όσο και αν αυτή δεν μπορεί να προσδιοριστεί ακριβώς· είναι αυτό που τους επιτρέπει να παραμένουν εύγλωττα». (79) Ακριβώς επειδή αυτή η αλήθεια δεν μπορεί να προσδιοριστεί, και επομένως δεν αποκλείεται να υπερέχει της αλήθειας μερικών σύγχρονων έργων, γι' αυτό ο Αντόρνο νιώθει αναγκασμένος να παραδεχτεί πως η αισθητική αξία παλιότερων έργων τέχνης μπορεί να αποδειχτεί ανώτερη από αυτή ορισμένων έργων της καλλιτεχνικής πρωτοπορίας – «τίποτε δεν είναι ξεπερασμένο απλώς και μόνο επειδή είναι περασμένο· ο χρόνος από μόνος του δεν είναι κριτήριο». (ό.π.) *β)* Αν η συνεκτικότητα και η συμφωνία των στοιχείων του έργου τέχνης μεταξύ τους προσδένονται αυστηρά στην προοπτική της δυνητικής αλλά και αναγκαίας υπέρβασης, τότε η αισθητική στιγμή δεν είναι εύκολο να γίνει αντιληπτή. Όπως θα δούμε και αναλυτικά στα επόμενα, η αισθητική στιγμή χαρακτηρίζεται από μια ιδιαίτερη χρονική διάσταση: από τη μια μεριά η αποκλειστική παροντικότητα της στιγμής στο έργο τέχνης εδράζεται στην επιτυχή υπερκέραση των αισθητικών λύσεων των προκατόχων του. Από αυτή τη σκο-

7.3. Τα ίχνη του Νίτσε στην Αισθητική Θεωρία

7.3.1. Συνεκτικότητα

Η ερμηνευτική παρουσίαση της έννοιας της συνεκτικότητας μας υπέδειξε νομίζω το πεδίο αναλυτικής εξέτασης της κριτικής του Αντόρνο στην αισθητική εμφάνεια. Επίσης νοηματοδοτήθηκε και η κρίση της εμφάνειας στα πλαίσια της καλλιτεχνικής πρωτοπορίας. Στην προηγούμενη ενότητα ασχοληθήκαμε σχεδόν αποκλειστικά με την έννοια της αισθητικής συνεκτικότητας, επειδή προσφέρει στον Αντόρνο το θεωρητικό πλαίσιο για να διαπραγματευτεί την κρίση της εμφάνειας. Άλλωστε όπως είπα και πριν η έννοια της συνεκτικότητας, αν και δεν αναπτύσσεται ανα-

---

πιά αποτελεί κάτι... πρωτοφανές, δηλ. μια μοναδική δημιουργία, η οποία όσο και να είναι ερμηνεύσιμη στη βάση τεχνικών-μορφικών συλλογισμών, δεν εντάσσεται στο χρονικό συνεχές – αποτελεί με άλλα λόγια το ριζικά νέο του Rimbaud. Η ριζική αυτή νεωτερικότητα ως μορφικά και στιλιστικά απαράμιλλη μοναδικότητα δεν μπορεί να ενταχθεί εύκολα στο συνεχές των συνηθισμένων περιοδοποιήσεων της ιστορίας της τέχνης. Από την άλλη όμως όσο και... ανέστια να είναι η αισθητική στιγμή της ριζικής πρωτοπορίας, δεν είναι δυνατόν να αποβάλει τελείως τον ιστορικό-χρονικό της χαρακτήρα, γιατί η τεχνολογικά-μορφικά επιτυχής υπερκέραση είναι όντως μια απόρροια της εξέλιξης των αισθητικών παραγωγικών δυνάμεων, δηλ. των δυνατοτήτων της τέχνης για πιο... προηγμένες καλλιτεχνικές εκφράσεις και μορφώματα – με άλλα λόγια, ιστορικά διαπιστώσιμη. Άρα βλέπουμε το έργο τέχνης να παλινδρομεί μεταξύ της άχρονης στιγμής και της ιστορικής προσδιορισιμότητας του τεχνολογικά πιο προηγμένου. Πρόκειται όντως για μια απορητική κατασκευή, γιατί η εμπειρία της στιγμής, κατά τα άλλα σημείο τομής και ρήξης στο εσωτερικό κάθε αισθητικής ορθολογικότητας, εξαρτάται από το γεγονός ότι και η ίδια αποτελεί έναν κρίκο στην αλυσίδα των καλλιτεχνικών καινοτομιών και επαναστάσεων. Τελικά, σωστή αντίληψη αυτής της στιγμής έχει κάποιος μόνο όταν είναι σε θέση να διαβλέψει τις καινοτομικές δυνατότητες που εμπεριέχει αυτή η στιγμή για την περαιτέρω εξέλιξη της αισθητικής ορθολογικότητας. *γ)* Μια επιπρόσθετη δυσκολία εντοπίζεται στο γεγονός ότι κατά την αισθητική στιγμή συμβαίνει η αντιστροφή της αισθητικής ορθολογικότητας, δηλ. της προσδιοριστικότητας, στο υπερβατικό, δηλ. στη μη-προσδιοριστικότητα! Το παράδοξο είναι πως μπορεί να γίνει το πέρασμα από τη στιβαρή ορθολογικότητα και διαρθρωτική συνθετικότητα του έργου σε αυτό που είναι πέρα από κάθε ταυτιστικό καθορισμό. Ο Αντόρνο διακρίνει φυσικά το παράδοξο: «Το αφηρημένα Νέο μπορεί να αποτελματωθεί, να μετατραπεί στο πάντοτε ίδιο. Η φετιχοποίηση εκφράζει το παράδοξο όλης της τέχνης, που δεν είναι αυτονόητη για τον εαυτό της: ότι κάτι φτιαγμένο μέλλει να υπάρχει για χάρη του εαυτού του, ως αυτοσκοπός· και ακριβώς αυτό το παράδοξο είναι το ζωτικό νεύρο της νεότερης τέχνης. Το Νέο είναι, από ανάγκη, κάτι ηθελημένο, αλλά ως το Άλλο θα ήταν το μη ηθελημένο». (49)

λυτικά, κατέχει στη *Γέννηση της τραγωδίας* κεντρική θέση. Η υποδειγματική της σύλληψη είναι νομίζω ο λόγος που αποτέλεσε σταθερή αναφορά όχι μόνο για την *Αισθητική Θεωρία*, αλλά και για τη φιλοσοφία της τέχνης γενικότερα.

Για να κατανοήσουμε καλύτερα την εμβέλεια αυτής της επιρροής, πρέπει να θυμηθούμε όσα είπαμε για τη συνεκτικότητα στο κεφάλαιο για τη *Γέννηση της τραγωδίας*. Συνοπτικά μιλώντας, με την ανασυγκρότηση των καταγωγικών προϋποθέσεων της τραγωδίας ο Νίτσε επιχειρεί μια διαύγαση των πολλαπλών μεταφορών που οδηγούν την αρχαία δραματουργία στην αποκρυστάλλωση ενός παραστατικού πλέγματος, το οποίο προετοιμάζει το έδαφος για την κατάλυσή του από το φιλοσοφικό λόγο του σωκρατικού ορθολογισμού. *Με κριτήριο τις παραστασιακές σχέσεις ο Νίτσε περιγράφει το πέρασμα από τις σχεδόν άμορφες εκδηλώσεις των βιοτικών διενεργημάτων στην πρώτη παραστατική τους υποτύπωση (μουσική, χορός), στη συνέχεια στη λυρική ποίηση, μετά στην απολλώνεια σκηνική δραματουργία και τέλος στο ευριπίδειο έργο, όπου η εικαστική παράσταση παίρνει πια στα μάτια του Νίτσε διαστάσεις κοσμοθεωρητικής ερμηνείας*. Η νομιμότητα της φιλοσοφικής αποδόμησης της τραγικής κοσμοθεώρησης των αρχαίων Ελλήνων πηγάζει για τον Νίτσε από το γεγονός ότι η αισθητική εμφάνεια και παράσταση δεν μπορεί πια να αξιώνει κοσμο-νοηματοδοτικές ικανότητες, γιατί η τέχνη στην προσπάθειά της να συγκροτήσει μια συνεκτική, διαυγή και ευλογοφανή παραστατικότητα πέφτει θύμα της αυταπάτης ότι μπορεί να προσφέρει μια τελεσίδικη όψη και έποψη του κόσμου. Η φιλοσοφική διορθωτική επέμβαση συνίσταται στο να διανοίξει τον ορίζοντα παραστατικότητας, οδηγώντας στον πλουραλισμό των κοσμοειδώλων.

Παράλληλα είδαμε ότι ο Νίτσε εντοπίζει την πολιτισμική σημαντικότητα, αλλά και τις κρισιακές τάσεις του αισθητικού στοιχείου στην έποψη της συνεκτικότητας της αισθητικής εμφάνειας. Διακρίνει στη συνεκτικότητα δύο επόψεις:

α) Συνεκτικότητα ως συναστερωτική (konstellative) διευθέτηση της αντίθεσης μεταξύ του μη-παραστατικού Γίγνεσθαι και της παροντικότητας του παραστατικού Είναι, και

β) συνεκτικότητα ως διάρθρωση της παραστατικότητας υπό το κριτήριο της ανασκοπικής χρονικότητας. Αν και δεν μπορούμε εύκολα να διαχωρίσουμε ερμηνευτικά τις δύο επόψεις, αφού στην έννοια της εμφάνειας περικλείονται εξίσου έντονα και οι δύο, πιστεύω πως υπάρχει ένα σημαντικό χαρακτηριστικό διαφοροποίησης. Προκύπτει ότι ο πρώτος τρόπος συνεκτικότητας διακρίνεται σε αντίθεση με το δεύτερο από το γεγονός ότι αντιπαρατίθεται παραστατικά με τη δομή της υπερβαίνουσας αναφορικότητας που συνοδεύει κάθε παραστατική έκφραση. Η συνεκτική εμφάνεια, που στην ουσία πρόκειται για το δραματικό μύθο, οργανώνεται με ένα διαλεκτικό τρόπο, δηλ. ως φευγαλέα παραστατικότητα. Στην απολλώνεια εμφάνεια το τώρα της αισθητικής παροντικότητας και η φευγαλέα, μη-παραστατική παροδικότητα του Γίγνεσθαι διαπλέκονται σε συναστερωτική διάταξη. Ακριβώς επειδή η απολλώνεια παράσταση διενεργεί και διευθετεί την αντίθεση μεταξύ παροδικής χρονικότητας και της προσωρινής της άρσης, δηλ. το τώρα της παροντικής εμφάνειας, σύμφωνα με τη λογική των παραστασιακών σχέσεων, δηλ. με άλλα λόγια διαμέσου της παράστασης και σε στενή αναφορά στο εξω-παραστατικό – ακριβώς γι' αυτόν το λόγο θεωρείται από τον Νίτσε ως η ανώτατη μορφή παράστασης των βιοτικών ενεργημάτων.[493]

Σε αντίθεση με το είδος αυτό ο δεύτερος τρόπος να διενεργηθεί η συνεκτικότητα είναι να διαμορφώσει μια παραστατικότητα η οποία χρησιμοποιώντας έντεχνα μέσα και προσεκτικούς υπολογισμούς θα παρουσιάζει την αισθητική (εικαστική) παροντικότητα έτσι ώστε να είναι αυτόματα κατανοητή, επιχειρηματολογικά πειστική και νοηματοδοτικά ευλογοφανής – με λίγα λόγια στέρεα θεμελιωμένη. Η θεμελίωση εδράζεται στο εγχείρημα-καθήκον της (θεατρικής-σκηνικής) παραστατικότητας να ενσωματώνει τις χρονικές προϋποθέσεις και συνέπειες της σκηνικής δράσης στην ολότητα της δραματικής εμφάνειας.[494] Αφού λοιπόν δεν θέλει να παραδεχτεί ότι η ροϊκή χρονικότητα μόνο διαθλασμένα, δηλ. μόνο μέσα από το στιγμιαίο παρόν, μπορεί να βρει παραστατική έκφραση, επιδίδεται στο να καταστήσει την αισθητική παροντικό-

493. Ο Μπένγιαμιν θεματοποιεί το αισθητικό νόημα που έχει ο τραγικός μύθος γα τον Νίτσε στο *Ursprung des deutschen Trauerspiels*, *GS*, τόμ. I. 1, σελ. 281. Εκτός των άλλων ο Μπένγιαμιν διακρίνει τις διαβαθμίσεις της αισθητικής εμφάνειας, δηλ. τις ποσοτικές διαφοροποιήσεις της φαινομενικότητας της εμφάνειας (βλέπε επίσης *GS*, τόμ. I. 3, σελ. 832).

494. Βλέπε *Γέννηση της τραγωδίας*, σελ. 66 κ.ε.

τητα όσο πιο διαφανή, δηλ. όσο πιο λογικά προφανή γίνεται. Έτσι, δεν ξενίζει το γεγονός ότι επιτείνει τις προσπάθειές της ώστε να απορροφήσει το διαφεύγον Γίγνεσθαι εγκολπώνοντάς το στην αισθητική εμφάνεια. Για τον Νίτσε η επίπτωση του παραπάνω ενεργήματος είναι ότι η αναφορά στο μη-παραστατικό θεμέλιο κάθε παράστασης (δηλ. το Γίγνεσθαι) εξανεμίζεται για χάρη μιας αναφορικότητας στο εξωαισθητικό που θέλει να είναι αναπαράστασή του, δηλ. πιστή εκφραστική του απόδοση. Όσο τελειοποιείται η αναπαράσταση, τόσο εντονότερα, σύμφωνα με τον Νίτσε, παραδίνεται στο δέλεαρ της αυτάρεσκης και κομπορρήμονος κοσμοεικόνας.

Η ένταση μεταξύ της αναφοράς στο εξωαισθητικό από τη μια, στην υπερβαίνουσα αναφορικότητα από την άλλη μεριά είναι όπως είδαμε δομικό στοιχείο της διαπραγμάτευσης που κάνει ο Αντόρνο της αισθητικής εμφάνειας. Νομίζω πως μπορούμε να ισχυριστούμε ότι ο Αντόρνο υιοθετεί τη δισδιάστατη θεώρηση της συνεκτικότητας του Νίτσε, εντάσσοντάς την παράλληλα στη φιλοσοφική θεώρηση της πρωτοποριακής καλλιτεχνικής παραγωγής. Στηριζόμενος σε ένα φιλοσοφικό-αισθητικό μοντέλο που περιστρέφεται γύρω από τη θεώρηση της αισθητικής μοντερνικότητας ως συνεχούς αύξησης και επίτασης των παραγωγικών δυνάμεων και της κυριαρχίας πάνω στα υλικά της τέχνης, ο Αντόρνο υποβάλλει τη συνεκτικότητα σε αυστηρή κριτική. Αυτό γίνεται βέβαια στο σημείο που διαβλέπει, όπως άλλωστε και ο Νίτσε, να κυριαρχεί στην εμφάνεια η τάση να παρουσιάζεται ως αρμονική δόμηση και ολιστική σύνθεση. Η κριτική έχει τρεις επόψεις:

α) Στηριζόμενος στην κριτική της καντιανής γνωσιοθεωρίας από τη *ΔτΔ* ο Αντόρνο αντιτίθεται στη συνεκτικότητα της εμφάνειας ως αισθητικής ολότητας, με το επιχείρημα ότι τα υλικά του καλλιτεχνικού έργου δεν υποτάσσονται απρόσκοπτα στην οργανική ενοποίηση της μορφής. Ο Αντόρνο βέβαια δεν αρκείται σε μια απλά τυπική-αισθητική ένσταση. Όπως συχνά στην *ΑΘ* (και στην *Αρνητική Διαλεκτική*!) ανοίγει δύο μέτωπα: η αισθητική συνεκτικότητα ως επίφαση αρμονικής ολότητας πρέπει βέβαια να τεθεί στο στόχαστρο της κριτικής,[495] αλλά αυτό δεν σημαίνει ότι η αισθητική εμφάνεια πρέπει να καταλυθεί, μετατρέπο-

495. Βλέπε ό.π., σελ. 496.

ντας το έργο τέχνης σε απλό αντικείμενο. Η εμφάνεια της τέχνης μπορεί βέβαια να μην είναι η ικανή, είναι πάντως η αναγκαία συνθήκη η οποία καθιστά το έργο τέχνης φορέα της αλήθειας.

β) Καταλύοντας τη φενάκη αυτονομίας και ολιστικής αρμονικότητας η κριτική του Αντόρνο επιδιώκει να ανανοηματοδοτήσει την αισθητική εμφάνεια σε tour de force,[496] Apparition και διαδικαστική διαφωνία (Dissonanz). Στο έδαφος της πρωτογενούς συνεκτικότητας της καλλιτεχνικής-αισθητικής εμφάνειας αναδύεται μια δευτερογενής συνεκτικότητα, δηλ. το «απολύτως φευγαλέο» (150) ενός συνεκτικού φαίνεσθαι, μιας συναστέρωσης δηλ. στοιχείων, η οποία μοιάζει με τις λάμψεις ενός πυροτεχνήματος. Η δεύτερη συνεκτικότητα (όπως ακριβώς και το μη-ταυτόσημο στην *ΑΔ*) είναι ένας στιγμιαίος σχηματισμός, μια φευγαλέα συναστέρωση. Στο σημείο αυτό διαπιστώνουμε την επιρροή της διαλεκτικής εικόνας του Μπένγιαμιν. Η διαφορά με αυτά που είπαμε για τη διαλεκτική εικόνα στον Νίτσε είναι ότι αν εκεί είναι κύρια θέμα ερμηνευτικής προοπτικής του μελετητή του νιτσεϊκού έργου, στην περίπτωση του Αντόρνο είναι πιστοποιήσιμο γεγονός ότι γνώριζε καλά την έννοια στο έργο του Μπένγιαμιν, καθώς και ότι την υιοθέτησε στο πλαίσιο της σύλληψης της μη-ταυτιστικής συνεκτικότητας του έργου τέχνης ως πυροτεχνήματος.[497]

γ) Όπως η πρωτογενής συνεκτικότητα αποτελεί την αναγκαία συνθήκη για την εμφάνιση της δεύτερης συνεκτικότητας με τη μορφή πυροτεχνήματος, έτσι και τούτη είναι η συνθήκη για την εμφάνιση του πνεύματος του έργου τέχνης, δηλ. αυτού που δεν είναι η τέχνη, αυτού που την υπερβαίνει.

Εδώ παρατηρούμε κάτι ανάλογο με τα όσα είπαμε στα πλαίσια της νιτσεϊκής εμφάνειας για την αντιθετικότητα που χαρακτηρίζει την παραστασιακή σχέση: από τη μια μεριά έχουμε στο εσωτερικό του έργου τέχνης την εμμενή διαμεσολάβηση των στοιχείων που διενεργείται ως συνεκτικότητα της αισθητικής ορθολογικότητας, καθώς και η στιγμιαία «αναλαμπή» (150). Από την άλλη μεριά την εμφάνιση του πνεύματος.

496. Ό.π., σελ. 186 κ.ε.

497. Δεν προξενεί επομένως καμία έκπληξη το γεγονός ότι στο σημείο αυτό ο Αντόρνο κάνει μνεία των διαλεκτικών εικόνων του Μπένγιαμιν, βλέπε ό.π., σελ. 150.

Βλέπουμε επομένως πως και η πρωτογενής και η δευτερογενής συνεκτικότητα αποτελούν για τον Αντόρνο συνθήκες που καθιστούν δυνατή τη μεταλλαγή της αισθητικής εμφάνειας στο φαίνεσθαι αυτού που υπερβαίνει το έργο τέχνης. Αυτή η περίπτωση δεν σημαίνει πως ο Αντόρνο νοηματοδοτεί το φαίνεσθαι ως απλή αναφορική παραπομπή στην υπέρβαση. «Η αυτονομία των έργων τέχνης δεν τους επιτρέπει να δεχθούν μέσα τους το απόλυτο σαν να ήταν σύμβολα. Οι αισθητικές εικόνες υπόκεινται στην απαγόρευση των εικόνων». (182) Αν παραβλέψουμε την ιστορική-φιλοσοφική και ιουδαϊκή-μεσσιανική αποστροφή του Αντόρνο ενάντια στην εικονική παράσταση του απολύτου, μπορούμε νομίζω να ερμηνεύσουμε την απαγόρευση της εικόνας ως εξής: η συνεκτική εμφάνεια μπορεί να αποτελέσει το χώρο για την παράσταση του μη-παραστατικού στο βαθμό που οργανώνει τη φαινομενικότητά της έτσι, ώστε η υπερβαίνουσα αναφορικότητα (ή το φαίνεσθαι του μη-ταυτόσημου) να συντελείται ως μια αυτοαναιρούμενη και αυτοκαταλυόμενη παραστατικότητα, κάτι δηλ. σαν... πυροτέχνημα: «Η στιγμή κατά την οποία γίνονται εικόνα, όπου το εσωτερικό τους εξωτερικεύεται, σπάζει το κάλυμμα του εξωτερικού γύρω από το εσωτερικό· η Apparition, που τις κάνει εικόνα, καταστρέφει ταυτόχρονα πάντοτε τον εικονιστικό τους χαρακτήρα». (151)

Συγκεφαλαιώνοντας, διαπιστώνουμε πως ο Αντόρνο υιοθετεί την έννοια της συνεκτικότητας από την αισθητική σκέψη του Νίτσε, κάνει όμως ταυτόχρονα μια σημαντική αλλαγή στη νιτσεϊκή δυϊστική διαφοροποίηση του συνεκτικού αισθητικού φαινομένου: η αυστηρά δομημένη συνεκτικότητα, αυτό δηλ. που για τον Νίτσε αποτελεί δευτερεγονές φαινόμενο, αφού και ως αισθητική ορθολογικότητα είναι απλή επίταση του απολλώνειου στοιχείου, αλλά και... αρχή του τέλους του τραγικού κοσμοειδώλου, τίθεται από τον Αντόρνο στην αρχή. Έτσι, αντιστρέφει τις προτεραιότητες: εκεί που ο Νίτσε βλέπει την ορθολογική συνεκτικότητα ως αυστηρή ακολουθία των παραστατικών εικόνων να παίρνει τη μορφή πραγμοποίησης της πρωτογενούς συνεκτικότητας (δηλ. του απολλώνειου δραματικού μύθου), ο Αντόρνο βλέπει τη μια ως προϋπόθεση της άλλης. Αν ο Νίτσε διακρίνει στη δραματουργία του Ευριπίδη την αισθητική-ορθολογική συνεκτικότητα να διενεργείται ως λογικά αναγκαία και επιχειρηματολογικά βάσιμη ακολουθία των σκηνικών δράσεων, ο Αντόρνο από τη μεριά του βλέπει στη διαδικασία αυτή εκπνευμάτισης[498] της τέχνης, την απαράβατη συνθήκη της μοντέρνας επιφάνειας (του υπερβατικού): μόνο αυστηρά οργανωμένα και γερά δομημένα έργα τέχνης μπορεί να είναι φορείς της Apparition ή της στιγμιαίας συναστέρωσης. Βλέπουμε έτσι να υπάρχει μεταξύ των συλλήψεων της συνεκτικότητας μια σχέση αντικατοπτρισμού: από τη μια μεριά η συναστερωτική παραστατικότητα του Νίτσε, της οποίας όπως είπαμε έπεται η ορθολογική συνεκτικότητα, παρουσιάζει ορισμένες αναλογίες με τη στιγμιαία συναστέρωση του Αντόρνο, η οποία αντίστροφα προϋποθέτει τη συνεκτικότητα ως δομική ορθολογικότητα και οργανωτική ενότητα. Από την άλλη, κοινή και στις δύο αισθητικές θεωρήσεις είναι η σύλληψη της δομικά συμπαγούς αισθητικής εμφάνειας ως συνεκτικής νοηματοδότησης του κόσμου: για τον Νίτσε με την έννοια μιας παραστατικής αντιπαράθεσης με το μύθο, η οποία επιδιώκει μια ολιστική έποψη του κόσμου, και για τον Αντόρνο με την έννοια μιας συνεχούς εξέλιξης της αισθητικής ορθολογικότητας, η οποία σφραγίζει το χαρακτήρα της νεωτερικότητας ως κίνησης επίτασης και αυθυπέρβασης.

7.3.2. Χρονικότητα

Τώρα, επειδή για τον Αντόρνο μέτρο της αυθεντικότητας της μοντέρνας τέχνης είναι ο χρονικός τρόπος της διενέργειάς της, επειδή δηλ. η επιτυχής αισθητικά συνεκτικότητα συλλαμβάνεται στην προοπτική του στιγμιαίου πυροτεχνήματος, πρέπει να διαπραγματευθούμε αναλυτικότερα την προβληματική του αισθητικού χρόνου στην *ΑΘ*. Παράλληλα θα εξετάσω σε ποιο βαθμό στη σκέψη του Αντόρνο δρουν νιτσεϊκές συλλήψεις περί αισθητικής χρονικότητας.

7.3.2.1. Το γέγονε (Gewordenheit) του έργου τέχνης

Στο φόντο της ερμηνευτικής παρουσίασης της *ΑΘ* νομίζω πως δεν υπάρχει αμφιβολία ότι η συστράτευση της αισθητικής σκέψης του Αντόρνο με την καλλιτεχνική πρωτοπορία οφείλεται κατά κύριο λόγο στο χρονικό χαρακτήρα του έργου τέχνης. Η φιλοσοφική αισθητική του

498. Ό.π., σελ. 470 κ.ε.

Αντόρνο ως στοχασμός πάνω στη δυνατότητα ή και αναγκαιότητα να οριστεί η δομή του έργου τέχνης ως χρονική διαδικαστικότητα, περιστρέφεται γύρω από την αξίωση της αισθητικής μοντερνικότητας να αποτελεί ριζική παροντικότητα. «Το έργο τέχνης μέσα του, όχι απλώς, όπως αρέσει στον ιστορισμό, σύμφωνα με τη θέση του στην πραγματική ιστορία, δεν είναι ένα "είναι" αποδεσμευμένο από το "γίγνεσθαι", αλλά ως υπαρκτό είναι γιγνόμενο». (151) Το αισθητικό φαινόμενο ως δυναμικό πεδίο αποτελεί βασική συνισταμένη της *ΑΘ* – άλλωστε στο πεδίο αυτό το συνεχές της ορθολογικής ενότητας καταλύεται όπως είδαμε για χάρη της υπερβατικότητας, η οποία φαίνεται στην έκρηξη της εμφάνειας,[499] δηλ. στο φαίνεσθαι του «περισσότερο». Έτσι για τον Αντόρνο το έργο τέχνης είναι διενέργημα-γίγνεσθαι.

Δεν είναι δύσκολο να διακρίνουμε ότι η παραπάνω σύλληψη οφείλεται στην πρόσληψη νιτσεϊκών στοχασμών. Η αναφορά του Αντόρνο στη νιτσεϊκή θεωρία της αλήθειας[500] και η εφαρμογή της στο επίπεδο του χρονικού πυρήνα του έργου τέχνης γίνονται αμέσως κατανοητές αν έχουμε κατά νου σκέψεις του Νίτσε όπως η ακόλουθη: «Κανένας όμως δεν μπορεί να δει στο έργο του καλλιτέχνη πώς έγινε αυτό: να ποιο είναι το πλεονέκτημά του, επειδή όπου δεν μπορούμε να δούμε τη διαδικασία του γίγνεσθαι, γινόμαστε κάποτε ψυχροί. Η ολοκληρωμένη τέχνη της αναπαράστασης απωθεί κάθε σκέψη γύρω από το γίγνεσθαι· ασκεί τυραννία ως παρούσα τελειότητα».[501]

Ενάντια στην αυτονόμηση της αισθητικής εικαστικότητας ο Νίτσε αντιθέτει το γίγνεσθαι του έργου τέχνης ως εμμενή στη δομή του διαδικαστικότητα. Τόσο στη *Γέννηση της τραγωδίας*, όσο και στο *Ανθρώπινο, πολύ ανθρώπινο*, στο οποίο μάλιστα ο Νίτσε αναπτύσσει μια φιλοσοφική κριτική της τέχνης, η χρονική διάσταση της καλλιτεχνικής δημιουργίας αντιπαρατίθεται στην εμμενή στην τέχνη τάση να απολυτοποιεί την εικαστική παραστατικότητα. Όπως είδαμε, στη *Γέννηση της τραγωδίας* ο Νίτσε κάνει μια αναδρομική εξέταση της διαδικασίας που οδηγεί την αισθητική παράσταση από αυτό που (πρέπει να) είναι αρχι-

499. Ό.π., σελ. 150 κ.ε.

500. Ό.π., σελ. 16 κ.ε.

501. Βλέπε *Ανθρώπινο, πολύ ανθρώπινο* Ι, σελ. 188.

κά και κύρια, δηλ. διαλεκτική εικόνα ως παραστατική διευθέτηση της αντίθεσης μεταξύ Γίγνεσθαι και Είναι, σε έναν τύπο παράστασης που αξιώνει να είναι κοσμοειδωλική αναπαράσταση του όντως Είναι. Αν η φενάκη της τέχνης ριζώνει στην αυθυποβολή, δηλ. ότι μπορεί με τη βοήθεια αυστηρής δόμησης των αισθητικών στοιχείων να παρουσιάσει συνεκτικά, λογικά και πειστικά ένα στιβαρό κοσμοείδωλο, τότε για τον Νίτσε η φιλοσοφία πρέπει να επέμβει αντιπαραθέτοντας στη φενακισμένη αυτή τέχνη... το παρελθόν της, δηλ. τη διαδικασία, τις ανάγκες και αναγκαιότητες από τις οποίες προέρχεται.

Η θεμελιώδης πεποίθηση του Νίτσε για το χρονικό πυρήνα του έργου τέχνης καταλήγει σε μια απόρριψη της αισθητικής της καλλιτεχνικής ιδιοφυΐας (Genieästhetik). Η κριτική που ασκεί στην καλλιτεχνική ιδιοφυΐα πηγάζει από τη διαπίστωση ότι κάθε παραστατικότητα περικλείει το στοιχείο πραγμοποίησης, δηλ. την τάση να μετατρέπει το Γίγνεσθαι της παράστασης στο Είναι της εικόνας-κοσμοειδώλου.[502] Με τρόπο που θυμίζει την *ΑΘ* και το μοντέλο των (αισθητικών) παραγωγικών δυνάμεων, ο Νίτσε παρατηρεί ότι απαράβατη προϋπόθεση για να αναδυθεί ο ιδιοφυής καλλιτέχνης είναι να έχει προηγηθεί μια εξέλιξη, δηλ. να έχει υπάρξει μια συσσώρευση δεξιοτήτων, καλλιτεχνικών πρακτικών και εικαστικών λύσεων: «Όταν έχει φραχτεί για ένα διάστημα η παραγωγική δύναμη κι έχει ανακοπεί η ροή της από ένα εμπόδιο, στο τέλος συμβαίνει μια τόσο ξαφνική έκχυση, σα να έλαβε χώρα μια άμεση έμπνευση, δίχως προκαταρκτική εσωτερική επεξεργασία, δηλ. ένα θαύμα. Αυτό συνιστά τη γνωστή εξαπάτηση, την οποία έχουν μεγάλο συμφέρον να διατηρούν, όπως είπα και πριν, όλοι οι καλλιτέχνες. Το κεφάλαιο έχει απλώς συσσωρευτεί».[503] Η δήθεν αμεσότητα της καλλιτεχνικά ιδιοφυούς αισθητικής εμφάνειας εξανεμίζεται αυτόματα αν παραβλεφθούν οι αξιώσεις ολιστικής και πλέριας εικαστικότητας και στραφεί αντίθετα στο ίδιο το διενέργημα της παραστατικότητας, δηλ. την ευχαρίστηση να κάνει κανείς «καλά και μικρά, δευτερεύοντα πράγματα».[504]

Ο Αντόρνο συμμερίζεται απόλυτα την κριτική αυτή στην αυτονο-

---

502. Βλέπε *Πέρα από το καλό και το κακό*, σελ. 167 κ.ε.
503. Βλέπε *Ανθρώπινο, πολύ ανθρώπινο* Ι, σελ. 182.
504. Ό.π., σελ. 189.

μημένη εμφάνεια, υποδειγματική μορφή της οποίας είναι αισθητική της καλλιτεχνικής ιδιοφυΐας. «Το ξένο προς το εγώ στοιχείο υπό την πίεση του έργου είναι μάλλον αυτό που εννοούσε ο όρος ιδιοφυής». (291) Η αισθητική υποκειμενικότητα συγκροτείται αποκλειστικά στο- και ως διενέργημα καλλιτεχνικής δράσης. Στην απόρριψη της καλλιτεχνικής ιδιοφυΐας ο Αντόρνο είναι τόσο κατηγορηματικός, φτάνοντας μέχρι του σημείου να υποστηρίζει πως ο καλλιτέχνης «με το απειροελάχιστο βήμα που αποφασίζει να κάνει» δεν είναι παρά ο «εκτελεστής μιας συλλογικής αντικειμενικότητας του πνεύματος· σε σύγκριση με αυτή το μερίδιό του είναι σχεδόν μηδαμινό. Η ιδέα ότι η ιδιοφυΐα είναι ένας δέκτης, κάτι παθητικό, θύμιζε έμμεσα αυτή την κατάσταση των πραγμάτων». (459) Ο λόγος είναι απλός: στο βαθμό που η εμμενής δυναμική της αισθητικής αντικειμενικότητας του έργου τέχνης αποκτά τέτοια ένταση, ώστε μπροστά στη νομοτελειακή αύξηση των αισθητικών παραγωγικών δυνάμεων οι προσωπικές βλέψεις του καλλιτέχνη να μετατρέπονται σε δευτερεύουσες και αμελητέες εκφάνσεις της τέχνης – ακριβώς στο βαθμό αυτό η υποκειμενική θέληση για καλλιτεχνική έκφραση χάνει κάθε πρωτοκαθεδρία. Υπάρχει όμως και ένας επιπρόσθετος λόγος που οδηγεί στην κατάλυση της πρωτοκαθεδρίας του καλλιτέχνη: όπως είδαμε, για τον Αντόρνο το εμμενές τέλος κάθε μεγάλου έργου τέχνης είναι η υπέρβαση της απλής ορθολογικής, δηλ. αισθητικής-τεχνολογικής συνεκτικότητας για χάρη του φαίνεσθαι του μη-ταυτόσημου. Όπως και στην *Αρνητική Διαλεκτική*, έτσι και στην *ΑΘ* η παρουσία του υπερβατικού, ως Apparition, πνεύμα, «περισσότερο» κτλ. σημαίνει την αναίρεση του υποκειμένου της ορθολογικότητας στο όνομα αυτού που είναι πέρα από κάθε διαδικαστική, έστω και αισθητικά-καλλιτεχνικά, ορθολογικότητα.

Το ερώτημα που τίθεται βέβαια στη συνάφεια αυτή είναι το πότε, δηλ. η χρονική διάσταση του υπερβατικού φαίνεσθαι. Για να απαντήσουμε στο ερώτημα πρέπει ασφαλώς να ξεκινήσουμε από την κύρια έποψη του Γίγνεσθαι στο εσωτερικό του έργου τέχνης, δηλ. τη μετάβαση από το επίπεδο της συνεκτικής τεχνολογικής ορθολογικότητας στη στιγμιαία συνεκτική συναστέρωση της Apparition.[505] Από τα λιγοστά σημεία όπου ο Αντόρνο περιγράφει κάπως παραστατικότερα τη χρονική διάσταση της

505. Βλέπε *Αισθητική Θεωρία*, σελ. 293.

συναστέρωσης, το σημαντικότερο για το ερώτημά μας είναι αναμφίβολα αυτό στο οποίο ο Αντόρνο αναφέρεται στη σύλληψη του Νίτσε περί του «καίριου χρόνου».[506] Προτού όμως εξετάσω τον τρόπο που συλλαμβάνει ο Αντόρνο τον καίριο χρόνο, θα κάνω μια παρέκβαση για να δούμε τη θέση του Νίτσε. Η παρέκβαση αυτή εξυπηρετεί δύο σκοπούς: πρώτα μας βοηθά να δούμε πώς ο Νίτσε αναπτύσσει αισθητικούς στοχασμούς πέρα από το αρχικό σχήμα αισθητικής θεωρίας που καταγράφει με τη *Γέννηση της τραγωδίας*. Στο φόντο αυτό μπορούμε στη συνέχεια να διαπραγματευτούμε το ερώτημα αν η αναφορά του Αντόρνο στον καίριο χρόνο ή καιρό αντιστοιχεί στον τρόπο που τον νοηματοδοτεί ο Νίτσε, και μετέπειτα πώς η έννοια του καιρού εντάσσεται στο πλαίσιο της κριτικής του Αντόρνο στην καλλιτεχνική ιδιοφυΐα.

7.3.3. Παράρτημα: ο καίριος χρόνος

Κατ' αρχάς διαπιστώνεται αμέσως πως στο σημείο που ο Αντόρνο αναφέρεται στον «καίριο χρόνο» ως χαρακτηριστικό που πιστοποιεί την επιτυχημένη καλλιτεχνικά έκφραση, παραπέμπει στον Νίτσε, ο οποίος όμως χρησιμοποιεί την έννοια σε ένα χωρίο του *Πέρα από το καλό και το κακό*. Όπως είναι φανερό στη συνάφεια των συλλογισμών του έργου αυτού ο «καίριος χρόνος» (ή καιρός) δεν έχει καμία σχέση με την αισθητική – το πλαίσιο στο οποίο την αναφέρει ο Νίτσε έχει καθαρά πρακτικό χαρακτήρα, δηλ. διαπραγματεύεται την προβληματική της δράσης εν γένει. Παρ' όλο όμως που η αναφορά του Αντόρνο ξενίζει, δεν είναι νομίζω δύσκολο να καταλάβουμε για ποιο λόγο είναι ευνόητο στον Αντόρνο να αντιστοιχίσει τον «καίριο χρόνο» του Νίτσε με τη δική του σύλληψη της στιγμιαίας συναστέρωσης ως της αυθυπέρβασης της εμφάνειας προς την υπερβατικότητα. Το ότι δεν είναι δύσκολο να κατανοήσουμε την πρόθεση του Αντόρνο δεν σημαίνει ασφαλώς πως δεν απαιτείται καμία ερμηνευτική... προεργασία. Για να διεξαχθεί ικανοποιητικά και για να φτάσουμε διαμέσου της έννοιας του καιρού στον πυρήνα της χρονικότητας του έργου τέχνης, πρέπει προηγουμένως να εξετάσουμε τον τρόπο που νοηματοδοτείται από τον Νίτσε, ώστε να έχουμε έτσι το κατάλληλο ερμηνευτικό φόντο.

506. Ό.π., σελ. 290.

7.3.3.1. Ο καίριος χρόνος στον Νίτσε

Προγραμματικά μπορεί να υποστηριχθεί πως η νιτσεϊκή σύλληψη του χρόνου γενικά και του «καίριου χρόνου» ειδικότερα είναι ριζικά αντίθετη στην κοινή αντίληψη του χρόνου ως συνεχούς και ομοιογενούς διάστασης. Αντιπροσωπευτικό παράδειγμα μονοδιάστατου χρόνου θα ήταν για τον Νίτσε η καντιανή θεώρηση του χρόνου ως καθαρής εποπτείας: ως εποπτεία, δηλ. υποκειμενική μορφή παραστατικότητας των αντικειμένων της εμπειρίας, ο χρόνος αυτός είναι για τον Νίτσε ένας μη-χρόνος, γιατί η γνώση, στηριζόμενη στην χρονική εποπτεία, συγκροτεί την αντικειμενικότητα της εμπειρίας ως καθολικά ισχύουσα, δηλ. ως... άχρονη. Για τον Νίτσε ο χρόνος ως κατάσταση πλήρωσης αντιτίθεται επιπλέον ριζικά στην ιστορία, η οποία νοηματοδοτείται ως το καθολικό πλαίσιο όπου μπορεί να ενταχθεί κάθε λογής γεγονός. Για τον Νίτσε αντίθετα η προσοχή μας πρέπει να στραφεί στα μοναδικά και πλήρη νοήματος γεγονότα, τα οποία αν και ριζώνουν βαθιά στις χρονικές ιδιαιτερότητες του καιρού τους, εντούτοις προδιαγράφουν και δρομολογούν νέες τάξεις χρονικότητας. Στον «καίριο χρόνο» ο κόσμος αποκτά (άλλο) νόημα, διότι «τι αξίζει ένας χρόνος που "δεν έχει χρόνο" για τον Ζαρατούστρα;»[507] – δηλ. ο χρόνος αυτός έχει χάσει πια το νόημά του. Αν ο χρόνος είναι ένα πλέγμα νοήματος το οποίο δεν μπορεί να εκτιμηθεί με τα συνήθη χρονικά μέτρα και σταθμά, αλλά με κριτήριο την πλήρωση ή αντίθετα την ένδεια νοήματος της ανθρώπινης εμπειρίας,[508] τότε ο «καίριος χρόνος», ο οποίος ουσιαστικά εκδηλώνεται με τη μορφή ενός μοναδικού γεγονότος με αποκλειστικά δική του νοηματική διάταξη και διάρθρωση των κοσμικών συμβάντων, φέρει μέσα του και το κριτήριο αξιολογικής μέτρησης. Με άλλα λόγια, βρίσκεται έξω από το πλαίσιο των συγκαιρινών παραστάσεων του χρόνου.[509] Ως ιδιοσύστατο χρονικό μέτρο ο καίριος χρόνος μπορεί ακόμα να εννοηθεί ως το σύνολο των συνθηκών κάτω από τις οποίες το άτο-

---

507. Βλέπε *Έτσι μίλησε ο Ζαρατούστρα*, σελ. 164.

508. «Έτσι περνούσε και γλιστρούσε για μένα ο χρόνος, αν υπήρχε ακόμη χρόνος: πού να ξέρω;» (ό.π., σελ. 135).

509. «Όλα αυτά διήρκεσαν πολλή ώρα, μπορεί όμως και λίγη: γιατί, ορθώς ειπείν, για πράγματα τέτοιου είδους δεν υπάρχει χρόνος πάνω στη γη». (ό.π., σελ. 314)

μο ή τα γεγονότα του κόσμου μπορούν να έχουν «το χρόνο» τους, δηλ. εμπειρία της πεπρωμένου τους.[510]

Για τον πρώιμο Νίτσε, το φιλόσοφο της τέχνης, υπάρχει ένα εμπειρικό-παραστατικό μέσο του καίριου χρόνου, δηλ. η μουσική. Ο αρχαιοελληνικός μουσικός ρυθμός, που οργανώνει τη ροϊκή συνέχεια της μουσικής, δεν ακολουθεί το σχήμα της ακολουθίας εξίσου έντονων ψυχικών συναισθημάτων, αλλά αντίθετα διενεργείται με μια χρονική ισομετρία, που κατευνάζει τα… πάθη. Παρ' όλα αυτά το χρονικό μέτρο δεν παραμένει αμετάβλητο, αλλά διαρθρώνεται με τη ρυθμική πολυφωνία των τόνων – κάθε μέρος του ρυθμού έχει τη δική του ατομική «χρονική ζωή», κάθε τόνος το δικό του «καίριο χρόνο». Η μουσική μπορεί να εκφράσει τον ιδιάζοντα χαρακτήρα του καίριου χρόνου, γιατί ως παραστατικό μέσο αποτελεί αυτό με το οποίο μπορεί να εκτιμηθεί ο «εσώτερος νόμος» της εποχής.[511] Στο πλαίσιο της κριτικής στον Βάγκνερ, για το ότι η μουσική του προσανατολίζεται αποκλειστικά στη δημιουργία και έγερση δυνατών συναισθημάτων, ο Νίτσε βέβαια θα αποστασιοποιηθεί στη συνέχεια από την ιδέα ενός μουσικού καίριου χρόνου ως υποτύπωσης του εσώτερου πυρήνα της εποχής: τη θέση της μουσικής παίρνει τώρα ο καίριος χρόνος που εκδηλώνεται στο «υψηλό στιλ».[512] Στην ύστερη σκέψη του Νίτσε το υψηλό στιλ δεν εκφράζει με παραστατικό τρόπο τον νόμο της εποχής, αλλά αντίθετα αναλαμβάνει τώρα πολύ πιο… ενεργητικά καθήκοντα: «να κυριαρχήσει κανείς στο χάος που είναι· να εξαναγκάσει το χάος να γίνει μορφή· να γίνει αναγκαιότητα σε μορφή: να γίνει κανείς λογικός, απλός, άμεσος, μαθηματικός: να γίνει κανείς νόμος».[513] Η διαφορετική αυτή νοηματοδότηση και ο προσανατολισμός σε μια τέχνη του «μεγάλου ρυθμού»[514] οφείλονται ασφαλώς τόσο στην καχύποπτη στάση του Νίτσε απέναντι στην τέχνη γενικά και στη μουσική ειδικότερα, όσο και στην πρωτοκαθεδρία που έχει πια πάρει στη

510. «Κι αυτό όμως έχει την ώρα του και τη μοίρα του». (ό.π., σελ. 174) Για το χαρακτήρα τομής που έχει ο καίριος χρόνος, ο Νίτσε ως γνωστόν χρησιμοποιεί στον *Ζαρατούστρα* την εικόνα του «Μεγάλου Μεσημεριού». (ό.π., σελ. 187)

511. Βλέπε *Menschliches, Allzumenschliches II, KSA*, τόμ. 2, σελ. 450.

512. Βλέπε καταλειπόμενα έργα, *KSA*, τόμ. 13, σελ. 246 κ.ε.

513. Ό.π., σελ. 247.

514. Βλέπε *Ecce Homo*, σελ. 226.

σκέψη του η γλώσσα ως ανεξάντλητη πηγή εκφραστικών και στιλιστικών δυνατοτήτων. Συνακόλουθα ο Νίτσε αναπτύσσει την έννοια του υψηλού στιλ ως θέσπιση μιας νομοτέλειας στον ορίζοντα ενός καιρού μεταξύ παρελθόντος και μέλλοντος, στον οποίο ο Ζαρατούστρα διακρίνει την έλευση ενός άλλου κόσμου ή ενός ριζικά άλλου νοήματος του κόσμου.[515]

Συνοψίζοντας μπορούμε να διαπιστώσουμε πως η νιτσεϊκή (αισθητική-καλλιτεχνική) σύλληψη του καίριου χρόνου υπόκειται με την πάροδο... του χρόνου σε μια επανανοηματοδότηση: με την κατάλυση του κλασικού ρυθμού, ο οποίος συνάδει με το νόμο της κλασικής εποχής, αναλαμβάνει το υψηλό στιλ ή το αντι-βαγκνεριανό έργο τέχνης να θεσπίσει για την εποχή του μια νομοτέλεια, δηλ. να προτάξει εξ ιδίων δυνάμεων έναν «καίριο χρόνο», συγκεκριμένα προσύλληψη εκείνου του συμβάντος-τομής που θα αναγγέλλει έναν άλλο «καιρό». Με αυτή την έννοια ο Νίτσε νοηματοδοτεί το υψηλό στιλ του Ζαρατούστρα ως την προαναγγελία ενός νέου, ενός άλλου χρόνου, δηλ. ενός χρόνου που εμπειρικά θα βιώνεται διαφορετικά. Αν δηλ. το υψηλό στιλ διενεργείται ως προσύλληψη του «καίριου χρόνου», αυτός παραπέμπει στο πλήρωμα (... του χρόνου) ενός μελλοντικού καιρού.

7.3.3.2. Ο καίριος χρόνος στον Αντόρνο

Στην *ΑΘ* βλέπουμε πως η νιτσεϊκή έννοια του μουσικού καίριου χρόνου ως αισθητικής παράστασης του «νόμου» της εποχής σε αρκετά σημεία βρίσκει τον Αντόρνο σύμφωνο. Όπως είδαμε, ο Αντόρνο εργάζεται με μια ιδιαίτερη σύλληψη της τέχνης ως ενσάρκωσης της νομοτέλειας της εποχής της. Πρόκειται φυσικά για τη νομοτέλεια της επίτασης των αισθητικών παραγωγικών δυνάμεων. Για τον μαρξιστή Αντόρνο υπάρχει μια συστοιχία μεταξύ της κοινωνικής εξέλιξης και της πορείας της μοντέρνας τέχνης, γιατί και οι δύο κυριαρχούνται από την κατηγορική προσταγή της ανάπτυξης των τεχνολογικών δυνατοτήτων, δηλ. την πρόοδο της ορθολογικότητας. Όπως και στη βιομηχανική παραγωγή, έτσι και στην τέχνη η καλλιτεχνική παραγωγή επιτάσσει τη διαρκή ανανέω-

515. Βλέπε *Έτσι μίλησε ο Ζαρατούστρα*, σελ. 224.

ση των εικαστικών μορφών και τη συνεχή πρόοδο των εκφραστικών μέσων. Στον Αντόρνο κάθε έργο τέχνης έχει δικαίωμα να κατατάσσεται στην πρωτοπορία αποκλειστικά στο βαθμό που «έλυσε» τα προβλήματα τεχνολογικής ορθολογικότητας διαμέσου καινοτόμων αισθητικών πειραμάτων. Επομένως μπορούμε να μιλούμε ακόμα για «ιδιοφυείς» καλλιτέχνες, αλλά αυτό σημαίνει ότι είναι απλά φορείς του αισθητικού-τεχνολογικού πνεύματος, δηλ. προτείνουν πρωτότυπες και, για την εξέλιξη της ορθολογικότητας της τέχνης, γόνιμες καλλιτεχνικές λύσεις. Αν υπάρχει ένα ακριβές αντίστοιχο του «καίριου χρόνου» στον Αντόρνο, τότε αυτό αναμφίβολα είναι «η στάθμη ανάπτυξης του προβλήματος» (70).

Έξω από το αισθητικό-παραγωγικό αυτό πλαίσιο δεν νομίζω πως μπορεί εντοπιστεί κάποια συστοιχία μεταξύ του καλλιτεχνικού καίριου χρόνου και της φυσιογνωμίας της εποχής. Ο καίριος χρόνος για τον Αντόρνο λειτουργεί αποκλειστικά ως αισθητικό φαινόμενο για δύο λόγους: από τη μια ο αισθητικός καιρός, η συγκυρία δηλ. στην οποία η καλλιτεχνική παραγωγή επιτυγχάνει ένα ανώτερο στάδιο εικαστικής ορθολογικότητας, βρίσκεται σε ρήξη με τον «εσώτερο νόμο» της εποχής, γιατί σύμφωνα με την ιδιότυπη (μαρξιστικά) άποψη του Αντόρνο «μια καθαρά παραγωγική δύναμη όπως η αισθητική, αφότου απελευθερώθηκε από τις ετερόνομες υπαγορεύσεις, είναι αντικειμενικά ο αντίποδας μιας δεσμευμένης παραγωγικής δύναμης, αλλά και ένα παράδειγμα μιας μοιραίας δραστηριότητας που γίνεται αυτοσκοπός». (383) Ο δεύτερος λόγος έχει να κάνει με μια σημαντική για το στοχαστικό οικοδόμημα της *ΑΘ* αντίληψη του Αντόρνο, η οποία αν δεν απατώμαι παρουσιάζει ομοιότητες με το υψηλό στιλ του Νίτσε: «Το περιεχόμενο αλήθειας που μπορεί να κρύβει η έννοια της ιδιοφυΐας πρέπει να αναζητείται στο ίδιο το πράγμα, το έργο, που παραμένει ανοιχτό και δεν εγκλωβίζεται σε επαναλήψεις». (293) Αν απομονωθεί το στοιχείο του πρωτότυπα νέου της ιδιοφυούς δημιουργίας, και αντιστοιχιστεί η αντορνική διανοικτότητα στο νιτσεϊκό ορισμό του καίριου χρόνου ως εκείνης της χρονικής τομής και ρήξης στην οποία εγκαινιάζεται μια νέα χρονικότητα, τότε καθίσταται αμέσως φανερό πως ανάμεσα στη νιτσεϊκή προσύλληψη του μελλοντικού καιρού και της αντορνικής σύλληψης του (ορθολογικά-τεχνολογικά) ιδιοφυούς καλλιτεχνικού έργου υπάρχει μια τυπική αναλογία: και στις δύο περιπτώσεις πρόκειται για τον καίριο χρόνο ως τον άλλο χρόνο.

Νομίζω ότι στη συγκεκριμένη αναλογία μπορούμε να δώσουμε πιο συγκεκριμένο περίγραμμα αν κάνουμε ακόμα έναν παραλληλισμό και αντιστοιχίσουμε την αντορνική σύλληψη του ιδιοφυούς καλλιτεχνήματος, το οποίο δυνάμει της εγγενούς του ορθολογικότητας σκηνοθετεί την εμφάνιση του ριζικά Νέου (δηλ. μιας υποτύπωσης του ουτοπικού δυναμικού της τέχνης), στο νιτσεϊκό υψηλό στιλ, το οποίο με τη σειρά του είναι η προσύλληψη της ουτοπίας του Ζαρατούστρα (δηλ. «το Νέο»[516]). Βλέπουμε ότι υφίσταται μια εμφανής συγγένεια. Τι είδους συγγένεια είναι αυτή; Ας ξεκινήσουμε από τον Νίτσε. Για το φιλόσοφο του υψηλού στιλ το έργο τέχνης ενέχει την ιστορική δυναμική που το εξυψώνει στο «ύψος της εποχής». Με αυτό το διενέργημά του το έργο τέχνης κάνει τον καίριο χρόνο εμπειρικά βιώσιμο. Επιπλέον με το υψηλό του στιλ το έργο συνδέει τον καίριο χρόνο με τη μελλοντικά βιώσιμη, αλλά και γενικότερη εποχική τομή, στην οποία υποτυπώνεται το διενέργημα της επαναξίωσης όλων των αξιών, επαναξίωση που εγκαινιάζει μια καινούργια εποχική χρονικότητα.

Κάτι ανάλογο διαδραματίζεται στη σκέψη του Αντόρνο. Η σύλληψη του ιδιοφυούς ως υποδήλωση του ουτοπικά νέου αναδεικνύει το έργο τέχνης ως το χώρο όπου προσυλλαμβάνεται η μελλοντική «συμφιλίωση» – συμφιλίωση που δεν είναι μόνο πολιτική-κοινωνική, αλλά και ιστορική-φιλοσοφική. Αν λοιπόν η ερμηνεία μας ευσταθεί, τότε διαπιστώνουμε ότι ο Αντόρνο προσλαμβάνει τη νιτσεϊκή έννοια του καίριου χρόνου διπλά: από τη μια κάθε επιτυχημένο έργο τέχνης δημιουργείται την «κατάλληλη στιγμή», δηλ. είναι χρονικά καίριο, γιατί προσφέρει μια ορθολογικά-τεχνολογικά καίρια λύση στα εικαστικά προβλήματα που τίθενται στο υφιστάμενο επίπεδο παραγωγικών δυνάμεων. Από την άλλη ο καίριος χρόνος σηματοδοτεί τον καιρό ως τη στιγμή κατά την οποία το έργο τέχνης στρέφεται ενάντια στον εαυτό του, με την έννοια ότι καταλύει την ορθολογικότητα της εικαστικής εμφάνειας για χάρη της εμφάνισης αυτού που την υπερβαίνει.

Όσο κι αν νομιμοποιούμαστε να κάνουμε τούτες τις σκέψεις, η σύλ-

516. Βλέπε *Αισθητική Θεωρία*, σελ. 294.

ληψη του Αντόρνο δεν παύει κατά τη γνώμη μου να είναι προβληματική, για το λόγο ότι η νοηματοδότηση της ανάδυσης του καίριου χρόνου είναι καθ' όλα παράδοξη. Αυτό το καταλαβαίνει κανείς αν επανασκύψει στον τρόπο που το έργο τέχνης στρέφεται ενάντια στην ίδια του την αισθητική εμφάνεια. Το παράδοξο έγκειται στο εξής: Όπως είδαμε η καλλιτεχνική υποκειμενικότητα πρέπει να υποτάσσεται στις επιταγές, στους καταναγκασμούς, στους νόμους και τις νομοτέλειες της αύξησης των (καλλιτεχνικών) παραγωγικών δυνάμεων, δηλ. στην ορθολογικότερη συγκρότηση της αισθητικής παραστατικότητας – είναι απαραίτητος και απαράβατος όρος ώστε το έργο τέχνης να αποκτήσει τον τίτλο τιμής να ανήκει στην πρωτοπορία. Με άλλα λόγια, όχι μόνο να είναι σε θέση να υπερκεράσει τεχνολογικά τους προκατόχους, προτείνοντας καινοτόμες εικαστικές προτάσεις, αλλά και να παραδεχτεί εξαρχής ότι με τη σειρά του θα τεθεί πολύ γρήγορα σε διαθεσιμότητα από τους ικανότερους διαδόχους του. Η συνείδηση της προσκαιρινής ισχύος αποτελεί για τον Αντόρνο τον καίριο χρόνο. Το παράδοξο εμφανίζεται τη στιγμή που ο Αντόρνο υπάγει τον καίριο χρόνο της συνεκτικής-ορθολογικής καινοτομίας στο φαίνεσθαι του (υπερβατικού) μη-ταυτόσημου, το οποίο ως κάτι πέρα από κάθε ορθολογικότητα είναι η τέλεια, η καθαρή παροντικότητα. Τι εννοείται; Τέλεια είναι η παροντικότητα γιατί με όρους τεχνολογικής εξέλιξης και ταυτόχρονα ουτοπικής βλέψης ούτε στο μέλλον αναφέρεται, αλλά ούτε και στο παρελθόν. Πρώτα πρώτα, είναι η στιγμή που η νέα αισθητική-τεχνολογική λύση προβάλλει την αξίωση να είναι η τελεσίδικη απάντηση σε κάθε καλλιτεχνικό πρόβλημα. Άρα, όπως και η ορθολογική συνεκτικότητα του Νίτσε της *Γέννησης της τραγωδίας*, πιστεύει ότι προσφέρει μια ανέκκλητη παραστατικότητα που δεν επιδέχεται καμία αναθεώρηση. Από την άλλη το ιδιοφυές νέο της τεχνολογικής-αισθητικής επανάστασης, ή απλά καινοτομίας, δεν έχει καμία σχέση πλέον με το παρελθόν, επειδή «είναι ένας διαλεκτικός κόμβος: το απαλλαγμένο, το ελεύθερο, που ταυτόχρονα δίνει την αίσθηση του αναγκαίου, το παράδοξο δεξιοτέχνημα της τέχνης και ένα από τα αξιόπιστα κριτήριά της. Ιδιοφυές είναι αυτό που επιτυγχάνει έναν αστερισμό, που υποκειμενικά πιάνει κάτι αντικειμενικό, η στιγμή όπου η μέθεξη του έργου τέχνης στη γλώσσα ξεπερνά το συμβατικό επίπεδο ως κάτι τυχαίο». (293)

7.3.4. Η στιγμιαία υπέρβαση (Augenblicklichkeit)

Με την παρέκβαση της προβληματικής του νιτσεϊκού καίριου χρόνου και της πρόσληψής του στο πλαίσιο της *ΑΘ*, μπορούμε τώρα να συνεχίσουμε την εξέταση της χρονικής δομής του έργου τέχνης που εντοπίζεται στην έννοια του στιγμιαίου φαίνεσθαι (της υπέρβασης). Η στιγμιαία (εν είδει πυροτεχνήματος) εμφάνεια της τέχνης έχει κεντρική σημασία για την αισθητική-φιλοσοφική σκέψη του Αντόρνο, διότι είναι ο χρονικός τόπος όπου εκδηλώνεται η αλήθεια του αισθητικού φαινομένου. Κατά μια έννοια, η επιτυχία του εγχειρήματος της *ΑΘ* να εντάξει μεν την τέχνη στο πλαίσιο της ανάπτυξης των παραγωγικών δυνάμεων, από την άλλη όμως να τη θεωρήσει ως το τελευταίο καταφύγιο ουτοπικών δυναμικών, εξαρτάται από τον τρόπο που συλλαμβάνει το πέρασμα από εκείνο σε τούτο. Εδώ η έννοια του στιγμιαίου είναι θεμελιακή καθώς υποδηλώνει τόσο την τομή, το ρήγμα στο συνεχές αισθητικής ορθολογικότητας, όσο και την αιφνίδια εμφάνιση της υπέρβασης κάθε ορθολογικότητας. Στην ερμηνεία που ακολουθεί θα αναφερθώ παράλληλα και σε αντίστοιχες σκέψεις του Νίτσε.

Σε ένα κεντρικό για την προβληματική μας χωρίο της *ΑΘ* ο Αντόρνο αναφέρει: «Αν τα έργα τέχνης ως εικόνες είναι η διάρκεια του εφήμερου, τότε συμπυκνώνονται στην εμφάνισή τους, που συνιστά κάτι στιγμιαίο. Εμπειρία της τέχνης σημαίνει συνειδητοποίηση της ενύπαρκτης διαδικασίας τους ακριβώς όπως κατά τη στιγμή της ακινητοποίησής της» (150). Το πρώτο μέρος του παραθέματος εγείρει την εντύπωση πως ο Αντόρνο στοχάζεται τη χρονικότητα του έργου τέχνης στο πλαίσιο μιας παραστασιακής σχέσης, δηλ. ότι το κάθε τι αξιώνεται ως ή σε παραστατική υποτύπωση στο Άλλο. Με αυτό τον τρόπο η παροδικότητα μπορεί να βιωθεί εμπειρικά ως ανασκοπούμενη, δηλ. η αυτοκατανόησή της διαμεσολαβείται από την παραστατική της υποτύπωση στο Άλλο. Το Γίγνεσθαι με άλλα λόγια αξιώνεται, δηλ. βιώνεται εμπειρικά, με το να μεταφράζεται σε Είναι διαμέσου της εικόνας. Μια προσεκτικότερη ανάγνωση του χωρίου, που αρχικά φαίνεται να παραπέμπει στη νιτσεϊκή σύλληψη της εικαστικότητας ως παραστατικού μέσου της παροδικότητας και του Γίγνεσθαι, μας πείθει όμως πως ο Αντόρνο έχει κατά νου κάτι διαφορετικό. Η εντύπωση μετατρέπεται σε βεβαιότητα αν αντιπαραθέσουμε τα όσα λέει ο Αντόρνο για την εικόνα με έναν άλλο ορισμό της εικόνας, ότι δηλ. είναι υποτύπωση της απόπειρας «για τη μαγική σύλληψη αυτού του απολύτως φευγαλέου» (150). Το γεγονός ότι ο Αντόρνο συλλαμβάνει το φευγαλέο αυτό ως την εν είδει πυροτεχνήματος συνεκτική Apparition σημαίνει ότι τελικά η εικόνα δεν καταγράφει παραστατικά το χρόνο ως Γίγνεσθαι, δίνοντάς του έτσι τη μορφή του Είναι, αλλά ακινητοποιεί τη συναστέρωση της Apparition σε ευδιάτακτη παραστατικότητα. Αν όπως ισχυρίζεται ο Αντόρνο το κατάλληλο βίωμα της τέχνης έγκειται αποκλειστικά στο να μπορούμε να προσλαμβάνουμε την αισθητική εμφάνεια τη στιγμή που αυθυπερβαίνεται, δηλ. μετατρέπεται στο φαίνεσθαι της Apparition, τότε πρέπει να ορίσουμε τη χρονικότητα του έργου τέχνης ως διαρκή στιγμή.

Η σύλληψη είναι όντως παράδοξη. Βέβαια από την άλλη όχι και τόσο παράδοξη, αν σκεφτεί κανείς ότι ο Αντόρνο είναι βαθιά πεπεισμένος πως μόνο η στιγμιαία συναστέρωση της Apparition είναι ικανή να φέρει σε πέρας τα καθήκοντα που θέτει μια φιλοσοφία της τέχνης, η οποία αποτελεί συνέχεια της κριτικής του Λόγου με άλλα μέσα. Αν δηλ. η δυναμική της ορθολογικότητας του έργου τέχνης, ορθολογικότητα την οποία ο Αντόρνο όπως είδαμε επανειλημμένα νοηματοδοτεί σε πλήρη αντιστοιχία με την ορθολογικότητα του νεωτερικού Λόγου, ακινητοποιείται τη στιγμή που εμφανίζεται η Apparition, η οποία είναι παραστατική υποτύπωση του μη-ταυτόσημου, τότε πρέπει να συμπεράνουμε αναγκαστικά πως *η στιγμή του έργου τέχνης σημαδεύει το σημείο τομής, στο οποίο το συνεχές της ορθολογικά συνεκτικής σύνθεσης καταλύεται. Η ρωγμή προκύπτει στιγμιαία.* Η στιγμή έχει όμως τέτοιο χαρακτήρα, ώστε στην εκάστοτε επαφή του θεατή με το έργο τέχνης να ανανεώνεται: ο πυρήνας με άλλα λόγια του έργου τέχνης είναι στιγμιαίου χαρακτήρα, το έργο τέχνης όμως ως ιστορικό γεγονός, δηλ. ως το σύνολο των ερμηνειών και προσλήψεων που έγιναν στο παρελθόν, γίνονται στο παρόν και πιθανά θα γίνουν και στο μέλλον, αποτελεί μια διαρκή παρουσία. Είναι πάντα εκεί για να υπο- και καταδεικνύει τη δυνατότητα υπέρβασης.

Αν η ερμηνεία αυτή ευσταθεί –και δεν βλέπω κανένα λόγο που να συνηγορεί υπέρ του αντιθέτου–, τότε διαπιστώνουμε παρ᾽ όλα αυτά πως η αισθητική στιγμή δεν είναι εύκολο να εντοπιστεί χρονικά: «Διαιωνίζεται η στάσιμη κίνηση στη στιγμή κα το διαιωνιζόμενο καταστρέφεται καθώς περιστέλλεται στη στιγμή». (152) Από τη μια δεν μπορεί να καταλογιστεί στον ιστορικό χρόνο, γιατί απλά συμβαίνει ως σημειακή έκλαμψη που σβήνει αμέσως. Από την άλλη είναι αδύνατον να πούμε ότι αποτελεί μια άχρονη, διαρκή παροντικότητα, διότι, όπως προκύπτει και από τα προηγούμενα, η Apparition περικλείει τη χρονική διάσταση. Σημαδεύει κάποια ιστορικά εντοπίσιμη στιγμή, καθώς εδράζεται, και αίρει (ουτοπικά), τη συνεκτική ορθολογικότητα της αισθητικής εμφάνειας. Η αισθητική εμφάνεια ή, καλύτερα, η ορθολογικότητά της είναι εντοπίσιμα χρονικά φαινόμενα. Ας πάρουμε ένα παράδειγμα από τη μοντέρνα ζωγραφική: με το κριτήριο του Αντόρνο, δηλ. της εξέλιξης της αισθητικής-τεχνολογικής ορθολογικότητας, ο συνθετικός κυβισμός όντως (πρέπει να) είναι μεταγενέστερο φαινόμενο από τον αναλυτικό κυβισμό, γιατί προσφέρει εικαστικά πιο «προοδευτικές» απαντήσεις, δηλ. αναπτύσσει και εξελίσσει δημιουργικά τη συνεκτική ορθολογικότητα της αναλυτικής-κυβιστικής εμφάνειας. Συμπεραίνουμε λοιπόν πως η αισθητική στιγμή, παραστατική υποτύπωση του μη-ταυτόσημου, δεν είναι ούτε άχρονη, αλλά ούτε και έγχρονη.

Διευρύνοντας τώρα το πεδίο της προβληματικής θα ήθελα να διαπραγματευτώ τη σχέση Αντόρνο-Μπένγιαμιν. Πρόθεσή μου δεν είναι μια ιστορική-φιλολογική εξέταση επιρροών, πνευματικών συγγενειών ή και υπόδηλων διαφωνιών. Όπως και στην περίπτωση της έννοιας της συναστέρωσης, το ενδιαφέρον μου στο παρόν πλαίσιο της αισθητικής στιγμής είναι πρωταρχικά ερμηνευτικής φύσης, δηλ. να εξετάσω το ερώτημα αν ο τρόπος που ο Αντόρνο υιοθετεί συλλήψεις του Μπένγιαμιν είναι όντως ο ενδεδειγμένος για να κάνει τις έννοιες πιο γόνιμες φιλοσοφικά. Το ερώτημα με άλλα λόγια είναι να δούμε αν η πεποίθηση του Αντόρνο ότι η στιγμιαιότητα αποτελεί γόνιμη επεξεργασία της διαλεκτικής εικόνας του Μπένγιαμιν ευσταθεί. Όπως έχει αποδειχθεί σε μελέτες πάνω στο έργο του Αντόρνο, η εικαστικότητα της Apparition στηρίζεται στο σχήμα της διαλεκτικής σε στασιμότητα.[517] Γεγονός είναι ότι στα πλαίσια της φιλοσοφίας της τέχνης ο Αντόρνο αρχικά με-

517. Βλέπε Μπένγιαμιν, *GS*, τόμ. 5.1, σελ. 578.

ταφράζει τη σχέση παρελθόντος-παρόντος του Μπένγιαμιν με δημιουργικό τρόπο. Πράγματι, σύμφωνα με τον Αντόρνο το έργο τέχνης ούτε αποτελεί μέρος μιας παράδοσης (δηλ. της αναφοράς του παρελθόντος στο παρόν), αλλά ούτε και μπορεί να ερμηνευτεί ως προοδευτική ολοκλήρωση του παλιότερου στο νέο (δηλ. ως αναφορά του παρόντος στο παρελθόν). Για να αποφύγω την πιθανή παρεξήγηση που ενδεχομένως μπορεί να εμφιλοχωρήσει στις διαπιστώσεις αυτές: είναι φανερό ότι δεν αναφέρομαι στο έργο τέχνης υπό την έποψη της πρωτογενούς συνεκτικότητας, δηλ. της αισθητικής ορθολογικότητας. Όσα είπαμε για τη συνεκτικότητα αυτή, δηλ. μορφική ενότητα, οργανωτική σύνθεση, παρατακτική λογικότητα, δομική διάρθρωση κτλ. – όλα αυτά είναι χαρακτηριστικά που εντάσσουν το έργο σε ένα συνεχές αισθητικής-τεχνολογικής εξέλιξης. Άρα και παράδοση υπάρχει, ως η προϊστορία των εικαστικών μορφών, μεθόδων και υλικών, και το αισθητικό-ορθολογικό παρόν μπορεί να θεωρηθεί ως το μέχρι στιγμής ανώτατο επίπεδο αύξησης… των αισθητικών-παραγωγικών δυνάμεων. Αντίθετα, τόσο το παράδοξο του εντοπισμού της χρονικότητας του έργου, όσο και το σχήμα παρελθόντος-παρόντος του Μπένγιαμιν που χρησιμοποιεί ο Αντόρνο αναφέρονται αποκλειστικά στο χρονικό πυρήνα του έργου τέχνης ως στιγμιαίου φαίνεσθαι και Apparition. Το έργο τέχνης ως ριζική, δηλ. στιγμιαία παροντικότητα δεν γίνεται καταληπτό με χρονικούς όρους – και αν αυτό μπορεί παρ' όλα αυτά να γίνει, τότε γίνεται μόνο με παράδοξο τρόπο.

Ο τρόπος λοιπόν που υιοθετεί ο Αντόρνο το σχήμα του Μπένγιαμιν πραγματικά περιγράφει πλαστικά το… μετέωρο βήμα της Apparition. Αν όμως κοιτάξουμε προσεκτικότερα το στιγμιαίο, όπως το συλλαμβάνει ο Μπένγιαμιν, τότε παρατηρούμε αμέσως μια σημαντική διαφορά. Σε αντίθεση με τον Μπένγιαμιν, για τον οποίο παρ' όλο το φευγαλέο χαρακτήρα της η συναστερωτική στιγμή έχει σαφές περίγραμμα, δηλ. είναι (εν είδει κειμένου) αναγνώσιμη,[518] η αισθητική στιγμή για τον Αντόρνο υποτυπώνει το μη-ταυτόσημο. Άρα βρίσκεται πέρα από κάθε εννοιακή πρόσβαση. Αυτό οφείλεται βέβαια στην αναστροφή της πρωτογενούς συνεκτικότητας, δηλ. της διαδικαστικής ορθολογικότητας, στη δευτερογενή

518. Ό.π.

μεν, αφού στηρίζεται στην πρώτη, σημαντικότερη δε ως υποτύπωση του μη-ταυτόσημου, συνεκτικότητα της συναστερωτικής, πυροτεχνηματικής Apparition. Όπως το μη-ταυτόσημο της *Αρνητικής Διαλεκτικής* αναλαμβάνει τα καθήκοντα του μεταφυσικού απολύτου, έτσι και η εικαστικότητα της Apparition είναι τα επιφάνια της ουτοπίας. Τόσο το μη-ταυτόσημο, όσο και η ουτοπική Apparition είναι παλινδρομούντα φαινόμενα. Γιατί ισχύει μια τέτοια κατάσταση για το μη-ταυτόσημο εξετάστηκε αναλυτικά στην ενότητα για το μεταφυσικό στοχασμό του Αντόρνο.

Γιατί όμως η Apparition παλινδρομεί; Η απάντηση βρίσκεται πάλι στις παραστασιακές σχέσεις: ως χρονικά στιγμιαία εμφάνιση και έκλειψη η Apparition δείχνει παραστατικά πως θα μπορούσε να είναι μια συναστερωτική διαύγαση της αλήθειας που θα κατέλυε τους υπαγωγικούς καταναγκασμούς του ταυτιστικού λόγου. Ταυτόχρονα θέλει να είναι η εικαστική παράσταση κάποιου πράγματος, στο οποίο όμως δεν επιτρέπεται να δώσει παραστατική μορφή, γιατί θα συνυπέφερε τον κίνδυνο προσδιοριστικής καταγραφής. Έτσι, το τι υποτυπώνεται στην παράσταση, έστω και διαθλασμένα, αντιστροφικά, διαμεσολαβημένα κτλ., εξανεμίζεται. Με άλλα λόγια, για να διαφυλάξει τον υπερβατικό χαρακτήρα της αισθητικής στιγμής ο Αντόρνο εξαναγκάζεται να αποκαθάρει την αισθητική συναστέρωση από ευδιάκριτες αναφορές σε τέτοιο βαθμό, ώστε αυτό που απομένει να είναι απλά η αχνή και αδρή προϊδέαση μιας (ουτοπικής) προσύλληψης. Ο Αντόρνο θα επιμείνει πως η εμπειρία του έργου τέχνης συνίσταται στο να επαναλάβει ο θεατής διανοητικά τον «εσωτερικό χαρακτήρα διαδικασίας των έργων τέχνης» (302) που συγκροτεί την αισθητική εμφάνεια του έργου. Είναι κατηγορηματικός στο ότι «η αινιγματικότητα των έργων τέχνης δεν ταυτίζεται με τη δυσκολία κατανόησής τους. Κατανοώ ένα μόρφωμα σημαίνει ότι καταφέρνω τρόπον τινά να το αναπαραγάγω αντικειμενικά στο επίπεδο της εμπειρίας από μέσα». (210) Αν όμως είναι έτσι τα πράγματα, τότε με την εμφάνιση της Apparition και τη ρωγμή της ριζικής στιγμής καταλύεται κάθε αναγνωσιμότητα και επομένως δεν μπορεί να πει κανείς πως ο Αντόρνο χρησιμοποιεί γόνιμα τη διαλεκτική εικόνα του Μπένγιαμιν.

Συγκεφαλαιώνοντας, διαπιστώνουμε πως ο Αντόρνο υιοθετώντας

τους στοχασμούς του Νίτσε πάνω στη χρονικότητα της συνεκτικότητας αντιστρέφει τα πρόσημα: μόνο στο έδαφος μιας αυστηρά οργανωμένης εικαστικότητας, η οποία υπακούει στα κελεύσματα της αισθητικής-τεχνολογικής προόδου, μπορεί να αναπτυχθεί εκείνη η συνεκτικότητα που καθιστά το έργο τέχνης χώρο όπου υπερβαίνεται η αισθητική και κάθε ορθολογικότητα. Εξαιτίας όμως του γεγονότος ότι ο Αντόρνο επιφορτίζει την αισθητική συναστέρωση της Apparition με καθήκοντα κριτικής του (ταυτιστικού) λόγου δεν είναι κατά τη γνώμη μου σε θέση να αξιώσει τη λογική των παραστασιακών σχέσεων.

8. Αναδρομικές παρατηρήσεις

Στην τελευταία αυτή ενότητα θα συνοψίσω τα αποτελέσματα της σύγκρισης που κάναμε στα μοντέλα κριτικής της μεταφυσικής και του Λόγου στους Αντόρνο και Νίτσε. Νομίζω πως η ερμηνευτική παρουσίαση και σε ορισμένα σημεία, όσον αφορά κυρίως τον Αντόρνο, κριτική παρέμβαση μας προσφέρει το έδαφος για μια συνοπτική συγκριτική προσέγγιση. Πιστεύω πως στο σημείο αυτό η προσέγγιση αυτή είναι αρκετά εύκολη, μια και έχουμε κάνει τη... σχετική προετοιμασία. Εννοώ ότι η ερμηνευτική μας στρατηγική καθορίστηκε από την αρχή ως εμμενής εξέταση της στοχαστικής κίνησης της κριτικής φιλοσοφίας των Αντόρνο και Νίτσε. Επιπλέον δεν αρκεστήκαμε σε μια απλή αντιπαράθεση, αλλά ξεκινώντας με βάση της φιλοσοφία του Αντόρνο είδαμε την παρουσία του Νίτσε στη σκέψη του: εκκινώντας από το αντορνικό πρόγραμμα της διαλεκτικής κριτικής του διαφωτισμού και της αρνητικής διαλεκτικής επεξεργαστήκαμε ιδιαίτερα διεξοδικά εκείνα τα σημεία στα οποία η κριτική κατεύθυνση του στοχασμού των δύο φιλοσόφων συγκλίνει. Η πιο σημαντική πιστεύω έποψη σύγκλισης εστιάζεται στη λογική των παραστασιακών σχέσεων.

Τώρα, στο βαθμό που η κριτική του Λόγου και της μεταφυσικής οδηγείται σε ένα στοχασμό πάνω στις παραστασιακές σχέσεις, σχηματίζεται ένα ιδιαίτερα γόνιμο ερμηνευτικά έδαφος, γιατί όπως είδαμε ο στοχασμός πάνω στην υφή της παράστασης είναι το θεμέλιο πάνω στο οποίο εδράζεται η ερωτηματοθεσία του Αντόρνο αν η μεταφυσική σκέψη είναι ακόμη δυνατή, ενόψει μάλιστα... μετα-μεταφυσικών πνευματικών συνθηκών! Η παραστασιακή έποψη των συλλογισμών του Αντόρνο ήταν άλλωστε το πεδίο στο οποίο επιχειρήσαμε μια κριτική προσέγγιση της μεταφυσικής του πρότασης. Στηριζόμενοι στις κριτικές παρατηρήσεις πάνω στην παραστασιακή έννοια της συναστέρωσης διευρύναμε στη συνέχεια τον ορίζοντα της προβληματικής εμπλουτίζοντας το σχήμα παράστασης με αυτό των σχέσεων ερμηνείας, σχήμα γύρω από το οποίο περιστρέφεται η ώριμη φιλοσοφία και κριτική του Νίτσε. Ένα κύριο μέλημα της μελέτης ήταν να αποδείξουμε ότι το πλέγμα των σχέσεων ερμηνείας και παράστασης αποτελεί το κατεξοχήν γόνιμο πεδίο για να επιχειρήσει κανείς μια συγκριτική ανάλυση της φιλοσοφικής κριτικής των Αντόρνο και Νίτσε. Προτού όμως ξαναπιάσουμε τα νήματα της κριτικής της μεταφυσικής ως στοχασμού πάνω στις παραστασιακές σχέσεις, ας ρίξουμε μια τελευταία ματιά στο είδος της κριτικής του Λόγου που αναπτύσσεται στη *Διαλεκτική του Διαφωτισμού* και συγκεκριμένα υπό την οπτική γωνία του παραστασιακού στοχασμού.

8.1. Η Διαλεκτική του Διαφωτισμού *«revisited»*

Η κριτική παρουσίαση και ερμηνεία της *ΔτΔ* επικεντρώθηκε στην εξέταση δύο πραγμάτων: κατ' αρχάς σκοπός μου ήταν να διαυγάσω το πλέγμα των ιστορικών-φιλοσοφικών προϋποθέσεων και γνωσιοθεωρητικών παραδοχών πάνω στο οποίο εδράζεται η παρουσίαση και η ερμηνεία της πορείας του πολιτισμού και της ιστορίας που επιχειρεί η *ΔτΔ*. Κατά δεύτερο λόγο έγινε προσπάθεια να παρουσιαστεί μια ολοκληρωμένη εικόνα της φιλοσοφικής παρουσίας του Νίτσε στο εγχείρημα κριτικής του Λόγου των Χορκχάιμερ και Αντόρνο. Το συγκεκριμένο ενέργημα δεν είχε πρωταρχικά το σκοπό να προσφέρει μια άρτια φιλολογικά εικόνα της ανάγνωσης και ερμηνείας του έργου του φιλοσόφου της θέλησης για δύναμη από τους συγγραφείς της *ΔτΔ* – αυτό που έθεσα από την αρχή στο επίκεντρο του ερευνητικού μου ενδιαφέροντος ήταν να θεμελιώσω την ιστορική-φιλοσοφική θέση ότι δίχως την ιδιότυπη, σε σχέση βέβαια με τις μαρξιστικές καταγωγές των συγγραφέων, πρόσληψη της νιτσεϊκής κριτικής του Λόγου, το εγχείρημα της κριτικής του διαφωτισμού ως του νεωτερικού εργαλειακού Λόγου θα ήταν αδύνατο. Γι' αυτό άλλωστε προσέδωσα στο γενεαλογικό σχήμα της νιτσεϊκής κριτικής στην ηθική και στη φιλοσοφία σημαντικό ερμηνευτικό βάρος: η αντιπαράθεση της νιτσεϊκής γενεαλογίας με τον τρόπο που κατανοεί η *ΔτΔ* τη διαλεκτικότητα της ιστορικής εξέλιξης βοηθά κατ' αρχάς το μελετητή να διαπιστώσει πώς ο Αντόρνο, κατά κύριο λόγο, υιοθετεί και μετασχηματίζει σύμφωνα με τις επιχειρηματολογικές του ανάγκες βασικούς στοχασμούς από το *Πέρα από το καλό και το κακό*, και κύρια από τη *Γενεαλογία της ηθικής*. Επιπλέον η γενεαλογία ως βασική ερμηνευτική ενότητα μας προσφέρει το έδαφος για να αναπτύξουμε μια θεμελιωμένη κριτική στο ολιστικό σχήμα της *ΔτΔ*, δηλ. της (σχεδόν) καθολικής απόρριψης του διαφωτισμού και του νεωτερικού Λόγου. Η κριτική που επιχείρησα να ασκήσω στα απολυτοποιημένα σχήματα της *ΔτΔ* εδράζεται σε δύο κατά τη γνώμη μου θεμελιώδεις αντιλήψεις: από τη μια μεριά στο ότι κάθε φιλοσοφική διαύγαση του κόσμου συναρτάται, αλλά και εξαρτάται από τα χρονικά πλαίσια της ιστορικής συγκυρίας κατά την οποία διενεργείται. Επιπλέον η εξάρτηση δεν είναι εξωγενούς χαρακτήρα, αλλά εγγράφεται στο εσωτερικό της στοχαστικής δομής του φιλοσοφικού προτάγματος. Οι δύο αυτές αντιλήψεις κατάγονται ασφαλώς από τη φιλοσοφία του Νίτσε: από τη σκοπιά του Νίτσε το φιλοσοφικό σχήμα της διαλεκτικής του διαφωτισμού, δηλ. ενός διαφωτισμού που αυτοαναιρείται, δεν μπορεί επ' ουδενί να αποτελεί καθολική ερμηνεία σύνολης της πορείας του πολιτισμού. Αντίθετα ευσταθεί μόνο ως νοηματοδότηση συγκεκριμένων ιστορικών συναστερώσεων (Konstellationen).

Μια προσεκτική ανάγνωση του κειμένου μάς πείθει πως παρ' όλο που η ιστορική-φιλοσοφική σύλληψη της *ΔτΔ* εντάσσεται στη χεγκελιανή-μαρξική παράδοση, οι αποκλίσεις και οι... ιδιοτυπίες είναι σημαντικές. Ο Αντόρνο υιοθετεί αναμφίβολα το εξελικτικό σχήμα της πολιτισμικής προόδου και της ανέλιξης του κοινωνικού-παραγωγικού Είναι αντιστρέφοντας όμως τα πρόσημα: διατηρεί βέβαια την εξελικτική ανέλιξη, της προσδίδει όμως αρνητικό χαρακτήρα. Ο ιστορικός-φιλοσοφικός και πολιτισμικός-κοινωνικός αρνητισμός της *ΔτΔ* είναι κατά τη γνώμη μου η αιτία που το έργο κατατάχθηκε δίκαια ως κλασικό στην παράδοση της κριτικής του Λόγου. Αυτό δεν σημαίνει βέβαια πως δεν αποτελεί ταυτόχρονα σημείο αναφοράς στις τρέχουσες συζητήσεις και τους προβληματισμούς γύρω από τα παθολογικά φαινόμενα που παρουσιάζουν ορισμένες διαδικασίες εξορθολογισμού. Η *ΔτΔ* αποτελεί την πρώτη και μέχρι τις μέρες μας επίκαιρη ακόμη προσπάθεια συνάρτησης της ορθολογικότητας ως πολιτισμικού και κοινωνικού φαινομένου με ορισμένες δομές του νεωτερικού φιλοσοφικού Λόγου. Ένας επιπλέον λόγος που η *ΔτΔ* διατηρεί τη ζωντάνια της είναι ότι παρ' όλες τις μάλλον βεβιασμένες και μονομερείς θεωρήσεις της παρουσιάζει μια ακτινοβολία, δηλ. ευλογοφανή πειστικότητα, η οποία πρέπει να αποδοθεί κατά τη γνώμη μου όχι στο καθεαυτό θεωρητικό της οικοδόμημα, αλλά στον πρωτότυπο τρόπο που συνδυάζει αφηγηματική παρουσίαση και ιστορική-φιλοσοφική επιχειρηματολογία. Ανατρέχοντας σε μεταφορές και αφηγηματικές δομές τής ευρωπαϊκής φιλολογικής παράδοσης (π.χ. στα ομηρικά έπη) η *ΔτΔ* αναπτύσσει μια μέθοδο κριτικής και μια μεταθεωρία της πορείας του πολιτισμού η οποία συστοιχίζει τα θεωρητικά της πορίσματα σε φιλολογικά υποδειγματικές μορφές λογοτεχνικής αφήγησης. Ακριβώς τούτη η... άρση των συνόρων μεταξύ φιλοσοφίας και λογοτεχνίας είναι ο λόγος που η *ΔτΔ* αποτελεί για τη μεταμοντέρνα σκέψη υποδειγματική περίπτωση φιλοσοφικής-κριτικής γραφής. Πράγματι, στο βαθμό που η *ΔτΔ* παρουσιάζει την Ιστορία, δηλ. την ουσιαστική δομή που διέπει όλα τα χρονικά φαινόμενα και τις πολιτισμικές συγκυρίες, σύμφωνα με ένα λογοτεχνικό σχήμα, δηλ. το εξελικτικό μυθιστόρημα του γερμανικού κλασικισμού (π.χ. Γκαίτε), μπορεί να ειπωθεί πως έχουμε να κάνουμε με μια φιλοσοφία της ιστορίας που διαρθρώνεται με τα μέσα μιας λογοτεχνικής αφηγηματικής μεθόδου. Όσον αφορά τη μεταμοντέρνα πρόσληψη του έργου αυτό δεν σημαίνει βέβαια καθολική συμφωνία: μπορεί μεν ο μεταμοντέρνος λόγος να αντλεί ευχαρίστηση από το λογοτεχνικά αφηγηματικό στιλ της *ΔτΔ*, όταν όμως φτάνει στον ιστορικό-φιλοσοφικό πυρήνα του έργου παύει κάθε ευχάριστη διάθεση – τότε ξεκινά η καθολική υποψία ενάντια στις «μετα-αφηγήσεις».

Αν όντως πρόκειται για μετα-αφήγηση, πώς μπορεί κανείς να ερμηνεύσει πιο συγκεκριμένα το ιστορικο-φιλοσοφικό σχήμα της *ΔτΔ*; Στο βαθμό που η *ΔτΔ* διαρθρώνεται γύρω από μια αφηγηματική δομή, η οποία διενεργείται σύμφωνα με το γενεαλογικό σχήμα της νιτσεϊκής φιλοσοφίας, μπορούμε να διαπιστώσουμε ότι πρόκειται όντως για μια αφήγηση, η οποία μοιάζει με εκείνη του μύθου. Τόσο στην περίπτωση του μύθου, όσο και στη *ΔτΔ* έχουμε να κάνουμε με αφηγήσεις, στις οποίες οι πρωταγωνιστές της δράσης είναι υποκείμενα-ουσίες ή υποκείμενα-δυνάμεις. Όπως στο μύθο οι δυνάμεις της μοίρας και της φύσης δρουν ως ανθρώπινα υποκείμενα, έτσι και στη *ΔτΔ* ο λόγος, ο διαφωτισμός, η φύση κτλ. αποτελούν υποκείμενα με υπερυποκειμενική δύναμη και εξουσία. Τα μετα-υποκείμενα αυτά ασκούν κάθε είδος βίας, εξαναγκασμού και κατασταλτικής δράσης. Πουθενά αλλού ίσως παρά μόνο στο επίπεδο της αφήγησης, η οποία θέλει να προσφέρει μια ολιστική νοηματοδότηση της δομής της ιστορίας, δεν αποκτά αλήθεια αυτό που ισχυρίζεται ο Αντόρνο: ο διαφωτισμός είναι σε τελική ανάλυση μύθος. Αν θέλει κανείς να γίνει ακόμα πιο αιχμηρός, μεταξύ μύθου και *ΔτΔ* αυτό που διαφέρει είναι η εκλογή των αφηγηματικών μέσων. Αυτός όμως δεν είναι λόγος κατά την άποψή μου να καταλογίσουμε στη *ΔτΔ* ότι αποτελεί μια από τις συνήθεις μετα-αφηγήσεις, που ταλάνισαν τη νεωτερικότητα με τις υπερφίαλες και συχνά ολοκληρωτικές βλέψεις τους. Ο λόγος γι' αυτό είναι ότι παρ' όλη τη νόμιμη κριτική που μπορεί να ασκήσει κανείς στη *ΔτΔ*, κριτική που άλλωστε ανέπτυξα διεξοδικά στην πρώτη ενότητα της εργασίας, η κεντρική σύλληψη της *ΔτΔ* μπορεί να αποκτήσει μια αξιόλογη θεμελίωση, και μάλιστα στο επίπεδο της παράστασης. Μπορεί δηλαδή να υποστηρίξει κανείς πως η κυκλική επιχειρηματολογία της *ΔτΔ*, ότι δηλαδή ο μύθος είναι διαφωτισμός και ο διαφωτισμός επιστρέφει στο μύθο, προσφέρει ένα δυναμικό νοήματος, το οποίο πράγματι είναι σε θέση να διαυγάσει επόψεις του κόσμου.

Η παρουσίαση της νεωτερικότητας ως δέσμιας του μυθικού εξαναγκασμού, δηλ. της αιώνιας ανακύκλησης, αντλεί την ευλογοφανή της πειστικότητα από την αφηγηματική υπερβολή, η οποία κατά τα άλλα στο εννοιακό επίπεδο είναι υπεύθυνη για τις αδυναμίες και τα επιχειρηματολογικά σφάλματα της *ΔτΔ*. Πού οφείλεται όμως η... αφηγηματική υπερβολή; Η αιτία δεν είναι δύσκολο να εντοπιστεί. Στο βαθμό που η *ΔτΔ* εκκινά μεν από την αναγκαιότητα ριζικής κοινωνικής κριτικής, από την άλλη όμως είναι πεπεισμένη πως η πρακτική της υλοποίηση είναι αδύνατη – ακριβώς στο βαθμό αυτό πρέπει να ανατρέξει σε έναν παραστατικό τρόπο έκθεσης των θέσεών της, ο οποίος πείθει εξαιτίας του δραστικού αρνητισμού του. Αυτό το βήμα, δηλ. να παρασταθεί συγχρόνως τόσο η αναγκαιότητα, όσο και το αδύνατον κριτικής επέμβασης, απορρέει από μια επιπρόσθετη θέση και πεποίθηση του Αντόρνο, δηλ.

ότι το πλέγμα ιδεολογικής φενάκης έχει γίνει τόσο πυκνό, που για να το αντιμετωπίσει κανείς, πρέπει... να φτάσει στα (παραστατικά) άκρα. Μόνο δηλ. με τον υπερτονισμό της αρνητικότητας που διέπει το σύμπαν του νεωτερικού Λόγου, είναι η κριτική σκέψη σε θέση να αντιπαρατεθεί στο υπάρχον. Με αυτή την έννοια η *ΔτΔ* μπορεί να θεωρηθεί ως μια νοηματοδότηση της νεωτερικότητας, η οποία ακριβώς διαμέσου των αφηγηματικών της τεχνικών και των παραστατικών υπερβολών προσφέρει νοηματικά τη δυνατότητα να πάρουμε μια κριτική απόσταση απέναντι σε τρέχουσες πεποιθήσεις, αρτιοσκληρωτικές ταυτότητες και παραδεδομένες αξιολογήσεις. Οι συνήθεις παραδοχές βιοκοσμικής δράσης χάνουν αυτόματα τον αυτονόητο χαρακτήρα τους στο βαθμό που αντιμέτωπες με αφηγήσεις όπως αυτή της *ΔτΔ* εξαναγκάζονται να δουν τον εαυτό τους... με άλλα μάτια. Πράγματι, η αφηγηματική στρατηγική του έργου, κύριο στοιχείο της οποίας όπως είδαμε στην πρώτη ενότητα είναι να αντιστοιχίσει τις υποκειμενικές εμπειρίες της νεωτερικότητας με τις περιπλανήσεις του ομηρικού Οδυσσέα, στοχεύει ακριβώς σε αυτή τη δυνατότητα αυτοκριτικής. Τώρα, μια συγκεκριμένη μορφή που θα μπορούσε να πάρει η κριτική απόσταση από τα συνήθη θα ήταν η εξής: τη στιγμή π.χ. που η καθημερινά επιβεβλημένη αυτοκυριαρχία του ατόμου παρομοιαστεί με την εναγώνια προσπάθεια του Οδυσσέα να αντιμετωπίσει τη σαγηνευτική, αλλά καταστροφική πρό(σ)κληση των Σειρήνων, χάνει αυτόματα το χαρακτήρα αυτονόητου καταναγκασμού. Ή ας πάρουμε το άλλο παράδειγμα, την πανούργα λογική του Οδυσσέα: η παρομοίωση της νεωτερικής υποκειμενικότητας με τον ομηρικό ήρωα, για τον οποίο ύψιστος στόχος του βίου είναι η αυτοσυντήρηση, μπορεί να οδηγήσει σε μια συνειδητοποίηση των διαστάσεων που έχει πάρει ο χαρακτήρας καταναγκασμού για το υποκείμενο του ύστερου καπιταλισμού, να διαμορφώνει δηλ. συνεχώς τη συμπεριφορά του σύμφωνα με τις επιταγές της κεφαλαιοκρατικής λογικής του ανταγωνισμού και της ατομικής επικράτησης.

Αν τώρα εφαρμόσουμε τη διαλεκτική σύλληψη της *ΔτΔ* στο ίδιο της το αφηγηματικό σχήμα, διαπιστώνουμε αμέσως πού οφείλεται η δυναμική πειθούς και η ευλογοφανής προφάνεια που ακτινοβολεί το έργο αυτό ακόμη στις μέρες μας. Όσο η αφήγηση παραμένει σε ένα κατώτερο επίπεδο απ' αυτό όπου συνήθως εγείρονται αυστηρές κανονιστικές αξιώσεις, δηλ. δεοντολογικές σκοποθεσίες ως προς το ποια πράγματα πρέπει να αλλάξουν στο υπάρχον σύστημα, το αφηγηματικό σχήμα της *ΔτΔ* είναι κατά τη γνώμη μου πολύ γόνιμο για τις πιθανές αλλαγές στάσεων που ανέφερα αμέσως πριν. Ο λόγος είναι ότι αποφορτισμένη από ιστορικές-κοινωνικές επιτακτικότητες και καθηκοντολογίες η αφήγηση στο επίπεδο αυτό μπορεί να προσφέρει στη σύγχρονη υποκειμενικότητα τις νοηματικές δυνατότητες που τις επιτρέπουν να συνειδητοποιήσει τα... κακώς κείμενα, χωρίς ταυτόχρονα να επωμίζεται το καθήκον ριζικών μετασχηματισμών, τελεσίδικων αλλαγών και ουτοπικών προδιαγραφών. Στην περίπτωση αντίθετα που η αφηγηματική παρουσίαση της εξέλιξης του λόγου και του κοινωνικού όλου εγείρει την αξίωση να προσφέρει παραστατικά μια ανέκκλητη ερμηνεία του «αρνητικού Όλου», τότε ξεπέφτει κατά τη γνώμη μου στο επίπεδο μιας κοινωνικής... μυθολογίας. Το στοιχείο κοινωνικής μυθολογίας το βλέπουμε με ευκρίνεια στη χρήση των μεταφορών που κάνει ο Αντόρνο. Σε ένα αρχικό επίπεδο τα πράγματα βέβαια δεν είναι δραματικά: όσο π.χ. οι επωμισθέντες καταναγκασμοί για πειθαρχία και αυτοκυριαρχία, εμπειρίες δηλ. που σφραγίζουν το υποκείμενο στην πορεία οικονομικού και κοινωνικού εξορθολογισμού, μπορούν να γίνουν αντικείμενο κριτικής συνειδητοποίησης, στο βαθμό που συγκεκριμένα διαμεσολαβούνται από παραστάσεις της λογοτεχνικής παράδοσης, η αφηγηματική στρατηγική είναι όντως πρόσφορη.

Εκεί που η κατάσταση γίνεται προβληματική, είναι όταν στο πλαίσιο των ολιστικών αξιώσεων της *ΔτΔ* οι μεταφορές, παρομοιώσεις και αντιστοιχίες αίρονται στο επίπεδο ερμηνευτικών αρχών με αυταπόδεικτη προφάνεια. Αν η διαπίστωση π.χ. του Χάμπερμας αληθεύει, δηλ. ότι η κριτική του Λόγου που κάνει η *ΔτΔ* είναι αυτοαναφορική, τουτ' έστιν πως οι Χορκχάιμερ και Αντόρνο δεν είναι σε θέση να δείξουν ότι επιχειρηματολογούν από κάποια σκοπιά που είναι πέραν του ταυτιστικού και εξουσιαστικού λόγου, τότε νομίζω μόνο υπό μια προϋπόθεση: η *ΔτΔ* δεν είναι σε θέση να καταδείξει από ποια σκοπιά ασκεί καθολική κριτική στο σύνολο των εκφάνσεων του νεωτερικού Λόγου, όχι ακριβώς επειδή ο λόγος είναι αυτοαναφορικός. Αλλά τι σημαίνει αυτοαναφορικός στην περίπτωση αυτή; Ο Χάμπερμας θέλει να πει πως η κριτική της *ΔτΔ* μόνο ως αυτοέλεγχος του λόγου είναι δυνατή: το ότι οι συγγραφείς της *ΔτΔ* δημιουργούν την εντύπωση ότι εδράζουν την ολιστική και καθολική κριτική κάπου έξω από τη σφαίρα του νεωτερικού Λόγου, δεν πρέπει κατά τον Χάμπερμας να μας παραπλανά. Κατά τη γνώμη του αν θέλει να έχει η *ΔτΔ* κάποια αξίωση αλήθειας, πρέπει να κατανοεί τον εαυτό της όπως η καντιανή κριτική φιλοσοφία. Αν στον Καντ το ένα μέρος του Λόγου (η καθαρή διάνοια) στρέφεται ενάντια στο άλλο μέρος του Λόγου (ο Λόγος της υπερβατολογικής Διαλεκτικής και των Ιδεών), έτσι και στην περίπτωση της *ΔτΔ* το ένα μέρος (ο αντικειμενικός Λόγος) στρέφεται ενάντια στον εργαλειακό (υποκειμενικό) Λόγο. Συμφωνώ με τον Χάμπερμας, μόνο που θα εστίαζα την αιτία που οι συγγραφείς της *ΔτΔ* εγείρουν την εντύπωση ότι εκκινώντας άγνωστο από πού μπορούν να θέσουν την ολότητα του λόγου στο εδώλιο, κάπου... αλλού. Η εντύπωση δημιουργείται νομίζω κιόλας στο επίπεδο της παραστατικής στρατηγικής της. Τι εννοώ: η σύλληψη της *ΔτΔ* δεν αρχίζει να γίνεται προβληματική όταν καταλάβει κανείς ότι οι συγγραφείς θέλουν να μας κάνουν να πιστέψουμε πως βρίσκονται πέρα από τη σφαίρα του νεωτερικού Λόγου, ο οποίος βέβαια στα μάτια τους είναι συλλήβδην απορριπτέος. Ήδη στο επίπεδο της αφηγηματικής διάρθρωσης του έργου διαπιστώνεται πως η επιφόρτιση των αφηγηματικών μεταφορών με οντολογικές υποδηλώσεις διαμορφώνει όπως είπα πιο πάνω μετα-υποκείμενα με καθολική εμβέλεια δράσης. Με τη μορφή ατομικών υποστάσεων και μονάδων δύναμης ο Λόγος, ο Διαφωτισμός, η Φύση, το Υποκείμενο, η Εξουσία κτλ. διαμορφώνουν ένα παραστατικό κόσμο, ένα κοσμοείδωλο, στο οποίο το να μιλάμε για κριτική του Λόγου σημαίνει απλά ότι ο ένας, μοναδικός, συμπαγής και ιδιαίτερος Λόγος αυτοκαταλύεται. Ο Χάμπερμας έχει βέβαια δίκιο, μόνο που αυτό που καταλογίζει στη *ΔτΔ*, ότι δηλ. γίνεται αυτοαναφορική και καταργεί τον εαυτό της, μπορεί να το διαπιστώσει κανείς ήδη στο παραστατικό-αφηγηματικό επίπεδο.

Το πώς γίνεται να αποφευχθούν οι απορίες της αυτοαναιρούμενης κριτικής του Λόγου μας δείχνει πιστεύω μια ερμηνευτική προσέγγιση στη νιτσεϊκή νοηματοδότηση του διαφωτισμού. Η αλλαγή ερμηνευτικού πεδίου πρέπει να συνοδευτεί και από μια αλλαγή προτεραιοτήτων. Αν όσο αφορά τη *ΔτΔ* η προσοχή επικεντρώνεται στην (αφηγηματική) παράσταση της κριτικής, η ενασχόληση με τη νιτσεϊκή σκέψη επιβάλλει την κριτική της παράστασης. Για την κριτική η κατάλληλη αφετηρία είναι βέβαια η κρίση της εμφάνειας όπως τη συλλαμβάνει ο Νίτσε στα πλαίσια της *Γέννησης της τραγωδίας*. Ανασυνθέσαμε με τέτοιο τρόπο τα επιχειρηματολογικά νήματα του έργου ώστε να αναδεικνύεται ο κεντρικός ρόλος που κατέχει η προβληματική της παράστασης στην πρώιμη σκέψη του φιλοσόφου. Ο λόγος είναι ότι ο Νίτσε εντοπίζει το σημείο που η τραγική κοσμοθεώρηση και θεατρική κουλτούρα της ελληνικής αρχαιότητας αποδομείται από το σωκρατικό διαφωτισμό στη λογική των παραστασιακών σχέσεων. Η γέννηση του θεωρησιακού ή μεταφυσικού σωκρατισμού είναι σε θέση να αναπτύξει την καταλυτική της επίδραση πάνω στο τραγικό κοσμοείδωλο, γιατί διακρίνει κατ' αρχάς τι έχει συμβεί. Βλέποντας την αυτονόμηση που έχει συμβεί στην αισθητική εμφάνεια, δηλ. στη μετατροπή της διονυσιακής-απολλώνειας σύνθεσης σε μια παραστικότητα με... αναπαραστατικές προθέσεις και κοσμοθεωρητικές βλέψεις, προτείνει το ευλογοφανές: αντί να ασχολείται κανείς με τις αισθητικές φαινομενικότητες είναι προτιμότερο να ερευνήσει τα πράγματα καθ' αυτά. Η διεισδυτική ματιά του Νίτσε κατανοεί παραδειγματικά την ιδιότυπη δυναμική της παράστασης, δηλ. ότι τα διενεργήματα της (αισθητικής) εικαστικότητας αποδεσμεύονται σταδιακά από το πλαίσιο των παραστασιακών σχέσεων, δηλ. το πλέγμα εκείνο μεταφορών, μεταγραφών και μεταφράσεων σε διαφορετικά παραστατικά μέσα με το οποίο η βιοκοσμική δράση αποκτά συνείδηση του εαυτού της. Χάνοντας τις ρίζες της στο βιοκοσμικό Γίγνεσθαι που παριστάνεται ως Είναι, η παραστατική εικαστικότητα επιδίδεται σε μια διαδικασία αυτοοργάνωσης, δηλ. διαρθρώνει την ακολουθία των εικόνων με τέτοιο τρόπο ώστε να προκύπτει ένα συνεκτικό, συμπαγές και λογικά προφανές κοσμοείδωλο. Όπως είδαμε, η ανάλυση του Νίτσε εκκινά μεν από μια εξέταση της παράστασης και του αισθητικού φαινομένου, διευρύνει όμως την εμβέλεια των προβληματισμών της σε όλα τα είδη παραστατικής αναφοράς στον κόσμο, περιλαμβάνοντας φυσικά και τη φιλοσοφική-θεωρητική νοηματοδότηση του κόσμου. Η φιλοσοφία αποτελεί μια ανεπτυγμένη μορφή παραστατικής νοηματοδότητησης του κόσμου.

Ως μια τέτοια παραστατική νοηματοδότηση πρέπει κατά τη γνώμη μου να ειδωθεί και η ιστορική-φιλοσοφική σύλληψη της *ΔτΔ*. Η χρήση των μεταφορών, παρομοιώσεων και μεταγραφών νεωτερικών εμπειριών σε ένα αρχαϊκό πλαίσιο (δηλ. στα ομηρικά έπη), με την οποία εργάζεται η γενεαλογική προσέγγιση της *ΔτΔ* σκοπεύοντας να διαυγάσει τις καταγωγές του εξουσιαστικού λόγου, καταλήγει, όπως άλλωστε και το κοσμοείδωλο για τον Νίτσε, σε ένα θεωρητικό σχήμα, το οποίο εξαιτίας των κοσμοθεωρητικών και ολιστικών του αξιώσεων, καταργεί τη διαυγαστική δυναμική των μεταφορών. Από τη σκοπιά του Νίτσε, για τον οποίο η θεωρητική στάση της ερμηνείας του Είναι αναδύεται στο έδαφος της παραστατικής αναφοράς στον κόσμο, η παγίωση των παραστατικών νοματοδοτήσεων σε άκαμπτα κοσμοείδωλα είναι μεν ένα νομοτελειακό φαινόμενο, αυτό όμως δεν σημαίνει πως δεν τίθεται κάθε φορά σε αποδομητική κριτική. Η κριτική εμφορείται ασφαλώς από την επανεγγραφή της κοσμοειδωλικής νοηματοδότησης στο πλαίσιο των βιοκοσμικών και εμπειρικών-πρακτικών διενεργημάτων. Σε σχέση με τη *ΔτΔ* αυτό σημαίνει τα εξής: η ιστορική-φιλοσοφική παράσταση ενός προοδευτικού και ταυτόχρονα αναστροφικού λόγου σκοπεύει βέβαια να καταδείξει τη δομή συγκρότησης της νεωτερικής ορθολογικότητας. Το ότι όμως η παραστατική της στρατηγική μπορεί να διαυγάσει ορισμένες παθολογίες της καπιταλιστικής πραγματικότητας δεν μπορεί αυτόματα να σημαίνει ότι η φιλοσοφική διάγνωση της μοντερνικότητας πρέπει αναγκαστικά να παγιωθεί σε τελεσίδικο σχήμα νοηματοδοτικής ερμηνείας. Εδώ ισχύουν αυτά που ο Νίτσε παρατηρεί στο πλαίσιο της διαύγασης του τραγικού κοσμοειδώλου: *πρέπει να διατηρηθεί το μέτρο των παραστασιακών σχέσεων*. Μόνο στο βαθμό που κινείται στα πλαίσια αυτού το οποίο φανερώνεται αποκλειστικά μέσα από- και ως παράσταση, μπορεί η παράσταση να προσφέρει μια νοηματικά γόνιμη προοπτική διαύγασής του. Γόνιμη νοηματικά και νοηματοδοτικά είναι πρωταρχικά η διαύγαση όχι εξαιτίας της επιχειρηματολογικής της αυστηρότητας ή της λογικά δεσμευτικής συνεκτικότητάς της, αλλά διότι είναι σε θέση να δείξει αυτό στο οποίο θέλει να δώσει παραστατική έκφραση, κάτω από νέες και για την κριτική της νεωτερικής πραγματικότητας γόνιμες προοπτικές. Η σημασία που έχουν οι προοπτικές νοηματοδοτείται από τους Αντόρνο και Νίτσε με ανάλογο τρόπο: ενάντια στην εξουσία του υπάρχοντος ή *ΔτΔ* θέτει ως στόχο να προσφέρει νέες προοπτικές δίκαιου βίου. Ο Νίτσε από τη μεριά του τονίζει τη λειτουργία που πρέπει να έχει κάθε νοηματοδοτικό πρόταγμα: να εγκαλεί δηλ. τους ανθρώπους να ενστερνιστούν την ερμηνευτική προοπτική της θέλησης για δύναμη, δηλ. να ρυθμίσουν τα βιοκοσμικά τους διενεργήματα σύμφωνα με το κριτήριο μιας αέναα διευρυνόμενης και επεκτεινόμενης νοηματοδοτικής δράσης.

8.2. Η μεταφυσική σκέψη στον ορίζοντα παραστασιακών σχέσεων

Η προβληματική της παράστασης αποδεικνύεται, όπως είδαμε, ακρογωνιαίος λίθος των στοχασμών του Αντόρνο πάνω στη δυνατότητα μεταφυσικής σκέψης. Η ερμηνεία των *Στοχασμών για τη Μεταφυσική* που ανέπτυξα προχώρησε μέχρι το σημείο που έγινε φανερό πως η λέξη-κλειδί για την κριτική φιλοσοφία του Αντόρνο, το μη-ταυτόσημο, αποκτά πλήρες νόημα μόνο αν τεθεί στο πλαίσιο των παραστασιακών σχέσεων. Οι παραστασιακές σχέσεις αποδείχτηκαν το κατάλληλο ερμηνευτικό σχήμα, μια και εκκινώντας από την έννοια του νοούμενου κόσμου οδηγηθήκαμε στη διαπραγμάτευση της κεντρικής αξίας που έχει η έννοια της εμφάνειας στο πρόγραμμα αρνητικής μεταφυσικής. Πριν ακόμη από την *Αισθητική Θεωρία*, δηλ. ήδη στην *Αρνητική Διαλεκτική*, ο Αντόρνο θέτει την εμφάνεια στο κέντρο των *Στοχασμών* του. Με μια διμέτωπη στρατηγική ο Αντόρνο επιχειρεί από τη μια μεριά να αποστασιοποιηθεί από την καντιανή εμφάνεια, η οποία όπως είναι γνωστό αποτελεί για την *Κριτική του καθαρού* Λόγου επίφαση, δηλ. παρουσιάζει τις υπερβατολογικές Ιδέες (όπως κόσμος, Θεός, ελευθερία) ως να ήταν αντικειμενικές οντότητες. Το εγχείρημα του Αντόρνο έγκειται αντίθετα στο να προσδώσει στην εμφάνεια μια διάσταση αλήθειας. Από την άλλη μεριά όμως δεν θέλει η συγκεκριμένη αλήθεια να εννοείται με τον τρόπο του Χέγκελ, δηλ., όπως συμβαίνει στην *Επιστήμη της Λογικής*, η σχέση μεταξύ αλήθειας και εμφάνειας να νοείται διαλεκτικά. Όπως προσπάθησα να δείξω αναλυτικά η πολυσύνθετη επιχειρηματολογία του Αντόρνο τον οδηγεί από την κριτική στον Χέγκελ πάλι πίσω στο καντιανό σχήμα κριτικής της μεταφυσικής. Η επαναπροσέγγιση του καντιανού παραδείγματος έχει δύο επόψεις: από τη μια μεριά η κριτική της μεταφυσικής είναι για τον Αντόρνο (όπως άλλωστε και για τον Καντ) η απόρριψη της ολιστικής σκέψης, δηλ. η άρνηση του χεγκελιανού πανλογισμού. Πρέπει να έχει επομένως το χαρακτήρα της καντιανής οριοθετικής σκέψης. Με τη μεταγραφή του πράγματος καθ' αυτό στην έννοια του μη-ταυτόσημου ο Αντόρνο αναπτύσσει μια επιχειρηματολογική στρατηγική που περικλείει δύο σκοποθεσίες:

α) να διατηρήσει την έννοια της καντιανής υπέρβασης, όπως υποτυπώνεται στο νοούμενο πράγμα καθ' αυτό, χωρίς παράλληλα να επωμίζεται τις δυαλιστικές συμπαραδηλώσεις της, και

β) να θέσει την έννοια του υπερβατικού μη-ταυτόσημου στο πλαίσιο ενός κοινωνικού-κριτικού λόγου, ο οποίος στηλιτεύει την πνευματική φυσιογνωμία της νεωτερικότητας ως εξουσιαστική επικυριαρχία του ταυτιστικού λόγου.

Για τον Αντόρνο το μη-ταυτόσημο θέτει τη μεταφυσική σκέψη μπροστά στο καθήκον να διατηρήσει βέβαια το χεγκελιανό ζητούμενο της καθολικής προσδιοριστικότητας των όντων, να μην παραβλέψει όμως το γεγονός που ανέδειξε ο Καντ ως το ανυπέρβλητο όριο της σκέψης, ότι υπάρχει κάτι –που ασφαλώς υποτυπώνεται στην έννοια του πράγματος καθ' αυτό– στο οποίο η σκέψη δεν (μπορεί να) έχει εννοιακή πρόσβαση. Για να αντιμετωπίσει το καθήκον αυτό ο Αντόρνο προτάσσει ένα είδος σκέψης που περιστρέφεται γύρω από την έννοια της συναστέρωσης. Η συναστερωτική διάταξη των εννοιών διανοίγει την προοπτική μιας αναφοράς στα πράγματα η οποία δεν θα δεσμεύεται εξαρχής από την καθηκοντολογία του ταυτιστικού προσδιορισμού.

Η συναστέρωση ως μεθολογικό προλεγόμενο κάθε μελλοντικής μεταφυσικής γίνεται κατανοητή και γόνιμη μόνο στο βαθμό που τίθεται στο ερμηνευτικό πλαίσιο των παραστασιακών σχέσεων. Ως μεθοδολογική αρχή παράστασης η συναστέρωση αποτελεί τον πυρήνα των *Στοχασμών* του Αντόρνο, επειδή διενεργεί παραστατικά-ενοιακά τις διαμεσολαβήσεις τις οποίες έχει ανάγκη η σκέψη του μη-ταυτόσημου. Η συναστέρωση επιτυγχάνει αυτό που δεν μπορεί ποτέ να καταφέρει η ταυτιστική σκέψη: να παραστήσει το μη-ταυτόσημο, δηλ. να δημιουργήσει μια διαμεσολάβηση με τη βοήθεια της οποίας να μπορεί «το πράγμα το ίδιο» να εμφανιστεί. Η συναστερωτική παράσταση αξιώνει ό,τι διαφεύγει του εννοιακού προσδιορισμού, γιατί στη συναστέρωση υποτυπώνεται αυτό στο οποίο στοχεύει η έννοια, αλλά δίνεται ταυτόχρονα μια διαμεσολαβημένη παραστατική έκφραση σε εκείνο το οποίο αποτελεί ένα είδος νοηματικού πλεονάσματος, δηλ. υπερβαίνει την εμβέλεια της συναστερωτικής διάταξης εννοιών. Έτσι βλέπουμε πως η μεταφυσική σκέψη στον ορίζοντα των παραστασιακών σχέσεων αποδεικνύεται γόνιμο έδαφος για την κριτική μεταρρύθμιση που επιθυμεί ο Αντόρνο. Όμως οι ιστορικές-φιλοσοφικές παραδοχές και οι κοινωνικο-κριτικές πεποιθήσεις του Αντόρνο μάλλον αντιβαίνουν τη θεωρητική ανάπτυξη των παραστασιακών στοχασμών. Αυτό απορρέει από το γεγονός ότι ο Αντόρνο, ενάντια στην αρχική του στάση και κατανόηση της φιλοσοφίας ως νοηματοδοτικού εγχειρήματος, προσδένει το σχηματισμό της συναστέρωσης στην επίτευξη ενός τελικού (με την αριστοτελική έννοια της causa finalis) σκοπού. Δεν χρειάζεται βέβαια ιδιαίτερη φιλοσοφική δεξιοτεχνία για να καταλάβουμε πως η τελική κατάσταση της (ουτοπικής) συμφιλίωσης δεν αποτελεί κάτι που εντάσσεται απρόσκοπτα σε παραστατικές σχέσεις.

Η συγκριτική εξέταση των μοντέλων κριτικής σκέψης των Αντόρνο και Νίτσε μας δείχνει πως ούτε η φιλοσοφία του Αντόρνο, αλλά ούτε η σκέψη του Νίτσε ερμηνεύονται ικανοποιητικά με το σχήμα της «μετα-μεταφυσικής» σκέψης. Με προφανή αναφορά στην καντιανή διπλή νοηματοδότηση του Λόγου (ως υποκειμένου, αλλά και ως αντικειμένου της φιλοσοφικής κριτικής), ο Αντόρνο στοχάζεται πάνω στους όρους δυνατότητας ενός μεταφυσικού στοχασμού μετά το «τέλος» της παραδοσιακής μεταφυσικής. Ο Νίτσε από τη μεριά του αποδομεί βέβαια τις αντιθέσεις και τους δυαλισμούς των μεταφυσικών συστημάτων, αλλά αναπτύσσει παράλληλα ένα μεταφυσικό προβληματισμό γύρω από τις έννοιες του Γίγνεσθαι και του Είναι. Η νιτσεϊκή κριτική της μεταφυσικής σημαίνει τόσο την απόρριψη παγιωμένων διχοτομήσεων, όσο και την ανάδειξη του προταγματικού χαρακτήρα κάθε μεταφυσικής κοσμοθεώρησης. Με βάση το παράδειγμα της μεταφυσικής ο Νίτσε επιτυγχάνει μια ερμηνεία του κόσμου ως του συνόλου των ερμηνευτικών σχέσεων. Ακριβώς πάνω στο έδαφος αυτών των σχέσεων διατυπώνεται μια κριτική ενάντια στο γεγονός ότι ο Αντόρνο διακόπτει τον παραστασιακό στοχασμό για χάρη της ουτοπικής συμφιλίωσης. Πιστεύω πως η ανάπτυξη της κριτικής αυτής μας οδηγεί στο συμπέρασμα πως η νιτσεϊκή φιλοσοφία και κριτική της μεταφυσικής μπορεί κάλλιστα να λειτουργήσει ως διορθωτική παρέμβαση κατά της ουτοπικής μονομέρειας του Αντόρνο. Και αυτό, γιατί προσφέρει ένα στοχαστικό μοντέλο κριτικής, το οποίο χωρίς να στηρίζεται σε κάποιο τέλος προσφέρει πρόσφορο επιχειρηματολογικά έδαφος για να αντιμετωπιστούν οι τάσεις παγίωσης των δυϊσμών και υποστασιοποίησης των αντιθέτων που χαρακτηρίζουν την παραδοσιακή μεταφυσική σκέψη.

Αν μπορούμε να χρησιμοποιήσουμε τον όρο, θα λέγαμε ότι το νιτσεϊκό μοντέλο είναι πιο ευέλικτο, γιατί συνενώνει διενέργημα και αντικείμενο της κριτικής. Εκεί δηλ. που ο Αντόρνο προσανατολίζει την κριτική στις νεωτερικές δομές του λόγου στη μετα-ιστορική προοπτική της συμφιλίωσης, ο Νίτσε συλλαμβάνει τη φιλοσοφική κριτική ως συμβάν ερμηνείας, στο οποίο διενέργημα της σκέψης και η αντικειμενική της αναφορά αλληλοπροσδιορίζονται. Το νιτσεϊκό μοντέλο σκέψης προτάσσει ένα κοσμοείδωλο που είναι συγχρόνως συμβάν ερμηνείας και παράσταση αυτού του συμβάντος. Με βάση την παραστατική διάσταση μπορούμε να νοηματοδοτήσουμε τις ερμηνευτικές σχέσεις ως κοσμικές αναφορές που διενεργούνται ως παραστατικά προτάγματα. *Κύριο χαρακτηριστικό των προταγμάτων είναι ότι καθώς διαμορφώνονται στο διενέργημα της παράστασης ενσωματώνουν και εγκολπώνονται τόσο την καταγωγική της αφετηρία όσο και την προοπτική τους κατεύθυνση.* Η προοπτικότητα κάθε ερμηνείας και παράστασης αξιώνει ό,τι κάθε μεταφυσική πρέπει να αγνοήσει, δηλ. ότι η φιλοσοφία δεν εξασφαλίζει το έγκυρο των παραστατικών της προταγμάτων με το να τα μετατρέπει σε αναπαραστάσεις του όντως Είναι. Γιατί ούτε το προς παράσταση αξιώνεται πλήρους αντιστοιχίας στην παραστατική του έκφραση, ούτε και η παράσταση έχει δευτερογενή σημασία απέναντι στο παραστάσιμο περιεχόμενο (π.χ. ύψιστες αρχές, τελικά θεμέλια, απριορικοί όροι κτλ.) Στο έδαφος της νιτσεϊκής φιλοσοφίας της ερμηνείας αποκτά επομένως πλήρες νόημα αυτό που είδαμε ως διείσδυση και διαμόρφωση της παράστασης σε αυτό που είναι προς παράσταση.

Αν οι σκέψεις πάνω στο παραστατικό Είναι μας προσφέρουν ένα ερμηνευτικό σχήμα με το οποίο η αρνητική φιλοσοφία του Αντόρνο μπορεί να αποδεσμευτεί από τις μονομέρειες του ιστορικού-φιλοσοφικού και κοινωνικού αρνητισμού, και με τη διορθωτική παρέμβαση του νιτσεϊκού μοντέλου να αποκτήσει μια σχετική ευελιξία, άλλο τόσο είναι πρόσφορες για να διαπραγματευτεί κανείς το «τέλος» της μεταφυσικής. Αν εξαιρέσουμε τον Χάιντεγκερ, είναι ο Αντόρνο που χωρίς να ισχυρίζεται, όπως οι θετικιστές, πως η μεταφυσική είναι ανοησία, υποστηρίζει σθεναρά πως η σύγχρονη φιλοσοφία πρέπει να πάρει σαφείς αποστάσεις από τη μεταφυσική του παρελθόντος. Σε αυτή άλλωστε τη στάση ομνύουν σχεδόν όλες οι φιλοσοφικές θεωρίες, όπως π.χ. του Χάμπερμας που υποστηρίζουν πως έχουμε αμετάκλητα περάσει στη μετα-μεταφυσική εποχή. Στην αλλαγή παραδείγματος συνεισέφερε έμμεσα βέβαια και ο Αντόρνο, ειδικότερα με τη –στα μάτια πολλών– απεγνωσμένη και ανέλπιδη προσπάθειά του να είναι αλληλέγγυος με τη μεταφυσική, γιατί αυτή κατά τα φαινόμενα ήταν το μόνο στήριγμα απέναντι στον μονοδιάστατο κόσμο της καπιταλιστικής λογικής. Τώρα στο φως όσων είπαμε για τις σχέσεις ερμηνείας και τις παραστασιακές του συμπαραδηλώσεις νομίζω πως μπορούμε να διαπιστώσουμε πως ούτε το τέλος της μεταφυσικής χρειάζεται να αναγγελθεί, ούτε η μετα-μεταφυσική εποχή. Στα πλαίσια της παραστασιακής προβληματικής τίθεται αντίθετα το ερώτημα αν τελικά η θέση περί του τέλους δεν θα μπορούσε να διαυγαστεί καλύτερα με τη βοήθεια της σκέψης ότι το παραστασιακό οικοδόμημα της παραδεδομένης μεταφυσικής παρουσιάζει πολλά… ρήγματα. Ρήγματα που ασφαλώς δεν σημαίνουν ότι η μεταφυσική ως νοηματοδότηση του κόσμου απέτυχε παντελώς στα ερμηνευτικά της καθήκοντα. Αντίθετα, κατά τη γνώμη μου, ακριβώς η σκέψη του τέλους μπορεί να νοηματοδοτηθεί ως σύμπτωμα μιας δυσφορίας, η οποία παρουσιάζεται όταν στο ερώτημα αν ο μεταφυσικός στοχασμός στα διενεργήματά του αξιώνει το χαρακτήρα του ως νοηματοδοτικό και παραστατικό πρόταγμα δεν μπορεί να δοθεί εύκολα θετική απάντηση.

Από την άλλη πιστεύω πως μόνο ένας στοχασμός που επικεντρώνεται στις παραστασιακές ελλείψεις της μεταφυσικής μπορεί να δώσει ικανοποιητική απάντηση όχι για το τέλος, αλλά για την ανανέωση της μεταφυσικής σκέψης. Ένας τέτοιος στοχασμός, όπως μας το δείχνει άλλωστε το φιλοσοφικό διενέργημα του Νίτσε, δεν έρχεται στη μεταφυσική απ' έξω, αλλά στέκεται εξαρχής στο έδαφός της. Αυτό σημαίνει ότι το τέλος της μεταφυσικής αποδεικνύεται τέλος ενός συγκεκριμένου διενεργήματος της σκέψης αυτής, όταν δηλ. η κοσμική-νοηματοδοτική βλέψη υπάγεται, και τελικά ενταφιάζεται, κάτω από την κυριαρχία της θέλησης για προσδιοριστικότητα. Ακριβώς σ' αυτό συνίσταται και η σπουδαιότητα του μοντέλου κριτικής που εστιάζεται στις σχέσεις παράστασης και ερμηνείας, δηλ. στο να υπενθυμίζει ότι το θέτειν της προσδιοριστικότητας για κάθε μορφή Είναι, αποτελεί μια ελλιπή μορφή παράστασης αυτού στο οποίο αναφέρεται το ερμηνευτικό και νοηματοδοτικό ενέργημα της (φιλοσοφικής) σκέψης. Κατά μια έννοια, ο Νίτσε επιτυγχάνει αυτό που θέτει ως στόχο η φιλοσοφία του Αντόρνο, δηλ. να καταστήσει τη φιλοσοφία διενέργημα της νοηματοδότησης της ιστορικής δεδομενικότητας – το ότι ο Αντόρνο, όπως είδαμε, εμποδίζεται να αναπτύξει μια τέτοια νοηματοδότηση οφείλεται στο ότι η φιλοσοφική-κοινωνική θεώρησή του χαρακτηρίζεται από έντονο αρνητισμό. Συνακόλουθα η νοηματοδοτική του στάση δεν μπορεί να διαβλέψει στην ιστορική συγκυρία σχεδόν τίποτα άλλο παρά μια καθολική φενάκη της συνείδησης από τη μια μεριά, ένα μονοδιάστατο κοινωνικό σύμπαν από την άλλη, στο οποίο θετικισμός του δεδομένου και φετιχισμός του εμπορεύματος κυριαρχούν δεσποτικά. Η φιλοσοφική κριτική του Νίτσε είναι καλύτερα σε θέση να εκπληρώσει το ζητούμενο του Αντόρνο, δηλ. η σκέψη μεθοδολογικά να προχωρεί εμμενώς στο αντικείμενο κριτικής, χωρίς να χρειάζεται να καταφύγει στην παραδοχή πως ελλείψει κοινωνικών εναλλακτικών και χειραφετητικών προοπτικών η σκέψη πρέπει να στραφεί στο ουτοπικό Άλλο. Η κριτική της μεταφυσικής με κριτήριο τις σχέσεις παράστασης και ερμηνείας διανοίγει ένα στοχαστικό χώρο στον οποίο αυτό που γίνεται στη μεταφυσική αντικείμενο κριτικής και ο τρόπος που διενεργείται η κριτική αλληλοπεριχωρούνται. Θεωρούμενη από αυτή τη σκοπιά η προγραμματική διατύπωση του Αντόρνο ότι η σκέψη πρέπει να είναι αλληλέγγυα με τη μεταφυσική της στιγμή της πτώσης της, αποτελεί μάλλον μια ελλιπή αντιμετώπιση της κατάστασης. Η πτώση ή το τέλος της μεταφυσικής δεν γίνονται εμπειρικά αντιληπτές από τα έξω – η δυνατότητα πραγμοποιημένης αυτονόμησης και, συνακόλουθα, αποδομητικής κατάλυσης της φενάκης της μεταφυσικής ενέχονται στο ίδιο το διενέργημα του μεταφυσικού στοχασμού. Σε τελική ανάλυση αποτελούν το πεδίο που μπορούν να αντιμετωπιστούν.

9. Βιβλιογραφία

Βασική

Adorno, T., *Άπαντα*, 20 τόμ., Φρανκφούρτη/Μ. 1997.
— *Kants «Kritik der reinen Vernunft»*, Φρανκφούρτη/Μ. 1995.
— *Metaphysik. Begriffe und Probleme*, Φρανκφούρτη/Μ. 1998.
— *Probleme der Moralphilosophie*, Φρανκφούρτη/Μ. 1996.
— *Adorno-Benjamin. Briefwechsel*, Φρανκφούρτη/Μ. 1995.
— *Philosophische Terminologie*, 2 τόμ., Φρανκφούρτη/Μ. 1974.
— *Zur Lehre von der Geschichte und von der Freiheit*, Φρανκφούρτη/Μ. 2001.
— *Αισθητική Θεωρία*, Αθήνα 2000.
— *Minima Moralia. Στοχασμοί μέσα από τη φθαρμένη ζωή*, Αθήνα 2000[2].

Nietzsche, F., *Έργα*, επιμ. Karl Schlechta, 6 τόμ., Μόναχο-Βιέννη 1980.
— (*KSA*) *Άπαντα*, 15 τόμ., επιμ. G. Colli – M. Mortinari, Μόναχο 1988.
— *Πέρα από το καλό και το κακό*, Αθήνα 1999.
— *Γενεαλογία της ηθικής – Οι διθύραμβοι του Διονύσου*, Αθήνα 1970.
— *Η γέννηση της τραγωδίας*.
— *Το λυκόφως των ειδώλων – Αντίχριστος – Ecce Homo (Ίδε ο άνθρωπος)*, Αθήνα 2000.
— *Χαρούμενη γνώση*, Αθήνα 1996.
— *Ανθρώπινο, πολύ ανθρώπινο*, 2 τόμ., Θεσσαλονίκη.
— *Χαραυγή*, Αθήνα 2004.
— *Η θέληση για δύναμη*, Αθήνα 2001.
— *Έτσι μίλησε ο Ζαρατούστρα*, Αθήνα 1998.
— *Ιστορία και ζωή*, Αθήνα 1998[2].

Επικουρική

Abel, G., *Nietzsche*, Βερολίνο 1998.
— *Interpretationswelten. Gegenwartsphilosophie jenseits von Essentialismus und Relativismus*, Φρανκφούρτη/Μ. 1995.
— *Sprache, Zeichen, Interpretation*, Φρανκφούρτη/Μ. 1999.

— «Wissenschaft und Kunst», στο: M. Djuric- J. Simon (επιμ.), *Kunst und Wissenschaft bei Nietzsche*, Βύρτσμπουργκ 1986, σελ. 9-25.

— «Logik und Interpretation», στο: *Nietzsche-Studien*, τόμ. 16, Βερολίνο 1987, σελ. 112-148.

G. Abel – J. Salaquarda (επιμ.), *Krisis der Metaphysik*, Βερολίνο 1989.

Altmann A., *Friedrich Nietzsche. Das Ressentiment und seine Überwindung – verdeutlicht am Beispiel christlicher Moral*, Βόννη 1977.

Ameriks, K., «Kant und Guyer on Apperception», στο: *Archiv für Geschichte der Philosophie* 2 (65) 1983, σελ. 174-186.

Anacker, U., *Natur und Intersubjektivität. Elemente zu einer Theorie der Aufklärung*, Suhrkamp, Φρανκφούρτη/M. 1974.

Ansell-Pearson, K.J., «Nietzsche's Overcoming of Kant und Metaphysics: From Tragedy to Nihilism», στο: *Nietzsche-Studien*, τόμ. 16, Βόννη 1987, σελ. 310-339.

Aristoteles, *Über die Seele*, Βερολίνο 1983.

Arendt, H., *Über die Revolution*, Piper Verlag, Μόναχο 1994.

— *Elemente totaler Herrschaft*, Μόναχο 1995.

Arndt, A., *Dialektik und Reflexion. Zur Rekonstruktion des Vernunftbegriffs*, Αμβούργο 1994.

Asiain, M., *Theodor W. Adorno: Dialektik des Aporetischen. Untersuchungen zur Rolle der Kunst in der Philosophie Theodor W. Adornos*, Φράιμπουργκ-Μόναχο 1996.

Babich, B.E., *Nietzsche's Philosophy of Science. Reflecting Science on the Ground of Art and Life*, Νέα Υόρκη 1994.

Baek, S.-Y., *Interpretation bei Nietzsche. Eine Analyse*, Βύρτσμπουργκ 1999.

Balmer, H. P., *Freiheit statt Teleologie. Ein Grundgedanke von Nietzsche*, Μόναχο 1977.

Barth, H., *Wahrheit und Ideologie*, Φρανκφούρτη/M. 1974.

Bartuschat, W., *Zum systematischen Ort von Kants Kritik der Urteilskraft*, Φρανκφούρτη/M. 1972.

Begemann, C., *Furcht und Angst im Prozeß der Aufklärung. Zur Literatur und Bewußtseinsgeschichte des 18. Jahrhunderts*, Φρανκφούρτη/M. 1987.

Behrens, R., *Pop Kultur Industrie. Zur Philosophie der populären Musik*, Βύρτσμπουργκ 1996.

Benhabib, S., *Kritik, Norm und Utopie. Die normativen Grundlagen der Kritischen Theorie*, Φρανκφούρτη/M. 1992.

Belgrad, J., «Jenseits des Nichtidentischen. Zu Theodor W. Adornos Verständnis von Subjektivität und Nichtidentität in der "Negativen Dialektik"», στο: G. Gamm (επιμ.), *Angesichts objektiver Verblendung. Über die Paradoxien Kritischer Theorie*, Τύμπινγκεν 1985, σελ. 70-114.

Benjamin, W., *Gesammelte Werke*, Φρανκφούρτη/M. 1991.

Bergfeld, G. κ.ά., *Zur Kritik der palavernden Aufklärung*, Μόναχο 1984.
Beyer, W. R., *Vier Kritiken: Heidegger, Sartre, Adorno, Lukács*, Κολωνία 1970.
Birzele, K.-H., *Mythos und Aufklärung. Adornos Philosophie gelesen als Mythos. Versuch einer kritischen Rekonstruktion*, Βύρτσμπουργκ 1977.
Bittner, R., «Nietzsches Begriff der Wahrheit», στο: *Nietzsche-Studien*, τόμ. 16, Βόννη 1987, σελ. 70-90.
Böckelmann, F., *Über Marx und Adorno. Schwierigkeiten der spätmarxistischen Theorie*, Φρανκφούρτη/Μ. 1972.
Böhme G., *Platos theoretische Philosophie*, Στουτγκάρδη 2000.
Böhme, H. – Böhme, G., *Das Andere der Vernunft. Zur Entwicklung von Rationalitätsstrukturen am Beispiel Kants*, Φρανκφούρτη/Μ. 1985.
Böhme, H., *Natur und Subjekt*, Suhrkamp, Φρανκφούρτη/Μ. 1988.
Böning, T., *Metaphysik, Kunst und Sprache beim frühen Nietzsche*, Βερολίνο 1988.
Bohrer, K. H. (επιμ.), *Mythos und Moderne*, Φρανκφούρτη/Μ. 1983.
— *Plötzlichkeit. Zum Augenblick des ästhetischen Scheins*, Φρανκφούρτη/Μ. 1981.
Bolte, G., *Von Marx bis Horkheimer. Aspekte der kritischen Theorie im 19. und 20. Jahrhundert*, Ντάρμσταντ 1995.
Bolz, N., «Nietzsches Spur in der Ästhetischen Theorie», στο: B. Lindner – M. W. Lüdke (επιμ.), *Materialien zur ästhetischen Theorie Th. W. Adornos. Konstruktion der Moderne*, Φρανκφούρτη/Μ. 1979, σελ. 369-396.
— *Auszug aus der entzauberten Welt. Philosophischer Extremismus zwischen den Weltkriegen*, Μόναχο 1989.
— «Das Selbst und sein Preis», στο: W. van Reijen – G. Schmid-Noerr (επιμ.), *Vierzig Jahre Flaschenpost: «Dialektik der Aufklärung» 1947 bis 1987*, σελ. 111-129.
Bonß, W. – Honneth, A. (επιμ.), *Sozialforschung als Kritik*, Φρανκφούρτη/Μ. 1982.
Borsche, T., *Was etwas ist. Fragen nach der Wahrheit der Bedeutung bei Platon, Augustin, Nikolaus von Kues und Nietzsche*, Μόναχο 1992.
Brändle, W., *Rettung des Hoffnungslosen. Die theologischen Implikationen der Philosophie Theodor W. Adornos*, Γκέτινγκεν 1984.
Braun, C., *Kritische Theorie versus Kritizismus. Zur Kant-Kritik Theodor W. Adornos*, Βερολίνο 1983.
Braun, E., *«Aufhebung der Philosophie». Marx und die Folgen*, Στουτγκάρδη 1992.
Breuer, S., *Aspekte totaler Vergesellschaftung*, Φράιμπουργκ 1985.
Brick, B. – Postone, M., «Kritischer Pessimismus und die Grenzen des traditionellen Marxismus», στο: W. Bonß – A. Honneth (επιμ.), *Sozialforschung als Kritik. Zum sozialwissenschaftlichen Potential der Kritischen Theorie*, Φρανκφούρτη/Μ. 1982, σελ. 179-239.

Brunner, R., *Die Fragmentierung der Vernunft. Rationalitätskritik im 20. Jahrhundert*, Φρανκφούρτη/Μ. 1994.

Brunkhorst, H., *Theodor W. Adorno*, Μόναχο 1986.

— *Der entzauberte Intellektuelle. Über die neue Beliebigkeit des Denkens*, Αμβούργο 1990.

Bruse, K.-D., «Die griechische Tragödie als "Gesamtkunstwerk". Anmerkungen zu den musikästhetischen Reflexionen des frühen Nietzsche», στο: *Nietzsche-Studien*, τόμ. 13, Βερολίνο 1984, σελ. 156-176.

Buck-Morss, S., *Dialektik des Sehens. Walter Benjamin und das Passagen-Werk*, Φρανκφούρτη/Μ. 1993.

— *The origins of negative dialektics*, Σάσσεξ 1977.

Bubner, R., «Rousseau, Hegel und die Dialektik der Aufklärung», στο: J. Schmidt (επιμ.), *Aufklärung und Gegenaufklärung in der europäischen Literatur, Philosophie und Politik von der Antike bis zum Gegenwart*, Ντάρμσταντ 1989, σελ. 404-420.

— *Zur Sache der Dialektik*, Στουτγκάρδη 1980.

— «Kann Theorie ästhetisch werden? Zum Hauptmotiv der Philosophie Adornos», στο: B. Lindner – M. W. Lüdke (επιμ.), *Materialien zur ästhetischen Theorie Th. W. Adornos. Konstruktion der Moderne*, Φρανκφούρτη/Μ. 1979, σελ. 108-137.

Bueb, B., *Nietzsches Kritik der praktischen Vernunft*, Στουτγκάρδη 1970.

Castoriadis, C., *Gesellschaft als imaginäre Institution*, Φρανκφούρτη/Μ. 1984.

— «Die Entdeckung der Phantasie», στο: *Domaines de l' homme*, Αθήνα 1996, σελ. 233-274.

— *Durchs Labyrinth. Seele, Vernunft, Gesellschaft*, Αθήνα 1991.

— «Die Last des ontologischen Erbes», στο: A. Métraux – B. Waldenfels (επιμ.), *Leibhaftige Vernunft*, Μόναχο 1986, σελ. 111-143.

Christmann, S., *Auf der Suche nach dem verhinderten Subjekt. Die DDR-Prosa über Faschismus im Lichte der Frankfurter Schule*, Königshaus & Neumann, Βύρτσμπουργκ 1990.

Cochetti, S., *Mythos und «Dialektik der Aufklärung»*, Κένιγκσταϊν 1985.

Connerton, P., *The tragedy of the enlightenment. An essay on the Frankfurt School*, Λονδίνο 1986.

Danto, C. A., *Nietzsche als Philosoph*, Μόναχο 1998.

Decker, K., «Adornos Ontologie. Ein Versuch, das Unerhörte zu denken, nicht ohne moralphilosophische Rück(an)sichten», στο: G. Schweppenhäuser – M. Wischke (επιμ.), *Impuls und Negativität. Ethik und Ästhetik bei Adorno*, Αμβούργο 1995, σελ. 152-168.

Deleuze, G., *Nietzsche und die Philosophie*, Φρανκφούρτη/Μ. 1976.

Demirovic, A., *Der nonkomformistische Intellektuelle. Die Entwicklung der Kritischen Theorie zur Frankfurter Schule*, Φρανκφούρτη/Μ. 1999.

Demmerling, C., «Philosophie als Kritik. Grundprobleme der Dialektik Hegels und das Programm kritischer Theorie», στο: C. Kemmerling – F. Kaambartel (επιμ.), *Vernunftkritik nach Hegel. Analytisch-kritische Interpretation zur Dialektik*, Φρανκφούρτη/M. 1992, σελ. 67-100.

Denker, R., *Selbst-Bild als Fremdentwurf. Aufsätze zur Philosophie von Kant bis Bloch*, Τύμπινγκεν 1985.

Dier, O., *Die Lehre* des *Absurden. Eine Untersuchung der Philosophie Nietzsches am Leitfaden des Absurden*, Βύρτσμπουργκ 1998.

Djuric, M., *Nietzsche und die Metaphysik*, Βερολίνο 1985.

Dubiel, H., *Wissenschaftsorganisation und politische Erfahrung*, Φρανκφούρτη/M. 1978.

Düver, L., *Theodor W. Adorno. Der Wissenschaftsbegriff der Kritischen Theorie in seinem Werk*, Βόννη 1978.

Djuric, M., – Simon, J. (επιμ.), *Kunst und Wissenschaft bei Nietzsche*, Βύρτσμπουργκ 1986.

Eagleton, T., *Ästhetik. Die Geschichte ihrer Ideologie*, Στουτγκάρδη 1994.

— *Ideologie. Eine Einführung*, Στουτγκάρδη 1991.

Ebeling, H., *Das Subjekt in der Moderne. Rekonstruktion der Philosophie im Zeitalter der Zerstörung*, Αμβούργο 1993.

Eichel, C., *Vom Ermattern der Avantgarde zur Vernetzung der Künste. Perspektiven einer innerdisziplinären Ästhetik im Spätwerk Theodor Adornos*, Φρανκφούρτη/M. 1993.

Erd, R. κ.ά. (επιμ.), *Kritische Theorie und Kultur*, Φρανκφούρτη/M. 1989.

Eschenbach, I., *Der versehrte Maßstab. Versuch zu Nietzsches «Willen zur Macht» und seiner Rezeptionsgeschichte*, Βύρτσμπουργκ 1990.

Figal, G., *Theodor Adorno. Das Naturschöne als spekulative Gedankenfigur. Zur Interpretation der «Ästhetischen Theorie» im Kontext philosophischer Ästhetik*, Βόννη 1977.

— «Das Ende der Metaphysik und die Optik des Künstlers», στο: *Philosophische Rundschau*, 40 (1993) 3, Τύμπινγκεν 1993, σελ. 198-212.

— *Der Sinn des Verstehens*, Στουτγκάρδη 1996.

— *Für eine Philosophie von Freiheit und Streit. Politik-Ästhetik-Metaphysik*, Στουτγκάρδη 1994.

— *Das Untier und die Liebe. Sieben platonische Essays*, Στουτγκάρδη 1991.

— «Krise der Aufklärung – Freiheitsphilosophie und Nihilismus als geschichtslogische Voraussetzungen der Moderne», στο: S. Vietta – D. Kemper (επιμ.), *Ästhetische Moderne in Europa. Grundzüge und Problemzusammenhänge seit der Romantik*, Μόναχο 1998, σελ. 57-70.

— «Kunst als Weltdarstellung», στο: T. Grethlein – H. Leitner (επιμ.), *Inmitten der Zeit. Beiträge zur europäischen Gegenwartsphilosophie*, Βύρτσμπουργκ 1996, σελ. 395-408.

— *Nietzsche. Eine philosophische Einführung*, Στουτγκάρδη 1999.

— «Verwindung der Metaphysik. Heidegger und das metaphysische Denken», στο: C. Jamme (επιμ.), *Grundlinien der Vernunftkritik*, Φρανκφούρτη/Μ. 1997, σελ. 450-469.

— «Philosophische Zeitkritik im Selbstverständnis der Modernität. Rousseaus Erster Discours und Nietzsches zweite Unzeitgemäße Betrachtung», στο: G. Figal – R.-P. Sieferle (επιμ.), *Selbstverständnisse der Moderne. Formationen der Philosophie, Politik, Theologie und Ökonomie*, Στουτγκάρδη 1991, σελ. 100-132.

— «Metaphysik und Hermeneutik», στο: J. Wenzel (επιμ.), *Vom Ersten und Letzten. Positionen der Metaphysik in der Gegenwartsphilosophie*, Φρανκφούρτη/Μ. 1998, σελ. 99-110.

— «Platons Destruktion der Ontologie», στο: *Antike und Abendland*, τόμ. XXXIX, Βόννη 1993, σελ. 29-47.

— «Selbsterhaltung und Selbstverzicht. Zur Kritik der neuzeitlichen Rationalität bei Max Horkheimer und Walter Benjamin», στο: *Zeitschrift für Philosophische Forschung*, 2 (37) 1983, σελ. 161-179.

Figl, J., *Dialektik der Gewalt. Nietzsches hermeneutische Religionsphilosophie mit Berücksichtigung unveröffentlichter Manuskripte*, Ντύσελντορφ 1984.

— *Interpretation als philosophisches Prinzip*, Βερολίνο 1982.

— «Nietzsche und die philosophische Hermeneutik des 20. Jahrhunderts. Mit besonderer Berücksichtigung Diltheys, Heideggers und Gadamers», στο: *Nietzsche-Studien*, τόμ. 10/11, Βερολίνο-Νέα Υόρκη 1981/82, σελ. 408-431.

— Fleischer, M., *Der «Sinn der Erde» und die Entzauberung des Übermenschen*, Ντάρμσταντ 1993.

Foucault, M., «Nietzsche, die Genealogie, die Historie», στο: *Von der Subversion des Wissens*, Φρανκφούρτη/Μ. 1987, σελ. 69-90.

Frank, M., *Die unendliche Fahrt. Ein Motiv und sein Text*, Φρανκφούρτη/Μ. 1979.

— *Der kommende Gott. Vorlesungen über die Neue Mythologie*, Φρανκφούρτη/Μ. 1982.

— *Gott im Exil. Vorlesungen über die Neue Mythologie*, Φρανκφούρτη/Μ. 1988.

— *Was ist Neostrukturalismus?*, Φρανκφούρτη/Μ. 1984.

— *Der unendliche Mangel an Sein. Schellings Hegelkritik und die Anfänge der Marxschen Dialektik*, Μόναχο 1992.

Frede, D., «The Cognitiv Role of Phantasia», στο: M. C. Nussbaum – A. O. Rorty (επιμ.), *Essays on Aristotele's* De Anima, Οξφόρδη 1996, σελ. 279-297.

von Friedeburg, L. – Habermas, J. (επιμ.), *Adorno-Konferenz 1983*, Φρανκφούρτη/Μ. 1983.

Früchtl, J., *Mimesis. Konstellationen eines Zentralbegriffs bei Adorno*, Βύρτσμπουργκ 1986.

— «Radikalität und Konsequenz in der Wahrheitstheorie. Nietzsche als Herausforderung für Adorno und Habermas», στο: *Nietzsche-Studien*, τόμ. 19, Βόννη 1990, σελ. 431-461.

— «Unparteiische Vernunft und interesseloses Wohlgefallen. Zu Adornos Transformierung des Kantischen Modells», στο: *Zeitschrift für philosophische Forschung*, 41 (1987) 1, σελ. 88-99.

— *Ästhetische Erfahrung und moralisches Urteil*, Φρανκφούρτη/Μ. 1996.

Füzesi, N., «Nietzsches analogisches Denken», στο: K. Gloy – M. Bachmann (επιμ.), *Das Analogiedenken. Vorstöße in ein neues Gebiet der Rationalitätstheorie*, Μόναχο 2000, σελ. 346-360.

Funke, M., *Ideologiekritik und ihre Ideologie bei Nietzsche*, Στουτγκάρδη 1974.

Gamm, G. (επιμ.), *Angesichts objektiver Verblendung. Über die Paradoxien Kritischer Theorie*, Τύμπινγκεν 1985.

— *Eindimensionale Kommunikation. Vernunft und Rhetorik in J. Habermas' Deutung der Moderne*, Βύρτσμπουργκ 1987.

— «Die Erfahrung der Differenz. Zur Interpretation der Genealogie der Moral», στο: P. Rippel (επιμ.), *Der Sturz der Idole. Nietzsches Umwertung von Kultur und Subjekt*, Τύμπινγκεν 1985.

— *Wahrheit als Differenz. Studien zu einer anderen Theorie der Moderne*, Hain Verlag, Φρανκφούρτη/Μ. 1986.

— «Zwischen Antike und Postmoderne. Politische Philosophie bei Nietzsche», στο: *Philosophische Rundschau*, 38 (1991) 1-2, σελ. 112-125.

— *Surrealität und Vernunft. Zum Verhältnis von System und Kritik bei Theodor W. Adorno*, στο: G. Gamm (επιμ.), *Angesichts objektiver Verblendung. Über die Paradoxien Kritischer Theorie*, Τύμπινγκεν 1985, σελ. 115-191.

Gamm, G. – Kimmerle, G., *Entfremdete Objektivität. Zur Kritik szientistischer Rationalität und ihrer anarchistischen Erneuerer*, Αμβούργο 1980.

Gerhardt, V., «Macht und Metaphysik. Nietzsches Machtbegriff im Wandel der Interpretationen», στο: *Nietzsche-Studien*, τόμ. 10/11, Βερολίνο 1982, σελ. 34-59.

— «Die Perspektive des Perspektivismus», στο: *Nietzsche-Studien*, τόμ. 18, Βερολίνο 1989, σελ. 260-281.

— «Gipfel der Internität. Zu Günter Abels Rekonstruktion der Wiederkehr», στο: *Nietzsche-Studien*, τόμ. 16, Βερολίνο 1987, σελ. 444-466.

— «Selbstbegründung. Nietzsches Moral der Individualität», στο: *Nietzsche-Studien*, τόμ. 21, Βερολίνο 1992, σελ. 28-49.

— *Pathos und Distanz. Studien zur Philosophie Friedrich Nietzsches*, Στουτγκάρδη 1988.

— «Metaphysik und ihre Kritik. Zur Metaphysikdebatte zwischen Jürgen Habermas und Dieter Henrich», στο: *Zeitschrift für Philosophische Forschung*, 42 (1988), σελ. 45-70.

— *Vom Willen zur Macht. Anthropologie und Metaphysik der Macht am exemplarischen Fall Friedrich Nietzsches*, Βερολίνο 1996.

— (επιμ.), *Friedrich Nietzsche. Also sprach Zarathustra*, Βερολίνο 2000.

Geyer, C.-F., *Aporien des Metaphysik- und Geschichtsbegriffs der Kritischen Theorie*, Ντάρμσταντ 1980.

— *Kritische Theorie. Max Horkheimer und Theodor Adorno*, Μόναχο 1982.

Gloy, K., «Vernunft und das Andere der Vernunft. Eine modeltheoretische Exposition», στο: *Zeitschrift für philosophische Forschung*, 50 (1996) 4, σελ. 527-562.

— «Nietzsches Theorie des Willens zur Macht als Kritik an der traditionellen Vernunftherrschaft», στο: *Philosophisches Jahrbuch*, 14 (1997), Μόναχο 1997, σελ. 262-278.

— *Vernunft und das Andere der Vernunft*, Μόναχο 2001.

Grenz, F., *Adornos Philosophie in Grundbegriffen*, Φρανκφούρτη/Μ. 1975.

— «Negative Dialektik mit offenen Karten: Der zweite Teil der *Negativen Dialektik*», στο: J. Naeher (επιμ.), *Die negative Dialektik Adornos*, Πάντερμπορν 1984, σελ. 235-273.

— «Differenzierungen im Begriff der dialektischen Negation», στο: *Hegel-Jahrbuch 1974*, Κολωνία 1975, σελ. 257-262.

Grimmiger, R., *Die Ordnung, das Chaos und die Kunst. Für eine neue Dialektik der Aufklärung*, Φρανκφούρτη/Μ. 1990.

Gripp, H., *Theodor W. Adorno. Erkenntnisdimensionen negativer Dialektik*, Πάντερμπορν 1986.

Grau, G.-G., «Wille zur Macht oder Wille zur Wahrheit? Nietzsche und Kant», στο: G. Abel – J. Salaquarda (επιμ.), *Krisis der Metaphysik*, Βερολίνο 1989, σελ. 215-257.

Günther, K., «Dialektik der Aufklärung in der Idee der Freiheit. Zur Kritik des Freiheitsbegriffs bei Adorno», στο: *Zeitschrift für philosophische Forschung*, 39 (1985), σελ. 229-260.

Guzzoni, U., *Identität oder nicht. Zur kritischen Theorie der Ontologie*, Φράιμπουργκ-Μόναχο 1981.

Haag, K. H., *Der Fortschritt in der Philosophie*, Φρανκφούρτη/Μ. 1985.

— *Kritik der neueren Ontologie*, Στουτγκάρδη 1960.

— «Hegels "Unwahrheit". Zu Adornos Hegel-Kritik», στο: *Hegel-Jahrbuch 1975*, Κολωνία 1976.

Habermas, J., «Zur Nietzsches Erkenntnistheorie», στο: *Zur Logik der Sozialwissenschaften*, Φρανκφούρτη/Μ. 1985, σελ. 505-529.

— «Zur Nietzsches Erkenntnistheorie. Ein Nachwort», στο: *Kultur und Kritik*, Φρανκφούρτη/Μ. 1985, σελ. 237-263.

— (επιμ.), *Erkenntnistheoretische Schriften Nietzsches*, Φρανκφούρτη/Μ. 1968.

— *Der philosophische Diskurs der Moderne*, Suhrkamp, Φρανκφούρτη/Μ. 1985.

— *Erkenntnis und Interesse*, Suhrkamp, Φρανκφούρτη/Μ. 1979.

— *Nachmetaphysisches Denken. Philosophische Aufsätze*, Φρανκφούρτη/Μ. 1988.

— (επιμ.), *Hermeneutik und Ideologiekritik*, Φρανκφούρτη/Μ. 1971.

— *Theorie des kommunikativen Handelns*, 2 τόμ., Φρανκφούρτη/Μ. 1988.
— *Philosophisch-politische Profile*, Φρανκφούρτη/Μ. 1987.
— *Kleine politische Schriften*, Φρανκφούρτη/Μ. 1985.
Hackenesch, C. (επιμ.), *Die Zukunft der Vernunft*, Τύμπινγκεν 1985.
Hager, F. – Pfütze, H. (επιμ.), *Das unerhört Moderne. Berliner Adorno-Tagung*, Λύνεμπουργκ 1989.
Hahn, M. – Sandkühler, H. J. (επιμ.), *Gesellschaftliche Bewegung und Naturprozeß*, Κολωνία 1981.
Hamacher, W. (επιμ.), *Nietzsche aus Frankreich*, Φρανκφούρτη/Μ. 1986.
Hartmann, F., *Max Horkheimers materialistischer Skeptizismus. Frühe Motive der kritischen Theorie*, Φρανκφούρτη/Μ. 1979.
Hartmann, K., *Hegels Logik*, Βερολίνο 1999.
— «Metaphysik und Metaphysikkritik», στο: *Neue Hefte für Philosophie*, 30/31 (1991), σελ. 109-138.
Heftrich, U., «Nietzsches Auseinandersetzung mit der "Kritik der ästhetischen Urteilskraft"», στο: *Nietzsche-Studien*, τόμ. 20, Βερολίνο 1991, σελ. 238-266.
Heidegger, M., *Nietzsche*, 2 τόμ., Πφύλινγκεν 1989.
— *Sein und Zeit*, Τύμπινγκεν 1986.
— *Beitrage zur Philosophie*, Φρανκφούρτη/Μ. 1994.
— «Die Zeit des Weltbildes (1938)», στο: *Holzwege*, Φρανκφούρτη/Μ. 1980, σελ. 73-111.
— *Platon: Sophistes*, Φρανκφούρτη/Μ. 1992.
— *Vom Wesen der Wahrheit. Zu Platons Höhlengleichnis und Theätet*, Φρανκφούρτη/Μ. 1997
Heidbrink, L., *Melancholie und Moderne. Zur Kritik der historischen Verzweiflung*, Μόναχο 1994.
Heinen, R., *Sprachdynamik und Vernunft. Untersuchungen zum Spätwerk Nietzsches und Wittgensteins*, Βύρτσμπουργκ 1998.
von Heiseler, J. H. – Steigerwald, R. – Schleifstein, J. (επιμ.), *Die Frankfurter Schule im Licht des Marxismus*, Φρανκφούρτη/Μ. 1970.
Hegel, G. W. F., *Ästhetik*, Aufbau-Verlag, Βερολίνο 1955.
— *Phänomenologie des Geistes*, Φρανκφούρτη/Μ. 1970.
— *Wissenschaft der Logik*, I-II, Φρανκφούρτη/Μ. 1969.
— *Enzyklopädie der philosophischen Wissenschaften*, Felix Meiner, Αμβούργο 1969.
Held, D., *Introduction to critical theory*, Μπέρκλεϋ 1980.
Heller E., *Nietzsches Scheitern am Werk*, Φράιμπουργκ 1989.
Henrich, D., *Hegel im Kontext*, Φρανκφούρτη/Μ. 1971.
— «Formen der Negation in Hegels Logik», στο: R.-P. Horstmann (επιμ.), *Seminar: Dialektik in der Philosophie Hegels*, Φρανκφούρτη/Μ. 1978.
— «Hegels Logik der Reflexion. Neue Fassung», στο: D. Henrich (επιμ.), *Die*

Wissenschaft der Logik und die Logik der Reflexion, Hegel-Studien, τεύχ. 18, Βόννη 1978, σελ. 203-325.

— «Substantivierte und doppelte Negation», στο: H. Weinrich (επιμ.), *Positionen der Negativität*, Μόναχο 1975, σελ. 481-486.

— «Hegels Grundoperation. Eine Einleitung in die "Wissenschaft der Logik"», στο: U. Guzzoni κ.ά. (επιμ.), *Der Idealismus und seine Gegenwart. Festschrift für Werner Marx zum 65. Geburtstag*, Αμβούργο 1976, σελ. 208-230.

Hesse, H., *Vernunft und Selbstbehauptung. Kritische Theorie als Kritik der neuzeitlichen Rationalität*, Φρανκφούρτη/Μ. 1983.

— «Von Lämmern und Raubvögeln. Randbemerkungen zu Nietzsches "Genealogie der Moral"», στο: *Deutsche Zeitschrift für Philosophie*, 41 (1993) 5, Βερολίνο, σελ. 895-904.

Himmelmann, B., *Freiheit und Selbstbestimmung. Zu Nietzsches Philosophie der Subjektivität*, Μόναχο 1996.

Hofmann. N. J., «Hermeneutik *nach* Nietzsche. Thesen und Überlegungen im Anschluß an Nietzsches Begriff der Interpretation», στο: *Nietzsche-Studien*, 25 (1996), σελ. 261-306.

Honneth, A., *Die zerrissene Welt des Sozialen. Sozialphilosophische Studien*, Φρανκφούρτη/Μ. 1990.

— *Kritik der Macht. Reflexionsstufen einer kritischen Gesellschaftstheorie*, Φρανκφούρτη/Μ. 1989.

— *Desintegration. Bruchstücke einer soziologischen Zeitdiagnose*, Φρανκφούρτη/Μ. 1994.

— *Kampf um Anerkennung. Zur moralischen Grammatik sozialer Konflikte*, Φρανκφούρτη/Μ. 1992.

— «Von Adorno zu Habermas. Zum Gestaltwandel kritischer Gesellschaftstheorie», στο: *Sozialforschung als Kritik. Zum sozialwissenschaftlichen Potential der Kritischen Theorie*, Φρανκφούρτη/Μ. 1982, σελ. 87-127.

— «Über die Möglichkeit einer erschließenden Kritik. Die "Dialektik der Aufklärung" im Horizont gegenwärtiger Debatten über Sozialkritik», στο: του ιδίου, *Das Andere der Gerechtigkeit. Aufsätze zur praktischen Philosophie*, Φρανκφούρτη/Μ. 2000, σελ. 70-88.

Honneth, A. – Wellmer, A. (επιμ.), *Die Frankfurter Schule und die Folgen*, Βερολίνο 1986.

Honneth, A. κ.ά. (επιμ.), *Philosophical Interventions in the unfinished Projekt of Enlightenment*, Καίμπριτζ 1992.

Horkheimer, M., *Gesammelte Werke*, 14 τόμ., Φρανκφούρτη/Μ. 1987.

Horstmann, R.-P., «Metaphysikkritik bei Hegel und Nietzsche», στο: *Hegel-Studien*, 28 (1993), σελ. 285-102.

Houlgate, S., «Kant, Nietzsche and the "thing in itself"», στο: *Nietzsche-Studien*, τόμ. 22, Βόννη 1993, σελ. 115-157.

— *Hegel, Nietzsche und the criticism of metaphysics*, Λονδίνο-Νέα Υόρκη 1986.

Hudek, F.-P., *Die Tyrannei der Musik. Nietzsches Wertung des Wagnerischen Musikdramas*, Βύρτσμπουργκ 1989.

Hutter, A., «Adornos Meditationen zur Metaphysik», στο: *Deutsche Zeitschrift für Philosophie*, Βερολίνο 46 (1998), σελ. 45-65.

Iber, C., *Das Andere der Vernunft als ihr Prinzip. Grundzüge der philosophischen Entwicklung Schellings mit einem Ausblick auf die nachidealistischen Philosophiekonzeptionen Heideggers und Adornos*, Βερολίνο 1994.

— «Platons eigentliche philosophische Leistung im Dialog *Parmenides*», στο: E. Angehrn – H. Fink-Eitel – C. Iber – G. Lohmann (επιμ.), *Dialektischer Negativismus. Michael Theunissen zum 60. Geburtstag*, Φρανκφούρτη/M. 1992, σελ. 185-213.

Jameson, F., *Spätmarxismus. Adorno oder die Beharrlichkeit der Dialektik*, Βερολίνο 1992.

Janke, W., *Historische Dialektik. Destruktion dialektischer Grundformen von Kant bis Marx*, Βερολίνο 1977.

Jaspers, K., *Nietzsche, Einführung in das Verständnis seiner Philosophie*, Βερολίνο 1947.

Jay, M., *Die dialektische Phantasie*, Fischer, Φρανκφούρτη/M. 1976.

— *Downcast Eyes. The Denigration of Vision in twentieth-century French Thought*, Μπέρκλεϋ 1993.

— *Adorno*, Καίμπριτζ 1984.

Joisten, K., *Die Überwindung der Anthropozentrizität durch Friedrich Nietzsche*, Βύρτσμπουργκ 1994

Kaiser, G., *Benjamin. Adorno. Zwei Studien*, Φρανκφούρτη/M. 1974.

Kalkowski, P., *Adornos Erfahrung. Zur Kritik der Kritischen Theorie*, Φρανκφούρτη/M. 1988

Kamper, D. – Reijen, W. van, *Die unvollendete Vernunft: Moderne versus Postmoderne*, Φρανκφούρτη/M. 1987.

Kant, I., *Werkausgabe*, 12 τόμ., επιμ. Wilhelm Weischedel, Suhrkamp, Φρανκφούρτη/M. 1977.

— *Kritik der reinen Vernunft*, Λειψία 1926.

Kappner. H.-H., *Die Bildungstheorie Adornos als Theorie der Erfahrung von Kultur und Kunst*, Φρανκφούρτη/M. 1984.

Kaufmann, W., *Nietzsche. Philosoph-Psychologe-Antichrist*, Ντάρμσταντ 1982.

Kaulbach, F., *Philosophie des Perspektivismus*, τόμ. 1, Τύμπινγκεν 1990.

— *Sprachen der ewigen Wiederkunft*, Βύρτσμπουργκ 1985.

Kerényi, K., *Die Mythologie der Griechen*, 2 τόμ., Μόναχο 1992.

Keul, H.-K., *Kritik der emanzipativen Vernunft. Zur Aufklärungsbegriff der Kritischen Theorie*, Φρανκφούρτη/M. 1997.

Keuth, H., *Erkenntnis oder Entscheidung. Zur Kritik der Kritischen Theorie*, Τύμπινγκεν 1993.

Kim J.-H., *Nietzsches Sozialphilosophie. Versuch einer Überwindung der Moderne im Mittelpunkt des Begriffs «Leib»*, Βύρτσμπουργκ 1995.

Kim, K.-S., *Mythos und Tragödie. Anamnetische Betrachtungen zu Nietzsches* Geburt der Tragödie, Βύρτσμπουργκ 1999.

Kimmerle, G., *Verneinung und Wiederkehr*, Τύμπινγκεν 1988.

— *Die Aporie der Wahrheit*, Τύμπινγκεν 1983.

— *Kritik der identitätslogischen Vernunft. Untersuchungen zur Dialektik der Wahrheit bei Descartes und Kant*, Φρανκφούρτη/Μ. 1982.

— *Sein und Selbst. Untersuchung zur Kategorialen Einheit von Vernunft und Geist in Hegels «Phänomenologie ders Geistes»*, Βόννη 1978.

— «Der eingebildete Zeuge», στο: G. Gamm (επιμ.), *Angesichts objektiver Verblendung*, Τύμπινγκεν 1985, σελ. 11-70.

Klein, R. – Mahnkopf C.- S. (επιμ.), *Mit den Ohren denken. Adornos Philosophie der Musik*, Φρανκφούρτη/Μ. 1998.

Klinger, C., *Flucht, Trost, Revolte. Die Moderne und ihre ästhetischen Gegenwelten*, Μόναχο 1995.

Klossowski, P., *Nietzsche und der Circulus vitiosus deus*, Μόναχο 1986.

Koch, F. A., «Wozu noch erste Philosophie? Über das Wechselverhältnis von Subjektivität und raumzeitlicher Einzelheit», στο: *Zeitschrift für philosophische Forschung*, 48 (1994) 4, σελ. 497-517.

— «Die Selbstbeziehung der Negation in Hegels Logik», στο: *Zeitschrift für Philosophische Forschung*, τόμ. 3, τεύχ. 1, Τύμπινγκεν 1999, σελ. 1-29.

— «Philosophie und Metaphysik», στο: J. Wenzel (επιμ.), *Vom Ersten und Letzten. Positionen der Metaphysik in der Gegenwartsphilosophie*, Φρανκφούρτη/Μ. 1998, σελ. 77-98.

Koch, T. – Kodalle, K.-M. – Schweppehäuser, H., *Negative Dialektik und die Idee der Versöhnung. Eine Kontroverse über Theodor Adorno*, Στουτγκάρδη-Βερολίνο 1973.

Koreng, C., *Norm und Interaktion bei Habermas*, Ντύσελντορφ 1979.

Kouba, P., «Die Vorurteile der Philosophen. Reflexionen zu Nietzsches Vernunftkritik», στο: *Nietzsche-Studien*, τόμ. 23, Βερολίνο 1994, σελ. 168-174.

Koutroulis, S., *Der tanzende Gott. Eine Irrfahrt durch das Denken F. Nietzsches*, Αθήνα (ελληνόγλ. έκδ.) 1994.

Krell, D. F., *Infectious Nietzsche*, Μπλούμινγκτον 1996.

Kreß A., *Reflexion als Erfahrung. Hegels Phänomenologie der Subjektivität*, Βύρτσμπουργκ 1996

Kritik und Interpretation der Kritischen Theorie. Über Adorno, Horkheimer, Marcuse, Benjamin, Habermas, Κούβα-Λιχτενστάιν 1970.

Künzli, A., *Aufklärung und Dialektik. Politische Philosophie von Hobbes bis Adorno*, Φράιμπουργκ 1971.

Kuhlmann, H., «Das "Ich schreibe" muß alle meine Vorstellungen begleiten können. Nehamas und andere über Nietzsche», στο: *Internationale Zeitschrift für Philosophie*, 1 (1995), σελ. 159-170.

Kuhmann, W., *Die Rückkehr des täuschenden Scheins der Dinge*, Κολωνία 1986.

Kuhn E., *Friedrich Nietzsches Philosophie des europäischen Nihilismus*, Βερολίνο 1992.

Kunnemann, H. – de Vries, H. (επιμ.), *Die Aktualität der Dialektik der Aufklärung*, Φρανκφούρτη/Μ. 1989.

Lakebrink B., *Kommentar zu Hegels «Logik» in seiner Enzyklopädie von 1830*, 2 τόμ., Φράιμπουργκ 1979.

Lambrellis, D., *Nietzsche. Der Philosoph der Vielfalt und der Maske*, Αθήνα 1988.

— *Das Weltspiel und die Problematik einer nicht metaphysischen Richtung des Denkens*, Αθήνα 1990.

Liessmann, K. P., *Ohne Mitleid. Zum Begriff der Distanz als ästhetische Kategorie mit ständiger Rücksicht auf Adorno*, Βιέννη 1991.

— *Philosophie des verbotenen Wissens. Friedrich Nietzsche und die schwarzen Seiten des Denkens*, Βιέννη 2000.

Lindner, B. – Lüdke, M. W. (επιμ.), *Materialien zur ästhetischen Theorie Th. W. Adornos. Konstruktion der Moderne*, Φρανκφούρτη/Μ. 1979.

Link, T., *Der Begriff der Natur in der Gesellschaftstheorie Theodor W. Adornos*, Κολωνία 1986.

zu Lippe, R., *Bürgerliche Subjektivität: Autonomie als Selbstzerstörung*, Φρανκφούρτη/Μ. 1975.

Löbig, M. – Schweppenhäuser, G. (επιμ.), *Hamburger Adorno-Symposion*, Λύνεμπουργκ 1984.

Löwenthal, L., *Schriften*, 5 τόμ., Φρανκφούρτη/Μ. 1990.

Löwith, K., *Von Hegel zu Nietzsche*, Στουτγκάρδη 1964.

— *Nietzsches Philosophie der ewigen Wiederkehr des Gleichen*, Αμβούργο 1986.

Lüdke, W. M., *Anmerkungen zu einer «Logik des Zerfalls». Adorno-Beckett*, Φρανκφούρτη/Μ. 1981

Lukács, G., *Die Theorie des Romans*, Ντάρμσταντ 1971.

— *Die Seele und die Formen*, Ντάρμσταντ 1971.

— *Geschichte und Klassenbewußtsein*, Ντάρμσταντ 1968.

— *Die Zerstörung der Vernunft*, 3 τόμ., Ντάρμσταντ 1973.

Lutz-Bachmann, M. – Schmid Noerr, G. (επιμ.), *Kritischer Materialismus. Zur Diskussion eines Materialismus der Praxis*, Μόναχο 1991.

Lypp, B., «Der symbolische Prozess des Tragischen», στο: *Nietzsche-Studien*, τόμ. 18, Βερολίνο 1989, σελ. 127-140.

Mann, Paul de, *Allegorien des Lesens*, Φρανκφούρτη/Μ. 1988.

Marcus, J. – Tar, Z. (επιμ.), *Foundations of the Frankfurt school of social research*, Λονδίνο 1984.

Marcuse, H., *Kultur und Gesellschaft*, I/II, Ζυρίχη 1965.

— *Hegels Ontologie und die Theorie der Geschichtlichkeit*, Φρανκφούρτη/Μ. 1975.

Marxismus und Naturbeherrschung. Beiträge zu den Ersten Ernst-Bloch-Tagen, Τύμπινγκεν 1978.

Karl Marx, *Das Kapital*, Βερολίνο 1977.

— *Die Deutsche Ideologie*, MEW 3, Βερολίνο 1978.

Maurer, R., «Nietzsche und die Kritische Theorie», στο: *Nietzsche-Studien*, τόμ. 10/11, Βερολίνο-Νέα Υόρκη 1981/82, σελ. 34-79· συζήτηση (συντονισμός: W. Müller-Lauter), σελ. 59-79.

Maus, H., *Die Traumhölle des Justemilieu. Erinnerung an die Aufgaben der Kritischen Theorie*, Φρανκφούρτη/Μ. 1981.

McCarthy, T., *Ideale und Illusionen. Dekonstruktion und Rekonstruktion in der Kritischen Theorie*, Φρανκφούρτη/Μ. 1993.

— *Kritik der Verständigungsverhältnisse. Zur Theorie von Jürgen Habermas*, Φρανκφούρτη/Μ. 1989.

Menke, C., «Distanz und Experiment. Zu zwei Aspekten ästhetischer Freiheit bei Nietzsche», στο: *Deutsche Zeitschrift für Philosophie*, 41 (1993) 1, σελ. 61-77.

Menke-Eggers, C., *Die Souveränität der Kunst. Ästhetische Erfahrung nach Adorno und Derrida*, Φρανκφούρτη/Μ. 1988.

Menke, C. – Seel, M. (επιμ.), *Zur Verteidigung der Vernunft gegen ihre Liebhaber und Verächter*, Φρανκφούρτη/Μ. 1993.

Meyer, K., *Ästhetik der Historie. Friedrich Nietzsches «Vom Nutzen und Nachteilen der Historie für das Leben»*, Βύρτσμπουργκ 1998.

Meyer, T., *Nietzsche und die Kunst*, Τύμπινγκεν 1993.

Michel, M. K., «Versuch, die "Ästhetische Theorie zu verstehen"», στο: B. Lindner – M. W. Lüdke (επιμ.), *Materialien zur ästhetischen Theorie Th. W. Adornos. Konstruktion der Moderne*, Φρανκφούρτη/Μ. 1979, σελ. 41-107.

Mirbach, T., *Kritik der Herrschaft. Zum Verhältnis von Geschichtsphilosophie, Ideologiekritik und Methodenreflexion in der Gesellschaftstheorie Adornos*, Φρανκφούρτη/Μ. 1979.

Mittelstraß, J., «Kant und die Dialektik der Aufklärung», στο: Jochen Schmidt (επιμ.), *Aufklärung und Gegenaufklärung in der europäischen Literatur, Philosophie und Politik von der Antike bis zum Gegenwart*, Ντάρμσταντ 1989, σελ. 341-360.

Mörchen, H., *Macht und Herrschaft im Denken von Heidegger und Adorno*, Στουτγκάρδη 1980.

— *Adorno und Heidegger. Untersuchung einer philosophischen Kommunikationsverweigerung*, Στουτγκάρδη 1981.

Moritz, P., *Kritik des Paradigmawechsels. Mit Horkheimer gegen Habermas*, Λύνεμπουργκ 1992.

Müller, T., *Die Poetik der Philosophie. Das Prinzip des Perspektivismus bei Nietzsche*, Φρανκφούρτη/Μ. 1993.

Müller, U., *Erkenntniskritik und negative Metaphysik bei Adorno*, Φρανκφούρτη/Μ. 1988.

Müller-Lauter, W., *Nietzsche. Seine Philosophie der Gegensätze und die Gegensätze seiner Philosophie*, Βερολίνο 1971.

— «Das Willenswesen und der Übermensch. Ein Beitrag zu Heideggers Nietzsche-Interpretationen», στο: *Nietzsche-Studien*, τόμ. 10/11 (1981/1982), Βερολίνο 1982, σελ. 132-178.

— *Nietzsche-Interpretationen*, 3 τόμ., Βερολίνο, 1999-2000.

Müller-Stömsdörfler, I., «Die "helfende Kraft bestimmter Negation" (Th. W. Adorno)», στο: *Kritik und Interpretation der Kritischen Theorie*, Κούβα-Λιχτενστάιν 1970, σελ. 41-65.

Müller-Warden, J. – Welzer, H. (επιμ.), *Fragmente kritischer Theorie*, Τύμπινγκεν 1991.

Münz-Koenen, I., *Konstruktionen des Nirgendwo. Die Diskursivität utopischen Denkens bei Bloch, Adorno, Habermas*, Βερολίνο 1997.

Naeher, J. (επιμ.), *Die negative Dialektik Adornos*, Πάντερμπορν 1984.

Nehamas, A., *Nietzsche. Leben als Literatur*, Γκέτινγκεν 1996.

Nelson, B., *Der Ursprung der Moderne. Vergleichende Studien zum Zivilisationsprozess*, Φρανκφούρτη/Μ. 1986.

Neumann, F., *Behemoth. Struktur und Praxis des Nationalsozialismus 1933-1944*, Φρανκφούρτη/Μ. 1984.

Nibbrig, C. H. L. (επιμ.), *Was heißt «Darstellen»?*, Φρανκφούρτη/Μ. 1994.

Oelmüller, W., *Die unbefriedigte Aufklärung. Beiträge zu einer Theorie der Moderne von Lessing, Kant und Hegel*, Φρανκφούρτη/Μ. 1979.

Ottmann, H., *Philosophie und Politik bei Nietzsche*, Βερολίνο 1999.

Paetzold, H., *Neomarxistische Ästhetik II: Adorno-Marcuse*, Ντύσελντορφ 1974.

Patton, P. (επιμ.), *Nietzsche, Feminism & Political Theory*, Λονδίνο 1993.

Picht, G., *Nietzsche*, Στουτγκάρδη 1993.

— *Von der Zeit*, Στουτγκάρδη 1999.

Platon, *Werke in 8 Bd.*, επιμ. G. Eigler, Ντάρμσταντ 1981.

Platon, *Sämtliche Werke*, επιμ. v. E. Crassi, Αμβούργο 1958.

Pöggeler, O., *Hegels Kritik der Romantik*, Μόναχο 1999.

Poellner, P., *Nietzsche und Metaphysics*, Νέα Υόρκη 2000.

Pohrt, W., *Theorie des Gebrauchswertes. Über die Vergänglichkeit der historischen Voraussetzungen, unter denen allein das Kapital Gebrauchswert setzt*, Βερολίνο 1995.

Post, W., *Kritische Theorie und metaphysischer Pessimismus. Zum Spätwerk Max Horkheimers*, Μόναχο 1971.

Pütz, P., «Der Mythos bei Nietzsche», στο: H. Koopmann (επιμ.), *Mythos und*

Mythologie in der Literatur des 19. Jahrhunderts, Φρανκφούρτη/Μ. 1979.
Prauss G., *Kant und das Problem des «Ding an sich»*, Βόννη 1974.
Rademacher, C., «Vexierbild der Hoffnung. Zur Aporie utopischen Denkens bei Adorno», στο: R. Eickelpasch – A. Nessehi (επιμ.), *Utopie und Moderne*, Φρανκφούρτη/Μ. 1996, σελ. 110-136.
— *«Nach dem versäumten Augenblick». Zur Konstruktion des Utopischen in Adornos essayistischer Sozialphilosophie*, Όπλαντεν 1997.
Rath, N., «Dialektik des Scheins – Materialien zum Scheinbegriff Adornos», στο: W. Oellmüller (επιμ.), *Kolloquium Kunst und Philosophie*, τόμ. 2: *Ästhetischer Schein*, Πάντερμπορν 1982.
— «Zur Nietzsche-Rezeption Horkheimers und Adornos», στο: W. van Reijen – G. Schmid-Noerr (επιμ.), *Vierzig Jahre Flaschenpost: «Dialektik der Aufklärung» 1947 bis 1987*, σελ. 73-113.
Raulet, G., *Gehemmte Zukunft*, Ντάρμσταντ 1986.
Recki, B., «Die Metaphysik der Kritik. Zum Verhältnis von Metaphysik und Erfahrung bei Max Horkheimer und Theodor W. Adorno», στο: *Neue Hefte für Philosophie*, 30/31 (1991), σελ. 139-171.
van Reijen, W., *Philosophie als Kritik. Einführung in die kritische Theorie*, Φρανκφούρτη/Μ. 1984.
— *Adorno*, Ανόβερο 1980.
— *Die authentische Kritik der Moderne*, Μόναχο 1994.
van Reijen, W. – Apel, K.-O. (επιμ.), *Rationales Handeln und Gesellschaftstheorie*, Μπόχουμ 1984.
Rentsch, T., «Vermittlung als permanente Negativität. Der Wahrheitsanspruch der "Negativen Dialektik" auf der Folie von Adornos Hegelkritik», στο: C. Menke – M. Seel (επιμ.), *Zur Verteidigung der Vernunft gegen ihre Liebhaber und Verächter*, Φρανκφούρτη/Μ. 1993, σελ. 84-102.
— «Negativität und Vermittlung. Hegels Antropo-Theo-Logik», στο: C. Demmerling – F. Kambartel (επιμ.), *Vernunftkritik nach Hegel*, Φρανκφούρτη/Μ. 1992.
Reschke, R., «Ein Zustand ohne Kunst ist nicht zu imaginieren. Friedrich Nietzsches frühe Skizze zu einer Ästhetik der Moderne», στο: *Nietzsche-Studien*, τόμ. 24, Βερολίνο 1995, σελ. 1-16.
Le Rider, J., *Nietzsche in Frankreich*, Μόναχο 1997.
Riedel, M., *Nietzsche in Weimar. Ein deutsches Drama*, Λειψία 1997.
Rippel, P. (επιμ.), *Nietzsches Umwertung von Kultur und Subjekt*, Τύμπινγκεν 1985.
Ritsert, J. – Rolshausen, C., *Der Konservativismus der kritischen Theorie*, Φρανκφούρτη/Μ. 1971.
Röttges, H., *Nietzsche und die Dialektik der Aufklärung*, Μόναχο 1972.
Rohbeck, J., *Technologische Urteilskraft. Zu einer Ethik technischen Handelns*, Φρανκφούρτη/Μ. 1993.

Rohrmoser, G., *Das Elend der kritischen Theorie*, Φράιμπουργκ 1970.
— *Nietzsche und das Ende der Emanzipation*, Φράιμπουργκ 1971.
— «Nietzsches Kritik der Moral», στο: *Nietzsche-Studien*, τόμ. 10/11, Βερολίνο-Νέα Υόρκη York 1981/82, σελ. 328-352.
Rosen, S., «Remarks on Nietzsche's "Platonism"», στο: *The Quarrel Between Philosophy And Poetry. Studies in Ancient Thought*, Νέα Υόρκη 1988, σελ. 183-204.
— «Nietzsche's Revolution», στο: *The Ancients And The Moderns. Rethinking Modernity*, Νιου Χαίηβεν 1989, σελ. 189-208.
— «Poetic Reason in Nietzsche: Die dichtende Vernunft», στο: *The Ancients And The Moderns. Rethinking Modernity*, Νιου Χαίηβεν 1989, σελ. 209-235.
Ross, W., *Der wilde Nietzsche oder die Rückkehr des Dionysos*, Στουτγκάρδη 1994.
Salaquarda, J., *Nietzsche*, Ντάρμσταντ 1996.
— «Nietzsches Metaphysikkritik und ihre Vorbereitung durch Schopenhauer», στο: G. Abel – J. Salaquarda (επιμ.), *Krisis der Metaphysik*, Βερολίνο 1989, σελ. 258-282.
Schaap, S., *Die Verwirklichung der Philosophie. Der metaphysische Anspruch im Denken Theodor W. Adornos*, Βύρτσμπουργκ 2000.
— *Die Unfähigkeit zu vergessen. Nietzsches Umwertung der Wahrheitsfrage*, Βύρτσμπουργκ 2002.
Scheier, C.-A., «Das undingliche Ding. Zum geschichtlichen Ort von Adornos Ästhetischer Theorie», στο: B. Recki – L. Wiesing (επιμ.), *Bild und Reflexion. Paradigmen und Perspektiven gegenwärtiger Ästhetik*, Μόναχο 1997.
Schipperges, H., *Am Leitfaden des Leibes. Zur Anthropologik und Therapeutik Friedrich Nietzsches*, Στουτγκάρδη 1975.
Schlüter, C., *Adornos Kritik der apologetischen Vernunft*, 2 τόμ., Βύρτσμπουργκ 1988.
Schmid Noerr, G. – van Reijen, W. (επιμ.), *Vierzig Jahre Flaschenpost. «Dialektik der Aufklärung» 1947-1987*, Φρανκφούρτη/M. 1987.
Schmid Noerr, G. (επιμ.), *Metamorphosen der Aufklärung. Vernunftkritik heute*, Τύμπινγκεν 1988.
— *Das Eingedenken der Natur im Subjekt. Zur Dialektik von Vernunft und Natur in der kritischen Theorie Horkheimers, Adornos und Marcuses*, Ντάρμσταντ 1990.
— *Sinnlichkeit und Herrschaft. Zur Konzeption der inneren Natur bei Hegel und Freud*, Φρανκφούρτη/M. 1980.
Schmidt, A. (επιμ.), *Beiträge zur marxistischen Suhrkamp*, Φρανκφούρτη/M. 1972.
— «Zur Frage der Dialektik in Nietzsches Erkenntnistheorie», στο: M. Horkheimer (επιμ.), *Zeugnisse. Th. W. Adorno zum 60. Geburtstag*, Φρανκφούρτη/M. 1963, σελ. 115-132.

— «Die Praxislehre in Nietzsches Metaphysik des Willens zur Macht», στο: *Kritische Theorie. Humanismus. Aufklärung*, Στουτγκάρδη 1981, σελ. 132-140.

— *Der Begriff der Natur in der Lehre von Marx*, Φρανκφούρτη/Μ. 1971.

Schmidt, A., *Materialismus zwischen Metaphysik und Positivismus. Max Horkheimers Frühwerk - Darstellung und Kritik*, Όπλαντεν 1993.

Schmidt, J. (επιμ.), *Aufklärung und Gegenaufklärung in der europäischen Literatur, Philosophie und Politik von der Antike bis zum Gegenwart*, Ντάρμσταντ 1989.

Schmidt, W.F., «Hegel in der Kritischen Theorie der "Frankfurter Schule"», στο: O. Negt (επιμ.), *Aktualität uns Folgen der Philosophie Hegels*, Φρανκφούρτη/Μ. 1971, σελ. 21-61.

Schmidt, R., *«Ein Text ohne Ende für den Denkenden». Studien zu Nietzsche*, Φρανκφούρτη/Μ. 1989.

Schmitz, H., *Hegels Logik*, Βόννη 1992.

Schmucker, J., *Adorno. Logik des Zerfalls*, Στουτγκάρδη 1977.

Schnädelbach, H., «Die Aktualität der "Dialektik der Aufklärung"», στο: του ιδίου, *Zur Rehabilitierung des animal rationale. Vorträge und Abhandlungen*, τόμ. 2, Φρανκφούρτη/Μ., σελ. 231-250.

— «Dialektik als Vernunftkritik. Zur Konstruktion des Rationalen bei Adorno», στο: L.v. Friedeburg – J. Habermas (επιμ.), *Adorno-Konferenz*, Φρανκφούρτη/Μ. 1983, σελ. 66-93.

— «Das kulturelle Erbe der Kritischen Theorie», στο: *Philosophie in der modernen Kultur. Vorträge und Abhandlungen*, τόμ. 3, Φρανκφούρτη/Μ. 1992, σελ. 104-126.

— «Dialektik als Vernunftkritik. Zur Konstruktion des Rationalen bei Adorno», στο: *Vernunft und Geschichte. Vorträge und Abhandlungen*, τόμ. 1, Φρανκφούρτη/Μ. 1987, σελ. 179-206.

Schopenhauer, A., *Sämtliche Werke*, 5 τόμ., Φρανκφούρτη/Μ. 1986.

Schulz, W., *Der gebrochene Weltbezug. Aufsätze zur Geschichte der Philosophie und zur Analyse der Gegenwart*, Στουτγκάρδη 1994.

— *Ich und Welt. Philosophie der Subjektivität*, Στουτγκάρδη 1979.

— *Metaphysik des Schwebens. Untersuchungen zur Geschichte der Ästhetik*, Στουτγκάρδη 1985

— *Philosophie in der veränderten Welt*, Στουτγκάρδη 1972.

Schutte, O., *Beyond Nihilism. Nietzsche without Masks*, Σικάγο 1984.

Schweppenhäuser, G., *Ethik nach Auschwitz. Adornos negative Moralphilosophie*, Βερολίνο 1993.

Schweppenhäuser, H., *Vergegenwärtigungen zur Unzeit. Gesammelte Aufsätze und Vorträge*, Λύνεμπουργκ 1986.

— *Tractanda. Beiträge zur kritischen Theorie der Kultur und Gesellschaft*, Φρανκφούρτη/Μ. 1972.

Seubold, G., *Das Ende der Kunst und der Paradigmenwechsel in der Ästhetik*, Μόναχο 1997.
Simon, J., «Die Krise des Wahrheitsbegriffs als Krise der Metaphysik. Nietzsches Alethiologie auf dem Hintergrund der Kantischen Kritik», στο: *Nietzsche-Studien*, τόμ. 18, Βόννη 1989, σελ. 242-259.
— «Aufklärung im Denken Nietzsches», στο: J. Schmidt (επιμ.), *Aufklärung und Gegenaufklärung in der europäischen Literatur, Philosophie und Politik von der Antike bis zum Gegenwart*, Ντάρμσταντ 1989, σελ. 459-474.
Slater, P., *Origin und significance of the Frankfurt School. A marxist perspektive*, Λονδίνο 1886.
Sloterdijk, P., *Kritik der zynischen Vernunft*, 2 τόμ., Φρανκφούρτη/Μ. 1983.
Söllner, A., *Geschichte und Herrschaft. Studien zur materialistischen Sozialwissenschaft 1929-1942*, Φρανκφούρτη/Μ. 1979.
Sohn-Rethel, A., *Die ökonomische Doppelstruktur des Spätkapitalismus*, Ντάρμσταντ 1972
— *Das Geld, die bare Münze des Apriori*, Βάγκενμπαχ, Βερολίνο 1990.
— *Materialistische Erkenntniskritik und Vergesellschaftung der Arbeit*, Βερολίνο 1971.
— *Soziologische Theorie der Erkenntnis*, Φρανκφούρτη/Μ. 1985.
— *Geistige und körperliche Arbeit*, Φρανκφούρτη/Μ. 1973.
Sloterdijk, P., *Kritik der zynischen Vernunft*, Φρανκφούρτη/Μ. 1983.
— *Der Denker auf der Bühne. Nietzsches Materialismus*, Φρανκφούρτη/Μ. 1986
Spinoza, *Ethik*, Λειψία 1982.
Stegmaier, W., *Nietzsches «Genealogie der Moral»*, Ντάρμσταντ 1994.
— «Nietzsches Neubestimmung der Wahrheit», στο: *Nietzsche-Studien*, τόμ. 14, 1985, σελ. 69-98.
— «Zeit der Vorstellung. Nietzsches Vorstellung der Zeit», στο: *Zeitschrift für Philosophische Forschung*, τόμ. 41, Μάιζενχαϊμ/Γκλ. 1987, σελ. 202-228.
Stelzer, S., *Der Zug der Zeit. Nietzsches Versuch der Philosophie*, Κένιγκσταϊν/Τ. 1979.
Sünner, R., *Ästhetische Szientismuskritik. Zum Verhältnis von Kunst und Wissenschaft bei Nietzsche und Adorno*, Φρανκφούρτη/Μ. 1986.
Taureck, H. F. B., *Nietzsches Alternativen zum Nihilismus*, Αμβούργο 1991.
— *Nietzsche und der Faschismus. Eine Studie über Nietzsches politische Philosophie und ihre Folgen*, Αμβούργο 1989.
Theunissen, M., *Sein und Schein. Die kritische Funktion der Hegelschen Logik*, Φρανκφούρτη/Μ. 1980.
— «Negativität bei Adorno», στο: L.v. Friedeburg – J. Habermas (επιμ.), *Adorno-Konferenz*, Φρανκφούρτη/Μ. 1983, σελ. 41-65.
— *Kritische Theorie der Gesellschaft. Zwei Studien*, Βερολίνο 1981.
Thyen, A., *Negative Dialektik und Erfahrung. Zur Rationalität des Nichtidentischen bei Adorno*, Φρανκφούρτη/Μ. 1989.

— «Metaphysikkritik und Ethik bei Theodor W. Adorno und Emmanuel Levinas», στο: G. Schweppenhäuser – M. Wischke (επιμ.), *Impuls und Negativität. Ethik und Ästhetik bei Adorno*, Αμβούργο 1995, σελ. 136- 151.

Tichy, M., *T. W. Adorno. Das Verhältnis von Allgemeinem und Besonderem in seiner Philosophie*, Βόννη 1977.

Tiedemann, R., «Begriff Bild Name. Über Adornos Utopie der Erkenntnis», στο: M. Löbig – G. Schweppenhäuser (επιμ.), *Hamburger Adorno-Symposium*, Αμβούργο 1984, σελ. 67-78.

Többicke, C., *Negative Dialektik und Kritische Ontologie. Eine Untersuchung zu Theodor W. Adorno*, Βύρτσμπουργκ 1992.

Tuschling, B., *Habermas. Die «offene» und «abstrakte» Gesellschaft*, Βερολίνο 1978.

Ulrich, O., *Technik und Herrschaft. Vom Handwerk zur verdinglichten Blockstruktur industrieller Produktion*, Φρανκφούρτη/Μ. 1979.

Ungeheuer, G., «Nietzsche über Sprache und Sprechen, über Wahrheit und Traum», στο: *Nietzsche-Studien*, τόμ. 12, Βερολίνο 1983, σελ. 134-213.

Vattimo, G., *Friedrich Nietzsche*, Στουτγκάρδη 1992

Vercellone, F., *Einführung in den Nihilismus*, Μόναχο 1998.

Viesel, E., *Gesellschaftstheorie, Sprachanalyse und Ideologiekritik. Die Funktion der Sprache in der Kritischen Theorie bei H. Marcuse*, (διδακτ. διατριβή), Τύμπινγκεν 1982.

Vinzens, A., *Friedrich Nietzsches Instinktverwandlung*, Βασιλεία 1999.

Volkmann-Schluck, K.-H., *Die Philosophie Nietzsches. Der Untergang der abendländischen Metaphysik*, Βύρτσμπουργκ 1991.

Waldenfels, B., «Der blinde Fleck der Moral. Überlegungen im Anschluß an Nietzsches Genealogie der Moral», στο: *Zeitschrift für Philosophische Forschung*, 47 (1993) 4, σελ. 507-520.

Wegerich, U., *Dialektische Theorie und historische Erfahrung. Zur Geschichtsphilosophie in der frühen kritischen Theorie Max Horkheimers*, Βύρτσμπουργκ 1994.

Weisshaupt, K., «Adornos Modellanalyse als Idee einer Systematik Negativer Dialektik», στο: D. Henrich (επιμ.), *Ist systematische Philosophie möglich?*, Βόννη 1977, σελ. 687-692.

Wellmer, A., *Ethik und Dialog. Elemente des moralischen Urteils bei Kant und der Diskursethik*, Φρανκφούρτη/Μ. 1986.

— *Zur Dialektik von Moderne und Postmoderne. Vernunftkritik nach Adorno*, Φρανκφούρτη/Μ. 1985.

— *Endspiele: Die unversöhnliche Moderne. Essays und Vorträge*, Φρανκφούρτη/Μ. 1993.

— «Metaphysik im Augenblick ihres Sturzes», στο: *Endspiele: Die unversöhnliche Moderne. Essays und Vorträge*, Φρανκφούρτη/Μ. 1993, σελ. 204-223.

Welsch, W., *Vernunft. Die zeitgenössische Vernunftkritik und das Konzept der transversalen Vernunft*, Φρανκφούρτη/Μ. 1995.

— *Ästhetisches Denken*, Στουτγκάρδη 1990.

Werckmeister, O. K., *Ende der Ästhetik. Essays über Adorno, Bloch, das gelbe Unterseeboot und der eindimensionale Mensch*, Φρανκφούρτη/Μ. 1971.

Wetzel, M., «Zum Verhältnis von Darstellung und Dialektik in Hegels Wissenschaft der Logik. Ein Beitrag zur Strukturanalyse der Hegelschen Logik», στο: D. Henrich (επιμ.), *Die Wissenschaft der Logik und die Logik der Reflexion, Hegel-Studien*, τεύχ. 18, Βόννη 1978, σελ. 143-172.

Wieland, W., *Platon und die Formen des Wissens*, Γκέτινγκεν 1999.

Wiggershaus, R., *Die Frankfurter Schule*, Μόναχο 1986.

— *T. W. Adorno*, Μόναχο 1987.

Würger, W., *Kritische Theorie und Weltveränderung. Der Praxisbegriff in der Philosophie Max Horkheimers*, Γκίσεν 1987.

Zahn, L., «Der Ausklang der Negativen Dialektik. Adornos Variationen zur "Metaphysik" nach Kant, Hegel und Nietzsche», στο: J. Naeher (επιμ.), *Die Negative Dialektik Adornos*, Πάντερμπορν 1984, σελ. 273-290.

Zelle, C., *Die doppelte Ästhetik der Moderne. Revisionen des Schönen von Boileau bis Nietzsche*, Στουτγκάρδη 1995, σελ. 304-370.